U0921155

北京市金融年鉴

2006

ALMANAC OF BEIJING FINANCE AND BANKING

《北京市金融年鉴》编辑部

(总第20卷)

中国金融出版社

责任编辑：仲　垣　李　融
责任校对：李俊英
责任印制：程建国

图书在版编目（CIP）数据

北京市金融年鉴（Beijingshi Jinrong Nianjian）．2006/《北京市金融年鉴》编辑部．—北京：中国金融出版社，2006
ISBN 7-5049-4184-0

Ⅰ．北…　Ⅱ．北…　Ⅲ．金融事业-北京市-2006-年鉴　Ⅳ．F832.71-54

中国版本图书馆 CIP 数据核字（2006）第 135647 号

出版发行　中国金融出版社
社址　北京市广安门外小红庙南里 3 号
市场开发部　（010）63272190，66070804（传真）
网 上 书 店　http://www.chinafph.com　（010）63286832，63365686（传真）
读者服务部　（010）66070833，82672183
邮编　100055
印刷　北京盛通彩色印刷有限公司
尺寸　185 毫米×260 毫米
印张　35
插页　24
字数　790 千
版次　2006 年 12 月第 1 版
印次　2006 年 12 月第 1 次印刷
印数　1—2545
定价　80.00 元
如出现印装错误本社负责调换
（内部发行）

祝贺《北京市金融年鉴》创刊二十周年

ALMANAC OF BEIJING FINANCE AND BANKING

- 全面、系统、真实地记录北京金融业发展历程
- 存史、资治、启智　更好地为北京金融事业服务

2005年，按照党中央的统一部署和要求，北京市各金融机构深入开展保持共产党员先进性教育活动。图为人行营业管理部党委中心组正在进行党员先进性教育专题学习。

北京银监局召开保持共产党员先进性教育活动分析评议阶段动员大会。

北京保监局召开保持共产党员先进性教育活动动员大会。

工行北京分行的大堂经理热情为客户服务。

工行北京分行有4家四星级名店，图为其中一家四星级名店的营业大厅。

1月8日，北京银行在人民大会堂举行了新行名揭牌新闻发布会。从北京城市合作银行、北京市商业银行到北京银行，经过9年的发展，该行实力不断壮大，已成为北京市品牌企业。

10月19日，北京农村商业银行股份有限公司成立庆典在人民大会堂举行。该行在原北京市农村信用合作社联合社的基础上改组成立，资本金为50.75亿元。

3月25日，北京银行与荷兰国际集团（ING集团）签订股份认购及战略伙伴协议，与国际金融公司（IFC）草签股份认购协议，成功引进境外投资者。图为三方领导签字后握手相庆。

3月16日，香港上海汇丰银行获中国银监局批准，成为首家在京开办人民币业务的外资银行。

花旗银行北京分行。

7月1日，外汇领域反洗钱合作及打击非法买卖外汇违法犯罪活动联合办公室召开第一次联席工作会议。

3月3日，农业银行北京分行与金盛保险北京分公司举行全面合作协议签字仪式。

11月14日，北京市市级单位非税收入收缴改革业务财政专户代理银行项目招标结果正式公示，中信银行总行营业部再度中标成功。

11月22日，中国银行北京分行与汇京鸿运汽车集团联合举办了直客式汽车消费贷款启动仪式，此举将大大便利购车贷款客户办理相关手续，图为仪式现场。

10月24日，以“广发网上银行——您可信赖的好助手”为主题的广发网上银行产品推介会在新闻大厦召开。

中国光大银行总行营业部与北京麦当劳食品股份有限公司合作启动仪式举行。

民生银行总行营业部2005年总结表彰大会暨2006年新春团拜会。

9月25日，“华彩人生·银联相伴——银联标准卡主题宣传营销活动”北京分会场在王府井步行街好友广场成功举办。

8月16日，北京邮政外币储蓄业务正式开办，首批开办网点分别为建内大街邮电局、阜成门邮电局、和平门邮电局、国际邮电局和学院路邮电局。

4月22日，兴业银行北京分行在首都大酒店举办“在线兴业”3.0版网上银行业务推介会。

9月30日，中国华融资产管理公司北京办事处损失类资产项目处置《承包合同》签字仪式举行。

北京国际信托投资有限公司承办的京津、武广城际铁路客运专线财务顾问工作进展顺利，与日本丸红株式会社签署了相关战略合作协议。图为北京国投与日本丸红株式会社项目推进委员会第一次会议代表合影。

9月28日，信达资产管理公司北京办事处签署了海南洋浦土地开发有限公司项目的“清偿银团债务协议”，该协议已按期履行。11月22日，回收人民币12248.62万元，资产回收率达到81%。该项目的成功处置为信达北京办事处参与市场竞争，实现接收工行资产处置工作赢得开门红。

建设银行北京分行职工向群众进行反假币宣传。

银行卡宣传活动进社区。图为甘家口社区宣传咨询现场。

3月1日，2005年国债销售的第一天，北京市各银行网点仍像往年一样，出现了异常火爆的场景，一般网点出售的国债不出1小时便被销售一空，大约有9成多的客户空手而归，投资渠道少仍是当前百姓投资的突出矛盾。

中国银河证券公司北京管理部献爱心活动。

首创证券公司2005年经纪业务工作会议。

中国银河证券公司北京管理部员工业务培训。

9月15日，北京奥组委宣布中国人民财产保险股份有限公司成为北京2008年奥运会保险合作伙伴。图为双方举行签约仪式。

中国人寿保险股份有限公司北京分公司“9·17诚信服务”主题实践宣传活动日。

9月9日，平安人寿北京分公司召开“钟爱一生”分红养老险新险上市新闻发布会。

1月11日，新华人寿北京分公司向中国大陆第13亿小公民赠送保险，图为公司一级荣誉行销总监金爱丽向小公民父母讲解险种。

5月28日，“中国平安第十届客户服务节开幕式暨‘祝福平安’大型游园会”在北京龙潭公园隆重举行。

天安保险北京分公司保险经纪业务恳谈会。

华安保险北京分公司“禽流感无忧疫病保险”咨询活动。

5月31日，北京市遭遇特大雹灾，损失严重。图为太平洋产险北京分公司车险理赔部员工正在为损失车辆进行查勘定损。

永安保险公司北京分公司赞助中国热气球巡回赛公众责任险。

中国大地财产保险股份有限公司北京分公司承保大型境外工程项目。

永安保险公司北京分公司承保西昌卫星发射基地财产一切险，共保金额3亿元。

9月1～4日，首都金融文化节暨北京国际金融投资理财博览会在北京国贸中心举行。博览会举办了30多场论坛与讲坛（包括分会场），北京各金融机构在此集中展示了理财产品。4天内，国贸主会场观众达17万人次，发放理财宣传资料超过400万份。

北京各家银行在金博会上推出了最新的理财产品和独特的经营方式。在京的渣打银行、花旗银行、美国友邦保险公司等著名经营机构也积极参与了各项活动。各保险公司、基金管理公司、证券公司、信托投资公司不仅为客户提供了与专家一对一的理财设计咨询服务，而且还为广大客户传授了家庭理财的技巧。

1月13日，人行营业管理部“爱我央行，依法行政”金融法律知识竞赛在北京电视台成功举行。

建行北京市分行2005年综合柜员资格认证考核现场。

4月16日，浦发银行北京分行团委举办了主题为“培育执行文化　深化尽职尽责”演讲比赛。

9月，太平人寿北京分公司举行了为期一周的2005年度员工篮球比赛。

5月19日，中信银行总行营业部青年排球队与财政部国际司排球队进行友谊赛。下图为比赛现场。

10月25日，交行北京分行第五届运动会在国家奥林匹克体育中心举行。图为运动会开幕仪式。

深圳发展银行北京分行VIP健康俱乐部在京成立。

3月8日，招行北京分行首届企业文化节拉开帷幕，历时一个月，开展了包括“我心中的招行”演讲比赛、“行长大堂经理日”、“最美丽的文化墙”、“扶贫捐书”、“同读一本书”等活动。

9月16日，华夏银行总行营业部举办“感动华夏”中秋晚会。

《北京市金融年鉴》编辑委员会

《北京市金融年鉴》编辑部

编辑部主任：司马城

责 任 编 辑：司马城　盖丽茜　邓凯宏

金融监管部门组稿编辑：（以姓氏笔划为序）

卫宏泽　王振芳　尹　潇　史炳栋　仲晖林
孙　宇　杜立欣　李　红　李　坤　肖　岚
肖　炜　陆强华　陈越英　陈永波　赵　强
武永杰　罗　青　曹洪俊

各金融机构组稿编辑：（以姓氏笔划为序）

卜荣荣　马训红　马树新　马晓润　王　倩
王　晶　王　燕　王东燕　王连顺　王宏城
文　忠　刘玉香　刘建武　刘　慧　许　可
孙艳霞　杜春友　李　昆　李　玥　李石宁
李世红　李素环　李鸿元　张　原　张金辉
宋文昌　陈和言　陈国泳　陈家伟　陈鸿知
陈　巍　赵　光　林门福　杨雪松　杨国防
岳全化　徐安娜　黄朝琴　龚景荣　韩冬梅
葛　梅　靳迎春　曾　颖　熊守文

文 件 资 料：秦璐璐

编辑说明

一、《北京市金融年鉴》（以下简称《年鉴》），是北京市金融业行业年鉴，以金融业务为中心内容，综合反映北京市金融行业上一年度重要信息情况，逐年编辑，连续出版。《年鉴》在《北京市金融年鉴》编辑委员会领导下，由《北京市金融年鉴》编辑部组织编辑。

二、本卷《年鉴》为总第20卷，主要记述的是2005年北京市金融业的重大事件、重大活动及各系统各机构的新情况、新发展、新经验和面临的新问题。

三、本卷《年鉴》社会经济统计资料由北京市统计局提供，金融统计资料由中国人民银行营业管理部调查统计处、中国银行业监督管理委员会北京监管局、中国证券监督管理委员会北京监管局、中国保险监督管理委员会北京监管局提供。在使用中请注意统计口径的差别和适用范围。

四、本卷《年鉴》中各金融机构的排列顺序依照一般惯例，名次无高低之分。

五、本卷《年鉴》在编纂过程中得到全市金融系统各单位的大力支持，参加编写的有金融机构40余个、学会与协会10余个、金融监管部门主要职能处室20余个，参与撰写的人员有200人以上。各位组稿编辑、编写人员为本书的出版付出了辛勤的劳动，各机构提供了大量的图片资料，中国人民银行营业管理部调统处汇总了大量统计资料。在此表示衷心的感谢。

六、由于编纂水平有限，书中难免有缺陷和疏漏之处，诚请广大读者批评指正。

《北京市金融年鉴》编辑部

2006年8月

目　录

一、特　载

二、机构业务综述

三、发展与监管

四、各类业务情况

五、文件与规章

六、专题与调研

七、大事记

八、统计资料

（二）金融业务综合统计

（三）金融机构业务统计

（四）机构、人员统计

九、附 录

一、特　　载

关于北京市2005年国民经济和社会发展计划执行情况与2006年国民经济和社会发展计划草案的报告

——2006年1月15日在北京市第十二届
人民代表大会第四次会议上

北京市发展和改革委员会主任　丁向阳

一、2005年国民经济和社会发展计划执行情况

2005年是全市贯彻落实科学发展观在认识和实践上取得重要进展的一年。在市委领导下，全市上下按照市十二届人大三次会议的总体要求，认真贯彻落实中央宏观调控政策，统筹城乡协调发展，推进和谐村镇、和谐社区建设，加强经济调节、市场监管、社会管理和公共服务，实现了国民经济平稳较快发展和社会事业的全面进步，完成了年初计划的主要目标，为顺利完成“十五”计划任务划上了圆满的句号。

（一）经济发展基本实现了速度、结构、质量、效益的统一

经济保持平稳较快增长。初步核算，2005年全市实现地区生产总值6 814.5亿元，增长11.1%，“十五”期间保持了年均11.9%的较高增长。全社会固定资产投资完成2 827.2亿元，增长11.8%；社会消费品零售额2 902.8亿元，增长10.5%；地区进出口总值1 255.7亿美元，增长32.8%。

结构不断调整优化。产业结构继续向符合城市功能定位和首都经济发展方向调整。第三产业实现增加值增长11.2%，占地区生产总值的比重达到67.7%。高新技术产业实现工业增加值517.5亿元，按现价计算增长20%。产业布局继续改善，首钢搬迁与结构调整工作正式启动，中关村科技园区、北京经济技术开发区等重点功能区发展加快，成为全市经济的重要增长极。投资结构出现预期变化，工业投资增长19%，基础设施投资增长31.8%，占全社会固定资产投资的比重分别达到13.6%和21.6%。出口结构趋于优化，电子信息等高新技术产品占地方出口的比重达到52.6%。

经济增长质量进一步提高。在经济保持平稳较快增长的同时，物价、就业形势基本稳定。居民消费价格指数为101.5%，城镇登记失业率控制在2.11%，均在计划调控目标范围之内。资源节约及综合利用水平提高，按可比价格计算，万元地区生产总值能耗下降3.9%、水耗下降9.8%，节能降耗取得一定成效。

经济效益有所提高。地方财力进一步增强，全年地方财政收入增长23.5%，达到919.2亿元。规模以上工业企业经济效益综合指数177.7%，比上年提高2.1个百分点，继续保持在较高水平。广大人民群众从发展中得到了实惠，城市居民人均可支配收入17 653元，实际增长11.2%，农民人均纯收入7 860元，实际增长8.1%。

（二）城乡协调发展出现新的面貌

加大对“三农”的政策和资金支持，农民得到了更多的实惠。通过调整结构、整

合资源、转变投入方式，加大了资金、政策向郊区倾斜力度。市发展改革委安排的政府投资，投向郊区71.9亿元，郊区与城区的投资比例达到了50:50的年初计划目标。调整农村土地征占政策，提高了征地补偿标准，为有效解决失地农民的保障、就业等奠定了制度基础。完善种粮直补政策和山区生态林补偿机制，实行村级经费补贴制度，提高对贫困村的补贴标准，发展都市型现代农业，有效地促进了农民增收和农村发展。

郊区建设和发展加快，基础设施供给能力明显提高。莲花池西路开通后，门头沟等7个郊区县实现了与中心城区的快速连接，通向怀柔、密云的京承高速二期工程正在加紧建设，通向平谷的京平高速公路已经开工，全市道路主干网基本形成。郊区县建成区新增和改扩建主干路145公里、次干路106公里，所有郊区县建成区路网及配套管网主架也基本形成。全市3 978个行政村基本实现“村村通油路”。天然气管线已经延伸到顺义、通州、大兴、昌平、房山等郊区县。在郊区新建14座输变电站，为郊区经济社会进一步发展创造了条件。第一期30万亩农业节水灌溉工程初步建成。完成了60个乡镇、500个村集中供水设施建设，30万农民的安全供水工程已经竣工通水。每个郊区县都建成了一个以上污水处理厂。郊区生活垃圾无害化处理率达到46.6%。57%的行政村进行了厕所改造，农村环境面貌进一步改善。

城市建设和管理水平进一步提高，服务功能进一步增强。奥运工程全面展开，11个新建、2个改扩建和5个临时比赛场馆及国家会议中心等5项相关设施已开工建设。奥运场馆周边道路建成6条，25条正加快实施。地铁5号线土建工作量基本完成，10号线土建完成40%，4号线土建完成20%，轨道交通机场线、京津城际轨道交通工程已经开工，全市轨道交通在建规模达到115公里，超过建国以来轨道交通建设的总和。中心城区道路里程和面积分别增长6.9%和5.8%。市区快速路通车里程达到320公里。京津二通道、京包高速顺利推进。首都博物馆新馆落成投入试运行，国家大剧院基本建成。整治69个“城中村”。以前门、大栅栏市政基础设施改造为代表的南城建设工程已经启动。市区两级应急指挥系统初步建立，完善了突发公共事件应急预案，采取积极有效措施防控高致病性禽流感疫情，城市管理和服务的现代化水平进一步提升。

（三）市场监管和社会管理能力进一步提高

食品和药品安全得到基本保障。食品和药品安全监督检查力度加大。食品安全监测抽查合格率达95.3%，其中与人民生活密切相关的大米、面粉、食用油、蔬菜等主要食品的合格率超过97%。药品抽验合格率为98.3%，在全国继续保持领先水平。

市场秩序基本正常。严厉打击制售假冒伪劣、商业欺诈、侵权盗版、无照经营等违法行为，企业经济违法案件发案率为6.3%，同比有所降低。大力开展价格监督检查，针对群众反映较多的停车和物业收费问题，开展了专项研究和整治。

安全生产形势总体稳定。全面开展安全大检查，加大事故隐患排查整改力度，严格落实责任制，全市生产安全、火灾事故、交通肇事死亡人数下降6.8%。

（四）公共服务水平不断提升

社会保障覆盖范围继续扩大。全市城镇基本养老、基本医疗、失业保险参统人数分别达到520万、574.8万、394.6万，完成了年初计划目标。及时调整了城市居民最低生活保障相关待遇标准，实施城市低保分类救助制度，6 万特困人员救助标准上浮了 10%。推行农村养老保险和新型农村合作医疗制度，全市累计参保人数分别达到 40.6 万人和 249 万人。

基本公共服务均等化取得一定进展。政府投资向医疗、教育倾斜，佑安医院、地坛医院、友谊医院等一批重大项目进展顺利。市疾病预防控制中心建成使用，建设了 412 家传染病接诊室、142 家传染病门诊、61 家传染病隔离留观室、136 家城区社区急救站和 16 个郊区乡镇急救站，对 587 个农村社区卫生服务站、899 个村卫生室进行了标准化建设，全市公共卫生应急体系基本形成。通过实施“名校办分校、名院办分院”工程，城区 11 所重点中小学、4 所三甲医院在郊区建设分校和分院。全市义务教育阶段学龄入学率达到 99.7%，高中阶段教育入学率达到 98%，普通高校招生 8.2 万人，录取率达到 75%，研究生招生 5 795 人。

环境质量有所好转。白河堡水库上游水源保护、官厅水库流域生态环境综合治理示范工程建成，实施凉水河、北环水系等城市主要河道水环境治理工程。小红门污水处理厂建成投入使用，城八区污水处理率达到 70%，再生水利用率达到 30%。城八区生活垃圾无害化处理率达到 95.2%，城市绿化覆盖率达到 42.5%，市区空气质量二级和好于二级以上天数比重达到 64.1%，完成了年初计划目标。

（五）重点领域改革取得新突破

投资体制改革迈出新步伐。制定了“贯彻落实国务院关于投资体制改革决定的意见”和企业投资项目核准备案管理试行办法、外商投资项目核准暂行实施办法、境外投资项目核准暂行实施办法等配套文件。加强政府投资管理，实施了“代建制”等 7 项制度，政府投资效益进一步提高。

基础设施投融资体制改革向新的领域延伸。城市基础设施特许经营条例正式颁布。对地铁 4 号线、机场专线、部分垃圾处理厂、污水处理厂和六环路沿线 10 个加油站等项目实施特许经营，累计吸引各类社会资金 120 亿元，推进了基础设施建设的市场化、城市管理的专业化和融资渠道的多元化。对地铁 10 号线等基础设施项目，在全国率先推行了贷款银行招标制度，涉及贷款 100 亿元，公开了贷款银行选择程序，不仅节约了政府的融资成本，也初步建立起新的政府融资模式，规范了政府基础设施建设的融资规则和程序。

国有企业“调改剥破”、有进有退。北京银行、华夏银行成功引进战略投资者，北京农村商业银行正式设立。223 家市属国有企业进行了重组和股份制改造，六必居、宫颐府等 156 家二三级企业向国内外公开进行招股推介，4 户连续亏损、资不抵债的企业进入破产程序。

非公经济发展政策和环境有所改善。制定促进非公有制经济发展意见。依照中小企业法，设立了 5 亿元中小企业发展专项资金。搭建中小企业融资服务平台，构建政府协调引导、银行协同合作、担保有效配合、企业主动参与的中小企业融资服务新模式，缓解中小企业融资困难。全市登记注册私营企业、个体工商户保持较快增长，私营个体经济发展进一步加快。

从总体上说，2005 年国民经济和社会发展计划执行情况良好，年初计划的主要目标已经实现，但经济社会发展中一些深层次矛盾尚未根本解决，经济运行中新出现的一些倾向性问题也需引起高度重视。

从当期看，能源、原材料价格持续高位运行，市场竞争加剧，部分企业利润空间受挤，全市规模以上工业企业利润同比有所下降。受房地产投资过快回落影响，全社会投资增势放缓，住宅市场结构性矛盾突出。就业压力加大，局部地区在产业转型过程中结构性就业矛盾突出。

从长期看，一是人口膨胀与资源、环境约束的矛盾加剧。常住人口规模已突破1 530万，城市建设快速推进与土地资源稀缺所引发的经济社会矛盾比较突出，城市大气及河湖环境质量改善任务仍然艰巨。二是经济增长方式仍然粗放，结构调整任重道远。自主创新能力不强，所有制结构、产业结构、投资结构等调整任务仍然艰巨。三是发展不平衡问题尚未解决。郊区与城区、南城与北城、山区与平原差距仍然较大，“三农”问题仍比较突出。此外，政府职能转变与城市管理水平还未能及时适应经济社会发展和群众生活的需要。

这些矛盾和问题，需要我们坚持贯彻落实科学发展观，按照中央经济工作会议和市委关于“十一五”规划建议的要求，求真务实，积极进取，用发展的眼光和改革的办法努力加以解决。

二、2006 年计划初步安排

2006 年是“十一五”规划开局之年，也是筹办奥运的关键一年。科学地安排好2006 年国民经济和社会发展计划，对保持经济又快又好发展，促进社会全面进步具有重要意义。

（一）发展环境与条件总体有利

2006 年国内外发展环境总体平稳。国家宏观调控仍将保持政策连续性和稳定性，全国经济仍将保持较快增长。

从我市自身看，具备了诸多发展的有利条件。第一，在国务院关于北京城市总体规划批复精神指引下，按照市委关于“十一五”规划建议的要求，创新编制“十一五”规划，科学谋划了首都发展未来，有利于提高经济社会发展的协调性和可持续性，有利于调动和引导各方面加快发展的积极性。第二，经过多年的结构调整和发展，全市人均生产总值超过了5 000美元，自主增长能力和动力增强，现代服务业和总部经济主导支撑作用更加突出，全市经济将进入平稳较快发展的新阶段。第三，国家提出并实施自主创新战略，为我市进一步发挥人才、科技等智力资源优势，打造自主创新高地，推动首都经济发展，提供了新的机遇。同时，京津冀等区域合作的不断深化，也拓展了首都经济的发展空间。只要我们抓住机遇，努力克服不利因素影响，注意解决各种矛盾和问题，加大工作力度，就可以保持又快又好的发展。

（二）发展计划安排的主要原则

一是更加注重科学发展，转变发展观念、创新发展模式、提高发展质量。全面落实科学发展观，大力推进“五个统筹”，把年度计划和“十一五”规划衔接起来，把速度、结构、质量和效益统一起来，实现首都经济社会又快又好的发展。

二是更加注重自主创新，节约资源，推进经济增长方式转变。立足提高自主创新能力促进发展，立足调整优化结构促进发展，立足节约使用、高效利用资源促进发展。把增强自主创新能力作为调整产业结构、转变增长方式的中心环节，实现自主创新与培育和发展优势产业相结合，与技术创新、品牌创新、制度创新相结合，强化首都科技创新的龙头地位和作用，做大做强总部经济，逐步形成高端、高效、高辐射的产业群。努力建设创新型城市，提高综合竞争力。

三是更加注重公共服务和新农村建设。以基本公共服务均等化、城乡发展协调化为目标，面向农村、面向社区、面向市民，抓好基础教育、基本医疗、公共安全，逐步形成覆盖城乡、布局合理的公共服务体系。按照工业反哺农业、城市支持农村、城乡统筹协调发展的思路，建设新村镇、发展新产业、培育新农民，着力解决“三农”问题，让城乡人民共享改革发展成果。

四是更加注重以人为本，解决人民群众最关心、最直接、最现实的利益问题，推进和谐社会建设。把扩大就业摆在更加突出的位置，完善社会保障体系，逐步理顺收入分配关系，高度重视安全生产工作，推进工作重心下移，切实加强社区、村镇等薄弱环节，确保城乡低收入群众的基本生活，努力建设社会主义和谐社会首善之区。

五是更加注重转变政府职能，提高城市管理水平，优化发展环境。按照发挥市场配置资源基础性作用的要求，加快政府职能转变，把工作的着力点放到改善公共服务和为市场主体创造良好的发展环境上来。增加应急物资储备，确保城市能源等供应，完善城市减灾防灾应急体系，实现城市安全运转，提高驾驭发展的能力。

六是更加注重奥运工程建设和奥运经济带动，确保各项建设任务按期高质量地完成。

（三）发展计划主要指标的初步安排

主要预期指标：

——全市生产总值增长9%。

——每万人专利申请数14件。

——全社会固定资产投资增长11%。

——社会消费品零售额增长10%。

——地区进出口总值增长15%。

——城乡居民收入实际增长6%以上。

主要调控目标：

——城镇登记失业率控制在2.5%以内，转移农村劳动力5万人。

——居民消费价格指数调控在102%以内。

——地方财政收入增长12%，支出增长9.2%。

——万元地区生产总值能耗下降2%，水耗下降5%。

——食品安全监测抽查合格率、药品抽验合格率稳定在95%以上。

——市区空气质量二级和好于二级天数比重达到65%。

三、实现2006年经济社会发展计划的主要措施

以邓小平理论和“三个代表”重要思想为指导，按照市委的总体要求和部署，在市人大的监督支持下，全面贯彻落实科学发展观和中央宏观调控政策，坚持以人为本，立足科学发展，着力改革创新，加快结构调整和增长方式转变，实现经济又快又好发展，促进和谐社会建设，确保“十一五”开好局、起好步。

（一）科学安排和使用好政府投资，促进全市统筹协调发展

2006年，市发展改革委计划安排政府投资200亿元左右。按照“突出四个重点、实施五个坚持、抓好八个领域”的总体思路，重点保障奥运相关设施及重点急需基础设施建设、公共服务体系建设、社区功能完善和新农村建设、促进经济增长方式转变等重点领域建设。切实加强政府投资管理，提高政府投资效益，增强首都可持续发展能力。

实施政府投资“五个坚持”。一是坚持“两个转移”。为进一步加快郊区发展，市政府投资*加大向郊区的投入力度，郊区与城区的比例安排为51:49。城区投资继续向南城转移，增幅高于城区平均水平。二是坚持“五个倾斜”。继续向城市交通、郊区基础设施、社会公共服务设施、能源节约与生态环境、城区危改及文保区改造倾斜，尽快改变经济社会发展薄弱环节的面貌。三是坚持以规划定项目，以项目落实规划。根据“十一五”规划、城市总体规划及各区县功能定位，有针对性地支持各区县重点项目建设，为核心区、拓展区、发展新区和生态涵养区实现特色发展创造条件。四是坚持强化政府投资的监管。在继续严格执行政府投资管理7项制度的同时，努力推进政府投资公示制、后评估制及责任追究制度，强化政府投资项目的监管，通过日常管理、重点稽查、专项检查等多种方式，对政府投资项目做到100%的检查监督，切实提高政府投资使用效益。五是坚持推进政府投资管理体制改革。建立新形势下的市、区县政府投资管理新机制。继续在城市基础设施项目中实行招标选择贷款银行。对地铁运营、加油站、污水和垃圾处理厂、区域供热和供气、收费高速公路等可经营性项目，继续推进特许经营。加快公用事业、社会事业的投资体制改革，以改革促进公共服务能力和质量不断提高。

着力加强八个领域建设。一是加快城市交通、奥运场馆周边道路及市政工程建设，拟安排市政府投资54亿元，比2005年增长11.8%。二是加快郊区新城与农村地区的基础设施与公共服务设施建设，拟安排市政府投资65亿元，比2005年增长29.2%。三是加大生态保护、环境整治、资源节约和综合利用项目的支持力度，拟安排市政府投资18亿元，比2005年增长9.1%。四是提高城市公共服务供给能力，加强设施建设，拟安排市政府投资8.5亿元，比2005年增长6.3%。五是优化产业环境建设，培育集聚产业的能力，拟安排市政府投资7.5亿元，比2005年增长7.1%。六是支持城区危改、文保区拆迁、市政基础设施建设及路网加密，改善老城面貌，拟安排市政府投资8亿元，比2005年增长14.3%。七是搞好公共安全、电子政务等政权基础设施建设，拟安排市

政府投资14亿元。八是重点项目前期研究、粮库建设等专项资金，拟安排5亿元。另外，政府承诺的银行贷款还本付息和社会投资回报补偿，拟安排20亿元。

（二）着力推进重大项目建设，提升城乡基础设施供给能力

以增加总量、优化结构、调整布局、均衡发展、提高效益为目标，围绕奥运场馆及配套设施、基础设施、公共服务、产业发展等重点领域，继续安排一批重点建设项目，着力加快一批重大项目前期工作，集中力量、重点推进，全面提升首都综合实力，为实现“新北京、新奥运”战略构想奠定坚实基础。

确保奥运场馆及周边道路等工程按计划实施。保证已开工建设奥运场馆和相关道路等基础设施按计划推进，全面启动改扩建、临建场馆建设，抓好安立路、大屯路、北辰东路等52条奥运场馆周边道路建设，力促大部分道路建成通车。加快奥运交通指挥中心和奥运村地区消防、派出所等安保设施建设，提高安全保障水平。完成奥运倒排工期中的年度任务，为举办一届有特色、高水平的奥运会奠定良好基础。

加快以轨道交通为基础的快速交通网络建设。优先发展公共交通，缓解城市交通拥堵。推进地铁四、五、十号线一期、奥运支线和轨道交通机场线建设，抓好京津城际轨道交通实施，加快亦庄轻轨线和地铁九号线前期工作，为开工创造条件。确保京承高速二期工程、机场北线、六环路西沙屯到寨口段等高速公路建成通车，加快推进110国道改造、京包、京平、京津二通道等高速公路建设。打通西大望路、蓝靛厂南路、南中轴路等南北向通道，推进西直门立交、广渠路、朝阳路等主干路建设，改善西直门、商务中心区等重点区域交通状况。继续打通城区堵头路，改善中心城区微循环系统。新建一批过街天桥和地下通道，方便居民出行。力争到2008年，轨道交通运营里程达到200公里，高速公路通车里程达到890公里，基本形成现代化的综合交通体系。

增强首都能源、水资源安全供应能力。确保奥运村、西苑、上庄等一批220千伏输变电工程年底前完工。抓紧南城、门头沟、海淀等地区500千伏输变电站和中央商务区、望京、酒仙桥等一批重点区域220千伏输变电站项目前期工作，力争尽快开工建设。加快城市电网安全改造，消除城乡电网安全隐患，提高供应和荷载能力，确保首都供电安全。完善陕京二线工程，推进唐山液化天然气工程，加快建设六环天然气管线工程，增强天然气供应和接收能力；加快建设太阳宫燃气热电厂、郑常庄燃气热电厂工程，继续完善市内热网联通工程，推进奥运公园及周边地区热力管线、公主坟西延和车公庄西延热力管线工程，增强城市供热保障能力。推进能源结构调整，实施延庆风力发电、阿苏卫垃圾填埋沼气发电等项目。做好密云、官厅、十三陵水库的水资源保护，加快南水北调中线工程北京段建设，大力推进城市节水与再生水利用，确保南水北调供水之前全市水资源平衡。

加大城乡环境建设力度。加快老城区排险除患、路网加密、前门大栅栏地区拆迁及市政基础设施建设，对大栅栏、前门、白塔寺、玉河、什刹海等文保区及危旧房进行改造。积极稳妥地推进80个“城中村”整治项目。实施百条特色园林大街建设工程，完成奥运道路联络线绿化工作。继续实施京津风沙源治理、第二道绿化隔离带、山区水源涵养林保护、小流域治理等工程，努力改善城市生态环境。完成北环水系北护城河及亮

马河段综合治理工程，加快清河二期、二道沟等河道水环境治理工程进度，启动温榆河水质净化及水资源利用工程，完成阿苏卫垃圾综合处理厂和大屯垃圾转运站建设。切实改善城乡环境质量，加快宜居城市建设步伐。

（三）加快重大功能区建设，增强自主创新能力，推动产业发展和结构调整、布局优化

立足调整优化促进发展，走高端产业发展之路，支持高端、高效、高辐射产业发展，构筑引领和支撑首都未来发展的六大高端产业功能区，实现提升自主创新能力与发展优势产业的有机结合，努力转变经济增长方式，促进经济增长速度、结构、质量、效益的协调统一。

全力打造重点产业功能区，推动高端产业集聚。加快发展中关村科技园区、商务中心区、金融街、奥林匹克中心区、北京经济技术开发区、临空经济区六大高端产业功能区。加紧研究制定加快发展重点功能区和产业集聚区的意见，从投融资政策、产业配套、人力资源等多方面入手，吸引名牌优势企业和集团入区发展，形成一批具备较强集聚能力的产业核心。加大政府投资力度，支持高端产业功能区等重点区域周边基础设施和公共服务设施建设，创造有利于吸引企业、留住企业、发展企业的环境，增强产业集聚能力。

着力培育和促进高端产业加快发展。积极吸引国内外银行、保险、证券、信托、基金等各类金融机构落户北京，不断壮大金融保险业，强化其支柱地位。积极推进新国际展览中心等项目实施，加快空港等物流基地建设，搞活商业和现代流通业。积极支持信息通讯产业发展，促进电信网、数字电视网、互联网三网融合，开发信息增值服务和网络服务，培育新型信息服务业。推进中关村软件园二期、用友软件园等软件基地发展，抓好星网工业园二期、中芯国际集成电路等建设，支持高性能计算机的研发和产业化，大力推进软件、移动通信、计算机网络、集成电路等高新技术产业发展。继续促进汽车、装备制造等六大支柱产业发展，推进奔驰轿车、现代汽车、北重阿尔斯通、首钢冷轧薄板等大项目建设，提高现代制造业发展规模和水平。

做大文化创意产业，培育新的经济增长点。发挥首都智力资源优势，大力发展文化创意产业。支持中关村创意产业先导基地、北京数字娱乐示范基地、国家新媒体产业基地等加快发展，形成一批各具特色、上规模、上水平的创意园。优化文化创意产业发展环境，积极促进和支持中央电视台新址、北京电视台一期建设，打造北京影视、出版、演出等一批具有竞争力的大型企业集团。通过大力发展文化创意产业，进一步塑造文化名城。

充分发挥首都资源优势，大力发展总部经济。为国内大企业集团、金融机构服好务，鼓励国内大企业在京设立研发中心和结算中心，争取“863”、“973”等国家重大科技资源落户。吸引跨国公司在京设立研发总部、投资公司和采购中心，抓住合资企业由生产型向生产研发型转型的契机，实现更高层面上的对外开放合作。积极主动为中央单位、大企业集团提供服务，建立“绿色通道”，完善定期沟通机制，发挥总部经济对首都经济发展的重要作用。

提高企业自主创新能力，提升核心竞争力。一是实施鼓励创新政策。构建以企业为主体、市场为导向、产学研相结合的自主创新体系，鼓励企业在产学研联盟中发挥主导作用。鼓励企业加大投入，增强消化吸收国外先进技术的再创新能力，引导高技术企业向生产研发型转型。鼓励企业参与国际高端技术资源配置，支持企业通过技术转移、打造产业链和股权投资等方式向全国辐射。二是推动关键技术创新突破，支持产业联盟发展。重点支持软件、移动通讯、集成电路、汽车电子、光电显示等产业提升自主创新能力。加快推动闪联、下一代互联网、高清数字电视等技术发展，支持自有知识产权技术标准产业化。三是进一步加强政府对企业自主创新的支持和引导。加强我市国家工程中心、重点实验室、产业孵化器等科技基础设施建设，依托专业园和骨干企业，搭建重点领域的公共专业技术平台，通过资金及税收优惠、金融支持、政府采购、推介创新品牌、开放实验室等政策，支持各种创新活动。努力把首都建设成为创新型城市。

坚决推进劣势行业退出。根据土地投资强度、能耗、水耗、环境保护等标准和要求，进行产业筛选评价，坚决退出劣势产业，限制发展高能耗、高物耗、高污染、低附加值产业。积极稳妥地做好首钢等企业的搬迁调整工作，坚决关闭“五小”行业，积极促进房山、门头沟煤矿关闭后的产业转型。通过有进有退的产业结构和布局调整，加快经济增长方式转变，增强可持续发展能力。

（四）启动新农村建设，统筹城乡协调发展

贯彻落实城市总体规划和区县功能定位，积极引导和推动投资、产业和功能向郊区转移，以生产发展、生活宽裕、乡风文明、村容整洁、管理民主为目标，推进社会主义新农村建设，促进城乡统筹协调发展。

坚持规划先行、试点引路，积极稳妥推进新农村建设。落实新农村建设发展规划，研究制定新农村建设方案，创造有利于调动农民积极性、有效发挥市场机制作用的新农村建设模式。加紧完成全市村庄体系规划，确定全市村庄整体布局。大力推进基础条件较好、具备典型特色的部分村镇，开展新农村建设试点，建设形成一批产业带动型、特色资源型、传统文化型、全新改造型、节能示范型等各具特色的社会主义新农村示范村。

继续改善农村基础设施和公共服务设施。推进郊区县城与乡镇、村的交通体系建设，新增和改造村镇重要联络线220公里，新建自然村通油路工程100公里，改善农村道路通行状况，为农村发展创造基础条件。继续加强农村地区供排水设施建设，再解决27万农民安全饮水问题。完成第二批30万亩综合节水农田改造。新增村镇集中供水能力10万吨，建成6座中心镇污水处理设施。支持平谷、顺义、延庆等郊区县垃圾集中处理项目，支持农村改厕4万户，新增农村生活垃圾无害化日处理能力1 000吨，积极推广沼气利用、秸秆气化，切实改善农村和农民的生产生活条件。

培育和支持农村产业发展。把新农村建设与培育和发展农村特色产业结合起来，坚持农业结构调整方向，完善农业生产服务体系，大力发展都市型农业，促进观光农业、籽种农业和加工农业发展。有效发挥都市工业、物流、零售餐饮等服务业对转移农民就业的带动作用。加强农民教育和培训，提高农民素质，培养具备职业技术技能和文明生活方式的新农民。通过新型农村产业的培育、农民素质的提高以及第二三产业就业岗位的增加，建立有利于农民增收的长效机制，促进农民收入的持续快速增长。

做好新城建设起步。按照重点新城建设“五年打基础”的总体要求，启动新城发展规划，在转移人口、发展产业、建设基础设施等方面做好深入细致的前期准备工作，为“后奥运”保持首都经济社会持续快速健康发展做好充分的准备。

（五）推动基本公共服务均等化，促进和谐社会建设

面向农村、面向社区、面向市民，促进教育、卫生、文化、体育等基本公共服务均衡发展。城区重点是整合资源、提高质量，郊区重点是加快发展、扩大覆盖范围。

重点加快农村和社区社会事业发展。继续通过“名校办分校、名院办分院”等形式，推进城区优质资源向郊区扩散和转移，扩大农村优质公共服务资源供给。在教育投入依法增长的基础上，重点向郊区倾斜、向农村义务教育倾斜、向基础薄弱学校倾斜，促进义务教育均衡发展。加大“两免一补”政策落实力度，全部免除义务教育阶段学生杂费、书本费，对困难家庭学生给予补助。大力发展农村卫生，继续支持乡镇卫生院、乡村妇幼卫生保健站建设，完成农村 399 个社区卫生服务站、133 个服务中心建设，争取到 2008 年上半年全部完成标准化村级卫生设施建设，全面提升农村医疗卫生服务水平。推进一级医院和部分二级医院向社区卫生服务中心转型，促进“大病进医院、小病进社区”。加大公共财政对基层文化体育事业的支持力度，活跃群众生活。

整合城区公共服务存量资源，提升服务质量和水平。加强重大功能性医疗、群众性文化和体育、社会福利等公共服务设施建设，重点支持佑安医院、地坛医院、新少年宫、市儿童福利院、市救助总站等项目建设，关注和解决老年人生活困难，提升公共服务质量和水平。深入研究和推进高等教育优化发展，抓好首都师范大学等市属市管院校资源整合，不断提高高等教育质量。整合职业教育资源，加强专业技能型人才培养和失业人员、农村劳动力的培训，打造名牌职业技术学校，切实提高职业教育质量，强化终身教育制度。加强区域内公共图书馆资源整合。

继续扩大就业和社会保障覆盖面。完善和落实促进就业的优惠政策，继续开发公益性就业岗位，着力解决农转居、低保和残疾人员等就业困难人员的就业问题。鼓励劳动者自主创业，以创业带就业。建立全市统一的就业管理与服务体系，加强职业技能培训，落实农村劳动力就业登记和服务制度，帮助 5 万名农村劳动力实现转移就业。继续完善社会保障制度，以来京务工人员、灵活就业人员、非公企业人员为重点，全面推进扩面征缴工作。落实国务院关于完善企业职工基本养老保险制度的决定，深化医疗卫生体制改革，逐步减轻人们养老、医疗的后顾之忧。认真落实农村社会养老保险指导意见，努力提高参保率和保障水平。继续扩大新型农村合作医疗的覆盖面，提高参合人员受益水平。适时调整最低生活保障相关待遇标准，做好城乡低收入群体的生活保障和社会救助工作。

加强安全管理和人口调控。继续完善城市应急预案管理，加快安全生产等专项应急指挥管理系统建设，提高应急处理能力。加大各类安全隐患的排查力度，努力防控生产安全、火灾、交通等重大事故发生。继续加强食品、药品等领域的市场监管，维护广大

群众的切身利益。继续做好高致病性禽流感疫情的防控工作。通过加强安全系统建设和管理，巩固和增强广大市民的安全感。

同时，按照国务院对城市总体规划批复和本市“十一五”规划要求，协调整合全市人口管理政策，采取经济、行政、法律等手段，调控人口总量，引导人口合理分布，缓和人口过快增长对环境资源和公共服务设施的压力。

（六）努力扩大需求，抓好改革开放和经济运行调节，促进经济平稳较快增长

着力稳定投资，扩大消费，优化出口。积极落实中央宏观调控政策，推动社会需求的平稳较快增长。一是努力促进社会投资适度增长。按照城市空间布局和产业布局调整的要求，进一步开放市场，通过贷款贴息、项目推介、发布区域产业指导目录等方式，努力扩大优势行业投资规模。及时公布房地产市场信息，加大土地一级开发力度，保证房地产用地正常供应，保持适度的普通商品住宅开发规模，完成200万平方米经济适用房建设，促进房地产市场健康发展。积极引导商业银行调整信贷结构、扩大信贷规模，确保重点行业、重点项目的贷款需求。继续争取扩大企业债券发行规模，鼓励企业积极利用资本市场，提高直接融资比重。二是努力扩大消费，把经济增长逐步转到更多地依靠消费拉动的轨道上来。促进信息服务、旅游会展、文化体育、娱乐休闲等服务型消费，促进电子信息等高技术产品消费。进一步活跃存量房市场，合理引导汽车消费。推进个人信用体系建设，改善消费信贷环境。多渠道增加农民收入，继续推进便利店、连锁超市以及商业流通企业向郊区发展，增加适销对路、物美价廉产品供应，进一步释放农村消费潜能。三是转变外贸增长方式，提高对外经贸质量和水平。以软件出口为依托，积极支持拥有自主知识产权和自有品牌的高新技术产品出口，大力发展金融服务、计算机和信息服务等服务贸易出口。鼓励外资进入环境保护、节能降耗、资源综合利用等领域。严格控制承接低水平、高消耗的项目转移。实施好世界银行贷款余款利用项目，继续争取国外优惠贷款。

深化改革，加快体制机制创新。继续深化投资体制改革。认真贯彻落实投资体制改革各项制度，开放社会投资领域，落实企业投资自主权。积极稳妥推进价格改革，根据国家统一安排，做好资源性产品价格调整工作，适当调整公交地铁月票等公共服务价格，发挥价格杠杆作用，促进自然资源、公共资源的节约利用。规范价格听证制度，推进政府定价行为的公开和透明。在做好各项价格改革的同时，做好低收入群体的生活保障工作。高质量完成清产核资工作，加快国有企业重组改制和主辅分离步伐，增强国有经济竞争力。加快土地、资本等要素市场改革进程，启动社会信用体系建设。优化中小企业发展环境，认真落实中小企业促进法及鼓励、支持和引导非公有制经济发展的意见，促进创业投资企业发展，完善中小企业融资服务平台，支持有条件的中小企业利用资本市场融资，构建多层次中小企业投融资体系。实施中小企业成长工程，促进中小企业大发展。

推进资源节约和综合利用，努力转变经济增长方式。制定公布2006年循环经济和节能行动计划。制定有关产品能耗标准、企业综合能耗标准及大型公建用能定额，建立分门别类、符合实际的标准体系和评价体系。政府率先节能，选择10家政府部门进行

综合节能试点，招聘“节能医生”，深入开展节能诊断和改造，争取综合节能效率提高20%以上。加快工业节能步伐，加强对钢铁、石化等五大高耗能行业的节能监管。加快发展循环经济，抓紧做好国家循环经济试点城市的实施方案。开展100家企业清洁生产审核，引导和促进企业生产全过程的节能和降污。采取有效措施，培育一批专业节能服务企业。积极推广可再生能源，优化能源结构。建立节能监察机构，严肃查处各种浪费资源的行为。继续开展节能宣传教育活动，大力倡导绿色消费，充分发挥新闻媒体的舆论监督作用，营造倡导节约的社会良好风尚。

搞好煤电油气运调节，确保首都能源安全。积极运用价格、技术等手段削峰填谷，完善峰谷电价政策，努力实现安全迎峰度夏。建立与山西、内蒙古等煤炭主要供应地的长期合作机制，积极协调运力，保证电煤和供暖用煤供应。加强对成品油重点供应企业的协调，促进成品油供应与消费结构调整，维护成品油市场稳定。完善细化电力需求侧管理，推进成品油、天然气的需求侧管理，综合运用经济、技术、行政等多种手段，促进能源的时空平衡。完善现有市区两级供暖煤炭应急储备机制，积极推进成品油、天然气等能源储备进程，进一步提高应急处置能力。建立经济运行预测预警系统，发挥信息引导在运行调节中的作用，丰富制度调节手段。在国家有关部门和周边兄弟省市区的大力支持下，搞好能源供应，保障首都经济社会发展和人民生活水平不断提高。

*本文中“市政府投资”均指市发展改革委负责安排的市政府固定资产投资。

（报告中的数据，根据市统计局发布的《北京市2005年暨“十五”期间国民经济和社会发展统计公报》进行了调整）

二、机构业务综述

中国人民银行营业管理部

主任　韩　平

2005年，中国人民银行营业管理部（以下简称人行营业管理部）努力贴近总行工作思路、贴近北京经济社会发展实际，紧紧抓住“提高履行中央银行职责能力”这个关键环节，以保持共产党员先进性教育活动为契机，以管理促规范，以调研促深入，以创新促发展，团结协作、开拓奋进，各项工作取得了新的成绩。

截至12月末，北京市金融机构本外币各项存款余额28 970亿元，新增存款5 094亿元，同比多增1 765亿元。本外币贷款余额15 335亿元，新增贷款1 993亿元，同比多增80亿元。不良贷款余额和比率实现双下降，按贷款五级分类口径统计，本外币不良贷款余额比年初减少91.6亿元，不良贷款比率比年初下降了1.13个百分点。

一、夯实统计基础，为有效履行中央银行职责提供保障

2005年，人行营业管理部把“夯实统计基础”确定为全局性重点工作，制定了总体规划。从整合现有统计信息、扩大统计指标范围、强化统计分析功能以及建立统计反馈制度等四方面入手，探索建立一个贴近履行职责需要的统计指标体系和数据信息基础框架。按统一口径整合了内部数据信息，以及经济运行和金融市场等外部数据信息，初步搭建了数据信息整合平台。进一步丰富和扩大统计指标范围，建立了房地产、金融市场、汇率监测指标体系。与北京银监局、证监局、保监局共同签署了“北京金融业信息共享协议”，进一步拓宽了数据来源。

二、密切监测首都经济动态，积极落实货币信贷政策

2005年，人行营业管理部高度关注首都经济金融运行动态，重点加强了对货币政策实施效果及重点行业、产业的监测分析和调查研究，着力提高传导、执行货币信贷政策的前瞻性和有效性。

1. 积极贯彻落实房地产市场宏观调控措施。联合14家商业银行对房地产企业供给行为和购房者需求行为开展了问卷调查，掌握房地产市场供求第一手资料；先后召开6次座谈会，听取各方面反映和判断；对房地产市场构成的各个环节开展了不同层次和角度的调研，完成了房地产价格上涨原因、境外投机资金炒房、经济适用房等多篇调研报告，为辖内金融机构提供了有价值的参考。

2. 引导商业银行加大对重点行业、产业的信贷支持力度。针对首都产业结构调整和经济增长方式转变，就区县产业结构、“三农”问题、银行信贷资金配置效率、北京CPI走势、总部经济等重点、热点问题进行了调研，提出了有针对性的改进措施和政策建议。积极落实国务院《关于鼓励支持和引导个体私营等非公经济发展的若干意见》和人民银行总行相关要求，引导金融机构进一步改进金融服务，合理调整市场定位和信贷投向，支持非公有制经济和中小企业发展。

3. 继续疏通传导渠道，加强“窗口指导”，提高货币信贷政策传导和执行的有效性。先后两次召开货币信贷政策通报会，及时向金融机构通报经济金融形势和金融调控政策，引导其准确把握宏观经济大势，增强执行货币信贷政策的自觉性。加强与市教委、银行和高校的协调沟通，理顺助学贷款发放渠道，加大国家助学贷款政策的宣传力度，积极推动国家助学贷款新政策的落实。通过开展创业培训和创建信用社区等形式，不断推进下岗失业小额担保贷款的发放工作。

2005年，北京信贷资金总量在增加的同时得到了控制。辖内金融机构本外币贷款余额同比增长14.7%，增速与上年同期基本持平。同时，“有保有压”的信贷政策得到较好体现，信贷结构调整进度加快。房地产类贷款同比少增148亿元，信息软件业贷款增长12%，高新技术产业累计票据融资增长63%；水、电力、煤气等基础行业贷款增长43%，中小企业贷款同比多增218亿元。

三、稳步推进金融改革，努力维护首都金融体系稳定

1. 积极推进农村信用社改革并取得阶段性成果。制定了农村信用社改革试点资金支持方案及监测、考核实施细则，并对改革的主要环节进行现场监督；对资本充足率进行动态监测，确保增资扩股和降低不良贷款比率的合规性、真实性。2005年12月26日，北京农村商业银行申请发行24亿元中央银行专项票据获得了人民银行正式批准。

2. 金融风险监测与评估工作迈出重要一步。2005年，人行营业管理部成立区域金融稳定评估分析小组，对北京银行、证券、保险三大领域的风险状况进行了全面系统的分析，为防范和化解北京地区系统性金融风险提供了重要参考。

3. 积极做好部分金融机构市场退出后的风险处置工作。中创公司清算组资产处置工作已全部完成，债权人会议已召开完毕。经国务院批准同意，中兴清算组已向北京市第二中级人民法院提交了中兴信托破产申请。

四、积极开展金融创新，进一步提高金融服务水平

1. 重点库的建设思路有新突破。把握未来发展方向，突破了传统的平库模式，按照现代物流管理的特点设计了立库模式，最终获得了人民银行总行的批准。

2. 积极推动支票处理模式改革。在借鉴发达国家和地区经验的基础上，组织骨干力量集中研究制定了改革支票处理方式、扩大支票使用范围的改革试点实施方案。该方案得到了人民银行总行领导的高度重视，并获准进行试点。

3. 积极推进首都银行卡产业规范、持续、快速、健康发展。制定了《2005年至2007年北京市银行卡应用发展工作的指导意见》，成立了北京市银行卡市场协调委员会，逐步建立起市场调节、行业规范、政策引导相结合的市场化组织管理体系。坚决打击银行卡犯罪行为，有效地遏制了北京地区“十一”期间爆发的手机短信诈骗事件。2005 年，全市累计发展银行卡特约商户达到4万户，基本实现了重点领域、重点区域、重点行业“刷卡消费无障碍”；累计布放 ATM 机具 4 626台，POS 机具 4.52 万台，银行卡所有机具终端均实现了跨行联网通用；累计刷卡交易金额1 443 亿元，同比增长84%。

4. 支付清算体系平稳高效运行。制定了《支付清算系统应急处置预案》和《大额支付系统故障报告制度》，确保大额支付系统安全、高效运行。2005 年，大额支付系统、同城票据交换系统、ABS三大系统共处理业务 5 250 万笔，金额 128 万亿元，分别比上年同期增长 8% 和 50%。

5. 顺利完成人民币银行账户管理系统建设工作。成立了账户系统建设领导小组，制订了详细的实施方案，确保了人民币银行账户管理系统按时成功上线。扎实推进账户清理核实工作，共清理核实个人账户 5 687 万户，单位银行结算账户 79.4 万户。

6. 稳步推进反洗钱工作。建立了多层次的反洗钱工作联席机制和协调机制；依法对 13 家商业银行反洗钱工作进行了现场检查；继续加强外汇大额和可疑资金的监测和报告工作，共接收大额和可疑外汇资金交易 52 万多笔，比上年增长 47%；发现异常外汇资金流动线索 19 起，移交公安及安全部门6 起。

7. 国库横向联网试运行工作进展顺利。深入扎实地做好财税库行横向联网的各项准备、试运行和调试工作，在全国三个试点省、市中脱颖而出，得到了人民银行总行、税务总局的肯定。完成了财政国库管理制度改革试点扩大工作，实行了国库资金汇划报解新模式，建立了国库资金风险防范责任制，国库经理水平迈上新台阶。

8. 全面推进货币发行和管理工作。顺利完成了发行基金供应和残损人民币的销毁工作，共投放发行基金 1 561 亿元，库存残损人民币从 2003 年年末的659 亿元下降为 2005 年年末的 65 亿元，保证了首都合理的现金需求以及市场流通人民币的质量。根据北京市发行保管库的总体规划和布局，安全稳妥地完成了两家发行保管库的撤并工作，发行保管库布局更加科学合理。

五、加强金融宣传教育，努力改善首都金融生态环境

1. 积极开展金融宣传教育活动。9 月 1～4 日，人行营业管理部与市国资委、金融监管部门联合成功举办了首都金融博览会。国贸主会场观众达 17 万多人次，金融机构发放的理财产品宣传资料超过 400 万份。积极开展和参与纪念“两法”（《中华人民共和国中央银行法》和《中华人民共和国商业银行法》）颁布实施 10 周年、《国家金库条例》颁布实施 20 周年、反假币宣传月、反洗钱宣传、国家助学贷款政策宣传、北京市民金融理财年等活动，广泛宣传和普及金融知识。

2. 大力推进社会信用体系建设。加强对信贷登记咨询系统数据资料的非现场核查、现场核对工作，数据的真实性、完整性、准确性和入库率不断提高。个人信用信息基础数据库实现辖区所有银行联网入库。

六、扎实开展保持共产党员先进性教育活动，取得了明显效果

2005 年下半年，人行营业管理部按照党中央和人民银行党委的统一部署和要求，深入开展了以实践“三个代表”为主要内容的保持共产党员先进性教育活动。重点抓住思想动员、先进性具体标准大讨论、找准问题、制定整改措施等关键环节，坚持教育、工作两不误、两促进，历时3个多月，圆满完成了教育活动的各项任务。经测评，群众对先进性教育活动总体评价满意和基本满意的达100%。通过先进性教育活动，深层次触动大家的思想，激发了广大干部职工的工作主动性和积极性。

（史炳栋）

国家外汇管理局北京外汇管理部

2005年，国家外汇管理局北京外汇管理部（以下简称北京外汇管理部）全面落实科学发展观，深入贯彻人民银行全国分行长会议和国家外汇管理局（以下简称外汇局）全国外汇管理工作会议精神，按照“严进宽出”和“建立调节国际收支的市场机制和管理体制”的原则，积极转变外汇管理工作理念，着力推进外汇管理体制改革，在依法行政的同时加强服务，继续推动贸易和投资便利化，强化对跨境资本流动的监测和管理，防范对外金融风险，维护外汇市场秩序，优化首都金融生态环境，有效地促进了首都经济的健康稳步发展。

2005年，北京地区外汇收支保持了近几年来大量流入的态势，外向型经济得到了进一步发展。全年银行结售汇总额为1 625.40亿美元，同比增长43.3%；银行结汇661.92亿美元，同比增长78%；售汇963.48亿美元，同比增长26.4%；结售汇逆差为301.56亿美元，同比下降22.8%。外商投资继续增长，2005年，北京地区外资外汇登记外商直接出资金额为59.22亿美元，同比增长36.45%。

一、贯彻落实“严进宽出”原则，加大对外汇资金的监测力度

（一）对短期资本流入进行严格管理，加强统计监测

2005年，外汇局统一了中、外资银行的短期外债统计口径和管理方式，中、外资银行从境外借入的所有约定期限在1年以内的短期债务资金都被纳入短期外债余额控制指标管理。北京外汇管理部积极贯彻落实全口径外债管理的各项措施，在补录中资银行外债历史数据的基础上，积极听取意见，认真核定辖内中资银行短期外债余额指标178.90亿美元、辖内外资银行短期外债余额指标26.17亿美元，确保短期外债指标核定的准确性和完整性。同时北京外汇管理部积极配合外汇局进行外债统计监测系统的升级测试工作，完善数据分类统计，密切监测中、外资银行的短期外债余额水平，北京地区外资银行外债规模得到有效控制，外债呈平稳增长态势。2005年，北京地区外资银行新借入外债130.52亿美元，同比增加5.37%；偿还外债本金120.91亿美元，同比增加7.16%。

（二）改革对外担保管理方式，实施外汇担保项下人民币及外汇贷款登记制度，将或有负债纳入外债管理体系

自4月1日起，外汇局决定实施外汇担保项下人民币贷款及外汇贷款的登记业务，有境外担保的外商投资企业境内贷款

需要到外汇局进行登记。截至 11 月底，北京外汇管理部收到正式申请171 笔，申请登记金额约合 11.8 亿美元，担保人多为境外银行及境外母公司，未发生外汇担保项下人民币贷款需要履约情况。自 12 月 1 日起，外汇局进一步规范境内贷款项下境外担保管理，由债务人逐笔登记改为债权人定期登记。自 2005 年 9 月 1 日起，外汇局对外汇指定银行为我国境内机构在境外注册的全资附属企业和参股企业提供的融资性对外担保，开始实行余额管理。在外汇局开始对此项业务的全面改革前，北京外汇管理部经外汇局批准已对中国银行进行了 4 年的先期试点，担保金额从 2001 年的 9.67 亿美元增加到 2004 年的 21.85 亿美元，从根本上解决了企业集团境外子（分）公司的海外融资难题，为企业集团大力进行海外拓展、积极参与国际竞争提供了便利的金融服务。目前，又有中国银行、中信银行、国家开发银行、中国光大银行已提出申请，金额共计 67 亿美元。

（三）完善国际收支统计监测系统和账户系统，加大对大额外汇资金流入的监控

2005 年，北京外汇管理部认真做好国际收支统计监测系统升级工作，对辖内 22 家外汇指定银行的接口程序进行验收，努力完善外汇收支非现场监测体系建设。在对数据统计各环节上严格把关的同时，加大了对数据准确性的核对力度，通过丰富银行结售汇大户统计信息等手段，并借鉴兄弟分局非现场监管工作的经验，对外汇收支非现场监测体系建设工作进行了大胆尝试，目前已初步建立了北京地区外汇收支非现场监测体系。此外，经过一年的清理，北京外汇管理部外汇账户系统数据质量大幅提升，错误数据已从年初的 2 000余条下降为年底的 300 余条，低于全国平均水平。目前已开始利用账户系统对北京地区外汇资金流量进行监测，监测效果初步显现，为今后对辖区外汇资金全方位的动态监测打下了坚实的基础。

（四）积极推进外汇领域反洗钱工作，加大大额和可疑外汇资金交易信息核查工作力度

2005 年，北京外汇管理部及时上报大额和可疑外汇资金交易月度、季度分析报告，认真核查和上报外汇局移交的大额和可疑外汇资金交易信息，发现重大线索及时移交公安机关。截至年底，北京外汇管理部共接收辖内 45 家主报告机构报送的 52.4 万笔大额和可疑外汇资金交易信息，涉及交易金额 3 780 亿美元，向外汇局上报数据分析报告 9 篇；向主报告机构下发非现场核查通知书 208 份，核查企业 51 家，个人 3 131 人次，核查交易笔数 2.59 万笔，向外汇局报送非现场核查报告 11 篇。全年共发现异常资金流动线索 19 起，涉及机构 10 家，个人 36 名，其中已开展调查的 13 起，移交公安及安全部门 6 起。2005 年 9 月 12 日，根据反洗钱信息系统中发现的线索，经过半年多的缜密部署和精心安排，“北京外汇管理部、北京市公安局联合打黑办公室”会同北京市安全局，在全市范围内开展了打击外汇非法交易专项行动，一举捣毁多个外汇非法交易团伙。当场抓获犯罪嫌疑人 52 人，刑事拘留 33 人，其中包括 5 名外籍人士，当场扣押人民币现金及外币现钞折合人民币共计 700 余万元，扣押各币种存折及银行卡近 300 个，加上前期调查取证的账户，共冻结账户 700 余个，冻结资金折合人民币 2 100 余万元。扣押和冻结

的资金共计折合人民币2 800余万元。

二、简化手续，稳步推进贸易和投资便利化

（一）进一步简化进出口核销手续

进口核销方面，北京外汇管理部在2004年成功试点的基础上，于2005年4月1日起在北京地区全面展开“石油进口付汇改革试点”，取消石油进口付汇备案手续，明确了各试点企业可凭相关材料直接到外汇指定银行办理的业务内容。同时向外汇局建议简化自动进口许可证项下进口付汇手续，经批准，企业在办理预付货款售付汇时，可免于审核自动进口许可证。从10月1日起，在北京地区全面执行《国家外汇管理局关于进一步简化贸易进口付汇及核销手续有关问题的通知》，推行多项简化贸易进口付汇及核销手续措施，如取消部分备案登记，取消对贸易进口付汇的部分限制条件，简化申请办理“名录”审批手续等。此外，北京外汇管理部选择了100家优秀守法企业进行取消付汇核销纸制单据报审手续的试点工作，进一步简化付汇核销管理，实现电子化监管和正常业务的非现场监管，支持能源、技术进口，保持经常项目外汇均衡管理。

出口核销方面，本着“效率优先、分类管理、自愿参加”的原则，对辖区部分企业分批实行出口收汇自动核销。在前四批成功试点的基础上，2005年第3季度，北京外汇管理部又筛选出500家A类荣誉企业实行自动核销，至此，在业务总量中占比达83%的企业已经实现了自动核销。同时北京外汇管理部提出了总量核销的理念，积极探索以网上核销逐步替代手工核销的管理新方法，设计开发相关业务系统。自12月1日起，辖区企业全部采用总量核销的方法，企业和外汇局无须再录入正常的出口和收汇数据，企业端不需要安装任何软件，实现了企业端零维护，初步实现了外汇局从现场手工管理到非现场电子化管理的转变。

（二）放宽限额标准，便利企业和个人真实性用汇

2005来，北京外汇管理部认真执行外汇局《关于调整经常项目外汇账户限额管理办法的通知》和《关于放宽境内机构保留经常项目外汇收入有关问题的通知》，提高了辖内机构经常项目外汇账户的限额，并将其超限额结汇期限由以往的10个工作日延长为90个工作日，进一步扩大了辖内机构经常项目外汇资金使用的自主权。同时及时根据外汇局《关于调整境内居民个人经常项目下因私购汇限额及简化相关手续的通知》，对旅游、探亲、考察等有实际出境行为的购汇指导性限额进行了调整，并对自费留学购汇手续进行简化，降低了对审核材料的要求和购汇时预交人民币保证金的比例。另外，为便利企业和预算外单位人员出国（境）从事各类公务活动，北京外汇管理部在充分调研的基础上，根据北京地区的特点，向外汇局提出了灵活管理、简化公务出国用汇购付汇手续的建议并经外汇局批准在北京地区率先试点。

（三）认真落实扩大境外投资改革试点新政策，支持北京地区的企业实施“走出去”战略

2005年，北京外汇管理部共核准通过境外投资外汇资金来源项目118个，协议中方投资额达43.34亿美元，在全国名列前茅。

为了营造一个公平的竞争环境，北京外汇管理部积极支持民营和外商投资企业多元投资主体走出去，鼓励支持多种所有

制企业、多种法人机构充分利用“两个市场”、“两种资源”。2005 年共支持 23 家民营企业对外投资，涉及外汇投资 9 298.88 万美元，涵盖科技、艺术、旅游、房地产、医疗器械等项目。

另外，外汇局于 2005 年年初开始实施个人境外投资登记外汇管理政策，北京外汇管理部通过召开座谈会、电话答疑、柜台咨询、互联网公示等多种方式及时向社会进行宣传，贯彻落实新政策，截至年底，已经为多位知名民营企业家为投资人的 105 笔境内居民个人境外投资办理了补登记，涉及境外资产价值达 43.27 亿美元。

（四）下放非居民个人房产结汇管理权限，为非居民购房提供便利

经报请外汇局批准，北京外汇管理部于 2005 年 9 月 20 日发布《关于印发〈北京地区外汇指定银行办理非居民个人房产项下结汇管理操作规程〉的通知》，自 2005 年 10 月 1 日起，授权北京地区各外汇指定银行办理非居民个人房产项下 100 万美元（含 100 万美元）以下的单笔结汇业务。

三、加强对金融机构的外汇管理，维护首都金融生态环境

一是定期召开形势通报会，传达人民银行总行、国家外汇管理局的相关会议精神，宣传外汇管理新政策法规，提供宏观经济信息。2005 年，人行营业管理部和北京外汇管理部共同组织召开了两次金融机构工作会议，分别传达了全国外汇管理工作会议和汇率体制改革的有关精神，加强对金融机构的宏观指导，统一思想认识，部署下一阶段的工作，为北京地区外汇管理工作的顺利开展奠定了良好基础。

二是加大金融机构外汇违规行为查处力度，强化其合法经营意识。2005 年，按照外汇局部署及业务发展需要，北京外汇管理部对 25 家金融机构开展了专项检查，发现部分银行的个别分支机构存在未凭外汇局核准件为居民和非居民办理结汇、为居民办理超限额结汇未按规定审核外汇来源证明、违规办理资本金结汇、大额国际收支未申报等问题。北京外汇管理部在认真调查取证的基础上，召开案审会通过了对出现问题的机构的处罚决定，对其违规行为分别处以警示谈话、警告、罚款等处罚，并要求其制定整改措施，加强对员工的培训，严格依法合规办理业务。

三是加强和金融机构的沟通和联系，推动外汇管理新措施的顺利实施。2005 年，外汇局出台了一系列外汇管理新政策、新措施，为使这些政策措施在北京地区顺利贯彻落实，北京外汇管理部加大了对金融机构的宣传力度，举办了金融机构反洗钱信息系统的推广使用培训班、外汇指定银行外汇管理法规培训班等 7 期培训，北京地区金融机构的 2 400 余名外汇从业人员参加了培训。另应北京银行、华夏银行等金融机构要求，北京外汇管理部领导多次到银行讲解外汇形势及政策法规。北京外汇管理部还就国际收支统计监测系统银行接口程序开发、人民币汇价调整对金融机构的影响、加强银行结售汇市场准入管理等内容与金融机构的代表座谈讨论，了解他们的意见和要求，及时反馈外汇局。同时，北京外汇管理部依法行政，通过外汇业务市场准入工作支持银行拓展外汇市场，支持外资银行开办人民币业务，积极帮助银行解决自身结售汇问题，和金融机构建立了良好的业务关系，有力地促进了北京地区金融业的发展。

四、进一步规范管理，提倡人性化服务

2005年，北京外汇管理部结合首都经济的特点，在廉洁自律、依法行政的同时，为社会公众提供人性化的服务。一方面着力提高业务处理电子化水平，提高工作效率，减少客户办理业务的等候时间；另一方面，及时在管理部网页、触摸屏咨询系统更新业务操作规程，整顿电话咨询服务，为客户了解外汇管理法规提供便利。另外，北京外汇管理部严格执行服务投诉处理制度，指定专人负责记录、核实投诉情况，明确责任，采取相应的处罚措施，及时反馈处理结果。一年来，北京外汇管理部的服务水平有了较大提高，多家企业来人来函，对北京外汇管理部员工热情、专业的服务表示感谢。

（王振芳）

中国银行业监督管理委员会北京监管局

局长　赖小民

2005年，中国银行业监督管理委员会北京监管局（以下简称北京银监局）在中国银监会党委的正确领导和北京市委、市政府的关心支持下，以“三个代表”重要思想为指导，以保持共产党员先进性教育活动为契机，全面贯彻落实科学发展观，按照中国银监会全新监管理念，紧紧围绕“创建好银行”和“争创一流银监局”两大工作目标，努力进取，扎实工作，监管工作取得了明显成效，辖内银行业金融机构总体运行平稳，规模、速度、质量、效益协调发展，为推动首都经济持续健康发展和首都社会和谐发展作出了重要贡献。

截至年末，辖内银行业金融机构共3 351家，辖内中资银行机构资产总额突破3万亿元，达34 608.5亿元（含农村信用社），同比增长23.50%；实现账面利润407.4亿元，同比增长40.91%。辖内金融机构各项存款余额（含外资）为28 970亿元，同比增长21.82%；各项贷款余额为15 335.5亿元，同比增长12.95%。按五级分类口径统计，辖内中资银行机构不良贷款余额比年初减少91.6亿元；不良贷款比例比年初下降1.13个百分点，实现“双降”目标，资产质量继续向好。

一、紧密联系工作实际，扎扎实实开展保持共产党员先进性教育活动，党建工作取得实效

2005年，北京银监局党委严格按照银监会党委“联系实际，把握实质，讲求实效”的要求，在银监会督导一组的指导下，先后多次召开动员大会和专题会议，研究部署保持共产党员先进性教育活动，确保该项活动组织领导、方案制定、宣传发动、活动安排、制度设计“五到位”。历时3个多月时间，全面完成保持共产党员先进性教育活动学习动员、分析评议、整改提高三个阶段的工作，达到先进性教育和监管工作“两不误、两促进、两提高”的目标。期间，北京银监局党委提出党员保持先进性的九大标准和“争创一流银监局”的新目标，自主创作完成北京银监局局歌——《首都金融卫士之歌》。各个阶段的党员参加率均达到了100%。

二、点面结合，扎实落实，辖内案件专项治理工作取得新进展，风险管理长效机制建设迈出新步伐

2005年，北京银监局紧紧围绕银监会在《关于加大防范操作风险工作力度的通知》中提出的防范操作风险的13条措施，先后召开4次银行业案件专项治理工作会议，督促辖内机构按照“标本兼治，重在治本”的原则，坚持案件专项治理工作与建设企业风险文化、建立风险防范长效机制、“创建好银行”工作、深化体制改革实现“四个结合”，分别在业务操作、制度安排、监控机构方面建立“三道防线”，落实机构检查面，各项信贷业务检查面，各项内控制度检查面和关键岗位、重要人员检查面达到“四个100%”，强化领导办案负责制，有力推进辖内机构风险防范长效机制的构建。特别将发生重大案件的机构、案件高发机构、违规问题较多的机构列为重点监管对象，采取特别监管措施。2005年，北京银行业金融机构共成功堵截案件23起。

三、坚持风险管理为本，狠抓资产质量，不良贷款余额与比例继续保持“双降”

2005年，北京银监局准确把握风险变化趋势，坚持“一行一策”，对风险大的银行及业务品种，实施重点监管。积极召开风险情况通报会和“不良贷款抓降”专题工作会；局领导特别约见有关银行高级管理层谈话，及时提出监管指导意见；派驻监管特别小组等措施。截至年末，按五级分类口径统计，辖内中资银行机构不良贷款余额比年初减少91.6亿元；不良贷款比例比年初下降1.13个百分点，实现“双降”。

四、组织开展试评价工作，“创建好银行”工作取得新进展

2005年是北京银监局提出创建“好银行”理念的第二年。经过两年实践，“好银行”理念已得到商业银行的普遍认同，并逐步运用到经营管理中。8月至10月，北京银监局依据《北京市辖内商业银行风险评价、预警体系（暂行）》和《北京市银行业高级管理人员履职行为考核评价指标体系（暂行）》两大评价体系，分别对辖内30家银行业金融机构2004年度总体情况及高级管理人员的履职情况进行“好银行”试评价。试评价结果显示，2004年辖内商业银行总体运行情况良好，实现了质量、速度、效益的协调发展。

五、以改革保稳定、防风险、促发展，辖内中小金融机构取得新发展，首都经济金融发展实现历史性跨越

北京银监局加强对银行的指导和协调，1月1日，北京市商业银行股份有限公司更名为北京银行股份有限公司，3月25日和5月20日北京银行分别与荷兰ING集团和国际金融公司（IFC）签订战略伙伴协议和股份认购协议。两家境外投资者认购股份合计23.79亿元人民币，占总股份的24.9%，成为国内境外战略投资者入股比例最高的城市商业银行。10月19日，北京农村商业银行正式成立，标志着首都农村金融成功实现由合作制向股份制的历史性跨越。积极化解辖内信托投资公司原有业务清理及到期信托项目兑付双重风险，加大对违规机构的处罚力度，适时对外资汽车金融公司进行监管提示，积极推进高风险机构的风险处置工作，有力地促进了辖内非银行金融机构稳健合规运营，维护了首都金融秩序的稳定。

六、积极丰富监管手段，全面加强监管工作，金融风险得到有效防范和化解

一是立足风险，审慎监管，全面开展各类现场检查，及时防范和化解风险，努力维护辖内银行业稳健运行的良好局面。2005年，北京银监局针对银行业运营中可能存在的风险，先后完成对国有商业银行、股份制银行、资产管理公司、信托投资公司、汽车金融公司等机构的现场检查，累计投入工作量近9 446人/天。并针对检查中存在的问题，及时提出整改建议和监管要求，确保辖内银行业稳健运行。

二是完善机制，创新手段，强化非现场监测的风险预警功能，切实提高非现场监管的专职化和有效性。2005年，北京银监局高度重视发挥非现场监测的预警功能，采取数据分析监测、约见谈话、窗口指导、列席被监管对象股东会议和董事会议、派驻监管小组、风险提示、专项调查研究等方式，全方位、多角度地进行持续监测，为防范化解金融风险提供了有力的技术保证。

三是依法进行处罚，提高监管有效性。北京银监局加大对风险责任机构和人员的处罚力度，切实维护监管行为的权威性，有效杜绝道德风险，降低操作风险和系统风险。截至年末，北京银监局依法作出行政处罚24件。

七、始终坚持监管与创新并举，努力推进和扩大首都金融对外开放，外资银行在京业务取得新发展

2005年，北京银监局以向外资银行开放人民币业务为契机，加强监管与指导、改进服务、规范流程，审慎高效地办理各项准入事项，大力支持符合条件的外资金融机构在京发展。截至年末，在北京开业的外资银行分行有25家，支行3家；10家外资银行正式对外开办人民币业务。20家辖内外资银行可以经营全面外汇业务，19家银行获得金融衍生产品交易资格，11家银行获准开办网上银行业务，6家银行可从事代理保险业务。

八、主动探索有效方式，积极引导商业银行创新机制，改进信贷文化，支持小企业融资，小企业银行贷款满足率和质量同步上升

2005年，北京银监局根据《国务院关于鼓励支持和引导个体私营等非公有制经济发展的若干意见》以及中国银监会有关指导意见精神，制定《关于进一步加强和改进对北京市中小企业信贷服务的监管指导意见》，有效优化了小企业贷款的环境。截至年末，北京辖内共有18家银行开展了小企业贷款，小企业贷款14 296户，贷款余额累计821.05亿元。小企业贷款满足率（当年小企业实际贷款金额/当年小企业申请贷款金额）提升至73.79%，辖内小企业的贷款需求得到了较好满足。

九、狠抓内部管理，加强外部合作，为监管工作顺利开展提供有力支持和保障

一是资源整合，监管效率得到进一步提升。北京银监局按照中国银监会

"高风险，多监管；低风险，少监管；无风险，不监管"的全新分类监管理念，提出"整合监管资源，加强队伍建设，提高监管能力"的具体实施方案，重新构建监管处室，重新确定处室职能，重新调配监管人员，建立局内监管协调机制，健全全员交流轮岗制度，扩大竞争上岗范围，进一步提高监管效率和能力。

二是高度重视与外部相关单位的联系与合作。与北京保监局联合成功举办了"银行保险深层次合作与发展论坛"，与人民银行营业管理部、北京证监局、北京保监局、北京市有关区政府共同举办"首都金融文化节"、"北京市民金融理财年"等活动。独立举办"2005 年中国银行业公司治理论坛"和"2005 年银行业信用评级高层论坛"。

三是着力加强党风廉政建设，为监管工作奠定良好的思想基础。认真组织党委中心组扩大学习，研究制定《职工思想状况动态调研和反馈工作机制》，充分利用《宣传思想工作通讯》和宣传专栏两个载体，加强政治思想教育，首次对两个内部监管处室进行执法监察。

（武永杰）

中国证券监督管理委员会北京监管局

局长　张新文

2005 年是证券监管工作任务十分繁重的一年。在中国证监会党委的领导下，中国证券监督管理委员会北京监管局（以下简称北京证监局）坚持科学发展观，强化依法行政，努力实践"三个代表"重要思想，认真贯彻国务院《关于推进资本市场改革开放和稳定发展的若干意见》的要求，全面落实全国证券期货监管工作会议的部署，求真务实，开拓创新，切实防范和化解市场风险，在积极推动首都证券期货市场持续健康发展上取得了新的成绩。

截至年底，北京地区共有上市公司 83 家，拟上市辅导备案公司 22 家；证券公司 14 家，证券营业部 171 家，证券服务部 14 家；基金管理公司 10 家，基金分公司 24 家；投资咨询机构 21 家，外资代表处 41 家；期货经纪公司 20 家，营业部 30 家，境外持证企业 11 家。辖区证券从业人员约 6 000 人，投资者 161.36 万户。2005 年，北京地区证券营业部证券交易总额为 4 737.9 亿元，客户交易结算资金余额为 143.9 亿元；期货经纪机构代理期货交易额为 19 244.4 亿元，客户保证金余额为 26 亿元。受首次发行和再融资暂停的政策因素影响，2005 年北京地区通过证券市场筹集资金为3.11亿元。截至2005年12月31日，辖区上市公司总股本为1 518.48亿股，占全国上市公司总股本的20.28%；总市值为7 610.86亿元，占全国总市值的22.08%。全年发行基金232.98亿份，截至2005年12月31日，辖区10家基金管理公司共发行证券投资基金42只，发行基金份额总规模合计达1 017.96亿份。

一、坚决贯彻党中央和国务院精神，按照中国证监会部署全力推进股权分置改革

2005年，北京证监局多次召开辖区上市公司股权分置改革专题工作会议，传达精神，部署工作，分析问题，明确要求。密切跟踪试点公司股改进程，组织上市公司座谈会，及时收集整理试点工作经验。制定北京辖区股改工作推进计划，对辖区上市公司进行分类分析，逐家研究确定推进方案并采取针对性措施。实施重点推进，通过与北京市国资委密切合作，确定了辖区13家地方国有重点上市公司股权分置改革的工作规划和时间表。以“股改进程表”方式掌握辖区股改动态并组织督导组赴各公司推进工作。截至12月底，已完成股改或进入程序的公司共有19家，占辖区上市公司总数的23%。

二、围绕提高上市公司质量，进一步夯实上市公司规范发展的基础

开展上市公司优化治理工程，以基础性制度建设为切入点，进一步推进公司治理水平的提高。完成“加强上市公司基础性制度建设，完善投资者关系管理”专项工作，基本达到完善公司基础性制度，优化公司治理，提高上市公司规范运作水平的目标。

集中力量开展“清欠解保”攻坚战，解决上市公司大股东占用上市公司资金和上市公司违规担保问题初见成效。截至年底，辖区上市公司大股东及其关联方违规占用资金余额为3.25亿元，与清欠之前相比，下降了56.97%，存在违规占用的公司家数也由原来的28家减少到了4家。

切实加大上市公司监管力度，努力构建综合监管体系。主要是：认真抓好上市公司2004年年度报告审核工作；加大现场检查力度，监管重心向现场监管转移；抓实募集资金监管工作；加强对中介机构和上市公司高级管理人员的监管与培训；努力推动北京辖区上市公司综合监管体系的建设，与北京市国资委、北京银监局分别签署了《监管协作备忘录》。

三、围绕防范化解风险，努力推进证券经营机构的综合治理工作

初步摸清证券公司的风险底数。通过采取公司自报、现场核查与年报审计相结合的方式顺利完成了辖区内11家证券公司的摸底核查工作，摸清了风险底数，为化解和处置风险，推进证券公司综合治理奠定了良好基础。

积极稳妥地处置证券公司、证券营业部风险。2005年处置了辖区天勤证券经纪有限公司和华夏证券股份有限公司风险，完成了11家异地证券公司所属在京营业部的托管工作。

规范证券公司经营行为，督促其全面落实整改要求。截至年底，辖区证券公司账外经营已纳入账内核算，客户保证金缺口不断弥补，违规业务大幅度减少，证券公司整改工作取得阶段性的成果。

推动辖区证券公司逐步实现客户交易结算资金独立存管。到2005年年底，顺利完成4家公司的客户交易结算资金相对独立存管评审工作。

强化基金管理公司信息披露监管和现场检查工作。对3只基金进行了年检，对3家基金公司和5家基金公司分公司开业进行了现场检查，对4家基金发起人的诚信情况进行了现场检查。

加强对证券经营机构高级管理人员的监管。正式启用证券公司高级管理人员信息系统，坚持实行高级管理人员谈话提醒制度以加强管理力度。

完成证券投资咨询机构年检，加大对会员制业务的监管力度。全年完成22家证券投资咨询机构的年检工作，对3家公司作出了暂缓通过年检的决定，对4家公司下发了整改通知，对两家公司进行了谈话提醒。通过整顿，5家公司停止了会员制业务，北京地区会员制证券投资咨询业务状况有了明显改善。

四、加强期货经纪机构监管，初步建立动态监管工作机制

认真做好期货机构年检和专项检查工作。年检后两家期货机构进行了停业整顿，两家被特别处理，两家被注销营业许可证，1家暂缓通过年检。2005年9月开始，每月还对辖区期货公司开展以保证金安全性为主的专项检查。

切实加强对期货机构高级管理人员的监管。注意做好高管人员资格审核工作，把好高管人员准入关；以落实高管人员责任制度为核心，做好高管人员日常监管工作；切实做好辖区期货公司高管人员年检工作；利用高管人员数据库，加强高管人员诚信管理。

增强发现和处置风险的主动性，初步建立动态监管工作机制，切实防范和化解期货机构风险。实现报表分析制度化，努力提高报表分析的实效性和质量；主动查看期货机构的交易、持仓情况和期货市场的各品种行情变化情况，努力做到早发现、早处置。2005年顺利完成两家期货机构的风险处置工作。

五、严格依照法律法规和规章制度的要求，认真做好行政许可工作

北京证监局行政许可事项包括经中国证监会授权独立审核作出决定事项，经中国证监会授权进行初步审核后由其复审并作出决定事项，共计10大项、23小项。2005年全年共顺利完成证券、期货类行政许可232项。

六、不断加大稽查办案力度，完善信访工作程序，保证辖区证券期货市场的良好秩序

2005年，北京证监局共完成6个案件的调查工作，其中中国证监会交办两件，自立4件。此外，还完成协查案件25个。2005年，信访工作得到了各方面特别是股民的认可，全年共处理各类信访投诉193件，做到程序严谨、善始善终，让每个投诉人满意而归，充分体现了为投资者服务的宗旨。

七、围绕学习贯彻“两法”，加强法制宣传和培训

先后举办了辖区上市公司、证券公司、期货公司的“两法”集中培训活动、知识竞赛和座谈会，并下发通知将学习贯彻“两法”列为辖区“12·4”全国法制宣传日的重点内容，有力地推动了北京辖区“两法”的学习、宣传和贯彻落实工作。

（仲晖林）

中国保险监督管理委员会北京监管局

局长　丁小燕

2005年，北京保险业以邓小平理论和“三个代表”重要思想为指导，深入学习贯彻十六届三中、四中、五中全会精神，牢固树立和认真落实科学发展观，坚持“发展立足地方，监管立足风险，服务立足以人为本”的工作原则，紧紧围绕首都经济社会发展变化，一手防风险，一手促发展，行业发展迈上了新台阶，各项工作取得了新进展。

2005年，北京地区累计保费收入为498.2亿元（产险、寿险业务比重约为13:87），同比增长78.4%，业务规模居全国之首，较“十五”初期增长了4.3倍。其中财产险保费收入67.1亿元，同比增长1.3%；人身险保费收入430.7亿元，同比增长1倍（中意人寿承保中石油系统团体养老保险保费收入193.3亿元，对总保费收入增长的贡献度为88.3%，对人身险保费收入增长的贡献度为90.9%）。保险深度为7.4%，保险密度为3 293元。结构调整效果逐步显现，产品结构有所优化，行业整体盈利能力和持续发展能力增强。全年新增保险公司13家，年末保险公司数量达到44家。其中保险分公司38家，包括产险分公司14家，寿险分公司21家，外资再保险分公司两家，政策性保险公司营业部1家。直接在京营业的寿险总公司6家。保险专业中介机构227家，约占全国总量的1/10。兼业代理机构5 800多家。截至2005年年底，北京保险公司总资产首次超过1 000亿元，达到1 064亿元，比年初增长36.3%。保险从业人员57 220人，比年初增加4 125人，其中保险营销员45 022人，比年初增加1 218人。

一、服务首都经济社会建设，促进行业协调发展

2005年，中国保险监督管理委员会北京监管局（以下简称北京保监局）引导全行业把发挥保险三项功能作用，服务首都发展作为工作重点，积极参与和谐社会首善之区的构建，责任保险、农村保险等重点领域的发展取得突破。

（一）保险服务经济社会发展的作用进一步增强

2005年，北京保险业共为4 423万人次、2万多个企事业单位提供了3.5万亿元的人寿及意外健康保障和3万亿元的财产损失和责任风险保障。为人民群众未来的养老和医疗积累责任准备金1 062.6亿元。通过出口信用保险支持北京地区出口35亿美元，占出口总额的11.4%，占一般贸易出口额的20.8%，支付出口企业1 239万美元的赔款。全年累计赔款和给付75.4亿元，同比增长36.3%。“十五”期间，北京保险业共承担各类风险及保障责任超过10万亿元，支付各类赔款和给付256.8亿元。

（二）运用责任保险参与社会管理收效明显

2005年，北京保险业加大责任保险推动力度，职业责任险、公众责任险、承运人责任险、律师责任险、物业责任险等各类责任保险取得新发展。特别是配合市卫生主管部门在全市实施医疗责任保险制度，取得了良好成效。全市参保医疗机构450家、医护人员6.5万名，承保覆盖率达60%，承担责任限额5.2亿元。一年来，受理医患纠纷调解申请919件，对缓解医患矛盾、维护医疗秩序、分担政府责任等发挥了积极的作用。北京保监局还与市法制办协调，通过立法方式在大型社会活动安全管理条例中引入责任保险；与市运管局和市建委协调，推动承运人责任强制保险和建筑工程质量保险的实施。

（三）推动保险服务社会主义新农村建设

实施“农保工程”，有步骤地推动保险业服务“三农”。第一，重点推动北京市政策性农业保险制度建设研究工作。鼓励保险公司在大兴、延庆、平谷等郊区县积极试点，发展农业保险业务。支持经纪公司配合政府有关部门开展农村互助保险的试点和经验推广工作。全市农业保险保费收入同比增长54.6%。第二，组织行业开展农民保险需求调查，了解农民保险意识、保险需求和保险购买力，制定下发了《关于加快发展农村人身保险的指导意见》，对保险公司发展农村人身保险所需要的机构设置、人员培养等提供政策支持。中国人寿保险公司成立了以总经理为组长的县域保险工作领导小组，制定了专项工作方案，在服务网络建设、业务员培训等方面做好准备。第三，解决了农村营销员考试难的实际问题。在怀柔、密云等多个远郊区县开设保险代理人资格考试专场49次，参考人数达3 537人。第四，协调社会保障、建筑等部门，研究解决农民工的养老和医疗保障问题。

（四）建设强制三者险信息库，支持道路交通安全管理

为做好机动车第三者责任强制保险（简称“强制三者险”）制度的实施准备工作，北京保监局组织全行业完善与交管部门的信息共享和协查合作机制，进行强制三者险信息库开发建设，着手建立三者险费率与交通违法、交通事故联动机制，保证强制三者险经营数据的真实性和完整性，支持道路交通安全管理。

二、创新监管模式，保证行业健康发展

北京保监局提出用3～4年的时间建立“基础工作扎实、信息反应灵敏、监管手段科学、预警系统发挥作用”的保险监管机制，探索有利于保险发展的监管新模式，确保及时监测风险，有效化解风险，促进行业健康发展。

一是探索建立保险监管新机制。制定了分类监管办法，按照保险公司偿付能力、依法合规情况、服务质量、财务状况、内控制度有效性对各公司进行分类，产险公司和寿险公司分别有22项和20项评价指标。建立市场运行月度分析制度、非现场监管指标异常情况反馈制度，初步建成了风险监管与市场行为监管相结合的动态预警体系。该体系综合现场检查、非现场监管、信访投诉等多种监管信息，对

分公司风险进行评价，实行差异化、全过程的动态监管，为北京保监局实施分类指导、分类监管的政策奠定基础。2005年，北京保监局对15家非现场指标异动情况较严重的公司或下发监管意见书或进行监管谈话，及时提示风险，取得了较好效果。

二是加强制度建设，规范行政程序。适应法律和市场变化，特别是针对北京市场主体增加迅速、监管工作任务重、要求高的情况，北京保监局制定了在京分公司开业审批指引，进一步规范行政审批程序，增加行政审批的透明度，提高了行政效率。研究建立保险机构风险档案、保险公司现场检查程序和非现场监管规定。在全国率先建立行政处罚委员会制度，初步实现查处分离，确保定性准确、处罚得当。率先建立信访回访督察制度和业内披露制度，规范信访操作流程，解决了多个久拖不决的疑难案件。

三是加大市场行为监管力度。2005年，北京保监局共进行28次现场检查，重点检查保险公司数据真实性和欺诈误导行为、中介统一发票实施及专业中介机构保证金制度实施情况，对23家保险公司、中介机构作出了责令撤换高级管理人员、撤销违规机构、吊销许可证、责令改正、罚款、警告等行政处罚，对21家机构分别进行了监管谈话、下达监管意见书和业内通报批评。

四是采取多项措施，保护被保险人利益。加大宣传力度，公示监管政策，提高监管透明度。完善投保提示制度，修改提示内容，切实防范销售误导，促进市场健康发展。严厉打击地下保单，向市民发出公开信，提示地下保单存在的六大风险。加大信访督察制度的落实。2005年，北京保监局共受理书面信访投诉206件，同比下降39.4%。

三、加强基础工作，引导行业可持续发展

一是制定“十一五”规划，谋划长远发展。经过一年的研究论证，初步完成《北京保险业“十一五”发展规划纲要》的制定工作。该纲要提出了北京保险业“十一五”发展的指导原则、总体要求和发展目标，从落实科学发展观、建设保险市场体系、构建和谐社会、加强监管防范风险等方面提出了20余条具体措施，科学地谋划北京保险业“十一五”发展。

二是加强宣传协调，营造良好环境。2005年，北京保监局组织举办银行保险论坛、车险理赔服务研讨会，参与组织“首都金博会”，开展寿险营销状况调查，通过定期召开新闻通气会、举办“北京金融理财年”、在媒体开设“普及保险知识系列文章”专栏、组织全行业录制纪录片《保险的变迁》等活动，向广大市民宣传保险知识和北京保险业对社会经济发展的贡献，为提高社会对保险的认知度、建设和谐保险业创造了良好环境。

四、加强行业建设，督促行业自律

一是推进行业诚信建设。第一，指导行业协会推动保险公司向社会公开《北京保险行业车险服务承诺》，制定行业服务标准，建立车险服务社会满意度调查及反馈制度。第二，扎实推进诚信建设。以专项巡查等方式督促公司诚信经营，督促行业协会建立营销员警示信息制度，加强从业人员管理，规范从业人员行为，加大失信惩戒力度，对树立行业的窗口形象起到促进作用。

二是加强行业协会组织建设。贯彻落实保监会《关于加强保险行业协会建设的指导意见》，完成北京保险行业协会的改革工作，通过指导北京保险行业协会换届改选，建立了全国保险行业第一个专职化、专业化的行业协会，行业协会组织建设迈上新台阶。

（孟彦君）

中国农业发展银行北京市分行

行长　孔宪勇

2005 年，中国农业发展银行北京市分行（以下简称农发行北京分行）积极适应粮棉购销市场化的改革形势，按照年初分行党委提出的“强化机制建设，提升经营水平，争创首都政策性金融的窗口行和好银行”的工作思路，精心部署，齐心奋斗，圆满完成了各项工作任务。截至年末，农发行北京分行资产总额为 71.93 亿元，比年初增加 5.91 亿元，其中各项贷款总额为 67.07 亿元，比年初增加 4.81 亿元；负债总额为 71.09 亿元，比年初增加 8.57 亿元。实现利润 8 210 万元，资产利润率为 1.17%，同比提高 0.12%。

2005 年，农发行北京分行下辖机构 13 个，其中营业部 1 个，支行 12 个。在职员工 372 人。

收购信贷资金供应管理　全年累计发放粮油收购（调销）贷款 34.50 亿元，支持收购（调入）粮食 23.25 亿公斤，购（调）入油脂 511 万公斤。

支持北京市储备粮体系建设　克服异地代购代储粮食数量大、委托代理环节多、储存地点远离北京、库存直接监管困难等问题，累计发放异地代购代储北京市储备粮贷款 4 亿元，支持北京市在吉林、河南和黑龙江三省代购代储粮食 18 万吨，稳定了北京市储备粮源，为确保首都粮食安全作出了积极贡献。

风险管理工作　完善和建立了分支两级贷款审查委员会组织机构，统一规范了各级贷款审查委员会工作，初步建立了具有北京分行特点的审贷分离制衡机制；抓住消化国有粮食购销企业粮食财务挂账的有利时机，积极消化不良贷款，及时清收所欠贷款及本息，提高信贷资产质量；加强对不良贷款的管理，确保实现不良贷款“双降”目标。加强贷款风险分类监测评价，提高贷款质量分析水平；建立和完善不良贷款管理档案，推进不良贷款时效管理工作；继续推行“清零工程”，千方百计，应收尽收，实现不良贷款绝对额和比率的双下降。截至 12 月末，全行清收不良贷款达到 5 116 万元，不良贷款占比比年初下降 1.16 个百分点。强化法律事务职能，做好资产保全工作。将法律咨询审查贯穿于信贷业务全过程，通过法律咨询审查，努力做到关口前移，有效预防信贷风险；运用法律手段，依法维护农发行债权；加强经济纠纷案件管理，降低诉讼成本，提高胜诉受偿率。

大客户营销工作 建立了北京市产业化龙头企业项目库，客户营销对象进一步清晰；积极推动化肥储备信贷业务的开展，成立了国家储备化肥贷款工作小组，确定专人负责营销，制定下发了《中国农业发展银行北京市分行化肥储备贷款办法实施细则（试行）》，与中国农业生产资料集团公司联合下发了《化肥储备贷款封闭管理暂行办法》，为下一步化肥储备信贷业务的开展奠定了基础。

经营管理工作 全年实现利润8 210万元，同比大幅提高，比农发行总行下达指标高出1 627万元；保险代理手续费收入较上年增长了158%；资产利润率为1.17%，同比提高0.12%；收入成本率为25.06%，同比下降0.6%；上缴国家利税8 952万元。继续推行“清零工程”，不良贷款比年初减少5 116万元，占比比年初下降1.16个百分点。

机构改革工作 农发行北京分行机关内设机构由13个精简到11个，突出了以客户为中心、精简高效、协调制衡的机构设置原则；支行（部）内设机构调整为办公室、客户业务部、会计结算部3个部门；对分支行干部配置进行了合理调整，共涉及124人，占系统总人数的33%。

企业文化建设进一步加强 由农发行北京分行组成的金融代表队荣获全总举办的“纪念中华全国总工会成立80周年全国职工知识竞赛”活动团体银奖和优秀组织奖，受到中国金融工会的通报嘉奖。

（王　燕）

中国工商银行股份有限公司北京市分行
（原中国工商银行北京市分行，2005年10月28日更名）

行长　易会满

2005年，中国工商银行股份有限公司北京市分行（以下简称工行北京分行）认真落实国家宏观调控政策，坚持科学的发展观和现代商业银行的办行方向，大力开拓优质市场，积极推进改革创新，纵深优化经营结构，主动转变增长方式，全面强化内部管理，业务发展和其他各项工作协调均衡推进。截至年末，本外币总资产达10 193.22亿元，增加1 885亿元，增长22.69%；实现经营利润134.36亿元，增加12.31亿元，增长9.9%；账面利润为109.73亿元，增加44.39亿元，增长67.96%；各项存款为9 929.21亿元，增加1 786.5亿元，增长21.9%；各项贷款为2 021.2亿元，增加139.1亿元（剔除剥离因素）；中间业务收入为12.26亿元，增加2.07亿元，增长20.29%。

截至2005年年末，工行北京分行共有35家二级分行，94家网点支行，157个分理处，348个储蓄所，在岗正式员工13 607人。

股份制改革 工行北京分行作为工行系统内最大的一级分行，积极落实工行总行股份制改革方案，完成不良资产剥离工作，顺利剥离1 217户、本金175.5亿元、利息84亿元的不良资产。完成资产评估数据确认、房屋土地确权和土地评估备案工作，确权土地315宗、房产328处，确权率分别达94.31%和95.35%。完成2003、2004年度和2005年上半年的报表审计和尽职调查工作，取得中介机构无保留意见报告。完成后勤服务体制改革，清理完毕30家自办经济实体，成功拍卖25处闲置固定资产，股改工作取得重大阶段性成果。

公司金融业务 工行北京分行深化优质客户营销服务战略，确定14个行业190户重点客户名单，实施名单式营销和专人挂牌营销，强化分行直营和系统推动力度。不断优化信贷结构，新增A级以上法人客户贷款213亿元，余额占比达87.18%，较上年提高10.58个百分点。中标北京市公路改造、地铁四号线、首发高速公路等135亿元的合作项目，签署南水北调中线干线工程贷款行内银团协议（"行内"指工商银行系统内兄弟行），牵头承办西西工程4号地项目（西单北大街4号地项目）15亿元人民币银团贷款，建立149个按揭项目资料库。截至年末，法人客户贷款投放1 010.45亿元，比上年增加30.98亿元，其中项目贷款累计投放194.13亿元，同比多增67.55亿元；房地产贷款累计投放111.95亿元，同比多增63.1亿元。

机构金融业务 工行北京分行依托强大的科技优势，加强服务创新，深挖高端客户资源。完善联动营销体系，巩固传统资金结算服务，开发电子支付、现金管理、资金托管、资金理财等新兴金融服务。拓宽与大型优质客户的合作领域，成功代理中科院系统16家预算单位财政授权支付业务，资产托管业务取得较大进展。截至年末，对公存款（含同业）余额为6 520.83亿元，增加1 511.44亿元，存量、增量均居北京同业首位。

个人金融业务 工行北京分行积极实施"大个金"经营转型，努力打造"首都第一零售银行"，实行"网点、客户、客户经理、金融产品、渠道"五位一体的服务模式，推进个人金融业务向财富管理型和综合收益型转变。完善优质客户服务体系，提高优质客户占比和贡献度，优化网点布局，提高离柜业务占比，推出理财小秘书等新型理财服务，实施储蓄、基金、国债、保险"1+3"捆绑考核，不断优化存款结构，提高主动负债管理水平。截至年末，储蓄存款余额突破3 000亿元，达到3 271亿元，比上年增加390亿元，其中人民币储蓄存款余额为3 055.11亿元，增量、存量继续保持同业第一。

中间业务 工行北京分行大力实施中间业务跨越式发展战略，制定出台《中间业务发展实施意见》，明确未来三年的总体发展目标，规范收费管理。大力发展银团贷款、财务顾问等投资银行业务，不断提升新兴高附加值产品收入贡献度，成为北京银行业银团贷款合作委员会首任主席行。持续扩大发卡规模，提升发卡质量，全年累计发放信用卡60 916张，增长74%，直接消费额达56亿元，增长28%，实现收入1.46亿元，增长50.54%。积极拓展收单市场，内外卡收单交易额达205.88亿元，增长48.88%，其中外卡收单交易额13.17亿元，增长28.24%，累计新发展重点特约商户84家，增长425%。

新业务 工行北京分行倡导创新发展的经营思路，加大产品创新力度。推出电话银行支付业务、多媒体自助终端北京分行特色业务、常年财务顾问、个人人寿保险单质押贷款、个人汽车消费贷款履约保证保险、大众汽车金融服务产品等19项新型金融服务。推出代理区县级财政集中支付系统，实现区县代理财政直接支付、授权支付、非税收收入收缴等功能。推出北京分行校园卡系统，促进数字化校园建设。首家推出个人外币账户黄金买卖业务。实现“网上银财通”服务零的突破。

电子银行业务 工行北京分行全力加强金融电子化建设，实现系统内考核排名“五连冠”。开通网上基金、国债、定期存款、信用证、票据托管等新业务，推出代缴车船使用税、高校报名费、网上售电、多媒体自助终端代缴市话费、手机费、燃气费等多项特色产品，投产首个专业版银企互联，不断拓宽服务领域和客户覆盖面。截至年末，电子银行交易额达5.9万亿元，增长40%，业务收入达3 087万元，是上年的1.7倍。个人和企业电子银行客户分别新增148万户、2.45万户，是上年的2.5倍和1.3倍。门户网站点击率为8.61亿次，创历史最高水平。

信贷管理体制改革 工行北京分行高标准打造信贷精品工程，不断提高信贷管理精细化水平。优化信贷业务流程，明确分支行职能定位，整合分行授信中心和审批中心，集中信贷审批和风险控制职能。分离个贷业务前、后台，合并四个审批中心，组建贷后管理中心，成立个人信贷业务部。完善营销组织架构，重新界定公司业务一部、二部职能，重构全行不良贷款处置体系。完善客户化授权，坚持信贷预审批和预授信制度，推行行业分析、信贷咨询、评级、授信、审批、监测、十二级分类、贷款督收“八位一体”的信贷审查工作机制。完善住房开发贷款封闭管理办法，细化“追月全查”和“重点客户持续检查”，加快个人住房贷款抵押登记速度，抵押率提高24.32个百分点。积极推行专家治贷，实行信贷从业人员资格认证、持证上岗制度。

网点建设 工行北京分行推行网点差异化发展战略，着力打造金融便利店、一般理财网点、个人理财中心和财富中心四个层级的网点服务体系，提高综合竞争力。全年共新建网点（含迁址）47家，撤并低效网点85家，升格网点50家，综合化改造网点20家，综合化网点占比达34.5%。全面推广个人理财中心核心竞争力项目，累计推广项目网点268家，占比达50%。

内控管理 工行北京分行坚持“从严治行”，狠抓内控管理。实施全面风险拨备制度，健全信贷资产质量真实性评价和管理。加大对1999年以来新增贷款质量的监控力度，坚持风险预警、停牌整顿制度，严格落实新增不良贷款问责制和追究制。深入开展案件专项治理，认真抓好依法合规大检查后续整改工作，梳理整合各项规章制度883个，清理废止制度184个，重新界定重要岗位64个。严格基层网点负责人准入标准和内控管理要求，完成所有基层机构营业经理委派，明确各专业操作风险防范重点，首次开展全行财务大检查。完成NOVA系统相关项目测试和投产工作，建立员工行为动态分析管理机制，加大风险点风险源排查，全行保持无案件。

领导班子和队伍建设 工行北京分行不断加强政治素质好、经营业绩好、团结协作好、作风形象好的“四好”领导班子建设，全年调整聘用高管人员108人，占高管人员总数的41%，面向全行公开竞聘14名高管职位。大力传导先进的经营理念，加大股改宣传力度，全面提升各级领导班子的科学管理能力和执行能力。深入推进员工队伍的年轻化、知识化建设，择优引进高学历人才300人。加强对管理、营销、专业和操作人才的分层培训，扩大培训覆盖面，全年共举办各类业务和管理培训班2 623期，培训13万人次。

保持共产党员先进性教育活动 工行北京分行39个党委、1个党总支、389个党支部、6 568名党员参加了保持共产党员先进性教育活动，近万名非党群众、民主党派和无党派人士也参与了这一活动，共举办党员轮训班104次，培训党务干部1 269次，新建基层党组织7个，新发展党员73人，各党支部整改措施总计754条，党员人均整改措施5条以上，群众测评满意率达99%，全行广大党员受到了一次严格的党性教育，初步建立了“长期受教育、永葆先进性”的长效机制。

（曲兵林）

中国农业银行北京市分行

行长 朱洪波

2005年，中国农业银行北京市分行（以下简称农行北京分行）深化改革，强化管理，加快有效发展。截至年末，全行本外币资产余额为1 744亿元，比上年末增加357亿元，同比多增200亿元，增长26%；实现经营利润20.44亿元，比上年增加6.06亿元，增长42%；资产经营利润率为1.3%，同比增长0.2%。全口径各项存款余额为1 695.34亿元，比上年末增加352.54亿元，同比多增190.91亿元，创历史最好水平；本外币存款余额在四家国有商业银行和全市金融机构中的市场份额分别比上年末提升0.19个和0.06个百分点。各项贷款余额为864.23亿元，比上年增加66.98亿元，同比少增73.93亿元。截至年末，全行共有处级支行23

家（含分行营业部），分行直属支行（科级）12家，二级支行62个，分理处139个，储蓄所126个；全行在岗职工6 613人。

存款业务 年末，农行北京分行全口径本外币存款余额为1 695.34亿元，比上年末增加352.54亿元，同比多增190.91亿元。其中人民币存款余额为1 488.67亿元，比上年末增加250.96亿元，同比多增83.67亿元；储蓄存款余额为564亿元，比上年末增加106.07亿元。同业存款余额为126亿元，比上年末增加46.4亿元，增幅达65.4%；外币存款余额为9.99亿美元，比上年末增加5.74亿美元，同比多增5.27亿美元。

贷款业务 年末，农行北京分行本外币贷款余额为864.23亿元，比上年末增加66.98亿元，同比少增73.93亿元。其中人民币贷款余额为856.33亿元，比上年末增加67.92亿元，同比少增71.58亿元；外币贷款余额为0.98亿美元，比上年末减少0.12亿美元，同比少增0.29亿美元。房地产类贷款余额为288.7亿元（不含建筑安装类企业），比上年末净增54.4亿元，增长23.2%。其中开发贷款增长21.1%；个人住房贷款（包括个人按揭贷款和商用房贷款）增长24.8 %；建筑安装类企业贷款比上年末减少3.52亿元。年内，农行北京分行积极拓展房地产市场，为市场提供了土地一级开发贷款、商业用房贷款、高等院校房地产开发贷款、住宅项目贷款等品种；研发并推出了“经营性物业抵押贷款”，使房地产贷款品种更加全面。截至年末，农行北京分行公积金贷款增量在北京市的市场占比达到50.1%。

创新产品与服务 2005年，农行北京分行着眼于经营战略转型，不断创新产品与服务，努力实现业务增长方式由外延粗放型向内涵集约型转变，经营结构由传统存贷业务向资本节约型综合金融结构转变。年内，针对大型企业和集团客户特点开发并推出以方便客户资金流动性为目的的现金管理系统，目前上线客户已有15家，全年累计交易笔数达2.5万余笔，累计交易金额为674亿元。积极介入企业直接融资领域，成为第一批具有短期融资券和资产支持票据承销商资格的金融机构，先后为中铝股份、北大方正等企业发行短期融资券35亿元。推出“银关通”产品，与43家企业签订了《网上支付税费服务协议书》，为进出口企业客户提供快捷的通关缴纳税费服务。丰富并完善电子银行各项业务功能，开通网上缴纳联通手机费、铁通电话费功能；全年电子银行累计发生业务2 146.6万笔（不含手机银行），金额为677.8亿元，分别是上年同期的1.8倍和2.2倍。

信贷及客户结构调整 年内，农行北京分行新发放贷款投向进一步优化，对大型企业发放贷款占比达到全部新发放贷款的46.68%，对优良客户及重点客户发放贷款占比达到83.44%；大、中型企业贷款余额占全部贷款余额的72%。贷款余额在5 000万元以上的房地产客户占比为76.18%，显现出房地产开发类贷款的集约化、规模化趋势。

国际业务 年内，农行北京分行大力开展国际业务的市场准入工作，网点外汇业务开办率达100%，其中全功能网点占57.14%；同时，大力推广新产品，成功开办了海外代付业务；假远期信用证以及远期结售汇等业务得到快速发展。截至年末，实现国际业务结算量63.31亿美元，同比增长67.72%；外币存款余额达9.99亿美元，比上年末增加5.74亿美元，增幅达135.06%。

银行卡业务 年内，农行北京分行以抓好"质量效益年"工作为主题，加强内部管理，银行卡银联跨行交易成功率比上年度提高10个百分点，系统内异地交易成功率提高6个百分点。截至年末，累计发卡量为625万张，比上年增长0.7%，占北京发卡量市场的12%；卡消费额为87亿元，比上年增长70%，占北京卡消费市场的10%；银行卡收入为1.58亿元，比上年增长37.8%，占全行中间业务收入的43.03%。不断完善现有银行卡产品功能，陆续推出了中远医保卡、中国青年卡等联名卡产品。

中间业务 截至年末，农行北京分行与17家保险公司北京分公司和两家经纪公司建立了全面代理关系，代理业务品种从简单的分红型产品，发展为万能型、投资连结型、意外型、养老型等多种类型的保险产品，全年保费收入为12.87亿元，同比增长5.44%，手续费收入同比增长2.8个百分点。代理机构类业务品种达17种，代理金额为223亿元，实现手续费收入753万元。其中代理财政授权支付业务在农行系统内排名第一；代理财政非税收收入收缴资金量在系统内占比达98%以上；代收车船税业务量占北京市全部业务量的46%，位居第一，同比增加18%，超过北京市2004～2005年增长率5个百分点（数据由市地税局提供）。独家代收养路费金额13.9亿元。全年代理销售开放式基金10只，金额为2.5亿元；销售人民币理财产品4.3亿元，外汇理财产品4 729万美元。

电子化建设 年内，农行北京分行加大电子化投入，对2001年投产的"新一代综合业务系统（ABIS）"进行了第一次重建，将系统构架纳入农行总行的前置系统中，解决了系统中累积的运行隐患，提高了系统的稳定性和运行效率。截至年末，新一代联网网点达到343个，其中跨中心汇兑网点181个，柜台终端4 800个，日均交易量达83.8万笔，比上年同期增长53%；银行卡日均交易量48.4万笔，比上年同期增长5%；ATM机总数为506台，其中382台具备国际卡取现功能；ATM机日均取现交易量为4.7万笔，比上年同期增长26%；年内新安装ATM机33台。

风险控制 年内，农行北京分行为完善内部控制，防范和化解操作风险，在全行范围内组织开展了拉网式的操作风险专项大检查，全行抽调业务骨干603人，组成27个检查组，113个检查小组，共检查机构370个。同时开展了法人客户信贷操作风险大检查，采取支行间循环交叉的检查方式，对2000年以来法人客户新增不良情况进行了全面彻底检查，内容涉及客户申请与受理、调查、审查、审议、审批、报备、贷款发放、贷后管理等九个环节，对检查出的问题提出了整改意见，建立了整改台账；对发现的违规问题进行了严肃处理；同时积极配合审计署等外部检查，针对检查暴露出的薄弱环节在全辖进行了规范。

网点建设 年内，农行北京分行加快网点建设改造步伐，成立了网点建设委员会，建立并推行了网点建设标准化、服务标准化、管理标准化的"三化一体"综合管理体系。相继出台了《北京分行网点建设管理暂行办法》、《北京分行网点建设操作规程》、《北京分行网点建设实施方案》、《北京分行网点建设形象标准》、《北京分行2005~2007年网点发展规划》等一系列规章制度和政策。2004年以来，共购置、新建、改造网点107个，总投资额达6.9亿元。

（张金辉、李 俊、王爱芳、吴增强、裴 莹、赵鲁杰、郝子洪、王玉蓉、闫雅敏、吕东利、卢 萍、耿吉印、赵国裕、王 蕊）

中国银行股份有限公司北京市分行（原中国银行北京市分行，2005年2月21日更名）

行长 赵世刚

2005年，中国银行股份有限公司北京市分行（以下简称中行北京分行）以"审慎经营、持续发展"的经营理念落实科学发展观，在质量、风险和综合平衡的基础上切实转变经营机制和业务增长方式，保持了各项业务的持续、健康、快速发展。截至年末，全行设分行1家、支行204家、分理处2家和储蓄所14家，机构网点总数达221家，全行人员总数为7 033人。本外币总资产为2 871.57亿元，比上年末净增486.75亿元，增幅为20.41%；本外币存款合计2 625.03亿元，比上年末净增379.3亿元，增幅为16.89%，其中人民币存款为2 161.53亿元，比上年末净增510.64亿元，增幅为30.93%；本外币贷款合计789.55亿元，比上年末净增47.33亿元，增幅为6.38%，其中人民币贷款为670.05亿元，比上年末净增43.95亿元，增幅为7.02%；全年实现税前账面利润39.93亿元，比上年增加23.01亿元。人力资源管理改革、业务流程整合、网点建设和电子信息化工作也取得喜人的成果，为今后在股改上市的形势下取得新发展和服务北京奥运打下了良好的基础。

公司业务 公司业务部门根据北京市经济发展特点调整信贷结构，重点介入能源、钢铁、电子产业和城市基础设施和房地产项目，并取得良好成果。与他行合办优质项目贷款和参加对中芯等公司的银团项目贷款以确保贷款投向的优化、风险共担和高收益。以承办助学贷款为契机与35所大学签订合作协议，使助学贷款、项目贷款及高校存款、校园卡业务全面发展。年末公司人民币贷款（含票据贴现）420.6亿元，比上年末净增56.71亿元，增幅为15.58%；外汇贷款为14.8亿美元，比上年末净增0.78亿美元，增幅为5.56%。全辖建立分行、直属支行、网点支行三级对公服务体系，形成整体联动，通过积极营销、推介网上银行和提供现金管理服务等，争取了企业、机关、高校重点大户，保证了存款快速增长。年末人民币对公存款余额为 1 459.33 亿元，比上年末净增 349.72 亿元，增幅为 31.52%；外币对公存款余额为 14.81 亿美元，比上年末增加 0.63 亿美元，增幅为 4.44%。

个人金融业务 个人金融部门坚持以效益为中心，在拓展产品品种、实现差异化营销、客户分层管理和业务发展结构布局方面稳步推进。推出了二手房贷款、购车贷款等业务的直客式营销新产品。全年累计发放零售贷款 80.69 亿元，年末零售贷款余额达 288 亿元（含公积金委托贷款 23.74 亿元）。通过推介个人实时汇划、借记卡跨省通存通兑、通知存款自动转存等新产品提高业务竞争力，开展对 VIP 客户的营销和举办理财知识讲座等个性化服务，取得了积极的效果，全年新发展 VIP 客户 14 187 户，是上年的 1.6 倍，促进了人民币储蓄的快速增长。同时，面对外币储蓄下滑的不利局面，积极开展“汇聚宝”、“春夏秋冬”等外汇理财业务，销售“汇聚宝”21 期63 个品种，共 7.64 亿美元，销售“春夏秋冬”理财产品 1.38 亿美元，有效减缓了外币储蓄存款的下降幅度。截至年末，全行人民币储蓄存款达 702.2 亿元，比上年末净增 160.92 亿元，增幅为 29.73%；外币储蓄存款比上年末净减 15.07 亿美元，为 42.62 亿美元。

国际贸易结算、结售汇 国际结算部门与公司部、营业部及基层支行密切协作，加强对重点客户的营销，推出了结算授信等特色产品，争取了首钢、现代、松下、中北方等一批新老客户，业务量大幅度增长，全年共完成结算额 138.21 亿美元，比上年增长 37.1%，开立各类保函 2.4 亿美元。完成结售汇 163.04 亿美元，比上年增长 39.6%。

银行卡 银行卡部门开展以奥运为主题的系列营销活动，围绕北京市提出的“刷卡消费无障碍”的目标，加强商户服务，扩大了业务规模，全年除发行传统人民币长城卡 6.48 万张和长城国际卡 0.78 万张外，还发行新型本外双币中银信用卡 6.18 万张，同时发行长城借记卡 81.96 万张，总发卡量比上年增长 52.1%。全年完成银行卡直消额 88.38 亿元，比上年增长 78.1%；代理外卡收单 39.1 亿元，比上年增长 12.46%；新发展银行卡特约商户 2 501 家，是上年同类指标的 7.86 倍。

中间业务、票据贴现业务 中间业务部门全年分别代发凭证式国债和记账式国债 24.69 亿元和 1.28 亿元；代销开放式基金 6.63 亿元；办理老基金申购 19.5 亿元，是上年的 5.83 倍；完成代客外汇买卖交易量 131.95 亿美元，比上年增长 45.2%；完成黄金买卖交易量 2 358 万元，比上年增长 38.9%；同时在本市同业银行中率先开办了纸黄金业务，当年完成交易量 3.3 亿元。全行大力拓展票据贴现业务，年内完成票据贴现交易量（包括直贴、转贴和逆回购）282.96 亿元，比上年增长 30.1%。

机构金融业务 机构金融业务部门挖掘市场潜力，开发优质客户，与证券、保险、期货、信托、财务、汽车金融公司和同业银行扩大合作，年末已和 109 家机构建立了业务关系，设 A、B 股账户、本外币存款账户和期货保证金账户 198 个。扩大了资金来源，年末本外币金融机构存款比上年年末净增63.3亿元和15 760万美元，其中本币存款同比净增1.53倍。

资产风险控制 风险管理部门继续加强风险管理体系建设，制定了年度《授信指导原则》，报经中行北京分行风险管理委员会审议通过后指导全辖在控制风险的前提下发展授信业务；配合中行总行集中审批上收基层营业机构审批权限；调整审批流程；完成辖内全部授信和担保客户的信用评级和等级调整；高效、高质量地完成公司和零售项目的尽职调查的风险评审；建立了授信审查和评审动态报告制度；完成辖内贷款的五级分类认定审核工作，准确评判了资产质量；加大清收抓降力度，在深入调查不良贷款的基础上拟定年度清收计划，并强化责任意识，多次召开专题会议逐户逐项目督导催收，全年共清收现金19.6亿元，是上年同类指标的2倍以上。与上年年末相比，不良资产压缩23.6亿元，资产不良率降低3.48%，实现了“双降”。资产总体质量得到很大改善。

网点建设 2005年，中行北京分行网点建设取得新成绩，全年新建网点19个，与上年年末相比，全辖营业机构从202家增加到221家，其中支行级机构从173家增加到204家，在全辖网点占比从85%提高到92.3%，使网点扁平化建设又推进一步；为VIP服务的个人理财中心和理财室从45家增加到81家；结售汇业务受理网点从175家增加到199家；因私批汇网点从88家增加到172家。全辖网点经调整扩充布局更加合理，整体业务功能更加完备，大幅度提高了综合服务能力和竞争力。

人力资源改革和流程整合 2005年，中行北京分行实行全新人力资源改革，4～12月全行干部员工共6 678人分期分批竞聘上岗，全过程充分体现了公开、公平、公正的人才选拔机制。聘岗后全行部门、直属支行和团队、经营性支行两级负责人的平均年龄分别降到41岁和35岁，大专学历以上人员占比分别达99%和95%，一批学历高、业务能力强的同志充实到一线，形成了一支年轻化、知识化、专业化和具有较高素质的干部员工队伍。全行相继建立了零售贷款中心、清算中心、电子银行部、票据中心等统管全辖专项业务的机构；同时通过建立覆盖全辖的总、分库，实现了现金集中化管理，完成或基本完成了全辖同城票据交换提入业务、应收应计利息核算、固定资产核算和费用核算集中处理的上收工作，上述流程整合工作极大地提高了全行的运营效率和监控力度。

金融电子网络化 2005年，信息科技部门完成了电话银行二期、票据提入提出、ATMP390升级、校园一卡通接口、消费信贷在线审批等一批重点项目；开展了中间业务、网上银行、企业内部网、数据分析等平台的建设工作。应对人民币汇率机制改革，完成了结售汇一日多报价系统。全行新设ATM机38台、存款机12台和自助银行6家（其中包括首建独立式自助银亭3家），年末全辖运转的ATM机、存款机、查询机总数为482台，自助银行35家，进一步提升了中行非人工服务的整体功能。

（陈和言）

中国建设银行股份有限公司北京市分行

行长　张　民

2005年，中国建设银行股份有限公司北京市分行（以下简称建行北京分行）认真实践“三个代表”重要思想和科学发展观，扎实开展保持共产党员先进性教育活动，按照建行总行统一部署，全面推进各项业务发展，高度重视发展个人银行业务，高度重视集约化经营、精细化管理，高度重视风险控制工作，优化结构，整合资源，实现了健康、协调、持续发展。截至年末，建行北京分行共有24家综合性支行，10家直管支行，97家升格支行，6个分理处，209个储蓄网点。在岗员工9 919人，平均年龄34.34岁，具有大专以上学历的员工占79.11%。本外币总资产为3 832.42亿元，本外币存款余额为3 751.95亿元，本外币贷款余额为1 940.72亿元，实现账面利润70.41亿元，人均利润为70.98万元。

（王　晶）

公司业务　2005年，建行北京分行深化贷款项目储备库和重点客户管理库建设，实现了三方面突破，建立了差别化服务体系和贷款质量监测平台。具体来说，在客户营销方面实现了对北京区域内优质集团客户、优质中小企业客户、重点项目的营销突破；深化了重点客户和贷款项目储备库建设，充分发挥了两库营销平台的指导作用。在行业方面，实现了对北京地区教育、卫生、文化、旅游等社会资源类行业的营销突破。在产品创新方面，实现了财务顾问业务、短期融资券承销业务的新突破。出台了对贡献度不同的客户实施差别化服务方案；实施了大额贷款日常监测和关注类贷款逐笔监控制度，提高了贷后管理精细化程度。

（王　鸿、王　霄）

个人金融业务　截至年末，建行北京分行本外币储蓄存款余额为1 059亿元。2005年，建行北京分行初步建成由财富管理中心、个人理财中心、理财室和理财窗口组成的VIP客户差别化服务体系，新增VIP客户3.6万名；推出了一系列新产品，包括“利得盈”人民币理财产品、吉祥存单系列产品、“财易安”个人财富投资组合产品、“工薪理财宝”、“通济隆”个人国际汇款业务、纸黄金和实物黄金买卖业务；通过组织开展个人银行业务产品大型组合营销活动，发展大型集团客户代发工资单位12家，新增优质代发工资单位167家。建行北京分行还举办了个人外汇业务培训、新产品专题培训、个人客户管理子系统培训、大堂经理培训、理财卡业务培训等各类业务培训，个人专职客户经理队伍已初具规模，大堂客户经理网点覆盖率达到100%，获得RFP（注册财务策划师）认证、AFP（金融理财师）认证和CWM（特许财富管理师）证书的个人客户经理数量占个人专职客户经理的23%以上。

（易晓娟）

机构业务 2005年，建行北京分行机构客户一般性存款时点余额同比增长139.55亿元，在建行系统排名第一；金融机构同业存款时点余额在建行系统占比为17.01%，排名第二。年内，分行与16家中央部委达成非税收收入收缴代理业务意向，并成功中标市级财政非税收收入收缴业务，成为四大国有商业银行中唯一的中标银行；全年共代理近800家中央和地方财政授权单位支付业务，成功中标区级财政授权支付业务，初步实现了中央、地方、区县三级财政授权支付业务的代理；代销柜面保险、个人住房贷款保险和代收代付保险金业务累计金额超过22亿元；开办了信贷资产转让业务，实现了建行北京分行与财务公司客户合作的创新和突破；完成了证券保证金银行独立存管系统的正式上线工作；代理了多项信托计划的信托资金收付业务；稳步开展了机构客户的准入、评级、授信工作；针对保险代理、代理资金清算等业务下发了操作和控制程序。

（颜岭梅）

中间业务 2005年，建行北京分行成立了中间业务整体推动领导小组，进一步加大对中间业务的经营分析与营销指导力度，推动"横纵双向"综合管理模式向纵深发展，使中间业务收入稳步增长，汇总统计中间业务收入超过6亿元。重点发展了包括担保业务、银团贷款、短期融资券、银行卡等公司类产品，银行卡类业务收入继续保持快速增长，发行了中央国家机关龙卡、联通龙卡、商务卡等新卡种。做好代理收付业务，为中央财政、地方财政提供快速、便利的服务方案及维护，较好地完成了授权支付业务。加强收费管理，对个人小额账户实施收费。努力发展国际结算业务和外汇资金业务，结算量和交易额快速增长。

（颜岭梅）

国际业务 2005年，建行北京分行外汇业务以"健康发展增效益"为核心，深入开展"特色品牌增客户，健康发展增效益"外汇业务营销活动，通过实施订单定量、"一户一策"等精细化管理措施，业务发展再上新台阶。截至年末，实现账面利润1 496万美元，比上年增加731万美元，增长95.56%；外汇全口径存款余额为20.97亿美元，比上年增加0.93亿美元，增长4.64%；外汇贷款余额为10.39亿美元，比上年增加3.58亿美元，增长52.64%。国际结算量突破100亿元大关。年内，建行北京分行相继完成外汇清算报文、个人外汇买卖交易积分、个人外汇期权交易、外汇买卖直通式平盘及结售汇一日多价等多个系统的上线任务，同时以汇率体制改革为契机，加强产品组合创新，成功推出了"进口结算避风港"、"出口结算避风港"、"外汇债务避风港"、"外汇资金理财宝"四大系列十八类产品组合。作为独家牵头行，建行北京分行同国家开发银行等9家银行与京东方光电科技有限公司签订了7.4亿美元银团贷款协议，为国内金额最大的一笔境内外汇银团贷款项目，国际融资业务取得了重大突破。

（郑万隆）

住房金融与个人信贷业务 2005年，建行北京分行住房金融与个人信贷业务围绕“以客户为中心”的经营理念，通过对全行个人类资产业务的整合、梳理业务操作和客户服务流程，从促进业务发展的源头抓起，增强服务意识；通过对优质客户提供“绿色通道”、“直客式”服务、在原有个人住房贷款还款方式的基础上新增等额递增和等额递减还款方式等加大了服务创新和市场拓展力度，丰富了客户的选择范围，市场竞争能力得到加强，个人类贷款规模及投放在北京市仍居首位。截至年末，个人类贷款余额为419.65亿元，全年新投放贷款70.59亿元，支持19 291户购房200万平方米、1 445户购车1 445辆，圆了939位学子的求学梦。建行北京分行还有针对性地推出了“限时服务”、提供电子对账单和公积金台账电子数据文件、支取入卡入折服务等改进住房公积金客户服务质量的措施，并对签约公积金账户查询卡免收年费及小额账户管理费，提升了客户满意度，委托性住房金融业务保持了市场优势，公积金个人住房贷款余额为162.12亿元，全年代理投放26.75亿元，支持9 544户居民购房79万平方米；委托性住房存款余额为99.52亿元，为全市75万名员工建立了住房公积金和住房补贴专户。

（辛 宏）

电子银行业务 2005年，建行北京分行加快电子银行业务市场拓展，举办签约送礼、交易有礼等多项宣传营销活动，并联合新浪、和讯等商户开展了旨在推动网上支付业务的系列促销活动，同时不断优化和丰富电子银行服务产品，推动电子银行业务快速发展。截至年末，建行北京分行电子银行客户数达到987 938户，电子银行交易量为1 940万笔，同比增长11.92%，交易额为20 118.74亿元，同比增长112.60%。其中电话银行客户数达到563 257户，交易量为1 214万笔，交易额为119.16亿元；网上银行客户数达到422 321户，交易量为723万笔，交易额为19 952.34亿元，网上合作商户累计达到101户。电子银行部在2005年被授予“全国文明单位”荣誉称号。

（崔媛媛）

银行卡业务 2005年，建行北京分行发卡总量达778.23万张，在北京地区同业中排名第2位。其中贷记卡累计发卡26万张，借记卡累计发卡728.86万张，贷记卡发卡总量在北京地区同业中排名第2位，同比增长63%。银行卡实现消费交易额164亿元，同比增长44%，北京地区同业排名第2位，占比为21%。累计发展特约商户6 640家，占北京地区银行卡特约商户总量的25%，商户数量在北京地区同业排名第2位；POS机安装数量市场份额居第2位，MIS直联商户13户，同业排名第2位；全部收单交易量为170亿元，同业位居第2位；跨行收单交易量为127亿元，连续两年同业排名第1位。受理市场的科技含量不断提高，大范围推广MIS直联、无线POS机、企业财务转账POS机、多用户POS机等市场领先产品。

（王本娜）

提高资产质量 2005年，建行北京分行加强资产质量考核，将控制不良资产余额改为控制余额和结构并重，五级分类本外币不良贷款率为3.86%。对转授权基础管理和转授权执行情况进行专项检查，抽查机构覆盖面达50%以上；建立重点监测台账，实行专人管理；暂停了部分支行的部分信贷业务经营权限，体现了差别化的管理要求；对不良贷款增长较快的支行下发监管意见书；制定离岗收贷管理办法，强化问责制度；风险管理基础平台工程由项目建设转向全面风险内控体系建设阶段；建立对公单元、个人单元监管信息的查询和采集系统，整合了全部个人信贷信息。

（周天彤）

人力资源管理 2005年，建行北京分行积极开展保持共产党员先进性教育活动，重点突出“实”字。不断创新完善年度考核系统，加强领导班子思想政治建设，进一步加大领导人员交流力度。制定专业技术岗位职务聘任规划，拟定公司及机构业务客户经理队伍建设规划和个人客户经理队伍建设规划。严格人员招聘流程，积极利用网上招聘的新方式，尝试将人员素质测评结果作为录取的参考依据。继续深化和完善以KPI为核心的绩效考核体系。参加生育保险，全面完善员工社会保险体系。探索派遣制用工管理新模式，注重建立劳务派遣制用工激励机制。全年共举办各种形式培训1 551个，共计164 464人次参加培训。

（刘 本、王 红）

交通银行股份有限公司北京分行（原交通银行北京分行，2005年6月23日更名）

行长 王 滨

2005年，经过财务重组、引进外资和境外上市，交通银行率先成为国内首家国际公众持股的上市银行。在此新形势下，交通银行股份有限公司北京分行（以下简称交行北京分行）集中力量加快战略转型步伐，强化内部管理，加强风险监控，保持了较快的发展势头，各项业务和经营效益取得了良好的成绩，获得交行北京分行建行以来最高荣誉——“全国金融五一劳动奖状”称号。

截至年末，交行北京分行共有支行（含营业部）65个，分理处16个。在岗职工2 316人，平均年龄31岁。人民币存款余额为1 306亿元，比上年增加223亿元，增幅为21%；外币存款余额为21.05亿美元，比上年增加9.20亿美元，增幅为78%。人民币贷款余额为745亿元，比上年增加143亿元，增幅为24%；外汇贷款余额为9.48亿美元，比上年下降0.72亿美元，降幅为7%。按照“五级分类”口径，北京分行本外币不良贷款合计7.47亿元，比上年减少0.80亿元；本外币不良贷款占比为0.91%，比上年下降0.29个百分点。其中人民币不良贷款余额为7.34亿元，比上年减少0.71亿元，占比为0.99%，比上年下降0.35个百分点；外币不良贷款余额161万美元，比上年减少115万美元，占比为0.17%，比上年下降0.1个百分点。实现本外币中间业务收入4.02亿元，比上年增加1.24亿元，增幅为44%。太平洋卡累计发卡271万张，全年新增发卡30万张；卡存款余额为72亿元，比上年增加15亿元，增幅为26%；卡消费额为49亿元，比上年增加21亿元，增幅为75%。太平洋双币信用卡新增发卡80 027张。全年实现国际结算额209亿美元，比上年增加40亿美元，增幅为24%。本外币人均利润突破百万元大关，达到101万元，比上年增加29万元，增幅为40%。

负债业务 交行北京分行利用首都地缘优势，总分行、海内外联动，集中资源抓重点客户，广泛拓展市场，公司业务取得良好成绩。一是财政业务取得重大突破。该行以财政体制改革为契机，强化对各级政府单位的营销工作，形成较为完备的业务体系，获得北京市非税收收入收缴业务代理银行资格，目前已经能够同时代理中央财政、市级财政和区级财政的各项业务。二是不断强化重点集团客户营销工作。发挥整体营销优势，对重点集团客户进行重点营销，拓展和巩固了包括中国电信、国家电网等一批优质客户。三是抓住市场机遇，积极尝试创新业务品种。年内成功征揽证券投资者保护基金公司63亿元注册资本金，进一步丰富了交行北京分行客户资源；针对人民银行推出企业短期融资券的创新举措，先后营销了中冶集团、中国电信的短期融资券业务，并向企业提供资金集中管理、债券结算代理和金融方案服务。四是梳理客户结构，协调业务发展。通过与担保公司合作，积极发展一批市场定位明确，具有一定市场前景和竞争力的中小企业客户，健全公司客户结构体系，推动业务协调发展。

资产业务 2005年，交行北京分行严格按照北京银监局和交通银行总行的有关要求，建立健全风险防范机制，全面开展风险排查，加强资产业务投向管理，不断优化资产结构。一是调整行业结构，经过市场形势分析，确定信贷行业投向，将重点授信客户所在行业划分重点支持、适度支持、维持减持行业等几类，引导经营部门合理营销、持续发展。二是在客户结构上突出总部级和中央级客户开发，信贷资金投向1~5级授信客户。三是在业务结构上，加强承兑汇票业务管理，将贷款、票据、国际结算等产品组合运用，提高综合收益能力。

个人金融业务 2005年，交行北京分行以“全面推进个人金融业务战略转型”为指导思想，调整组织架构，加强产品营销、渠道建设和风险控制，个人金融业务继续保持良好发展势头。截至年末，人民币储蓄存款余额为244亿元，比上年增加56亿元。外汇储蓄存款余额为5.12亿美元，比上年增加0.26亿美元。个人贷款余额为95.06亿元（不含公积金贷款），比上年增加3.98亿元。为加快向零售业的战略转型，北京分行进行了组织架构调整，向零售市场营销、客户关系管理为主的职能定位转变；在产品、业务上，注重现有产品功能的深层挖掘和组合包装，适时推出本外币各种理财产品；在渠道建设上，加大在网点大堂、自助机具、电话银行方面的建设力度，开通ATM外卡取现和多媒体查询机“全国通”自助汇款业务，加速网点配套设施的建设，为客户提供方便、快捷、高效的个人金融服务。

银行卡业务 2005年，交行北京分行加大太平洋卡的宣传、营销力度，不断加强产品创新，完善服务功能，结合北京地区金融生态环境特点和业务特色，优化客户结构，提高贵宾客户和银卡客户总量，加强特约特惠商户开发力度，树立太平洋卡品牌形象，全年业务呈快速发展势头，荣获中国银联北京分公司颁发的2005年银行卡跨行业务“最佳系统运行奖”和“最佳业务质量奖”。全年累计实现卡业务收入6 979万元。

中间业务 2005年，交行北京分行加强中间业务管理，完善考核、激励机制，积极调整业务结构，引导和鼓励经营单位加快中间业务发展。一是加强管理，出台中间业务管理办法和发展规划等文件，构架中间业务发展的制度框架；加强业务分析、整合，指导经营单位改善业务发展速度和结构，促进全行业务均衡发展。二是保持传统业务高速发展，重点推动新兴中间业务。国际结算、结售汇、银行卡和“外汇宝”四大传统业务保持高速增长，新兴业务以短期融资券和代理保险业务为抓手，开辟投资银行业务和理财业务，作为中间业务新的增长点，加大中间业务产品和服务的创新力度，形成有影响力的品牌。三是加强公私联动和本外币联动，发挥公司业务、零售业务和中间业务联动效应，实行资产、负债、中间业务营销一体化。四是出台中间业务风险控制指导意见，继续强化中间业务的统一管理，严格业务的风险控制。截至12月末，全行实现本外币中间业务收入4.02亿元。

国际业务 2005年，交行北京分行国际业务发展势头强劲，区位优势和传统优势显著，一方面发挥技术、系统优势，促进业务营销；另一方面，加强管理，严格内控，防范风险，国际业务实现快速健康发展，全年实现国际结算量209亿美元，创交行北京分行历史新高。在管理上，该行加强外汇人才培养，完善基层网点外汇业务功能，加强管理，有效控制风险。在业务产品上，一是发挥外汇理财优势，引进与汇丰银行合作的SPOMS系统，推出“通宝天天盈”升级版理财产品，拓展个人因私购汇，扩大速汇金的市场影响，形成个人外汇理财独特的市场优势；二是加强外汇资金运作，发展外汇交易类中间业务，尤其是大力拓展远期结售汇业务，提高外汇资金收益水平，提高外汇宝平盘盈利水平；三是完善贸易融资产品，推出同业授信项下出口押汇和出口票据保险项下融资业务，全方位满足客户需求。

风险管理 2005年，交行北京分行建立起以风险经理为核心、覆盖信贷资产与非信贷资产、正常贷款及不良贷款的全面风险管理体制，全年资产质量得到优化。一是加大不良贷款清收力度，确定清收方案和清收进展，全年共压缩不良贷款本金4.93亿元。二是深入开展案件专项治理工作，加强员工思想教育，出台《交通银行北京分行行员8小时外行为监察办法》，健全领导干部责任追究制度，完善《交通银行北京分行各类业务内部控制风险点》，提高全行风险防范能力。三是加强法律合规管理，清理、修订和完善全行规章制度，建立规章制度电子数据库。四是开展操作风险专项检查，全年派出检查组 40 个，开展检查 45 次，参加检查人员 388 人次，检查基层网点 993 个次。

信息化建设 2005 年，交行北京分行以数据大集中一期工程为契机，着力开发市场新产品，规范管理，加强信息安全和运行维护，信息化建设迈上新台阶。北京分行数据大集中工程（一期）成功上线，为增强信息使用能力、提升管理决策水平、增强市场竞争力和加强风险防范提供了保证。为适应市场变化，满足客户需求，该行实现了客户服务中心 Call Center 系统升级、网银“财务通”系统改造，代理北京市财政局非税收收入收缴业务处理系统正式上线。开发了本外币理财“得利宝”产品、滚金账户、双利账户、太平洋卡通知存款等一系列贴进市场的产品，实现了查询机“全国通”自助转账功能。全年实现核心系统、网络、机房设备、UPS 电源、自助设备等信息系统的安全、稳定、高效运行，为业务开展提供坚实的运作平台。

人力资源管理 一是完善干部管理机制，促进干部结构合理、人员优势互补。二是优化人员结构，专业岗位内部招聘与专业人才外部引进相结合，建立起核心员工人才备份体系。三是完善绩效考核与评估机制，激发员工工作热情。四是着眼团队建设，加大培训力度，提高全员综合素质。该行围绕中心工作，立足基础培训，完善培训模式，2005 年共举办 179 期分行级培训，人均培训时间超过 50 学时。

加强党的建设 交行北京分行以邓小平理论和“三个代表”重要思想为指引，认真学习贯彻党的十六大和十六届三中、四中、五中全会精神，全面落实科学发展观，开展了以实践“三个代表”重要思想为主要内容的保持共产党员先进性教育活动。加强和改进思想政治工作，建立健全保持共产党员先进性的长效机制，增强分行各级党组织的创造力、凝聚力和战斗力。

精神文明建设 开展了丰富多彩的文体活动，组织篮球、绘画、声乐比赛等全行性大型活动，隆重举办 2005 年春节文艺晚会和北京分行第五届职工运动会，营造健康向上的企业文化，丰富员工生活，为分行整体工作的稳步推进提供保障。

（张 原）

招商银行股份有限公司北京分行
（原招商银行北京分行，2003年9月26日更名）

行长　尹凤兰

2005年，招商银行股份有限公司北京分行（以下简称招行北京分行）继续坚持和深化经营理念和企业文化，深入贯彻招商银行总行关于推进战略调整和管理国际化的精神，全体干部员工顽强拼搏，利润、质量、规模等核心指标再创佳绩。当年实现税前利润为12.6亿元，比上年增加2.5亿元，增幅为25%。截至年末，招行北京分行共有31家支行（含营业部），其中年内新建并开业支行3家，在岗职工1 408人。年末分行资产总额达到1 095.3亿元，比年初增加226.4亿元，增幅为26%；本外币存款余额为868.1亿元，比上年增加155.4亿元，增幅为22%，人民币储蓄存款余额为307亿元；本外币贷款余额为451.2亿元，比上年增加30.3亿元，增幅7%。按照“五级分类”口径，不良资产继续实现“双降”，不良贷款率为0.26%，比上年下降0.04个百分点，按照日均资产口径，2005年总资产利润率为1.49%，继续保持了“效益、质量、规模协调发展”。

对公营销　2005年，招行北京分行以“网上企业银行5.0版”、“企业年金”、“银关通”、“银税通”、财政直接支付等新业务为手段，开发维护了一批优质企业。“银关通”方面，累计缴款金额为16.12亿元；“银税通”方面，累计缴税31.75亿元，在北京地区银行机构均继续名列第一。网上企业银行业务保持快速发展，累计交易额突破6 000亿元，网上支付笔数、金额对会计柜台的替代率分别达到20%和44%；财政直接支付业务平稳运行，累计办理14 072笔，金额为332.5亿元。多项新业务营销取得重要突破，成功中标联想集团年金账户管理人和托管人资格；成功参与发行铁道部短期融资券；陆续推出网上外汇汇款、远期结售汇等国际业务新品种；积极推进社会基本养老保险金代发和“财税库行”横向联网等项目。同业合作取得多项突破，成功代销16期信托产品，代销金额为28亿元；首次开展了第三方回购型资产受让业务、同业外币拆借业务以及与外资银行的人民币资金拆借业务，进一步拓宽了与同业的合作领域。

对私业务　2005年，招行北京分行进一步整合主要个人银行产品体系，建立了以代发、“金葵花”两大业务为核心的零售业务品牌体系，进一步巩固和提升零售品牌优势。2005 年累计代发突破 100 亿元，达到 138.6 亿元，比上年增加 52.6 亿元。将“一卡通”、信用卡与传统代发业务相结合，实施整合营销。年末“一卡通”近 300 万张，卡均存款突破 1 万元。全年办理信用卡 8.7 万张，在招行系统内继续位列第一。加大对“金葵花”客户的差异化、专业化服务力度。制定了“金葵花”倍增计划，陆续推出了“金葵花体验卡”、“高端客户 1+1”等营销新模式，组织了金葵花植树节、“六一爱心总动员”、“智慧挑战赛”等多场联谊活动。年末，分行“金葵花”客户达 2.34 万户，比年初增加 1.7 万户，户均资产近百万元。加大了对“银证通”、“银保通”、理财产品、财富账户等的推广力度，先后成立“外汇通”、“银证通”俱乐部，设立了财富账户理财中心，逐步形成了有组织、有策略的保险销售模式，销售额达到 1.3 亿元；累计销售个人理财产品 50 亿元，是上年的 2.2 倍，并包揽了招行系统内 2005 年全部外币产品的销售冠军。

信贷业务 2005 年，招行北京分行继续深入贯彻“效益、质量、规模”协调发展理念和“稳健经营”的指导思想，进一步提升风险控制水平，强化信贷管理，保持了良好的资产质量。分行成立了信贷管理部，使信贷管理工作更加专业化。分行完成了信用评级工作，健全完善风险预警体系。按照强化资本约束、加快战略转型的要求，分行大力发展资本占用相对较少的资产业务，进一步调整优化信贷业务的品种分布、期限结构和收益结构。分行贷款投向继续坚持以能源、交通运输、教育、公共事业等基础产业和稳定性强的企事业单位为主，新增贷款大部分集中在这些行业，同时加快发展风险权重较低、占用资本较少的个人资产业务。年末，个人贷款在自营贷款中的比重进一步提升，余额占比为 25.4%，增量占比达 44.1%。此外，新增贷款中信用贷款和保证贷款的比例下降，质押贷款比例增加，使信贷风险进一步降低。2005 年，分行各项资产负债管理比例执行情况良好，年末加权风险资产比例为 46%，比年初下降了近 10 个百分点，表明风险资产的增长得到了良好的控制，资产结构进一步优化。按“一逾两呆”口径统计，分行自营贷款逾期余额为 7 599 万元，不良率为 0.17%，比年初下降 0.14 个百分点；按“五级分类”口径统计，不良贷款余额为 11 590 万元，不良率为 0.26%，比年初下降 0.04 个百分点。

中间业务 2005 年，招行北京分行坚持招商银行总行关于强化资本约束、实施战略转型的精神，积极调整业务结构，中间业务取得长足发展，增速明显加快，占比明显提高，创新不断丰富。2005 年，分行共实现各项中间业务收入 24 438 万元，比上年增加 8 044 万元，增幅达 49%，其中国际业务中间收入为 1 574 万美元，对私方面，仅个人外汇买卖业务一项即实现收入 751 万元，“银证通”业务实现收入 790 万元，个人结售汇、网上支付转账、POS 消费、保管箱等全面发展，共实现对私中间业务收入近 1 亿元。

国际业务 2005 年，招行北京分行国际业务快速发展，全口径国际业务结算量达到 104.73 亿美元。单证业务收入为 28.54 亿美元，结售汇业务收入为 78.63 亿美元，贸易融资额为 25.89 亿美元，实现国际业务收入 3 423 万美元，其中中间业务收入为 1 520 万美元。

内部管理 2005年，招行北京分行进一步完善了由分行业务发展委员会、分行业务主管部门、支行营销部门和客户经理队伍组成的四级营销组织结构，不断完善分行公司银行业务客户经理制和个人银行业务客户经理制。研究出台了柜员序列和综合员序列管理办法，对员工奖惩、末位淘汰等管理办法进行了修订，进一步完善和强化了队伍激励机制。分行全年共组织各类培训160余期、总数达11 000人次。分行新出台了多项服务管理举措，如大堂经理制、客户满意度评价系统和服务管理规范。2005年，分行对案件专项治理、“反洗钱”等重点工作进行了部署和落实，各单位全面梳理在营销服务、结算操作、信贷管理、综合管理等各方面的风险点，明确管理职责，落实防范措施。专项治理工作取得了阶段性成果，获得了招商银行总行和北京银监局督导检查组的一致好评。分行将“反洗钱”纳入到各项日常管理工作当中，得到了人民银行检查组的充分肯定。2005年，根据招商银行总行稽核体制改革的统一要求，分行稽核监督部予以撤销。各部门普遍加大对各业务线的纵向管理职能和监督检查力度。在操作流程上，分行自主开发了多个业务处理系统，如储蓄现金管理系统，实现了日终平账、与会计系统的内转外转核对、与出纳调缴款系统核对等环节的系统控制，避免了人为的操作风险，又如代发工资系统，实现了代发工资业务在数据传递和发放环节的系统控制，保管箱业务操作系统也已开发完成。这些业务系统为分行加强内控、防范风险起到了积极作用。

企业文化建设 2005年适逢招行北京分行建行十一周年。分行组织了首届企业文化节，开展了“我心中的招行”演讲比赛、“最美丽的文化墙”评选、文化扶贫、“同读一本书”征文、经营战略调整大讨论等一系列活动，进一步弘扬拼搏奉献的创业激情和“共同托天”的企业精神，极大地激发了队伍的凝聚力和战斗力。2005年，分行继续大力丰富员工的业余文化生活，举办了第六届职工田径运动会，各类社团活动蓬勃开展，分行足球队、围棋队分别获得了“招银北方区友谊杯”足球赛冠军和首届北京“金融杯”围棋邀请赛冠军。

机构发展 2005年，遵照招商银行总行加快机构建设步伐的指示精神，招行北京分行积极稳妥地开展网点建设。先后完成了世纪城支行、望京支行和朝外大街支行的开业工作。此外，为适应战略转型和提升零售业务的需要，北京分行对网点装修设计也进行了适当调整，例如根据网点实际，提高储蓄窗口占比；将大户室、炒汇厅、保管箱等服务整合在一起，开辟对私服务区域；统一新建网点装修风格和装修材料等。

（许　可）

上海浦东发展银行股份有限公司北京分行
（原上海浦东发展银行北京分行，2004 年 9 月 7 日更名）

行长 刘 柳

2005 年，上海浦东发展银行股份有限公司北京分行（以下简称浦发北京分行）在分支行两级领导班子的带领下，树立科学发展理念，深入开展尽职尽责教育、案件专项治理、保持共产党员先进性教育等活动，有力地促进了岗位责任制的落实，加强了内控制度建设，进一步完善了风险管理机制，较好地完成了各项主要经营指标。

截至年末，浦发北京分行共设 23 个支行，在岗员工 747 人。本外币资产规模达 575.45 亿元，比年初增加 158.75 亿元，增幅为 38.10%。本外币各项存款余额为 522.32 亿元，比年初增加 154.06 亿元，增幅为 41.84%，本外币日均存款余额为 415.28 亿元，比年初增加 76.53 亿元，增幅为 22.59%；本外币储蓄存款余额为 51.10 亿元，比年初增加 15.11 亿元，增幅为 41.98%；同业存款余额为 40.82 亿元，比年初增加 16.12 亿元，增幅为 65.26%。本外币贷款余额为 250.68 亿元，比年初增加 13.34 亿元，增幅为 5.62%；个人贷款余额为 41.74 亿元，比年初增加 10.82 亿元，增幅为 34.99%。发行（新增）东方卡 14.13 万张，累计发卡 73.64 万张。实现本外币账面利润 53 375 万元，完成全年利润计划的 100.55%。

公司 VIP 客户营销 针对北京地区总部经济的特点，上海浦东发展银行总行年内在京成立了北京大客户部，有组织、有计划、有针对性地对公司金融 VIP 客户开展综合营销工作，通过高层拜访、工作恳谈、了解需求等，逐步建立对话机制。在完成首批 19 户总行级公司金融 VIP 客户认定的基础上，有针对性地对公司金融 VIP 客户实行立体式营销，拟定了对公司金融 VIP 客户授信、用信管理流程，为公司金融 VIP 客户建立服务绿色通道。

品牌营销 2005 年，浦发北京分行在浦发行总行的统一部署下，在京大力推出了“浦发创富”和“轻松理财”两大品牌。一是通过“浦发创富”品牌，整合、构建了对公客户产品和服务平台，“引领财富之旅”系列推广活动有效提升了对公品牌的知名度，在企业现金管理产品推介、保理系统上线、保理等贸易融资新产品、新业务等方面，做了大量有效的工作，促进了全行现金管理产品的推广。截至年末，浦发北京分行超额完成浦发行总行下达的公司网上银行总量和增量的任务指标，其中总量2 906户，完成任务指标的161.7%，增量1 609户，完成任务指标的321.8%。

二是通过“轻松理财”品牌营销，推动了个人金融业务的较快发展。以浦发行总行“网银代发百日争先竞赛”和分行综合营销竞赛活动为契机，以代发业务为“源头工程”，以做好个人VIP客户服务工作为抓手，以“汇理财”业务作为吸收、稳定外汇资金的工具，以“银证通”业务培养客户的投资兴趣，有力促进了全行个人金融业务的快速发展，2005年取得了累累硕果。个人存款突破50亿元，新增超过15亿元，增幅达42%；个人贷款新增量超过10亿元，增量位居浦发行系统第二；代发金额净增量近17亿元，浦发行系统排名第三；个人优质客户数超过1.8万户，当年新增在浦发行系统排名第二；发展已上线电子商户8户，在浦发行系统排名第一；荣获浦发行系统2005年度个人银行十佳分行称号。

窗口服务　浦发北京分行针对95528客服系统上线后各营业网点客户投诉明显上升的情况，积极查找原因，分析情况，制定措施，努力改善服务水平。以问卷调查的方式，对全行22家营业网点的大厅客户经理、窗口设置、客户疏导解释、服务设施、客户投诉类别等进行了全面的调查；聘请社会服务监督员、大学生，对21家支行营业室、分行营业部进行了71次实地暗访。通过认真分析，了解了客户投诉的主要原因，制定了一系列改进措施。通过改善硬件设施，优化业务操作流程，加强服务技能培训，推广合理化建议，强化职业操守教育，加大检查、监督、惩处力度等，促进了服务质量的改善。从2005年3、4季度的统计数字看，全行在业务量明显大于2004年同期的情况下，客户投诉量有所下降。

风险内控管理　一是在浦发全系统开展的“防风险、保安全”内控大检查活动中，以全面自查、条线大检查、分行联合抽查三重检查方式，层层推进。二是从两方面着手，逐步构建全方位、立体化的授信管理体系，强化对操作风险的监控。一方面强化全行营销条线、风险管理条线和结算条线的内部管理职责，明晰各个环节的业务交界面。另一方面是建立健全大额授信用款监控机制。三是建立健全组织机构。年内成立了风险管理委员会，下设风险审查委员会和风险责任认定委员会，履行全行范围内的风险管理。分行设立了运行监控中心和授信审批部、放款中心，重新调整了风险管理部的工作职能。授信审批部、放款中心、风险管理部分别承担分行资产业务前台、中台、后台的控制职责，各部门权责明晰、权利互相制约，形成了分行资产业务风险管理的控制体系。分行还专门设立了运行监控中心，以加强对各营业机构涉及会计工作的所有人员及各项业务的约束、监督、审查和考核，同时对人行总分行的各项规章制度和分行重大决策的执行情况及时向决策层进行反馈。浦发行总行审计特派办在分行设立后，形成了审计条线的垂直管理，推行了现场和非现场的审计跟踪检查制度，切实加强审计检查工作。四是加大了处罚力度。2005年，分行加大了对有章不循、违规操作、未尽职尽责相关责任人的处罚力度。年内共通报批评10人次，记过处分5人次，降职处分1人次，开除处分2人次。五是逐步完善技术手段。2005年下半年，浦发总行开发的风险管理信息系统和个人信贷业务管理新系统在分行相继上线并投入使用，有力地促进了分行信贷管理整体水平和风险防控能力的提升。

队伍建设 2005年，浦发北京分行把干部员工教育、人事制度改革和加大培训力度作为工作重点。一是抓教育。年内启动了“铸魂工程”，着手构建属于自己的企业文化——同心文化，在“同心共赢”的核心理念下，以团队文化为基础，以执行文化为关键，以争先文化为动力，以风险文化为保障，以家园文化为纽带，逐步形成浦发北京分行特色、系统的文化体系。3~4月，在全行青年员工中开展了“培育执行文化、深化尽职尽责理念”专题团日系列活动；从10月上旬开始，在全行范围组织开展了“加强客户经理职业操守建设教育活动”；9~12月，全面、系统地开展了保持共产党员先进性教育活动；还通过组织参观反腐倡廉警示教育展、参观监狱等形式，对干部员工进行警示教育，做到警钟长鸣；通过为受灾地区捐款、组织开展“爱心满校园”系列活动等，培养干部员工的社会责任感和道德规范。二是稳步推进人事制度改革。2005年，浦发北京分行在分行层面，对人力资源部、办公室、公司金融部、风险管理部、发展研究部、金融机构部、会计部七个部门的总经理进行了交流；对现有人力资源进行了整合，年内共完成管理岗位调整、交流33人次。为落实北京银监局和浦发行总行对内控管理的要求，分行针对连续和强制休假、要害岗位管理等，制定并推行了相应的办法；在分行范围内试点推行了岗位竞聘制度，对信息科技部、风险管理部、大客户部、运行监控中心、支行营业室5类部门的10个岗位实行了竞聘上岗；逐步建立健全专业等级管理制度等，稳步推进队伍建设的制度化进程。三是抓培训。通过与高校合作，2005年累计推荐11名优秀管理人员参加MBA、EMBA的系统学习；通过专业授课和军事训练穿插进行的方式，对新入行员工进行了集中入行培训；年内全行共开展各类培训项目12个，培训人员928人次；组织各类专业技能水平认证考试6场，参考人员700余人次；推行了教育培训基金管理办法，帮助员工解决培训资金的问题，积极营造建设学习型组织氛围。年内共计6名员工通过浦发总行资深客户经理资格考试，7名员工通过浦发总行高级客户经理资格考试，74人次通过浦发总行客户经理资格考试；103名员工通过浦发总行个人信贷专业审贷岗资格考试；5名员工通过分行高级柜员资格考试，31名员工通过分行中级柜员资格考试。

（李鸿元）

广东发展银行股份有限公司北京分行
(原广东发展银行北京分行，2004年1月1日更名)

行长　张庆修

2005年，广东发展银行股份有限公司北京分行（以下简称广发北京分行）继续严格内控，细化管理，在巩固和强化公司业务的同时，努力搞好个人银行业务的营销，积极稳妥地实施业务转型，快速发展中间业务，继续强化资产管理，优化资产结构，加强业务创新，搞好优质服务，继续加强学习型团队的建设，致力于打造一支职业化水平高的优质团队，为全行的改革、重组和发展作出积极的贡献。

2005年，广发北京分行营业网点共计23家，在岗人数697人。年末，总资产363.60亿元，比上年增加12.79亿元，增长3.65%；本外币存款余额为327.96亿元，比上年增加8.37亿元，增长2.62%，其中人民币存款余额为314.82亿元，比上年增加15.89亿元，增长5.32%；本外币各项贷款余额为185.88亿元，比上年减少11.87亿元，减少6%，其中人民币贷款余额为181.18亿元，比上年减少15.27亿元，减少7.77%；实现利润4.09亿元，比上年减少0.8亿元。

存款业务　2005年，广发北京分行把存款工作作为重中之重。上半年面对存款规模下滑、外部经营环境恶化等种种压力，分行领导和员工正视困难，冷静分析形势，上下团结一心，加大负债营销力度，组织了全行储蓄存款百日营销竞赛活动，出台了十项对公存款营销的激励措施，通过这些措施和活动，对于稳定和拉动存款起到了积极的作用。为贯彻落实银监局有关流动性管理精神，分行通过完善流动性紧急预案、加强信贷出账审核管理、加大流动性指标监管力度等措施，使分行流动性管理得到了很大改善。年末，分行各项流动性指标均优于监管的标准要求。

贷款业务　2005年，广发北京分行进一步加强了信贷授权管理，上收了支行包括低风险业务、个人贷款业务在内的各项信贷业务的审批权，实行了分行对授信业务的集中审批，在进一步优化授信审批效率和审批质量的基础上，分行合理调控承兑汇票余额，提高保证金收益；优化新增贷款投放结构，加大了对大型重点优质信贷客户的营销及投放力度，积极寻找资金出口，增强生息资产的盈利能力；合理调控信贷投放节奏，引导新增信贷投向，提高信贷业务的综合收益水平。在不良贷款清收方面，集中力量推进了大额不良贷款的风险化解，充分运用各种有效的盘活手段，实施重点贷款项目的“攻坚战”。

国际业务 2005 年，广发北京分行严格内控，进一步细化国际结算操作规程，完善和落实基础管理标准化和服务承诺的各项要求，同时对支行进行了专项治理检查和后续稽核，针对检查出的问题，及时督促支行整改。在业务拓展上，分行制定了一系列激励奖励措施，通过召开客户经理交流会等形式，派专人指导支行开展外汇业务等措施，取得一定成效。

2005 年，分行外汇业务加大创新工作力度，积极推广出口合同项下押汇业务和外汇对公理财业务，坚持以结算业务为市场切入点，不断积累优质客户，外汇业务经营水平大幅度提高。截至年底，分行国际结算量同比增长 36%；结售汇量同比增长 51%；国际中间业务收入同比增长 33%。

个人银行业务 2005 年，广发北京分行开始实施业务发展模式的转型，以储蓄百日营销竞赛为契机，营造了向个人银行业务战略转型的良好氛围，圆满完成既定储蓄新增 4 亿元的竞赛目标。2005 年，分行以社区金融建设为依托初步构建了个人银行业务发展基础，建立了天通苑和北师大两个社区金融模式，全年共销售了四大类十四种理财产品，基本实现了高中低端产品、本外币产品的有机组合。特别是自主开发的“银信宝”和“季加薪”产品引起了市场的良好反响，在全辖建立了“贵宾服务”绿色通道，新增代发住房公积金、住房补贴等业务品种。通过上述措施，2005 年分行共销售各类理财产品 11.75 亿元，实现中间业务收入 852.21 万元。在个人贷款业务上，分行组织开发的“天通苑”第二期个人房屋按揭贷款项目，不仅有效地改善了分行的资产结构，而且为成功开展社区金融活动奠定了良好的基础。

信用卡业务 2005 年，广发北京分行在狠抓风险控制和内控治理的前提下，积极调整信用卡业务考核政策及激励机制，大力协助支行开展信用卡各种营销活动，特别是针对现有高端客户进行深度开发，取得良好效果。截至年底，分行累计新增发卡 11.7 万张，新增发卡量全辖排名第一。

在市场营销方面，分行通过开展季度消费换礼、“广发卡金秋美食节”等一系列活动，不断提升客户认知度和接受度，极大地提高了分行信用卡消费额。截至年底，全行实现信用卡消费额 11.6 亿元，同比增长 98%；实现信用卡收入 3 534 万元，同比增长 100%；实现信用卡利润 1 968万元，同比增长 756%；新增不良率严格控制在广发总行规定的 2.3% 以内。

同业业务 2005 年，广发北京分行继续做大信托产品代理业务，成功代理销售了“山水庭苑”等 5 个信托产品，同时还积极尝试投资银行业务，设计推出“银信宝”产品，成功营销财务顾问业务等。特别是分行成功运作了“回龙观文化居住区”信托项目，募集资金 2.8 亿元，创造了广发系统内发行的“单只规模最大的信托计划”、“首笔信托托管业务”、“单笔中间业务收入最多”、“预约金额最高”等多项第一，这标志着分行理财产品销售能力已获得新的提高。此外，分行运作的金融租赁公司业务模式、“银行—信托—保险”业务模式均为广发北京分行创新业务模式。

票据业务 2005 年，广发北京分行对票据规模及结构进行了调整；在保持业务平稳发展的前提下，加大了商业票据贴现的比重和票据周转速度，使票据业务对信贷规模的改善和流动性的调节作用更加突出，同时为了鼓励支行积极开展票据业务，分行出台了票据业务奖励办法，提高了票据资金的周转率，有效增加了收益。

风险防范 2005年，广发北京分行认真开展案件专项治理工作，对主要业务进行了风险排查，达到了广发行总行和北京银监局要求的四个100%。通过现有系统和数据初步建立了非现场稽核指标体系，对支行的经营质量进行分析并及时进行风险提示。此外，建立了支行营业部经理分行委派制，加大了支行营业部工作的垂直管理力度，制定《北京分行人民币会计业务风险控制暂行办法》，进一步规范业务操作流程，加强对各营业网点重要部位、押运、计算机系统等专项安全检查，确保了分行的安全运营。通过这些措施的实施，2005年分行内控工作水平进一步得到提高，全年没有发生大的差错事故和案件，确保了分行各项业务顺利平稳地向前发展。

人力资源管理 2005年，广发北京分行加强了培训的针对性，以小规模、有针对性的培训为主，取得了明显效果。全年共组织各类培训1 411期，参训人数2.28万人次。按月进行持证上岗培训考试，并推出了鼓励一人多证的奖励措施，截至年底，考试人数达1 407人次。特别是分行组织的首届金融理财师（AFP）培训班，通过率创该项考试的新高。为进一步深化考核分配制度改革，分行首次采用了贡献度考核作为支行分配的依据，通过指标的多元化促进支行各项业务的均衡发展。分行开发的个人创利贡献积分系统，实现了业务品种的全覆盖，提高了考核的可操作性，这是分行考核体制上的一次重大革新。

优质服务 2005年，广发北京分行按照总行《广东发展银行作风建设与规范化服务标准》等规定要求，进一步规范营业网点的服务、行员的服务行为和文明礼仪。通过检查监督、奖优罚劣、评先选优、培训考核和信息沟通五大服务管理体系的建立，构筑起规范化服务管理的平台。分行还制定并实施了全面提升该行优质服务水平的“十件大事”，积极开展优质服务大讨论、“二线为一线服务”满意度调查、规范化服务知识大赛等，通过这一系列活动的开展，使分行的规范化服务水平得到进一步的提高。

党团工作和精神文明建设 根据中央和广发行总行的统一部署和安排，广发北京分行积极开展了以实践“三个代表”重要思想为主要内容的保持共产党员先进性教育活动，将先进性教育活动与分行实际相结合，建立了分行保持共产党员先进性的长效机制。继续加强党风廉政建设，加强纪检监察工作，积极开展了各种反腐防案专题教育活动。

分行还结合自身业务发展，积极开展演讲比赛等各项丰富多彩的活动，陶冶员工的情操，分行办公室开通了“开拓者”网站，及时反映分行工作动态和员工的意见和建议，组织召开分行职工代表联席会议。所有这些，对培养良好的团队氛围，保持积极向上的集体精神，激发全行员工参与民主管理等方面都发挥了积极的作用。

（陈鸿知）

兴业银行北京分行

行长　蒋云明

2005年，兴业银行北京分行坚持以邓小平理论和“三个代表”重要思想为指导，以“创建好银行”活动为契机，全面落实科学发展观，持续推进业务发展模式和盈利模式战略转变，各项业务持续健康快速发展，盈利水平显著提升。

截至年末，分行共有22家经营机构，在岗职工477人。本外币资产总额为542.82亿元，比上年增加172.04亿元，增长46.4%；本外币存款余额为391.79亿元，比上年增加96.93亿元，增长32.87%；本外币贷款余额为227.72亿元，比上年增加31.31亿元，增长15.94%。全年实现兴业银行总行本外币考核利润6.37亿元，比上年增加1.85亿元，人均利润为133万元。不良贷款率为0.02%，资产质量继续保持较高水平。

同业业务　兴业银行北京分行同业业务坚持“以市场为导向、以客户为中心”的经营理念，坚持宽领域、专业化的经营方针，积极把握国家推进利率市场化的机遇，在巩固发展传统负债业务、资产业务和中间业务的同时，着力发展债券投资交易业务和代理业务。截至年末，分行共与北京地区的商业银行、证券公司、基金管理公司、保险公司、信托投资公司和企业集团财务公司等80多家同业客户建立了合作关系，在同业存放、同业拆借、股票质押贷款、信贷资产回购、票据业务、银证通、银证转账、网上银行、债券投资交易、债券结算代理、代理信托产品资金收付和代理销售开放式基金等各项业务合作中，实现了银行与客户双赢的发展目标。

公司业务　兴业银行北京分行针对企业金融需求多元化趋势，坚持“行业客户抓龙头、系统客户抓源头”的指导方针，加大客户拓展力度，积极培育核心客户，完善业务营销管理模式，推进团队营销，增强营销能力。推进“兴业财智星”品牌营销，成功推出“兴业财智星”的第八颗星——行业万维星，推出面向进出口企业的“通关金融服务方案”（e通关）以及面向中小企业的“动产融通仓金融服务方案”（融通仓）。银政合作取得新进展，分行成功取得海淀区财政国库集中支付代理银行资格，进一步丰富了公司业务产品和服务体系。

截至年末，人民币各项对公存款余额为347.9亿元，比年初增加92.4亿元，增长36.2%。全年累计办理票据业务交易量93.6亿元，实现利息收入4 691万元。

个人金融业务 兴业银行北京分行以壮大业务规模、扩大客户群体为目标，建立健全组织架构，成立零售业务部，加大资源的有效投入，加大业务联动和产品创新力度，积极构建完善的个人金融服务体系，全面推进个人金融业务发展。截至年末，人民币储蓄存款余额为23.56亿元，比上年增加6.1亿元；外币储蓄存款余额为1 816万美元。全年累计发放个人贷款14.48亿元，其中个人住房贷款12.65亿元，年末个人贷款余额为24.37亿元，比年初增加8.52亿元，不良贷款率及逾期贷款率继续保持“双零”纪录。

兴业银行北京分行以“自然人生”家庭理财卡上市为契机，整合业务资源，转变营销模式，落实贵宾增值服务，个人理财业务呈现快速发展的良好势头。分行开展了一系列营销推广工作，成功举办“外汇宝”营销推介会和“自然人生”家庭理财卡新闻发布会，协办2005年“北京金融知识咨询日”活动。持续、深入开展包括“万利宝”、“万汇通”、“外汇宝”、国债、保险、基金、信托等理财产品的组合包装和交叉销售。全年累计发行八期“万利宝”产品和九期“万汇通”产品，“外汇宝”、国债、保险、基金、信托等业务交易量实现较快增长，中高端个人客户群体不断壮大，促进了分行个人金融业务的整体快速发展。

银行卡业务 兴业银行北京分行加大业务创新力度，丰富银行卡功能，改善用卡环境，增加银行卡的有效发卡量。推出国内首套家庭系列理财卡——“自然人生”家庭理财卡，利用电子货币综合理财工具和综合性个人金融服务平台，实现存取款、转账结算、自助融资、综合理财于一体的多账户、多功能的集中管理服务，有力地促进了银行卡业务的发展。截至年末，兴业卡累计发卡量达到70万张，比上年增加33.77万张，实现刷卡消费额共计4.26亿元。成功推出国内首套卡通概念信用卡——“加菲猫”信用卡，突破国内信用卡常规外形，积极打造时尚酷卡，大力发展优质信用卡客户。分行继续加强联网通用工作，兴业卡跨行交易成功率一直处于北京市各家商业银行前列，收单商户数达到263家，其中外卡收单商户10家，布放直联POS机466台。

国际业务 兴业银行北京分行以服务客户为导向，大力推进国际业务产品多元化、服务差异化以及组织制度再造，新开办了进口押汇、进口代付、以电代邮、居民个人因私购汇等业务，国际业务的客户结构、产品结构和业务结构进一步优化，经营管理水平不断提高，并在某些重点行业和重点企业取得突破性进展。截至年末，外币各项存款余额为1.9亿美元，累计办理国际结算43.49亿美元，比上年同期增加17.93亿美元，增长70.15%；累计办理结售汇43.25亿美元，比上年同期增加19.08亿美元，增长78.94%。全年实现外汇中间业务收入3 300万元。

信贷管理 兴业银行北京分行本着防范风险、确保收益的原则，通过实施经济增加值的管理手段以及项目准入、比例调控、利率杠杆等措施，加大对行业投向和业务选择的引导，调整信贷行业结构，重点拓展风险较小、经济增加值贡献度高的信用业务，有效控制风险，提高业务的经济增加值。在巩固发展传统业务的基础上，稳步开办新型业务，大力发展中间业务，有效加强零售业务。信贷经营中，更加重视对优质客户的拓展和培育，继续扩大分行基本信用客户群，业务发展的协调性和可持续性得到进一步增强，从根本上保证了分行信用资产的质量。

继续加强制度建设，实行差别化业务转授权，结合本行信贷系统二期上线，不断规范信贷信息系统的使用。认真做好案件专项治理工作，有效地防范了违法违规案件。进一步完善信用业务办理各个环节的操作，加强法律事务的管理，强化信贷基础工作，努力实现操作风险的事前预防。继续高度重视信贷业务技能培训，提高各级人员风险防范和管理素质。通过规章制度的健全完善，人员素质的不断提高，辅以电子化系统硬约束，实现了信贷管理水平的进一步提高。

风险控制 兴业银行北京分行继续推进全面风险管理体系建设，强化风险意识，健全风险管理长效机制，提升风险管理和控制的科学性和有效性。信用业务办理始终坚持以质量为中心，严把风险关，提高信用项目审查审批质量。继续完善信用资产全面五级分类，完成了信贷信息系统及风险监测系统升级，加大风险监测的频度和力度，实施机构信用业务办理每日监测报告制度，提高风险预警的能力。加强法律事务管理，有效防范业务办理中的各种法律风险。不断规范授信前、授信中和授信后各个环节的操作，全面防范操作风险。对经营机构进行专项检查与辅导，实现信用业务基础工作水平的进一步提高。将风险化解作为一项重要工作常抓不懈，最大限度地保障了信贷资产的安全。

电子化建设 兴业银行北京分行积极推进科技创新，加快电子银行业务发展，为分行的整体发展提供了有力的技术支持和保障。分行成功开发新版绩效考核系统（一期），为实现全员量化考核奠定了基础，成功开发海淀区财政局“国库集中支付代理银行”项目，实现包括直接支付、授权支付、额度管理及预算外收入等诸多功能。持续优化分行信息查询系统，开发代收电费、中国电信电话费等中间业务交易，配合兴业银行总行完成小额支付系统测试、安装、培训、上线工作，完成统一报表信息系统二期压力测试及上线运行工作。2005 年，分行大力建设以光纤为传输介质的分行辖内城域网，分行、支行间通信带宽大幅提升。成功实施分行、总行间网络提速，数据传输更加畅通。大力发展个人网上银行业务，重点营销个人网上银行购买国债功能。成立分行自助银行服务中心，加大离行式自助设备的布设力度，快速、合理扩充分行服务网络。调整、优化 ATM 机布局，提高 ATM 机的单机业务量，夯实自助业务发展基础。

企业文化建设 兴业银行北京分行坚持以人为本，以“一流银行、百年兴业”的愿景为感召，积极倡导“理性、创新、人本、共享”的兴业文化核心价值观，建设家园文化，创建和谐企业。通过举办分行成立五周年志庆明星支行表彰活动，对一批业务经营管理成绩突出的“明星支行”进行表彰，引导分行上下讲业绩、比贡献。推进兴业文化建设基础工作，组织开展企业文化问卷调查及征文、案例收集工作以及《兴业银行文化纲领》讨论。弘扬兴业精神，发展兴业文化，成功举办“庆祝兴业银行北京分行成立五周年”大型文艺晚会、第三届员工歌唱大赛和第二届职工运动会、组织员工体检，兴业文化建设不断引向深入，员工凝聚力进一步增强。

（综合部）

深圳发展银行北京分行

行长　赵文杰

2005 年是深圳发展银行北京分行（以下简称深发北京分行）的“转型、稳定、发展”年。深发北京分行严格贯彻落实总行“按国际先进标准建设深圳发展银行，向现代商业银行全面转型”的要求，全体员工团结进取、开拓奋进，经营管理与业务转型齐头并进，规模增长和绩效水平稳步提高。在全力打造公司业务、零售业务、同业业务三大业务平台建设的同时，分行重点加强内部控制制度建设，努力做好案件专项治理和创建好银行工作。截至年末，分行的总资产达286.54 亿元，比上年增加 90.34 亿元，增长 46.04 %。本外币各项存款余额为230.89 亿元，比上年增加 74.14 亿元，增长 47.30%，其中人民币各项存款余额为 216.37 亿元，比上年增加 73.75 亿元，增长 51.72%。本外币贷款余额（不含贴现）为 115.55 亿元，比上年增加 15.38 亿元，增长 15.36%，其中人民币贷款余额为 111.67 亿元，比上年增加 12.68 亿元，增长 12.81%。当年实现利润（税前利润）为 2.46 亿元。截至年末，分行下辖 13 个营业网点，在岗职工数 460 人，平均年龄 31 岁，具有大专以上学历的员工占 92.17 %。

公司金融业务　深发北京分行在稳定现有客户的前提下，遵循深发行总行打造“贸易融资专业银行”的战略目标，加快公司业务转型和结构调整，以专业化、集约化和高起点建设为出发点，出台了《深圳发展银行北京分行公司业务发展策略纲要及贸易融资业务平台建设纲要》，设立了贸易融资部，组建了专职产品经理队伍，构建了以技术支持平台、集中操作平台、专业审批平台、营销推广平台为支点的全方位的产品研发、市场推广、集中操作、风险控制体系。分行专业化的贸易融资业务平台建立以后，通过中、后台有效联动、分支行通力配合，贸易融资业务呈现出可喜的发展势头。

零售业务　通过整合业务平台，梳理各项职能，调整组织架构，加强人员培训，围绕个人贷款业务拓展和“理财面对面，服务心贴心”社区营销等活动，零售业务得到了快速发展。截至年末，分行储蓄存款总额为 95 428 万元，比上年增加 28 473 万元，增长 42.53%，个人贷款余额为 183 305 万元，比上年增长120.53%，借记卡发卡 261 430 张。

深发北京分行成立了以提供健康服务为主题的 VIP 健康俱乐部。还积极拓展各项代理业务、发行“发展—中搜”联名卡，开发各种中间业务品种。

同业业务 在保证流动性和资产负债管理的前提下，尽量多地创造中间业务利润。同时，指引下辖经营单位充分发挥同业业务对业务发展的促进作用。分行票据中心按照专业经营、贴近客户、规范操作、提高效率的市场化原则，大力发展商业汇票直贴和转贴业务，加强内控管理，防范风险，票据业务持续健康发展。年末票据业务发生额比上年同期增加118亿元，增长105.50%，并保持假票率、不良资产率、资金损失率、发案率为零的记录。

国际业务 截至12月31日，累计完成国际结算量35.45亿美元，同比增长31.5%。全年累计收益达3 000万元，同比增长50%。客户群体继续稳定增长，拥有国际业务客户约210个，比上年底增长31%。离岸业务健康快速发展，已有离岸客户179个，较上年底增长97%。全年累计完成离岸结算量2.06亿美元，离岸存款余额6 039万美元，均比上年有大幅增长。

此外，积极创新开发新业务品种，取得了系统内首例“在岸担保，离岸授信”业务零的突破。

内控建设 内控建设以内部控制稽核及试评价为重点，全面推进创建“好银行”和案件专项治理工作，实现内部控制“流程化”。深发北京分行重新规范和调整了市场发展委员会、风险管理委员会、资产负债管理委员会、财务预算委员会、内部控制委员会和信息技术委员会。几大专业委员会的有效运作，使分行的科学管理水平和集体议事制度得到了显著加强。同时，分行加强了授权与相互制约机制，重点梳理了各项业务制度和业务流程，编制了各项业务和管理流程图，梳理了风险点。

风险管理 风险管理工作以发展与质量并重为总体指导原则，围绕着“以有效控制风险、确保资产质量为核心，积极稳妥地推进信贷结构调整，规范信贷管理，夯实风险管理基础，在保持信贷业务持续健康发展、合理增长的同时，实现不良贷款的双降”的信贷工作总体思路，从组织架构、业务流程、贷后管理等方面健全风险管理体系，顺利实现了全行资产业务的初步转型和稳健发展。

人力资源管理 侧重于采取积极措施稳定骨干队伍、吸收优秀人才，配合业务转型发展，强化人力资源调配。严格执行考核和激励制度，注重实效，以多种形式开展培训工作并启动了员工职业生涯规划工作。

党群工作及企业文化建设 深发北京分行积极发挥党工团的职能作用，加强党工团组织建设。根据党中央和市国资委的统一部署，自9月中旬到12月份，分行开展了为期三个月的保持共产党员先进性教育活动，圆满完成了先进性教育活动的各项任务。分行工会组织开展了一系列文体活动，在为员工办实事、求实效上取得新的进展，团结和动员全体员工发挥积极性和创造性，为分行的业务发展作出贡献。分行还从舆论倡导、意识交流、行为标准、考核评价、文体活动等多个层面加强对团队合作和进取精神的弘扬，努力营造和谐共进的优秀企业文化，队伍凝聚力和向心力得到显著提高。

（韩　笑）

中信银行总行营业部
（原中信实业银行总行营业部，2005 年 11 月 25 日更名）

总经理　张　强

2005 年，中信银行总行营业部（以下简称中信总行营业部）按照总行要求，坚持以效益和质量为中心，积极调整行业结构和客户结构，初步形成了以“公司业务为盈利基础、中间业务为特色服务、零售业务为培育重点”的业务格局，实现了效益、质量和规模的协调发展，提高了核心竞争力。

截至年底，共有支行 28 家，员工 1 028 人。本外币资产总额为 1 602.5 亿元，比上年增加 382.21 亿元，增幅为 31.32%。本外币存款折合人民币 1 306.52亿元，比上年增加 221 亿元，增幅为 20.36%，其中人民币存款余额为 852.14 亿元，比上年增加 122.82 亿元，增幅为 16.84%。本外币贷款折合人民币 650.3 亿元（含贴现），比上年增加 138.38 亿元，增幅为 27.03%，其中人民币贷款余额为 601.55 亿元（含贴现），比上年增加 144.01 亿元，增幅为 31.47%。国际业务结算额为 312.33 亿美元，其中贸易项下融资累计 53.13 亿美元，贸易项下结算量为 220.75 亿美元，比上年增加 66.38 亿元，增幅为 43%，国际业务中间业务收入为 1.53 亿元人民币，较上年增长了 56%。资产不良率为 1.83%，比上年降低 1.3 个百分点。当年实现经营利润 15.23 亿元，继续保持健康、快速的发展局面。

公司金融业务　2005 年，中信总行营业部坚持“以利润为中心、以产品为手段、以风险控制为前提、产品营销与系统营销并重”的发展策略，加大公司业务营销力度。在负债类业务方面，该行将公司负债业务的市场定位确定为机构核心客户和综合性客户，加大对中央财政和北京市财政两个层面的营销力度，并再度成功中标中央非税收收入收缴代理银行资格和北京市财政局非税收收入收缴代理银行资格，有效地稳固了金融存款规模。此外，该行还加强了同业合作，实现了主动有选择地开展负债业务。截至 12 月 31 日，该行对公人民币一般性存款余额为 789.47 亿元，比上年增加 94.22 亿元。

在资产业务方面，该行积极贯彻落实国家宏观调控政策，根据“注重质量、适度授信、支持发展”的授信理念，坚持双优发展战略和总体工作要求，积极调整信贷资产结构，加大对电信、能源和基础设施等重点行业的营销力度，加深与重点集团公司的授信合作。该行通过开展信贷资产转让、结构性融资、贸易融资、票据贴现和房地产项目融资业务，成功构建了多元化盈利模式，提高了资金使用率；通过提供银团贷款，实现了银企共赢；在重点做好结构性融资的同时，还为客户提供财务顾问服务，积累了丰富的投资银行业务经验，取得了良好的综合收益。该行还成立了专门的票据业务部，加大对票据业务的营销力度，新增“买方付息贴现”等新业务品种，成功搭建起“票据库”业务平台。截至12月31日，该行对公一般性贷款折合人民币378.75亿元（不含贴现），比上年增加36.32亿元；票据贴现（含直贴、转贴及回购）余额为112.6亿元，代理业务余额达到93.9亿元。

个人金融业务 中信总行营业部积极构建以支行为营销主体，以私人贷款中心、出国金融服务中心、私人理财中心、信用卡中心和自助银行中心五大产品服务中心为营销平台的中高端客户服务体系，加大储蓄存款营销力度，提高了零售业务收益水平，增强了零售业务的市场竞争能力。

在储蓄业务方面，该行在继续做好理财宝、“喜上禧”和“金榜题名”贺喜存单等传统产品的同时，积极推出2005年零售大赛方案，激发了全员吸储的积极性；通过节日营销和加大媒体宣传力度，有效拉动了储蓄业务的增长。截至12月31日，该行储蓄存款本外币余额折合人民币为78.21亿元，比上年增加32.58亿元，增幅为71.39%。

在零售信贷业务方面，该行积极贯彻国家宏观政策和中信总行以效益和质量为中心的发展战略，及时调整个人贷款业务政策，将零售信贷的发展重点调整为风险权重低、占用风险资本少的住房按揭贷款业务。通过与大型房地产开发商的合作，该行成功地开发了一系列优质住房按揭项目。截至12月31日，该行个人贷款余额为118.29亿元，比上年增加34.36亿元，增幅为40.94%。

国际业务 中信总行营业部以风险控制为前提，加快业务产品和服务的创新，在做好原有进口代客审单、进口押汇等业务的同时，积极介入北京地区中小企业出口融资的业务，加强对重点客户的维护和挖潜工作，适时推出远期外汇买卖和远期结售汇等汇率产品。该行已初步形成集融资产品、汇率产品和结算产品为一体的外汇业务服务平台，国际业务整体竞争力得以进一步增强。截至12月31日，该行实现国际收支总额312.33亿美元，其中贸易项下收付汇量达到220.75亿美元，贸易项下融资累计金额为53.13亿美元。

中间业务 中信总行营业部在稳定既有优质保函客户的同时，加大对主流行业、主流客户的开发力度；加强企业年金业务的研究与推广，与中国联合石油有限责任公司签署了年金托管协议；积极介入短期融资券的承销业务，成功承销了中国中化集团公司33亿元的短期融资券。

该行先后销售了8期人民币理财产品和14期外汇理财产品，代售了光大“保德信”等6只货币市场基金、中信证券“避险共赢”和招商证券“基金宝”2只集合理财计划以及信诚公司的“一诺千金”等6个保险产品。该行还以新西兰个人留学贷款为切入点，积极拓展出国金融服务，向瑞士、法国、加拿大等6国大使馆递交了业务合作意向函，并与多家留学中介机构建立了初步的合作意向。此外，该行国际业务的中间业务收入为

1.53亿元人民币，较上年增长了56%。

银行卡业务 中信总行营业部通过开展“金鸡报晓”和“夏日激情”等营销活动加大对中信STAR信用卡的营销力度，先后与平安保险、太平洋保险等公司洽谈合作发放STAR信用卡事宜，提高STAR信用卡的市场影响力。该行积极改善中信市政交通一卡通联名卡的用卡环境，并制定了中信爱心卡项目管理办法和操作流程。该行重视用卡环境优化建设，先后完成国际大厦等多家支行的自助银行装修改造工作，并加强对自助设备的运行管理，确保自助设备的安全准确运行。截至12月31日，该行有离行式自助银行网点28个，已投入运行的自助设备115台。2005年，该行发行中信理财宝12.76万张，中信STAR信用卡4.21万张。

金融电子化 中信总行营业部不断加大系统开发力度，成立了财政业务信息系统小组，对“中央财政非税收收入收缴系统”等进行了修改测试；组织开发了新秀水街无线POS收费系统、个人外汇理财产品收益计算系统、国美电器和苏宁电器分期付款系统；完成了海外信用卡收单系统升级需求设计、东方海达自助交费系统方案设计、热力代收费系统方案设计、风险资产管理信息系统设计以及“三代”系统的建设上线工作；积极配合各单位加强业务开发和内部管理，提供日常技术支持，保障各项业务的顺利开展。

风险管理工作 中信总行营业部秉承“过滤掉风险的发展，获得有质量的利润”的指导思想，根据中信总行的风险管理要求，明确授信政策方向；成立信用审批委员会，实行专家集体评审制度；强调行长一票表决权，改进信审分工模式；成立对公放款中心，规范公司授信业务发放程序；建立个人贷款业务的集中审查审批制度。该行成立了案件专项治理工作领导小组和专项治理办公室，通过发放风险提示函的形式，先后对银行卡吞卡、营业柜面、重要业务印章及重要空白凭证管理等业务中可能存在的隐患进行风险提示；通过搭建非现场稽核管理系统平台，确保异常和不确定问题的及时查询。该行继续推广实施会计事后监督系统，加强后督中心管理；进一步深化完善会计经理委派制度，加强会计经理工作的指导监督检查，完善会计基础工作建设。

网点和机构建设 2005年，中信总行营业部在顺利完成望京支行和清华科技园支行开业的基础上，积极筹建了三元桥支行和世纪城支行。同时，该行根据业务发展需要，分别在东、南、西、北四个区域筹建了四大贵宾理财中心，有效配合了中信总行零售银行战略的实施。该行还成立了专门的票据业务部，以加大对票据业务的营销力度。

内部管理 2005年，中信总行营业部继续完善绩效考核和激励分配机制，加大对新建支行的扶持力度，细化支行、支行长、客户经理三个层面的绩效考核评价标准，加大利润奖的分配力度，增设支行行长“超额规模奖”，构筑了支行做大做强的价值平台。截至12月31日，28家支行的人民币一般性存款余额合计563.41亿元，人民币贷款余额为392.2亿元（含贴现），它们在中信银行系统中的占比分别达到了66.12%和65.2%。

该行努力做好相关大项目和重点项目的不良资产清收工作。截至12月31日，该行共回收人民币现金4.7亿元，累计实现表外息收入6 079.13万元人民币。该行继续深化资本性支出及费用预算管理工作，完善营销费用管理办法。加强安全保卫，提高治安后勤服务水平。积极开展保持共产党员先进性教育活动，加强干部队伍建设。顺利完成更名工作，并通过积极的对外宣传，塑造良好的品牌形象。

（黄朝琴）

中国光大银行股份有限公司总行营业部（原中国光大银行总行营业部，2003年11月18日更名）

主任　张华宇

2005年，中国光大银行股份有限公司总行营业部（以下简称光大总行营业部）面对光大银行总行（以下简称光大总行）财务重组前的重重困难和激烈的市场竞争，严格按照光大总行建设“精品银行、上市银行”的战略要求，全体员工团结一致、奋力拼搏，贯彻落实科学发展观，积极开拓市场，全力推进营销，呈现出你追我赶拓业务、力争上游创佳绩的良好局面，全面完成了光大总行下达的14项经营计划，并再次被评为总行级先进单位。截至年末，光大总行营业部下属1个营业室，33家支行，正式员工919人。总资产达1 036.4亿元，比上年增加330亿元，增长46.7%。本外币存款余额为878.5亿元，比上年增加223.7亿元，增长34.2%，其中人民币存款余额为828.1亿元，比上年增加219.5亿元，增长26.5%。本外币贷款余额为370.3亿元，比上年增加53.4亿元，增长16.9%，其中人民币贷款余额为357.3亿元，比上年增加51.7亿元，增长14.5%。全年实现利润总额8.9亿元，比上年增加2.55亿元。

公司金融业务　一是构建和谐的营销环境。从加强双向沟通、定期联系支行、加强政策指导、制定服务方案、及时捕捉客户需求、推进重点项目营销六个方面提供支持，有效地解决了交叉营销问题。二是加强重点客户营销。制订相应的重点目标客户强强联合营销实施方案，确定客户，责任到人，进行总分支三级和分支两级联动营销，收到了良好的效果。三是积极组织项目投标。先后参加了北京市海淀区财政局集中支付、北京市朝阳区集中支付、北京市市属单位非税收收入收缴等近十项招标，并多次中标，使光大银行在北京市场全面拥有了代理中央、市、区三级财政业务的资格。

该行全力做好增存稳存工作，年底实现公司金融时点存款785亿元，比上年增加194亿元，增幅为32.8%；公司金融日均存款为655.2亿元，比上年增加109.8亿元，增幅为20.1%，为历年来最高，超过上年水平4.4个百分点。同时，多策并举促进贷款投放，争取信贷效益最大化，通过实行差异化行业投向管理，并根据实际需要适时调整考核政策，有效地刺激了贷款增长，年底贷款余额达到370亿元，较年初增加53亿元，增幅为14.3%。

个人金融业务 2005年，光大总行营业部根据光大总行业务转型与战略调整的总体要求，努力强化营销，大力推进个人金融业务发展。一方面，加大产品宣传力度，提高柜台服务质量，开展一系列行之有效的集中宣传和技能大比拼活动，建立对重点客户及潜在目标客户进行分层次管理的服务模式，建立了VIP客户关系管理系统，努力增存揽储，截至年末，光大总行营业部储蓄时点余额达到93.5亿元，比年初增加29.6亿元，增长47%。另一方面，做好个人贷款投放与管理工作，在全力抢占北京地区优质按揭贷款项目的同时，积极落实光大总行强化个人贷款业务管理的工作要求，实行集中审查审批、集中放款审核、集中合作中介机构管理、集中专业化催收的管理模式，营业部自主开发的电子化个人贷款档案管理系统也已投入使用。同时严格控制个人贷款风险，逐户开展了个人贷款风险排查，并针对不同品种，分析产生不良贷款的原因，通过多种渠道进行清收化解，取得了较好的清收效果。2005年，该行进一步确立了阳光e缴费项目的市场领先优势，与国际知名企业麦当劳合作，开发了麦当劳缴费项目，并对自助缴费机开通了接受银联卡和阳光信用卡的使用功能，进一步增加了中间业务收入。

阳光理财业务 2005年，光大总行营业部继续按照光大总行“争做国内理财市场领跑者”的要求，树立品牌战略，大力推广理财产品，再次成为北京地区理财市场的“领头羊”。在个人理财业务方面，通过采取加强对个人客户经理和临柜人员的培训、充实理财营销队伍、改造硬件设施、再造业务流程等措施来推动理财产品的营销推广，同时为丰富理财产品系列开展自主创新活动，自行开发了国家开发银行资金担保信托计划、个人信贷资产转让回购信托计划以及以阳光理财“‘薪’满‘溢’足”为主题的企事业薪资福利账户增值产品。截至年末，共发行个人理财产品折合人民币30亿元，积累客户资源16万户，销量在光大银行系统内名列第一。在公司金融理财方面，加强业务条线产品整合，紧紧抓住公司业务部门与市场联系最紧密的优势，按照结算、融资、票据、理财、政务、集团、国内贸易链、国际贸易链等分类组合，推出了八大阳光理财计划，通过研究和制定具有市场竞争优势的金融服务方案，为客户提供个性化服务。年内共销售阳光理财A计划美元产品17笔，累计销售额为1.25亿美元；销售阳光理财A计划港币产品10笔，累计销售额为11.5亿港元；销售阳光理财B计划8笔，累计销售额为8 870万元人民币；销售阳光理财A+计划3笔，累计销售额为650万元人民币；债券代理7笔，累计金额为5 500万元人民币。

中间业务 2005年，光大总行营业部一方面采取有效措施加快国际业务和贴现业务发展，另一方面充分利用代理中央财政支付和代发短期融资债券等资格开展有针对性的营销活动，实现了中间业务收入的大幅增长。在国际业务方面，设立支行外汇业务操作管理员制度，加强了基层支行的外汇管理基础工作，改进了营销策略，在信贷、资金、产品、价格、人员培训等方面加大对基层行的支持力度。在票据业务方面，4月1日起实行票据直贴业务集中统一管理，对经营单位办理的商业汇票直贴业务的合法性、合规性、完整性进行审核，规范了经营单位办理业务的操作流程，防范了票据业务的风险，为转贴业务的办理增加更大盈利和资金流动性提供了保证。在财政代理业务方面，为全面推进业务开展，先后开展了多次大规模的营销活动，得到了商务部、国家发改委等一大批中央预算单位的好评，品牌影响力进一步扩大。2005年，光大总行营业部授权支付新增6家一级预算单位、13家基层预算单位，开立了银监会、南水北调财政汇缴专户，并和近30家部委签订或达成意向合作协议。在短期融资债券营销方面，对拟发行企业短期融资债券的40多家目标客户进行逐一拜访，提供项目建议书，开展一对一的个性化营销，通过全行上下配合，企业短期融资债券的营销工作取得了显著成效。截至年末，光大总行营业部营销客户有8户，主承销金额为212亿元，分销2户，金额近20亿元。

内部管理 2005年，光大总行营业部不断强化内部管理，以实现“双降”为目标，通过优化结构，完善制度，积极有效地控制了经营风险。一是加强授信风险管理，建立了涵盖公司金融和个人金融业务、信贷资产和非信贷资产风险管理的全面风险管理体系，成立了风险预警管理委员会，推行风险联络员制度，内外结合，多层次、多渠道地获取风险预警信息，实现风险控制与管理工作前移。二是建立了“大保全”的资产风险管理模式，在全行经营管理考核和评价办法中，明确资产保全部全面负责管理和清收的存量不良资产范围，扩大了管理的职责。三是认真做好案件专项治理，成立了专项治理工作领导小组，制定工作方案，签订责任书，将专项治理工作制度化、规范化。组织开展了全行范围的自查和专项检查，重新梳理和检查了各项规章制度的全面性、系统性和可操作性，对存在的问题及时进行了修订和补充完善。四是加强柜台经理队伍建设。推出了《柜台经理考核办法》，把防范柜台操作风险的战略目标分解为账户管理、现金重空（重要空白凭据）管理、反洗钱管理等24项可操作目标，实现控制柜台操作风险的目的。

先进性教育和企业文化建设 2005年7月，按照光大总行的统一安排，光大总行营业部认真组织开展了保持共产党员先进性教育活动，做到了“六个到位”，即做好思想发动，保证认识到位；做好组织发动，保证落实到位；做好物质储备，保证基础到位；做好督导检查，保证学习到位；做好宣传教育，保证剖析到位；做好意见收集，保证整改到位，较好地完成了先进性教育活动中的各项工作任务。

在企业文化建设方面，首次在合同制员工中开展了岗位能手评比、技能比赛、演讲比赛等活动，增强了爱行爱岗观念。建立了员工个人年金计划，实施了员工及子女“成才之星”奖励计划，提高了员工学习的积极性。组织开展丰富多彩的文体活动，相继成立了乒乓球队、羽毛球队、篮球队、足球队、摄影协会等，通过租用场地开展活动，受到广大员工的欢迎。组织开展了“我为光大发展献计策”征文活动，广泛收集合理化建议，改进各项工作。组织员工参加了北京市金融系统英语选拔赛，取得了代表金融行业参加决赛的资格并获奖，为全行赢得了荣誉。积极参加社会公益活动，组织全辖员工为“大地之爱 母亲水窖”公益活动捐款，同时，在各网点设立了“大地之爱 母亲水窖”捐赠站，摆放捐款箱，积极募集资金，帮助西部地区妇女、儿童摆脱严重缺水带来的贫困和落后。

（朱 坤）

华夏银行股份有限公司总行营业部（原华夏银行总行营业部，2004年2月11日更名）

总经理 叶望春

2005年，华夏银行股份有限公司总行营业部（以下简称华夏总行营业部）全体员工落实科学发展观，以保持共产党员先进性教育活动为动力，以质量效益为中心，坚持质量、效益、速度、结构协调发展，提升管理水平，有效拓展市场，加快业务创新，夯实发展基础，防范控制风险，初步建立起了可持续稳定发展的长效机制，全面推动了各项工作实现大发展。年末，本外币资产余额为837.15亿元，比上年增加101.8亿元，增长13.84%；本外币存款余额为749.75亿元，比上年增加70.69亿元，增长10.41%，其中人民币存款余额为726.54亿元，比上年增加66.79亿元，增长10.12%；本外币贷款余额为431.28亿元，比上年增加69.43亿元，增长19.19%，其中人民币贷款余额为413.53亿元，比上年增加69.27亿元，增长20.21%。全年实现利润5.9亿元，比上年增加1.39亿元，增长30.82%。全辖共设立支行33家，员工总数为944人。

公司金融业务 2005年，华夏总行营业部顺应市场发展形势和客户需求，建立了满足市场和客户多样化需求的市场营销组织架构，提高营销层次和水平，增强整体营销效能。加强行业分析和客户调研，发布市场营销动态，明确营销方向和重点，设计完善客户金融服务方案，指导全辖开展营销工作。在全辖开展了“真情在华夏，增值在客户”营销活动，采取个性化金融服务措施，稳固了营销服务基础。同时，开展了外资银行业务推介会、新产品推介会、国际业务研讨会、外汇讲评会等多种形式的大型营销宣传活动10多次，介绍推广新产品、新业务，推出了集团结算中心、银企直联、银证直联等一系列新产品，丰富业务品种，提高服务水平，成功开发了一批电力、电信、石化、交通、公用事业、铁道、航空航天等重点行业和客户。

信贷业务 2005年，华夏总行营业部认真贯彻国家宏观调控政策，围绕北京经济建设和金融市场的特点，本着支持经济发展、加强风险管理、构建长效机制、提高资产质量的工作思路，加大对北京地区优势企业的信贷投放力度，严格信贷准入，加强信贷结构调整，深化信贷集中管理，强化风险预警反馈机制，防范和控制信用风险，信贷结构进一步优化，风险度降低。贷款抵质押率提高8个百分点；信用评级在A级以上的客户贷款占比提高6个百分点；AA级以上优质客户贷款占比提高16个百分点；可疑类以下不良贷款占比下降7个百分点。推行了数字化信贷管理，从信贷审批、信贷管理、贷后检查等多个方面，全方位地实现了信息集中化、业务处理的无纸化、风险控制最大化、系统配置参数化，避免了人为、主观等因素的影响，完善了信贷操作流程，提高了信贷管理信息的真实性和完整性。实施了目标责任制与尽职问责管理，进一步完善了不良资产考核机制，提高考核的约束和激励效果。对存量不良贷款进行系统梳理，逐户拟定处置方案，在不良贷款“双降”方面取得了较好的成效。四级和五级不良贷款率分别比年初下降0.9%和1.36%。

个人金融业务 2005年，华夏总行营业部进一步深化用人、分配和队伍机制建设，完善个人金融业务营销体系，优化服务渠道，构建了包括网点柜台、电话银行、自助银行、网上银行、理财中心、特惠商户等在内的综合服务网络。规范了个人贷款中心、客户服务中心、自助银行管理中心、银行卡中心、理财中心的运作。强化个人金融业务品牌营销，开展储蓄网点达标，举办了华夏丽人卡营销活动、亚洲风采大赛、刷卡总动员、自助银行取款营销活动等系列营销竞赛活动，促进了业务发展和品牌树立。先后推出了手机银行、“稳盈”现金增利计划、至尊卡、股票基金、华夏保履约保函等新产品，开发了代订机票、火车票和代收有线电视费等新业务品种。年末，储蓄存款余额为46.27亿元，比上年增加7.06亿元，增幅为18.01%；华夏卡发卡量达到85.48万张，比年初增加7.08万张。

国际业务 2005年，华夏总行营业部把国际业务作为发展非资本性业务的突破口，实施了国际业务首席客户经理制度，形成了营业部领导、专业部室、客户经理、业务操作人员一体化的服务模式。设立外汇督导员对各单位的外汇业务开展情况进行全口径巡回检查，有效避免了外汇操作风险。推出了华夏汇汇通等新产品，确保所有业务在24小时内处理完毕，进一步提高了服务效率。

基础管理工作 2005年，华夏总行营业部进一步加大集中管理力度，对促进基础管理、过程控制起到积极作用。一是强化全面风险管理。对全面风险管理工作进行了一系列的完善、改进、整合，制定了以信贷、资金为主线，按照风险识别、评估、预警、控制四项功能进行岗位设置，管理各有侧重，实施涵盖信用、市场、操作、运行、产品、政策、利率风险的全面管理架构，实现由单纯的信贷风险管理模式转向信用风险、市场风险、操作风险、利率风险并举，信贷资产和非信贷资产共管的全面风险管理。二是加强集中管理。按照集中管理和内控原则，完善机构和制度，集中管理运作日趋规范，成效逐步显现。三是扎实开展案件专项治理工作，华夏银行总行和有关部门先后进行5次现场检查，均给予了肯定。四是严格会计管理。全面实现了会计业务集中上线监督，在前台实行高风险业务复核监督制度，实施支行营业室经理派驻制，推行了营业主管行长考核办法，建立起了一线柜员、营业室经理和主管行长层层监督和制约的柜台管理体系。顺利通过ISO9001质量认证工作，成为全行系统第一批5家通过认证的单位之一。五是加强稽核检查。认真开展专项稽核检查，延伸稽核范围，检查面涉及各个经营单位，基本上覆盖了全部业务。六是加强“三防一保”工作。认真强化“三防一保”工作，连续多年实现安全无事故。

员工队伍建设 2005年，华夏总行营业部健全各类考核体系，组织实施行员年度考核、干部年中考核、营销人员动态管理考核等一系列以业绩为中心的量化考核评价，提高了考核的客观性、公平性，对各级各类人员起到了较强的鞭策和激励作用，较好地调动了员工的工作积极性和主动性。继续推行培训工作制度，坚持统一管理、理论学习与实岗培训相结合、境内培训与境外考察相结合的原则，注重实效，提高了员工的从业技能。

基础设施建设 2005年，华夏总行营业部进一步加强基础设施建设，加大金融电子化建设的硬件投入，加快自助银行的设立和ATM机、POS机的布放。年末，设立ATM机205台，比上年增加60台；POS机941台，比上年增加449台。全辖电子化设施得到较大改善，机关部室和营业网点人均电脑拥有量有了较大提高。全年新建支行4家，支行总数达33家，网点布局更加合理。

党的建设 华夏总行营业部党委始终把思想政治建设摆在重要位置，圆满完成了党组改建党委工作，健全了基层党组织。通过精心组织，周密安排，扎实推进，历时百天全面展开了保持共产党员先进性教育活动，党员参加率达到100%，逐步形成党员“长期受教育，永葆先进性”的先进性建设长效机制，进一步增强实践“三个代表”重要思想和落实科学发展观的自觉性、坚定性。2005年，预备党员转正20人、发展预备党员29人，建立党支部39个，党员共计360人。此外，华夏总行营业部党委签订了党风廉政建设责任书，举办系列反腐倡廉讲座和学习活动，全面加强党风廉政建设。

企业文化建设 以创造和谐工作氛围为主题，广泛开展了企业文化建设，推行了部室服务承诺制，公布了业务办理流程，制定了首问责任制，在全辖开展了优质文明服务百日竞赛活动，召开了先进表彰大会，到井冈山、西柏坡、卢沟桥接受革命传统教育和爱国主义教育。在“献爱心送温暖”的捐赠活动中，全体党员和广大员工积极捐款捐物。开展了寓教于乐的群众文化活动，举办了员工运动会、员工乒乓球比赛、员工才艺大赛、登山比赛，新春和中秋联欢晚会，展现了员工风貌，增进了员工友谊，树立了华夏银行崭新良好的社会形象。2005年，华夏银行总行营业部荣获了首都精神文明建设委员会授予的“首都文明单位”称号。

（马树新）

中国民生银行股份有限公司总行营业部（原中国民生银行总行营业部，2002年7月4日更名）*

总经理　梁玉堂

2005年是中国民生银行进入“调整、提升”战略发展阶段的重要一年，在总行和监管部门的指导下，中国民生银行股份有限公司总行营业部（以下简称民生总行营业部）在发展中实施战略转型和结构调整，持续改善资产负债结构，不断创新产品，提高盈利能力，在北京市场继续保持强势地位。与此同时，精神文明建设取得斐然成绩，年内连获三项全国级荣誉。

截至12月31日，民生总行营业部下设支行41家（含营业部），在岗员工1 328人。各项存款余额为1 219.89亿元，比上年增加224亿元，增幅为22.5%；各项贷款余额（不含贴现）为784亿元，比上年增加近91亿元，增幅为13.1%；总资产为1 400多亿元，比上年增加245亿元，增幅近21%；储蓄存款余额为168亿元；外汇存款余额为11.53亿美元，外汇贷款余额为4.46亿美元，同比增长19%；不良贷款余额（按五级分类法统计）为1.73亿元，不良贷款率为0.2%，比上年降低0.23个百分点，实现不良资产余额和比率的双下降。继续保持零发案率，未发生盗、抢、诈骗等刑事案件或重大责任事故，未发生由国家司法机关立案追究法律责任的案件。

经营决策　民生总行营业部以科学发展观指导业务发展，力求资本回报的最大化和银行市场价值的增加，注重核心竞争力的提高和风险控制，在业务结构调整等方面迈出新步伐。上半年组织“战双月，迎上市”劳动竞赛，一举扭转了上半年业务增长乏力的不利局面。下半年，结合保持共产党员先进性教育活动的总体部署，推出了“巩固强势、加速转型、永葆先进”劳动竞赛，突出了“两卡”（钻石卡、信用卡）、“两网”（网上银行、网上开证）和提高中间业务收入为代表的转型期重点业务，为全年利润计划的完成奠定了基础，并开创了转型期业务结构优化的新局面。

开展保持共产党员先进性教育活动　成立了保持共产党员先进性教育活动领导

* 往年《北京市金融年鉴》所登单位名称“中国民生银行北京管理部”正式名称应为“中国民生银行总行营业部”。

小组，始终坚持“两不误、两促进”原则，认真解决“工”与“学”的矛盾，把先进性教育成果融入业务发展中，得到中央第九巡视组的肯定。在党员中开展“争先创优”活动，号召广大党员争做优秀共产党员，带头学理论、学业务，带头把先进性教育成果转化为生产力，作用于市场，作用于客户。党员通过发挥先锋模范作用来影响群众，形成积极向上的联动效应。

公司业务 以规划为主线，重构公司营销体制，逐步建立客户信息管理系统。积极推动行业、产品开发和营销，实施“双优”战略，开发了现金管理、资金托管、年金业务、财务顾问、网上开证、票据包买等25项创新产品。在解决中小企业融资难的问题上，加强了市场调研和分析，再造业务流程，在审批环节上有效地规避了风险。

零售业务 以“改革、发展、创新、防控”为主线，逐步建立以市场为导向，以客户为中心的营销体系。在产品、服务、系统管理等方面进行了创新，同时，在业务快速增长的过程中加强风险控制。全面完成了机场、医疗、高尔夫三大服务通道的建设，并通过“95568”对服务流程进行整合。2005年，新建三家亮点支行，全年新建离行式自助银行21个，使自助银行的总数达到78个，市场占比为18.12%，ATM机总数达到243台，市场占比为9.87%。

内控体系 民生总行营业部根据北京银监局“创建好银行”的要求，把“优质服务工程”作为突破口，在上年基础上进一步完善了“创建好银行”组织机构和制度。从4月份开始，全面启动柜员优质服务技能、技巧强化培训工程。下半年，启动优质服务竞赛活动，正式成立优质服务推动指导委员会，各支行成立优质服务推动领导小组。12月，启动营业厅优质服务新流程，大堂经理和客户经理以全新的风貌上岗，以营业厅为阵地开展导流和营销。

按照“案件专项治理”工作部署，从支行、处室、联合检查三个层次组织专项治理自查，明确提出了四个100%的自查要求，即机构检查面、各项信贷业务检查面、各项内控制度检查面和关键岗位、重要人员检查面达到100%，并要求自查单位对各项业务逐一检查，对存在的问题逐一查明原因、逐一责令整改、逐一落实处罚，取得了良好的成效。

民生总行营业部克服网点多、业务量大、业务品种多等困难，完成了40家营业网点的上线工作。借助会计业务前、后台分离上线，各岗位初步达到同质同类标准，将会计人员分为客户服务经理、会计经理两类。并在员工工作考核，职业生涯黄金通道，人员准入，薪金、奖金发放方面推出科学的管理办法。在账户清理、管理系统上线和反洗钱工作中，民生总行营业部都取得较好成绩，受到人民银行通报表扬。

民生总行营业部致力于建立风险防范长效机制，从体制、机制、制度、人员等方面提高经营能力，控制风险能力和消化、吸收风险能力。细化了风险管理委员会职能，成立了道德风险防范和资产风险防范与处置两个专门小组。全面梳理各条业务线的风险点，理顺各个风险防范环节，形成环环相扣的风险防范屏障。建立了贷后检查责任人制度，采用经营机构双人贷后检查、机构责任人回访检查、分行监控部门时时监控等方式，客观评价经营机构授信后管理质量，及时作出风险预警提示。

员工队伍建设 着手建立人才开发长效机制，规范近400个岗位的职责描述，推行标准化的人员配置方案。整合客户经理资源，突出优势，逐步扩大核心客户经理占比。设计模块化、系统化培训内容，逐步进行核心团队知识结构更新、提升管理销售能力，2005年，民生总行营业部共推荐24名中层管理人员、客户经理精英参加EMBA学习，选送23名中层干部参加民生总行MIKT培训项目及高级管理课程班。

企业文化建设 做到“一节一举动”，4月，组织广大团员青年植树扫墓，加强传统教育；“六一”为员工子女购买《国学图书》；“七一”举行了新党员宣誓仪式，并组织参观中国抗战纪念馆。上半年为80多名单身员工彻底解决单身周转宿舍问题，下半年安排全体员工体检。分层答谢高中低端客户，参与民生总行筹办的“欢乐中国行·魅力民生”答谢客户活动，举办“民生银行之夜2006年新年音乐会”，使客户在高雅的音乐享受中体验民生银行的真情回馈。年内，连获中国银行业监督管理委员会授予的全国金融系统“2004～2005年度文明单位”称号，中央文明委授予的“全国精神文明建设工作先进单位”称号。企业文化建设得到广泛认可，企业文化促进会授予民生总行营业部“2005全国企业文化建设工作先进单位”称号。

（杨雪松）

北京银行股份有限公司

董事长 阎冰竹

2005年，北京银行股份有限公司（以下简称北京银行）下辖1个营业部和118家支行，分支机构分布于北京8个城区和昌平、房山、顺义、通州4个远郊区。正式员工3 616人。截至年末，资产总额为2 330亿元，本外币存款余额为2 172亿元，本外币贷款余额为1 200亿元。在2005年英国《银行家》杂志对全球千家大银行的评选中，北京银行按照一级资本排名，位列第431位，按照总资产排名，位列第284位。

公司金融业务 北京银行积极拓展公司业务，在市财政授权支付业务扩大试点工作中，成功争取638家单位选择该行作为业务承办行，竞标并获得市财政局非税收入收缴代理资格。作为市推广小企业贷款业务的试点单位，设立中小企业营销中心，采用分类管理、分账核算的模式运作，举行“北京银行中小企业课堂活动”，推出“小额绿色通道”等产品，设立专办小企业贷款特色支行，建立更为完善的中小企业营销网络。

个人金融业务 北京银行以服务首都市民为市场定位，坚持以客户为中心，增设个人贷款中心和档案中心，实现个人贷款申请集中审批、住房抵押贷款集中登记、个人贷款档案集中管理。丰富服务手段，新推出七天人民币理财产品服务；新增产品功能，人民币理财产品先后开通客户可终止、贵宾客户预约购买、质押贷款、销售额度查询、理财收益分配、产品信息多重维护等功能，提高了产品的竞争力；实现24小时口头挂失和非柜面业务24小时对外服务功能。医保业务覆盖职工新增69万人，累计为北京市515万人发放了医保存折，通过把退休人员医药费报销资金、农转非人员一次性补贴资金纳入医保账户，为社保中心提供医保专用账户网上实时查询功能，邮寄医药费报销明细等形式，创新医保业务服务内容。

国际业务 北京银行积极发展国际业务，设计发行数十个收益较高、安全性强的外汇理财产品，便利客户投资。新增13家支行开办结售汇业务，6家支行开办外币兑换业务，20家支行开办因私售汇业务，扩大了服务的覆盖区域。推出大额美元速汇业务，拓展了服务方式。首次引进国外先进的资金交易系统和单证结算系统，实现业务系统直通化、自动化、在线处理。截至年末，外币存款余额为10.3亿美元，比上年末增加1.5亿美元，增幅为17%；外币贷款余额为3亿美元，与上年末持平；外汇结算金额达30.8亿美元，比上年末增加14.3亿美元，增幅为86.7%。

资金市场业务 北京银行积极开展资金业务，在全国城市商业银行中首获衍生产品交易业务资格。截至年末，本行在一级市场承销债券610.6亿元，其中国债64.8亿元，金融债券等181.3亿元，中央银行票据364.5亿元；在二级市场的资金交易量达6 196.5亿元，其中现券交易量达973.7亿元，回购交易量达4 905.8亿元，信用拆借量为317亿元。

中间业务 北京银行加快发展中间业务，不断改善收入结构，截至年末，中间业务手续费收入为16 597万元，增长80.1%；累计办理人民币保函业务1 437笔，增长12.3%，金额为14.2亿元，增长25.6%，累计办理外币保函114笔，金额为2 218万美元；直贴余额达13.9亿元，转贴现余额达143.8亿元。推出了十个结算类服务收费项目，增加了首创安泰、合众人寿、金盛人寿保险公司等三家保险代理公司。顺应银行卡收费趋势，对京卡业务收费进行了初步尝试，实施了双币种国际卡年费项目及京卡异地ATM机取款收费项目。

电子银行业务 北京银行大力拓展电子银行业务，推出VISA蓝白金贵宾双币种借记卡、京美联名卡等新产品。截至年末，京卡发行量达320万张，比上年末增加64万张。京卡发卡交易共计986万笔，交易金额为176亿元，分别比上年增长39%和71%。收单业务累计交易笔数为946万笔，累计交易金额为83亿元，分别比上年增长24%和51%。跨行发卡、收单业务量分别在北京17家发卡银行中名列第5位和第6位。新设立并开通300台24小时自助缴费终端，总数达430台；新设立自助银行6家，总数达37家；新增ATM机20台，总数达305台；新增POS机具293台，总数达977台。不断开发自助缴费终端功能，新增京卡打电话、缴纳物业费、缴纳水费和燃气 IC 卡购气业务。开发了双币国际卡风险检测系统，进一步完善风险管理。企业网银客户数达 3 215 户，比上年末增加 1 373 户；交易量达 9.3 万笔，比上年末增加 5.4 万笔，增长 1.4 倍；交易额达 285 亿元，比上年末增加 202 亿元，增长 2.4 倍。

引进境外投资者 北京银行自 2004 年 9 月正式启动引进境外投资者工作以来，成立引资工作领导小组，组建引资工作班子，经过聘任财务顾问和法律顾问、入资招股说明书、商业信息采集、尽职调查、商业谈判等阶段，2005 年 3 月 25 日，在人民大会堂与 ING 集团签订股份认购及战略伙伴协议，5 月 20 日，与国际金融公司（IFC）签订股份认购协议。ING 集团以 19.9% 的股份成为北京银行的第一大股东，并成为独家境外战略投资者，IFC 则以 5% 的股份成为财务投资者。9 月 5 日，北京银行正式获得同意引进境外投资者 ING、IFC 的批复，成为国内首家用足监管政策引进境外投资者的商业银行。11 月 3 日，正式聘任侯德民先生为副行长，聘任森华先生为行长助理，标志着北京银行引进境外投资者的工作顺利完成。

发行次级债券 12 月 28 日，北京银行以私募方式成功发行了 35 亿元“2005 年北京银行次级债券”。21 家金融机构组成承销团，通过单一利率、数量招标的方式对本期债券进行了募集，发行认购倍数为 1.44 倍。这是该行首次以发行次级债券的方式补充附属资本。

提升风险管理能力 北京银行以“创建好银行”为主线，全面改进和提升风险管理工作。一是组建贷后管理部、个人贷款中心、单证中心和资金交易中心，搭建专业化管理的组织架构。该行的信贷政策制定、贷款营销、信贷审批、贷后管理和资产保全等职责分别由不同的部门负责，形成监督制衡的管理体系，实现信贷业务流程化和专业化管理。二是出台《经济资本考核办法》，逐步将经济资本占用费引入绩效考核，建立以风险调整后的资本回报率（RAROC）为核心的考核体系。三是改进业务信息系统，提升风险管理信息化水平，实现所有授信业务包括银行承兑汇票、保函等表外业务的统一控制。四是出台《外汇业务市场风险敞口限额授权管理细则》、《金融交易信用风险计量办法（试行）》，对金融交易的市场风险计量和外汇业务的风险敞口进行规范管理。五是在全行范围内开展“查找风险点”活动，督促存在风险点的经营单位及相关管理部门采取必要措施，及时化解潜在风险，提高全员的操作风险意识。六是统一授信管理，实行“总行统一审批、集团额度控制、持续风险预警”的全过程集团客户授信管理。根据集团客户风险状况和资本规模，合理确定集团客户的最高风险限额，控制单一集团的风险敞口和系统性风险，对集团客户的贷后管理实行“总行统一指导、牵头行统筹负责、经办单位协助管理”的模式，通过风险识别和报告制度，形成有效的风险预警机制，进行持续监控。

保持共产党员先进性教育活动 作为北京市第二批保持共产党员先进性教育活动的四个试点单位之一，北京银行于 4 月 6 日召开动员大会，全面启动保持共产党员先进性教育活动，成立了先进性教育活动领导小组和办事机构，明确主要领导的责任，建立了领导干部责任制、领导干部联系点以及督促检查、群众监督评价等一整套工作制度，紧密结合金融企业的自身特点，做到“问题在联系点上早发现、办法在联系点上先实践、经验在联系点上先总结”，自办了“北京银行反腐倡廉警示教育展”，经过学习动员、分析评议、整改提高三个阶段，从公司治理、风险防控、业务拓展、构建和谐北京银行等方面切实推进改革与发展，进一步提高经营管理水平，进一步改善员工精神面貌，同时也为先进性教育活动的进一步推广积累了许多可资借鉴的鲜活经验。

（办公室）

北京农村商业银行股份有限公司（原北京市农村信用合作社联合社）

行长　金维虹

2005 年是北京农村商业银行股份有限公司（以下简称北京农村商业银行）的开创之年。在北京市委、市政府、监管当局和人民银行的正确领导、监管和支持下，具有 54 年历史的原北京市农村信用社成功转制为北京农村商业银行，迈出了创建“有特色、现代型”股份制商业银行的历史性步伐。与此同时，北京农村商业银行初步实现了经营理念、经营机制、经营模式、经营作风、经营标准的“五个转变”，全年经营管理有所改进，整体经营业绩明显好于往年，基本实现了改革和发展“双丰收”、队伍和业务“双稳定”。

截至年末，北京农村商业银行从业人员 6 901 人，机构网点 693 家，分布在京郊 14 个区县和部分城区。实现经营利润 12.7 亿元，同比增加 2.2 亿元，增长 21%；账面利润为 7.5 亿元，同比增加 1.7 亿元，增长 29.5%。资产总额为 1 328亿元，比年初增加 210 亿元，增长 18.8%。各项存款余额为 1 089.18 亿元，比年初增加 158.18 亿元，同比多增 54.24 亿元，增幅为 17.02%；日均存款余额为 968.54 亿元，比上年全年日均存款余额增加 148.56 亿元，增幅为 18.12%。各项贷款余额为 545.2 亿元（不含转贴数），比年初增加 60.15 亿元，增长 12.4%，存贷比为 50%。

增资扩股　3 月份，原北京市农村信用社在系统内对员工进行了增资扩股，股本金余额达到 16.91 亿元；6 月份起，北京农村商业银行（筹）先后在房山、朝阳、亦庄等地召开 14 场征邀发起人沟通会，共签署发起人协议 3 万余份，协议募股额 60 多亿元；10 月 10 日，发起人签署协议并经监管部门资格审查后，共出资认股 50.75 亿股（每股 1 元），其中原北京市农村信用社社员入股 12.27 亿元，各发起人以货币出资38.48亿元。改制后，在全部股份中，法人股为28.49亿股，共387家，占总股份的56.15%；自然人股为22.26亿股，共27 893个，占总股份的43.85%。在自然人股中，内部职工股为6.8亿股，占总股份的13.39%。

存款业务 2005年，北京农村商业银行存款的稳定性较往年有较大改善，截至年底，存款余额已突破千亿元，达到1 089.18亿元，增长17.02%，同比多增54.24亿元。其中对公存款余额为580.49亿元，比上年增加79.35亿元，增长15.83%；储蓄存款余额为508.69亿元，比上年增加79.16亿元，增长18.43%。对公存款与储蓄存款之比为1.14:1。

贷款情况 截至2005年年底，北京农村商业银行的贷款余额为545.2亿元(不含转贴数)，增长12.4%，增幅比上年同比下降6.93%。其中票据融资0.87亿元（不含转贴数），占贷款余额的0.16%；短期贷款余额为383.19亿元，占贷款余额的70.4%，比上年同比下降5.51%。贷款余额占北京辖内12家股份制商业银行贷款余额合计数的9.64%，位居第4。

2005年年末，全行“一逾二呆”口径下的不良贷款余额为61.1亿元，比年初下降6.9亿元，同比多降2.1亿元；不良贷款率为11.2%，比年初下降2.9%，同比多降1.5个百分点。“五级分类”口径下的不良贷款余额为95.4亿元，比年初下降16.6亿元，不良贷款率为17.5%，比年初下降5.6%，实现了不良贷款“双降”目标。此外，进行了贷款结构调整，收回70亿元潜在风险贷款。

信贷支农 2005年，北京农村商业银行继续发挥首都支农主力军的作用，截至年底，涉农贷款余额为357.7亿元，占全部贷款余额的67%，比年初增加23.8亿元，增长6.7%。其中农户贷款16.8亿元，比年初增加4.1亿元，同比多增1.6亿元，增长32.3%；农户小额信用贷款和农户联保贷款投放面占到贷款需求农户总数的80.2%。

资金营运 2005年，北京农村商业银行继续加大债券业务操作力度，资金与债券业务资产总值达384亿元，实现经营利润2.33亿元。债券交易量为5 840亿元，比上年增加784亿元，增长15.5%，其中债券回购交易量为5 761亿元，现券交易量为79亿元。现券交易价差收入8 453.58万元，比上年增加7 995.82万元，增长1 746.7%。全年累计承销债券118.7亿元，年末记账式债券资产总额为305亿元。2005年，北京农村商业银行是公开市场业务一级交易商，全国银行间债券市场交易指数排名第18位；被中央国债登记结算公司评为“优秀结算成员”；被全国银行间同业拆借中心评为“优秀交易成员”；被国家开发银行评为优秀承销商。

中间业务 截至2005年年底，北京农村商业银行的中间业务收入为1.5亿元，同比增加1亿元，增长289%。其中代理保险业务2.55万笔，居全市第2位，仅次于工商银行；代理保费7.4亿元，居全市第4位，仅次于工商银行、农业银行和建设银行。

个人金融业务 截至2005年年底，北京农村商业银行全年累计发行信通卡152.2万张，比年初增加57.54万张，增长60.78%；共有ATM机312台，比年初增加98台，增长45.79%；特约商户数达2 147户，比年初增加532户，增长

32.94%。全年发卡交易金额为22.56亿元，比年初增加21.31亿元，增长1 702.59%；收单交易金额为56.26亿元，比年初增加52.97亿元，增长1 610.27%；实现银行卡业务净收入1 232万元。信通卡获得中国银联“银联标准银行卡”发行“突出贡献奖”，至年末，新版信通卡改版工作尚在进行中。

截至年底，北京农村商业银行个人按揭贷款余额为80.03亿元。

客户服务热线 2005年，北京农村商业银行的客服工作达到北京市同业水平，客户服务中心发展成为客户求助受理中心和投诉处理中心。正式开通全天24小时人工服务，全年受理客户电话数比上年增加117%；加强人工座席队伍，开发了电话银行（96198）多项产品和服务，实现了短信通知业务的较快发展；完善了“网点分布电子地图程序”，进行了呼叫处理系统（AGENT平台）的功能完善和产品升级。

金融电子化建设 2005年，北京农村商业银行开发了具有统一展现平台的新办公管理系统，包括公文管理、个人事务管理、流程管理等主要功能；根据人民银行的要求，开发了人民银行反洗钱报送系统、个人征信系统、小额支付系统等系统。目前正在开发国内一流水平的网上银行系统。

网点建设 2005年，北京农村商业银行实行一级法人管理体制，所属分支机构不再具有法人资格，在总行授权范围内依法开展业务。改制后，全行拥有693家机构网点，其中总行1家，管辖支行14家，直属支行1家，非管辖支行151家，分理处526家；同时已经开始筹建东城支行、西城支行、崇文支行、宣武支行、西单支行等城区机构网点。

风险管理 2005年，全行共梳理并颁布各项制度218项，涉及资金信贷、资产清收、绩效考核等24个方面。构建两级稽核检查体制，设立14个后督中心，全面推行会计后督集中统一管理。建立北京农村商业银行总行和管辖支行两级审贷主体，实行新增贷款不良率按0.5%的标准予以控制和考核的制度。全面推进贷款五级分类工作，构建全新的客户信用等级内部评级体系，实行信贷业务出账审批制度。推行分支机构“一把手”清收责任制，组建了不良资产专职清收人员队伍。各支行对单笔金额在100万元以上的共计400多亿元存量贷款进行了层层清理。在人民银行总行和营业管理部的帮助下，顺利完成24.2亿元专项央行票据置换工作，在市国税局的帮助下对5.57亿元呆账进行了核销，并累计清收、转化不良贷款23.4亿元，实现了不良贷款的“双降”，新增贷款不良率控制在0.4%以下。按照银监会的要求，在全行开展案件专项治理工作，共处理违规违纪事件相关责任人37人，其中开除1人，警告5人，记过1人，撤职3人，留用察看6人，通报批评8人，经济处罚19人。

改革改制工作 2005年，北京农村商业银行完成了清产核资、资产评估、净资产处置和贷款五级分类工作；落实了保值补贴息、支农贷款补贴等各项支持政策，如期拿到24.2亿元央行票据承诺书；实现了增资扩股，并于10月份召开了创立大会和成立庆典。同时，根据现代股份制商业银行原则设立了股东大会、董事会、监事会、高级经营管理层以及8个经营管理专业委员会、24个职能部门和5个业务运作中心。

人力资源管理 2005 年，北京农村商业银行按照现代商业银行经营管理的要求，初步实行行员等级管理和薪酬分配管理制度。加大了内选、外引人才力度，通过公开招聘共引进高级管理人员 40 人、各类专业人员 151 人和应届毕业生 51 人，同时在北京农村商业银行总行机关开展全员竞聘上岗，对支行近 500 名负责人进行综合考核评价，并以专业培训、素质教育及学历教育等形式开展全员培训工作。

党建及工会工作 2005 年，北京农村商业银行（筹）临时党委理顺了党组织关系，将全系统 14 个党委、1 个党总支、175 个党支部、2 359 名党员的组织关系移交到市国资委党委，实行系统的垂直管理；同时在市国资委党委的直接领导下，按中央统一部署，全系统各级党组织开展了为期半年时间的保持共产党员先进性教育活动。2005 年，全行员工为印度尼西亚苏门答腊岛海啸灾难捐款 224 774 元，在“为了山里的孩子”大型捐资助学活动中共捐款 325 925 元。

（颜琪忠）

北京国际信托投资有限公司

董事长　刘建华

2005 年，北京国际信托投资有限公司（以下简称北京国投）的各项工作得到了全面提升，并取得了较大的成绩。主要表现为：信托业务稳步、持续发展；风险防范能力进一步增强；按时完成了原有负债业务的清理工作；固有资产质量提高，财务结构实现良性发展；适时启动了公司股权和资产的重组；经营管理水平显著提高。全年实现营业收入 1.85 亿元，比上年增长了 20.9%；实现利润 7 606 万元，为年度计划的 109%。

信托业务 信托业务规模稳步增长。2005 年，北京国投风险控制委员会审核信托项目 72 个，通过并批准市场营销的项目 63 个。年内新增各类信托计划 54 个，新增信托资金规模 68.89 亿元，年末公司管理的信托财产余额为 112 亿元，比上年增长了 53%。

信托业务创利能力增强。年内信托业务收益为 1.13 亿元，比上年增长 45%。信托业务收入占公司全部收入的 61.4%，比上年增长 16 个百分点。

按期偿付信托财产及收益。2005 年内，到期全部结束的信托项目 24 个、部分到期和延期的信托项目 10 余个，偿还的信托财产为 25 亿元，分配的信托收益为 2.03 亿元，全部做到了按期向投资人兑付，受到客户和市场的认可。

客户服务水平不断提高。设立专门的营销机构，开展规范服务标准、规范制度流程的工作，加强机构客户的培育，制定VIP客户服务准则和流程；组织客户现场参观信托资金投入的项目，增进客户对公司业务及信托项目的深入了解；发放了230多张VIP客户服务卡。公司的客户群体在稳定中得到发展，全部客户已达到1万余人（户）。

开展多领域的业务创新。在强化信托业务风险控制的前提下，公司在京沪高速公路天津段信托计划中采取了股本金补充模式，使信托资金以股本金形式进入基础设施建设领域；采取市场化手段，使社会资金参与了白家庄一级土地开发整理工作；采取了以每份信托直接对应房屋产权的形式进行房地产项目的开发，创新了风险控制模式；与国家开发银行合作并由其担保的信托计划以及在资产收购、回购类信托业务的开展，使公司与银行的合作领域不断扩大；以权益资本为主要融资模式的新产品，使房地产信托业务继续保持稳步发展的势头；在企业年金管理、银行资产证券化等业务方面进行了市场调研、产品设计、业务流程、人力资源储备等基础性工作，使公司已经积聚了开展这类业务的制度条件；在与各区、县合作开发方面，与石景山区在房地产等业务方面的合作已经启动；与铁路建设资金、社保资金、银行资金等方面的合作，也在扩大规模的同时不断创新合作形式和内容；用“链式信托”的方式管理一揽子信托资产的模式也开始起步。

中介业务 2005年，北京国投承办的京津、武广城际铁路客运专线财务顾问工作进展顺利；与日本丸红株式会社签署了相关战略合作协议，在北京召开了项目推进委员会第一次会议；承办的山西联盛集团境外上市财务顾问工作进展迅速，引资方案已经完成。

投资业务与管理 鉴于资本市场出现的长期低迷状态，同时汲取自身和兄弟信托投资公司的教训，为减少风险、提高资金效益，以便集中精力抓好其他重要业务和工作，北京国投在2005年下半年以后，通过采取一系列稳妥的措施，将公司自营的短期投资资金从证券市场中策略性退出。

由北京国投投资组建的北京国投公路建设发展有限公司所承担的110国道改造建设项目，是北京连接西北地区的一条重要通道，由于其战略意义重大而备受关注。该项目年内先后完成了国家环保总局、交通部、国土资源部、北京市发改委、交通委、市规委的各项审批手续，取得了国家发改委的核准批复，拆迁工作顺利展开，部分路段已经投入施工。年内，北京国投与石景山区政府签署了共同组建房地产开发公司的投资合作协议。公司在山西投资的和信广场项目取得成功，招商、销售进展顺利，沃尔玛、燕莎主力店按时开业，在当地产生了良好效应。

业务风险管理 以风险控制为中心的内控机制进一步健全。在发挥已经形成的“项目前期尽职调查和部门内部初审、法律文件审查、风险控制委员会决策、财务和风险管理部门在资金拨付之前的把关控制、稽核审计和风险管理部门的追踪监控”五道防范业务风险“防火墙”的基础上，更加注重强化对项目的中后期管理。成立了信托财产风险管理部，突出了在动态过程和执行及操作环节上的管理力度。同时，公司结合金融系统开展案件治理工作、内控制度检查工作，注重建立内控长效机制，进一步推动了企业制度化建设。年内，新增公司级制度11项，修订公司级制度2项，公司级制度共14类、74项。所增加和修订的制度，重点是围绕防范业务风险来设定的，使公司逐渐形成的全方位风险防范制度体系更加细化和完善。

资产结构调整与资产质量管理 固有资产调整取得显著成效。根据监管部门要求年内必须完成原有业务清理的规定，北京国投加快了酒店类长期资产的转让工作。经过与多个意向投资人洽商、谈判，确定了酒店资产的买方，并签署了转让协议和转让意向书，长期投资资产转让已经回收大部分资金，同时北京国投海外资产转让也已基本完成。在北京市人民政府的支持下，年内北京国投原有负债业务全部清理完毕。通过法律等手段，结束了一批拖延长达十年之久的积案。北京国投的资产质量明显提高，资产结构得到较大改善。

资产重组 2005年，北京国投根据金融监管要求和业务发展需求，实施了增资扩股，年内中石化北京分公司入资2亿元，占全部股份的14.29%，成为北京国投的并列第二大股东，北京国投的资本金由12亿元增加至14亿元。在此基础上，根据金融监管要求和北京市对市属国有资产安全保值退出金融机构的安排，北京国投又提出了引进新的战略投资者置换市属国有资产股权、进行资产重组的方案。在北京市人民政府和北京银监局的支持下，成立了北京国投重组工作协调小组，批准了北京国投资产重组方案，引进战略投资人进入了实质性谈判阶段。

党建工作 北京国投根据党中央和北京市委、北京市国资委的部署，9月1日起到年底前完成了保持共产党员先进性教育活动，取得了良好成效。围绕加强北京国投系统党建工作，重点开展了健全北京国投基层党组织建设的工作。北京国投系统共有4个党总支、25个党支部，带领系统300多名党员在北京国投业务的创新和发展中较好地发挥了基层党组织的战斗堡垒作用和党员的先锋模范作用。

企业文化建设 通过企业文化教育，引导员工树立“诚信为本、专业优质、有效管理”，“谨慎、诚信、尽责、创新”，“忠诚于委托人、当好投资人守夜人”的北京国投信托文化理念，培养热爱信托、忠诚北京国投的职业操守等。年内创建了员工业余“文化沙龙”并开展了四次活动。

（王连顺）

中国银联股份有限公司北京分公司

总经理　宋汉石

2005年，中国银联股份有限公司北京分公司（以下简称银联北京分公司）按照“提升素质，增强实力”的总体要求，扎实工作，开拓创新，各项工作取得了较好成绩，内部管理进一步增强。现有办公室、技术部、业务部、市场部4个部门，在岗职工35名，平均年龄为40岁。截至年末，已开展的业务种类有：银行卡跨行交易转接和资金清算服务（含跨行POS消费、消费撤销、查询、预授权，ATM机取款、查询），ATM和网上跨行转账业务，多功能缴费终端等代收费服务，银行卡电话支付缴费（96299）服务，个人机动车船使用（牌照）税款缴纳业务，银联卡跨境使用服务（境内发行的银联卡到境外使用，境外发行的银联卡到境内使用），POS和ATM的外卡统一接口服务等。中国境内发行的人民币银联卡可在中国香港、中国澳门、新加坡、泰国、韩国、美国、印度尼西亚、越南、菲律宾、德国、法国、西班牙、卢森堡、日本等境外银联卡受理终端上使用。2005年，共处理跨行成功交易15 637.9万笔，比上年增加4 323.4万笔，增长38.2%；清算金额为1 189.8亿元，比上年增加512.5亿元，增长75.7%。其中ATM跨行成功交易11 470.9万笔，比上年增加2 648.5万笔，增长30%；清算金额为342.3亿元，比上年增加89亿元，增长35.1%。POS机跨行成功交易4 167.1万笔，比上年增加1 674.9万笔，增长67.2%；清算金额为847.5亿元，比上年增加423.5亿元，增长100%。截至年末，北京地区18家发卡机构累计发卡5 364万张，其中“银联”标识卡3 123万张，银联标准卡840万张；入网商户3.35万家，入网POS机4.75万台，入网ATM机4 989台。

服务手段　在成员机构服务方面，深化服务代表制度，建立日常沟通和快速反应机制；加强跨行交易业务、技术、差错处理、风险防范等方面的业务培训（全年共组织8期培训，累计培训287人次）；定期发送业务和信息简报，及时提供成员机构关注的价值信息，发现问题应及时提醒成员机构注意并督促其解决。

在商户服务方面，配合开展收银员培训工作（全年累计完成43期培训，培训商户1 133家、收银员2 287人次），配合人民银行营业管理部组织全市80家三星级以上宾馆酒店类商户的联网通用检测工作；开通启用统一特服号码，切实降低了直联商户的刷卡通信费率。

在持卡人服务方面，通过刷卡消费奖励等营销活动使持卡人感受申领和使用银联卡带来的实惠与便利；通过客服业务集中，借助“95516”热线做好对北京地区持卡人的服务工作；协助成员机构及时处理持卡人反映或投诉的问题。

风险防范 2005 年，银联北京分公司成立了风险管理工作委员会，研究确定了风险事件协查工作机制及流程；及时向成员机构发出短信诈骗风险事件的预警信息和建议，在主流媒体刊登了有关提示信息、相关案例及应对措施，警示持卡人提高风险防范意识，还与北京市公安局内保局、刑侦总队建立了沟通与合作渠道；调查二次刷卡可能存在风险的商户，要求收单机构密切关注。全年受理风险协查业务 369 笔，处理回复 320 笔，经协查方确认风险商户 45 家，共计 51 笔交易。

网络系统运行 2005 年，银联北京分公司围绕新系统切换，自主完成技术开发，实施网络改造，增强了防火墙设备；重新规范修改了与成员机构的网络连接及服务器 IP 地址；2 月 22 日完成物理过渡，4 月 20 日顺利实现了系统大集中。

银联北京分公司始终把提高交易成功率作为技术保障工作的首要任务，制定完善的规章制度和安全生产检查制度，定期查找安全隐患，提出整改措施，确保网络系统稳定运行。在日常工作中，通过采取有效措施不断提高运行质量。一是加强系统监控，确保故障通知及时到位，尽快协助解决，避免重复发生；二是跟踪检查成员机构系统的运行，按故障次数和持续时间对各成员机构的系统故障进行详细记录，协调改善运行质量；三是每日坚持统计交易成功率，分类排名并通报成员机构，引起成员机构相关负责人的重视；四是每日向成功率排名靠后的成员机构提供拒绝交易分类统计与明细，协助其分析原因，研究改进措施。经过与各成员机构的共同努力，2005 年，银联北京分公司转接成功率、主机可用率及网络可用率均达到 100%，同城系统成功率为 99.16%，异地系统成功率为 99.15%（作为发卡方）；同城交易成功率为 98.04%，异地交易成功率为 98.15%（作为发卡方）。

与旅游业合作 2005 年 7 月，银联北京分公司与北京市旅游局建立了战略伙伴关系，并积极在五个方面加强业务合作：一是努力推动旅游局等 11 个委办局在联合印发的《关于加强旅游景区环境、设施和服务建设工作的通知》中，对旅游景区受理银行卡提出了要求，并制定了首批必须受理银行卡的 20 个主要景区名单；二是与中国银行北京分行及专业化公司合作，为 10 多个旅游景点，国旅、首旅在京的全部 60 个旅游网点，以及中青旅、康辉等旅行社安装了 POS 机，为旅游者提供购买门票、缴纳旅行费、购买机票等服务；三是在旅游局印制的《旅游一图通》（中英文）等 6 种共计 71 万册的旅游资料上进行业务宣传；四是与旅游局、中国银行北京分行联合举办了旅游业银行卡应用研讨会，邀请全市宾馆酒店、旅行社、旅游景点的负责同志参加，研讨如何促进银行卡业和旅游业的互动式发展，提升银联品牌的内涵价值和旅游商业机构的服务品质；五是以“中国人走到哪里，银联卡用到哪里”为主题，参加了市旅游局主办的国际旅游博览会，宣传银联卡的国际化进程。

ATM 跨行转账业务 2005 年，银联北京分公司通过参与银行在北京交通台进行转账知识宣传活动、发放宣传资料等形式，扩大ATM跨行转账业务的影响。截至年末，交通银行、中信银行、光大银行、华夏银行、民生银行、广发银行、深发展银行、浦发银行、兴业银行、北京银行、北京农村商业银行等在京11家发卡金融机构、1 624台ATM机开通了ATM跨行转账业务。全年实现转账交易2.5万笔，金额为5 784万元。

银联标准卡的发行 银联标准卡是指由各成员机构发行的，由中国银联向国际标准化组织（ISO）申请的具有自主知识产权，卡号以“62”开头的，符合银联统一的业务规范和技术标准，实现全球通用的国际标准银行卡。2005年，银联北京分公司按照“以点带面，突出重点”的总体思路策划了全年银联标准卡的发行奖励方案，调动成员机构的发卡积极性；在北京市大多数银行网点张贴了宣传海报，突出银联标准卡的优势与特点；精心组织了“9·25”银联标准卡主题宣传营销活动（北京分会场），扩大银联标准卡的社会影响。全年新增“6”字头银联标准卡332.3万张。截至年末，邮政储汇局、农业银行、中国银行、建设银行、交通银行、招商银行、中信银行、华夏银行、浦发银行、深发银行、光大银行、北京银行、北京农村商业银行在京13家金融发卡机构和廊坊市商业银行发行了“6”字头银联标准卡，累计发卡850万张。

外卡收单业务 截至年末，共有10家金融机构通过中国银联的外卡统一接口开展外币卡的ATM机、直联POS机的收单业务。全年新增外卡直联商户337家，新开通390台外卡收单ATM机，实现ATM机外卡交易13.9万笔，外卡清算金额为1.46亿元。

个人机动车船使用（牌照）税代征业务 为方便市民，银联北京分公司获得了北京市地税局个人机动车车船税代征单位资格，于2005年年初开通了代征业务，通过电话和自助终端提供车船税缴纳服务。截至年末，共代征车船税825笔、累计金额16.39万元。

多功能终端缴费业务 银联北京分公司在2004年开通了公共缴费服务，可缴纳电话费、车船税，购买神州行等充值卡、游戏卡及上网卡等业务的基础上，2005年拓展实现了多功能缴费终端直接接入渠道，增加了移动和联通充值卡、IP电话卡购买以及车船税缴纳等业务功能。截至年末，共接入多功能终端1 794台，完成交易约49万笔，金额为9 025万元。

ATM代理服务 银联北京分公司与光大银行总行营业部、专业化服务公司签署了ATM代理服务协议。截至年末，开通了4台直联ATM机，为在北京地区开展ATM代理服务打开了局面，实现了良好的开端。

银联卡在加油业的应用 2004年，银联卡在加油行业得到应用，京城有车族只要手持一张银联卡，就可以在中石油北京地区贴有银联卡受理标识的加油站刷卡加油。2005年，银联北京分公司继续与中石油合作，在其所属加油站树立了317块广告牌，宣传银联标识和刷卡加油业务。同时，与中石油在京的105个加油站合作开展了为期3个月的刷卡送礼活动。全年共实现刷卡加油27.6万笔，交易金额为4 851.26万元。截至年末，可使用银联卡的加油站已达603家。

与医院、保险等行业合作 2005年，银联北京分公司在对保险、邮政、医院、学校等行业用卡需求进行重点调研的基础上，与有关成员机构和专业化公司协商，实现了银联卡在这些行业的应用突破。截至年末，13 家保险公司和部分医院、学校已实现刷卡缴费，邮政网点受理银联卡也在积极准备之中。

内部管理 为适应业务发展和内部管理工作的需要，银联北京分公司调整了内部机构设置，根据干部和员工管理制度的要求，对部门负责人和部分人员岗位进行调整，优化了人员结构；组织实施月度工作重点安排和完成情况总结、季度绩效考核和年度考评等工作，强化激励约束机制；扎实开展保持共产党员先进性教育活动，突出实效，保证了学习工作“两不误、两促进”。

按照内控管理的要求，加强财务管理，建立资金审批管理制度；通过加强会计核算与财务分析，提高决策的科学性和管理的针对性。

（刘建武、张会芳）

北京邮政储汇局

局长 周毅明

2005 年，北京邮政储汇局按照国家邮政储汇局及北京邮政管理局的工作部署，坚持“服务百姓、方便百姓”的宗旨，以开展业务创新为突破口，以优化资源配置为途径，以差异化经营为手段，强化资金管理，控制经营风险，促进了储汇业务服务水平与能力的不断提升。

截至年末，北京邮政储汇局共有 16 个储汇业务分支管理机构，471 个储蓄网点，从储人员共计 3 747 人。邮政储蓄余额达到 380.29 亿元，较上年增加 61.65 亿元，增幅为 19.35%。2005 年年末，人民银行（以下简称人行）转存款余额为 236.49 亿元，其中人行老存款余额为 235.13 亿元，较上年年末减少 12.38 亿元；人行新存款余额为 1.36 亿元，较上年年末增加 0.03 亿元。2005 年，北京邮政金融业务的净收入为 8.8 亿元，比上年增加 0.1 亿元，增长率为 1.15%。开发邮政汇款 825.25 万笔，汇款金额为 81.79亿元，同比分别净减 104.64 万笔、3.42 亿元，分别下降 11.25% 和 4.02%。兑付汇款 717.71 万笔，兑付金额为 49.56 亿元；同比笔数净减 96.64 万笔，下降幅度为 11.87%，金额净增 1.16 亿元，增长幅度为 2.41%。国际汇兑业务以西联汇款业务为主，共开发西联汇款 2.84 万笔，金额为 22 404.98 万元，分别较上年增长 39.31% 和 34.34%；兑付西联汇款 5.36 万笔，金额为 53 628.95 万元，分别较上年增长 146.78% 和 227.96%。

储蓄业务 2005 年，北京邮政储汇局积极倡导差异化经营理念，通过加强网点建设、整合金融台席、创新业务品种，提升了邮政金融服务水平。年内先后开办了通知存款、定期一本通、系统内转账、外币储蓄业务。新业务的开办对于增强邮储竞争能力，提升邮政储蓄对高端用户的吸引力起到积极的促进作用。截至年末，北京邮政储蓄余额达到 380.29 亿元，其中定期储蓄余额为 214.13 亿元，占总余额的 56.31%，新增定期存款 35.07 亿元，增长率为 19.59%；活期存款余额为 166.16 亿元，占总余额的 43.69%，新增活期存款为 26.58 亿元，增长率为 19.04%。

从地域结构来看，截至 2005 年年末，城市邮政储蓄余额为 366.40 亿元，比上年年末增加 59.94 亿元，增长率为 19.56%；县城部分余额为 7.80 亿元，较上年增加 0.50 亿元；县以下部分余额为 6.09 亿元，较上年增加 1.21 亿元。邮政储蓄用户达到 863.5 万户，较上年增长 23.37%。

北京作为首批邮政外币储蓄业务的试点城市，于 2005 年 8 月 16 日在建内大街邮电局等五个网点开办个人外币储蓄业务。为扩大业务规模，10 月末在全市新增 31 个网点，使全局外币储蓄网点达到了 36 个。通过深入开展营销工作，外币储蓄业务发展迅速，年末外币储蓄余额达到 80.14 万美元。

国内汇兑业务 6 月 19 日，北京局储汇两网互通工程正式切换上线，实现两网互通有利于全面整合邮政网络资源，提高邮政金融业务的整体竞争实力及储汇资金的整体效益。储汇两网互通实现了汇兑业务从单一的现金—现金方式转变为现金—账户、账户—现金、账户—账户等多种结算方式，在此基础上，开通了网汇通、增加短信品种、商务汇款等一系列新业务，进一步提升了邮政服务功能和综合竞争能力。2005 年，邮政汇款开发 825.25 万笔、汇款金额为 81.79 亿元，同比净减 104.64 万笔、3.42 亿元，分别较上年下降 11.25% 和 4.02%；兑付汇款 717.71 万笔、兑付金额为 49.56 亿元，同比笔数净减 96.64 万笔、金额净增 1.16 亿元，笔数下降幅度为 11.87%、金额增长幅度为 2.41%。

国际汇款业务 北京邮政储汇局进一步加强国际汇兑网点建设，年内办理西联汇款业务网点达 360 个，通过西联汇款业务带动了国际汇款业务实现跨越式增长，2005 年，共开发西联汇款 2.84 万笔，金额为 22 404.98 万元，分别较上年增长 39.31% 和 34.34%；兑付西联汇款 5.36 万笔，金额为 53 628.95 万元，分别较上年增长 146.78% 和 227.96%。

国际银邮汇款是中国邮政与德意志银行合作开发的第一个自主品牌产品，经过深入营业网点培训及宣传，银邮汇款业务量达 1 609 笔，发汇额从 9 624.36 美元增长到了 2005 年年底的 497.47 万美元。

中间业务 北京邮政储汇局以实现结构优化为切入点，大力发展结算类中间业务，同时加强对网点现金类中间业务的整合，逐步减轻营业窗口压力。2005 年，北京邮政储汇局进一步完善了绿卡品种，先后推出鸡版卡、星光卡、人民币标准卡等多个卡品种，实现了绿卡在 18 个国家和地区的境外消费，全年累计发卡 336.43 万张，比上年同期增加 62.14 万张，增长率为22.65%；在全市推广了代理高自考报名业务，并在网点报名、电话报名的基础上增加了网上报名方式；开办了个人委托存档人员缴纳社会保险费业务；为办理预存代扣业务的用户增加了免费短信通知及寄递账单业务。

针对农村用户需求，北京邮政储汇局为广大郊区农民提供了普遍的个人金融服务。在怀柔地区，以邮政储蓄、汇款和送款到户三种方式为农民报销医药费提供方便；在通州地区，立足“为政府分忧，为农民解难”，为失地农民代发补偿金；在平谷地区，对于代收方式多样、资金收缴困难的农电，北京邮政储汇局采用现金代收、预存代扣、刷卡买电的方式方便用户交纳电费；在昌平地区，与歌华公司合作完成有线电视费的代收缴工作，解决了歌华公司代收点远不能满足用户需要的问题。

内控建设 北京邮政储汇局认真按照金融监管要求，坚持业务发展与风险管理并重，进一步强化内部控制，确保各项业务健康发展。一是制度建设。由北京市邮政管理局内控委员会制定了《北京邮政储汇资金安全管理责任查究实施细则》，对与储汇资金风险和内部控制相关的管理部门及人员的责任作出了明确的规定。二是措施保证。逐步建立储汇专业化管理体制，不断完善业务制度，初步完成了邮政储蓄业务流程及各操作环节风险点的梳理。开发了邮政绿卡制发卡安全管理系统，确保操作过程中的规范性、高效性及安全性。在城区局实施由专业公司运送和集中寄存的现金管理模式，保证了资金在运输、储存环节的安全。三是强化稽查。储汇专业稽查人员结合业务发展需要，不断创新风险管理内容及方式，开展了有序的稽查工作。城区实行了集中稽查体制，建立了再稽查评定制度，提升了对管理层、监控层、操作层重要环节内控制度的自我评价与纠正的水平。

信息化建设 北京邮政储汇局根据业务发展需要，及时立项建设，走出一条“科技先行，有力支撑”的建设之路。在国家邮政储汇局的统一部署下，2005年完成了储蓄汇兑两网互通工程、外币储蓄工程，正式启用邮政储蓄支付网关系统，开办了支付网关高自考报名业务，填补了支付网关应用上的一项空白。

2005年8月，邮政综合台联网代收电信资费，充分利用了邮政全网资源，分流储蓄柜台客流，提高了为客户服务的效率和质量。2005年年底，承担国家邮政储汇局ATM的外包试点工作，项目的顺利实施，为国际先进管理模式与邮政企业的有机结合起到了积极的示范作用。

网点管理 2005年，北京邮政储汇局新增网点计划获得银监局批准，改变了北京邮政储蓄近10年来没有新增网点的局面。年内建成18个网点并对外营业，广大市民“用储难”问题得到了有效解决。以优化网点布局、改善服务环境为出发点，进一步加强了骨干网点的建设，年内对41个亿元以上网点进行了改造，对网点统一门头标识、设置大客户室、存款专台、台席整合等工作提出了具体要求。年末单点余额超过亿元的网点由2004年年末的95个增加至119个，亿元以上网点占网点总数的25.3%；亿元以上网点余额总数为221.75亿元，占全局余额的58.3%。进行了星级网点的评选，南区开阳里支局、西区西单支局、昌平政府街支局、门头沟大峪支局为首批星级网点，在加强对星级网点的跟踪检查的基础上，北京邮政储汇局全力打造星级服务品牌，提升邮政储蓄的整体服务水平。

企业文化 北京邮政储汇局结合保持共产党员先进性教育活动及开展向王顺友同志学习等系列活动，定期组织党课学习、开展以党支部为单位的为基层办实事等活动。进一步激发了干部职工热爱岗位、奉献岗位的事业心，干部职工的主人翁意识不断提高。

进一步健全和完善了局务公开制度，增加教育经费提取、使用的公开，民主管理制度体系更趋完善。通过开展职工素质工程，职工素质不断提高。强化上一环节为下一环节服务、专业局为基层网点服务的意识，促进了服务工作满意度的不断提升。

（马晓润）

中国华融资产管理公司北京办事处

总经理　徐肇宏

2005年，中国华融资产管理公司北京办事处（以下简称华融北京办事处）积极贯彻公司2005年工作会议精神和办事处年初确立的“更高、更快、更好”的经营理念，不畏艰辛、勇于探索，取得了较好成绩和历史性的突破，全年各类资产共计收回现金7.27亿元；继续加大股权管理力度，维护公司应有权益；试行损失类资产承包责任制，探索商业化处置模式；积极探索市场化处置方式，资产营销工作取得积极进展；认真做好德隆系托管工作；转变传统的经营理念，积极拓展商业性业务领域；强化超前防范意识，提高内部管控水平。

债权资产管理和处置 2005年，华融北京办事处继续坚持精耕细作的资产处置原则，对每一笔处置资源深度挖掘资产价值，在资产质量逐年下滑、处置难度日益加大的情况下，办事处牢牢把握处置主动权，确保了一些项目较高的现金回收率。

2005年，华融北京办事处一次剥离债权资产回现43 226.07万元，涉及204户，处置账面资产90 104.59万元，账面资产回现率为48%，其中终极处置23户，处置账面资产31 457.09万元。

2005年5月，华融北京办事处接收了工商银行总金额约107亿元的损失类资产。办事处采取明码标价、公开竞标的方式对损失类资产项目实施承包责任制，通过制度创新，尝试商业化资产处置模式，调动员工参与资产处置的积极性，提高资产处置速度和处置效益，实现资产回收价值最大化，当年损失类资产收回现金2亿元。

股权资产管理 按照国家有关部委关于推进和规范债转股工作的政策要求，2005年，华融北京办事处进一步加强对债转股企业的股权管理工作，继续坚持按章程规定开好债转股企业的股东大会、董事会和监事会，充分参与重大问题的决策，发挥股权管理委员会的作用，对重大事项及时研究把关，加强调查研究，对企业情况深入了解，落实下户走访和调研报告制度，完成股权资产分类，制定管理和处置策略，同时重点推进了董事会对高管人员实行经营目标考核、完善授权管理、规范信息报告、开展治理机制试点改革等工作，股权管理水平进一步提高。通过加强管理、促进债转股企业规范经营，也为股权退出创造了条件。2005 年，华融北京办事处全部债转股企业均成功召开“三会”，2004 年度审计工作全部进行完毕。当年处置债转股转股金额 21 815. 2 万元，收回现金 9 444. 8 万元，其中股权转让 8 272. 2万元，股权分红 1 172. 6 万元。

资产营销工作　2005 年，华融北京办事处通过深挖细掘、开拓市场、积极创新等各种处置手段，大力开展资产营销工作，努力推进资产处置的市场化进程，取得了重大进展。一是对一些处置难的债权资产，尝试向社会公开推介，广泛寻找投资人，最终不仅通过公开拍卖债权的方式实现了资产处置，而且创下了较高的回收率。二是全力推动打包处置。2005 年，办事处大力开展资产包的营销工作，先后 22 次在北京、浙江等地的 8 家报纸以及北京产权交易所网站、华融网刊登资产处置公告，并主动与 13 家机构取得联系，推介资产，接待、配合了多家机构的尽职调查。全年共计对 6 个债权资产包以拍卖方式打包处置，其中 2 个资产包成功拍卖，其余 4 个资产包虽然暂时未能售出，但通过 2005 年的工作，为 2006 年完成政策性债权资产处置奠定了基础，创造了条件。

商业化业务　从 2004 年开始，华融北京办事处就在商业化业务方面进行了有效的探索，积累了尽职调查、资产定价、交易结构等方面的经验。2005 年，办事处主动适应公司转型，进一步探索开展商业化业务，先后为工行出售不良资产和德意志银行收购不良资产担任了财务顾问，承担了尽职调查等工作。同时为适应公司商业化转型的需要，办事处成立了市场拓展部，走访了 11 家金融机构和企业，积极寻求商业化业务合作商机，归集了 20 多条商业化业务信息，在年底前完成了一个商业化项目的立项工作。

内控机制的完善工作　2005 年，华融北京办事处纪检监察部门根据专项治理文件精神，结合办事处实际，通过多层次的反复排查，认真分析资产处置业务中各个环节的风险点，深入挖掘业务操作中的风险因素，确立了 17 个办事处风险防范的关键控制点，并研究制定了风险防范措施，增强了办事处防范风险的预警能力。为提高办事处内部控制和风险管理的能力，健全内控体系，办事处于 2005 年 8 月成立了内部控制审查委员会。

2005 年，办事处全面开展了审计检查情况的整改落实工作，要求全体员工切实落实整改建议，严格执行审计决定，深刻吸取教训，举一反三。同时为进一步做好整改落实工作，办事处还落实责任人，采取道义规劝、诫勉谈话、警示教育、公开批评等一系列措施，保障了该项工作落在实处。

德隆系托管工作　2005 年，华融北京办事处按照公司德隆系托管处置工作的总体精神和有关文件要求以及相关管理办法的规定，较好地完成了德隆系恒信证券和中富证券下属北京地区共计两家证券营业部的托管和日常管理工作，严格执行托管经营信息报送制度，做好德隆系证券公司客户交易结算资金第三方存管工作，保证了托管经营工作的正常开展，并成功实现一户德隆系实业企业的股权转让。

ISO9000 认证工作 2005 年，华融北京办事处继续完善 ISO9000 质量管理工作，对 13 个原 A 版文件进行了修订和换版，为了防患于未然，又制定了《商务谈判工作指引》、《项目计划管理操作指引》、《商业化收购工作指引》、《资产项目移交指引》等指导性文件，起到填补空白、规范管理的作用。

队伍建设 2005 年，华融北京办事处改进了员工培训制度，为提高培训效果和培训质量进行了多项尝试。在培训中贯彻因需施教原则，实施了年度学分制，逐单元考试、考核，提高了员工参训的自主性，增强了培训的针对性。

2005 年，中层管理人员“竞争上岗”制度趋于成熟，能上能下的用人机制发挥了积极作用。高级经理助理及执行经理竞聘结束后，17 名员工走上各级管理岗位，其中，首次走上执行经理以上管理岗位的员工占 24%，标志着能上能下机制进入运行状态。

（韩冬梅、王　毅）

中国长城资产管理公司北京办事处

总经理　张记山

2005 年，中国长城资产管理公司北京办事处（以下简称长城北京办事处）在总公司的正确领导下，以开展保持共产党员先进性教育活动为契机，全面贯彻落实总公司年初全国工作会议精神和“依法、稳健、开拓、效益”的经营方针，加快有效处置不良资产，认真抓好商业化收购，防范业务操作风险工作，同时严格处置程序，降低处置成本，提高处置效益，认真做好资产处置档案规范化和审计整改工作，在全体员工的不懈努力下，提前一年超额完成了总公司下达的承包现金回收任务，各项工作取得了较好的成绩。

债权资产处置 为了响应总公司提出的提前完成国家对长城资产管理公司实行的资产处置回收目标考核任务，长城北京办事处确定了把按区县整体打包处置和公开拍卖处置等方式收回现金作为重点工作，把能实现现金流的项目落实到部门领导、落实到项目经理组，责任到人。同时，办事处随时召开咨询会，现场指导，跟踪了解重点户和整体处置工作进度，及时提出对策。通过逐户梳理，分类排队，办事处把能收回的现金分成当前目标、近期目标和收尾目标三类，全面推进各项目工作。2005 年，门头沟区、延庆县整体打包处置已经完成，房山区、昌平区的处置工作有新的突破，密云县、平谷区的整体评估工作已全面展开。城区散户打包拍卖工作正在紧锣密鼓的进行当中。2005 年，北京办事处收回现金 4.3 亿元，非自用固定资产租赁收入 588 万元，完成总公司下达的 3.36 亿元考核计划的 127.91%，比 2004 年回收现金增加 37.9%。办事处累计收回现金 14.18 亿元，提前一年超额完成了总公司下达给北京办事处的现金回收承包任务目标。

物权资产管理　为加强对物权管理的工作力度，2005 年 3 月，长城北京办事处成立了物权管理小组，8 月份正式设立市场拓展部，对办事处的抵债物权资产进行专门化管理。一是有效准备和积极推进远大中心的拍卖处置工作，要求一切处置业务必须依法合规，按程序办。在对远大中心作拍卖处置时，办事处认真拟定招标标书、委托拍卖合同等拍卖招标用的法律文书，积极与法律事务所的律师进行沟通，抓紧完成评估工作后的拍卖处置预案报告起草，为拍卖处置做好了一切准备工作。二是办事处认真做好高登大厦拍卖前的准备工作。办事处充实人员，加大力量，认真做好尽职调查，积极与拍卖公司沟通，依法按相关程序完成了公开招标、竞标、公开选择拍卖公司等工作。高登大厦拍卖前的准备工作现已就绪，即将作拍卖处置。从办事处的整个物权处置过程来看，办事处始终坚持了公平、公开，依法合规。

评估管理工作　2005 年，长城北京办事处评估新立项目 19 个（其中地区资产打包 4 个，涉及 387 户）、商业化收购资产包 2 个、上年延续项目 12 个（其中地区资产打包 2 个，涉及 124 户）。办事处共审核评估报告 29 个（不包括商业收购资产包），涉及 460 户，并要求每一个评估报告必须要审核 2～3 次以上。在评估前期准备阶段时，办事处积极与中介机构协调沟通，使评估事务所对项目有大致的了解后再制定初步工作方案，以提高现场评估及出具报告的工作效率。在现场评估阶段，办事处加强了对评估项目的跟踪，不定期地进行跟踪指导。为确保评估到场，办事处派人和评估事务所、项目经理一起，逐户查找企业的地址、设法联系企业的管理人员、主动积极做企业人员的思想工作以取得对评估的配合。同时办事处每周定期与评估事务所沟通工作进展情况，保证评估工作按时进行。

审计整改工作　2005 年，长城北京办事处认真开展了常规性内部审计工作，重点对资产管理与处置、内部控制和财务管理等方面进行了审计。首先办事处加大了审计力度，制定了审计工作计划。办事处对 203 户资产处置清户项目进行了全面审计，完成终结处置项目审计 136 户，归集档案入库 136 户。同时还对办事处重大业务开支及时召开由审计部门人员参加的财务审批会，以便审计部门进行事中监督。2005 年，北京办事处接受了北京银监局的审计检查。办事处要求各部门积极配合银监局的检查审计工作。从资产处置、评估审核到档案管理、财务管理等方面工作，办事处要求各部门和每一名员工主动提供资料、说明情况、做好现场调查等各方面的配合工作。对银监局检查提出的问题，办事处立即责成有关部门加以改正，主动与检查组沟通情况、交换信息，及时整改，并提出了整改的时限。办事处要求把整改工作与办事处全力打造“三铁”工程紧密结合起来，夯实基础管理。通过各种检查和审计，提高了全体员工依法合规进行业务操作的观念，有效地防范了各类道德风险。

党风廉政建设 加强长城北京办事处党风廉政和自律教育工作，是一件长期而艰巨的工作。由于处置不良资产的难度越来越大，部分员工思想压力较大，办事处党委高度重视在这种严峻情况下的员工的思想政治教育工作。首先，办事处党委要求班子成员，特别是一把手要严格要求自己，率先垂范，加强思想政治工作，积极开展谈心活动，坚持越是在政策性资产处置的收尾阶段，越要依法合规做好每一个环节的工作。其次，充分发挥办事处纪委的作用，加强办事处党风廉政工作的贯彻落实。年初办事处与各部门处长签订了《部门党风廉政建设工作责任书》，与办事处全体员工签订了《严格遵守职业道德责任书》。最后，加大了经常性监督检查的力度。2005 年，办事处的检查内容包括了贯彻执行党风廉政建设责任制的情况、各部门岗位责任制的落实情况以及每一名员工贯彻执行各项规章制度的情况。一年来，办事处通过积极开展思想教育工作，使广大员工进一步掌握了有关规定的内容，资产处置各项业务操作不断规范，遵纪守法的意识进一步加强。

（王宏城）

中国东方资产管理公司北京办事处

总经理 张晓昌

2005 年，中国东方资产管理公司北京办事处（以下简称东方北京办事处）在总公司“一要发展、二要规范”的工作思路指引下，全面落实总公司2005 年总体工作要求，即“以财政部‘两率’任务为中心，加快有效处置不良资产；以积极开拓新市场，大力开展新业务为重点，积极开展资本运营和投资银行业务，提升公司的综合竞争能力；不断完善公司的管理体制和运行机制”。

截至12 月31 日，东方北京办事处实现本年度债权资产处置回收现金2.7 亿元，完成总公司下达的年度收现任务2.3 亿元的117.46%，处置债权50 户，涉及金额18.22 亿元；终结项目5 项，涉及金额1.82 亿元。股权退出和分红实现现金回收9 924.25 万元，港澳国际及港澳信托项目回收资金594 万元，资本金项目回收1 492 万元，东方信托项目回收红股50 万股。

债权管理 东方北京办事处从年初开始集中精力对可疑类资产进行了分类、梳理，制定了可疑类资产四年处置规划，根据可疑类资产特点，结合办事处实际情况，首先按照地区划分为北京地区和内蒙古地区资产两大区域，对内蒙古地区在考核其资产质量、地区经济状况、费用成本的基础上，形成了对该地区资产采取整体打包处置的工作思路。将北京的资产划分为：（1）北京地区空债权、零回收、事实呆账资产，贬损快的资产要尽快清理处置；（2）对必须尽快处置的资产，抓紧制定处置方案，纳入处置通道，防止价值的进一步贬损；（3）对有增值潜力的部分，进行项目资源的整合，继续培育，提升价值达到利润最大化；（4）对个人消费类贷款部分，拟进行有抵押资产证券化运作，或者与其他机构进行整体合作。

同时，为确保业务操作的规范，东方北京办事处还制定了《可疑类个人贷款提前还款工作流程》、《可疑类贷款胜诉项目申请强制执行操作程序》、《个人消费贷款还款业务操作细则（试行）》等多项规章制度，多方面确保新业务操作的合规性，为制定科学的处置规划及资产管理系统的建立打下了基础。

2005 年，东方北京办事处在上年接收委托的中国银行损失类贷款的基础上，继续做好接收工作。并完成了第一阶段损失类贷款的签约、公告工作。同时按照总公司要求，对接收的损失类贷款进行了自查，通过自查，进一步摸清了此类不良资产的家底，以及接收过程中存在的问题，同时按照财政部、人民银行关于接收工作的有关文件要求，积极与移交行进行联系，补充和完善相关档案资料，以确保接收工作的合法合规。

股权管理 2005 年，东方北京办事处积极推进股权项目处置工作，按计划、有步骤地实现股权退出变现。截至 12 月 31 日，股权实现收现 9 924.25 万元，终结处置 1 户。按照总公司的统一部署，对所管理的股权资产质量进行了调查，对所有债转股企业的转股收购债权回收率以及转股整体债权回收率进行了测算，并及时上报总公司，为公司下一步确定债转股企业的处置方针提供了数据。东方北京办事处派出的兼职董事、监事严格按照公司、办事处有关规定，认真行使股东权利，维护公司利益。先后参加股东会、董事会、监事会 60 人次，对企业提出的 160 项议案提出了表决参考意见。

内部管理 2005 年，东方北京办事处努力强化内部监察和审计工作，多次组织各级管理层、各个部门有针对性地研究办事处内部风险防范和监控工作，组织员工总结工作经验与教训，举一反三，查原因、堵漏洞，正视存在的问题，把检查与整改工作当做办事处提高依法合规经营、强化内部管理的良好契机，将各项工作做到实处。通过对可疑类和损失类贷款进行审计，提出了此次接收的不良资产档案资料缺失、主债权确权与维权不力、保证人主体不合格及资产中有疑点的贷款等多方面的问题。为今后办事处处置工作的开展，以及最大限度地维护公司权益打下基础。

认真开展案件专项治理工作，牢固树立“首都金融无小事”的观念，提高全体员工安全防范意识，做到防患于未然。

加强财务管理与监督，努力降低处置成本。从日常审核和控制入手，严格各项费用的开支，加强对费用开支原始凭证的审核，确保各项开支的合法性、合规性和合理性。同时通过办事处财务工作领导小组的审核管理形式，加强对大额费用开支的监督和控制，取得了良好的效果。

人力资源和薪酬分配管理 为适应公

司市场化发展的趋势，东方北京办事处结合自身业务特点和人力资源情况，努力研究有利于提升办事处整体效益，有利于提升办事处管理水平，有利于优秀人才茁壮成长，有利于完善公司治理机制的新的人事制度和组织结构。坚持开展职业道德教育，充分利用现有条件为员工提供更多的培训机会，为办事处的发展打好人才基础。加强对员工的考核、聘用，用优秀的用人制度提升员工的责任感和使命感。同时进一步加强薪酬和分配工作的管理，成立了薪酬管理领导小组，制定了《中国东方资产管理公司北京办事处2005年绩效考核管理暂行办法》。探索科学有效的薪酬分配机制，对涉及员工工资、绩效、奖金等薪酬事项由薪酬工作领导小组进行集体审议，取得了积极的效果。

企业文化建设 2005年，东方北京办事处党委坚持以“三个代表”重要思想为指导，认真搞好领导班子党风廉政建设，充分发扬民主，在办事处内倡导求真务实、以人为本、开拓创新、团结协作的企业文化。通过开展保持共产党员先进性教育活动，全体党员对保持共产党员先进性的认识有了进一步的提高，精神面貌、工作干劲有了明显变化，党员的先锋模范作用得到更好的发挥，党委的核心领导作用和支部的战斗堡垒作用得到进一步的加强。在经营管理上贯彻“以人为本”的理念，围绕“振奋员工精神、树立公司形象、提高公司效益”三个主题，围绕办事处中心工作在加大资产处置力度的同时通过各支部、工会及各部门开展加强企业文化建设活动，注意发挥工会组织的桥梁和纽带作用，维护职工权益、建设办事处和谐集体，营造出了办事处团结、奋进、人人为办事处作贡献的和谐氛围。

（孙艳霞）

中国信达资产管理公司北京办事处

主任　左凤高

2005年，中国信达资产管理公司北京办事处（以下简称信达北京办事处），以资产处置工作为中心，以提高资产处置效益为目标，着力解决资产处置工作中的突出问题，聚精会神搞业务，一心一意谋发展，较好地完成了全年的各项工作任务。在总公司2005年综合计划执行情况的考核中，信达北京办事处名列A类。

2005年，信达北京办事处现金回收创历史最高，达81 804万元，其中政策性债权处置回收39 008万元、政策性债转股回收3 460万元、建设银行委托债转股回收157.8万元、中国银行可疑类债权回收7 751万元、建设银行可疑类债权回收

644 万元、银建委托债权回收 1 309 万元、交通银行债权回收 2 034 万元、工商银行债权回收 27 441 万元；政策性债权共回收现金 42 468 万元，完成总公司核定 2005 年债权处置现金回收计划 7 000 万元的 557.26%。按“两率”（现金回收率和费用率）承包责任书三年完成 78 515 万元计算，已累计回收 87 847 万元，完成现金回收奋斗目标 111.88%；三项费用支出 751 万元，其中业务费用支出 110 万元，人员费用和管理费用支出 641 万元；自办事处 1999 年年底成立至 2005 年累计三项费用支出 5 773 万元，累计现金费用率 2.80%。截至 2005 年年底，北京办事处接收的不良资产总额 932 亿元，扣除已移交东方资产管理公司的建设银行可疑类贷款 132.3 亿元，办事处实际拥有的资产总额达 800 亿元。在全部已接收的资产中，没有一笔丧失诉讼时效。

债权资产处置稳步推进 2005 年，由信达北京办事处作为最大股东的三家政策性债转股企业——北京水泥厂、紫竹药业和东方石化均取得了良好的业绩，不仅实现了股权保值增值目标，而且为地方财政作出了积极贡献，同时，信达北京办事处的现金回收得到了最大范围的保障，企业也取得了长足发展，实现了多赢的目标。

为加快不良资产处置进度，谋求资产处置新路，2005 年年底，信达北京办事处在总公司重组部的指导下，通过打包方式将 88 户涉及债权总额约 20 亿元的不良资产整体协议转让给北京市国通资产管理有限公司。此次打包处置为确保完成 2006 年各项政策性债权的处置任务打下了基础，首先，通过打包处置方式，可实现政策性资产回收最大、成本最低、时间最快的三重目标；其次，将疑难项目打包定向转让给北京市地方政府所属的国通资产管理有限公司，可最大限度地发挥地方政府的社会稳定职能；最后，本次打包处置方案积极促进了国企的解困支持了首都经济结构调整。

商业化业务 一是对工商银行竞标取得全面胜利。6 月 25 日，经过总公司的正确决策，信达北京办事处一举将工商银行北京地区的两个资产包分别以 36.61% 和 32.73% 的出价收入囊中。二是全面细致地完成工商银行可疑类资产接收工作，信达北京办事处分别与工商银行北京分行、工商银行总行签订债权转让协议，并分期分批进行债权转让暨债务催收联合公告。经过努力，工商银行两个资产包累计回收现金 34 468.42 万元，其中工商银行总行债权处置回收 21 260.08 万元，北京分行处置回收 6 180.82 万元，工商银行代收 7 027.52 万元。三是积极推进向商业化转型。2005 年，信达北京办事处完成了向东方资产管理公司北京办事处整体转让建设银行可疑类资产工作。共移交资产 5 351 笔，债权本金折合人民币 100.6 亿元。移交工作保质、保量、保时，且在移交过程中未发生一起资产权利损失问题。与中国银行密切配合，做好移交后续工作。8 月 5 日至 8 月 12 日短短 8 天时间里，加班加点，顺利完成了二次档案交接工作。

内部风险控制 一是加强内部风险控制，完善管理规章制度。第一，针对费用管理中存在的制度不够完善、程序不够清楚等情况，制定了《中国信达资产管理公司北京办事处费用管理暂行办法》，建立了预算控制、授权管理、先批后用、分工负责的费用管理体制；第二，为加强内控管理工作，消除风险点，制定并下发了《中国信达资产管理公司北京办事处重要单证及会计印章管理暂行规定》，明确了部门内部人员对重要单证及印章的管理责任及权限；第三，根据信达北京办事处半年工作会议精神及广大员工的建议，为明晰资产处置流程，确保办事处资产处置工作的顺利进行，办事处按照注重细节、敬畏制度的原则，制定下发了《中国信达资产管理公司北京办事处资产处置流程(示意版)》，进一步规范了资产处置工作。

二是积极配合银监局、总公司审计部的检查审计工作。信达北京办事处始终把严格管理的工作作风落实到每一个环节，少犯技术性错误，杜绝风险性错误，不犯重复性错误。2005 年，办事处共接待检查和审计工作 5 次，包括银监局对中国银行、建设银行可疑类资产二次剥离现场检查、银监局终结项目现场检查等 3 次外部检查和 2 次内部审计。办事处一方面认真整改检查中发现的问题，举一反三；另一方面认真吸取他人的教训，警钟长鸣。通过接受检查和审计工作，信达北京办事处在资产接收管理工作、防范经营风险和道德风险等方面都得到了加强，有力促进了资产剥离的制度化、规范化建设，进一步分清了责任，加强了维权。

三是健全风险防范机制，提高内管内控水平。2005 年，信达北京办事处继续坚持工作“第一责任人制度”和“问责制”，把案件防范工作融入经营管理活动中。首先，办事处建立“一把手总负责，分管领导各负其责，各级领导层层负责，党委统一领导、党政齐抓共管、部门各负其责，依靠群众支持和参与”的反腐败领导体制和工作机制，把党风廉政建设和防范案件工作与业务工作同部署、同落实、同检查、同考核；其次，在各项业务工作中，认真履行“第一责任人制度”和“问责制”，保证在完成工作任务的同时，具有防范和规避风险的职责；第三，办事处每年签订《工作任务责任书》、《安全保卫工作责任书》、《反腐倡廉工作责任书》和《防范案件工作责任书》，把工作任务和案件防范工作一同部署，并细化到每一个人。

审核、评估和法律工作 一是继续坚持审处分离，提高审核工作质量。2005 年，继续坚持“审核和处置分离”，不断提高审核工作质量。资产处置审核工作表现出新的特点：一方面审批的项目体现出多元化，审批的项目既有政策性资产项目、工商银行可疑类资产项目，也有交通银行可疑类资产项目和银建委托项目；另一方面处置方式也呈现多元化趋势，处置方式既有债务重组，计划内破产，也有破产重整，打包转让和商业性债转股等。二是评估工作规范化运作。随着信达北京办事处不良资产处置业务的不断推进，2005 年，评估和尽职调查工作业务量迅速扩大。按完成项目数计算，2005 年是 2004 年的 1.8 倍，按涉及债权金额计算，2005 年是 2004 年的 5.3 倍。在工作量迅速增大的同时，评估业务管理工作从评估机构选聘入库、项目评估公开竞聘中介机构、协调评估过程，到评估报告审核、评估项目材料归档，始终坚持规范化、程序化运作，较好的完成了工作任务。三是做好法律工作，为资产管理和处置工作保驾护航。第一，全方位的非诉讼法律事务工作成为重点。2005 年，信达北京办事处通过非诉讼法律事务服务于资产接收、管理、处置和办事处日常经营活动，对于维护办事处管理的巨额国有金融资产的安全发挥了不可替代的作用。第二，对法律事务中介机构进行有效管理。按照总公司的要求，信达北京办事处通过考察对律师库进行了补充，从法律中介机构库内优选出一批职业道德良好、熟悉金融资产管理实践、法律业务精熟的律师机构。这些律师机构为办事处的资产管理和处置发挥着积极作用。第三，对新接收工商银行债权资产的法律时效问题进行筛查，确保时效的有效性。

队伍建设 2005年，信达北京办事处坚持以人为本，努力打造充满生机和活力、自觉遵守纪律、协作配合、精干高效的工作团队。一是优化了部门、项目组、资产、费用和人力的配置。在总公司机构调整的基础上，调整了办事处机构设置和人员构成，形成综合管理、资金财务部、资产管理一部、资产管理二部、市场开发部和资产处置审核委员会、商业化业务委员会的机构设置。二是为建立办事处相互关心、相互信托，团结向上、和谐融洽的工作环境，从点滴入手，关心员工个人生活和家庭情况。给每一个员工搭建事业的舞台，让他们得到良好的培训，充分施展才华。

（靳迎春）

中国银河证券有限责任公司北京管理部

总经理　霍肖宇

2005年，中国银河证券有限责任公司北京管理部（以下简称银河北京管理部）以“三个代表”重要思想为指导，在公司党委的正确领导下，本着求真务实、与时俱进的原则，带领辖区全体职工团结奋进、开拓创新，深入开展保持共产党员先进性教育活动，狠抓政治、作风、业务建设，以“建设资本充足、内控严密、运营安全、服务与效益良好的现代金融企业”为目标和主线，突出基金销售创造业务增长点和研究支持业务发展需要两项重点，旨在“提升市场份额，提升盈利能力”，全年营业收入为11 745.61万元，超额4 431万元完成公司指标，其中基金销售收入为1 705.81万元，实现利润1 520.51万元，连续三年盈利。

证券经纪业务 2005年，整个证券市场持续低迷、交易清淡，银河北京管理部坚定不移地执行公司总部的战略方针，以基金销售为突破口创造新的业务增长点，加大研究成果推广力度，共实现各类证券品种交易量达653.55亿元，其中股票基金交易量为378.43亿元，相比市场年同期增幅高出6.65%，在北京市的市场份额占比为6.959%，比上年同期增长16.958%；债券交易量达107.72亿元，在北京市的市场份额占比为1.35%。截至年底，银河北京管理部的客户总量近18.4万户，比上年增加客户0.82万户，客户总资产超过95.55亿元。

2005年，银河北京管理部根据公司“坚定不移地销售基金”的经营方针，把基金销售作为实现营业部“收入增加、提升市场份额、实现客户资产增值”的重要措施，累积完成各类开放式基金销售141.74亿元，其中基金首发完成15.82亿元，货币基金累计申购97.57亿元，非货币基金累计认购申购28.35亿元。基金年终总保有量为26.45亿元，其中非货币基金保有量为7.57亿元。2005年销售的基金从首只“融通100”到2005年最后一只基金“中信经典基金”，全部盈利，收益率最高达到21.6%，为实现客户资本增值作出了积极的贡献。银河北京管理部全年完成股票基金交易量378.43亿元，市场占有率为5.464‰，基金分仓交易量为96.37亿元，合计市场占有率为6.959‰，较2004年的5.218‰上升33.36%，基金的销售为提高市场占有率作出了重要贡献。

2005年，北京管理部及所辖营业部形成基金日均保有量为25.54亿元，获得交易量96.37亿元，获得基金销售收入1 705万元，基金销售成为2005年的业务亮点。

2005年，银河北京管理部坚持科学发展观，以新业务、新产品拓展新渠道，寻找新突破。2005年，公司处于股份制改革期间，9月底，银河北京管理部月坛营业部被选为试点。12月19日，月坛营业部通过验收，转接成功。

2005年4月29日，作为证券市场上最重要的制度性变革的股权分置改革开始启动，银河北京管理部每周召开营业部正、副总经理参加的股权分置工作会议，管理层先后到上海、河北、河南、山东联系上市公司，争取保荐人资格和市值托管项目，并制定了《银河北京地区股权分置客服投票奖惩制度》。截至年底，已争取非流通股市值托管项目12个，正式签订非流通股市值托管协议超过130亿元。

权证是2005年最重要的创新产品。银河北京管理部对新产品的认知迅速，推广及时，宣传到位，在短短几个月的交易时间里，辖区的权证交易活跃起来，出现了6个交易日权证的交易量超过深圳市场的局面。特别是2005年12月份创造了1 247亿元的单月交易水平，使权证成为市场的一股重要力量。据统计，北京地区在权证业务方面，优于全市场的平均业务占比，并在市场占有率方面也超过了地区股票基金交易的水平。

队伍建设 一是整合人力资源，优化营销团队。2005年，银河北京管理部不仅加强市场营销和研究人才的引进，还在地区内根据适才适岗的原则对人员进行合理配备，发挥人才专长，达到人力资源效用的最大化。银河北京管理部通过定期培训，团队营销能力大幅提高。

二是各营业部通过招聘组建起初具规模的经纪人团队。银河北京管理部在2004年年中提出要打造百员经纪人团队，2005年，大多数营业部都建立了经纪人队伍。在各营业部良好机制的促进下，经纪人队伍在2005年走在了市场营销的最前沿，为营业部完成基金营销任务作出重要贡献。

三是畅通资讯传播途径，提高团队服务质量。银河北京管理部2005年为实现“研究发现价值，营销实现价值”的功能，专门配备资讯研究主管，加大公司研究资讯成果的传播力度，制定了《银河北京管理部资讯传播流程》，建立技术领先的卖方经纪业务，实现客户和营业部的双赢。

财务管理 银河北京管理部按公司年初下达的指标，尽量压缩营业面积缩减成本，及时分解收入计划、固定费用和变动费用计划。自2005年下半年起，银河北京管理部每月对辖区各营业部完成公司财务计划和经纪业务任务情况进行排名，全年节约固定费用100多万元，节约非工资性变动费用30多万元。

风险管理 2005年，银河北京管理部本着合规经营、客户资产独立存管的“风险可防、可查、可控”的原则，令必行，禁必止。自不准接受“一挂多”账户以来，北京9家营业部先后拒绝了共计5亿元的客户资产，为日常工作的规范化管理提供了严格的制度保障，风险控制体系已基本建立。并且以公司股改重组和独立存管评审为契机，建立并完善了营业部合规经营和风险防范的机制。

一是完善信息系统设备，加大技术建设。银河北京管理部对9家营业部广域网线路进行了合理配置和有效备份，解决了在广域网瘫痪的极端情况下保持继续交易的问题（为每家营业部保留了2条电话拨号线路）并建立灾备机房。多次实际的切换演练后形成中心机房《应急处理措施》，为地区整体信息技术系统的安全提供了保障。

二是实现系统内的地区集中交易。2005年，银河北京管理部投入大量的人力、物力，完成了所有营业部的挂接，最终在2005年9月16日实现了9家营业部近20万名客户的全部集中交易。并从安外营业部整体迁移了一套上海双向卫星系统，深圳双向卫星从4代升级到5代，进一步完善集中交易的报盘体系。

三是加强账户标识和客户资料规范清理。银河北京管理部从2005年3月底协同存管北京分中心完成了9家营业部的客户标识工作。各营业部在2004年9月30日后开立的不规范账户绝大多数已清理完毕，并对客户标识实行动态管理，有利于客户风险的长期监控。并重新设置了交易系统权限和客户资料修改权限。

四是其他风险防范细节化管理。实行公章集中管理，风险业务的定期检查、报告制度。对风险业务进行周报、季报等长期管理。实行集中监控系统，重要客户集中管理及回访。2005年，银河北京管理部没有发生一票否决事件。

党的建设与企业文化建设 2005年9月10日开始，银河北京管理部党总支带领全体党员经过4个多月的深入学习，分三个阶段成功完成了党中央关于保持共产党员先进性教育活动的各项任务，最终群众满意度测评结果达到100%，并发展新党员2名。

2005年年初，银河北京管理部团总支对辖区35岁以下的青年和团员重新统计摸底，完善组织架构，整合支部规模，成立了制度规范、职责分工明确的4个新支部。11月，响应共青团中央号召，银河北京管理部团总支开展增强共青团员意识主题教育活动，分三个阶段组织团员圆满完成了团员意识教育，参与率达到100%，受到上级团委的认可和表彰，被银河总公司评为“五四红旗团总支”。2005年，银河北京管理部党总支领导工会两次组织员工对灾区进行人道主义捐助活动。2005年6月，工会发动全体员工为受洪灾危害的黑龙江沙兰小学募捐了16 000多元的现款；2005年12月，工会响应胡锦涛总书记的号召，全体员工向灾区困难人民捐献134件越冬棉衣棉被。

2005年，银河北京管理部竭力打造“胸怀全局谋发展，严明纪律抓执行”的经营文化理念，坚持“令行禁止，畅通高效”，强化“无条件执行的意识”。首先，实行管理部总经理谈话制度。管理部总经理定期下基层与营业部员工谈话，征求意见并及时解决发现的问题。其次，管理部定期举行管理部中高层管理人员参加的拓展培训，培训锻炼了管理者的领导能力和团队协作能力，增强了管理意识。最后，加强员工凝聚力建设。定期深入基层开展“头脑风暴”，每周定时给全体职工发出“励志小短文”和“温馨周末”邮件，提倡快乐工作，形成了比、学、赶、帮、超的良性竞争文化氛围。2005年年底，银河北京管理部200多名员工欢聚一堂，自编自演，成功举办了地区首届春节联欢晚会。

（李素环）

首创证券有限责任公司

首创证券有限责任公司（以下简称首创证券公司）将2005年确立为“转型年”，公司在做好各项基础建设工作，加强防范风险举措的同时，及时调整工作重点和经营方向，将公司的发展重点放在投资银行、固定收益等低风险业务的拓展上，同时在资产证券化等创新业务方面注重资源储备和人才积聚，以适应证券市场发展的需要，适应公司树立业务品牌、提高竞争力的需要，适应公司经营特色化、发展可持续化的战略发展的需要。

公司现有员工244人，其中公司总部97人，各营业部合计147人。员工绝大多数具有大学以上学历及金融证券业从业经验，是一支专业化水平较高的队伍，博士、硕士以上学历28人，占总数的11%；本科、大专学历188人，占总数的77%。共有203人通过了证券业从业人员资格考试，占员工总数的83%。

经纪业务　2005年，首创证券公司代理深、沪两市股票，基金交易额为148.37亿元，比上年同期减少66亿元，与沪、深两市股票、基金交易额25.22%的平均跌幅大致相同，股票基金交易的市场份额比上年同期略有下降，有效资金账户净增加1 127户。

2005年，首创证券公司从以下几个方面加强了经纪业务管理，并顺利通过了保证金独立存管审核，工作取得了较好的成效。

一、制定和完善了经纪业务管理的各项规章、制度。按照中国证券监督管理委员会131号文件《关于进一步加强证券公司客户交易结算资金监管的通知》中的五项内控要求，以及《证券公司内部控制指引》、《关于加强证券营业部内部控制若干措施的意见》等文件精神，对照保证金独立存管要点的要求，对公司与经纪业务相关的内控制度进行了修订和完善，从营业部的组织管理、业务经营、操作流程、印章管理等方面进行规范，共制定和完善了各项规章制度26个，使公司经纪业务从制度上得到保证，防患于未然，为确保公司经纪业务的健康、稳定发展打下了良好的基础。

二、通过加大对营业部的业绩考核与评级力度，督促营业部加强经营管理。在总结了2004年执行《证券营业部业绩考核管理办法》经验的基础上，对该办法进行了部分修订，增加了客户保证金余额等项目在评分中的权重；完善了证券营业部的考核机制，使营业部经营业绩的评价更加公正合理，对提高营业部的管理水平也起到一定的促进作用。

三、加强成本管理与预算控制，狠抓增收节支工作。公司通过下达收入费用率指标的方法，强化营业部成本管理与费用控制意识，以收定支，加大营业部费用预算管理力度，2005年，经纪业务年度费用总额比2004年下降18.57%，取得了较好的效果。

四、加强业务培训，提高营业部员工素质。2005年，深、沪两市不断推出证券创新产品，因此，加强营业部员工的培训工作刻不容缓。在强化以营业部为单元进行内部培训工作的同时，经纪业务总部2005年组织营业部业务骨干、技术骨干参加上交所、深交所、中证公司等相关机构组织的新业务、新技术培训；另外，经纪业务总部就权证业务等创新产品的交易整理出了专门的培训材料，通过公司局域网络系统进行业务培训，使营业部员工在第一时间对新业务有了全面的了解。

五、完成了将营业部成功并入公司集中交易系统的工作。在2004年将成都营业部和北京北辰东路营业部并入集中交易系统的基础上，2005年在公司信息技术部的大力支持下，又将深圳吉华路营业部、石家庄3家营业部及上海2家营业部并入集中交易系统，实现了所有8家营业部的大集中，达到了保证金独立存管要求的集中清算和集中监控，同时为营业部减少成本创造了条件。

六、狠抓风险控制，加强对营业部的业务监管，顺利通过保证金独立存管的审核。在补充和完善各项规章制度的基础上，加大对制度执行工作的检查、监督力度，控制各项业务风险。2005年，经纪业务总部抽调各营业部的骨干组成检查组，对公司全体营业部组织了一次全面的业务检查，通过检查做到及时发现问题，及时进行整改，对营业部之间的交流、学习起到了良好的作用，大大提高了营业部在业务经营中的规范操作意识及风险控制意识，顺利通过了保证金独立存管的审核。

投资银行业务 2005年年初，在经过不懈的努力之后，首创证券公司终于获得了保荐机构的资格；与此同时，投资银行业务的专业人才也逐步到位，这些为首创证券公司今后在证券市场中的发展壮大奠定了良好的基础。

2005年4月之后，证券市场中新股发行、再融资等业务被关闭，整个市场进入股权分置改革的阶段。在这样的环境下，首创证券公司投资银行业务始终紧紧围绕股权分置改革这个主题，积极与上市公司联系，争取尽可能多地获得股改中的保荐业务。

2005年12月23日，凌云股份(600480)作为首家被首创证券公司保荐的上市公司公告了股权分置改革方案，这标志着首创证券公司在股权分置改革中打响了第一枪。同时，其他几个股权分置改革项目也在一并推进。投资银行部门在这个过程中，始终争取高效、优质地完成股权分置改革业务，为首创证券公司创造更多的利润和声誉。

证券投资 2005年，中国股市内部同样面临着股权分置改革的重大课题。随着问题的破题和上市公司改革试点，困扰股市多年的难题迎刃而解，市场人气也从最低迷的阶段逐步恢复，随着新题材的出现，原有的价值投资理念逐步向“投资+博弈”的新格局转变。随着新金融衍生产品的逐渐推出，权证交易、ETF、LOF等非常活跃，QFII规模持续扩大，一个逐渐理性并且充满活力的、和国际接轨的成熟股市逐步形成了，中国股市正进入新的历史发展阶段。

针对复杂多变的市场形势，公司证券投资部考虑到自身投资历史时间较短、投资规模偏小等特点，本着以建立和健全科学的管理制度为出发点，细化投资流程，全面落实岗位责任制，坚持一贯的“谨慎投资”原则，严格控制投资风险，并根据投资绩效采取适当的激励和规范措施，一方面从根本上杜绝非理性投资，另一方面充分发挥员工的积极性和创造力。

在具体业务方面，部门针对2005年政策面变数较大，对各种课题采取专题讨论的形式，为应对新政策下可能出现的各种不同问题做好充分准备。部门定期召开研讨会挖掘投资理念，积极研究新的投资品种，进一步完善了股票池，并加强数据和历史资料的分析，以保障投资的科学性和分析的连续性。为了扩大信息渠道，证券投资部也不定期邀请公司有关部门一同参加研讨和调研，确保在投资过程中把风险降到最低。同时，证券投资部还积极委派员工通过采访有关专家、参加行业信息发布会、上市公司路演等活动加强沟通面和扩大视野。

资产管理业务 2005年，首创证券公司的资产管理业务坚持“收益低风险化、流动性充足化、营销模式集中化、理财产品创新化”的服务型资产管理模式，树立“资产管理水平高、创新能力强、诚信程度高”的首创理财专家形象。在债券一级市场发行承销业务竞争激烈的情况下，积极探索债券品种创新和固定收益证券品种创新，充分发挥现有的优势和资源，在2005年共承销四只企业债券，并取得了较好的业务收入。在二级市场凭借“银证通”系统的平台，开展“国债直通车”业务。积极参与国债、企业债券、可转换债券等债券市场，为国债、企业债券、可转换债券的发行提供各种服务。

风险控制管理 通过客户交易结算资金独立存管体系的建设，首创证券公司实现了集中交易、集中清算、集中监控，经纪、自营等业务的风险控制同时也得以进一步加强。公司专门成立了合规部，连同稽核部一起，通过集中监控等系统，实现了对各项业务事前、事中、事后的全过程监控。通过制定相应措施，从组织架构、运行机制、业务流程、人员管理等多方面加强了内部控制。年内未发生严重违法违规及不按授权范围操作的情况。

2005年，首创证券公司通过了北京证监局全面的内控核查，通过了客户交易结算资金独立存管的评审，在风险控制方面得到了主管部门的肯定。

信息化建设 2005年，首创证券公司的信息技术系统和管理水平又上了一个台阶。根据公司业务未来发展需要，在公司搬迁后，重新设计打造了信息技术和管理平台，对整体信息结构进行了整合，完成了集中交易系统、集中清算系统、集中数据中心、集中风险监控系统及公司办公自动化。通过这些技术上的变革，促进了公司管理上的变革，实现了对交易、清算、监控的集中管理，实现了业务流程的规范化和监控的有效性，提高了工作效率和风险防范能力。

（赵 光）

中国人民财产保险股份有限公司北京市分公司

总经理 王德地

2005年，中国人民财产保险股份有限公司北京市分公司（以下简称人保财险北京分公司）面对激烈的市场竞争，坚持继承、巩固、完善、发展、提高的原则，坚定信心，克服困难，紧紧围绕效益核心，稳定了业务规模，圆满完成了利润计划指标，各项工作取得了可喜的进展。截至年底，公司共实现保费收入30.44亿元，市场份额为44.47%，保费总额位居人保财险系统全国第6位，净保费收入为21.62亿元；承担风险责任（承保业务的保险金额与责任限额之和）14 968.91亿元，比上年增长7.28%；全年累计处理已决赔案68.77万件，支付赔款17.81亿元，已决赔付率为58.53%，比上年下降5个百分点。

机动车辆保险业务 2005年，人保财险北京分公司将大力发展车险优质业务作为工作重点，车险业务质量得到明显改善。一是建立了分、支公司两级车险业务质量监控体系，推行赔付率N、O、C车险业务质量监控指标；二是实施了灵活的车险产品价格策略，增强了市场营销能力；三是创新服务模式，建立了车险VIP服务制度，对两年不出险的客户和重要客户推出了包括95518自动识别、续保价格优惠、异地出险服务、北京全境救援、优质修理厂推荐、VIP绿色理赔通道等在内的多项服务举措；四是创新营销模式，以“95518”呼叫中心为平台，初步形成了单车业务的直销展业模式；五是通过加大公众媒体宣传力度进一步提升了公司品牌形象；六是对电脑系统的限制和审核功能进行了多次调整，核保工作质量得到提高；七是围绕“算清收益”、“算清成本”、“多样化管控手段”三个环节，初步形成了一套差异化中介渠道管理办法。全年机动车险保险费收入为21.54亿元，市场份额为45%，承保数量为81.68万辆；处理车险已决赔案67.75万件，支付赔款15.23亿元，已决赔付率为70.82%，同比下降6.2个百分点。

非车险业务 2005年，人保财险北京分公司以全面开拓非车险市场为重点，保持了市场占有率的稳定。公司从经营引导、政策支持、市场开拓、机构建设等方面，为非车险发展创造了良好的内部环境。一是制定并分解了切实可行的非车险计划指标，明确了非车险业务发展重点；二是制定了有效的奖励和激励政策，进一步调动了员工积极性；三是成立非车险新设机构，组建了责任险、商务中心区和金融街3个非车险营销服务部；四是实施了重点领域重点拓展的策略；五是加大产品改造和开发工作力度，开发、改造了医疗责任保险索赔报告期扩展条款等8个产品，开发、调整了“家安保”等4个产品，推出了“四季平安”系列保险卡二代产品，开发了银行渠道专属的家财险、旅游险产品；六是开展了团险业务竞赛、个险“群英聚会、百团争先”等多项营销竞赛活动；七是强化技能培训，参训人员超过1 000人次。2005年，公司非车险业务实现保险费收入8.90亿元，市场份额为43.45%。其中财产险业务保险费收入为5.09亿元，货运险业务保险费收入为1.88亿元，航空航天险业务保险费收入为1.40亿元，农业险业务保险费收入为183.70万元，意外险业务保险费收入为4 956.20万元。

大型商业风险保险业务 2005年，人保财险北京分公司以拓展大型项目业务为重点，综合竞争力和社会影响力得到了提升。签单承保的具有较大影响的重要项目有中央电视台新台址、北京地铁奥运支线、国贸三期工程等；在2006年度中直机关、中央国家机关机动车辆保险政府采购中成功中标；南水北调、西气东输等一系列标志性大项目也在积极洽谈之中。9月份，人保财险成为2008年北京奥运会保险合作伙伴，人保财险北京分公司成立了奥运VIK服务组，在落实VIK计划过程中扎实推进，得到了北京奥组委有关方面的首肯。

内控管理 2005年，人保财险北京分公司以强化内控管理为重点，使公司的决策执行力和管理水平得到了进一步提升。

一是承保管理。确立了自动核保与人工核保相结合的集中模式，分险种逐步推进集中核保工作，实现了全部险种的集中核保。开发建设了风险要素管理系统、客户盈亏分析系统、核保系统程序和数据库，通过对现有客户近三年盈亏数据的统计分析，实现了对黄金客户和重点监控客户的细分。修订、下发了《应收保费管理暂行办法》和实施细则，明确了应收保费考核和准备金计提的办法。加大了日常监控力度，实行应收保费预警管理和重点督导。2005年，公司应收保费余额为2.72亿元，同比下降了2 500万元。应收保费率为8.94%，剔除飞机险、货运险、分期付费业务因素，应收保费率为2.46%，实现了应收保费总体管控目标。

二是理赔管理。公司以“理赔质量年”为主线，狠抓数据清理，提高案件处理质量，增强理赔服务，取得了较好成效。通过加强理赔基础管理，规范理赔操作，使车险精算赔付率达到了预期目标。完善了汽车配件价格的更新机制，与91家修理协作网成员签订合作协议，约定了配件及修理工时的价格和服务标准。“理赔无忧”、“金牌服务工程”活动取得良好成果。在北京财险公司向全社会作出统一承诺的基础上，公司又推出12项特色服务承诺，彰显了人保服务品牌。防灾防损、医疗审核制度和法律方面的工作均得到了加强。

三是财务管理。修订了经营绩效考核

办法，大幅削减了分公司本部的费用预算。通过车险逐案估损、案均估损和精算方法综合评估，提高了未决赔款准备金计提的准确性。完成了上收电子账务工作。实施了分险种核算，制定了分支公司分险种核算实施细则。

四是信息技术管理。继续在固化业务流程、加强数据监控和辅助经营决策方面开展工作。数据质量和计算机应用水平在人保财险系统内名列前茅，对业务发展和经营管理水平的提高发挥了良好的促进作用。

五是再保险管理。加强了法定分保、协议分保和商业分保业务的管控，补充完善了各项管理规定。购买了系统内意外事故超赔保障，为业务发展、稳定经营、提高公司承保能力和市场竞争力，提供了有效的再保险保障。

六是审计管理。实施了经理经济责任、房贷险和车险绩效、服务性经济效益与预警分析、内控制度评价和未决赔款专项检查等审计项目。推进内控制度建设，制定了2005年版内部控制制度。

队伍建设　2005年，人保财险北京分公司班子建设与员工队伍建设得到显著加强。一是积极稳健地推进薪酬制度改革，做好业绩管理考核，在强化干部队伍建设和组织建设方面取得了成效。二是从优录用、选配领导干部，对30多名拟提拔的领导干部进行了深入考察，提高了干部队伍质量。三是制定了公司技术序列岗位管理等具体管理办法，设定了一把手关键业绩指标及其权重、目标值，为全面推行业绩管理考核体系奠定了坚实的基础。四是建立了长期、有效的培训机制，协调主要业务部门制订培训计划，修订了教育培训管理办法。五是做好社会保险工作，公司于2005年3月正式加入了北京市基本医疗保险。六是以保持共产党员先进性教育为契机，反腐倡廉工作收到了实效。根据党中央和保监会、总公司党委的统一部署，公司深入开展了保持共产党员先进性教育活动，分公司党委下属的29个党支部分别召开了专题组织生活会和专题民主生活会，民主评议党员合格率达到100%。分公司党委和纪委把党风廉政教育与先进性教育活动有机结合起来，提高了领导干部和全体党员廉洁自律的自觉性，公司继续保持了全年无违规违纪立案案件的纪录。

（刘树凯）

中国人寿保险股份有限公司北京市分公司

总经理　黄俊光

截至2005年年末，中国人寿保险股份有限公司北京市分公司（以下简称中国人寿保险北京分公司）实现保险费收入41.39亿元，同比增长1.2%（另外代理中国人寿集团公司保费收入4.06亿元），其中个人业务保费收入为16.61亿元；团险业务保费收入为10.84亿元；银行代理业务保费收入为13.67亿元。在保费收入持续增长的同时，业务结构明显改善，风险型和效益型业务总量很快提升。

构建业务支持平台　2005年，中国人寿保险公司北京分公司完成了团险销售人员的个人信息采集和档案维护工作，为今后实施更进一步的细化管理奠定了基础；充分利用团险业务管理系统（GMIS）和分析型客户关系管理系统（ACRM），为一线提供销售支持；加强信息技术建设，重点做好网络改造和数据中心建设，不断提高运营管理水平；做好代理人风险预警系统（ARPS）和代理人信用评价系统（ACRS）的推广应用，完善个人代理人风险督察工作机制。

业务管理　2005年，中国人寿保险公司北京分公司加强了对核保核赔人员的培训和管理，严把"双核"关；进一步落实重要单证四级管理体系；通过对理赔统计进行动态监控、业管人员积极参与承保方案讨论和业务谈判、参与产品开发和推广工作等措施，改进风险管控方法和手段。

内控管理　2005年，中国人寿保险公司北京分公司积极配合"404"项目[①]工作，全面梳理内控机制；完善客户疑难问题协调解决委员会制度；严格执行收支两条线管理办法，进一步加强资金和账户管理；全面实行基层财务人员派驻制，加强对基层单位的财务管理和费用监控；严格规范公司法律事务管理，实行潜在诉讼事件报告制度；加强品质管理工作，规范工作流程，顺利通过英国标准协会的外部审核。

客户服务工作　2005年，中国人寿保险公司北京分公司柜面的服务和管理水平有了较大提高，客户对公司整体服务满

---

① 中国人寿保险公司启动了旨在加强内部控制建设的"404项目"。事起于美国《萨班斯法案》。该法案颁布于安然公司等一系列财务丑闻发生之后。最后生效日期为2006年7月15日，或者以后结束的财务年度。对在美国上市的中国企业生效。在《萨班斯法案》中，上市公司最为关注的焦点是出奇严苛的404条款，它明确规定了管理层应承担设立和维持一个应有的内部控制结构的职责。

意度进一步提高；“95519”客服电话中心在总公司的年度考核中被评为A类；客户投诉明显减少，投诉处理能力不断提高。

业务创新与服务创新 在销售创新方面，公司制定了“五大支柱”（航意险、学平险、二团险〈团体意外险、团体人身险〉、旅意险、建工险）的意外险业务发展策略，并且在产品、销售渠道、销售方法等方面不断开拓创新，促进了意外险的快速发展；不断创新产品说明会的形式和内容，聘请高水平讲师，推广客户答谢会；创新代理人的培训方式，采用了主管轮训、新兵训练营、产品技能大赛等行之有效的方式；在服务创新方面，公司推出新单跟踪机制，保证及时出单；开发了生存金领取的外挂程序和领取后回访程序，实现了生存金领取自动转账付费；“95519”手机短信息服务新增了对客户的付费确认通知、保单失效通知、划账不成功通知，开通了以公司名义或业务员个人名义向客户发送节日祝福的短信服务。

（罗伟文）

中国太平洋财产保险股份有限公司北京分公司

总经理　李宝利

2005年，中国太平洋财产保险股份有限公司北京分公司（以下简称太平洋产险北京分公司）面对复杂多变的市场形势，全公司上下牢固树立和全面贯彻科学发展观，始终把发展作为第一要务，坚持以效益为中心的指导思想，积极开展管理创新、服务创新，狠抓内控制度建设，全面提升经营管理水平和服务水平，进一步增强了公司的核心竞争力。

2005年，太平洋产险北京分公司下辖8家支公司，在职员工531名。全年保费收入达到10.83亿元，与上年相比略有增长；全年赔款支出共计4.59亿元，简单赔付率为42.38%。

机动车辆保险业务 2005年，太平洋产险北京分公司通过建立业务分析系统，执行满期赔付率，执行“双核”制度，建立黑名单、验车承保、风险数据库等制度，在理赔方面实施先定责后定损等一系列措施，使公司在车险精细化管理方面迈出了实质性的步伐。在车险招标项目方面，公司再次成功中标中央国家机关车险项目承保资格，为车险业务的持续发展打下了坚实的基础。在提高车险服务水平方面，通过整合服务资源，继续开展服务创新，在2004年连续推出全城通赔、全年承保、全年理赔、免费救援、远程定损等一系列服务举措的基础上，2005年又推出了电话销售、手机短信查询、网上投保、车辆专修、预付赔款等服务新举措，为广大客户提供了更宽泛、便捷的服务，推动公司车险业务的快速发展。全年机动车辆保费收入达到7.5544亿元，同比增长20%。

非机动车辆保险业务 太平洋产险北京分公司通过继续加大对非车险业务发展的支持力度，重视对非车险业务人才的培养，加强对非车险业务信息的收集与运用，积极培养新的业务增长点，使公司非车险业务得到较快发展。通过加大人身意外险的销售力度，使公司的人身意外险业务取得了突破性进展，保费收入为2 216万元，比2004年增加1 118.8万元，增幅达89.75%。其中支公司人身意外险保费收入为1 800多万元，占人身意外险总体保费收入的85%。通过加强对各业务单位的协作和管理，并注意发挥团队精神，使公司在大项目承保方面取得了进展，不仅成功新保和续保中国民航机队保险、空管责任保险等一批大型项目，而且为参加我国“神舟六号”宇宙飞船发射的两名宇航员投保了人身意外伤害保险，并为搭乘“神舟六号”的书画长卷《和平颂》提供了财产保险。公司全年非车险业务保费收入达到3.34亿元，不考虑房贷业务影响的因素，同比增长13.88%。

业务管理 2005年，太平洋产险北京分公司继续贯彻落实科学发展观，牢固树立“发展是第一要务”的思想，在继续开展管理创新活动，积极倡导建立学习型组织和个人，狠抓执行力度等方面，采取有效措施，全面提高了公司的管理水平。在加强中介代理管理方面，公司通过调整渠道建设指导方针，进行分类差异化管理和等级评定管理，加强风险防范等措施，使渠道建设和公司的业务得到了长足的发展。在防范风险方面，继续坚持业务发展和风险防范“两手抓、两手都要硬”的基本原则，制定了《应收保费管理实施办法》等制度，对应收保费管控的指导思想、管理模式、工作责任、清收指标、考核方式等作出了明确规定。构建了公司应收保费三级管控体系，形成了“统一领导，分级管控，相互制约，齐抓共管”的内控工作流程和工作网络，对应收保费实施了有效管控，取得了明显成效。公司风险管控的另一个重点工作是加强对未决赔款的管理。通过制定《关于提高车险结案率的有关规定》等制度，加强了对业务单位延迟立案的监督和通报，加强了对垃圾数据的清理，加强了对结案率的督促与管理。通过继续开展现场与非现场相互交替进行的稽核工作，通过开展教育与监督并举的纪检监察工作，并巩固保险调查人试点等工作，进一步完善了公司的内控制度建设，有效地防范和控制了公司的经营风险。

打造太保服务知名品牌 2005年，太平洋产险北京分公司继续把开展服务创新，加强精神文明建设，打造太保服务知名品牌作为重点工作，牢固树立“诚信天下，稳健一生”的企业核心价值观，明确提出“通过创建活动提高员工文明素养，全面提升服务质量，打造太保服务品牌，用精神文明建设的成果带动和促进业务发展”的指导思想。下发了《中国太平洋财产保险股份有限公司北京分公司通用服务规范》、《服务质量内部监督管理暂行办法》等一系列文件，对公司创建文明行业规范化服务工作的巩固和深入，发挥了重要的作用。公司定期对各服务窗口进行暗访和抽查，对客户投诉办理结果及时进行电话回访，发现问题及时纠正。公司运用创新手段开展精神文明建设和提升服务质量的活动，在业务流程改造、资金资产管理、承保理赔、业务费用管理以及行政后勤管理等方面，全面开展了创新活动。在服务方面，运用技术手段提升服务质量，进一步加大了对“95500”客户服务电话系统的投入和改造。开展了以人为本的队伍建设活动，举办了服务礼仪培训，评选销售精英和服务标兵活动，并组织各种业务竞赛、书画摄影比赛、各种球类比赛、体育运动会和爬山以及为帮困基金捐款等活动，有效地丰富了企业文化的内涵，提高了员工精神文明的素养。5月，公司被首都精神文明建设委员会授予“首都文明单位”和“首都文明单位标兵”的荣誉称号。11月，公司被中央精神文明建设指导委员会授予“全国精神文明建设工作先进单位”的荣誉称号。

（刘锦忠）

中国太平洋人寿保险股份有限公司北京分公司

总经理　李洪林

2005年，中国太平洋人寿保险股份有限公司北京分公司（以下简称太平洋人寿保险北京分公司）以实现绩效与骨干增长为目标，以增员选才、育才、留才为基础，以提升产能为核心，完善分配与用人机制，加强业务推动与集约化经营，在业务拓展、客户服务、经营绩效等方面都取得了较大发展，公司内在价值进一步提升，品牌形象进一步彰显。

2005年，太平洋人寿保险北京分公司完成保费收入20.58亿元，其中意外险保费5 805万元，同比增长17.46%；个人业务期缴保费6 184万元，同比增长8.7%；续期业务保费收入3.99亿元，同比增长9.2%；团险保费收入5.27亿元，险种结构进一步优化；银行保险收入10.3亿元，同比增长11%。

个人业务　2005年，太平洋人寿保险北京分公司在上年业务结构调整的基础上，继续大力发展传统保障型和期缴业务，注重保单的内含价值和效益提升。在推动个险期缴业务的同时，坚持以“效益为中心”的经营指导思想，各业务渠道积极挖潜，持续推动效益型险种的销售。续期业务方面通过加强业务品质管理、创新续期督缴管理模式等措施，续2004年后再次保持较高的续期保费继续率。个险系列尝试将督导区逐步改制成支公司、营业区。这一模式的改革，不但使代理人的管理模式实现了扁平化，减少了层次设置，同时加强了后援平台建设，提升了队伍产能，为实现全年个人标保、期缴业务在总公司中心城市中排名第一，奠定了坚实的基础。

团体业务 信恒年金在2005年继续稳步发展，同时另一新型团体年金险——众恒年金也有突出表现，年中收获2.8亿元大单，这两款新型团体年金险成为太平洋人寿保险北京分公司团体业务的主力产品。面对复杂多变的中介市场，太平洋人寿保险北京分公司积极进行代理和经纪公司的筛选，及时调整中介业务政策，提高出单机构的数量，提升机构产能，提前两个月完成全年意外险任务。同时，在个险渠道加大对代理机构的产品培训力度，开拓思路，引入竞争机制，充分调动了代理机构的积极性，效果显著。与此同时，分公司逐步完善了综合开拓销售模式，并且取得了优异的成绩。

银行保险业务 通过提升内部经营水平、创新营销模式、拓展新业务渠道等措施，在市场萎缩情况下，太平洋人寿保险北京分公司绩效达成优异，为总公司银保业务探索出一条崭新的销售模式即“北京模式”。

客户服务 继续强化“一切以客户的感觉良好为标准”的服务理念，倡导“诚信天下，稳健一生”的核心价值观，成立了太平洋人寿保险北京分公司投诉处理委员会。投诉处理委员会与六大系统中的投诉系统有机结合，不但加快了投诉案件处理的节奏，提高了工作效率，同时让所有的内外部客户均感受到了公司在处理投诉案件中公开、公正、公平的工作作风，以及高效、快捷的工作效率。

诚信建设 2005年，公司进一步强化了诚信建设，注重业务及服务品质的提升，进一步强调“一切以客户的感受良好为标准”的服务理念，特别强调细节管理，全力将服务工作更加强致化、专业化。

公司十分重视服务品质管理的工作，在坚持每月神秘客户检测的同时，扩大了检测范围，加强了建议的落实，并公示服务承诺，对重点难点服务问题加强督促解决。下半年，公司举行“员工业务技能展示活动”，充分锻炼了员工服务技能，促进了员工学习、钻研技能，有效地提高了服务效率及服务质量。

2005年3月15日，《中国保险报》公布了对7家保险公司客户服务电话进行暗访的调查结果，公司在“服务的专业水准”、“服务的满意度”测评中获得了最高评价。在人民日报社市场信息中心主办、全国100多家行业协会协办的“首届中国消费者（用户）喜爱品牌”民意调查活动中，太平洋保险95500客户服务电话被评为“中国呼叫中心十大满意品牌”。

在2005年9月举行的首都金融文化节暨北京国际金融投资理财博览会上，太平洋人寿保险北京分公司通过特装展位以及公司人员的优质服务，给与会的市政府、金融行业的领导及广大北京市民留下了深刻印象。

2005年年底，在中国质量协会、中国标准化研究院、清华大学中国企业研究中心公布的《2005年中国用户满意手册》中，太平洋人寿保险北京分公司客户满意度指数（综合）再度位居保险行业之首，公司在品牌形象、性价比、服务态度、服务方便性、产品评价、后续服务等7项被测指标中均列第一位。

在提升对客户服务品质的同时，公司特别重视对客户的理赔服务。在多起重大意外身故理赔事件中，做到及时查勘，快速理赔，其中最高理赔金额50万元；在重大疾病理赔中，公司派出专人进行“阳光百合关爱探访”，并为客户送去30万元保险金。

员工培训 公司坚持实践“销售服务，绩效价值，勇于负责，清任和时”的职业使命，重点工作围绕“销售、服务”展开。公司进一步加强了对领导层和员工的培训，一方面通过“头脑风暴会”等方式进行团队学习，另一方面邀请国内著名礼仪专家金正昆、管理学者叶延红、MAP培训专家林正大、管理大师余世维为公司各级干部员工传授理念和知识，培训内容着重于职业化素质提升、培训成功习惯等方面，努力提升员工专业化和职业化水平。

2005年，公司业务岗位及业务支持岗位涌现出一批骨干人才。个人业务系列17名营销员入围MDRT（百万圆桌会议）会员，其中4人代表中国赴美国参加MDRT年会；在“北京保险行业形象大使”表彰活动中，公司一名营销员荣获“服务形象大使”荣誉，44名各岗位同仁获“杰出服务精英奖”；在“太平洋寿险诚信使者”评选活动中，公司6名营销员以一流的服务、良好的业绩获“太平洋寿险诚信使者”称号；公司员工还在2005年度“青年岗位能手”和“青年文明号”、2005年太保寿险青年论文大赛、2005年保险行业保险产品创意比赛中获得各种荣誉。

企业文化建设 2005年，公司更加重视企业文化建设，增强公司凝聚力。在提升公司绩效、员工价值的同时，公司开展丰富多彩活动，团结队伍，激励士气。公司组织了“步步高”女员工爬楼比赛、“魅力五月”摄影比赛、“六一我家的宝贝”征文比赛、“什刹海游船赏月共庆中秋”等文化体育活动，年中全员分批休假旅游，并相继成立“游泳俱乐部”、“摄影、户外运动俱乐部”、“篮球俱乐部”、“羽毛球俱乐部”等组织，对增强员工体质、丰富员工业余生活、凝聚员工向心力起到了积极作用。

公司宣传工作由一把手亲自抓，加强了公司内部信息交流平台的建设，使之成为促进员工之间、公司与员工之间交流的重要平台，同时公司改革了“大晨会”的组织形式，在其中增加资讯解读、员工展示激励、公司信息传递相关栏目，锻炼了一支素质高、能力强的通讯员队伍。

2005年，公司团委工作紧紧围绕服务业务、支持一线的中心展开，举行了“非常青年大擂台之辩论大赛”、“真情康乃馨，温馨母亲节”、“每日生日祝福速递”等活动，同时组织广大团员青年参加“首届中国保险业青年论坛”、中国保监会团委举办的“保险产品创意比赛”，并取得了优异的成绩，多名员工作品获奖，公司团委获得优秀组织奖。

（赵　良）

中国平安财产保险股份有限公司北京分公司

总经理　刘　铮

2005年，中国平安财产保险股份有限公司北京分公司（以下简称平安产险北京分公司）经历了发展史上十分重要的一年。公司的组织架构进行了重大调整，全面实施由原来的以产品为导向的经营模式向以客户为导向的经营模式转变的“卓越工程”改革。继续贯彻执行“品质优先、利润导向、遵纪守法、重在执行”的经营方针，强化各项制度的执行力度，扩大展业渠道，开拓新业务；截至年末，实现保费收入10.44亿元，在平安产险北京分公司的发展历史上，保费收入首次突破10亿元；承保利润额为7 375万元，较上年增长127%。

车险业务　保费收入为5.84亿元，超额完成总公司下达的任务。实现车险利润3 469万元，利润达成率为433.6%。综合成本完成率为91.6%，其考核状态为“优秀”；应收率为5.1%，其考核状态为“健康”。

财产险业务　保费收入为4.24亿元，增长率为12%；利润达成率为531.9%。综合成本率为57.2%，考核等级为“优秀”。

意外险和健康险业务：保费收入为3 274万元，完成总公司下达任务的93.5%。其中意外险保费收入为2 496万元，健康险保费收入为777万元。业务员有效出单率达41.9%。已决赔款约1 587万元，已决件数为10 241件，已决赔付率为61.43%。

业务管理　车险方面：制定并落实《车险理赔服务运作规范》的各项要求，实行改革后的配件集中报价、集中采购、集中结算的方式，采取有针对性的措施，完善理赔服务流程，通过制度化的管理与考核，使客户服务质量不断提高。全年涉及车险的投诉共205件，投诉率为1.2‰，其中有效投诉仅为5件。通过电话中心的客户回访统计，全年各月平均客户回访满意度为93%。

财产险方面：打破了以往按险种分工的方式，针对不同的客户提供差异化服务，对重点客户实行专人理赔服务，取得了较好的效果；加强管理水险理赔工作中的现场查勘工作，改变了以往主要依靠保险公估公司的工作方式，做到理赔人员出现场处理查勘，实现全系统网上理赔。

健康险、意外险方面：集中统一受理健康险和意外险的报案；开通了意外险保险卡生效自助服务；新增报案号告知、保险卡生效告知等短信服务；开展“百日冲刺超越自我”意外险业务竞赛，开发新产品——“境外旅行人员意外伤害保险”，获得了较好业绩。

内控管理 财务系统改进资金工作流程，尝试建立了对四个资金关键风险控制点的管控方案，逐步实现了资金的部分集中支付，大力规范各种业务支付手续，制定标准化资金支付流程，推进银行收支平台建设，提升了资金管理工作的专业能力。

稽核工作以业务发展、效益提升为导向，注重围绕业务发展中的热点、焦点问题选择专项稽核项目，加大后续整改力度，对以往稽核中发现的问题逐一进行跟踪，系统分析，对症下药，促进了业务的发展。

人力资源管理 进行卓越工程改革，通过人员分类管理和文化结构调整，完成人员“E化管理”平台的搭建，实现网上人员的分类管理。完善了组织架构和人员配置，加大人力成本管控力度，出台了一系列调整薪金的方案使员工薪酬体系具备一定的竞争力。

（陈家伟）

中国平安人寿保险股份有限公司北京分公司

总经理　罗春风

2005年，中国平安人寿保险股份有限公司北京分公司（以下简称平安人寿北京分公司）继续深入执行总公司“品质优先、利润导向、遵纪守法、重在执行”的经营方针，从为客户提供高品质的产品和服务入手，以“专业、价值”为发展指引，创新服务举措，强化基础管理，完善财务、内控等制度建设，进一步优化了业务品质，北京分公司个人保险、团险和银保业务稳步发展，各项业务品质指标位居同业前列，经营管理取得长足进步。

业务概况 2005年，平安人寿北京分公司共实现保费收入62.16亿元，比2004年增长1.35%，在北京寿险市场上的占有率达26.36%（扣除中意193.3亿元团险大单影响），位列北京寿险市场首位。其中，个人营销业务保费收入为41.23亿元，同比增长11.16%，市场占有率为41.27%。同时，首期标准保费取得了较大增长，保费收入为6.47亿元，同比增长21.62%；团险业务保费收入为9.8亿元，市场占有率为21.3%（扣除中意193.3亿元团险大单影响），短险保费收入为2.95亿元，同比增长95.36%；银行代理业务保费收入为11.13亿元，市场占有率为12.38%。

客户服务 为真情回馈社会，2005

年，平安人寿北京分公司以“祝福平安”大型游园会、客户回访及系列少儿比赛等活动全面开展客户服务节十周年大型回馈活动。同时，还通过推出通俗化保险条款、客户信息全面维护暨客户抽奖活动，赠送便携式口袋书——《客户权益手册》，并加强京城保险业内第一家，也是唯一一家保险消费课堂——平安消费学校[1]的宣传教育工作，帮助客户全面了解自身权益，切实提高自身保险意识，宣扬科学消费理念，引导合理、科学的消费。2005年，平安人寿北京分公司给付各项理赔及生存金金额达8.72亿元，公司内1.2万名各类服务人员每天在为270多万位北京客户提供保险服务。

公益活动　平安人寿北京分公司一直秉承“对社会负责，回馈社会，建设国家”的理念，积极投身各项公益活动。2005年，平安人寿北京分公司大力推动“中国少年儿童平安行动”的开展，引导少年儿童加强自我防护意识，学习自我保护本领；在北京高校内全面展开“中国平安精英大学生励志计划”，激发青年学子的学术研究兴趣，鼓励他们在金融、保险领域的学术创新；在印度洋海啸肆虐当头，平安人寿北京分公司千名员工参加了倡导为印度洋大海啸中受灾人民捐款的大型慈善义演活动，并向中国红十字会捐赠了平安全国20万名员工募捐的100万元善款。同时，为迎接平安上市一周年，举办了“种下常青树，共育平安林——2005平安绿色行动”，邀客户一同走进自然、植树造林，并先后三次组织2 000余名客户进行植树活动，上至八旬老人，下至三岁儿童，还有许多社会知名人士均对活动表示出极大的热情与认同，再一次彰显了平安的社会公益形象。

（徐安娜）

① 该学校成立于2002年，是与北京市消费者协会联合创办的。

新华人寿保险股份有限公司北京分公司

总经理　刘亦工

2005年是新华人寿保险股份有限公司北京分公司（以下简称新华人寿北京分公司）深化改革、稳步发展的一年。在北京寿险市场竞争主体不断增多、市场和人才争夺日益激烈的严峻形势下，公司坚持执行业务转型和队伍转型的战略举措，树立科学的发展观，以“管理深化完善，经营实现突破”为全年工作指导思想，在发展中向专业化努力迈进。截至年底，实现保费收入37.40亿元。其中团体业务保费收入为10.77亿元，银行代理业务保费收入为12.06亿元，个人业务规模保费收入为13.79亿元（其中个人新契约规模保费收入为3.75亿元，个人营销续期保费收入为10.04亿元），医疗险保费收入为7 666.32万元，各项业务均超额完成全年任务指标。到2005年年底，公司共有员工7 660人，包括后线支持人员338人，前线销售人员7 322人（其中营销业务员6 987人）。在北京寿险市场营销队伍整体缩水的情况下，新华人寿北京分公司的营销队伍规模仍保持了北京寿险市场作业团队前三强的位置。

个人营销业务　为确保达成年初的业务目标，公司确定了2005年营销业务“稳定、充实、提高、发展”的八字工作方针，以组织发展为核心，强化基础管理、培训、业务推动和督导，通过阶段方案推动营销新契约和续期业务发展。公司坚持“持续有效的组织发展战略”，以公司产业大纲为导向启动组织发展意愿，通过有效增员，改善队伍结构，使有效增员成为增强营销团队建设和提升业务平台的基础。通过实施“前程无忧计划”，对营业部、组进行大力整合，优化营销组织架构，增强团队凝聚力和发展信心，并严格清理虚挂人员，使营业部、组的产能有所提高。成立“新华钻星名人俱乐部”，为绩优人员提供培训交流平台，打造精英团队。

通过阶段性的营销方案、产品运作，推动业务增长。公司相继推出“荣誉高峰会业务竞赛方案”、“钻星名人俱乐部评选奖励方案”、“迎司庆八九连动方案”、“标准组竞赛方案”、“步步登高营业部自主经营发展方案”和假日营销方案等，同时围绕“慧丽人生”、“福如东海C款”、“美满安康”等新产品的推广，精心策划、层层宣导，配套行销辅助工具，举办产品说明会、高端客户联谊会以及销售经验巡讲，进行整体化的营销方案和产品推广运作。通过系统的业务推动，确定不同阶段的工作主题，营造队伍氛围，把握业务发展节奏，推动业务发展。通过“抓基础、突重点、促创新”，提高营销续期业务专业化经营水平，续期关键性指标二次达成83.26%，三次达成95.18%，13个月继续率为81.78%，处于业界领先水平。

团体业务 根据公司“有效发展团体业务”的指导思想，确定了“长险要效益、短险要规模”的发展思路，团体业务从队伍入手，分阶段召开启动大会，认清市场形势，分析公司及团险的未来发展趋势，调整队伍心态，坚定队伍的发展信心，从观念上进行业务转型。根据大型国有企业改革重组的集团化发展趋势，创新作业模式，成立项目经营制，组织精兵强将集中大客户攻坚，成效显著。公司成立了由总经理室牵头的短险控制中心，从短险发展决策、短险后援支持方面为短险发展提供强有力的组织保证。此外，通过壮大后援队伍，细化后援支持功能，形成了包括综合后援室、培训中介室和业务推动室在内的后援平台构架，在展业、招标、客户管理、培训激励、技能培养等方面，有效地支持了团体业务的顺利转型。

银行代理业务 公司围绕渠道拓展、结构优化和专业经营的目标，力争实现客户、渠道和公司的三赢。随着市场新主体的进入，2005年，北京银代市场网点争夺异常激烈，渠道格局不断变化。公司在努力维系工商银行、建设银行等主渠道的同时，拓展了北京银行、交通银行等新渠道，总体上保持渠道的基本稳定。根据业务发展的实际需要，对渠道资源进行专业化整合，成立郊区营业区和京行分部，有针对性地在新渠道开展业务。在业务结构上，强力推动期缴业务的销售，从第二季度开始将期缴业务和季度考核晋升、降级挂钩，下半年完善了对期缴业务的考核体系，增加有针对性的期缴业务竞赛，推动期缴业务的发展。在加强渠道管理和业务推动的同时，公司整合、规范代理业务流程，严格按照《银行代理业务客户服务规范》执行，规范销售行为，形成制式化、规范化、标准化的客户服务体系。

医疗险业务 通过“有目的筛选续保客户、大力推进新保业务”、定期开展业务竞赛并加强KPI指标每周跟踪、逐月分析等措施，年初即不断形成业务高潮，强力推动了业务发展。在业务结构上一方面强调新保开拓工作，在业务竞赛中对新保业务有所倾斜；另一方面，在传统企补业务开展的同时，拓展非企补业务市场。通过“调整业务结构、逐月公布赔付率指标、高赔付客户预警、社保数据跟踪反查”等，随时监控赔付率指标，用事前预测、事中监控、事后跟踪三重风险控制措施，有效控制赔付率指标。在后援支持上，进一步规范化、标准化业务处理流程，提高业务处理水平和处理时效，以对合作社保局、客户单位和客户负责为目标，不断提高服务水平，树立新华企业补充医疗保险的品牌。

业务管理 紧密围绕一线需要，在有效控制风险的同时，提供全面保障，支持业务发展。截至2005年年底，共承保新契约88 570件，理赔16 108件，体检13 489件，包括承保、核保、生调、体检等各项业务管理指标时效均控制在总公司要求的范围之内。短期健康险与短期意外险赔付率、初审差错率、录入差错率、正式保单差错率、加费成功率等均明显优于考核指标。同时，根据承保中的问题，公司出台《问题件管理办法》、《个人业务风险控制办法》等文件，加强风险管控；及时与一线沟通，开展有针对性的培训，全年累计对营业区、业务部门进行投（核）保规则、理赔知识的培训50多次，由被动发现、纠正问题到主动上门服务，受到一线的欢迎。同时，进一步深化与中华医学会病案管理协会、北京华大方瑞司法鉴定中心的合作，建立多渠道理赔勘察，提高勘查效率及质量，树立公司诚实守信的形象。

客户服务 分公司的客户服务工作，以市场需求为导向，建立以保全、电话回访、短信平台和投诉为基础的服务保障体系，使新型产品电话回访成功率、年度投诉结案率、保全差错率等指标控制在考核值范围内。全年累计电话回访310 453件，发送短信28万多条，有效地进行客户沟通。同时，牵头分公司及银代、医疗险业务领域开展的“客户服务月”、“客户服务节”活动，进行客户回访，开展客户满意度调查。完善业务投诉处理制度，采取投诉首问负责制，优化投诉处理流程；制定《业务品质管理委员会议事规则》，定期编发《品管月报》，及时进行风险预警。在客户服务部内部开展服务明星评选活动，加大专业培训力度，提高员工作业技能和岗位适应能力，提高服务水平。

加强党的建设与精神文明建设 公司在注重业务发展的同时，在创建文明行业规范化服务达标活动的基础上，进一步整治、规范职场环境，保持创建达标活动的成果。同时，在通过ISO9001国际认证后，进一步扩大服务规范内容，为向客户提供优质服务奠定基础。通过各方面的努力，公司的行业文明和规范服务水平得到进一步的巩固和提高。9月，根据新华人寿总公司的统一部署，新华人寿北京分公司开展了保持共产党员先进性教育活动，各基层党支部组织全部党员学习《保持共产党员先进性教育读本》等材料，观看相关先进人物、先进事迹光盘，自我剖析，撰写学习心得和体会。通过学习、对比分析，找差距，进一步深刻认识自身不足，为更好地开展工作打下了良好思想基础。

（陈国泳）

泰康人寿保险股份有限公司北京分公司

总经理　苗　力

2005年是泰康人寿保险股份有限公司北京分公司（以下简称泰康人寿北京分公司）奋力突破的一年，在北京寿险市场竞争空前激烈的形势下，泰康人寿北北京分公司上下一心、克服重重困难，始终坚持“直面竞争、专业经营、系统整合、实现突破”的经营方针。在经营思路上以实现营销突破为核心，团险、银行双管齐下，后援实现前置服务，由市场竞争型向经营客户型转变；以利润为目标，以结果为导向，通过绩优团队的专业化手段和高技术的深度市场耕耘，在立足大众市场基础上重点着力于打造高端客户市场，建立长期稳定的客户源。

经过全体员工的不懈努力，2005年取得了可喜的成绩：实现总体保费收入25.58亿元，其中个人业务保费收入为17.6亿元，团体业务保费收入为3.92亿元；市场份额为12%，累计市场排名第4。其中个险规模保费收入为49 876万元，市场份额排名第5，其中首期规模达13 776万元，续期规模为36 099万元；团险完成保费收入62 596万元，市场排名第4位；银保完成保费143 348万元，市场排名第1。累计投保客户299 427人，全年投诉率同比下降63%。

业务发展　2005年度，个人营销系列同比增长34%，取得了显著的成效。月标准保费稳定在600万元左右，营销队伍的实动人力处于一个稳定的平台，10和11月份更突破千万平台。2005年，营销以“做大做强营业部为基础，强化服务部经营意识为目标”，逐步提升泰康业务队伍的销售能力和发展能力。强化持证上岗工作制度，集中资源，强化培训，增强组织，员工持证率达到90%。

续期方面，泰康人寿北京分公司拥有一支57人的续收队伍，主要采取“以收带展”的模式，实现月月超收，超收额位居全系统第一位。完成保费收入36 099万元，同时完成新契约收入330万元，13个月继续率为83%，充分说明了保单的质量较高。在续期保费管理方面，全面对客户通知书进行改版，增加了温馨提示，从细节上体现人性化服务；开发新的转账合作银行；失效单提前两周进行预警，最大限度地降低了失效率。

团体保险方面，泰康人寿北京分公司团险总保费收入为62 596万元，其中长险保费收入为38 962万元；短险为23 633万元，其中短期意外保费收入为4 254万元。A类短险完成当年任务的200%。团险市场排名第4，2005年，团险完全以利润考核为导向，扩大效益性短险的发展。效益险种成长显著，A类险成为市场上成长最快的团队。

2005年，泰康人寿北京分公司银保完成保费143 348万元，随着渠道、团队的日渐成熟，月保费平台日趋稳定，逐步呈现出平稳上升的总体趋势。自2005年4月以来，泰康人寿北京分公司在同业保持了单月的业绩领先，居北京银保市场全年累计第一名。2005年，人寿北京分公司银行保险系列严格执行总分公司财务管理制度，有效控制经营成本，减少内部各项费用支出，将有限资源更多投入渠道经营。

2005年，泰康银保在渠道建设上建立了“三主”（工商银行、农业银行、农村信用社）、“四辅”（邮储、招商银行、建设银行、中国银行）结构，“三主”占比89%，“四辅”占比9%。在内部管理上逐步建立了合理的组织架构，形成“银行业务部经理——区域经理——骨干员工——员工”的金字塔型梯队。团队素质较高，理念先进。

后援服务　2005年，泰康人寿北京分公司财务管理以业务发展为中心，积极制定各种推动政策，建立了一套行之有效的管理制度和机制，进一步加强对个人保险、团体保险、银行的分系列独立核算，使核算更加科学、合理，财务管理思路更加清晰，为各系列的盈利分析提供有效依据；通过业务分析、市场动态对公司各项经营活动提出指导性意见；通过财务预算管理对公司整体运营费用进行统筹规划，寻求各系列业务的均衡发展。

与此同时，泰康人寿北京分公司充分发挥人力资源管理职能，规范完善营销系列的归属管理、流程以及考核；梳理完善团险、银保组织架构流程以及制定成本管理办法（基本法、人力成本分系列核算等）；加大内勤考核淘汰力度，并加强对招聘工作的管理，在团队中倡导简单、高效、快乐工作、奉献的理念；积极推行绩效管理体系，严格人力成本预算管理；充分整合利用内部资源开展培训，形成了北京分公司针对不同层面的学习培训体系。

此外，泰康人寿北京分公司进一步提高行政办公效率，完善服务质量，围绕加快业务发展的中心工作，以“服务、专业、安全、创新”为原则，努力提高服务态度和水平，成功举办公司各级会议，进行回归中心城市企划调研。通过稳定高效的宣传创新，在当地奠定了稳定的品牌传播工作格局。不仅对本地市场的基本状况和传媒格局有了更为清晰的认识，品牌操作的标的性、经济性和可操作性也获得极大提升。

在客户服务方面，泰康人寿北京分公司大胆创新客服项目，严密把握细节实施，奠定优势服务战略。大力加强客户服务工作基础建设；大力创新附加值服务项目，树立品牌优势，带动营销展业。

落实科学发展观　泰康人寿北京分公司通过深刻分析北京保险业的发展情况，及当前北京保险业面临的形势，认识到落实科学发展观，转变增长方式走专业化道路是我们唯一的选择。2005年，是泰康人寿北京分公司实行转型的第一年，北京分公司通过坚定地运用科学发展观，夯实基础，开拓进取，稳健经营，持续成长，坚持“直面竞争、专业经营、系统整合、实现突破”的指导方针。以实现营销突破为核心，在具体经营过程中把科学发展观落到了实处：

1. 利润是公司最核心的经营导向。

2. 业务增长由快速增长步入适度增长阶段。

3. 业务发展由规模扩张步入内涵发展，回归寿险基础。

4. 树立竞争品牌。

5. 将营销服务部的发展壮大确定为公司的重中之重，资源、人力全力支持，提高有效人力和人均产能，2005 年，泰康人寿北京分公司清除虚挂人力，使实动人力接近总人力，稳定了实动人力平台，有效提升了人均产能，并加强持证考试，取得了显著的效果，在加强营销部基础管理同时，2005 年的保费较上年同比增长 22%。

6. 团险以利润指标为指引，加强重点区域业务发展，进一步拓展交叉销售，将注意力从规模转到效益和利润上，减少无受益的长险，扩大效益性短险的发展，A 类短险（效益型险种）取得了质的突破，现已完成年度任务的 200%。

7. 加强银行保险的利润导向，发展新产品，进一步拓展销售渠道和销售模式。

8. 强化诚信建设，实行不定期的电话调查，对发现有误导行为的代理人严肃处理。

（文　忠）

华泰财产保险股份有限公司北京分公司

总经理　张爱民

2005 年，华泰财产保险股份有限公司北京分公司（以下简称华泰财产保险北京分公司）积极贯彻总公司的经营方针，坚定不移地走质量效益型发展道路，以科学发展观为指导，提高管理水平，完善内控制度，增强执行能力，防范经营风险，坚持理性经营、规范经营、诚信经营、稳健经营的原则。分公司在保证业务质量的同时注重新产品的市场拓展，在坚持经营原则的同时努力提升管理和服务水平，致力于打造华泰品牌。全面完成了总公司的各项经营指标，实现了北京分公司“稳定、持续、健康、快速”发展。

2005 年，华泰财产保险北京分公司实现累计保费收入 42 051 万元。其中车险实现累计保费收入 21 177 万元，同比增长 6.1%；商业保险实现累计保费收入 18 128 万元；PA 险实现累计保费收入 447 万元，同比增长 35.9%，家财险实现保费收入 77 万元，房屋险业务实现累计保费收入 2 222 万元。车险与非车险占比为 50.3∶49.7，基本达到各占一半的目标，优于同业水平，险种结构进一步改善。从各项指标的完成情况看，北京分公司险种结构明显改善。

车险业务 2005年，华泰财产保险北京分公司坚持走质量效益型发展道路，始终贯彻总公司的核保要求，坚持做效益型车险，坚持车险品质为先的经营原则，在保证车险规模的同时提高车险效益。2005年，华泰保险公司在充分进行市场调研的基础上，于12月初推出了1203车险新版条款、费率，华泰财产保险北京分公司根据分公司的实际状况及业务需求，进一步细化市场，调整了核保政策，提升市场竞争力，通过宣导培训，增强业务员专业技能，鼓励开展新业务的积极性，大力拓展车险新条款及费率。同时，在分析市场的基础上，按照承保标的业务品质的不同，实行差异化管理，对于盈利性业务在核保政策上给予支持，对于赔付率较高的业务从源头上加以管控，车险优质业务比重得到了提升。同时，华泰财产保险北京分公司在加强车险业务管理的同时，强化续保工作管理，规范续保流程，提高续保率，进一步推动续保业务的发展。此外，2005年华泰财产保险北京分公司加强客户关系管理，细分目标客户群体，打造客户信息平台，大力发展直销业务，重视团车业务，开展多渠道业务销售模式。

非车险业务 2005年，华泰财产保险北京分公司非车险业务保持了较高的增长率，持续高于北京市场平均水平。截至12月底，商业保险实现累计保费收入12 415万元，提前两个月完成全年计划指标。其中，火险及货运险实现了快速增长，同比增长率均超过100%，不仅提前完成公司计划指标，且这两个险种在公司业务中的比重也大幅提高。同时，华泰财产保险北京分公司在大力拓展商火险业务的同时，根据目标市场和目标客户的需要，鼓励销售人员积极拓展责任险和PA险市场，多次举办新产品说明会和销售人员培训，组织职场行销活动，分公司承保、理赔、销售部门密切配合，增进并稳固了公司的业务基础。

业务管理 2005年，华泰财产保险北京分公司根据总公司精神，针对展业的目标市场进行细分，在销售过程中针对不同的客户群体，提供个性化的保险服务，通过规范现有销售渠道，优中选优，拓展新的销售渠道。同时完善对现有代理渠道的分级化管理，积极发展直销业务，重视经纪业务及银行业务的开拓，积极争取共保分入业务，加强业务管控力度。

一是推行“生产型”核保人制度，建立专业化销售团队。2005年，总公司提出的质量效益型发展理念已经深入人心，分公司“生产型”核保人队伍建设初见成效。核保人走出办公室，走近一线，走近客户，直接对所负责险种、预算目标及承保利润负责，对销售业务一线给予极大支持。分公司还注意加强业务培训，完善核保人员的梯队建设，提高核保人员对商业保险的控制能力及对车险的管理能力等专业技能，提高销售人员的核保专业知识，培训销售人员选择业务的能力。通过经营理念的宣导、搭建核保平台、政策调整及沟通“两核”与销售的关系等形式，使得质量效益型发展理念得以发挥，销售一线员工充分认同与公司共同发展的理念，在主动放弃不良业务的同时，积极到目标市场开拓，寻求优质业务。他们基本掌握了公司的核保政策，理解了公司的核保原则，初步具备了第一核保人的技能，形成了专业化的销售团队的雏形。

二是实行核赔人负责制，加强风险管控。分公司实行核赔人负责制，加强了对重大赔案的管理，有效规避了风险。通过CFR问卷调查，加大了核赔人对赔案的监控力度，提高了赔案的核赔质量。个人保险理赔部结合华泰财产保险北京分公司的实际情况，不仅对赔案进行分区间、分类别（人伤、盗抢、车损）的管理，而且组建了CFR小组，每月对自身进行CFR检查，积极寻找“流失点”，并针对“流失点”提出相应的解决方案。在有了方案的基础上，加大执行力度，争取做到行之有效，有的放矢。

三是严格考核体系，提升业务人员的整体素质。2005年，华泰财产保险分公司在原有考核评价体系的基础上，对销售人员实行“年薪制”考核评价体系，以《管理部门员工服务评价细则》严格约束管理部门员工工作，要求两核人员统一持证上岗。完善考核制度是严明工作纪律、优化工作效率的体现，是提升从业人员整体素质，提高工作品质的重要条件。分公司的考核评价体系以服务为导向，明确了以服务为导向、后线服务于一线、公司服务于客户的制度化服务观念。同时实现了短期考核与长期考核相结合，加强了考核评价体系的准确性与科学性，从而达到提升从业人员整体素质的目的。

信息化建设 2005年，华泰财产保险北京分公司按照总公司要求，实行财务、业务数据大集中。该PeopleSoft财务系统和数据大集中项目于2005年3月进入全面实施阶段。在分公司新系统上线工作小组的努力下，北京分公司成为了华泰全辖范围内第一个上线的分公司。新系统的成功应用，使公司每一笔进入系统的业务数据，实现了从核保、核赔，到再保、收付费处理、财务汇总的全部自动化处理。在业内处于领先地位。

客户服务工作 从2004年开始，华泰财产保险北京分公司即成立了“彩虹工程”工作小组，对工程内容进行了积极的准备和策划。经过一段时间的准备，分公司在2005年9月成功地举办了华泰保险回馈客户服务主题日活动，近800名客户参加了该项活动。

2005年5月及7月，北京发生了两场突发性雹灾。华泰财产保险北京分公司在事发第一时间就启动了理赔应急预案，根据灾害受灾普遍性及伤痕特殊性的特点，在理赔过程中，简化理赔手续，尽可能地方便广大客户，加快了理赔速度，短短几天的时间共处理定损案件1 374起，核定损失金额299万元，快捷、周到的服务赢得了客户的赞誉和良好的社会反响，并获得了保险行业协会颁发的“2005年度雹灾理赔服务优质奖”的称号。

加强党的建设与企业文化建设 2005年是华泰保险的品牌建设年。华泰财产保险北京分公司响应总公司号召全面推广品牌建设活动，通过进行品牌建设宣导、更换新的公司标识、在月刊开辟品牌建设专栏、组织员工进行品牌知识问答等一系列品牌建设活动，开展以“做品质、创品牌、图发展”为主题的员工教育活动。通过总结公司成立九年的经验，加深对公司发展战略的理解，坚定走“质量效益型发展道路”，对推动公司发展、树立华泰品牌、打造华泰百年老店形象起到积极的促进作用。

2005年，华泰财产保险北京分公司党总支开展了保持共产党员先进性教育活动。在组织党员、入党积极分子到革命老区井冈山参观学习、接受革命传统教育的基础上，按照保持共产党员先进性教育活动的要求，分三个阶段组织全体党员认真学习动员、分析评议、整改提高。通过开展保持共产党员先进性教育活动，分公司党员明确了新时期各岗位共产党员先进性的标准，自觉地提高思想觉悟，规范自身言行，更好地发挥了共产党员的先锋模范作用。

2005年，是华泰保险成立九周年。北京分公司开展了“九载风雨历程、你我共同分享”的主题征文及摄影比赛活动，此外，分公司还组织员工参加了“九周年篮球赛”、“会师九周年”自行车比赛等活动，并成功地举办了华泰财产保险北京分公司2005年首届趣味运动会。分公司开辟了员工活动室，添置了乒乓球台案，让员工在工余时间能有一个锻炼身体、沟通交流的机会。通过开展一系列的活动，丰富了分公司员工的文化娱乐生活，让员工之间、员工与公司之间增加了亲近感，培养了良好的团队合作精神，增强了员工对企业的自豪感和归属感，增强了企业的凝聚力。

诚信建设 保险行业诚信建设是创建文明行业达标活动的发展和延伸，是保险业为迎接2008年奥运会进行的内部精神文明建设。华泰财产保险北京分公司积极响应保监会精神，在公司内部以多种形式、在多个方面开展诚信建设。在公司内制定统一的服务行为规范，统一整体服务形象，在加强销售人员培训、提高销售人员素质的同时，对理赔人员提出了更高的道德标准，完善理赔服务水平。2005年6月，被消费者基金会授予“消费者满意诚信示范单位”的荣誉称号。

（韩明伟）

太平保险有限公司北京分公司

总经理　边　勇

2005年是太平保险有限公司北京分公司（以下简称太平保险北京分公司）开展经营的第四个年头，也是分公司成立以来发展与调整最为重要的一年。2005年，太平保险北京分公司坚定地贯彻中国保险集团和总公司的经营指导思想，树立和落实科学发展观，坚持年初确定的“以效益为中心，落实专业化的发展方向，合规经营，进一步奠定业务发展基础，拓宽领域，扩大规模，实现规模、效益双丰收”的指导思想，沉着应对复杂的市场局势，在经营上坚持速度与质量并重，处理好规模、结构、速度与效益的关系及结构调整与加快发展的关系，坚持产品、销售方式的创新，为树立太平保险国际化、专业化经营的市场形象，为繁荣北京保险市场和建设和谐社会贡献自己的力量。

业务发展 截至2005年12月31日，太平保险北京分公司累计实现保费收入9 532万元，其中车险实现保费收入4 816万元，业务占比为51%，累计同比增长50%；非水险业务累计实现保费收入4 037万元，同比增长8%，剔除房贷险因素，非水险业务累计同比增长达63.89%以上，业务占比为42.51%。水险业务累计实现保费收入667万元，同比增长29%，业务占比为7.07%。

坚持合规经营 面对费率竞争，认真分析市场价格变化的实际情况，在车险市场竞争日益严峻的情况下，通过优化资源配置、细分市场等有效方式，实现了保费收入的快速增长。太平保险北京分公司按照北京保监局、地税局的要求，率先在业内实行保险中介发票，并严格执行太平保险总公司关于业务性支付管理办法的规定，规范代理人行为，依法纳税，受到了相关部门的肯定，被北京地税局授予纳税企业A级认证。同时，加强财务管理，在资金、账户、支出、账务、单证等管理方面认真执行总公司内控制度的相关规定，对内对外报出的所有报表，均未发现有错报、晚报、漏报的现象，北京保监局、税务局、统计局等相关部门都曾对北京分公司的工作提出了表扬。

细分市场促进业务发展 太平保险北京分公司坚持“风险选择、细分市场”的原则，做到有所为，有所不为。通过细分市场和差异化管理，对不同时期、不同部门、不同渠道的业务政策进行跟踪调整。2005年8月，北京分公司根据市场变化对车险业务政策分车型、分渠道进行了调整，在赔付情况可控的情况下，车险保费环比增长达到了30%以上，实现了保费收入的快速增长，避免了恶性竞争。

管理先行控制经营风险 太平保险北京分公司认真贯彻执行总公司分险种核保要则的管理规定，在车险验车承保、严禁私家车套用公务车承保、远程出单点出单员初核确认审核等具体工作中，以培训先行，坚持管理原则，进一步提升了业务一线员工的风险管理意识。

在中介业务管理工作中，北京分公司与合作中介机构100%签订中介业务合作协议，制定了代理机构远程出单管理等一系列跟踪管理考核规定，实现了实地考察，定期评价，优胜劣汰。同时，加强了对远程出单点重要单证的管控力度，定期对其单证的使用情况进行抽查，根据业务实际用量调整单证存量，对于到期未返销的远程单证及时检查并进行换发或重新下发，以保证外放空白单证的安全性。

在理赔工作中，太平保险北京分公司进一步强化了医疗责任险等专业险种的理赔力量，充实专业人员，从出口严把风险关；车险理赔中心适时增加了部分远程定损点，初步形成了适应目前车险业务发展的理赔服务网络。在日常工作中，公司不断查找漏洞，完善理赔程序，对各个环节精心运作，真正做到车险向管理要效益。并加强了案件处理后的分析和总结工作，为其后的业务承保过程中的风险管控及时提供依据。

集中优势人才开拓专业市场 2005年，太平保险北京分公司职业责任险在北京保险市场上占有优势地位，水险业务得到快速发展，与专业代理机构、经纪人的合作进一步深入，公司专业化团队稳步发展，专业化团队建设实现了从理论到实践的突破。

产品与销售渠道的创新 2005年，

太平保险北京分公司以职业责任保险为突破口，实现了传统产品业务渠道以及新产品的创新。太平保险北京分公司继续巩固并扩大了职业责任保险特色经营优势，尤其是医疗责任保险的推出，为社会稳定、化解医患纠纷、承担职业风险作出了积极的贡献，取得了经济效益和社会效益的双赢。在与医疗机构良好合作的基础上，太平保险北京分公司继续开发了“住院安心意外险”等新的险种，目前该险种在北大医院等机构试点销售。此外，车险等传统险种在医疗机构、会计师事务所陆续开始销售，其渠道业务优势将逐渐显露。

产寿业务合作　在银保业务上，2005年，北京分公司及时调整银保业务的发展方向，在银行员工车辆保险、抵押物贷款保险业务、银行自有资产保险等领域取得了实质性的发展。承保了民生银行系统财产险统保业务，工行北京分行、农业银行总行、广东发展银行、民生银行员工的私车险业务，还承保了工商银行、广东发展银行部分支行的抵押物贷款保险业务。在总公司的大力支持下，与农业银行北京分行签署了全面合作协议，并在期缴房信业务及其他合作业务中进行了深入的研究和探讨。

2005年，北京分公司与太平人寿北京分公司签订了相互代理协议及补充协议，就双方的合作产品、培训计划、兼职讲师的设定、业务操作流程、结算流程等合作事宜达成了共识。双方的业务培训工作已经开始启动。目前，北京分公司产寿合作专员已经入驻太平人寿个人保险部，并已开通远程出单系统，为产寿合作的进一步发展奠定了基础。

（杨少丹）

太平人寿保险有限公司北京分公司

总经理　谢　忠

2005年是太平人寿保险有限公司北京分公司（以下简称太平人寿北京分公司）实现突破的一年。太平人寿北京分公司紧紧围绕“夯实基础、确保品质、强化执行、加快发展”的十六字经营方针，坚决贯彻落实总公司、集团公司和监管机构的指示和要求，团结务实，勇于拼搏，全面完成各项任务指标，保费收入突破10亿元。截至年底，公司实现保费收入10.07亿元，比上年增长5.74%。其中个人业务保费收入为1.01亿元，比上年增长22.61%；团体业务保费收入为0.94亿元，比上年增长20.95%；银行代理业务保费收入为8.13亿元，比上年增长2.51%；续期保费收入达到0.59亿元，其中个人营销0.50亿元，银行代理

0.09 亿元。

个人业务 2005 年，太平人寿北京分公司积极进行了个人保险营销机构的调整，新开设了郊区昌平、密云、顺义 3 个营销服务部，合并城区安定门、学院路营销服务部为海淀营销服务部，截至 2005 年年底，公司个人业务部下设 8 个营销服务部。代理人由 2004 年年末的 672 人上升到 2005 年年末的 1 630 人，增长幅度为 142.56%，全年员工持证率均保持为 100%。2005 年，个人保险首年新单保费收入为 0.49 亿元，比上年增长 5.06%，期缴占比达到 87.58%。公司在强调队伍建设的同时重视产品开发及推广，“福禄双至”和“卓越人生”两款新产品取得了非常好的社会与经济效益。公司在核心品质指标上，提高了期缴率、继续率、折标率，跟上了市场发展的步伐。

团体业务 2005 年，太平人寿北京分公司团体业务部新成立了业务三部、业务四部和大项目部；调整了业务部内勤支持架构，成立了销售管理室和销售支持室。在市场竞争主体剧增的环境下，太平人寿北京分公司在业内创造性地提出了发展“健康团险”的思想，坚持“直销为基础，中介为重点，渠道为突破口”的经营策略，重点推动年金业务和长期员工福利产品，稳步提升市场份额。2005 年，太平人寿北京分公司实现两差贡献 366 万元，效益型险种保费（短 EB）收入突破 5 000 万元，与 2004 年相比增长了 111%。公司加强了风险管控，对健康险实行细化过程管理，如进行承保医疗险保单赔付情况的追踪和分析、对高赔付率客户和人员进行预警等，使公司综合赔付率控制在 55% 以内，远远低于同业其他公司的赔付率。2005 年，公司 IGP（International Group Program）渠道保费大幅上升，新增多个承保客户，得到越来越多的外资客户的高度认可。公司个人销售团体保险业务平稳增长，银行代理销售团体保险业务也取得了一定突破。

银行代理业务 2005 年，太平人寿北京分公司银行代理业务继续稳健前行，在北京银行保险代理市场面临发展“瓶颈”，问题日益突出的客观环境下，坚持创新意识，赢得了市场份额，塑造了品牌。为此公司建立了更加严格的品质管理制度及日常监控体系，在加大业务考核力度的基础上，强化执行力度，确保业务品质规范，取得了骄人的成绩，提前完成了总公司的年度任务目标。2005 年，太平人寿北京分公司继续代理渠道的扩张与结构的优化，新增农村信用社渠道和邮储渠道，进一步扩大了建设银行渠道网点规模。充分挖掘小渠道潜力，为公司带来了新的业务增长点。公司还与银行共建培训体系，稳固了与代理银行长期合作的关系，通过队伍共建模式，以点带面，提升了销售队伍的综合产能与专业化水平，打造出适应市场需求的核心竞争力。

客户服务 太平人寿北京分公司秉承“真诚服务，用心经营”的理念，先后推出了多项重大服务举措，如服务承诺卡制度，旨在使客户放心消费，接受社会的监督，提高服务质量，树立公司诚信服务的品牌形象；在电话咨询方面，利用小型电话中心的多种功能，及时进行晚间留言回复和占线回复等，全面、有效地改善了太平人寿北京分公司的运营服务质量；在网络服务方面，开通对外服务邮箱，指定专人负责邮箱管理及邮件回复工作，扩大了公司咨询投诉的服务渠道；启用电话录音抽听制度，有助于客户和其他人员就异议电话、业务交流、咨诉质量自控等方面进行相关查询；推出“住院慰问卡”，进一步完善客户服务工作；实现续期客户在工行转账成功后，即可到自助发票机上打印太平人寿续期保费发票，为广大客户提供了极大的方便；推行“优秀代理人担任柜面咨询员”制度，适应了市场需求，追求服务创新；建立“品牌监督员聘任”制度，极大地提升了公司服务水平，扩大了品牌知名度，巩固了客户的品牌忠诚度。

企业文化建设与宣传 太平人寿北京分公司创办外勤业务经理成长年会，与他们共同分享在太平人寿的成长历程和感受，加强彼此之间的沟通和交流。合理化建议活动已经成为公司企业文化的重要组成部分，为此公司制定了相应的制度，定期进行总结和表彰，全体员工深切感受到公司对“合理化建议”这项工作的重视和期望，也深深体会到好的建议对公司的规范管理和发展建设的重要性和深远意义。在企业文化建设上，公司还通过组织篮球、乒乓球、羽毛球、游泳、棋牌等活动小组，固定每周二、五为活动日，丰富员工的业余文化生活。2005 年，太平人寿北京分公司加大了品牌宣传力度，通过多种渠道，投放以“盛世中国，四海太平”为主题的公司形象广告，强势打造太平品牌，取得了非常好的效果。

（冯旭晨）

中国大地财产保险股份有限公司北京分公司

总经理　张淮利

在北京保监局和总公司领导的关心和指导下，中国大地财产保险股份有限公司北京分公司（以下简称大地保险北京分公司）本着“打造精品团队、树立大地品牌”的经营理念进行市场开拓，取得了一定的成绩，得到了社会各界的认可。

大地保险北京分公司现有在岗正式员工 46 人。2005 年，实现保险业务收入 23 783万元，赔款支出 12 725 万元，简单赔付率为 53.50%。

机动车辆保险业务 2005 年，大地保险北京分公司进行业务结构调整，在车险管理方面实行满期赔付率考核及差异化管理的思路，加强了车险管理力度、严格了车险核保政策。全年机动车辆险保费收入为 18 979 万元。

为提高车险服务水平，2005 年，大地保险北京分公司加强完善了理赔中心的建设应用包括接报案、定损、核损、理算、核赔及赔款支付等在内的理赔全流程系统，大大方便了客户。大地保险北京分公司还新设立了 2 家定损中心，又筛选了

11家有质量保证的汽车修理厂作为定损分中心，建立了30多家远程查勘点，理赔服务网点覆盖了京城，大大方便了客户，对大地保险北京分公司的业务发展也提供了有力的支持。年内引进了一批有经验的专业人员，使理赔服务高质高效，以更好地服务于客户。

2005年10月，大地保险北京分公司正式开通了“95590”全国统一服务热线，使公司的服务水平和企业形象有了较大提升。

非车险业务 2005年，大地保险北京分公司鼓励拓展有效益的非车险业务，在年度业绩考核办法的政策方面鼓励非车险业务的开展，增加利润考核指标，调动了员工拓展非车险业务的积极性，促进了公司业务的健康发展。经过努力，全年非车险保费收入为4 804万元。

大地保险北京分公司在开拓境外保险业务方面取得了较好成绩。随着我国经济的高速发展，大量的国有大型企业纷纷走向国际市场，大地保险北京分公司主动为许多大型企业提供无偿的国际保险咨询服务，帮助其分析风险、提供防范措施、设计承保方案，提供国际再保险公司、经纪公司的资质信息和国际保险市场行情。同时为客户争取国际保险市场优惠条件，协助企业直接与国外保险公司沟通，为企业同国外保险公司谈判做好顾问。经过跟踪服务和长期努力，使合作企业逐渐熟悉了国际保险市场，也带动大地保险北京分公司的境外业务迅速发展。2005年，大地保险北京分公司境外业务已经覆盖中东、北非、西亚、中亚及南美等地区，保费收入达到2 400多万元人民币，为国有大型企业走向国际市场提供了有力保障。

大地保险北京分公司根据市场需求，致力于非车险产品的开发与创新。大地保险北京分公司于2005年推出了“大地无忧”家庭组合保险，该组合产品主要承保城市家庭的财产、责任和人身意外风险。其财产保险部分包括盗窃抢劫保险、家政服务人员忠诚保证保险、水渍保险、电器损坏保险等；责任保险部分包括个人责任、居家责任、家庭雇主责任、出租人责任等；意外险部分主要包括普通意外、交通意外等，有13种产品，可以满足不同层次家庭的保障需求。同时针对北京地区购房需求旺，人们对房屋保险却不甚了解的情况，大地保险北京分公司开发了投保期限灵活（可以选择一年、三年、五年期限）、保费超值、团体购买更优惠的房屋保险产品，充分体现大地保险北京分公司关心社会、服务大众的经营宗旨。

产品与营销渠道创新 大地保险北京分公司一直坚持“小公司、大中介”的经营模式，在平等、诚信、合作的基础上，定期与中介机构沟通交流，将大地保险北京分公司的经营理念传达给它们，将营销方案提供给它们，并及时为中介机构提供新产品介绍、两核政策等专项培训，帮助它们在激烈的市场竞争中健康、快速发展，加深了双方的真诚合作。2005年，大地保险北京分公司与中介机构合作引入手续费与保费规模和满期赔付率挂钩的考核模式，取得了较好的成果，得到了社会的认可，赢得了保险市场的好评。

随着互联网的使用，新型的销售方式和营销渠道得到了大家的关注，为了拓展这一极具发展潜力的销售渠道，大地保险北京分公司专门抽出人员，结合自身特点开发网上投保平台，于2005年10月1日正式开通，拉近了与客户之间的距离，减少了环节，使客户真正受益。

员工培训　提高企业核心竞争力　大地保险北京分公司积极开展各类培训，培训内容包括财务核算、车险、财产险、工程险、信用保证保险、责任险、货运险、商务礼仪、企业文化、企业核心价值观及竞争力等。大地保险北京分公司还不断将公司的经营理念和主人翁的责任感灌输给每一名员工，使每一名员工在实际工作中积极主动、发挥潜能。通过培训，公司员工的综合素质和业务水平有了很大提高，增强了企业的凝聚力和核心竞争力。

（马训红）

中华联合财产保险公司北京分公司

总经理　刘显龙

2005 年是中华联合财产保险公司北京分公司（以下简称中华保险北京分公司）成立的第三年，也是公司五年发展规划中显现出成果的一年。一年来，面对北京日趋激烈的市场环境，公司坚持“树立和落实科学的发展观，强化发展意识和效益观念，提高经营管理水平，坚持优化险种结构，努力改善业务质量，确保中华保险北京分公司持续、健康的发展势头”的指导思想，坚定信心谋发展，一心一意抓管理，取得了较好的业绩。2005 年，公司保持了平稳、适度的发展速度，巩固了市场地位，逐步优化了业务质量，降低了经营成本，不但圆满地完成了全年的任务指标，而且经营效果得到了初步体现。

2005 年，中华保险北京分公司实现保费收入 5.91 亿元，占北京财险市场的 8.64%，稳居在京开业的 13 家财产保险公司的第 4 位，比上年增长 25.74%。其中车险保费收入为 5.35 亿元，比上年增长 26.48%；非车险保费收入为 3 678.76 万元，比上年增长 6.97%；人身险保费收入为 2 003.88 万元，比上年增长 22.86%。

2005 年，随着业务规模的不断增长，中华保险北京分公司的机构和人员也在不断扩大。4 月份，公司完成了 8 家支公司的申请、成立工作，共设立了 12 家支公司、2 个营销服务部、5 个直属业务部门，3 个职能部门、3 个业务管理部门。同时，2005 年，公司又与 19 家 4S 店、3 家专业修理厂和 2 家救援公司签订合作协议，不断扩大公司服务网络的覆盖率。2005 年，公司共有员工 472 名，平均年龄为 35 岁；党员 66 人，占总人数的 15%；大专以上学历的员工有 338 人，占总人数的 80%。

内控管理　2005 年，面对复杂多变的北京保险市场，中华保险北京分公司坚持“工作质量标准化、岗位目标数字化、客户服务规范化、监督检查制度化、各项管理系统化”的管理目标，坚持“抓好两条线，看住一个点，把好两道关”的管理思路，不断完善各项管理，保证合法合规经营。第一，坚持财务管理是公司各项管理工作的核心。公司严格执行“财务集中管理，会计统一核算”的高度集中管理模式，严格执行“收支两条线”的管理制度，建立网上银行，制定账户专用管理制度，统一管理，动态监控，既提高了资金的利用率，又保证了公司资金的正常使用。第二，在两核管理上，有效调整两核管理模式，实施差异化管理，以有效控制风险为目的，优化业务流程，完善操作手续，加强业务的审核力度，严把“入口”、“出口”两道关。第三，搭建内控机构，完善监督检查机制。2005 年，公司成立稽核监察部，不断补充完善稽核监察方面的内控制度，开展车险赔案专项稽核检查工作，建立了重大赔案的事前审计制度，加大对于定损员、修理厂的检查力度，协同公安机关大力打击骗赔行为，不断巩固“三查两核一降低”专项治理活动取得的成果，使“车险赔付率每月降低 2 个百分点”目标得以实现。

开展“服务年”活动 中华保险北京分公司提出 2005 年是“服务年”。公司坚持在服务中求生存，在服务中求发展，从服务中要效益，不断提升员工的服务水平，全面提高公司服务质量。结合实际情况，2005 年，公司从服务意识、服务理念、服务举措等多方面开展了一系列的服务活动。公司开展全员的服务礼仪培训，以评选“服务之星”的形式，树立服务标兵，促进服务技能的提高，打造优质服务团队；成立班子成员挂帅的“服务监督小组”加强考核、监督力度。公司以“三查两核一降低”活动为中心，加大了对重要服务环节的管理力度。公司建立了回访制度，加强公众对查勘定损、特别是重案定损工作的监督；对于特殊理赔服务承诺，公司开通了“绿色通道”、“速赔通道”，推出了“送款上门”的特色服务，有效督促了制度执行情况的改进和服务举措的完善，得到了被保险人的广泛认可。

通过“服务年”活动的深入开展，公司的服务内容不断丰富，服务措施不断完善，兑现了公司的服务承诺，起到了较好的效果。2005 年，在“3·15”期间，公司被评为“2005 中国质量万里行达标单位”。5 月 31 日，北京遭受特大雹灾，由于公司理赔服务的优秀表现，获得了北京保险行业协会颁发的“2005 年雹灾理赔服务优质奖”。

开展保持共产党员先进性教育活动 2005 年，公司积极开展保持共产党员先进性教育活动，以“开展先进性教育活动和业务发展工作两不误，两促进”为指导思想，结合公司实际开展各阶段的活动。通过党的理论学习，新时期党员标准的大讨论，党性分析，撰写学习心得和个人整改方案，征求意见和民主评议等活动，有针对性地解决了影响公司业务稳定发展的主要问题。公司还积极安排部署了“艰苦创业续写北京精神，挥戈驰骋再放中华风采”的主题实践活动。在近半年的保持共产党员先进性教育活动中，广大党员的思想素质有了明显的提高，工作热情进一步高涨，党员的先锋模范作用进一步加强，推动了公司各方面工作的开展。

（刘　慧）

天安保险股份有限公司北京分公司

总经理　袁定国

2005年，天安保险股份有限公司北京分公司（以下简称天安保险北京分公司）认真贯彻落实十六大和十六届三中、四中、五中全会精神，以“为全面建设社会主义小康社会提供保障服务”为历史使命，以“人才先行、结构调整、强化管控、突出效益”为方针，不断探索新的营销模式，不懈摸索新的业务增长点，积极投入到北京市场中，本着稳扎稳打、渐进发展的原则，逐步拓展市场。2005年，实现保费收入7 108.86万元，同比增长近80%，累计赔款支出2 386.58万元。至2005年年底，天安保险北京分公司共有员工164人，其中大专以上学历130人，占全体员工的80%，同时青年员工占比非常大，整个队伍正向着年轻化、精英化的方向发展。

公司业务　本着诚信经营、互利互惠的原则，天安保险北京分公司相续承保了国家体育场工程、国美电器集团、中国蓝星集团总公司财产险、国家开发银行营业部财产一切险、中信国安集团国安大厦、国安宾馆、三亚椰林滩大酒店、中信国安集团公司第一城、华融大厦等重大工程和财产项目，有力地支援了社会主义经济建设，充分发挥了保险作为社会稳定器的作用。

保险产品　天安保险紧密关注保险市场，不断完善保险保障网络。一方面，天安保险不断完善和改进原有的险种，与时俱进，全面保障客户利益；另一方面，天安保险不断创新推出个性化险种，适应百姓需求的提升。天安保险现有主险142个，附加险二百余种，基本上可以满足社会各界、各方面的需求，如安装工程一切险可选择的附加险有45个之多。另外，对于新风险及特殊行业也开办了相应的针对性强的险种，如矿业职工团体人身意外伤害保险、航空人员飞行执照丧失保险、建筑工程团体人身意外伤害保险。对于极为特殊的保险需求，天安保险特有的内部签报制度也可以根据实际，为客户量身定做，设计最佳投保方案。

制度建设　天安保险北京分公司建立、健全了业务管理、营销管理、财务管理、行政人事管理四位一体的管理体系；在同业中率先实行了与国际接轨的以承保人制度为载体的专业化管理；实现了全公司核心业务系统的电子化管理；并依据内控为先的准则，建立了以防范和化解风险为目的的“大内控体系”。

2005年，为了适应市场发展的需要，推动业务员工展业积极性，天安保险北京分公司制定了《2005年营销部门业务考核奖惩办法》；为了防范财务风险，严格管控应收保费，制定并推行了《北京分公司应收保费管理规定》；为了规范发票使用，制定了《北京分公司保险业发票管理规定》；为了推动直销业务发展，制定了《北京分公司直销业务发展方案》；为了规范理赔工作，制定了《定损员分级定损管理办法》。这些管理办法的制定，进一步完善了制度建设，填补了管理上的空缺，使员工工作有法可依、有章可循。

员工培训 为了贯彻落实"人才先行"战略，在引进人才的同时天安保险北京分公司非常重视对现有员工的再教育工作：为提高员工的服务意识，举办了为期一个月的礼仪知识培训；为提高保险专业财务核算和财务管理水平，计财部组织开展内部交流和培训，并积极备战全系统的财务管理技能大赛；为了加强出单员的工作效率，对出单员工进行了操作规范培训与考核；为了促进提升业务员非车险知识，对各部门选送的非车险专员进行了北京分公司非车险业务培训；为提升理赔员工业务能力，理赔部组织了两次全员培训。这些培训极大地提高了员工的业务技能及专业知识水平。

诚信建设 最大诚信原则是保险的基本原则之一，诚信是保险公司的生命线，在保险经营过程中尤为重要。2005年，天安保险北京分公司大力开展诚信建设，开展了"客户诚信服务月"活动，召开了兼业代理"诚信服务"座谈会，参加"2005年度北京保险行业形象大使"评选活动，获得由中国市场学会信用工作委员会颁发的"中国企业诚信经营示范单位"称号，一系列活动的参加及开展使天安保险北京分公司的诚信建设上了一个新的台阶。

（李石宁）

华安财产保险股份有限公司北京分公司

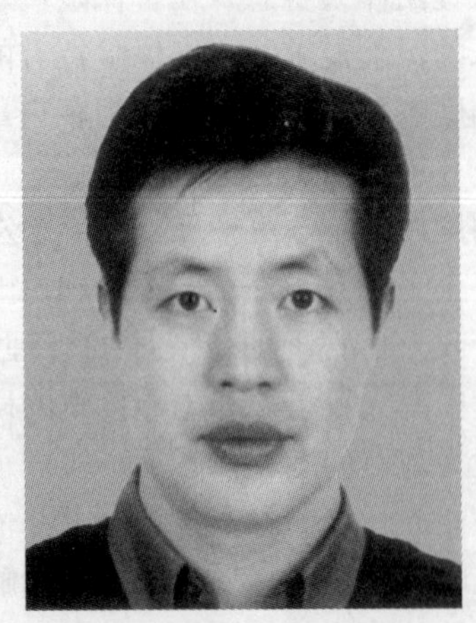

总经理　梅雪松

2005年，华安财产保险股份有限公司北京分公司（以下简称华安保险北京分公司）秉承总公司"责任、专业、奋进"的经营理念，确定自己的发展战略，明确经营指导思想，以华安人为中心，以市场为导向，坚持规模与效益的统一，强化创新意识，突出优质服务，使公司的内在价值和品牌形象进一步得到提升。全年共实现保费收入1.42亿元，比上年增长5.96%，全年累计处理已决赔案45 249件，支付赔款1.08亿元，比上年增长225%，市场份额占比为2.07%在北京市12家财产保险公司中排名第7。

2005年10月，华安保险北京分公司

经中国保监会北京监管局批准，设立朝阳、海淀、丰台、昌平、通州5家支公司。同时在北京设立3个客户服务中心、11个定损服务网点，为客户提供优质快捷的金融保险服务。

车险业务 2005年，华安保险北京分公司的车险业务累计完成车险保费收入1.21亿元，比上年增长-0.56%，新车业务数量占比为63.86%。本年度车险经营通过实施“方舟计划·阳光行动”找出车险经营各环节中的问题，并从销售、两核两条线进行全面调整。以利润为导向，大幅降低车险销售成本，推出根据业绩和渠道实行差异化管理的两核政策。同时，还完善了公估合作模式，引入竞争机制。在客户服务方面，大力倡导“比出险客户的亲人早到三分钟”的服务理念，客户服务中心体系正式启动。

非车险业务 根据2005年的经营思路，华安保险北京分公司进行了机构调整，成立了中介业务部和人身险专业团队，引进非车险业务销售人员30人，加强非车险业务拓展力度。2005年，华安保险北京分公司成功承保了天津地铁一、二号线，首都国际机场扩建改造工程，北京地铁一、二号线消隐改造工程，卫星发射及在轨保险，海南航空集团等多个大型项目。截至年底，非车险业务达到2 129.1万元，占总保费规模的15%，比上年增长68.4%。

制度建设与经营管理 华安保险北京分公司根据实际工作情况，逐步完善了业务管理、营销管理、财务管理和行政管理等内控制度，确立了公司管理的组织形式、规范了各部门的工作流程。通过管理平台的完善，产品、销售、管理部门逐步由粗放型向精细化转变，公司各部门职责明晰，分工合理，流程顺畅，为公司的规范经营提供了有力支持。

队伍建设 2005年，华安保险北京分公司总经理室高度重视队伍建设，通过开展各项活动使员工树立当家作主的主人翁责任感，如全员轮流主持晨会、举办新年联欢晚会等。同时对销售队伍实行扁平化管理，整合原有11个销售团队，组建了大项目部和人身险专业团队。随着5家支公司的成立，销售队伍进一步壮大发展。在管理层引入了人才竞争机制，成功举办了三级机构负责人和团队经理竞聘会，为公司人才储备打下了良好的基础。

客户服务 2005年，华安保险北京分公司坚持从客户利益出发，在贯彻实施总公司“比出险客户的亲人早到三分钟”服务理念的同时，迅速启动“方舟计划·阳光行动”方案，并通过改建“Call Center”、成立客户服务中心和定损中心、实施GPS定位系统、推行“闪电行动”和“速赔列车”等一系列举措保证了车险理赔的时效性，开展车险咨询、报案、定损、修车、理赔一条龙服务，得到了广大客户的一致好评。同时华安保险北京分公司进一步强化全员服务意识，倡导总经理室为部门服务、分公司为支公司服务、后线为前线服务、全员为客户服务，大大增强了员工的向心力和凝聚力，不断提高服务质量，促进各险种业务的迅猛发展。

人力资源管理 华安保险北京分公司以“用理想吸引人，用文化留住人，用待遇回报人”的理念为指导原则，从总经理室成员到中层干部，再到专业技术人员，全年共引进三十余名既懂经营管理又兼具专业知识的管理干部，进一步提高了管理水平。截至年末，北京分公司在岗职工达到 306 人，其中销售系列人员 161 名，管理人员 112 名，事务员 33 名，具有大专以上学历的员工占 72.5%。

2005 年，北京分公司高度重视培训工作，开展了一系列具有针对性的大型培训讲座，针对机构负责人进行经营管理培训，以实现支公司负责人达到岗位要求的目标。针对业务人员进行非车险种的培训和营销模式的培训，彻底改变销售只会做车险的状况，同时还定期组织全体员工对公司规章制度进行学习，通过培训使全员得到提升和发展，也为各项工作的展开奠定了良好的基础。

（李　昆）

永安财产保险股份有限公司北京分公司

总经理　苑　为

2005 年，永安财产保险股份有限公司北京分公司（以下简称永安财险北京分公司）在总公司的领导和北京保监局的关心指导下，认真贯彻落实总公司 2005 年度工作会议精神和北京保险工作会议精神，树立和落实科学发展观，加强结构调整。全体员工把发展作为基本任务，以效益为中心，逐步调整险种结构，稳步扩大市场份额，提升公司的市场影响力，取得了一定的成绩。

业务情况　截至 2005 年 12 月 31 日，永安财险北京分公司共实现保费收入 8 258.50万元，其中车险保费收入为 7 890.68万元，占比为 95.55%，非车险保费收入为 367.82 万元。非车险保费收入中人身险收入为 51.77 万元、财产险收入为 213.57 万元、责任险收入为 102.48 万元。分公司 2005 年赔付支出 5 725.82 万元，其中车险赔付支出 5 704.98 万元。总体来讲，北京分公司在调整险种结构、拓展业务渠道、提升服务水平和人员素质、转变经营观念、加强内控建设等方面取得了一定的成绩。

为提高经营效益，永安财险北京分公司根据市场和经营情况积极调整业务政策和车险业务市场定位，提高了车均保费水平，车均保费从第一季度的 2 478 元提高到 2 597 元（截至 2005 年 12 月 27 日）。分公司大力拓展非车险业务渠道，与中体保险经纪公司、新华保险经纪公司、交通部、中国商业协会等建立了密切的合作关系。尤其在体育保险方面，分公司与中体保险经纪公司密切合作，先后承保了“全民健身体育节开幕式”活动、“中国石油 2005 中国汽车越野锦标赛”、“中国热气球巡回赛”等赛事，并就滑雪保险开展了专项合作。分公司还与天勤保险经纪公司在航意险方面展开了密切合作，业务规模逐步扩大。

永安财险北京分公司结合北京保险市场情况，努力拓展重大项目。承保了有研硅谷财产一切险，总保额为6亿元；续转承保了“中卫一号”卫星和“鑫诺一号”卫星在轨保险；承保了西昌卫星发射基地财产一切险，总保额为3亿元。分公司适应市场发展，积极创新，不断开发和推广新产品，继在2004年为“希望长城——2004世界巨星长城演唱会”提供会期延误责任险后，2005年又为“全民健身体育节开幕式”活动提供了会期延误责任险。此外，分公司还推出了“永安无忧”人身意外险等新产品。

永安财险北京分公司努力提高理赔服务水平，签署了《北京市保险行业机动车辆保险服务承诺》并严格履行。投资改造了客服电话系统，并准备与银行合作，逐步实现客户持卡理赔、全城通赔。此外，根据总公司安排布置，分公司开展了保持共产党员先进性教育活动。通过活动，发挥了党员的先锋模范作用，促进了分公司的发展。

（岳全化）

民生人寿保险股份有限公司北京分公司

总经理　吕林祥

2005年，民生人寿保险股份有限公司北京分公司（以下简称民生人寿北京分公司）在“稳定、调整、充实、提高”的工作方针指引下，从调整个人保险营销，加大培训力度，强化制度建设入手，围绕夯实基础、加强管理、提高效益、规避风险开展工作。大力倡导“道、仁、信、和”的分公司理念和“德、能、勤、绩”的用人标准。通过专业规范的经营管理，以抓服务和提升业务品质为目标，不断创新服务手段，完善服务网络，从而实现“管理上水平、保费上规模、队伍上台阶”的总体目标。截至年末，民生人寿北京分公司全年实现首期保费收入6 936.07万元，完成了公司的年度计划。截至年末，民生人寿北京分公司有内勤员工81个，银行、团险、中介外勤员工17人。个人代理人1 043人，在北京的辖区内建立了11家营销服务部，完成了网点的战略布局。

个人业务　以“以效益为中心，坚持稳健发展模式、大力发展内含价值高、经济效益好的个人期交业务”为经营思路，以强化营销服务部建设，提升干部管理素质和营销员专业技能为保障，以强化岗前培训，规范业务流程为起点，围绕建设营销服务部和发展有效人力，提高人均收入和人均产能等方面有步骤地开展工作。全年实现标准保费收入2 252.31万元。

法人业务 认真贯彻公司董事会以“利润为中心，提高业务内含价值为导向”的指导思想，以开拓重点大客户为重点，以意外险为突破，管理体系逐渐完善，团队文化基本形成，员工素质普遍提升，共计完成保费2 534万元。

银行业务 以“疏通和构建银行代理网点平台为主线，以提高网均产能，创新销售模式”为发展思路，全年完成保费收入1 931.7万元。

中介业务 以效益好的中介机构为合作目标，以加强和完善对中介机构的培训以及后援支持为手段，全年保费收入为601.03万元。

续期保费 民生人寿北京分公司2005年续期保费收入为2 510.45万元，其中法人业务续期保费收入为516.54万元，占比为20.58%；银代中介业务续期保费收入为561.80万元，占比为22.38%；个人业务续期保费收入为1 432.11万元，占比为57.04%。

营销机构建设和代理人队伍管理 2005年，民生人寿北京分公司确定了中心城区发展战略，建立由中心城区带动郊区并向四周辐射的战略格局。对现有的营销服务部在稳定的基础上进行梳理和提高。严把新人入司关，加强专业知识、专业技能和守法经营意识的培训。加强营销员诚信教育，将营销员的品质管理作为重点工作之一。

服务创新 强化“后线为前线服务、领导为员工服务、内勤为外勤服务”的观念。全员进行培训，提升员工的职业道德操守和专业岗位技能，提高分公司中高层领导的素质和能力，以对下属形成有力的指导和支持。有计划地安排后线人员到一线进行锻炼和体验，增强二线人员的市场感受。另外，为更快更好地给客户提供周到的服务，民生人寿北京分公司开通了“95596”热线服务电话。

教育培训、企业文化建设 民生人寿北京分公司在实践中不断发展和完善自己的企业文化，增强了企业的核心凝聚力。先后开展了“达标创优”、“新人阳光计划”等一系列主题活动，确立“道、仁、信、和”的分公司理念和“德、能、勤、绩”的用人评价标准，处处弘扬“诚信、务实、创新、简洁、效益”的企业精神。

（李　玥）

三、发展与监管

银行业发展与监管

▲政策性银行

一、基本情况和重大变更事项

（一）基本情况

截至年末，中国农业发展银行北京市分行（以下简称农发行北京分行）、中国农业发展银行总行营业部（以下简称农发行总行营业部）、国家开发银行企业局（以下简称国开行企业局）、国家开发银行营业部（以下简称国开行营业部）、中国进出口银行总行营业部（以下简称进出口行总行营业部）等五家政策性银行机构（以下简称五家机构）资产本外币合计3 773.63亿元，比上年增加779.37亿元，增长26.03%；其中贷款为3 442.75亿元，比上年增加625.13亿元，增长22.19%。负债本外币合计3 705.75亿元，比上年增加789.65亿元，增长27.08%；其中为存款350.11亿元，比上年增加197.28亿元，增长129.08%。全年五家机构实现利润53.44亿元，比上年减少4.04亿元，下降7.03%。12月，国开行营业部和国开行企业局在其总行的统一操作下各完成了1笔资产证券化业务，金额分别为6 000万元和2亿元。两笔证券化资产分别由该营业部和企业局进行管理。

（二）重大变更事项

1. 机构变动情况。国开行营业部为加强内部管理，于12月根据业务需要增设了金融合作处和客户四处，内部机构由原来的9个处（室）增加为11个处（室）；进出口行总行营业部本着“以市场为导向、以客户为中心”的原则，经其总行党委批准，对公司业务机构进行调整，增设公司业务三处，并重新明确各公司业务处的职责；农发行总行营业部根据其总行要求对内设机构进行调整，调整后内设机构为综合管理部、客户部、信贷管理部、会计部、外汇业务部等5个。农发行北京分行也根据其总行文件要求于5月将原来的12个处（室）调整为11个处（室）。

2. 主要负责人变动情况。4月，常力扬接替曹雨云任农发行总行营业部总经理，王爱琴任该营业部副总经理；7月，国开行企业局原局长庄来佑正式退休，由原国开行总行评审一局局长徐企颖继任局长；7月，张祖军调任进出口行总行营业部总经理助理。

二、监管工作情况

（一）以防范和化解金融风险为重点，加大现场检查工作力度

2005年，按照中国银监会的统一部署，对进出口行营业部的信贷管理、内部控制情况和贷款风险分类情况进行了现场检查；对农发行北京分行在案件专项治理中暴露出的案件进行快速现场检查；同时为保证现场检查的连续性和持续监管，巩固监管成果，对进出口银行总行营业部和农发行北京分行2004年全面检查中所发现问题的整改落实情况进行了后续现场检查。全年累计派出检查组4次，累计投入工作量308人次，提出整改意见25条。

（二）提高非现场检查监测水平，充分发挥非现场监管的风险预警作用

进一步建立健全非现场监管工作体系，制定并下发《辖内政策性银行机构非现场监管工作指引（暂行）》。完成五家机构2004年监管工作报告，并下发了2005年监管指引。通过采取与高管人员约见会谈、下发监管建议书和监管通报等方式，及时把发现的问题向各家政策性银行通告，发挥监管的道义规劝和窗口指导作用。督促政策性银行进一步提高内部管理水平和经营业绩，努力争创“政策性好银行”。

（三）督促做好案件专项治理工作，提升内部管理水平

按照中国银监会及北京银监局案件专项治理工作的统一部署和要求，督促辖内政策性银行全面落实案件专项治理工作，并对案件专项治理开展情况进行了两次专项督察，促进辖内政策性银行进一步建立健全规章制度，提高内部管理水平，初步建立风险管理的长效机制。

（四）坚持依法行政，对违规违纪行为进行行政处罚

2005年，对某支行原行长利用虚开发票套取办公费用的行为，作出了取消其高级管理人员任职资格3年的行政处罚决定；对某支行在未经监管部门批准擅自迁址一事向其下发《关于加强机构网点管理工作的监管意见》，同时要求该行追究有关责任人的责任。

（五）关注热点难点问题，深入实地开展调研工作

2005年，以“关注热点、注重时效、把握难点、深入分析”为指导原则，对五家机构奥运贷款、技术援助贷款、集团客户贷款、中小企业融资等情况进行调研，对房地产贷款情况进行快速调查。

（熊　玮）

▲国有商业银行

一、基本情况和重大变更事项

（一）基本情况

截至年末，四家国有商业银行北京市分行（以下简称四家银行）账面资产总额为1.85万亿元，比上年增长20.92%；其中各项贷款余额为0.56万亿元，比上年增长3.62%。负债总额为1.83万亿元，比上年增长20.39%；其中各项存款余额为1.71万亿元，比上年增长20.76%。全年累计实现账面利润238.94亿元，比上年增长59.58%。

截至年末，四家银行共有下属机构网点1 561家。其中支行560家，比上年增加63家；分理处304家，比上年减少20家；储蓄所697家，比上年减少120家。四家银行共有从业人员33 923人，其中纳入监管范围的高级管理人员有143人。

（二）重大变更事项

高管人员变动情况：易会满接替李小鹏担任中国工商银行北京市分行行长；朱洪波接替李兴奇担任中国农业银行北京市分行行长。

二、存在的问题和风险

（一）贷款质量有待提高

截至年末，四家银行的不良贷款累计余额和比例分别比年初下降77.42亿元和1.83个百分点，贷款质量与辖内同业较好水平尚有一定差距。

（二）个人消费贷款风险值得关注

一是由于部分汽车经销商骗贷和挪用资金，部分银行的个人汽车消费贷款存在经销商不履行连带担保责任、骗贷资金无

法归还的风险，并导致个人消费贷款质量进一步下降。二是一些银行以往年度发放的部分住房按揭项目涉嫌存在“假按揭”，潜在风险不容忽视。

（三）收入渠道相对单一

2005年，四家银行累计实现营业收入969.33亿元，上存总行的利息收入仍为四家银行的主要收入来源，资金使用渠道较为单一。

三、监管工作情况

2005年，北京银监局综合运用现场检查、非现场监测考核、风险提示和评级、行政处罚、调查研究等多种手段，对四家银行进行持续监管。

（一）按照银监会统一部署及监管要求开展现场检查

2005年，按照银行会的统一部署，北京银监局对四家银行实施了5次现场检查，包括贷款分类偏离度检查、土地及固定资产投资项目检查、个人消费贷款检查、对2004年“三项检查”的后续跟踪检查、对“森豪公寓”项目个人住房贷款和通州工程车贷款的专项检查。全年累计投入工作量近1 552人次，涉及分支机构122家。全年依法对1家银行、5名高管人员进行行政处罚。

（二）大力开展“创建好银行”试评价工作，摸清了各行的总体情况和风险底数

根据北京银监局“创建好银行”试评价工作实施方案的要求，对四家银行截至2004年年底的经营情况及高级管理人员履职情况进行了现场试评价，并结合各行的经营、发展、风险等定量指标，对其2004年度存在的主要问题和风险点进行了综合分析，摸清了各行的总体经营情况和风险底数。

（三）对中行北京分行、建行北京分行进行风险评级的试评分工作，持续监测股改银行的风险状况

按照银监会监管一部的要求，为配合银监会做好对中国银行和中国建设银行的风险试评级工作，北京银监局对中行北京分行和建行北京分行2004年的经营情况进行了风险评级的试评分工作，持续监测了两家股改银行的风险状况。

（四）深入开展案件专项治理工作，努力构建风险防范长效机制

2005年，根据银监会的统一要求，北京银监局召开了3次辖内中资银行业金融机构案件专项治理工作会议，编发专项简报45期，开展了两次案件专项治理情况检查，督促四家银行建立风险防范长效机制，深入开展案件专项治理工作，实现“案件发案率下降、案件成功堵截率上升和确保首都银行业不出现大要案”三大目标。

（五）扎实做好非现场监管工作，全面监测各类风险

一是年初对四家银行下发了《2004年度监管情况和2005年度监管工作安排的通报》，提示了各行在2004年经营管理中存在的风险和问题，明确了2005年的工作要求。二是对各行下发了一系列风险提示和监管要求，要求各行密切关注、及时化解各类风险。三是建立了涵盖信贷资产、非信贷资产、表外业务、中间业务的一系列风险监测报表，搭建了全面非现场监测平台。

（六）注重研究金融与经济的协调发展问题，围绕热点、难点多角度开展调研工作

全年就辖内银行业支持中小企业贷款情况、理财产品开展情况、连锁企业授信

风险，以及人民币升值对辖内国有商业银行的影响、辖内国有商业银行信用卡风险状况、国有商业银行贷款分类偏离度情况、房地产信贷状况等开展调研，为领导决策和实施有针对性的监管举措提供了第一手资料，为促进首都经济金融的稳定和健康发展出谋划策。

（刘盼盼、原莉缤）

▲股份制商业银行

一、经营发展及特点

（一）基本情况

截至年末，北京市10家股份制商业银行①本外币资产总额为9 302.16亿元，比上年增加2 253.20亿元，增长31.97%；其中贷款为4 427.58亿元，比上年增加640.63亿元，增长16.92%。负债总额为9 225.60亿元，比上年增加2 233.37亿元，增长31.94%；其中存款为7 889.96亿元，比上年增加1 544.97亿元，增长24.35%。全年共计实现税前利润103.12亿元，比上年增加28.46亿元，增长38.12%。②

2005年年末，10家股份制商业银行在京机构数共计338家，比上年增加28家；其中分行级机构10家，与上年持平；支行312家，比上年增加32家；分理处16家，比上年减少4家。在职人员共计10 393人，其中高管人员353名，在职人员比上年增加1 297人。

（二）重大变更事项

1. 机构变动情况。2005年，10家股份制商业银行共计有25家新设分支机构开业、4家分支机构迁址、14家独立式自助银行开业、4家机构升格、1家机构更名。

2. 高管人员变动情况。袁临江任中国光大银行总行营业部副总经理；李冬任中信银行总行营业部副总经理；尹兆军、杨丽任交通银行北京分行行长助理；刘小莉、李印波、郭占彬任华夏银行总行营业部副总经理；王国庆、罗施毅、俞松任兴业银行北京分行副行长；赵文杰任深圳发展银行北京分行行长，赵建任深圳发展银行北京分行行长助理。

全年审批10家股份制商业银行在京机构共计105名高管人员任职资格，其中核准87人，备案18人，取消了1名高级管理人员的任职资格。

（三）业务发展特点

1. 资产规模继续快速扩张，但各行发展速度不均衡。2005年，10家股份制商业银行总资产为9 302.16亿元，比年初增加2 253.20亿元，增长31.97%，增幅同比提高6.72个百分点，为近6年来增长最快的一年。

2. 存款保持继续稳步增长态势，贷款增速明显下降。截至年末，10家股份制商业银行存款、贷款余额分别比上年增长24.35%、16.92%，增速同比分别下降0.7个、9.32个百分点。10家股份制商业银行存款、贷款在全市的市场占有率分别为29.27%、39.38%，分别比上年提高了0.74个、2.62个百分点。2005年5月，《短期融资券管理办法》的发布对银行信贷业务产生了明显的冲击，大型企业对银行贷款需求明显变弱，对未来银行

---

① 10家股份制商业银行，指：交通银行、招商银行、浦发银行、广发银行、兴业银行、深发银行、中信银行、光大银行、华夏银行、民生银行10家股份制商业银行在京分支机构。下同。

② 本年辖内股份制商业银行统计数据口径不包括北京银行（北京银行作为单独一部分进行分析叙述），同比数据也做了相应调整，下同。

经营利润的实现产生一定影响。

3. 利润持续快速增长，利润来源渠道单一。2005 年，辖内股份制商业银行共实现税前利润 103.12 亿元，同比增加 28.46 亿元，增长 38.12%，平均资产利润率为 1.27%，同比提高了 0.21 个百分点。但利润来源仍集中于存贷利差，利润渠道过为单一的局面尚未得到实质性改善。

4. 不良贷款整体实现“双降”，资产质量有所改善。2005 年，辖内 10 家股份制商业银行中有 9 家顺利实现不良贷款“双降”工作目标，总体不良贷款余额和比例分别降至 59.07 亿元和 1.33%。

二、存在的问题及风险

（一）辖内股份制商业银行整体不良贷款行际分布不均衡，存量不良贷款处置较为困难，不良贷款持续“双降”难度将加大

由于各行相当一部分不良贷款形成时间较长，加之银行清收不良贷款的手段十分有限，在诉讼执行过程中还可能受行政、司法等因素干扰，银行对存量不良贷款清收的难度较大，进一步压缩存量不良贷款的空间有限。另外部分实际已形成损失的不良贷款虽具备核销条件，但由于核销审批程序的复杂，且在税收等方面存在一定的不合理因素，致使各行均有一部分不良贷款长期挂账，难以进行压缩。不良资产证券化、资产打包转让等创新性不良贷款处置方式由于缺乏政策支持在辖内股份制银行尚未得到充分运用，未来辖内股份制银行不良贷款持续“双降”的难度将进一步增大。

（二）部分银行对个人贷款业务风险认识不足，个人贷款业务风险管理缺位情况突出，资产质量存在隐忧

在业务转型期间，个别股份制银行为抢占个人贷款业务市场份额，在业务发展过程中缺乏有效的制度约束，放松对个贷业务的风险管理，风险控制措施不到位，致使 2005 年个人贷款业务特别是个人汽车消费贷款业务的风险集中暴露，连续出现多起汽车经销商利用虚假交易套取银行信贷资金的事件，部分银行的个人汽车消费不良贷款余额持续上升，存在一定的风险隐患。

（三）国家宏观调控政策对辖内股份制银行信贷资金带来一定政策风险

2005 年，国家继续加大对国民经济的宏观调控力度，对房地产、钢铁、水泥、电解铝、汽车等过热行业进行控制。辖内部分股份制银行对国家政策认识、把握不到位，使信贷资产产生一定潜在风险。

（四）贷款损失准备计提仍有缺口，抵御风险能力有待进一步提高

2005 年，按照五级分类结果测算，辖内股份制商业银行计提贷款损失准备金的整体缺口为 18.05 亿元，信贷资产损失抵补率为 76.11%，不良贷款拨备覆盖率为 97.33%。

（五）部分银行内控管理较为薄弱，操作风险有所显现

2005 年，辖内股份制商业银行继续强化内部控制管理体系建设，风险防范长效机制建设取得较大进步，但部分银行内部控制较为薄弱，存在部门和岗位设置不完善，制约力不足；管理信息系统功能不够完善，风险管理科技手段亟待加强；授权授信管理体系存在缺陷，客户信用评级和授信额度测算的科学性有待提高，对集团客户或关联企业统一授信管理薄弱；资金、会计、中间业务等基础工作中仍存在薄弱环节等问题。

三、监管工作情况

（一）贯彻先进理念，积极推动辖内股份制商业银行“创建好银行”

继续坚持以风险为核心，以提升核心竞争力为目标，系统地实施持续审慎监管，引导辖内股份制商业银行转变经营理念、提高资产质量、完善内控建设、加大创新力度，增强抗风险能力，逐步向国际“好银行”标准靠拢。2005年，启动并完成了对辖内股份制商业银行“创建好银行”试评价工作。

（二）坚持风险为本，实施分类监管，确保实现“双降”

一是“一行一策”，制定分类监管计划。根据上一年度的监管资料对10家股份制商业银行的经营状况、风险水平逐一进行了分析，形成10家银行年度监管报告上报银监会，并下发2004年度监管通报和2005年度监管指导意见。

二是对风险大的银行派驻监管人员，实施重点监管。

三是对风险凸显的个人贷款业务实施重点监管。针对汽车经销商利用虚假交易骗取银行贷款的事件，下发了《关于对辖内商业银行有效防范汽车消费贷款风险的监管意见》，并约见风险较为突出的银行高管人员进行警戒谈话。

四是完善大额贷款风险报告制度及不良贷款监测制度。按月监测大额贷款风险状况及不良贷款变动趋势，及时了解不良贷款余额和比例出现上升银行的具体情况，督促各行逐户分析贷款质量变化趋势，制定风险化解方案。

（三）狠抓案件专项治理，督促银行建立风险管理长效机制

贯彻落实案件专项治理各项工作要求，专门的案件专项治理检查20次，局领导实地到银行督促工作4次，报送案件专项治理工作简报13篇，实现监管银行“案件发案率下降、案件成功堵截率上升和确保首都银行业不出现大案要案”三大目标。

（四）充分运用现场监管手段，加强对信贷风险和操作风险的检查

全年累计开展各类现场检查19次，涉及辖内10家股份制商业银行的营业机构，累计现场检查工作量2 865人次，形成现场检查事实与评价、现场检查报告、现场检查意见书等文件28份，检查出问题395条，提出整改意见159条。

（五）完善非现场监测手段，提高非现场监管工作水平

下发《非现场监管工作指引》，修订并落实《大额贷款风险报告制度》，全年共定期完成对辖内股份制银行经营状况及风险情况的分析报告86份，编制非现场监管报表115张。

（六）加大处罚力度，树立监管权威

对民生银行总行营业部和招商银行北京分行的业务开办过程中出现的违规行为进行了处罚。取消一名支行级高级管理人员的任职资格。

（七）捕捉热点信息，积极开展调查研究工作

全年围绕不良贷款处置情况、贷款质量迁徙情况分析、企业发行短期融资券对商业银行的影响、汇率机制调整对银行的影响、北京股份制银行趋势性变化分析、境外金融监管启示与建议、房地产行业贷款、个人消费贷款风险、商业银行绩效考核体系、信用卡欺诈等多个方面开展调查研究。

（孟　然）

▲城市商业银行——北京银行

一、基本情况和重大变更事项

（一）基本情况

截至年末，北京银行的资产总额为2 330.31亿元，比上年末增加264.39亿元，增长12.8%，同比少增8.53个百分点；负债总额为2 234.25亿元，比上年年末增加242.45亿元，增长12.17%，同比少增9.11个百分点；存款余额为1 988.37亿元，贷款余额为1 200.06亿元；实收资本50.28亿元，比上年年末增加14.89亿元；共有机构119家（含北京银行总行营业部），比上年年末增加2家。

（二）业务发展概况

1. 北京银行2005年仍以人民币存贷款、同业、债券等传统业务为主，保持了资产负债规模的增长态势，但增幅较上年减弱。资产中与上年末相比降幅较大的为存放央行、贴现，增幅较大的为债券投资、一般贷款、存放同业。

2. 中间业务收入增长较快，比重仍处于较低水平。2005年6月，北京银行成为首批获准开办衍生产品交易业务的城市商业银行，并陆续推出了多种理财产品。此外，加大了各种服务收费力度并新增收了账户管理费。截至年末，中间业务收入为2.22亿元，比上年末增长1.07亿元，增长93.48%，但该项收入占营业收入的比重仅为2.79%。

3. 外币业务发展平稳，存、贷款余额略有增减。截至年末，北京银行外汇资产折合人民币87亿元，与上年末持平。外汇存款余额为7.33亿美元，比年初增长7.98%；外汇贷款余额为2.95亿美元，比年初下降1.44%。

（三）年度重大事项

1. 引进境外战略投资者。2005年3月25日和5月20日，北京银行分别与荷兰国际集团（ING）和国际金融公司（IFC）签订了《股份认购协议》。ING以1.96亿欧元（折合人民币19.01亿元）认购19.9%的股份，成为第一大股东。IFC以0.59亿美元（折合人民币4.78亿元）认购5%的股份，成为第四大股东。

2. 增选外方董事。2005年6月2日，北京银行召开第十次股东大会，增选了3名外籍董事，其中2名分别兼任副行长、行长助理职务。

3. 修定公司章程。2005年6月，北京银行根据外资方入股协议和相关法规修改了公司章程，增加了外资方股东权利和义务等条款。

4. 发行次级债券。2005年12月28日，北京银行首次发行35亿元十年期次级债券，是继上海银行、南京市商业银行之后第三家发行次级债券的城市商业银行。

二、监管工作情况

2005年，北京银监局继续坚持“首都金融无小事”的理念，采取非现场、现场等监管方式和措施对北京银行的公司治理、资本约束、风险管理、内部控制等进行了科学审慎的监管。

（一）积极推动北京银行进一步完善公司治理建设内容

1. 要求北京银行通过引进境外战略投资者，加强公司治理的有效性，提高经营管理水平和综合竞争力。在引资中，北京银监局加强指导，认真审核有关协议文本和外资方入股资格；引资后督导北京银行以引资为契机再次修改公司章程并增加了外方董事，公司治理水平进一步提高。

2. 督促北京银行贯彻落实《股份制商业银行董事会尽职指引》，以不断改进公司治理内容。

3. 严格审核《北京银行2004年年度报告》，规范北京银行信息披露内容，逐步扩大受众范围。

（二）督促北京银行通过多种资本补充渠道实现资本充足率达标

1. 促进北京银行成功引进境外战略投资者，顺利完成第四次增资扩股，从而进一步充实了核心资本。

2. 审核批复北京银行发行次级债券，增加了附属资本，从而实现资本充足率达标。截至年末，资本充足率为10.83%，达到了不低于8%的监管要求。

（三）指导北京银行提高资产质量，实现不良资产“双降”

1. 针对信贷管理工作的薄弱环节和信贷资产潜在风险，下发了《加强北京银行2005年信贷管理工作的监管指导意见》，提出建立健全风险管理长效机制、提高全员风险意识等监管要求。

2. 加强对不良贷款变化情况的非现场监测和趋势分析，及时进行风险提示和约见谈话，确保年底实现不良贷款“双降”目标。

3. 督促北京银行严格执行《北京银行2004～2008年提呆拨备方案》和《北京银行不良贷款三年“双降”规划》。

（四）力促北京银行提升管理水平，加强内部控制建设，提高风险防范能力

1. 根据《北京市辖内商业银行风险评价、预警体系（暂行）》，对北京银行及其中关村科技园区支行进行了“创建好银行”现场试评价工作，并根据评价中发现的问题提出了监管要求，促进其进一步提高风险管理及内部控制能力。

2. 按照银监会部署，积极开展北京银行案件专项治理工作，督促其严查内控漏洞并认真做好各阶段信息报送和整改工作。

3. 结合衍生产品业务资格审核，对北京银行衍生产品业务的内部控制、风险管理和交易系统情况进行了深入调查。

4. 根据北京银行的客观情况，有针对性地开展现场检查。一是对非信贷类资产进行现场检查，督促其进一步规范非信贷资产管理，对相关内控制度和业务操作中存在的问题，提出了整改意见。二是针对2004年公司治理和内控检查揭示的问题进行后续检查，了解其整改情况，督促其进一步完善内控。

（姚春梅）

▲农村商业银行

一、基本情况及重大变更事项

（一）基本情况

截至年末，北京农村商业银行（以下简称农商行）的资产总额为1 320.7亿元，比年初增加207.9亿元，增长18.7%；其中各项贷款（含回购式贴现11.9亿元）557.1亿元，占资产总额的42.2%，比年初增加11.3亿元。负债总额为1 256.6亿元，比年初增加173.5亿元，增长17.1%；其中各项存款余额为1 087.6亿元，占负债总额的86.6%，比年初增加157.9亿元，增长17%。所有者权益为64.1亿元，比年初增加34.4亿元，增长115.8%。

（二）重大变更事项

1. 机构变动情况。2005年2月，《北京市农村信用社改革试点实施》方案获国务院批准，北京市农村信用社127家法人单位合并组建北京农村商业银行股份有

限公司。9月7日，农商行筹建申请获中国银监会批准。10月18日，经中国银监会批复同意，农商行正式成立。农商行由387家法人和27 893名自然人共同发起设立，注册资本金为50.8亿元。现有机构693家，其中总行1家，支行166家，分理处526家。农商行共有13名董事、6名监事，高级经营层由行长1人、副行长2人及行长助理3人组成。

2. 主要人事变更。经中国银监会核准任职资格，赵济堃任农商行董事长，陈翰林任监事长，金维虹任行长，付东升、姜朝任副行长。

（三）经营发展及其特点

1. 资本实力迅速增强。2005年，农商行增资扩股35.6亿元，得到央行专项票据24.2亿元及市政府的各项扶持资金约1.1亿元。

2. 不良贷款实现“双降”，资产质量有所提高。2005年年末，农商行借助国家扶持政策和地方政府的配套措施，通过核销呆账、票据置换、清收盘活及重组等途径，实现了不良贷款“双降”目标。

3. 支农服务功能进一步增强。2005年年末，农商行的涉农贷款余额为358亿元，占各项贷款的64.3%，其中农户贷款余额为16.8亿元，比年初增加4.1亿元，增长32.3%，高于上年增幅7.8个百分点。在农户贷款中，农户小额信用贷款和农户联保贷款的投放面占到有贷款需求农户总数的80.2%。

4. 盈利水平有较大提高，抗风险能力进一步增强。2005年，农商行实现税前利润7.5亿元，比上年增盈1.7亿元。拨备覆盖率为16.5%，比上年上升9个百分点。拨备充足率为35.1%，比上年上升23.2个百分点。

二、存在的问题和风险

（一）公司治理机制有待进一步完善。一是农商行董事会的构成不够完善合理，内部职工董事尚未达到规定要求。二是农商行董事会、监事会中专门委员会的设置及其权利责任还需进一步明确界定，职能作用还需充分发挥。

（二）拨备不足，资本的持续补充能力较弱。截至年末，农商行的拨备缺口仍然较大，长期积累的拨备缺口将在较长时期内影响其资本充足率水平。另外，由于收入结构不够多元化，整体盈利能力不强，而且缺乏外部资本补充渠道，农商行资本充足率管理面临着较大的挑战。

（三）信贷资产质量较低，贷款集中度风险较大。截至年末，农商行不良贷款余额和比例仍然较高，且贷款余额亿元以上的客户为33户，比年初增加11户，余额合计58.2亿元，比年初增加20.6亿元，占各项贷款总额的10.7%。亿元以上客户贷款中，不良贷款余额和比例高于平均水平。

（四）收入结构单一，可持续盈利能力有待加强。2005年，农商行贷款利息收入、金融机构往来利息收入及债券投资收益三项占总收入的94.7%。手续费收入虽比上年增长70.6%，但只占总收入的1%。因此，尚需进一步加大对收益较高的中间业务市场的拓展。

三、监管工作情况

（一）全力推动北京市农村信用社改革，圆满完成农商行组建工作

1. 扎实工作，全面奠定改革基础。2005年，北京银监局对北京市15家区县联社进行了清产核资验收工作。同时指导、协助农商行筹备组制定了净资产分配

方案和增资扩股方案，并向农商行筹备组下发了一系列监管工作意见，为农商行组建奠定了良好基础。

2. 加强指导，有效推动改革进程。2005年7月25日，北京银监局向农商行筹备组派驻了监管工作特别小组，指导和支持筹备组开展组建工作。在派驻期间，有效协调和沟通有关各方，确保了农商行组建工作的顺利完成。

3. 迎难而上，成功实现改革阶段性目标。对各项开业申请资料进行了严格审核，及时提出修改意见，妥善解决了组建工作中的难题，确保了资本金的及时、足额到位，确保了董事会、监事会和高级管理层人员的合格选配。

（二）现场检查情况

2005年，北京银监局制定了《北京市农村信用社序时性现场检查实施方案》，进一步规范了现场检查工作。全年共派出检查组12次，检查机构20多家，现场检查工作量160人次，提出整改意见30多条，处理违规人员7人。

（三）认真做好案件专项治理工作，预防和处置重大风险隐患

1. 深入贯彻落实案件专项治理工作要求。根据案件专项治理工作精神，积极部署案件专项治理工作，对某信用社有关普尔斯马特贷款情况进行了现场检查，并及时上报了专题检查报告，同时向农商行筹备组下发了风险提示。

2. 及时处置重大突发和风险事件。2005年5月，针对某信用社主任出走事件，及时向银监会上报了《重大突发事件报告》，同时派出1个检查组进行专案调查。针对此案件，向农商行筹备组印发了相关工作意见，并对有关当事人作出处理。

（四）以风险防范为目标，不断创新非现场监管工作

1. 2005年，制定并下发了《北京银监局农村合作金融机构非现场监管工作指引》，进一步提高了非现场工作的规范性、科学性和有效性。

2. 及时完成风险评价和预警工作，做好非现场监管系统维护。汇总完成了2001年1月至2005年12月《农村合作金融机构风险评价和预警指标体系》相关监管数据；先后三次对北京市农村信用社相关人员进行集中培训，使农村信用社非现场监管系统的推行和应用获得了极大成功。

3. 不断加强非现场监管的分析和研究工作，加大对重点领域的风险监测。除按期完成季度风险分析报告和年度监管报告外，还先后完成了十余个专项业务分析报告，内容涉及银行卡业务、债券投资业务、不良贷款情况、大额贷款情况等领域。报告中反映的问题和提出的监管意见得到有关方面的高度重视，为实施有效的风险监管创造了条件。

4. 深入贯彻全新监管理念，积极配合“创建好银行”工作的开展。按照“好银行”标准对北京市农村信用社2004年度经营数据进行了测算和试评价。

（五）督促农商行做好支农工作，不断改善支农和小企业信贷服务

大力指导和支持农商行明确“立足城乡，服务三农，服务中小企业，服务市民百姓”的市场定位，相继下发了《关于增强辖内农村合作金融机构支农服务功能的指导意见》、《农村商业银行支持中小企业发展的指导意见》等，指导和支持农村商业银行继续增强支持中小企业服务功能，改进和完善支农服务。

（六）深入开展调查研究

1. 深入基层信用社，及时了解改革与经营情况。先后到近10家基层经营网点，听取经营及改革情况汇报，调查、了解农村信用社的经营和改革动态，并及时反映有关工作情况。

2. 跟踪热点、难点问题，及时发现和反映风险隐患。为配合房地产调控政策的出台，及时对房地产信贷开展快速调研，形成调研报告；就农村信用社抵债资产使用权问题深入基层认真调研，形成《北京农村商业银行土地抵债资产状况、存在的问题及对策建议》，报告得到市政府有关部门的高度重视。

（蒋蓉辉）

▲外资银行

一、基本情况和重大变更事项

（一）基本经营情况

截至年末，在京外资银行总资产为88.11亿美元，比上年增长36.93%，占全国份额的10.06%，比上年提高0.77个百分点；其中各项贷款余额41.99亿美元，比上年增长30.94%，占全国份额的9.38%，比上年下降0.07个百分点。总负债为80.75亿美元，比上年增长36.01%，占全国份额的10.12%，比上年提高0.67个百分点；其中存款余额为20.96亿美元，比上年增长69.98%，占全国份额的7.85%，比上年提高1.48个百分点。2005年，在京外资银行不良贷款率比上年上升0.67个百分点，低于全国平均水平0.18个百分点；实现税前利润3 011.25万美元，比上年增长7.11%。

2005年，新增2家在京外资银行分行，分别是恒生银行有限公司北京分行和泰国盘谷银行（大众有限公司）北京分行。另有2家分行正在筹建，分别是加拿大皇家银行北京分行和法国兴业银行北京分行。新增4家同城支行，分别是香港上海汇丰银行有限公司北京国贸支行、美国花旗银行有限公司北京中关村支行、荷兰银行有限公司北京东方广场支行、英国渣打银行有限责任公司北京燕莎中心支行，另有3家支行正在筹建中。新增1家独立营业场所自助银行。新增3家外资银行代表处，分别为美国道富银行有限公司北京代表处、北美信托银行有限公司北京代表处、英国摩根士丹利国际银行有限公司北京代表处。同年，美国美一银行有限公司北京分行并入美国摩根大通银行有限公司北京分行。截至年末，北京已开业外资银行分行25家，机构数量居上海和深圳之后，列全国第3位。外资金融机构驻京代表处共有92家（含13家非银行金融机构代表处）。截至年末，北京市共有20家外资银行分行可从事全面外汇业务，比上年增加4家；19家获衍生产品交易资格，比上年增加6家；10家已正式开办人民币业务，比上年增加8家；11家获准从事网上银行业务，比上年增加2家。

（二）业务发展特点

1. 人民币业务发展迅速，成为新的业务增长点。截至年末，在京外资银行人民币资产、各项贷款、负债和存款的增加对本外币合计资产、各项贷款、负债和存款增长的贡献率分别达到48.01%、52.75%、47.60%和78.42%，成为新的业务增长点。

2. 受市场、政策等因素影响，部分资产业务增速减缓。2005年，在京外资银行各项贷款增速比上年下降22.19个百分点，原因一是受外汇贷款利率提高的影响，外汇贷款需求减少；二是受“投注差”管理政策的影响，境内外商投资企业申请境外机构保证项下本外币贷款减少。

3．结构性存款成为支持存款增长的重要因素，衍生产品交易日益活跃。2005年，在京外资银行推出多款结构性存款投资产品，全年销售额为1.95亿美元，对本外币存款增长的贡献率达到22.6%。在京外资银行衍生产品业务进入快速发展期，截至年末，衍生产品交易合约为2.59亿美元，比上年增长948.89%，对表外业务增长的贡献率达26.8%。

4．资产质量维持较高水平，但个别银行贷款质量呈下降趋势。截至年末，受个别外资银行影响，在京外资银行不良贷款比例比上年上升0.67个百分点。但从整体上看，不良贷款余额及比例仍处于较低水平，但个别银行贷款质量呈下降趋势。

5．市场定位错落有致，差异化经营更加明显。2005年，辖内外资银行根据各自的发展战略和北京经济金融特点，注重发挥自身优势，找准市场定位，扩大差异化经营，客观上形成了各行错落有致的不同业务定位。准确的市场定位使各银行在激烈的市场竞争中找到了发展和盈利的空间，确立了各自的发展优势。

二、存在的主要问题

（一）业务发展较快，但风险管理和内部控制需进一步加强

部分在京外资银行发展战略积极，资产规模迅速扩张，业务种类不断增加，人员大规模扩充。在扩张的过程中，外资银行在管理层能力、风险管理、内部控制、后勤保障、人力资源等各方面都面临着新的挑战。个别发展迅速的外资银行出现信贷管理资源投入不足、新增人员培训不到位、操作规程未及时更新、未严格按照操作规程办理业务等问题。

（二）个别银行合规工作未能及时跟上业务发展的需要，合规性风险管理需进一步加强

在京个别外资银行的合规性管理存在疏漏，对法规的学习和理解不够，出现了违规操作。如个别银行对新出台法规的学习和培训不足；个别银行开办人民币业务后，对人民币流动性比率和准资本充足率的预警指标设置较低，合规性风险增大。

（三）个别银行信贷管理有待改进

从整体上看，辖内外资银行信贷风险管理较为审慎严谨，但仍有个别银行存在信贷政策操作规程不够完善、贷前调查不够细致认真、个别贷款未按审慎条件严格发放、个别客户信贷评级不够审慎、贷后缺乏必要的跟踪检查，贷款“三查”工作存在薄弱环节、信贷档案管理不善，信贷审批文件未能妥善保存等问题，有待进一步改进。

（四）个别银行房地产贷款行业集中度较高

截至年末，辖内外资银行房地产贷款占各项贷款的比例仍然偏高，房地产贷款集中度虽比年初略有下降，但仍存在一定的行业集中度风险，其中个别银行的比例在50%以上。

三、监管工作情况

（一）坚持开放政策、运用审慎标准，规范高效地开展外资银行人民币业务市场准入工作

北京银监局专门成立开业验收工作组，由主管局领导担任组长，进行总体协调和指导；先后制定《在京外资银行经营人民币业务筹备阶段和验收阶段有关工作指引》和《外资银行北京分行开办人

民币业务验收操作流程》；完善现场验收工作程序，采取多种形式提高了工作效率和验收工作的覆盖面。支持首家港资银行利用CEPA优惠政策在京开办人民币业务。截至年底，北京银监局共初审上报14家外资银行的人民币业务申请，其中10家已通过验收，正式对外开办人民币业务。

（二）明确审批程序和要点，提高服务水平，大力支持符合条件的外资金融机构在京发展，规范、高效办理各项准入工作

2005年，受理4家代表处升格为分行的筹备期辅导，完成4家同城支行的审批及开业验收工作；还有3家分行、2家支行正在筹建。核准高管任职资格21人次，组织了对19家分行行长（副行长）的任职前考试并进行任职前谈话。

（三）加强政策指导，注重信息沟通，提高监管透明度和规范性

2005年，北京银监局先后编发了《北京外资银行开办人民币业务法规文件汇编》、《外资银行常规业务报告索引》和《北京银监局外资银行非现场监管工作指引》等6项汇编和指引。通过定期召开辖内外资金融机构情况通报会议和建立主监管员制度，加强了监管当局与被监管机构的信息沟通和互动。

（四）重视内控效力，完善风险评级，提高现场检查工作的针对性

首次成功将ROCA评级体系广泛运用于对在京外资银行的全面现场检查，并在实践中细化和完善了ROCA评级应用程序，根据评级结果实现以风险为本的分类监管。2005年，北京银监局共对辖内6家外资银行进行全面现场检查、4家银行进行后续检查，2家外资银行驻京代表处进行突击现场检查。共发现问题86个，提出监管建议62条，并跟踪督促有关银行及时落实整改措施。针对现场检查中发现的违规行为，北京银监局充分调查、审慎量裁，依法给予纠正与处罚。

（五）依法审慎监管，注重监管实效，切实推进持续监管措施，不断提高非现场监管水平

2005年，北京银监局对4家外资银行采取了诫勉谈话、出具保证书、下发“监管意见”、采取准入限制等特别监管措施。

（六）把握形势需要，落实系列化专题调研规划，加大调研力度，调研成果初显

根据2005年外资银行监管工作重点，结合人民币业务开办及监管重心转移的特点，采取专题性与系列化相结合的方式，及时捕捉各项工作亮点，开展了有关加入世贸组织后过渡期外资银行监管、外资银行金融衍生产品业务和外资银行人民币业务开展情况及特点和趋势分析等方面的调查。

（梅向东、李双利）

非银行金融机构发展与监管

一、基本情况

截至年末，北京银监局共监管3类23家法人非银行金融机构、13家非法人的机构代表处。按照机构类别分类，分

别为：信托投资公司4家（其中正常经营的2家，非正常经营的2家）；企业集团财务公司16家（其中正常经营的15家，非正常经营的1家）；汽车金融公司3家，外资非银行金融机构代表处13家，另有2家汽车金融公司已获准筹建、1家异地信托投资公司已获银监会批准迁址入京。

截至年末，正常经营的机构资产（本外币合计，下同）总计1 352.54亿元，负债总计1 102.8亿元，信托权益合计122.46亿元。

（一）信托投资公司

截至年末，辖内2家信托投资公司资产合计159.99亿元，其中自营资产合计33.91亿元，较年初减少0.41亿元，下降1.19%；自营负债合计13.18亿元，较年初减少5.35亿元，下降28.89%；所有者权益合计20.73亿元，较年初增加4.95亿元，增长31.36%。信托财产合计126.08亿元，信托负债合计3.62亿元，信托权益合计122.46亿元。

2005年，辖内信托投资公司资产负债变化主要呈现出三个特点：一是信托资产规模继续扩张，但增速较2004年有所回落。2005年，2家信托投资公司信托资产的增幅为59.5%，远远低于2004年的257.2%。二是经营管理的资产结构发生明显变化，信托资产比重加大。2005年年末，2家信托投资公司自营资产与信托资产之比为1:3.72，明显区别于2004年年末的1:2.3，信托资产比重进一步加大。三是自营负债规模继续下降，所有者权益有所增加。2005年，北京国投、国民信托2家公司分别增资2亿元和2.5亿元，截至年末，所有者权益较年初增长31.36%。通过完成原有负债清理，截至年末，2家公司的自营负债较年初下降28.89%。

（二）集团财务公司

截至年末，15家正常经营的财务公司资产规模在50亿元以上的有8家，主要集中在能源、航天、进出口贸易等行业。15家公司的资产（含委托资产，下同）合计1 178.08亿元，比年初增加347.27亿元，增长41.8%；负债合计1 084.68亿元，比年初增加319.76亿元，增长41.8%；所有者权益合计93.4亿元，比年初增长41.75%，其中实收资本总额为84.69亿元。

2005年，辖内财务公司资产负债变化主要呈现如下特点：一是资产负债规模增长迅速。截至年末，辖内财务公司的资产、负债分别较年初增长了41.8%。二是资产结构进一步优化，服务职能更加突出。2005年，辖内财务公司资金归集能力进一步提高，贷款与投资业务进一步调整，资产结构进一步优化，集团外资金运用大幅减少，服务集团及其成员单位的职能更加突出。三是委托业务增幅较大，部分公司出现资产业务表外化趋势。截至年末，辖内财务公司委托贷款及委托投资余额合计212.81亿元，增长173.7%。委托资产占总资产之比超过50%的有1家，超过30%的有5家。四是资金归集能力进一步提高。截至年末，辖内财务公司集团单位存款合计774.12亿元，较年初增加154.92亿元，增长25%，资金归集能力进一步提高。

（三）汽车金融公司

截至年末，辖内3家汽车金融公司资产合计14.47亿元，比年初增加9.44亿元，增长187.6%；负债合计1.15亿元，比年初增加0.98亿元，增长574%；所有者权益合计 13.32 亿元，比年初增加 8.46 亿元，增长 174.11%。

2005 年，汽车金融公司资产负债变化呈现以下特点：一是资产以现金及银行存款为主，流动性较高。截至年末，辖内 3 家汽车金融公司现金及银行存款余额合计 10.9 亿元，占总资产的 75.3%。二是资产负债率较低。截至年末，辖内 3 家汽车金融公司合计的资产负债率仅为 7.92%，公司主要依靠自有资金开展业务。

（四）非正常经营机构

在京非正常经营机构有一家财务公司和两家信托投资公司。目前，四通财务公司已完成清产核资工作，进入市场退出阶段；京华信托清算组正在加快清算工作进度；北京市政府推进恒通信托清理整顿工作。

二、重大变更事项

1. 5 家机构获准开业或筹建。包括 1 家财务公司、1 家汽车金融公司及 1 家代表处获准开业，2 家汽车金融公司获准筹建。

2. 根据银监会授权，自 2005 年 1 月 1 日起正式履行对中航财务、海航财务的监管职责，自 2005 年 7 月 1 日起正式履行对中电投财务、大唐财务、华电财务、国电财务的监管职责。

3. 根据《转发中国银行业监督管理委员会办公厅关于实施〈企业集团财务公司管理办法〉有关问题的通知》，完成对航天科技财务公司等 8 家财务公司业务范围变更的初审工作。

4. 核准 23 名高级管理人员任职资格。包括信托投资公司 1 人，财务公司 3 人，汽车金融公司 13 人，外资代表处 6 人。

5. 完成 2 家机构更名、3 家机构迁址、3 家机构增资等重大事项的审核工作。

三、监管工作情况

（一）现场监管

2005 年，北京银监局共对 7 家非银行金融机构（包括 2 家异地信托投资公司）进行了现场检查，合计投入检查力量 37 人次，检查时间为 106 个工作日，共计发现问题 34 条，提出整改建议 34 条，提出行政处罚建议 1 条。2005 年，现场检查重在查实问题，加大后续监管。

（二）非现场监管

1. 突出风险监管，对辖内信托投资公司、财务公司报送的非现场监管报表进行了系统梳理、补充和完善，并结合两类机构各自的业务特点和主要风险点及监测重点，补充制定了非现场监管报表合计 5 类 53 张。专门下发《关于规范辖内信托投资公司及企业集团财务公司非现场监管报表的通知》，进一步规范了报表的报送程序及方式等。

2. 增设非现场监管岗，初步实现了非现场监管专职化。非银行金融机构监管处于 2005 年 9 月下旬调整了处内科室设置，将原来的综合科调整为非现场监管科，专司非现场监管职责，其他监管科的工作重心则向加强现场检查转移。

3. 借助外力，丰富非现场监管手段。一是年初下发了《关于规范辖内信托投资公司、财务公司外部审计工作的通知》。二是积极引导、监督辖内信托投资公司完成年报信息披露及集合资金信托计划信息披露工作，借助公众监督加强监管。三是通过对汽车金融公司的内审职能进行监管评价等，督促公司的内审人员严格、独立履职，借助内审力量加强监管。

（三）市场准入

1. 高标准、严要求完成汽车金融公司市场准入工作。2005年，共完成对丰田汽车金融公司的开业验收工作；对戴姆勒—克莱斯勒汽车金融公司的开业申请审核、高管谈话及开业答辩工作；对东风标致雪铁龙、沃尔沃、宝马三家金融公司的筹建申请审核工作，并积极跟进、指导东风标致雪铁龙、沃尔沃两家公司的筹建工作进展，要求机构及时上报筹建计划，并定期召开筹建工作进展情况通报会。此外，2005年，还完成对2家代表处的市场退出申请审核，3家代表处的迁址批复，6名代表处首席代表任职资格的核准。

2. 克服困难，积极应对财务公司市场准入工作。2005年，共受理审核了8家财务公司的业务重登申请，为下一步对这类公司实施审慎监管打下了扎实的基础。还受理了新办法出台后全国第一家财务公司——兵器装备集团财务有限责任公司的筹建及开业申请，该公司已于2005年内开业。

3. 严格准入标准，防范信托投资公司股东关联交易及道德风险。一是从审慎监管角度出发，完成了对辖内2家信托投资公司股东变更及增资扩股申请、1家异地信托投资公司迁址进京的准入审核工作。二是密切关注股东关联方变动情况，绘制关联关系图，指导市场准入工作，切实防范信托投资公司股东关联交易及道德风险。

（四）监管制度建设

1. 制定实施了《非银行金融机构非现场监管工作指引》。该指引的制定及实施：一是明确了非现场监管流程、内容及措施，初步实现了非现场监管的规范化。指引为监管人员实施非现场监管提供了统一的标准和依据，直接提升了非现场监管的工作质量和水平。二是实现了非现场监管的连续性，通过明确日常监管联系的方式、频率和内容，确保对辖内非银行金融机构实施动态的连续性监测。三是初步建立起针对三类不同机构的风险预警体系，为下一步实施差别化监管及分类监管奠定了基础。

2. 制定执行了《集合资金信托事前报告分析指引》，将集合资金信托项目风险防范关口前移。同时，制定了《关于加强集合资金信托项目后期管理有关问题的通知》，初步形成了针对辖内信托投资公司集合资金信托业务前期发行与后期管理的风险监管体系。此外，根据银监会的监管提示，下发《关于加快原有业务清理有关问题的通知》及《关于向辖内信托投资公司部分业务进行风险提示的通知》，督促机构及时建立了尽职问责制，积极化解辖内信托投资公司原有负债清理及到期信托项目兑付的双重风险。

（王　巍）

邮政储蓄机构发展与监管

一、基本情况

（一）机构人员情况

截至年末，北京市共有邮政储蓄机构471个，其中城区445个，县城16个，县城以下10个。邮政储蓄从业人员共计3 747人，其中管理人员有395人。

（二）网点审批情况

2005年，北京邮政储汇局有45个网点完成筹建审批工作，其中19个网点完成开业审批，18个网点正式对外营业，另1个于2006年1月初正式开业；有18个网点申请迁址，其中11个储蓄网点完成迁址筹建、开业申请审批，并已正式对外营业，7个储蓄网点办理完毕迁址筹建审批手续。

（三）各项业务分析

截至年末，邮政储蓄储户数为863万户，储蓄存款余额为380.29亿元，比上年年末增长19.35%。从储蓄存款结构看，活期存款占同期储蓄存款余额的43.69%，定期存款占56.31%。中间业务交易总量为2 775万笔，交易金额为187.82亿元。汇兑业务共开发汇款825.25万笔，汇款金额为81.79亿元；兑付汇款717.71万笔，兑付金额为49.56亿元。

邮政“绿卡”累计发卡量达336.43万张，“绿卡”存款余额达72.64亿元，比上年同期增长30.86%。

2005年，北京邮政储汇局实现业务收入14.45亿元，比上年年末增长11.41%。其中邮政储蓄利息收入为13.09亿元，增长12.21%；汇兑业务收入为0.73亿元，下降7.27%；中间业务收入为0.06亿元，下降21.31%；其他各项收入为0.57亿元，增长32.56%。

二、监管工作情况

（一）上报监管报告，下发监管指引

2005年年初，在全面分析北京邮政储汇局2004年经营情况和存在问题的基础上，撰写《北京邮政储汇局2004年监管报告》并上报中国银监会。同时对该局下发了《2005年监管指引》，指出其内部管理和风险控制手段比较滞后、科技投入少、技术装备水平低以及缺乏专业化人员等问题，并针对问题和风险逐一提出了监管意见。

（二）采取多种方式，狠抓案件专项治理

督促北京邮政储汇局成立案件专项治理小组，对邮政储汇操作风险现状和管理情况进行自查，北京银监局针对其自查情况下发《关于加大防控操作风险力度、落实案件专项治理工作的监管意见》；及时将中国银监会下发的《中国银行业监督管理委员会关于邮政储蓄机构非法吸储引发群体案件的通报》向北京邮政储汇局相关业务部门的负责人通报，并提出明确要求；借调研的机会再次强调案件专项治理工作的重要性，要求其加强对储汇资金安全管理的内部稽核，加大防范操作风险的力度。

（三）按照银监会统一部署，开展中间业务检查

2005年8~9月，按照银监会统一部

署，对北京邮政储汇局2004年中间业务实施专项现场检查，针对中间业务会计核算、重要空白凭证管理等方面存在的问题提出了有针对性的整改措施，为下一步邮政储蓄机构改革初步奠定了基础。

（四）及时转发文件，发挥窗口指导作用

2005年，多次及时转发中国银监会的有关文件，而且结合北京邮政储蓄机构的实际情况，提出有针对性的监管意见，加大风险提示力度，有效地发挥了窗口指导作用。

（五）深入实地调研，为领导决策提供依据

2005年，北京银监局分别对北京邮政储汇局分账核算情况、案件专项治理、小额农业贷款情况、资金运用情况等进行深入调查研究，积极探索适合北京特色的邮政储蓄机构改革方案，为领导决策提供依据。

（六）采取约见会谈，充分发挥监管道义规劝作用

针对中国银监会下发通报中提出的北京邮政储汇局存在西联汇款业务占用储蓄资金的问题，北京银监局主管副局长立即出面约见该局全体班子成员进行会谈，传达通报内容，核实情况问题，并提出针对性监管意见，确保储蓄资金专款专用。

（七）以监管讲服务，推动邮储网点合规发展

2005年，中国银监会批准北京邮政储汇局新设45个新网点，北京银监局按照《邮政储蓄网点管理指导意见》的具体要求，严格审批程序，切实把好2005年新设储蓄网点的市场准入审批关。同时针对北京邮政储蓄10年来未新设网点的实际，北京银监局拟定《北京邮政储蓄网点市场准入操作指引》，规范准入程序，设计相关表格，在保证严格审查的同时，大大缩短了审批时间，提高了审核效率。

（熊　玮）

金融资产管理公司发展与监管

一、基本情况

（一）主要业务指标

截至年末，辖内中国华融资产管理公司北京办事处（以下简称华融北京办事处）、中国长城资产管理公司北京办事处（以下简称长城北京办事处）、中国东方资产管理公司北京办事处（以下简称东方北京办事处）、中国信达资产管理公司北京办事处（以下简称信达北京办事处）等四家资产管理公司办事处（以下简称四家办事处）累计处置债权资产264.66亿元、政策性债转股处置158.91亿元，两项合计423.57亿元，占接收政策性不良资产总额的75.99%；回收实物资产20.89亿元，回收现金75.45亿元。截至年末，四家办事处人员、业务、管理三项费用累计为3.59亿元，现金费用率为4.76%。

（二）机构及人员变动情况

1. 高级管理人员变更情况。4月26日，原中国长城资产管理公司法律事务部副总经理朱丽华任长城北京办事处副总经

理；5 月 20 日，原中国信达资产管理公司资金财务部高级经理张长意任信达北京办事处副主任；5 月 26 日，东方北京办事处原副总经理李美英被调任东方天津办事处任副总经理，不再担任北京办事处副总经理职务。

2. 内设机构变更情况。2005 年 7 月，信达北京办事处成立资产管理二部，专门负责接收、管理和处置工行北京分行的不良资产包。

（三）业务发展概况

1. 加紧处置政策性业务。

（1）加大打包处置工作力度。2005 年，四家办事处均加紧了打包处置工作。东方北京办事处对 8 个资产包进行招商公告，与 11 家投资者签署了保密协议并组织进场查阅资料，并与其中 3 家签订了意向协议；华融北京办事处对 6 个资产包进行拍卖处置，成交 2 个资产包；信达北京办事处将 89 户企业组成资产包，涉及债权总额 20 亿元，将整体转让给地方政府；长城北京办事处已完成门头沟区、延庆县整体打包处置工作，房山区、昌平区、城区散户包等资产包正在处置中。

（2）现金回收情况较好。截至年末，四家办事处全年回收现金 15.22 亿元，完成当年计划 12.96 亿元的 117.44%。

2. 积极办理商业性收购资产、投资业务及商业性委托代理三项新业务。

二、监管工作情况

（一）以防范和化解风险为基础，加大现场检查力度

按照中国银监会的统一布署，对东方北京办事处和信达北京办事处 2004 年接收银行转让的全部不良贷款进行了专项现场检查，对四家资产管理公司北京办事处 2004～2005 年上半年终极处置项目进行专项现场检查，对东方北京办事处的 2004 年内控检查问题的整改情况进行了后续检查。全年累计派出检查组 3 次，累计投入工作量 2 140 人次，检查贷款 14 459笔，涉及债权金额 561.1 亿元，提出整改意见 24 条。

（二）提高非现场监管水平，发挥风险预警作用

2005 年，完成 2004 年度四家办事处的监管报告；向四家办事处下发了监管指引和风险通报；根据中国银监会的要求，对四家办事处的经营情况进行季度分析，同时对选定的大额处置项目于每季度末进行跟踪检查；进一步规范非现场资料报送工作，制定并下发《关于进一步加强四家金融资产管理公司北京办事处非现场监管信息报送工作的补充通知》，对“主要经营指标”的报送格式及要求作出进一步明确，为非现场信息的收集和整理打下了坚实的基础；及时转发银监会关于资产公司加强管理、防范风险的相关文件，结合四家办事处的实际情况提出具体的要求和监管意见，加大了窗口指导力度，为完善辖内四家办事处依法合规经营提供政策指导。

（三）积极组织力量，认真做好审计问题的查处工作

积极组织力量对审计署及其特派办移送和中办、国办批转的需要查处的 17 个问题进行了全面梳理，召开有关国有商业银行、资产管理公司参加的查处工作布置会，深入落实相关人员的责任，分别对有关责任人提出批评，同时对审计署移送信达北京办事处问题的责任人下达《行政处罚决定书》，作出终身取消其金融机构高级管理人员任职资格的处

罚决定。

（四）狠抓案件专项治理工作，提升内部管理水平

督促辖内四家办事处全面落实案件专项治理工作，成立组织、落实责任，拟定实施方案，认真开展自查和整改。北京银监局定期进行案件专项治理情况的询问和抽查，通过案件专项治理工作，四家办事处的内控制度建设得到加强，全员遵纪守法意识明显增强。

（五）关注热点问题，进一步加大信息调研力度

2005 年，关注热点问题，对四家办事处三项业务及持有金融机构股权业务进行调研，同时结合二次剥离的现场检查中发现的问题，完成《资产管理公司接收不良贷款“二次剥离”存在的问题及建议》。

（熊　玮）

保险业发展与监管

▲保险市场发展概述①

2005 年，北京保险业牢固树立和落实科学发展观，以做大做强为目标，以改革开放为动力，以结构调整为主线，以市场体系建设为基础，坚持加快发展和防范化解风险协调一致，持续、快速、健康发展，保险公司的核心竞争力得到普遍增强，保险功能作用进一步发挥。

一、北京保险市场机构发展情况

截至年底，在京营业的保险公司达到 44 家，其中产险分公司 14 家，寿险分公司 21 家，再保险分公司 2 家，出口信用保险营业部 1 家，另外还有 6 家在京营业的寿险总公司②。各类专业保险中介法人机构 225 家，其中代理公司 97 家，经纪公司 101 家，公估公司 27 家。非法人分支机构（含分公司和营业部）50 家，其中代理公司分支机构 30 家，经纪公司 14 家，公估公司 6 家。全市保险兼业代理机构 5 867家，保险营销从业人员 41 513 人。

二、北京保险市场业务发展概况

2005 年，北京保险市场实现保费收入 304. 9 亿元，同比增长 9. 2%。财产险保费收入为 67. 6 亿元，同比增长 2. 0%；人寿保险保费收入为 196. 0 亿元，同比增长 9. 5%；健康险和意外险保费收入为 41. 3 亿元，同比增长 21. 3%。保险深度为 4. 5%，保险密度为 2 012 元。

2005 年，北京保险市场共发生赔款与给付 61. 8 亿元，同比增长 11. 8%。其中财产险赔款 35. 2 亿元，同比增长 2. 8%；人寿保险给付 15. 4 亿元，同比增长 19. 6%；健康险和意外险赔款与给付 11. 1 亿元，同比增长 37. 2%。

截至年底，北京保险公司总资产首次超过 1 000 亿元，达到 1 064 亿元，比年初增长 36. 3%。保险从业人员达 57 220 人，比年初增加了 4 125 人。

三、北京保险市场业务发展特点

（一）市场主体迅速增加，市场集中度不断下降

2005 年，北京市场新增 13 家保险公

---

① 本文中业务数据均已剔除中意 193. 3 亿元团险大单因素。

② 本文中不包括再保险公司经营数据。

司，其中产险分公司3家，寿险分公司6家（含健康险公司1家），寿险总公司4家。

随着市场主体的快速增加，市场集中度不断下降。市场份额排名居前3位的产险公司的合计市场份额共下降了5.5个百分点，居前3位的寿险公司的合计市场份额共下降了4.1个百分点。

（二）产险公司保费增幅较低，寿险公司稳步回升

财产险保费收入增幅不高。其原因一是由于市场竞争激烈，导致实际费率水平不断下降；二是由于宏观经济环境的变化对房贷险和货运险造成一定影响；三是由于部分公司会计核算政策的调整；四是部分公司进行结构调整。

寿险公司从4月份开始实现单月保费同比正增长，然后逐月稳步回升。其原因一是万能寿险旺销的拉动；二是由于结构调整的效果开始体现，全年续期保费同比增长15.5%；三是由于新开业寿险公司（主要为外资公司）开拓了新的客户群体，促进了增长。

（三）监管部门大力推动的重点领域发展较快

在北京保监局的推动下，各公司积极开拓了医疗责任险、律师责任险、校方责任险等责任险类业务，责任险增长较快，全年责任险保费收入同比增长52.4%。此外，农业保险保费收入同比增长54.6%，健康险保费收入同比增长19.6%。

（四）意外险和万能险增长迅猛，意外险竞争白热化

意外险保费收入同比增长30.8%。意外险的快速增长主要是由于各公司的效益观念进一步增强，对效益较好的意外险加大了市场开拓力度。意外险的激烈竞争导致了意外险的手续费急剧攀升。

万能寿险实现保费收入33.7亿元，同比增长542.3%。万能寿险作为业务增长的新亮点，为各公司所重视，从2004年11月起大力发展，2005年6月开始呈现出迅猛的增长态势，到年底已占到寿险公司保费收入的14.3%，同比提高了11.8个百分点。万能寿险的迅猛增长一是由于目前百姓收入不断增长，但利率处于较低水平，百姓投资理财渠道狭窄，万能寿险“保底收益”+“保险保障”的功能较好地适应了当前的市场环境。二是由于寿险公司在宣传、营销上的大力推动。

（五）结构调整效果有所显现

2005年，寿险公司新单期交保费同比增长高达60.7%。新单期交率为18.4%，同比提高了5.9个百分点，为将来寿险的持续增长打下了良好的基础。产险公司注重效益型险种发展，意外险实现了高增长，企财险保持持续增长。

（六）保险公司经营费用上升较快

2005年，保险公司共支付费用46.5亿元，同比增长22.4%。产险公司支付费用15.0亿元，同比增长13.7%。产险公司费用增长较快的主要是公杂费和职工工资。公杂费占全部费用的10%，金额同比增长了69.4%；职工工资占全部费用的20%，金额同比增长了21%。此外，产险公司手续费支出占全部费用的34%，金额同比增长了7%。寿险公司共发生费用31.5亿元，同比增长27.0%。寿险公司佣金、职工工资、租赁费增长较快。职工工资、租赁费分别

占全部费用的14.9%、7.3%，职工工资同比增长46.5%，租赁费同比增长26.6%。佣金支出11.9亿元，同比增长24.5%，占全部费用的37.9%。手续费支出3.2亿元，同比增长7.3%，占全部费用的10.1%。

四、北京保险市场存在的问题

当前北京经济平稳快速发展，保险需求日益增长，保险发展潜力很大，但目前保险业渗透率比较低，覆盖面比较窄，潜在需求难以转化为有效需求，阻碍了保险业的快速发展。

（一）保险产品不适应市场需求

目前，保险产品单一、同质化强，不适应市场需求，产品销售难。产品销售难度大导致了营销员收入低、工作强度大、社会地位低，从而造成了营销员增员难、留存难。

（二）诚信问题制约了保险业的快速发展

保险公司投保容易理赔难、误导销售等不诚信问题严重损害了行业形象，打击了投保人对保险的信任，一定程度上导致投保人不愿、不敢买保险。

（三）保险公司治理结构和考核方式存在缺陷，不利于保险业长远发展

目前，保险公司加强了法人治理和总公司统一管理，分公司的自主经营权受到限制，这一方面有利于控制风险，但另一方面也导致分公司的市场应对能力比较弱，分公司在管理、销售、产品、服务等方面的创新不足。

目前，保险公司内部考核指标和方式不尽合理，存在两个突出问题，一是导致经营行为短期化倾向，忽略公司甚至行业的长期利益。二是指标的科学性、稳定性不够，导致分公司经营策略、经营行为大起大落，缺乏持续性。

（胡健强）

▲财产保险市场①

一、北京财产保险市场基本情况

2005年，北京财产保险市场总体运行良好，实现保费收入68.57亿元，同比增长2.07%，占北京总保费收入的13.77%。北京财产保险业的保险密度和保险深度分别为453.80元和1.02%。2005年，北京财产保险业累计支付赔款35.54亿元，同比增长3.3%。承保利润为5.26亿元，承保利润率为7.67%。

截至年底，北京财产保险分公司达到14家，再保险分公司2家，出口信用保险营业部1家。2005年，北京保监局共批准3个财产保险分公司和13个财产保险公司支公司开业；批准4个公司调整车险费率，保险条款事后备案25个；办理高管人员变更28个，核准高管人员任职资格4个。

二、北京财产保险市场发展的主要特点

一是北京财产保险市场的保费收入平稳增长。2005年，在京产险公司共实现保费收入68.6亿元，同比增长2.1%。其中车险实现保费收入48.0亿元，同比增长3.5%；非车险实现保费收入20.6亿元，同比降低1.1%。

二是市场集中度进一步下降。截至年底，北京共有财产险公司14家，市场竞争格局逐渐发生变化，市场份额变化较

① 本文仅限财产险公司业务情况，不含再保险公司业务情况。

大。中国人民保险、太平洋保险、平安保险北京分公司3家市场份额合计74.78%，同比下降5.37个百分点。

三是部分非车险业务增长速度较快。工程险、责任险、特殊风险、意外险及短期健康险增长速度较快，同比增长均在50%以上。

北京市财产保险公司主要险种保费收入变化情况表

险种名称	保费收入（亿元）	同比增幅（%）	占财产保险保费份额（%）
企业财产保险	5.46	3.79	7.96
机动车辆保险	47.99	3.51	69.96
责任险	2.18	52.36	3.18
建筑、安装工程险	1.89	50.60	2.76
保证保险	1.46	-58.90	2.13
货运险	4.36	-2.65	6.36
特殊风险保险	2.6	13.00	3.79
意外险和短期健康保险	1.51	58.10	2.20
其他	1.15	33	1.68
合计	68.6		100.00

四是保险业服务首都和谐社会的作用进一步发挥。2005年，北京保监局与市卫生局、市农委等相关部门共同推进医疗责任保险、政策性农业保险试点工作。在北京市医疗责任保险试点工作中，保险业在化解民事纠纷、缓解社会矛盾、维护社会稳定方面发挥积极作用。

五是行业诚信建设及行业自律行为进一步加强。2005年5月，北京保险行业协会组织在京财产保险公司签署《北京保险行业车险服务承诺》，向社会公众和媒体公开车险服务行为规范和服务标准，提升行业服务质量。

三、北京财产保险市场存在的问题

一是市场经营仍不规范。随着市场主体的不断增加，市场竞争日益激烈，恶性价格竞争进一步加剧，主要表现在非车险费率持续下降和车险手续费不断增加。

二是产品创新意识不足。由于各分公司受总公司各项业务指标考核及市场有效竞争不足等因素的影响，各公司仍停留在传统险种的竞争上，没有足够的动力和压力去开拓新领域、开发新险种，缺乏产品创新意识。

三是外部环境存在制约。主要表现在：一是社会公众的保险意识不足。以建筑工程为例，在工程施工过程中，开发商、承保商缺乏保险意识。二是法律环境不健全。以第三者强制保险为例，相关条例及最高法院的司法解释始终没有出台，但目前涉及第三者的判决大部分均无视保险合同的存在，不仅增加了保险公司的赔付，同时给保险业产生不好的社会影响。

四、监管工作情况

一是对保险公司实施分类监管制度。制定下发《保险公司分类监管办法》，明确了分类监管原则、重点及评价标准等，通过对保险公司进行综合评价和类属评定，确定监管重点和目标。

二是建立月度、季度市场运行分析和风险提示制度。为及时掌握市场风险，有针对性地采取监管措施，有效预防风险发生，北京保监局建立了月度、季度市场运行分析和风险提示制度。

三是认真开展整顿和规范北京产险市场秩序工作。为贯彻落实中国保监会《关于开展2005年整顿和规范保险市场秩序工作的通知》的要求，北京保监局采取公司自查及监管部门抽查相结合的方法，对北京财产保险市场进行了整顿和规范。

四是推动医疗责任保险试点工作稳定健康发展。为了发挥保险的社会管理功能，有效缓解医患矛盾，保护医患双方的合法权益，维护正常的医疗秩序，北京保监局与市卫生局共同推动医疗责任保险试点工作，取得较好的社会效果。

五是积极研究北京市政策性农业保险发展工作。为贯彻落实中央"一号文件"关于推进农业保险发展的精神，根据中国保监会和北京市政府要求，结合北京地区农业发展情况，积极探索多种农业保险发展模式。

六是加强行业宣传，维护被保险人合法权益。一是组织财产保险公司进行"普及保险知识系列文章"组稿工作，并通过媒体向广大消费者宣传保险知识；二是进一步完善机动车辆投保提示制度，提示消费者投保时应注意的风险，切实维护消费者权益。

（马　骥）

▲人身保险市场①

2005 年，北京人身保险市场主体迅速增加，中、外资公司同台竞技，市场竞争加剧，形成了多元化经营和发展的格局。全行业科学发展的观念进一步深化，注重规模与效益并重，实现了保费收入的正增长和业务质量的提升。

一、北京人身保险市场发展的基本情况

截至年末，北京市共有直接经营业务的寿险公司总公司 6 家，分公司 21 家，支公司 47 家，营业部 7 家，营销服务部 155 家。其中外资总公司 4 家，分公司 10 家，营销服务部 21 家。

2005 年，各寿险公司累计实现保费收入 429.15 亿元，同比增长 102.32%。其中个人营销业务保费收入为 100.03 亿元，同比增长 14.04%；团险业务保费收入为 239.27 亿元，同比增长 458.05%；银代业务保费收入为 89.93 亿元，同比增长 12.24%。从险种结构看，寿险保费收入为 388.87 亿元，同比增长 116.28%；健康险保费收入为 34.59 亿元，同比增长 22.83%；意外险保费收入为 5.19 亿元，同比增长 25.97%。

2005 年，各寿险公司累计赔款和给付 39.81 亿元，同比增长 186.2%，充分发挥了北京保险业保障经济、稳定社会的作用。

截至年末，北京人身保险市场共有产品 1 700 余种，其中 2005 年推出 400 余种新产品，为消费者提供了日益多样的人身保险保障。

二、北京人身保险市场发展特点和存在的问题

一是保费收入增长，结构调整成效显现。2005 年，北京人身保险市场延续了 2004 年结构调整的主旋律，但在这一年中，中资公司逐渐复苏，外资公司开始发力，人身保险保费实现了正增长，寿险公司多层次结构调整成效显现。在业务结构方面，个人保险、意外险和银保长期业务成为调整的重点领域，趸缴产品及团险资金业务大幅压缩。在人员结构方面，寿险公司严格进行营销员的甄选、培训和管理，探索培养理财规划师。2005 年年末，北京地区营销员持证率达到 95%，同比

① 本文中人身险市场限人身保险公司业务情况，包含中意 193.3 亿元团险大单，不包含财产保险公司短期健康险和意外险业务情况。

提高了25个百分点。在服务领域方面，新老公司积极服务“三农”，在农村地区设点布局，为广大农民提供以保障产品为主的保险服务。全年北京10个远郊区县实现人身险保费收入25.3亿元，同比增长30.5%。

二是寿险险种结构调整，万能险拉动增长。2005年，人身保险市场寿险业务发生较大调整，传统寿险、投资连结产品占比小幅下滑，分红产品由2004年年底60.27%的保费占比下降至2005年年底的51.7%，万能险保费收入占总保费收入的比重则由1.99%上升至14.29%。万能险成为北京人身保险市场的一大亮点，而分红险自2004年以来持续下滑，全年保费收入为121.99亿元，同比减少4.56%。

三是个人保险增长迅猛，销售渠道整合。2005年，人身保险市场个人保险渠道保费收入突破100亿元，占整个市场的42.4%，成为团体保险、个人保险、银行代理保险三大渠道中增势最强的渠道。寿险公司在个人保险渠道积极运作，一手抓保费规模增长，一手抓队伍素质提高，取得了明显成效。2005年，寿险公司整合渠道资源，进一步探索交叉销售等新模式，尝试团个联动、团银联动、银个联动、产寿联动等销售方式。

四是业务支出增长，保险作用有效发挥。2005年，人身保险市场赔款和给付支出为26.25亿元，共为4 423万人次提供了3.5万亿元的人寿及意外健康保障。2005年，北京人均持有寿险保单0.28件，长期健康险保单0.087件①。“农保工程”启动后，寿险公司积极探索保险服务“三农”的方式，为农民提供保险保障。2005年，寿险公司在郊区县共计为77.1万人次（含18.7万人次农民）提供了人寿及意外健康保障。远郊区县有效人身险保单95.6万件，其中农村22.2万件，农民人均持单约为0.072张，同比翻了一番。远郊区县人身险全年累计赔款和给付支出3.33亿元，同比增长89.6%。

尽管2005年北京人身保险市场整体呈现较好的发展态势，但部分公司的科学发展观落实不到位，对市场规律认识不足，走粗放式经营的老路，仍是制约人身保险市场健康发展的重要因素。当前人身保险市场存在着诚信状况不佳、违规经营、恶性竞争，公司内控建设薄弱、人力供给不足、行业合作亟待深化等问题。

三、监管工作情况

在中国保监会的正确领导下，2005年，北京保监局紧紧围绕北京地方社会经济发展的需要，以科学发展观为统领，履行监管、规划和协调三项职能，创造性地开展寿险监管工作，大力推进保险监管制度和监管方式的改革。

（一）履行规划协调职能，推动行业发展

一是推动“农保工程”。2005年，北京保监局启动了以农村人身保险为重点的“农保工程”。完成了《关于北京农村人身保险发展情况的调研报告》、《关于北京农民保险需求调查情况的报告》等调研报告，下发了《关于加快发展农村人身保险市场的指导意见》，并在怀柔、房山等7个远郊区县设了46个场次的保险代理人资格考试专场，参考人数达1 767人，解决了农村营销员考试难的问题。二是发展银行保险。北京保监局与北京银监局沟通，研究银行保险深层次合作与发展问题，合作举办了银行保险深层次合作与

---

① 以2005年年末北京市常住人口计算。

发展论坛，在业务创新、政策建议等深层次问题上作了探讨和交流，为银行保险营造了良好的发展环境。三是开展寿险营销状况调查。北京保监局组织各寿险公司开展了寿险营销状况调查，结果显示北京寿险市场发展潜力大，但营销员收入水平不高，生存状况不容乐观。北京保监局将深入研究有关问题，切实采取措施逐步加以解决。四是编制“十一五”规划。2004年年底以来，北京保监局组织行业从研究市场体系建设、监管体系建设等方面入手，科学规划北京保险业“十一五”发展，研究“十一五”期间北京保险业发展的总体目标、主要任务和实现途径。

（二）以人为本，切实维护被保险人利益

一是以“神秘客户”的方式对营销员暗访，并实地抽查了部分银行分理处和储蓄所，核查银保产品宣传资料，基本掌握了北京寿险误导销售的第一手情况。二是完善投保提示制度，在广泛征求保险公司和广大消费者的意见和建议的基础上，将五类提示版本合并为统一版本，修改和充实了原投保提示的内容，简化了格式，进一步明确了落实要求，使“投保提示”真正成为维护广大投保人利益的工具。

（三）探索新型监管方式，防范和化解市场风险

一是探索建立分类监管和非现场监管相互结合的动态、预警监管方式。借鉴国际保险监管经验，制定符合北京保险市场实际的以风险为基础的分类监管办法，并对部分寿险公司进行了2004年度分类监管初评工作，综合非现场检查、现场检查、信访投诉等监管信息，对寿险公司的风险进行评价，探索对不同类别公司实施差异化监管。加强季度动态预警的非现场监管，按季度详细测算各寿险公司的业务、财务指标，对指标存在异常的公司重点关注并书面单独反馈有关情况。建立月度市场运行情况分析制度，研究市场发展趋势特点和潜在的风险。二是提高现场检查的针对性和有效性。共对辖内寿险公司组织了10次有针对性的现场检查，坚持全面检查与重点检查相结合，确保现场检查的有效性。三是加大执法处罚力度。2005年，北京保监局共对10家寿险公司采取了18次监管谈话、通报批评、行政处罚等监管措施。对3家寿险公司作出了罚款25万元，责令撤换1名高级管理人员，责令撤销1家违规机构等行政处罚。四是打击“地下保单”。利用多种渠道向广大市民发送宣传手册94.6万份，宣传“地下保单”的风险，“地下保单”的危害得到了全社会前所未有的重视。

（四）完善监管制度，提高行政管理水平

一是完善开业审批制度。北京保监局认真研究有关法律法规并结合北京寿险市场特点，制定了《中资寿险公司在京分公司开业审批指引》，明确了审批的手续和操作流程，使审批程序制度化、规范化、透明化。二是建立分类监管档案。2005年年初以来，北京保监局对在京寿险公司分支机构情况进行重新统计登记，清理汇总了相关资料，并每月坚持进行更新，初步建立了监管档案。

（邹　婧）

▲保险中介市场

一、专业中介市场情况

（一）专业中介市场发展的基本情况

2005年，北京保险中介市场快速发展，专业中介机构数量的增加趋于平缓，

业务和收入水平持续增长，部分公司经营稳定，中介市场体系逐步成熟。

1. 机构数量平缓增加，有进有出的市场态势逐步形成。2005 年，北京新增保险中介法人机构 50 家，每季度新设法人机构的平均增幅为 6.2%，另有 11 家保险中介机构退出市场。截至 2005 年年末，在京专业保险中介法人机构共计 227 家，占全国中介机构总数的 13%，其中代理公司 99 家，经纪公司 101 家，公估公司 27 家；非法人分支机构（含分公司和营业部）50 家，其中代理公司分支机构 30 家，经纪公司分支机构 14 家，公估公司分支机构 6 家。

2. 业务和收入水平持续增长。2005 年，在京保险代理机构累计代理保费收入为 9.23 亿元，同比增长 114.65%。其中代理财产险保费收入为 6.46 亿元，同比增长 141.04%；代理人身险保费收入为 2.77 亿元，同比增长 70.99%。代理财产险和人身险业务的比例约为 74∶26。车险、企财险、货运险和寿险占代理业务的比重较大，占比分别为 48.81%、8.71%、8.57% 和 17.17%。其中车险业务同比增长 122.18%；企财险业务同比增长 4 倍；寿险业务同比增长 71.2%。代理机构财产险业务的增长速度仍然高于寿险业务。2005 年，在京保险代理机构实现代理手续费收入为 9 055.31 万元，同比增长 135.42%，与业务增长幅度基本吻合。其中代理财产险手续费收入为 6 757.68万元，同比增长 163.48%；代理人身险手续费收入为 2 297.62 万元，同比增长 79.25%。代理财产险手续费收入和人身险手续费收入的比例为 75∶25。

2005 年，在京保险经纪机构实现经纪保费收入 46.86 亿元，同比增长 165.35%，其中财产险经纪保费收入为 33.17 亿元，人身险经纪保费收入为 12.16 亿元，再保险业务和咨询业务类实现经纪保费收入 1.53 亿元，分别占全部经纪保费收入的 70.78%、25.95% 和 3.27%。保险经纪机构的业务重点是企财险和寿险，分别占经纪业务总额的 30.97% 和 17.13%。2005 年，北京保险经纪机构共实现业务收入 51 188.52 万元，同比增长 91%。其中财产险经纪业务收入为 40 450.58 万元，占 79.02%；人身险经纪业务收入为 5 155.67 万元，占 10.07%；咨询业务类收入为 5 050.91 万元，占 9.87%；再保险经纪业务收入为 531.37 万元，占 1.04%。

2005 年，北京保险公估机构累计估损金额 27 215.16 万元，同比增长 196.85%。其中企财险估损金额为11 871.36万元，货运险估损金额为7 049.50万元，建安险估损金额为3 639.99万元，车险估损金额为 2 605.36 万元，分别占总估损金额的 43.62%、25.90%、13.37% 和 9.57%。共计实现公估服务费收入为 1 888.56 万元，同比增长 88.68%。其中财产险公估服务费收入为 1 856.93 万元，人身险公估服务费收入为 31.63 万元。

部分中介机构经过长期发展，已经形成较为稳定的客户群体和展业渠道，业务发展稳定；部分新设中介机构凭借股东优势和特殊的展业模式，业务发展较快。

3. 保险中介机构的作用进一步加强，社会影响逐步加大。2005 年，保险中介机构继续在农业、医疗、体育、航天卫星、核电等领域发挥作用，积极推动农业保险、责任保险的发展，取得良好社会效应。保险中介机构利用自身特殊的专业技术和行业背景，将行业资源和保险服务对接，有效地解决了保险产品和服务创新中的产品开发技术、风险控制手段和营销渠道等问题。

（二）保险专业中介市场存在的问题

2005年，保险专业中介市场的发展势头良好，但保险中介机构的亏损现象比较普遍；客户和保险公司对保险中介机构的认同度还不高，保险中介机构的外部生存环境仍然不容乐观；大部分保险中介机构的成立时间短、规模小，内控制度和专业技术水平急需加强；部分保险中介机构从业人员的持证率未达到要求。

（三）监管工作情况

2005年年初，北京保监局向辖内保险中介机构下发《关于规范保险中介市场经营行为的通知》，根据北京保险中介市场中存在的突出问题，提出规范要求和措施，并结合各中介机构自查情况，分阶段、分项目进行专项检查，检查内容主要包括保证金和监管费的缴存、高级管理人员和从业人员管理、分支机构设立、保险中介服务统一发票的使用和非现场监管报表报送等多个方面。

2005年5月，北京保监局对辖内各保险公司、保险中介机构的发票使用情况进行专项检查，并向抽查中发现问题的4家保险公司下发整改通知。

2005年6月，北京保监局向辖内各保险中介机构下发了《关于开展2005年北京保险中介市场秩序整顿和规范工作的通知》，将保险中介机构内控制度建设与执行情况、机构设立和人员管理、保险中介业务经营规范和保险中介服务统一发票四个方面列为重点检查内容。

2005年7月，北京保监局根据各保险中介机构前期上报的保证金缴存情况，对在京部分未按规定缴存保证金或投保职业责任险的保险中介机构下发《行政处罚事先告知书》，保证保证金制度的落实。

2005年9月，北京保监局对部分保险公司和保险中介机构进行了航意险业务专项检查，针对检查发现的问题，研究制定了关于规范北京航意险市场秩序的有关通知。

二、兼业代理市场情况

截至年末，北京保险兼业代理机构数量达到5 867家，比2004年新增981家，行业分布遍及70多个行业，其中相对集中在银行、邮政、汽车销售商、航空代售点、旅行社等服务性领域。

兼业保险代理机构在销售保险公司产品、拓宽保险服务领域、提升社会保险意识等方面发挥了重要作用。2005年，在京人寿保险公司通过保险兼业代理机构实现的人身险保费收入达到92.99亿元，占全市人身险保费收入的40.58%，其中通过银行邮政代理机构实现的保费收入为89.93亿元，同比增长12.24%，占兼业代理保费收入的96.71%。财产保险公司通过兼业代理机构实现的财产险保费收入达到46.60亿元，占全市财产险保费收入的67.61%。

针对保险兼业代理机构数量多、分布广泛、代理保险业务量大，违法违规行为比较普遍，监管手段匮乏的现状，北京保监局在中国保监会的指导下，制定了以实施分类监管、建立保证金制度、征收监管费、从业人员持证上岗等为主要内容的《保险兼业代理机构管理规定》（征求意见稿），并完成了相配套的保险兼业代理机构管理信息系统需求，作为监管的重要手段。

三、保险营销员情况

2005年，参加北京地区保险代理从

业人员基本资格电子化考试的人员共计50 593人次，平均通过率为65%。截至2005年年末，北京共有保险营销员41 513人，同比减少10.4%，其中持证人数39 352人，持证率为94.79%，实现100%持证的公司达到16家。

2005年，北京保监局先后采取了一系列措施提高北京地区营销员的持证率。2005年4月，北京保监局向在京各保险公司下发《关于落实保险公司营销员持证上岗制度有关问题的通知》，明确提出自2005年6月1日起，严禁新增无证营销员上岗展业，实施保险公司营销员持证情况信息披露和通报制度，同时对持证率较低的保险公司实施末位重点监管制度。2005年，北京保监局对4家持证率较低的保险公司的高管人员进行监管谈话，对3家公司进行营销员持证情况专项检查，取得了较好效果。另外，北京保监局积极探索农村营销员资格考试试点工作，通过送考试下乡，减轻了农村营销员畏惧考试的心理压力，同时要求保险公司加大培训力度，提高整体素质。北京保监局采取纸质试卷和电子化考试的方式，先后在密云、怀柔、房山等近10个远郊区县，为3 500余名农村保险营销员举办专场考试，有效地改变了北京市农村保险营销员持证率低的现状。

四、保险经纪人、保险公估人考试情况

2005年，共举行两次保险经纪、保险公估从业人员资格考试，累计报名2 956人次，获得保险经纪从业人员资格证书的有332人，获得保险公估从业人员资格证书的有127人。

（芮　楠）

四、各类业务情况

货币信贷政策执行情况

2005 年，北京市经济持续快速健康发展，产业结构进一步优化，经济增长的质量、效益进一步提高，首都经济的综合实力切实增强。货币运行呈现存款高速增长、贷款适度增长、结构不断优化的态势。北京金融和经济形成良性互动，紧密度和协调性不断增强。

2005 年年末，北京辖内金融机构（含外资）本外币各项存款余额为 28 970 亿元，占全国总量（30.02 万亿元）的 9.65%。全年新增存款 5 093.6 亿元，同比多增 1 764.9 亿元，同比多增高于历年平均水平。其中企事业单位存款余额为 16 340 亿元，比年初增长 3 046.6 亿元，同比多增 933.8 亿元；储蓄存款余额为 8 315.8亿元，比年初增长 1 161.5 亿元，同比多增 448.8 亿元。

截至年底，北京辖内金融机构（含外资）人民币各项存款余额为 26 785.9 亿元，同比增长 23.9%，人民币存款占全国总量的 9.33%，比年初增长 5 065.6 亿元，同比多增 1 738.2 亿元。

人民币储蓄存款余额为 7 477.7 亿元，比年初增加 1 355.4 亿元，同比多增 526.6 亿元。北京储蓄存款占全国的比重由 2001 年的 4.79% 上升到 2005 年的 5.3%。

企业部门资金有向北京集中的迹象。2005 年年末，人民币企事业单位存款余额为 15 206.9 亿元，占全国企事业单位存款的比重由 2001 年的 13.06% 上升到 2005 年的 15.82%。

2005 年，外汇存款保持低速增长。12 月末的外汇存款余额为 270.6 亿美元，同比增长 3.9%。其中，外汇企事业单位存款增长较快，为应对汇率变动，企业偏好活期存款，活期企事业单位存款比年初增加 29.1 亿美元。

外汇储蓄全年负增长，12 月末的外汇储蓄余额为 103.8 亿美元，比年初减少 20.8 亿美元，同比多减少 6.9 亿美元。

2005 年年末，北京辖内金融机构（含外资）本外币各项贷款余额为 15 335.5亿元，按可比口径统计，贷款余额同比增长 14.7%，高于全国水平 1.95 个百分点。本外币贷款占全国总量（20.7 万亿元）的 7.4%。全年新增贷款 1 993.1 亿元，同比多增 79.7 亿元。

人民币各项贷款余额为 13 834.5 亿元，同比增长 11.6%，低于全国水平 1.38 个百分点，全年新增贷款 1 462.4 亿元，比上年少增 159.9 亿元。

各项外汇贷款余额为 186 亿美元，全年新增外汇贷款 68.8 亿美元，占全年本外币贷款新增额的 27.9%，比 2004 年年末提高 12.8 个百分点，成为 2005 年新增贷款的一大亮点。

2005 年，在人民银行总行各项货币政策的指导下，结合北京市经济金融运行的内在特点，人行营业管理部采取多项措施，加大货币政策在辖区的贯彻执行力度，取得了较好的成效。

一、认真组织辖内金融机构贯彻落实人民银行各项政策措施，做好政策反馈

在人民银行各项政策出台后，人行营

业管理部及时向辖区金融机构转发相关文件，传达文件精神，保证货币政策的顺利传导。包括调整商业银行住房信贷政策和超额准备金存款利率政策、调整小额美元及港币存款利率政策、人民币汇率形成机制改革政策等，并及时向人民银行总行反馈了各项政策在北京辖区的执行情况。例如，住房信贷政策调整后，北京辖区商业银行个人住房贷款的首付款比例及贷款利率政策、超额准备金存款利率调整对北京票据市场的影响、汇率调整对北京辖区商业银行经营的各方面影响等，为人民银行总行评估政策实施效果和下一步决策提供支持。

二、加强信贷管理与窗口指导，保证货币政策在辖区内的顺利传导

2005 年，人行营业管理部加强了对辖区经济金融运行与信贷运行态势的监测与分析，建立了北京辖区经济金融分析会议制度。邀请北京市宏观经济部门及银行机构参加，并发布了 2005 年各季度的《北京货币政策执行报告》，及时向辖内金融机构通报北京经济金融运行情况，有针对性地加强对商业银行的窗口指导和风险提示，传导货币政策意图，提高辖区货币政策执行的透明度。

按照“区别对待、有保有压”的宏观调控方针，人行营业管理部及时引导辖区商业银行正确理解国家宏观调控意图，加强对农业、中小企业、高新技术产业、扩大消费、增加就业、助学等方面的贷款支持力度，前瞻性地应对经济周期和产业变化，防范宏观经济周期变动给银行带来的贷款风险，优化贷款结构，通过资金在产业间的配置作用来支持产业结构升级。在此基础上，发挥结构调整对总量增长的促进作用，适度合理地增加贷款投放，支持北京市经济建设和发展。

（一）加强对北京房地产市场的调研分析，在国家调控的政策框架内，提出了带有区域特征的政策建议

北京房地产市场一直是各方关注的焦点，人行营业管理部一方面贯彻国家和人民银行总行的各项房地产调控政策，及时进行政策实施效果的反馈；另一方面，加大对北京房地产市场的调研力度，分析北京市房地产市场的区域性运行规律，找出主要矛盾，提出政策建议，及时向人民银行总行和北京市政府相关部门上报。一系列房地产市场的调研报告相继受到北京市政府领导的批示。

（二）引导辖内银行加强对非公经济、基础设施以及中小企业等薄弱环节的信贷支持

2005 年年末，辖内银行对非公经济组织贷款余额为2 086.7亿元，新增 131.1 亿元。基础设施的贷款较快增长，全年新增 132.2 亿元。积极引导辖内银行支持中小企业发展，2005 年年末，中小企业贷款余额为 2 871.8 亿元，比年初增加 135.2 亿元，同比多增 218.4 亿元。大力支持农村经济发展，2005 年年末，涉农贷款余额为 381.8 亿元，比年初增加 23.8 亿元。其中农户贷款余额为 16.82 亿元，比年初增加 4.1 亿元。

（三）积极落实国家助学贷款新政策

2005 年，人行营业管理部组织召开了北京市助学贷款工作座谈会，在北京辖区建立了国家助学贷款定期通报制度，推动国家助学贷款业务在北京的开展。北京银行、中国银行北京市分行落实国家助学贷款新政策，积极推进了北京市国家助学贷款业务的开展。

（四）推动信用社区建设，推进下岗

失业小额担保贷款工作

2005 年，人行营业管理部与下岗失业小额担保贷款承办银行——北京银行多次进行了沟通、协调，掌握并协调解决下岗失业小额担保贷款政策落实中存在的问题。会同北京市劳动局和财政局制定了《北京市信用社区小额信用贷款工作办法（试行）》，简化贷款担保和审批的手续，鼓励银行对符合贷款条件、新增就业岗位吸纳下岗失业人员达到一定比例的劳动密集型小企业加大信贷支持。

三、加强再贷款、存款准备金等货币政策工具的管理

2005 年，人行营业管理部加强了对再贷款、存款准备金等货币政策工具的监测与管理。制定了北京辖区存款准备金管理实施细则，编制了准备金监测的相关报表，专门召开了辖内存款准备金会议，对存款准备金缴存机构经办人员进行培训，并重申了存款准备金的管理纪律。在做好再贷款发放工作的同时，加强了对已发放再贷款的管理和维护；加强了辖区利率执行情况的日常监测与分析，北京地区利率监测管理系统正式投入运行；汇率政策调整后，又及时建立了汇率监测的相关制度。

四、加强银行间市场和票据市场的管理，促进北京市金融市场的健康、快速发展

2005 年，人行营业管理部加强了对辖区货币市场的监测与管理，建立和完善了完整的报表和监测指标体系。具体来说，建立完善了金融机构债券交易、拆借业务、国债柜台交易、结算代理业务的季度报表，对商业银行进行季度监测；建立了重点联系行报告制度，选取了一些市场交易活跃的商业银行、信托投资公司等金融机构，作为重点联系单位；强化了货币市场交易备案管理和市场准入审核，制定了《北京地区网下拆借电子备案暂行办法》、《北京地区金融机构场外融资电子备案管理办法》、《银行间债券市场准入备案操作规程》、《银行业金融机构进入全国银行间同业拆借市场初审工作内部操作规程》、《银行间债券市场管理细则》等一系列制度办法。

五、积极推动首都金融生态环境建设

金融生态环境是金融业生存与发展的内、外部环境的总和，其好坏直接影响到金融业的持续健康发展。人行营业管理部把改善辖区金融生态环境作为 2005 年的一项重点工作来抓。

（一）借助政府力量，推动改善辖区金融生态环境

当地政府在推动和改善首都金融生态环境中的作用非常关键，人行营业管理部通过上报决策层关注的信息以及对经济金融运行中重大问题的深度分析报告，来为政府提供决策支持；通过加强和北京市各个经济部门的沟通和联系，来发挥人行营业管理部在创建首都和谐金融生态中的积极作用。

（二）积极推进社会信用体系建设

发挥银行信贷登记系统在信用体系建设中的作用，加强对信贷登记咨询系统数据资料的非现场核查、现场核对以及分析工作，数据的真实性、完整性、准确性和入库率不断提高，目前各项贷款业务的入库率已达到 91%。各金融机构已普遍将查询该系统作为贷款决策的固定程序，查询次数比上年同期增长了 1.1 倍，防范信贷风险的作用得到体现。

（三）开展了丰富多样的金融生态建设宣传，不断增强地方政府和社会公众的

金融生态建设意识

普及金融知识是金融生态环境建设的一项重要内容，人民银行营业管理部把宣传金融知识作为切入点，于9月1～4日，与北京市国资委、北京银监局、北京证监局、北京保监局联合举办了首都金融博览会。短短四天时间，中国国际贸易中心主会场观众超过17万人次，金融机构发放的理财产品宣传资料超过400万份。金博会的成功举办，对于宣传金融知识，开拓理财市场，发展良好的金融诚信服务体系，以及完善金融生态环境都起到了极大的推动作用。

六、农村信用社改革取得阶段性成果

为支持北京市农村信用社改革，做好资金支持的各项工作，2005年，人行营业管理部印发了《北京市深化农村信用社改革试点资金支持方案》和《北京市深化农村信用社改革试点资金支持方案监测与考核实施细则》，加强了对农村信用社改革的指导监督，确保专项票据发行各项基础性工作合规有序。同时，对北京农村信用社增资扩股的真实性、合规性进行检查，出具了《关于对北京农村商业银行增资扩股真实性、合规性审核情况的报告》。

北京市127家农村信用社整体改制，合并组建为单一法人——北京农村商业银行，并于2005年10月19日正式挂牌成立，首都农村金融实现了由合作制向股份制的历史性转变。12月26日，中国人民银行正式向北京农村商业银行发行专项票据24.2亿元。新成立的北京农村商业银行的资本实力得到增强，不良贷款有所降低，支农功能得到切实加强，各项业务发展好于往年。人民银行“花钱买机制”的政策得到初步实现。

（陆强华）

票据市场

2005年，北京市的票据市场继续在规范中发展，银行承兑汇票业务增速减缓，商业银行直贴业务萎缩，转贴现业务快速增长；商业承兑汇票得到较快发展，票据市场发展仍处于逐步完善的阶段。

一、2005年北京市票据市场的基本情况及特点

2005年北京市金融机构票据业务量统计表 单位：亿元

季度	银行承兑汇票承兑		贴现			
			银行承兑汇票		商业承兑汇票	
	余额	累计发生额	余额	累计发生额	余额	累计发生额
1	585.02	440.71	858.64	823.99	37.84	91.35
2	644.58	451.23	971.53	943.35	31.39	76.93
3	630.07	443.03	938.75	615.02	77.65	134.07
4	650.98	482.00	1 070.87	1 088.66	99.02	179.75

数据来源：人行营业管理部：《票据承兑和贴现业务统计月报》。

（一）银行承兑汇票业务增速减缓，国有商业银行承兑汇票业务绝对额同比减少

2005 年年末，北京市银行承兑汇票余额为 650.98 亿元，比上年末增加 61.22 亿元，增长 10.38%，增幅比上年下降 1.38 个百分点；全年银行承兑汇票累计承兑 1 816.97 亿元，比上年增加 138.43 亿元，增长 8.25%，增幅比上年下降 25.43 个百分点。分行别看，国有商业银行承兑业务比上年减少，其他商业银行承兑业务比上年增加。2005 年年末，北京市国有商业银行承兑汇票余额为 110.91 亿元，比上年减少 34.27 亿元；全年累计承兑 319.33 亿元，比上年减少 51.95 亿元。其他商业银行年末银行承兑汇票余额为 540.07 亿元，比上年增加 95.49 亿元；年累计承兑 1 497.64 亿元，比上年增加 190.38 亿元。

（二）票据贴现业务增速快于贷款增长，但直贴减少

1. 票据贴现业务增速快于贷款增长。2005 年，北京市票据贴现业务继续保持较快发展，全年贴现累计发生额为 3 953.12亿元，比上年增加 854.56 亿元，年末票据贴现余额为1 169.89亿元，比上年增加 320.40 亿元，增长 37.72%，增速明显快于贷款增长（2005 年，金融机构人民币贷款增长 11.6%），票据融资占中资商业银行人民币贷款的比重进一步提高。

2. 票据直贴业务减少，国有商业银行直贴急剧萎缩。2005 年，北京市商业银行累计办理商业汇票直贴 1 261.77 亿元，比上年减少 111.23 亿元，下降 8.1%。2005 年年末，直贴余额 311.31 亿元，比上年减少 34.5 亿元，下降 9.98%。直贴业务与承兑增长、贷款增长相距甚远。主要原因是国有商业银行直贴业务急剧萎缩，2005 年年末，国有商业银行直贴余额为 94.22 亿元，比上年减少 76.79 亿元，下降 44.9%；全年直贴发生额为 374.22 亿元，比上年减少 149.66 亿元，下降 28.57%。

3. 转贴现业务快速增长。2005 年，北京市商业银行累计办理商业汇票转入 2 691.78亿元，比上年增加 965.27 亿元，增长 55.91%。年末买入贴现票据余额 858.51 亿元，比上年增加 353.8 亿元，增长 70.10%。转入票据增加，反映出商业银行持票意愿增强。究其原因，主要是商业银行资金较为宽松（2005 年年末，北京市中资银行存贷比仅为 52%），在现有的市场条件下，资金可运用的渠道少，票据由于其低风险、变现快的特性成为商业银行追捧的产品。此外，由于受宏观调控等各方面的影响，商业银行贷款增长缓慢，也需要通过票据业务来支撑资产业务的增长，拉动信贷投放总量、调整资产结构和收益结构，提高资产质量。

（三）票据市场利率走势两头高中间低，再贴现名存实亡

2005 年，票据市场利率继承了以往“两头高中间低”的特点，但年初和年末利率高的持续期非常短暂。票据市场利率走势与拆借市场、债券市场基本相同。年初受 CPI 偏高和春节因素影响，市场利率相对较高。3 月份受中央银行下调超额存款准备金利率以及 5 月份后企业短期融资券发行等因素的影响，引起票据市场利率快速下行，直逼超额存款准备金利率。转贴现市场利率由年初的 3% 左右降到 1.3%左右。年末由于金融机构为完成贷款规模，持票意愿增强，票据供应减少，

利率快速反弹至 2.4%，但时间短、成交量少。2005 年以来，直贴利率震荡下行。银行承兑汇票直贴平均利率由年初的 3.8%左右降到年底的接近 3.24%。由于其利率大大高于市场利率，再贴现业务名存实亡，2005 年，人行营业管理部没有一笔再贴现业务发生。

2005 年北京市金融机构票据贴现、转贴现利率表 单位：%

季度	贴现		转贴现	
	银行承兑汇票	商业承兑汇票	票据买断	票据回购
1	3.6135	4.1541	2.6373	2.4036
2	3.3638	3.7344	3.0972	2.1085
3	3.3658	3.555	1.7735	1.8675
4	3.3873	3.6273	1.6479	2.0173

数据来源：人民币贴现利率统计表（银统 355、361 表）。

（四）银行承兑汇票仍占据主导地位，但商业承兑汇票得到较快发展

在现有的票据市场交易工具中，银行承兑汇票仍占据主导地位。2005 年，北京市商业银行办理银行承兑汇票直贴和买入已贴现银行承兑汇票 3 471.02 亿元，占票据市场总交易额的 87.8%，办理商业承兑汇票直贴和买入已贴现商业承兑汇票 482.1 亿元，占 12.2%。

一方面由于国家宏观调控力度不断加强，各金融机构贷款的投放渠道越来越窄，加上人民银行降低超额存款准备金利率，货币市场资金持续宽松，利率低位运行，大量资金分流到票据市场。另一方面企业为节约财务成本，也有签发商业承兑汇票的需求。在此背景下，为实现银企双赢，部分银行开始将目光转向发展商业承兑汇票业务，同时将商业承兑汇票纳入授信管理。2005 年，在银行承兑汇票累计直贴同比下降 22.35% 的情况下，商业承兑汇票业务却异军突起，商业银行累计办理商业承兑汇票直贴 301.01 亿元，比上年增加 165.22 亿元，增长 121.67%；年末商业承兑汇票直贴余额占全部票据直贴余额的 24.09%，年累计发生额占 23.86%，商业承兑汇票直贴余额已接近全部票据直贴余额的 1/4。

二、2005 年票据市场出台的主要政策及市场反映

2005 年 9 月，人民银行总行下发了《关于完善票据业务制度有关问题的通知》（银发［2005］235 号，以下简称《通知》）。金融机构普遍认为，《通知》的下发将极大地促进票据市场的稳健发展。

（一）简化票据流通手续，节约经营成本

《通知》明确规定，今后贴现银行向其他银行转贴现或向人民银行申请再贴现时，不再提供交易合同和税务发票，只需对票据的要式性和文义性是否符合有关法律、法规和规章制度的规定进行审核。该《通知》极大地简化了票据的流通转让手续，节约了经营成本，达到快捷交割的目的和效果，有利于促进票据流通和票据市场的发展。

（二）规范票据质权的行使方式，支持票据质押业务发展

近年来，票据质押因其流通性强、安全系数高而日益频繁。但由于对票据质押的操作缺乏统一的规范，因票据质押而引起的结算纠纷时有发生，由此影响到质押业务的有效开展。《通知》对质押到期后质权人如何将票据退还出质人和质权的实现方式等进行了明确，有利于票据质押业务的发展。

（三）拓宽银行承兑汇票查询查复渠道，提高查询查复效率

《通知》拓宽了票据查询渠道，允许金融机构通过大额支持系统、中国票据网、传真、实地等方式查询，能够充分利用现有资源，极大地便利参与各方，从而提高查询查复效率，为票据业务的发展创造良好的条件。

三、票据市场存在的主要问题和政策建议

（一）问题

我国已初步建立起一个交易主体相对丰富、功能相对齐全、宏观调控相对通畅的票据市场架构。但其发展所面临的制度环境、政策环境及操作环境还需进一步完善。

1. 普通持票人对票据的真假鉴别难，银行查询结果都是“真伪自辨”，无形中为票据的流通设置了障碍。

2. 票据克隆造假时有发生，造成银行或企业的资金损失。

3. 票据在多次背书转让过程中容易损失损坏，造成不必要的麻烦；大量票据随身携带，容易被抢劫，危及携票人安全。

4. 交易方式原始，发布和收集信息不便；委托收款采用邮寄方式，容易遗失或造成时间耽搁，从而导致资金得不到及时解付和划回。

5. 再贴现未能有效发挥货币政策工具作用。

6. 过度的不正当竞争，使票据诈骗、犯罪活动有了滋生的土壤。

7. 坚持商业票据真实贸易背景可操作性差，无贸易背景票据禁而不绝。

（二）政策建议

票据市场发展初期的重点在于推动量的增长，下一步必将重点转移到制度创新、品种创新、交易创新、主体扩容、基础建设为主要内容的质的提升，以建立现代化的票据市场。

1. 加快票据市场电子化建设（略）

2. 充分发挥再贴现的货币政策工具作用（略）

3. 完善我国票据法律体系，引导融资性票据朝着正确的方向发展（略）

（黄美娟）

国际收支、外汇收支及外币清算

一、国际收支情况

（一）统计申报情况

2005 年，北京地区国际收支间接申报总笔数为 118.58 万笔，同比增长 30.31%，累计金额 2 226.42 亿美元，同比增长 49.11%。其中涉外收入申报 77.63 万笔，同比增长 39.19%，累计金额 858.23 亿美元，同比增长 63.04%；对外支出申报 40.95 万笔，同比增长 16.25%，累计金额 1 368.19 亿美元，同比增长 41.52%。

（二）非现场核查情况

根据《国际收支申报办法实施细则》有关规定，国家外汇管理局北京外汇管理部按旬进行国际收支非现场核查，保证了北京地区国际收支申报数据的准确、全面

和及时。2005 年，共逐笔核查申报信息 46.47 万条，核查发现错漏报信息 6 253 条，错漏报率为 1.35%。

（三）现场核查情况

2005 年，北京外汇管理部按照国家外汇管理局关于国际收支现场核查制度的安排，对北京地区 16 家银行的 26 家分支机构进行了现场核查，共核查业务 6.09 万笔，合计金额 109.19 亿美元。至此，在 2003～2005 年的三年间，北京外汇管理部完成了对辖区中、外资银行国际收支统计申报的现场检查工作。核查结束后，向被查银行通报了核查中发现的问题，并限期整改。对个别问题严重的银行进行了谈话质询。整改结束后，北京外汇管理部对银行整改情况进行了抽查。通过三年的现场核查，北京地区国际收支统计申报质量得到进一步提高。

二、外汇收支情况

2005 年，北京地区外汇收支大幅增长，除资本项目售汇外，其他各项结汇、售汇均创历史新高。汇率改革加剧了结售汇波动，但仍未改变地区结售汇整体逆差的总体格局。截至年底，北京地区银行结售汇总额为 1 625.4 亿美元，比上年增加 491.02 亿美元，增长 43.29%，增幅为历年之最。其中银行结汇 661.92 亿美元，同比增长 77.97%，相当于 2003 年、2004 年两年的结汇量；售汇 963.48 亿美元，同比增长 26.37%；银行结售汇逆差为 301.56 亿美元，同比下降 22.78%。

（一）贸易项目结汇增速冲高回落，售汇持续高增长势头

2005 年，北京地区贸易项目结汇 165.26 亿美元，同比增长 46.96%，绝对额和增速均位列历史各年度之首；售汇 747.27 亿美元，同比增长 31.31%；结售汇逆差 582.01 亿美元，同比增长 27.45%，比 2003 年贸易逆差翻了一番；贸易项目结售汇总额为 912.53 亿美元，同比增长 33.89%，占地区结售汇总规模的 56.14%。

（二）非贸易项目结汇、售汇、顺差、总额保持同速增长

2005 年，北京地区非贸易项目结汇 226.46 亿美元，同比增长 33.81%，比 2002 年创造的原历史最高纪录（173.82 亿美元）增长 30.28%；售汇 95.1 亿美元，同比增长 33.04%，绝对额和增速均为历史最高；结售汇顺差 131.36 亿美元，同比增长 34.37%，比 2002 年创造的原历史最高纪录（118.66 亿美元）增长 10.7%；结售汇总额为 321.56 亿美元，同比增长 33.58%。

（三）资本项目结汇增长近 2 倍，售汇同比持平，出现近 150 亿美元的巨额顺差

2005 年，北京地区资本项目结汇 270.2 亿美元，同比增长 199.42%，比 2002～2004 年三年的资本结汇总额还多出近 30 亿美元；售汇 121.11 亿美元，同比下降 0.62%，售汇额自 2003 年以来连续三年保持基本稳定；结售汇顺差 149.09 亿美元，而 2004 年为逆差 31.63 亿美元，比历史唯一一次的年度资本顺差额（2001 年资本顺差 25.8 亿美元）高 4.78 倍；结售汇总额为 391.31 亿美元，同比增长 84.48%。

三、银行监管情况

（一）市场准入业务审批情况

2006 年，我国金融业将全面对外开放，北京中资银行业加快了城区网点建设和外汇业务拓展，纷纷提升各营业网点的服务水平。北京外汇管理部严格按照行政

许可的有关要求，进一步加强市场准入的审核工作。全年共批准 193 家银行分支机构开办结售汇业务，272 家银行分支机构开办居民个人售汇业务，20 家外币代兑机构开办外币兑换业务，均比上年有大幅度增长。

截至年底，北京地区共有 1 612 家银行分支机构获准开办结售汇业务，同比增长 14%；647 家分支机构开办居民个人售汇业务，同比增长 73%；外币代兑机构达到 312 家，同比增长 7%。外汇业务的扩展为北京地区外向型经济的发展提供了更为良好的金融环境。

2005 年，人民币汇率制度改革成为举世瞩目的金融大事。作为汇率制度改革的配套措施，国家外汇管理局扩大了银行对客户办理远期结售汇业务和人民币与外币掉期业务的范围。中、外资银行对开办此项业务表现出强烈的愿望，2005 年，共有 15 家外资银行北京分行、25 家中资银行分支机构取得远期结售汇业务资格，中国银行北京分行和中国建设银行北京分行取得办理人民币与外币掉期业务资格。

此外，为适应中韩两国因商贸、劳务、留学、旅游往来对韩元与人民币现钞兑换的客观需要，规范境内韩元现钞的兑换行为和维护外汇市场秩序，国家外汇管理局于 2005 年 7 月批准中国银行和中国工商银行在部分城市试点开办韩元现钞兑换人民币业务。北京地区有 4 家中国银行分支机构、9 家工商银行分支机构开办了韩元现钞兑换业务，2005 年，共办理韩元现钞兑换约 3.6 亿韩元，约合人民币 270 万元。

（二）银行自身结售汇业务审批情况

2005 年是北京地区人民币业务向外资银行开放的第一年，外资银行对人民币业务充满信心，加快了开办人民币业务的步伐。年内，北京外汇管理部共批准 10 家外资银行北京分行等值 10 亿元人民币的外汇营运资金结汇，用于开办人民币业务。

在协助银行减少不良资产方面，北京外汇管理部加强内部协调与外部沟通，共批准银行用收回的人民币资金1 860万元购汇，7 400万美元结汇，用于冲销银行不良资产，为提高银行资产质量起到了积极的推动作用。

四、外币票据清算情况

（一）清算业务量情况

2005 年，北京外汇管理部外币票据清算中心（以下简称外币清算中心）共组织清算 252 场，提出提入美元票据 2.76 万笔，金额合计 90.71 亿美元；提出提入港币票据 2 130 笔，金额合计 49.58 亿港元；美元和港币清算资金总量同比分别增长 11.87% 和 314.44%。

（二）清算业务核算情况

按照国家外汇管理局和人民银行关于外币清算资金并入人民银行会计报表要求，2005 年外币清算中心将外币清算业务中“0201 金融机构存款”、“0202 外资金融机构存款”、“0501 风险基金”和净收益科目的发生额、余额等按美元和港元两个币种，并入人民银行“外汇业务状况报告表”。

（三）研究建立“北京市同城外币清算业务系统”

为提升外币清算服务水平，外币清算中心会同科技人员研究改进同城外币票据清算操作手段，确定建立以外汇管理部局域网和金融城域网为依托的“北京市同城外币清算业务系统”。该系统建成后，将集同城外币交换的资金清算与外币清算中心会计核算于一体，有效控制透支风险，加快资金运转速度。

五、统计考评情况

2005年，根据《北京地区国际收支及外汇收支统计分析考核办法》，北京外汇管理部对辖区内43家外汇指定银行进行了考核评比，评选结果如下：中资银行组一等奖为中国建设银行北京市分行，二等奖为交通银行北京分行、深圳发展银行北京分行，三等奖为中国工商银行北京市分行、中国进出口银行总行营业部、广东发展银行北京分行、上海浦东发展银行北京分行。外资银行组一等奖为香港上海汇丰银行有限公司北京分行，二等奖为英国渣打银行有限公司北京分行、法国巴黎银行有限公司北京分行，三等奖为日本东京三菱银行股份有限公司北京分行、加拿大蒙特利尔银行有限公司北京分行、奥地利中央合作银行股份有限公司北京分行、新加坡大华银行有限公司北京分公司。

（王青、龙非、金梅、黄蜀茗 徐昕、段爽丽、苗蕾、李坤）

经常项目外汇管理

一、进出口收付汇情况

2005年，北京地区外贸进出口总额为1 255.7亿美元，比上年增长32.8%，首次突破千亿美元大关。其中进口额为947亿美元，比上年增长28%；出口额为308.7亿美元，比上年增长50.1%。

（一）进口付汇情况

2005年，北京地区进口付汇总额为1 040.86亿美元，比上年增长34.73%。其中中资企业进口付汇额为858.75亿美元，比上年增长33%；外资企业进口付汇额为180.79亿美元，同比增长39%，其他企业进口付汇额为1.32亿美元。按进口商品分类统计，原油、钢材、成品油、集成电路及微电子组件、铁矿砂及其精矿等五类商品为进口商品的前五位。

（二）出口收汇情况

2005年，北京地区出口收汇总额为277.23亿美元，比上年增长48.16%。其中外商投资企业出口收汇141.8亿美元，比上年增长88.94%，首次超过中资企业的收汇额。出口结构仍以一般贸易为主，一般贸易项下出口总额为168.61亿美元，占出口总额的54.5%；加工贸易项下出口总额为122.24亿美元，占出口总额的39.5%。

二、经常项目外汇账户管理情况

截至年末，北京地区经常项目外汇账户（包括中资企事业单位、政府部门、社会团体、外资企业、驻华机构等）1.83万户，比上年增长24.6%。全年账户限额基本保持在90亿美元左右；年底账户余额为38.66亿美元；账户余额与账户限额比率基本保持在43%左右。

三、服务贸易外汇管理情况

2005年，北京地区服务贸易外汇收支总额为268.89亿美元，比上年增加37.62%。其中收入总额为167.05亿美元，比上年增加49.71%；支出总额为101.84亿美元，比上年增加21.52%。北京地区居民个人因私售付汇3.88亿美元，比上年增加18%。

四、外汇保险管理情况

2005年，北京辖区保险经营机构累计实现外汇保险收入5 238.94万美元，比上年下降7.89%。其中财产保险项下收入为5 237.51万美元，比上年下降7.87%；人身保险项下收入为1.43万美元，比上年上升12.5%。累计外汇保险赔款支出为1 577.01万美元，比上年下降1.89%，累计摊回赔偿为1 759.69万美元，比上年上升11.94%。

五、经常项目外汇管理新政策

（一）进出口收付汇核销管理

1. 规范进口延期付汇和远期付汇等贸易融资行为。国家外汇管理局《关于加强进口延期付汇、远期付汇管理有关问题的通知》规定，自2005年3月1日起，对于货到汇款项下凭进口日期为2005年3月1日以前、单笔报关单未付汇金额在等值50万美元（含50万美元）以上、预计付汇日期超过报关单进口日期90天（含90天）的进口货物报关单办理付汇的，进口单位应当于2005年5月1日之前，持延期付汇情况说明函、进口货物报关单、合同等有效商业单证，到当地外汇局办理延期付汇登记手续。对于货到汇款项下凭进口日期为2005年3月1日以后的进口货物报关单付汇的，进口单位应按合同约定的日期办理购付汇手续。但单笔未付汇金额在等值50万美元（含50万美元）以上且预计付汇日期超过报关单进口日期90天（含90天）的进口货物报关单，进口单位应当在报关后60天内，持延期付汇情况说明函、进口货物报关单、合同等有效商业单证，到当地外汇局办理延期付汇登记手续。

2. 规范和完善现阶段出口预收货款和转口贸易收汇行为。国家外汇管理局《关于现阶段完善出口预收货款和转口贸易收汇管理有关问题的通知》要求，自2005年6月1日起，银行在收到收汇单位的境外汇款后，应当根据汇款指示认真审核汇款性质。对于单笔等值20万美元（含20万美元）以上的四类境外汇款，银行应将其转入收汇单位开立的待结汇账户，包括：一是预收货款；二是转口贸易收汇；三是境外汇款指示中明确结汇入经常项目外汇结算账户，但银行据此无法判断具体交易性质的款项；四是境外汇款指示中明确结汇入人民币账户，但银行据此也无法判断具体交易性质的款项。待结汇账户中的外汇资金结汇时，收汇单位应当向银行书面说明结汇款项性质，提供相应单证，按规定办理。

3. 完善经常项目外汇管理，推进贸易便利化。国家外汇管理局于2005年10月1日发布执行《关于进一步简化贸易进口付汇及核销手续有关问题的通知》，于2005年11月1日发布执行《关于进一步简化出口收汇核销手续有关问题的通知》。

（二）经常项目外汇账户管理

为切实满足企业用汇需求，降低企业财务成本，根据境内机构经常项目外汇收支实际情况，2005年国家外汇管理局先后两次对经常项目外汇账户限额管理办法作出重要调整。将境内机构超限额结汇期限由现行的10个工作日延长为90日，允许境内机构在其经常项目外汇账户余额超出核定限额后的90日内仍可保留其外汇资金。将境内机构经常项目外汇账户可保留现汇的比例，由30%或50%调高到50%或80%。其中，境内机构上年度经常项目外汇支出占经常项目外汇收入的比例为80%以下的，其经常项目外汇账户可保留现汇的比例由其上年度经常项目外汇收入的30%调整为50%；境内机构上年度经常项目外汇支出占经常项目外汇收入的比例为80%（含）以上的，其经常项目外汇账户可保留现汇的比例由其上年度经常项目外汇收入的50%调整为80%；新开立经常项目外汇账户的初始限额由以前的不超过等值10万美元调整为不超过等值20万美元；境内机构开立的捐赠、援助、国际邮政汇兑及国际承包工程等暂收待付项下的经常项目外汇账户以及进出口及生产型企业，根据实际需要，外汇账户限额仍可以保留100%。

（三）服务贸易外汇管理

简化购汇手续，满足居民个人真实合理的用汇需求。国家外汇管理局《关于调整境内居民个人经常项目下因私购汇限额及简化相关手续的通知》规定，自2005年8月3日起，提高境内居民个人经常项目下因私购汇指导性限额，持因私护照的境内居民个人出境旅游、探亲、考察等有实际出境行为的购汇指导性限额，出境时间在半年以下的，由等值3 000美元提高为等值5 000美元；在半年（含）以上的，由等值5 000美元提高到等值8 000美元。境外直系亲属救助、缴纳国际组织会费、境外邮购等有实际用汇需求但没有出境行为的购汇，指导性限额由等值3 000美元调整为等值5 000美元。简化出境旅游、探亲、考察、自费留学人员有关购汇凭证的审核。境内居民个人持境内金融机构发行的外币卡在境外进行的经常项目下的消费支付所形成的透支，持卡人可以在发卡金融机构购汇偿还，购汇金额没有数量限制。

（四）保险外汇业务管理

发布保险业务外汇管理内控制度。国家外汇管理局《保险业务外汇管理内部控制制度（试行）》自2005年3月1日起执行。该制度旨在加强内部管理、增强保险外汇管理工作的风险防范意识、自我约束意识、提高保险外汇业务监管水平和金融服务水平。

（顾振杰、李　红）

资本项目外汇管理

一、直接投资管理

（一）外商直接投资管理

2005年，北京地区办理新设外商投资登记企业外汇登记1 822笔，登记金额为25.40亿美元，与上年基本持平；全年外资外汇登记外商直接出资金额为59.22亿美元，同比增长36.45%，其中新设企业出资49.46亿美元，同比增长24.68%；转股收汇金额为9.16亿美元，同比增长145.64%。

（二）境外投资管理

2005年，北京外汇管理部积极落实试点政策，有力地支持和推动了北京地区有条件的企业“走出去”。全年共核准通过境外投资外汇资金来源项目118个，协议中方投资额43.34亿美元。目前北京地区境外投资项目以国有企业项目为主，且主要集中在境外石油、矿产等资源开发项目。为了鼓励多种所有制企业、多种法人机构充分利用“两个市场”、“两种资源”，北京外汇管理部积极支持民营投资主体走出去。全年北京外汇管理部共为23家民营企业办理了境外投资外汇登记，涉及外汇投资9 298.88万美元，涵盖科技、艺术、旅游、房地产、医疗器械等多种行业。

（阎　琛）

（三）境外返程投资登记新政策

为了进一步完善创业投资政策支持体系，鼓励、支持和引导非公有制经济发展，规范境内居民通过境外特殊目的公司从事境外投融资活动所涉及的跨境资本交易，2005年10月21日和11月24日，国家外汇管理局先后发布了《关于境内居民通过境外特殊目的公司融资及返程投资外汇管理有关问题的通知》（汇发［2005］75号）和《关于下发〈关于完善外债管理有关问题的通知〉及〈关于境内居民通过境外特殊目的公司融资及返程投资外汇管理有关问题的通知〉的通知》（汇综发［2005］124号）两个文件。

北京外汇管理部结合本地区政策适用人较多的特点，通过电话答疑、外网公示、召开政策通报会等多种形式，认真做好法规宣传工作，确保了新政策的顺利执行。截至2005年年底，北京地区已有100余位境内居民办理了境外投资登记手续，涉及境外资产价值逾43亿美元，其中包括港湾网络、汇源果汁、国美电器、德信无线、搜狐等国内外知名企业。

（甄　路）

（四）外商投资企业外汇年检

2005年，北京外汇管理部继续推进网上年检工作，通过简化手续、节约成本，方便了企业，使企业的参检积极性大为提高。全年共完成7 024家外商投资企业的年检工作，比上年增加11.07%，参检率达到83.06%。

（陈　涛）

（五）境外投资外汇年检

2005年是北京地区实施境外投资年检工作的第三年，全年共完成约500家境外投资企业的年检评分工作，其中中央企业441家，北京市企业60家。根据评分标准，得分在12分（总分为20分）以上的企业有368家，占年检企业总数的73.46%，好于上年状况。

（夏既明）

二、外债管理①

（一）北京市外汇债务情况

截至年末，北京辖区②外汇债务余额为1 109.57亿美元。与上年相比，同比降低3.98%，其中直接外债余额为936.93亿美元，同比降低7.86%；外债转贷款余额为17.62亿美元，同比增长1.85%；自营外汇贷款余额为155.02亿美元，同比增长27.66%。

（二）直接外债流出入及结售汇情况

2005年，北京辖区外债呈现净流出局面，截至年末，直接外债累计提款较上年同比增加1.33%，累计流出额较上年同比增加20.36%。在累计流出中，购汇占1.96%，付汇占98.04%。直接外债结售汇表现为顺差，较上年同比增长745.93%。

（三）外债结构

从来源结构看，北京市直接外债来源于境外金融机构贷款占42.77%；国际金融组织贷款占28.43%；境外非金融机构

---

① 数据来源于外债统计监测系统、高频外债监测系统、北京辖区银行、机构相关报表，以及日常业务统计资料。

② 包括在京中央单位及北京市市属单位，以下同。

贷款占7.43%，外国政府贷款占6.50%；来源于其他渠道的占14.87%。从期限结构看，截至2005年12月末，北京辖区中长期债务余额占直接债务余额的90.22%，短期债务余额占9.78%。从利率结构看，固定利率占12.8%，浮动利率占87.2%。

（四）短期外债指标管理

自2005年度起，国家外汇管理局统一了中、外资银行的短期外债统计口径和管理方式。按照统一后的短期外债统计口径，中、外资银行从境外借入的所有约定期限在1年以内的短期债务资金，都被纳入短期外债余额控制指标管理。2005年，北京外汇管理部共核定辖内银行短期外债余额指标213.3亿美元，其中中资银行短期外债余额指标178.90亿美元，外资银行短期外债余额指标34.4亿美元。

（五）境内银行为境外投资企业提供融资性对外担保管理

根据国家外汇管理局《关于调整境内银行为境外投资企业提供融资性对外担保管理方式的通知》（汇发［2005］61号），北京外汇管理部经转报国家外汇管理局批准中国银行、中信银行、国家开发银行、中国光大银行融资性对外担保年度余额指标共计67亿美元。

（六）期货管理

2005年，国家外汇管理局为北京辖区10家境外期货业务持证企业核定年度外汇风险敞口4.61亿美元，北京外汇管理部为提出确认申请的7家持证企业出具了年度外汇风险敞口确认函，确认金额总计为4.27亿美元。

（董玲、白玮、郭振宇、贺刚）

三、资本市场管理

截至年末，北京地区共有境外上市公司36家，其中境外中资控股上市公司10家，境外上市外资股公司26家。上述公司历年累计募集资金606亿美元，其中本年度以增发形式募集资金27.36亿美元。

（陈利强）

金融稳定工作

一、完成2004年度辖内金融稳定报告

顺利完成《北京市2004年度金融稳定报告》的撰写工作。报告对辖内金融风险的总体状况、特点，主要问题、原因及趋势进行了较为深入的分析，突出了北京地区经济金融运行特征，较全面深刻地剖析了北京地区金融业发展过程中存在的问题及风险。此外，人行营业管理部还参与了人民银行总行中国金融稳定报告修改、东部环渤海地区区域金融稳定报告撰写的研究讨论。

二、做好金融稳定再贷款的发放和管理工作

2005年，人行营业管理部审核发放的弥补保证金缺口再贷款共14笔，用于缓解汉唐、德恒等多家证券公司的资金流动性问题。同时，人行营业管理部配合大鹏证券公司的清算工作，分5批发放用于弥补其客户证券交易结算资金缺口的再贷款，基本完成了其第三方存管工作。大鹏证券公司成为全国第一家用市场化手段解决风险处置问题的证券公司，彻底解决了

39万多户股民资金的存取问题。此外，德恒证券和汉唐证券第三方存管上线弥补客户交易结算资金缺口的工作也已正式启动。

个人债权收购再贷款的审核及发放工作。2005年人行营业管理部共审核完成16批各地区个人债权收购再贷款申请，已发放的再贷款涉及1 277笔个人债权。同时就个人债权收购中的政策问题向人民银行总行及证监会有关部门反映，完善个人债权收购相关政策，有效推进个人债权收购工作。

三、中创清算组工作取得实质性进展，中兴清算组工作稳步推进

2005年，根据人民银行总行“加快资产处置，年内基本完成中创清算工作”的指示，中创清算组积极推动各项工作，取得实质性进展。赛特集团股权成功处置，法院查封资产全部解封，境内外资产在年底已基本处置完毕；剩余债权的审核确认工作已经完成；2005年11月，实施了第三次债务清偿工作，累计清偿原中创公司债权本金的30%。证券营业部的转让工作也在紧张进行当中。

中兴清算组加大了资产催收和资产处置的工作力度；机构债权的初步确认工作基本完成。2005年9月底，中兴信托破产申报材料已全部准备完毕，清算组于10月10日正式向北京市二中院递交了破产申请。此后，按照各级法院要求，清算组及时补充和完善了破产申报材料。12月16日，针对中兴信托资产被法院查封拍卖事宜，中兴清算组专程到最高人民法院进行了申诉。

四、认真参与北京市债权甄别确认小组工作

自2005年3月北京地区个人债权甄别确认工作正式启动以来，人行营业管理部全程参与此项工作，作为汉唐证券北京地区个债甄别确认项目组的召集人，人行营业管理部认真做好该项目的牵头组织工作。

五、关注工商银行股份制改革，组织协调工商银行不良资产剥离工作

积极组织与协调工行北京地区可疑类贷款的剥离工作，确保尽职调查和组卷等各项工作的顺利进行。针对此次尽职调查工作，人行营业管理部拟写了《关于做好中国工商银行改制过程中北京地区可疑类贷款剥离工作的通知》，在财政部驻京监察专员办会签后，正式下发到工行北京分行、工商银行总行营业部和各资产管理公司北京办事处，对参与各方的职责进行明确，建立联系人制度和周报制度，要求买卖双方每周定期报送相关材料。

六、加强辖区内金融风险的监测和预警，加强与监管部门的信息交流力度

一是成立区域金融稳定评估分析小组，就小组的工作目标、工作内容与工作方式作了界定，从而为金融稳定评估职责的履行奠定了制度基础和组织基础。二是加大了各类监管报告、与金融风险有关的专题调研材料的收集力度。注重对各种信息材料的收集，建立金融风险专题材料库。在对各种材料进行分类整理的基础上汇总、提炼，从各个方面、多个层次上加强对系统性金融风险监测与评估的研究与分析。三是对北京地区金融系统性风险监测指标进行研究与筛选，进一步加强对北京地区系统性金融风险评估体系和预警指标的研究工作，并取得初步进展。四是加强与北京证监局、北京保监局等监管机构的信息交流与联系。通过与各监管机构的交流与沟通，获取各种行业信息，对辖区内各金融行业所面临的风险与问题有了较为全面的认识与了解。

七、开展辖内法人控股公司调查，摸清辖内金融控股公司状况

人行营业管理部于2005年年底开展了对辖内金融控股企业、股东状况等情况进行调研。通过网上查询、工商部门查询、向各家金融机构发放调查函、与企业进行座谈等多种灵活方式对辖内83家各类金融控股企业进行摸底调查。通过调查对摸清辖内金融控股公司基本情况，了解其风险状况起到了很好的效果，为今后建立金融控股公司的数据信息系统，加强对金融控股公司的监测和管理和深入研究奠定了比较扎实的基础。

（肖　炜）

货币金银管理

人民币发行　8月31日，经国务院批准，中国人民银行发行了改进印制生产工艺和防伪措施的2005年版第五套人民币100元、50元、20元、10元、5元纸币和1角硬币。人行营业管理部在人民银行总行的统一部署下，组织各商业银行进行了2005年版第五套人民币在北京地区的发行工作。8月31日，2005年版第五套人民币与首都市民准时见面。

2005年，人行营业管理部组织工商银行北京分行、农业银行北京分行、中国银行北京分行、建设银行北京分行、交通银行北京分行等五家商业银行，面向首都市民发行了“2005年贺岁普通纪念币”、“世界文化遗产——丽江古城”、“世界文化遗产——青城山与都江堰”、“陈云诞辰100周年普通纪念币”、“中国宝岛台湾——敬字亭普通纪念币”等五枚普通纪念币。

现金运行　2005年，北京市现金收支平稳运行，金融机构全年现金收入合计20 634.17亿元，现金支出20 455.59亿元，分别比2004年增长8.23%和8.46%，现金净回笼178.58亿元。

2005年，北京市各发行库人民币发行基金投放、回笼数量继续增长，投放、回笼数量分别比2004年增长3.18%和2.13%。

反假货币工作　2005年是国务院反假货币工作联席会议确定的“反假货币工作年”。人行营业管理部与公安机关、金融机构等单位共同努力，“反假货币工作年”取得了显著效果。对假币犯罪采取的专项打击行动取得了阶段性成果，北京市公安机关侦破假币案件191件，涉案金额为43万余元；检察机关依法批捕各类走私、制贩假币犯罪案件24件31人；各级人民法院共审理涉及假币犯罪案件22件30人，其中判处10年以上有期徒刑3人（含无期徒刑）、判处3年以上5年以下有期徒刑3人、判处3年以下有期徒刑13人、拘役4人、有期徒刑缓刑1人。2005年，北京市公安机关和各商业银行共收缴假人民币面额2 350万元，比2004年下降了17.5%。

2005年，人行营业管理部为北京市反假货币工作联席会议成员单位和各家银行举办了美元、欧元反假知识培训和2005年版第五套人民币防伪特征知识培训，参训人员300余人次。根据部分外资银行开办人民币业务的需要，对外资银行业务人员进行了人民币防伪知识的专门培训。

2005 年的反假货币宣传坚持了面向弱势群体、面向农村的原则。人行营业管理部首次利用了公交移动电视这一新兴媒体播放反假货币宣传片；成功组织了“反假货币成果与教育展览”，制作展板2 000余块；于 5 月 20 日“全国助残日”到北京市残疾人活动中心向残疾人宣传了反假货币知识，收到了良好效果。反假货币工作联席会议成员单位和各家银行、邮政储汇局等在 5 月、10 月的两个“反假货币宣传月”中开展了形式多样的反假货币宣传活动。

人民币管理工作 中国人民银行制定的《人民币图样使用管理办法》、《经营、装帧流通人民币管理办法》自 2005 年 10 月 10 日起开始执行。两项法规的出台，加强了对人民币图样使用的管理，规范了流通人民币经营、装帧行为。

人行营业管理部积极履行管理人民币流通职责。查处了神州数码公司在其代理的东芝投影仪上粘贴人民币等违反人民币管理法规的行为。在督促指导各家银行做好残缺、污损人民币兑换的同时，认真为群众进行残缺、污损人民币鉴定，全年共鉴定 124 起、张数为8 164张、金额为655 788元。

发行库管理 根据货币发行工作需要，撤并了石景山、燕山两个发行基金保管库。优化了发行保管库布局，减少了风险点和安全隐患，更加适应了北京重点库建成后货币发行工作的需要。

进行了 2005 年度发行基金保管库达标升级考核，复兴门发行基金保管库、天宁寺发行基金保管库、昌平发行基金保管库、海淀发行基金保管库、丰台发行基金保管库、建国门发行基金保管库、崇文发行基金保管库、古城发行基金保管库、密云发行基金保管库、顺义发行基金保管库、大兴发行基金保管库、通州发行基金保管库、延庆发行基金保管库、门头沟发行基金保管库、怀柔发行基金保管库等 15 家发行基金保管库经考核被评为“达标库”。

金银管理工作 与平谷区黄金公司签订了抵押合同，对平谷区黄金公司办公楼进行了抵押，黄金专项贷款清收维权工作取得阶段性成果。

认真做好黄金进出口管理。全年办理《黄金饰品进口准许证》230 笔，办理《金银产品出口准许证》21 笔。

货币金银管理信息系统投入正式运行 货币金银管理信息系统是人民银行第一个实行全国数据集中处理，实行 CA 技术支持的业务系统。它提供了全面的基础业务处理功能和处理流程，提供了标准化的凭证、账簿输出格式和完备的信息查询功能，提供了可靠的运行安全保证和先进的业务处理方式，实现了会计核算与实物出入库的同步，保证了业务操作的规范化，促进了货币发行工作的信息化。

人行营业管理部组织各发行基金保管库代理行，提前做好终端配备、线路铺设、人员培训等工作，进行了 2 次模拟年终决算测试，保证了系统的按时上线和顺利运行。

（卫宏泽）

国家金库业务

2005年，北京市各级国库认真贯彻落实全国国库工作会议和营业管理部工作会议确定的各项工作目标，以国库资金风险防范为重点，以加快国库的信息化建设为手段，较好地完成了国库会计核算、监督管理、横向联网、国库集中支付改革、统计分析、国债发行与兑付等各项工作任务。

落实总行电视电话会议精神 针对国库风险防范中存在的突出问题，人行营业管理部举办了国库管理法规与业务操作学习班；组织开展了北京市国库资金风险防范专项检查和学习活动；组织编写了国库资金监管系统业务需求说明书；与本市20家国库业务代理银行、21个代理支库签订了国库资金风险防范责任书，建立了国库资金风险防范责任制；在全市国库系统大力宣传正确的国库资金风险防范理念，自下而上地开展了自查、抽查、交叉检查。

国库资金汇划报解新模式 根据人民银行总行有关部署，为改进对各级政府的理财服务，加快国库资金汇划报解速度，最大限度地减少库款在途时间，为各级政府理财提供优质服务，人行营业管理部拟定了《北京市国库资金汇划报解办法》，经人民银行总行批复后，于2005年3月30日正式开始在全市执行。实行新的国库汇划报解模式后，北京市各级国库均使用中国现代化支付系统和国家金库会计核算系统序时、滚动办理库款汇划报解，汇划报解次数由原来的每日一次，增加至每日两次，各级财政库款提前半天入库。

财税库行横向联网工作 人行营业管理部认真贯彻落实全国国库工作会议和“横向联网试点电视电话会议”精神，协调北京市财政局、北京市国家税务局、北京市地方税务局有关业务部门，按照人民银行总行关于“统一规划、统一标准、统一开发”的要求，开展横向联网工作；组织召开了北京市财税库行横向联网第二次、第三次联席会议，由人行营业管理部代表北京市有关部门向人民银行总行报送了《关于申请承担财税库行横向联网试点任务的请示》、向北京市政府报告了财税库行横向联网工作进展情况。“十一”期间，人行营业管理部组织北京银行、北京农村商业银行加班完成了程序开发；10月20～24日，北京市税务、国库、银行部门在全国率先参加了人民银行总行组织的第一次实验室测试。

国库集中收付改革试点工作 2005年，人行营业管理部参加市财政局举办的试点单位业务培训7次；为提高清算效率，确保资金安全，会同市财政局制定了《北京市市级财政国库集中支付网络支付清算业务处理暂行办法》；经请示人民银行总行同意，会同市财政局批准海淀区进行国库执行部门综合预算试点；组织开发了集中支付系统财政额度程序系统；配合市财政局将给各区县财政的补助款纳入国库集中支付；并就代理银行垫付资金计息、财政授权支付凭证与银行票据或结算凭证“二合一”、开展国库现金管理等工作向财政部门提出了建议，为北京市市级预算单位财政国库管理制度改革全面铺开作出了重要贡献。目前，北京市财政国库管理制度改革试点单位已有一级预算单位148个、基层预算单位970个，所有市级预算单位均已按中央要求参加了国库集中支付试点。

财政预算资金的收纳、报解、退付和支拨工作 截至年末，人行营业管理部国库处共办理各级财政预算收入2 355.15亿元，拨款616.53亿元，比上年同期分别增长39.63%和6.38%；退库50.83亿元，同比增长0.41%；清算国库单一账户改革试点资金22万笔，金额为178.9亿元，分别是上年同期的12.97倍和15.15倍。

国债管理工作 2005年，人行营业管理部密切关注市场变化，注意做好面向居民个人的发行工作，认真贯彻执行中国人民银行、财政部关于国债销售、兑付、反假的各项规定，先后组织进行了三次现场检查；及时向人民银行总行提出了关于取消银行VIP卡客户优先购买凭证式国债和承销机构在市场供不应求的情况下可以采取单笔购买数量上限的建议，被人民银行总行和财政部采纳。全年共组织发行凭证式国债5期，金额309.79亿元；完成了《国债收款单兑付与管理系统》应用推广工作。

《国家金库条例》颁布20周年宣传活动 组织各家银行举办了首届北京市国库业务知识竞赛，并参加了人民银行总行《国库业务知识竞赛有奖竞答活动》。通过国库知识竞赛，广泛宣传国库的职责和作用，提高了业内人士和社会公众对中国人民银行依法经理国库的认识，收到了很好的效果。

调研统计分析 按时完成国库收支、退库、库存数据的采集汇总及国库收支统计报表、分析简表的编报工作。1月1日，组织各支库正式启用国库库存余额日报统计程序，为人民银行总行领导和货币政策制定部门等提供了决策信息。同时上报《国库情况反映》8期，有6期被市政府采用，有4期被人民银行总行《国库情况反映》选用。

商业银行代理国库业务管理 一是根据人民银行总行新制定的《国库业务考核评比办法》，修订了北京市国库业务考核办法，对各项考核指标进行了量化、细化；二是于2005年7月1日正式收回了由工行代理的西客站支库的全部业务，改进和加强了对支库和国库经收处业务操作的日常监督；三是完善了国库经收业务处理操作规程，对一些特殊问题，在请示人民银行总行后做了进一步明确；四是会同工商银行对东城、西城、崇文、房山、燕山、昌平、延庆进行了各1周的现场检查。

附：国债的发行与兑付 2005年北京市各凭证式国债承销机构共向社会发行凭证式国债309.79亿元，其中一期55.67亿元、二期81.50亿元、三期73.14亿元、四期44.94亿元、五期54.54亿元，占全国凭证式国债发行市场份额的15.49%，较上年下降1.25个百分点；本年度发行额度较上年下降66.81亿元，减幅将近22%。

2005年无记名国债及国债收款单仍然采用了先收券、后划款的兑付方法，所有实物券的清点、审核及资金划拨均在年终决算之前完成。12月31日即年终决算日，人行营业管理部国库处对经付国家债券本息款项进行了复核。本年度经付国家债券本息款项合计4 931 674.10元，其中单位部分本金为265 835.00元、利息为173 814.50元；个人部分本金为3 239 266.00元、利息为1 252 758.60元。

（陈永波）

支付结算清算管理

北京市账户管理系统建设和清理核实工作　北京市是账户系统建设试点城市，清理核实账户数量在全国城市中排在上海之后，位列第二，要在三个月内与其他省市同样完成清理核实进度，面临时间紧、工作量大、情况复杂等多重压力。为保证系统如期上线和账户清理核实工作有序进行，人行营业管理部成立了北京市账户清理核实领导小组，建立了高效、协调的账户清理核实组织体系；利用报纸宣传、张贴公告等方式广泛宣传，为清理核实工作奠定了良好的社会基础；制定了清理核实工作方案，严谨、科学、清晰的操作流程，稳步推进清理核实工作。通过采取多项有效措施，科学安排、周密组织，加班加点，在人民银行总行规定的时间内完成了系统建设和清理核实任务。

截至年底，人行营业管理部已完成单位银行结算账户清理核实804 915户，个人银行结算账户清理核实53 866 710户。同时，已完成北京市5 386万个人银行结算账户向个人征信系统的移送工作，为个人征信系统提供了可靠的基础信息。

小额支付系统上线准备工作　2005年，人行营业管理部认真做好小额支付系统上线的各项准备工作，组织召开了北京市小额支付系统建设工作会议，制定实施计划、严格了上线要求，加强对上线工作的组织领导；组织各参与者参加小额支付系统的业务和操作培训，督促各参与者按时完成行内系统与小额支付系统接口软件的开发，督促各银行机构及时完善相关业务流程和制度办法，为下一步上线运行奠定基础。

协助外资银行办理加入支付清算系统手续　2005 年是北京市外资银行允许办理人民币业务的第一年，为确保外资银行顺利通过大额支付系统开展业务，人行营业管理部根据各外资银行的实际情况，建立了外资银行加入大额支付系统的辅导制度。严密了各项手续，严格了准入管理，及时解决了外资银行开办人民币业务后的资金清算问题。

支付系统安全管理　2005 年度，人行营业管理部继续加强大额支付系统运行管理，制定了《营业管理部支付清算系统危机处置预案》，规范支付清算系统出现异常情况和突发事件的报告程序和处置方式，对支付清算系统各种可能出现的问题做到早预防、早发现、早判断、早解决。确保支付清算系统运行的安全性、连续性；制定了《大额支付系统故障报告制度》，及时协调解决各参与者遇到的业务和技术问题，确保大额支付系统安全、稳定运行。

2005 年，支付清算系统北京城市处理中心处理支付业务共1 332.02万笔，金额为 816 942.92 亿元，创历史新高，同比分别增加22.93%、32.19%。其中支付往账530.32万笔，同比增加20.54%，金额为410 084.39亿元，同比增加35.03%；支付来账801.77万笔，同比增加24.57%，金额为406 858.53亿元，同比增加29.45%。

探索首都银行卡产业的健康发展道路 一是人行营业管理部继续加大力度，创新方式，首都的银行卡受理市场继续快速发展，实现了重点领域、重点区域、重点行业的“刷卡消费无障碍”。截至年底，全市累计发展银行卡特约商户4.1万户，比上年同期增加0.93万户。布放ATM机具4 626台，POS机具4.52万台，分别比上年同期增长了23.69%和22.49%。累计发行银行卡5 414万张，比上年同期增长14.65%。累计刷卡交易金额1 443亿元，占社会消费品零售总额的比例达49.72%，比上年同期增长84.06%，比2002年末提高了42个百分点，基本达到世界发达国家水平。

二是制定并由北京市政府正式下发了《2005年至2007年北京市银行卡应用发展工作的指导意见》，为巩固成果，进一步发展首都银行卡产业，为北京举办2008年奥运会创建良好的银行卡支付环境奠定了基础，对首都银行卡产业发展也将产生深远影响；探索建立了北京市银行卡市场协调委员会。这一组织机构的成立，标志着北京市银行卡工作以政府推动为主导型向以市场调节为主导型的实质转变。同时，将进一步促进北京市银行卡工作向纵深发展。

三是开展“银行卡之春”系列宣传活动，继续巩固银行卡发展成果。成功举办了“京港互动，惊喜在香港”大型银行卡消费抽奖活动；与北京电视台联合录制银行卡专题节目；举办了大型银行卡知识普及宣传和有奖知识竞赛等活动；在《北京日报》、《参考消息》等报刊上，整版连续报道了首都银行卡产业的发展成就，与《参考消息·北京参考》共同举办了“普及银行卡知识，防范银行卡风险，迎接2008银行卡时代”活动；开展了银行卡进社区活动，在全市近20个重点社区，现场集中宣传银行卡知识。

四是人行营业管理部与北京市公安局联合建立了防范和打击银行卡犯罪情报会商与合作机制。该机制在制止北京地区“十一”期间爆发的利用手机短信进行银行卡诈骗事件，打击信用卡恶意透支等银行卡犯罪中已经开始发挥作用。

改革支票处理模式 1. 成立了支票改革领导小组及专题研究小组，领导小组由人行营业管理部韩平主任亲自挂帅，分管主任担任专题研究小组组长，为支票改革工作奠定了坚实的基础。

2. 制定了《关于扩大支票使用范围的改革方案》，研究探索了多种改革模式，确定了扩大支票使用范围、变革支票处理模式的目标，即对跨城市支票处理模式进行改革，在银行系统或第三方服务机构（票据清算中心）实施支票截留，由电子信息传递取代支票实物的传递，将支票的使用范围扩大到环渤海地区。并在人民银行总行的统一组织下，将支票的使用范围扩大到更大的区域甚至全国。

3. 深入商业银行，开展调查研究，着重了解支票处理过程中存在的风险及防范手段，为下一步改革提供第一手资料。

改进区域票据交换处理模式 为提高区域票据交换的处理效率，更好地适应京津廊区域经济发展的需要，人行营业管理部与天津分行和石家庄中心支行共同就建设统一的票据清分处理平台的可行性、经济性和安全性进行深入研究，经充分论证和测试，廊坊票据自动清分系统于2005年5月27日正式开通运行，并与北京和天津两个城市的票据清分系统联合，构成区域票据交换业务的处理平台，高效处理京津冀区域的票据交换业务。

在新的区域票据交换处理平台的支持下，京津冀区域票据交换业务取得了快速发展，2005年度，北京票据清分系统共处理票据3 906.74万笔，同比增长4.39%，突破历史纪录，特别是区域票据量长足发展，京津廊票据交换业务共计143.01万笔，清算资金1 109.35亿元，同比分别增加46.34%和40%。

完善票据信用制度 1. 规范行政处罚行为，加大对签发违规支票的处罚力度。根据人民银行总行的要求，人行营业管理部制定了《北京市实施空头支票行政处罚实施细则》，并将组织实施。加大对签发违规支票的处罚力度，严肃支票结算纪律，促进支票信用功能的有效发挥，使支付工具更好地服务于经济的发展。

2. 建立并完善了“黑名单”管理制度。从源头上控制存款人签发违规支票的行为，加强社会信用基础建设。

（陈越英）

征信管理

企业征信系统建设 银行信贷登记咨询系统作为企业和个人征信系统的重要组成部分，已成为各金融机构企业贷款信息的共享平台，为金融机构防范风险发挥了重要作用。人行营业管理部征信管理处通过认真贯彻落实行政许可法的相关规定和强化内部管理，不断提高对外服务水平，努力提高数据质量。截至年底，系统收录企事业借款人70 403户，全辖金融机构入库本外币贷款余额16 399.72亿元；金融机构全年查询系统273 458次，月均查询22 788次。“信息监督员问卷调查”结果显示：全年，北京各金融机构通过系统查询，共拒绝信贷业务359笔，金额为112.25亿元，其中贷款申请212笔，金额为103.45亿元。

个人征信系统建设 2004年，北京作为全国首批个人信用信息基础数据库试点城市成功实现试运行。在此基础上，人行营业管理部积极组织北京农村商业银行等地方金融机构开发接口程序，顺利完成接入系统的各项准备工作。2005年11月，农村商业银行向人民银行总行中心数据库成功报送个人信贷数据，标志着北京市个人征信系统实现全面联网运行。截至年底，个人信用信息基础数据库收集的北京市个人账户为285.97万户，信贷业务余额为2 394.70亿元。按照人民银行总行的工作部署，人行营业管理部积极配合征信服务中心做好北京市借款人的异议处理工作，全年共受理借款人异议申请业务41笔，占全国业务量的4.31%。

征信数据的分析与应用 2005年，人行营业管理部征信管理处充分发挥系统独特的资源优势，进一步做好征信数据的统计、分析、应用以及信息调研工作，进一步完善《银行信贷登记咨询系统统计报表》，为领导决策和辖内货币政策监测提供参考；针对大型关联企业集团开展系列分析和风险预警，积极参与人行营业管理部数据整合工作，做好对内部处室以及司法机关、金融监管机构、纪检、审计等部门的信息查询服务，有效地发挥了系统防范金融风险和服务货币政策监测的重要作用。

信用知识宣传工作 2005 年，人行营业管理部以社会宣传、媒体宣传、网络宣传以及学者座谈会、协同其他部门宣传等手段，加大对北京市社会公众“信用在我身边”的宣传教育力度，努力营造社会普遍关注和共同参与的浓厚气氛，培育良好的社会信用环境。

根据宣传工作计划，在北京市开展对学生、下岗职工等特定人群信用知识、信用意识和征信知识的教育培训工作以及开展信用社区建设工作；联合教育部门，选择北京大学、北京工商大学、北京化工大学等大专院校，采取组织信用和征信知识讲座、发放宣传手册等形式，开展对应届毕业生的金融和征信知识教育；在人民银行总行的统一组织下，组织辖区各商业银行通过在网点发放宣传折页等宣传材料等形式，向社会公众和企业宣传金融和信用基础知识；在 2005 年首都金融文化节暨北京国际金融投资理财博览会期间举办了以“珍爱信用记录，享受幸福人生”为主题的大众信用知识宣传通过发放宣传资料、播放宣传片、现场解答等形式，开展征信宣传。活动期间，共发放宣传手册 7 000册，接待群众近千人次，收到了良好的宣传效果。

征信市场管理 一是在充分借鉴外省市经验和广泛征求意见的基础上，结合北京的实际情况，组织开展了对北京市借款企业资信评级试点方案的研究。稳步推进对借款企业的信用评级，提供对商业银行信贷决策的有益参考。

二是开展了对评级机构的业务监管工作。根据 2005 年人民银行总行《中国人民银行关于填报资信评级机构统计报表的通知》（银发［2005］149 号）文件精神，人行营业管理部正式建立了北京市资信评级机构业务数据统计制度。通过按季度汇总和编制统计报表，及时、准确地掌握资信评级机构业务发展情况，为加强资信评级市场的监督管理提供了有效的手段。截至年底，北京市共有 9 家信用评级机构（按法人机构统计）向人行营业管理部报送业务数据，全年开展评级业务 5 101笔，其中债项评级合计 198 笔，主体评级合计 4 903 笔。

三是促进信用中介机构的沟通交流。进一步落实信用中介机构信息联络员制度，推进机构间的交流合作，及时沟通行业信息，开展信用理论与实务研究。按季组织召开了辖内信用中介公司总经理信息联络员工作会议，通报人民银行总行征信管理工作思路和工作要点，分析辖内征信市场现状和发展困境，研究规范市场措施和目标。

积极参与首都社会信用体系建设 2005 年 3 月，北京市 44 名人大代表提出了关于社会信用体系建设的若干议案，市政府为此成立了由 17 家政府部门组成的议案办理小组。在议定的 6 个办理事项中，人行营业管理部涉及 4 项，其中人行营业管理部被指定为“建立个人信用信息系统及地方与银行系统间的信息共享机制”的牵头单位。为此，与市发改委、市信息办、市公积金中心、市社保中心等部门正式建立了工作协调机制，就信息共享等重大问题达成共识，并已正式启动信用共享目录的编制工作，标志着建立地方信息与银行信息的共享机制工作取得实质性进展。2005 年12 月，在充分借鉴议案办理结果的基础上，市政府正式下发了《北京市社会信用体系建设方案》（京政办发［2005］68 号）文件，为深入推进首都信用体系建设迈出了重要一步。

（赵　强）

反洗钱工作

一、建立反洗钱联合机制，构建反洗钱工作组织架构

2005 年，人行营业管理部与北京市相关部门协商，拟定了《北京市反洗钱工作联席会议制度》，探讨建立北京市23 个相关部门参与的反洗钱综合信息体系；加强与执法部门的反洗钱合作，规范涉嫌犯罪案件（线索）的移送工作，与北京市公安局初步建立了反洗钱合作机制，共同拟定了《反洗钱合作规定》；加强了在京金融监管机构反洗钱工作交流和信息沟通，拟定了由人行营业管理部、北京银监局、北京证监局、北京保监局和北京外汇管理部共同参加的《金融监管部门反洗钱协调合作机制》；提出了加强和调整人行营业管理部内部反洗钱办公室的方案；建立了银行主报告行联系人制度。

二、探索新的监管思路和方法，提高反洗钱和现金管理监管水平

在2005 年的监管工作中，人行营业管理部探索性地提出了内控监管、分类监管和持续监管的监管理念，并以此为重点开展了对 8 家主报告行的反洗钱检查。通过检查了解了北京市反洗钱工作的基本情况，丰富了反洗钱工作的监管经验，促进了各银行反洗钱工作水平的提高。

三、创新监管手段，采取现场与非现场相结合的方式，对193 家中资银行的分支机构开展了现金管理检查，有效地促进了各银行严格执行先进管理制度

及时上报可以交易信息。全年共收集、分析、整理和上报可疑交易报告297 份，涉及金额60 余亿元。发现和报送的一批有价值的案件线索，得到了人民银行总行反洗钱局和反洗钱监测中心的认可。2005 年，向北京市公安局移送可疑交易线索 2 笔，并就有关线索进行了情报会商。公安机关对移送的案件线索高度重视，已经成立了专案组进行调查。全年共协助反洗钱局调查可疑交易线索16 起。

开展反洗钱宣传和培训工作。根据人民银行总行要求，组织辖内银行机构采取张贴反洗钱横幅、发放宣传材料、制作《反洗钱知识宣传材料》等方式进行宣传，扩大了反洗钱工作的社会影响。

（陈越英）

四、外汇反洗钱工作

（一）大额和可疑外汇资金交易数据情况

2005 年，接收处理北京辖区银行报送的52. 4 万笔大额和可疑外汇资金交易信息，涉及交易金额 3 780 亿美元，分别比2004年增长47%、108%。

（二）反洗钱分析核查情况

在工作中，北京外汇管理部紧密围绕上级部门关注的热点问题，结合北京地区外汇资金流入增长较快的状况，加大了对异常外汇资金交易的分析核查力度，发现了多起可疑交易线索。

全年共发现异常资金流动线索19起，涉及机构10家，个人36名。其中居民个人集中频繁汇款线索的发现，直接推动了打击外汇非法交易行动的开展；部分企业金化合物出口异常收汇的线索通报海关后，受到了高度重视。反洗钱分析核查工作取得一定的成果。

（三）圆满完成反洗钱信息系统的推广使用工作

2005年8月，反洗钱局正式启用了反洗钱信息系统。在新旧反洗钱信息系统并行使用阶段，北京外汇管理部及时对数据进行清理和备份，顺利完成了反洗钱信息系统的安装与测试工作。同时举办了金融机构反洗钱信息系统推广培训班，各金融机构一线反洗钱人员及技术人员100多人参加了培训，为提高银行反洗钱信息报送质量奠定了良好的基础。新系统加大了反洗钱监控力度，提高了监管频度和效率。

（四）完善与公安部门的反洗钱合作机制

按照与北京市公安局签订的《外汇领域反洗钱合作备忘录》的要求，2005年6月底，北京外汇管理部与北京市公安局召开了反洗钱联席工作会议，讨论发现的可疑资金交易线索，补充修订了备忘录的部分内容，确定了双方专职联系人和案件移交方式。反洗钱合作机制的完善进一步促进了双方优势资源的有效整合，提高了监管工作效率。

（尹　潇）

金融信息化建设

一、结合2008年奥运会推进北京银行卡EMV迁移，优化银行卡受理环境

（一）编制《北京银行卡EMV迁移及IC卡应用发展规划纲要》

2005年年初，人民银行总行牵头编制了《我国银行卡应对国际EMV迁移及IC卡应用发展规划》。北京被指定为围绕2008年奥运会首批开展EMV迁移的试点城市，明确北京的工作重点是：围绕2008年奥运会涉及的场馆、宾馆、酒店、大型商场等服务设施，完善受理市场建设和金融服务配套设施。同时通过EMV迁移试点工作，带动北京市银行卡产业的发展。

2005年，人行营业管理部按照发展规划总体部署，组织落实。开展了对全市银行卡受理环境的摸底调查，结合2008年奥运会需求，编制完成《北京市银行卡EMV迁移及IC卡应用发展规划纲要》，重点明确近两年北京市银行卡EMV迁移的总体目标、实施策略、重点任务和工作要求。召开北京市银行卡EMV迁移工作专题会，在广泛征求全市各家银行和北京市信息化办公室等单位意见基础上修改完善。

2005年年末，《北京市银行卡EMV

迁移及IC卡应用发展规划纲要》已报送人民银行总行，批准后正式实施。

（二）《基于EMV标准的IC卡终端研发及产业化推广》项目取得阶段性成果

2005年，在北京市科委立项的“基于EMV标准的IC卡终端研发及产业化推广”项目进入关键实施阶段。人行营业管理部作为项目归口管理单位，积极协调推进项目实施；严格执行《北京市科技计划项目管理办法》，规范管理过程，制定《基于EMV标准的IC卡终端机具研发及产业化项目管理办法》，落实管理责任；按相关程序，组织完成了项目所涵盖的四个子课题的招标任务。

截至年末，项目子课题《基于EMV标准的终端产业化推广及奥运相关场所的受理环境建设》、《研发基于EMV标准的ATM终端》、《研发基于EMV标准的POS终端》按计划有序推进，子课题《银行卡国际组织授权和认证的EMV检测实验室建设》已完成，并通过了银行卡国际组织的授权认证。项目整体研发取得了阶段性成果。

（三）组织开展“北京市宾馆酒店类商户银行卡联网通用专项检测”

2005年，根据人民银行总行关于在全国122个城市组织开展宾馆酒店类商户银行卡联网通用专项检测的统一工作部署，人行营业管理部组织开展了“北京市宾馆酒店类商户银行卡联网通用专项检测”工作。本次专项检测的目的是通过对银行卡业务规范和技术标准执行情况的检测，提高全市商业银行、中国银联和专业化服务机构的服务水平，提高交易成功率，同时提高商户的受卡积极性和持卡人用卡积极性，重点解决宾馆、酒店类商户消费规则不统一、业务不开放及交易不畅通等问题。

参加本次专项检测的单位包括全市17家银行、中国银联和2家银行卡第三方专业服务机构，人行营业管理部组织成立了专题检查组，通过对全市80家三星级以上宾馆的现场检测，北京市同城测试交易成功率为95.83%，异地测试交易成功率为89.92%，平均检测交易成功率为92.28%，比总平均交易成功率高2个百分点。通过本次检测，基本掌握了宾馆酒店类商户银行卡受理问题的症结，从各单位整改后的抽查情况看，有关问题已及时得到整改落实，全市宾馆酒店类商户的整体受理环境得到了一定改善。

二、信息化建设提速发展，应用水平进一步提高

（一）落实人民银行总行信息化数据集中指导思想，加速系统建设

2005年，人行营业管理部认真落实人民银行总行信息化建设逐步推进数据集中的指导思想，根据统一工作部署，组织完成了“反洗钱系统”、“个人征信系统”、“人民币账户信息管理系统”、“货币发行信息系统”等四个新建系统在北京的推广建设；组织完成了人民银行与商业银行实现信息互联互通的“网间互联平台”建设，并实现上述四个系统依托“网间互联平台”的网上运行。

（二）人行营业管理部自主创新建设“数据整合系统”

人行营业管理部“数据整合系统”是适应人民银行职能调整的客观需要，重点开发建设的自主创新项目，项目建设目标是彻底改变现有业务系统割据，信息数据分散不能共享的不协调现状，通过整合提高有效利用率，为辖区金融经济研究及

决策分析提供支持保障。

2005年，人行营业管理部通过对现有数据信息资源的充分摸底调查，基本完成了对各类数据信息的业务关联性和数据逻辑性技术分析；编制完成《信息整合系统可行性分析报告》，确定业务需求；组织完成了基本功能展现的技术开发，系统建设取得突破性进展并得到了人民银行总行领导的好评。

（三）人行营业管理部“管理信息系统”上线试运行

2005年，根据人行营业管理部主任办公会提出的进一步提高内部管理信息化应用水平的指示要求，结合日常行政管理实际，组织开发营业管理部“管理信息系统”，实现《车辆调度管理系统》、《健康查询系统》、《考勤管理系统》等子系统上线试运行，管理信息化迈出了坚实的一步。

（四）办公自动化系统（OA）功能得到进一步扩充

办公自动化系统（OA）是人行营业管理部保障日常办公、公文扭转的基础平台，2005年，根据办公管理的新要求，在现有功能基础上，又开发完成了“督办管理”子系统，实现了会议督办和文件督办无纸化自动化；满足业务需求，不断优化系统流程，增设相关专栏，系统功能得到进一步扩充。

（杜立欣）

金融法制建设

中国人民银行营业管理部

2005年，人行营业管理部坚持科学发展观，全面推进依法行政进程，为构建和谐金融生态环境，促进首都经济金融持续健康协调发展提供了有力的法律支持。

一、深入开展金融法制宣传

（一）开展“两法”宣传纪念活动

2005年是《中国人民银行法》、《商业银行法》颁布实施十周年，结合人民银行总行要求和“四五”普法规划，为了继续发扬、传承“两法”的精神实质，推进金融法制建设，人行营业管理部联合辖内银行机构，开展了一系列宣传纪念活动。宣传活动组织有序、形式创新、前后呼应、内容深入，向社会宣传了央行职责、向商业银行宣传了依法守规的经营意识。

（二）深入宣传、学习金融、行政相关法律知识

继2004年针对金融业“三法”及《行政许可法》的宣传教育活动，人行营业管理部进一步扩大宣传效果和影响范围，开展了“爱我央行 依法行政”金融法律知识竞赛，并制作宣传手册和光盘送发相关机构。此外，针对2005年立法热点，面向本行员工和本辖区商业银行从业人员，多次举办法律专题讲座，扎实学习了《公务员法》、《合同法》和相关金融法律知识。

二、全面推进依法行政进程

2005年，人民银行总行下发了《关于贯彻〈全面推进依法行政实施纲要〉的意见》，在人民银行系统内全面开展推进依法行政的各项工作。人行营业管理部

根据有关要求，认真学习、研究文件，及时成立领导机构，拟订了推进依法行政工作的具体方案。从制度层面落实依法行政，制定了《行政许可工作实施细则》、《行政格式文书办理标准规程》、《法律事务联络员制度》等配套制度。特别加强了规范性文件制定、行政执法审核监督等工作。

三、认真做好金融法制调研工作

2005年，人行营业管理部针对辖内金融热点和难点问题，积极开展法制调研，完成了《对人民银行行使建议检查权的思考和建议》、《对签发空头支票行为实施行政处罚新规定存在的制度缺陷及对策建议》、《基层央行金融法制建设思考》、《中信金融控股公司法律问题调研报告》、《金融机构再生立法框架建议》、《人民币银行结算账户管理中存在的法律问题及政策建议》、《我国洗钱罪刑事立法中存在的问题、相关分析及建议》等多篇调研报告。根据人民银行总行要求，先后对《现金管理条例（征求意见稿）》、《行政复议法实施条例（征求意见稿）》、《个人信用信息基础数据库管理办法（征求意见稿）》、《中国人民银行行政处罚程序规定》提出了修改意见；根据市人大要求，对《公司法（修订草案）》、《证券法（修订草案）》、《物权法（草案）》、《合伙企业法（修订草案）》提出书面修改建议。

四、努力提高法律服务水平

2005年，人行营业管理部切实提高金融法律服务水平。在认真调查辖内金融机构需求的基础上，有针对性地开展窗口指导式金融服务，邀请司法机关专家，就金融机构法律纠纷与风险防范作专题讲座，解答疑问。通过反假币宣传月、北京市民金融理财年等活动，积极向社会宣传普及金融知识、法律知识，收到了很好的效果。

（孙　宇）

中国银行业监督管理委员会北京监管局

2005年，北京银监局围绕银监会“管法人、管风险、管内控、提高透明度”的监管理念，积极整合监管资源，规范监管行为，深入推进银行业监管法制工作。有效发挥法制工作在银行业监管中的前置作用，促进首都银行监管工作规范发展。

一、扎实推进银行业监管法制建设基础工作，增强法规文件的系统性和实用性

（一）整合有关监管法规，汇编银行业监管法规手册

为适应依法监管要求，提高监管工作法制化水平，2005年5月，北京银监局编印了《银行业监管法规手册》（上、下册）及光盘，并下发辖内银行业金融机构。《银行业监管法规手册》是北京银监局成立以来编印的第一部系统性监管法规手册，收录了银监会成立以来出台的监管规章、规范性文件以及北京银监局有关监管指导性文件百余篇，共计100多万字。《银行业监管法规手册》的印发，为规范银行业金融机构经营管理、提高监管工作效率和透明度提供了法制保障。

（二）完善规章制度，规范工作程序

在建局之初整章建制的基础上，结合银监会有关规章和文件的要求，根据《行政处罚法》和《银监会行政处罚办法》，制定了《北京银监局行政处罚操作规程》和《北京银监局行政处罚听证程

序》等工作制度。按照科学、规范、合法、高效的原则，详细规定了行政有关工作环节的程序与要求。同时，设计格式文本规范了《立案审批表》、《调查（检查）笔录》、《行政处罚意见告知书》、《行政处罚意见决定书》等行政处罚常用文书的内容和形式，进一步增强了有关监管行为的规范性。

（三）积极反馈建议，有效配合上级机关立法工作

一是按照银监会关于完善监管法规建设的整体部署和要求，研究有关法规草案并起草修改建议。对《银行业重大案件责任追究办法》等法规草案提出反馈意见。二是配合银监会开展监管法规修订工作，结合监管实际提出法规修订建议，对《非法金融机构和非法金融业务活动取缔办法》等金融法规提出修订建议。

二、规范行政许可和行政处罚行为，提高监管行为的规范性和工作效率

（一）整合部门职能，实现行政许可归口管理

2005 年 9 月，根据《行政许可法》有关要求和监管工作特点，北京银监局调整了行政许可职责分工。建立了由政策法规处统一归口管理、各监管处室协调配合的行政许可工作新模式。通过调整，减少工作环节，统一工作标准和程序，精简工作流程，提高了银行业行政许可工作的效率和质量。

（二）规范行政处罚程序，提高行政处罚工作质量

严格落实查处分离原则，规范工作流程。从事实、证据、适用法律、量罚幅度等方面加强对行政处罚证据和处罚意见的审查工作。2005 年，共依法作出行政处罚决定 24 份，处罚金融机构 7 家，取消金融机构高级管理人员任职资格 17 人，累计处罚金额 165 万元。在已作出的行政处罚决定的案件中，无一起提出复议申请或起诉。通过科学规范的行政处罚措施，有效规范了银行业经营管理活动，维护了银行业市场秩序。

（三）开发和建设高级管理人员任职资格考试系统

按照“科学、公平、人性化”的总体原则，充分利用现代科技手段，在建立高级管理人员任职资格考试题库的基础上，开发完成了北京银行业金融机构高级管理人员任职资格职能考试系统，并投入使用。该系统具备自动出题、网络考试、自动判卷等功能，投入使用以来已为 200 余名拟任高级管理人员提供服务，有效提高了高级管理人员任职资格考试工作的效率和科学性。

三、加强银行业法制培训工作，开展内容丰富、形式多样的培训活动

（一）积极推进监管人员法制培训工作，丰富培训形式，提升监管人员法制素养

一是加强对监管人员的持续性法制培训，及时组织监管人员学习《中国银行业监督管理委员会法律工作规定》等监管规章和规范性文件，适时学习《公司法》、《证券法》修正案，引导监管人员与时俱进地提高法制素质。二是创新监管法制培训形式，组织行政处罚模拟听证会，演示行政处罚听证程序，提高监管人员依法监管的实战技能。

（二）采取多种形式加强对银行业金融机构有关从业人员的法制培训

通过组织专题讲座、发放学习资料等形式对银行业金融机构有关从业人员进行法制培训，引导银行业金融机构提高风险

防范能力。同时，组织编写和出版了《法律工作与银行经营风险控制》和《银行个人消费信贷案例与分析》，为银行业金融机构提供培训和交流平台。

四、加强与有关单位的法制工作协作，共同营造良好的金融法制环境

在规范性文件制定、意见反馈、案件治理等方面加强与人民银行营业管理部、北京市公安局和检察院、法院的交流与协作。有效发挥基层银行业监管机关工作职能，营造良好金融法制环境，维护首都金融稳定。

（于　潇）

中国保险监督管理委员会北京监管局

2005年，北京保监局牢固树立科学发展观，认真落实全国保险工作会议部署的各项任务，不断创新监管制度，改进监管方式，提升监管水平，努力为北京保险业快速稳定持续健康发展营造良好的法制环境。

一、建立保险监管新机制，提高监管效率

一是建立分类监管制度。在借鉴国际保险监管经验基础上，结合北京保险市场实际情况，制定和下发了《北京保险公司分类监管办法》和《北京保险公司分公司分类监管实施细则》，按照总公司偿付能力、依法合规情况、服务质量、财务状况、内控制度有效性对各公司进行分类，产险公司和寿险公司分别有22项和20项评价指标，通过综合非现场检查、现场检查、信访投诉等监管信息，对公司风险进行评价，实施差异化监管。

二是建立和完善非现场监管制度。进一步完善市场运行月度分析制度和非现场监管指标异常情况反馈制度，加强对市场变化的动态分析，研究市场运行规律，排查潜在风险和分析行业及公司的关键性指标，及时向指标异常的公司进行反馈，督促保险机构改善经营管理，实现健康发展。同时，制定了《北京保险中介机构统计管理暂行办法》和《北京专业保险中介机构统计月报管理暂行办法》，加强对保险中介机构的非现场监管。

二、规范行政程序，提高依法行政能力

一是完善行政处罚工作程序。制定《中国保监会北京监管局行政处罚内部实施规程（暂行)》，建立行政处罚委员会制度，对拟实施的行政处罚依据的事实是否充分，适用法律是否正确，处罚是否适当等通过民主决议的形式形成最终审核意见，初步实现查处分离，确保对查出的问题定性准确、处罚得当。

二是规范行政审批工作程序。针对北京保险市场主体增加迅速、监管工作任务重、要求高的情况，制定并下发《中资寿险公司在京分公司开业审批指引》、《保险公司在京分公司行政许可及非行政许可事项的申请指南》，增强审批程序制度化、规范化、透明化，进一步提高监管效率。

三是规范信访工作流程。制定并下发《北京保险业信访回访和督查制度（试行)》，建立信访督查回访制度和业内披露制度，提高了保险公司对信访工作的重视和对投诉案件处理力度，解决了多个久拖不决的疑难案件。2005年，信访量为3 502件，比上年的5 592件下降37.4%。

同时，根据《中国保险监督管理委员会信访工作办法》，及时修改完善了

《中国保监会北京监管局信访操作流程》，进一步规范了信访操作流程，提高了信访工作效率。

三、规范公司经营行为，保护投保人权益

一是组织在京11家财产保险公司分公司签署《北京保险行业车险服务承诺》，在全国率先向社会公布车险服务行为规范和标准，并于2005年6月1日正式实施，为投保人提供及时、快捷、优质的车险理赔服务。

二是完善投保提示制度。在总结投保提示制度运行一年来的经验与不足，并广泛征求保险公司和社会公众意见基础上，本着“符合市场情况、简便易用、保护投保人利益”的原则，全面修订和完善了投保提示制度。新版“投保提示”语言更加通俗易懂，提示内容更加丰富，提示效果进一步增强，切实起到了防范销售误导，促进市场健康发展的作用。

三是实行保险营销员持证上岗制度。下发《关于落实保险公司营销员持证上岗制度有关问题的通知》，规定从2005年6月1日起，各公司对于新招聘的营销员，只有在其取得《保险代理人资格证书》后，方可与之签订委托代理协议。凡未取得《资格证书》的新增营销员不得从事保险代理业务。进一步督促保险公司对营销员的培训管理，提高营销员的整体素质，为投保人提供更优质的服务。

（曹洪俊）

五、文件与规章

关于印发《北京市信用社区小额信用贷款工作办法（试行）》的通知

北京市劳动和社会保障局 北京市财政局
中国人民银行营业管理部
银管发［2005］135号
京劳社服发［2005］100号

各区、县劳动和社会保障局、财政局、各国有商业银行北京市分行、各股份制商业银行在京营业机构、北京银行、北京市农村商业银行筹备组、首创投资担保有限责任公司：

为更好地支持本市失业人员自谋职业、自主创业，在本市探索创建信用社区，建立社区信用担保机制，加快推进小额担保贷款工作，市劳动和社会保障局、财政局、中国人民银行营业管理部制定了《北京市信用社区小额信用贷款工作办法（试行）》，现印发给你们，请遵照执行。

附件：北京市信用社区小额信用贷款工作办法（试行）

二〇〇五年八月三日

附件：

北京市信用社区小额信用贷款工作办法（试行）

第一条 为更好地支持本市失业人员自谋职业、自主创业，根据中国人民银行营业管理部、市财政局和市劳动和社会保障局印发的《关于进一步完善本市下岗失业人员小额担保贷款管理办法的通知》（银管发［2004］172号）文件精神，制定本办法。

第二条 本办法所称小额贷款信用社区（以下简称信用社区）是指以街道（乡镇）辖区内失业人员诚实守信的个人品行记录和个人信用承诺的方式申请办理小额信用贷款的社区。

第三条 信用社区的标准

（一）辖区内自谋职业、自主创业的失业人员全部建立信用档案；

（二）辖区内自谋职业、自主创业人员全部签订《建立信用社区个人承诺书》；

（三）辖区内申请小额信用贷款的失业人员，参加创业培训率达到100%；

（四）辖区内失业人员按时归还小额信用贷款的还款率达到90%以上。

第四条 信用社区的组成

信用社区以街道（乡镇）社会保障事务所（以下简称社保所）为基础，以社区就业服务组织为依托，吸收社区劳动保障协管员为成员，在区县主管部门、担保机构、小额贷款经办银行的指导下创建。

第五条 信用社区的申请、评定

信用社区由社保所提出申请，街道办事处（乡镇政府）向区县劳动保障局推荐，区县劳动保障局会同区县财政局、担保机构、小额信用贷款经办银行，对符合信用社区标准的予以确认，并报市劳动保障、财政部门备案。

第六条 信用社区的撤销

每个自然年度内，信用社区内失业人员按时归还小额信用贷款还款率未能达到90%的，由区县劳动保障局会同区县财政局、担保机构、小额信用贷款经办银行，取消其信用社区的资格，并报市劳动保障局、财政部门备案。

担保机构有权对信用社区办理的小额信用贷款的项目资料及实际执行情况进行检查，如发现有违反信用社区小额信用贷款规定的或有关资料不真实的，或在保项目发生经营危机的笔数占该信用社区小额信用贷款项目总笔数10%以上的，担保机构可建议取消该社区的信用社区资格，并停止对该社区的小额信用贷款担保，被取消信用社区资格的街道（乡镇），不能再采用信用担保的方式申请办理小额信用贷款。

被取消信用社区资格的街道（乡镇），经过改进，需要重新申请信用社区的，按本通知的规定程序进行。

第七条 2005年底前，北京市创业指导中心承担没有建立信用社区的街道（乡镇）信用社区的职能，在社保所的配合下，协调担保机构、小额信用贷款经办银行开展失业人员小额信用贷款工作。此后，各区县劳动保障部门及相关社保所承接并做好信用社区跟踪服务工作。

第八条 创业培训

（一）申请小额信用贷款的失业人员应参加创业培训并取得合格证书。

（二）市劳动保障局将定期向社会公布本市承担失业人员创业培训的机构名录，供失业人员选择。

第九条 小额信用贷款的申请

失业人员自谋职业、自主创业，从事个体经营申请小额信用贷款的，应向本人户籍所在地的社保所提出申请，提交下列文件一式三份（信用社区、担保公司、小额信用贷款经办银行各一份），并保证其真实性。

（一）小额信用贷款申请书；

（二）申请人身份证原件及复印件；

（三）《再就业优惠证》原件及复印件；

（四）创业培训的合格证原件及复印件；

（五）个体经营营业执照原件及复印件；

（六）申请人创业（贷款）项目可行性报告；

（七）申请人自有资金证明；

（八）经办银行需要的其他资料。

第十条 小额信用贷款资格审核

（一）申请人填写《信用社区小额贷款人情况调查表》。

（二）信用社区对申请小额信用贷款的失业人员进行调查，了解其基本情况（包括：家庭经济状况、家庭成员就业情况，自谋职业的经营项目、经营地点、经营状况，还贷能力，信用程度等），如实记录其有关情况，并建立信用档案。

第十一条 小额信用贷款推荐

（一）信用社区根据申请人小额信用贷款的申请材料及实际调查的结果等情况，符合信用贷款条件的，向小额信用贷款经办银行出具推荐证明。

（二）2005 年底前，未被认定为信用社区的社保所，受理失业人员小额信用贷款申请并经初步审核合格后，可将有关材料转至市创业指导中心。

市创业指导中心委托相关社保所及创业培训机构，根据小额信用贷款的要求，调查申请人的有关情况，并建立信用档案。对符合信用贷款条件的，向小额信用贷款经办银行出具推荐证明。

（三）担保机构与小额信用贷款经办银行签订担保协议，为小额信用贷款提供担保。

第十二条 小额信用贷款审批

小额信用贷款经办银行负责小额信用贷款的审批、发放。

经办银行对借款人的申请进行最终审核，对符合贷款规定的，与借款人签订贷款协议，发放小额贷款。

第十三条 信用社区应加强对小额信用贷款人的登记管理，定期了解借款人的情况，对可能出现的贷款风险应及时向担保机构、经办银行进行通报，并协助担保机构、小额信用贷款经办银行的工作人员，做好小额信用贷款的到期清偿工作。

第十四条 信用社区在日常工作中，在做好诚实守信教育、小额信用贷款有关政策宣传的同时，还应开展多种形式的信用社区建设活动，树立社区诚实守信、自主创业和按期归还贷款的典型。

第十五条 信用社区与担保机构、小额信用贷款经办银行应建立定期联席会议制度，协调和解决小额信用贷款工作中出现的问题。

第十六条 各区县应按照银管发［2004］172 号文件的规定建立小额贷款担保基金，并将建立小额贷款担保基金和开展失业人员小额贷款工作情况，按照再就业重点工作目标责任书的要求考核，纳入再就业政策实效行动的整改措施。市财政局根据各区县建立担保基金的规模给予适当的支持。

第十七条 区县劳动保障、财政部门，要加强对小额信用贷款工作的管理和考核工作，有专人负责，建立专门的指导、协调工作机制，对成绩突出的信用社区给予表彰。

第十八条 担保机构、小额信用贷款经办银行及信用社区，根据各自职责共同做好小额信用贷款借、贷、还的核查和监督工作，对到期违约不能按时归还贷款的，由担保机构按有关规定负责其到期代偿工作。信用社区负责协助担保机构开展追偿工作。

第十九条 中国人民银行营业管理部将失业人员小额信用贷款状况纳入中国人民银行个人信用信息基础数据库，对恶意拖欠贷款的人员在金融机构之间予以通报。

第二十条 本办法由北京市劳动和社会保障局、北京市财政局、中国人民银行营业管理部根据各自职责负责解释。

第二十一条 本办法自发布之日起执行。

关于进一步加强和改进对北京市中小企业信贷服务的监管指导意见

中国银行业监督管理委员会北京监管局

京银监发［2005］21号

各政策性银行北京市分行及总行营业部、国家开发银行企业局、各国有商业银行北京市分行、股份制商业银行在京营业机构、北京银行、北京市农村信用合作社联合社：

近年来，随着以多种所有制形式为特征的中小企业规模的逐步扩大，中小企业在国民经济和社会发展中发挥着越来越重要的作用。2004年，国家实施宏观调控政策取得了明显成效，辖内经济金融也出现了一些新情况、新问题。随着中小企业资金需求的不断增大，融资难、贷款难问题日益突出，已经成为制约其发展的重要因素之一。为贯彻落实中国银监会2005年工作会议精神，认真做好对中小企业的信贷服务，立足风险监管，配合宏观调控，用科学发展观指导银行业监管工作，积极支持北京市经济平稳健康发展，实现辖内各银行业金融机构（以下简称各机构）和中小企业共同发展的双赢目标，现就进一步引导辖内各机构做好对本市中小企业信贷服务工作提出如下监管指导意见：

一、各机构做好中小企业信贷服务工作的指导原则

（一）公平待遇原则

各机构要从战略高度认识到做好中小企业信贷服务工作的重要意义，加强和改善宏观调控，有保有压，区别对待，积极调整信贷取向，消除恐“小”心态。在信贷准入门槛、信贷审查程序、信贷审批决策、信贷责任追究等方面全面贯彻落实公平待遇原则，从制度上、机制上消除对中小企业的歧视，避免片面追求大企业、大客户的现象，防止贷款“垒大户”。

（二）梯次推进原则

各机构应展开深入调研，掌握北京市中小企业的整体情况，并在此基础上，依据各中小企业的基本条件和发展状况，划分中小企业发展梯队。为不同梯次的中小企业分别制订融资服务计划，并做好实施工作，从而形成支持“阶梯型”的企业发展的融资格局，帮助辖内中小企业实现共同发展。

（三）讲求长效原则

各机构要充分认识到解决中小企业融资难问题是一个长期的过程，要克服浮躁心态，深入企业调查，认真研究银行支持中小企业发展的新措施、新办法，从加强对中小企业金融服务和改进自身信贷管理机制入手，逐步解决中小企业贷款难问题，真正建立起适合中小企业发展需要的、结构合理、风险可控的信贷服务长效机制。

（四）自主放贷原则

各机构在支持中小企业发展时，必须依法贯彻自主放贷原则，任何单位和个人不得干预金融机构的信贷自主权，也不得以任何形式人为设置对辖内中小企业放贷的规模或比例指标。

（五）风险控制原则

在继续贯彻宏观调控“四个结合”的基础上，进一步加强和改善信贷管理工作，真正做到一切从实际出发，区别对待，有保有压，防止信贷大起大落，在积极支持中小企业发展的同时注意防范信贷风险。

二、各机构对中小企业信贷支持的对象选择

（一）各机构在选择中小企业客户时，应立足北京经济，将支持中小企业与北京地区重点发展的行业结合起来，依托北京市经济发展热点如CBD商圈、奥运主题、中关村科技园区等，有选择、有计划、分步骤地对相关中小企业给予信贷支持。对享受国家科技部创新基金贴息的科技型中小企业、经北京市体改委认证的辅导期中小企业、纳入“中小企业金融支持工程”的中小企业和受北京市中小企业发展专项资金支持的中小企业，应优先给予信贷支持。

（二）各机构应积极支持具备如下特征的中小企业：符合国家产业政策要求、有一定科技含量、有良好产业发展前景、发展潜力较大；具有一定规模、产权明晰、内部管理规范、核心业务突出、具有较好的盈利性和成长性；为大中型企业配套生产、购销渠道落实、经营稳定；资产负债率较低，财务管理日趋健全，财务信息披露逐步完善；经营者具备一定的经营管理水平和能力，企业和企业经营者无不良信用记录。

（三）根据北京市发展情况，各机构对中小企业的信贷支持应适度侧重以下行业：电子信息、生物工程与医药、石化新材料等具有高科技含量、高附加值、高成长性的朝阳行业；服装纺织、食品饮料、包装印刷、工艺美术等有市场需求和比较优势、有良好基础和发展空间的都市型行业；信息服务、旅游会展、文化传播、现代流通、专业服务等入世后发展前景较好的行业。

（四）各机构对不符合国家产业政策要求的中小企业，要限制或停止贷款；对于利用淘汰设备、技术落后、质量低劣、污染严重、浪费资源、没有发展前途、国家明令关停的中小企业不得发放贷款；对利用企业改制或优化投资组合之名逃废银行债务或不守信用、长期恶意拖欠银行贷款本息的中小企业，要予以同业制裁。

三、各机构做好中小企业信贷服务的工作措施

（一）采取多种银企交流方式，加强与中小企业之间的信息交流，提升信贷服务水平

各机构应组织或参加单向或多向的银企交流活动，如定期举办金融产品推介会、召开一定范围的银企座谈会等，认真了解中小企业的经营情况，听取意见和建议，形成有序稳定的联系沟通渠道。各机构可以采取“中小企业融资辅导中心”的形式，充分发挥自身的信息、人才、科技、资金等优势，为中小企业提供政策咨询、项目评估、财务辅导、融资设计等服务，指导企业筹措、运用资金，提升对中小企业的信贷服务水平。

（二）加强与政府部门、行业协会和社会中介机构的沟通和联系，建立和完善中小企业信息系统

各机构应加强与政府部门、行业协会和各类社会中介机构的沟通和协调，了解和掌握中小企业的项目情况和融资要求，

研究中小企业融资中的主要问题，向政府有关部门、行业协会等提出意见和建议。同时，应不断充实和完善中小企业数据信息系统，除人民银行信贷登记咨询系统以外，要建立与行业协会、税务、工商、会计师事务所、律师事务所和信用管理咨询公司等中介机构的联系，广泛开展企业信用资料互换、数据库查询、资信调查、信用评估等方面的合作，全面跟踪、掌握中小企业的信用状况。

（三）创新对中小企业担保方式，完善担保结构

当前，中小企业贷款的主要障碍之一是其缺乏符合银行要求的有效担保手段。因此，各机构首先应重视与各类担保机构的密切合作，积极协调双方的合作关系，实现风险共担，信息共享。其次，应在政策允许的前提下，探索并运用多样化的贷款担保形式，包括股权质押、保单债券质押、应收货款质押和中小企业股东及经营者的房地产抵押等。最后，各机构应与有关部门、社会团体积极沟通，采取有效措施，运用企业互保、联保、贷款保险、多渠道筹资建立贷款担保基金等多种形式，切实解决中小企业的贷款担保难问题。

（四）建立为中小企业服务的信贷职能部门，积极进行小企业贷款试点，完善中小企业信贷服务的组织体系

各国有商业银行应设立专门为中小企业服务的信贷部门，配备必要人员，专门研究、制定和督促、落实支持中小企业发展的相关政策措施；各股份制商业银行在京营业机构和北京银行可结合业务发展的实际需要，借鉴国际经验，有计划地培育一批擅长中小企业信贷服务并以之为重点业务的特色支行，积极进行小企业贷款试点，突出由小做强；农村信用社要根据自身经营特点，立足北京地方经济，重点支持农村工商企业，为繁荣农村经济、促进农业产业化、解决农村剩余劳动力作出积极贡献。

（五）建立和完善适合中小企业特点的评级和授信制度

中小企业财务状况的好坏，竞争能力、管理能力的大小是各机构区分客户的先决条件。各机构要专门制订有别于大型企业的科学的、切合实际的中小企业信用评级制度，客观评定中小企业的信用等级。要进一步改进对中小企业特别是对小型企业的信用评级办法，实事求是地界定中小企业的信用等级。在对中小企业进行评级时，可将企业财务报表与税务报表比照分析，加大对企业法人代表的评价比重，增设对企业纳税情况考察的分值，将企业日常经营活动指标作为主要考核内容等。适当借鉴国外信用评分办法，尝试将中小企业资信与中小企业经营者个人信用相结合，作为发放贷款的评判依据。

各机构要建立和完善适合中小企业特点的授信制度，合理确定中小企业授信额度。对中小企业特别是小型企业的授信，在制度和标准上要有别于大企业，要符合不同地区、不同行业的实际情况，防止由于授信不及时或标准过高而将大部分中小企业排斥在信贷支持对象之外。

（六）适当下放中小企业流动资金贷款审批权限，建立中小企业信贷有效通道

各机构首先要大力推进银行管理的扁平化进程，在明确内部授信的前提下，根据不同地区的实际情况及各分支行的信贷管理水平和风险控制能力，有针对性地将授信限额以下的中小企业首贷权适当下放给基层支行。对符合各行信贷条件的中小企业建立信贷有效通道，通过集中办公审

批、随报随审的方式缩减审批环节，降低信贷成本，提高放贷效率。要借鉴国外先进经验，积极推进中小企业贷款申请及评审的网络化和自动化进程，以降低管理成本。

（七）合理确定中小企业贷款期限和额度，灵活运用利率手段

各机构应根据中小企业的不同生产周期、市场特征及资金需求，合理确定贷款期限，防止脱离中小企业的生产和流通实际需要，人为延长或缩短贷款期限，给中小企业增加利息负担和贷款困难。针对中小企业贷款额度小、时效强、频率高的特点，银行应提高服务效率，满足其合理的流动资金贷款需求，不得设置最低贷款额度限制。各机构要充分利用利率调整的政策优势，按照收益与风险相匹配的原则，合理运用贷款风险溢价方法，实行差别利率，建立科学合理的资金定价机制，支持中小企业的发展。

（八）树立对中小企业营销的意识，健全贷款营销的约束和激励机制

各机构要不断强化以客户为中心、以市场为导向的贷款营销理念，进一步推行客户经理制，科学合理地制定信贷人员发放、回收贷款的综合考核办法，鼓励信贷人员积极主动地搜寻市场和客户的真实信息，在提高贷款质量的前提下，大力发展新的中小企业客户，增加新贷款；健全激励约束机制，实行全面考核，充分调动分支行行长及广大信贷工作人员的积极性；进一步完善不良贷款的责任追究制度，客观公正地考评信贷人员的工作绩效，主动发现和培育中小企业客户。

（九）努力开展信贷服务创新，为中小企业提供良好的金融服务

中小企业往往规模较小，信用基础薄弱，抵御风险能力有限，商业银行应针对这些特点，不断开发适合中小企业需求的金融产品。如针对商贸型企业往往无法提供强有力的抵押和担保的普遍情况，为其办理动产质押业务；通过考察商贸企业的上下游关系，开展“大厂小商”串联一线的“厂商一票通”业务；积极试办中小企业专利权质押贷款、账户托管贷款、应收账款质押等信贷新业务，为中小企业提供更为丰富的融资途径。

各机构要积极灵活运用各种金融工具为中小企业提供结算、汇兑、转账、财务管理、财务咨询和投资管理等多种金融服务，完善对中小企业的金融服务体系；对符合条件的中小企业，要积极开展银行承兑和票据贴现业务。要积极探索各种行之有效的办法，满足中小企业的金融服务需求，提高服务水平。

（十）结合各行实际，制定具体措施，把对中小企业的信贷支持纳入当年计划

各机构要根据本意见的要求，结合本行的实际情况，制定具体措施，把加强中小企业金融服务工作落到实处。各商业银行在制定2005年年度信贷计划时，应把中小企业信贷支持纳入当年的信贷计划，明确提出支持中小企业发展的工作目标、实施步骤。要求各基层营业机构及时了解和掌握中小企业贷款需求情况，及时上报中小企业信贷计划，经批准后认真组织实施。要把支持中小企业合理的信贷需求作为2005年信贷结构调整的一项重点落到实处。

四、密切关注贷款投向，切实加强信贷管理，严格防范中小企业信贷风险

（一）各机构对以下中小企业在信贷支持方面应从严掌握：本次宏观调控涉及的一些行业如钢铁、水泥、电解铝、焦炭

等行业中的中小企业；列入国家有关部门发布的《淘汰落后生产能力、工艺和产品的目录》和《当前工商领域禁止投资目录》的企业；效益差、风险大、没有还款能力的房地产、汽车企业；纳入合并报表的集团成员企业。

（二）各机构支持中小企业的发展，既要简化手续，提高工作效率，又要切实加强对新增贷款的管理，保证贷款质量，切实防范中小企业信贷风险。要强化中小企业信贷业务的“三查”制度，严格防止中小企业间的关联互保和过度担保现象。应对当前中小企业的信贷资产进行认真清理归类，全面弄清中小企业信贷资产的风险状况和成因，提出相应的措施和办法，切实防范和化解金融风险。同时，要根据中小企业贷款的特点，大力加强银行内部管理，提高信贷人员的自律意识，严肃查处贷款中的违法违纪问题，坚决杜绝越权贷款、人情贷款等违规行为，从而有效保证中小企业贷款安全。

五、北京银监局将进一步加强监管和服务，促进银企间交流和合作，支持中小企业健康发展

北京银监局将立足风险监管，改进服务，积极发挥“窗口指导”作用，引导辖内各机构调整信贷结构，有保有压，区别对待，积极支持北京地方经济健康发展。并及时掌握辖内的中小企业发展状况，了解中小企业信贷需求情况，提出改善中小企业信贷服务的监管意见。同时，加强对辖内各机构的中小企业信贷支持情况进行监督检查，确保本意见提出的各项措施落到实处。引导银行业金融机构与政府有关部门及中小企业之间的联系沟通，改善银企关系，加强银企合作，防范银企风险。以科学发展观指导银行业监管工作，正确处理好支持地方经济健康发展与切实防范金融风险的关系。

二〇〇五年二月六日

关于增强支农服务功能的指导意见

中国银行业监督管理委员会北京监管局

京银监发［2005］197号

北京农村商业银行（筹）：

2005年是北京市农村信用社改革与发展的关键一年。在农村信用社改革中，增强和完善服务功能，确保服务“三农”宗旨不变，是改革的关键和核心，也是衡量改革成功与否的重要标准。北京农村商业银行筹备组（以下简称筹备组）应对此高度重视，要在各级地方政府支持下，积极贯彻落实国家关于支持“三农”的政策精神，按照市委、市政府确定的首都产业发展规划和区域功能定位的需要，结合本地区实际情况，充分发挥首都农村金融主力军作用，统筹规划，具体落实，化解历史包袱，转换经营机制，拓宽融资渠道，提高服务质量，调整信贷结构，实现经济效益与社会效益的双赢，推动首都郊区经济持续稳定健康发展。

一、合理确定支农信贷比例，确保支农服务功能持续增强

筹备组及所属各级机构要认真落实支

农服务工作，始终把支持“三农”发展作为未来农村商业银行的立行之本，切实采取有效措施持续增强支农服务力度。进一步加强对支农信贷工作的统筹管理，同时根据北京市的产业结构状况和未来产业发展规划，以及农业增加值在地区 GDP 中的比重，合理确定支农信贷在信贷投放总量中的比例，确保未来涉农信贷增长幅度不低于本地区农业 GDP 的增长幅度，促进“三农”可持续发展。

二、发挥信贷调控作用，促进农业产业结构调整，打造首都优势农业

筹备组应把握北京市“以都市型现代化农业为方向，着力提高农业综合生产能力”的有利时机，及时指导所辖各级分支机构统筹规划，充分发挥信贷调控功能，全力支持推进首都农业产业化进程。在坚持信贷原则和贷款条件的前提下，运用扩大信贷投向、提高贷款增量、优惠贷款利率、简化贷款手续、普及支农信贷知识、增加信贷业务透明度等多种措施加强农村金融服务力度，努力实现年初确定的山区、半山区分支机构涉农贷款增量占贷款总增量 50% 的经营目标。根据首都经济发展和产业布局的实际情况，按照产业化发展方向筛选服务对象，重点扶持农业龙头企业和农业种养大户，重点扶持科技含量高的深加工型企业，并采取“公司 + 农户”、“基地 + 农户”、“园区 + 农户”和“项目 + 农户”等多种形式，逐步形成产前、产中、产后的完整产业链条，为农业产业发展提供全方位金融服务，提高农业生产效率，拓展农产品销售市场，塑造知名品牌，打造优势农业，以此促进农业产业升级和结构调整，并带动广大农户有效增加收入，改善生产和生活条件。

三、完善农户小额信用贷款制度，在规范管理的前提下不断提高农户贷款的满意度

农户小额信用贷款对促进农村经济发展和农民脱贫致富起着极为重要的作用。有关分支机构应在筹备组授权范围内，结合当地农户实际情况，及时调整和完善小额信用贷款具体操作办法，合理确定贷款期限和贷款额度，最大限度地满足农户生产经营对信贷资金的需要，向农户提供规范、便捷的贷款发放和结算服务。在贷款发放过程中，要加大对农民的指导和信息沟通，引导农户根据整体产业布局选择有前景的项目。各分支机构要建立统一规范的农户信用档案和贷款台账，加强对农户小额信用贷款的动态管理，规范农户信用等级评定工作，在适当范围内公开评定条件和评定结果，接受公众监督，防止违规操作和关系人交易，并根据农户信用状况的变化及时调整信用等级和授信额度。在操作过程中，基层工作人员要明确任务，落实责任，深入调查，及时了解掌握农户的生产经营资金需求及信用状况，严格按照条件发放农户小额信用贷款证。

四、健全农户联保贷款管理机制，探索发展银农贷款的新方式，大力支持郊区经济发展

筹备组及各分支机构要主动加强与地方政府的联系，积极探索完善联保贷款管理方式，优化联保贷款营销组合形式，合理组合划分联保户，拓展联保贷款范围，确保联保贷款规范化运作。切实加强对联保小组农户担保能力的调查，探索结合农村实际和地域特点的信用担保体系，合理分配各联保户应承担的最高担保额度，科学设置联保小组最高贷款额度。切实加强贷后跟踪管理，通过对农户生产经营情况进行跟踪调查，及时发现风险隐患。通过实行按期结息、贷款归还公示等制度，不断增强农户的还款意识，提高贷款回收率。总结以往银农合作贷款管理的经验，结合各区县农业产业化发展定位，在完善制度和规范管理的前提下，进一步拓展银农合作范围，科学选择一批有市场、有效益、有规模和信誉有保障的农业生产企业，有计划、分步骤地给予资金支持，促进其持续有效发展。

五、大力加强农村信用体系等基础建设工作，优化和改善区域金融环境

各分支机构要以开展“三信工程”为手段，大力宣传诚实守信观念，积极推进“信用户”、“信用村”和“信用乡（镇）”创建活动，提高创建活动的深度和广度，推动农村信用文化建设，不断提高“信用户”、“信用村”和“信用乡（镇）”的比例。在“三信工程”的开展中，各分支机构要充分依靠各级政府组织，成立“信用户”、“信用村”和“信用乡（镇）”的评定组织，全面开展评定工作，增强农民的信用意识，营造良好的信用环境。在加快农村信用体系建设过程中，筹备组要研究制定科学的资信评价方法，尽快健全农户资信评价体系，及时准确地反映农户经济信息和信用等级。在信贷支农过程中，针对个别地方、个别贷款户信用意识淡薄的情况，各分支机构要积极争取地方政府的支持，采取必要措施制裁恶意违约贷款人，维护良好信用环境。

六、加强对支持“三农”发展信贷政策的研究，通过提供特色金融服务建立竞争优势

筹备组要认真研究首都农业的相关政策，配合做好金融服务。通过研究农业政策，熟悉农业政策，把握农业结构调整方向，找准支持农业发展的切入点，带动金融服务深化，确立在农业金融服务领域中的优势地位。以改革为契机，采取具体手段强化农业研究工作的地位和作用，建立行业优势。在农村商业银行的机构设置中，通过设立专职支农业务部门，强化支农业务管理；通过深入开展对区域性“三农”问题的研究，建立适合地方特点的信贷支农体制；通过加强项目研究和论证，发挥信贷引导功能，主动引导“三农”经济健康发展。紧密结合北京地区的农业政策和产业布局，确定中长期信贷支农政策框架，明确重点扶持的农业产业项目，培养、巩固和发展优质客户群体。

七、加强业务创新，拓展服务范围，提升服务手段，不断满足日益增长的信贷需求

在首都农业结构调整过程中，筹备组要不断转变业务思路，积极开拓业务领域，满足多样化的信贷需求，有针对性地提供金融服务品种：一是与地方政府紧密合作，加强信息系统建设，畅通农村信息渠道，依托信贷业务开展多种形式的信息服务，科学引导农户的生产方向。发挥信贷导向作用，促进农业产业化调整和农村经济发展。二是积极配合地方政府进行农村小城镇建设，围绕住房、供水、供电、广播电视、通讯等基础设施给予信贷支持。对于因农业和农村经济结构性调整而转移出的农村富余劳动力，采取优惠的信贷政策支持其向第二、三产业转移，实现再就业。三是大力开发、开办适应农户和居民金融新需求的中间业务品种，如代理收费业务、代理保险业务以及家庭理财业务等，为广大消费者提供更好的服务。针对个人消费需求的变化，研究开办农村住房贷款业务，完善助学贷款措施，增加农村消费贷款的比例，激活农村消费市场，帮助农民和居民改善生活条件。

八、探索和建立支农信贷业务风险管理机制，在提高信贷资产质量的基础上促进涉农贷款持续增长

涉农贷款的发放和管理是一项复杂的工作，筹备组要制定严格的制度和操作程序，切实加强对涉农贷款的管理，努力降低贷款风险，使涉农贷款逐步成为农村商业银行的优质资产业务。一是加强业务开展的合规性审查，积极防范操作风险。健全工作制度，严格工作程序，规范工作流程，在严格控制风险的前提下开展业务。二是完善稽核体制，充实稽核力量，提高稽核人员素质，加强对基层经营机构的稽核监督，防止权力滥用和管理缺位，防止随意简化贷款程序。三是建立和完善贷款管理责任制，把工作责任分解落实到人，对人为造成农业贷款损失的，要对相关责任人进行严肃处理。四是积极争取各级政府的支持和配合，加强风险控制，打击金融犯罪，防范金融案件发生，为农村商业银行的改革和发展创造良好稳定的环境。

二〇〇五年九月二十一日

关于印发《关于进一步加快北京银行业对外开放若干意见》的通知

中国银行业监督管理委员会北京监管局

京银监通［2005］240 号

各政策性银行北京市分行及总行营业部、各国有商业银行北京市分行、各股份制商业银行在京营业机构、北京银行、北京农村商业银行、各外资银行北京分行、北京邮政储汇局、各金融资产管理公司北京办事处、各非银行金融机构：

为有效落实科学发展观和各项银行业对外开放政策，充分发挥银行业在加快首都金融改革、稳定金融市场、优化资源配置、协调产业升级进程中的强势地位，促进首都经济持续稳定和谐发展，根据有关法律、法规和中国银监会进一步扩大对外开放的各项举措；按照市委、市政府有关工作要求，北京银监局制定了《关于进一步加快北京银行业对外开放若干意见》，现印发给你们。

请各机构结合自身实际情况，抓住开放的有利时机，积极调整发展规划，不断完善创新机制，强化风险管理能力，提高金融服务水平，共同促进首都银行业的长期稳健发展。实际工作中如遇任何困难与问题，请及时反馈我局。

附件：关于进一步加快北京银行业对外开放若干意见

二〇〇五年十二月三十日

附件：

关于进一步加快北京银行业对外开放若干意见

为有效落实科学发展观和各项银行业对外开放政策，通过有序推进首都银行业对外开放；充分发挥银行业在首都加快金融改革、稳定金融市场、优化资源配置、协调产业升级进程中的强势地位；加快增长方式的转变，不断增强自主创新能力，促进首都经济持续稳定和谐发展，根据有关法律法规和银监会进一步扩大对外开放的各项举措，北京银监局将采取以下措施进一步加快首都银行业对外开放：

一、提高政策透明度，为符合条件的外资金融机构开辟快速通道

继续认真履行加入世贸组织承诺；在坚持依法监管、坚持审慎标准的前提下，对符合条件在京设立网点和拓展业务的外资金融机构，开辟快速通道。通过定期举办情况通报会、出版政策法规汇编，加强政策宣传；为外资金融机构熟悉本土化经营环境创造条件。通过印发工作手册、指引和索引等，明确行政审批及监管工作程序、时限和具体要求，加强政策沟通和指导，合理加快审批进度。

鼓励符合条件的港资等银行业金融机构用好CEPA，在京增设网点和扩大业务范围。对于已在京开业的港资等银行业金融机构申办人民币业务，符合条件的，将按照相关政策享受快捷服务。

根据相关政策法规，对台资金融机构在京发展给予积极支持。

二、建立以风险为核心的监管体系，对低风险机构给予更大发展空间

依托现代风险评级体系，定期对外资金融机构风险状况进行评价，并据以实施有差别的监管。对于低风险、能够切实保护金融消费者权益、客户满意度高、发展战略与内部资源支持匹配良好、内控机制健全、执行到位的机构；实行扶持性监管政策，给予更大的发展空间。

三、鼓励业务创新，支持外资金融机构不断丰富业务品种

鼓励外资金融机构在控制风险和依法合规经营的前提下，围绕市场需求，积极推进业务创新，不断丰富业务品种，提高客户满意度。鼓励外资金融机构开展特色金融服务，特别是面向中小个业和微小企业的金融服务。对有关法律及政策鼓励的金融产品及服务，将实行扶持性监管政策。

鼓励外资金融机构在业务创新领域与中资银行加强合作，发挥各自的市场优势，逐步形成具有首都特色的银行业综合化服务创新机制。

四、鼓励多形式、多层次的互利合作，促进改革与开放共同发展

鼓励外资金融机构通过投资入股、战略合作、业务联营、人员交流与培训等多种形式，加强与中资金融机构的合作。在加快银行业对外开放的同时，推动首都银行业的改革进程，带动首都中小银行及农村金融发展，提升首都银行业持续发展能力、自主创新能力和抗风险能力，不断完善首都银行业公司治理、管理技术和业务结构，提升首都银行业综合服务能力。

五、进一步做好高管人员准入工作，鼓励外资金融机构用好相关优惠政策，积极吸引高端人才

鼓励有条件的外资金融机构充分利用北京市《关于促进首都金融产业发展的意见》等优惠政策，在京设立营业性机构，依法稳健发展多元化业务，积极吸引高端管理人才，推动高层次金融人才的聚集和金融市场的深化。

进一步做好外资金融机构高级管理人员准入与服务工作，积极搭建各个层面的政策交流渠道，主动听取外资金融机构的意见和建议，加强与相关管理部门、监管部门的协调、联动及沟通，为外资金融机构创造和谐的监管和服务环境，推动相关优惠政策的落实与完善。

六、围绕首都发展优势，鼓励外资金融机构提升管理层次

充分发挥北京的金融决策中心、监管决策中心、资金调度中心、资金营运中心、金融研发中心、信息产业中心、中介服务中心等优势，推动信用环境优化，协调完善社会信用体系建设，鼓励有条件的外资金融机构用好银监会及市政府各项银行业对外开放政策；在北京设立业务总部和管理研发中心，拓展营业网点及业务范围。

鼓励外资金融机构关注已开放人民币业务各个地域的客户需求，密切与中西部地区和东北地区金融市场的联系，进一步发挥首都经济金融的辐射和服务作用。

七、充分利用国际国内两个市场、两种资源，促进中资银行到境外发展

通过积极推进改革、强化监管，不断完善中资银行的公司治理、改进内部管理、提高资本充足率和资产质量、提升创新能力，全面提高综合竞争能力。在条件成熟时，支持辖内中资银行到海外设立机构，加强与国际市场的交流。

八、加强同业合作，促进完善行业协作机制

鼓励外资金融机构积极参与北京银行业协会工作，通过协会的自律、维权、协调、服务、宣传等职能，提升首都银行业总体服务和管理水平。

鼓励外资金融机构强化银行业协会的专业优势，加强银行业中高级人才培训，根据相关政策法规完善从业资格认证制度，丰富首都银行业人才储备，促进人员有序流动，为中、外资银行业金融机构发展提供人才支持。

鼓励外资金融机构参与银行业协会建章建制工作，优化行业规范；促进中、外资银行优势互补、良性互动、共同发展。

鼓励北京银行业协会加强与香港、澳门和台北银行协会的交流与合作。

金融是现代经济的核心。银行业是将北京建设成为“国际城市、宜居城市”和维护其“国家首都、历史名城”地位的重要支柱，是首都现代化发展战略中的关键环节。我局将按照银行业对外开放总体战略部署，引导中外资银行平等竞争、互利合作、稳健发展，努力将首都银行业建设成为具有国际一流水准的现代服务行业。

关于加快发展北京农村人身保险的指导意见

中国保险监督管理委员会北京监管局

京保监发［2005］137号

各保险公司在京分公司，瑞泰人寿保险有限公司，中美大都会人寿保险有限公司，中法人寿保险有限责任公司，北京保险行业协会：

为贯彻落实党的十六届三中、四中全会、中央经济工作会议、《中共中央国务院关于进一步加强农村工作提高农业综合生产能力若干政策的意见》以及2005年全国保险工作会议精神，充分发挥北京保险业服务“三农”的作用，现就加快发展北京农村人身保险提出如下指导意见：

一、充分认识加快发展农村人身保险的重要意义

发展农村人身保险对于实现保险业的持续健康发展，促进北京城乡协调发展，维护社会稳定，全面建设小康社会具有重要意义。

近年来，北京保险业发展较快，农村人身保险市场呈现出主体增多、网点布局较全、业务规模不断扩大、保险功能得到体现、销售渠道多样、销售队伍日益壮大等特点。2004年，北京郊区县人身保险保费约13亿元，各项赔款和给付支出总计约2亿元，销售队伍约12 000余人。但由于农村经济发展水平较低，农民保险意识不强，保险公司对农村市场重视不足，仍然影响北京市农村人身保险的发展，农村人身保险覆盖面较低，保险在服务“三农”中的作用未能充分发挥，必须引起高度重视。

加快农村人身保险发展是构建社会主义和谐社会的迫切要求。党的十六届四中全会把构建社会主义和谐社会作为全面建设小康社会的重大战略任务。“三农”问题是全党工作的重中之重，在构建社会主义和谐社会中起着至关重要的作用。保险业作为经济社会发展的稳定器和助推器，应充分发挥经济补偿、资金融通、社会管理的功能，为解决“三农”问题提供强有力的保障，替政府分忧、为人民群众解难。

加快农村人身保险发展是农村经济发展和农民保险保障的需要。党的十六大以来，中央实行了一系列解决“三农”问题的有力政策措施。北京市政府加大了对“三农”的支持力度，对“三农”的财政投入和投资数额逐年增加。据统计，2004年，郊区生产总值完成970亿元，增长15.5%，农民人均纯收入达7 172元，同比增长10.4%，扣除物价因素，实际增长9.2%；全年用于郊区建设的政府投资达58.7亿元，比2003年增加了1.7倍；市财政用于“三农”的投入达到20.5亿元，比2003年增加了1.1倍。政府的加大支持、农村经济的发展、农民收入水平的提高，对农村人身保险发展提出了新的需求，保险业应积极创新，服务农村人身保险需求。

加快农村人身保险发展是实现保险业持续健康发展的现实选择。2004年，在北京寿险业结构调整，城市业务出现持续下滑的情况下，郊区人身保险业务发展稳定，郊区业务占整体业务的比重有所增长，成为北京寿险业务发展新的增长点。大力发展农村人身保险，将有力支持保险业平稳健康发展。

二、北京农村人身保险的发展思路和目标

总体思路　通过北京保险业积极服务“三农”，充分发挥保险在农村的保障作用，为构建社会主义和谐社会贡献力量。

总体目标　充分发挥商业保险在农村社会保障体系建设中的作用，探索建立以政府提供的基本医疗养老保障为基础，以多元化的商业人身保险为补充的多层次新型农村社会保障体系。

具体目标　广泛服务于农村的各类人群，提高保险覆盖面，使保险观念深入人心；细分农村市场，为农民提供简单、价廉、适合的人身保险产品；建立适合农村市场的销售方式；为农民提供方便、快捷、优良的服务。

三、加快发展农村人身保险的具体措施

（一）加强调查研究

保险公司应针对北京农村人身保险市场规模较小、覆盖面较低、农民对商业保险认可程度不高的实际，采取多种方式，深入调查研究，探索农村人身保险市场发展规律，了解农民对人身保险的需求、实际购买能力、缴费方式，认真总结成功经验和失败教训，收集、整理和分析农村人身保险经营数据，夯实农村人身保险发展基础。

（二）加大产品开发

保险公司应本着“符合需求、条款简单、保费低廉、保障适度”的原则，为农民量身定做保险产品。根据农民收入和文化素质普遍不高，农村风险与城市风险有显著区别的特点，通过降低经营成本，降低保险费率，提供符合农民购买力水平、保障较全面的产品。

应向农民提供以医疗、养老和意外等保险保障为主的产品。据北京保监局近期调查显示，在有保险需求的被调查农民中，58%出于风险保障目的购买保险，32%出于养老目的购买保险，出于投资目的的仅占10%；其中，准备购买健康险的人群占比近50%。保险公司加快研究满足北京农民风险保障需求的产品。

应针对当前北京区县之间、乡镇之间、村之间、农户之间经济发展不平衡的实际情况，细分市场，设计开发满足不同地区、不同年龄和不同收入水平农民的多层次、多样化需求的保险产品。

应充分考虑北京农村社会保障体系建设的实际，设计开发与农村合作医疗、农村社会养老制度相对接的保险产品，使商业保险成为社会保险的有益补充，为农民提供多层次的风险保障。

（三）加强渠道建设

加强销售渠道建设。保险公司应首先建立严格的农村营销员选用、培训和管理制度，拓宽营销员知识面，提升营销员综合素质，建立专业化和技能化的销售队伍；其次，根据当地实际情况，在农村发展具有一定群众基础和影响力、老百姓信任的人作为保险营销员；再次，各公司可根据自身实际，实施有针对性的激励机制，提高农村营销员的销售积极性；最后，通过改革创新，丰富销售渠道。如建立农村保险代办员销售模式，发展银行、农村信用社和邮政局（所）等兼业代理机构等。

提高农村营销员综合素质。各公司应通过开设有针对性的培训课程，提高农村营销员持证率，缩小城乡差距；结合农村实际，根据销售产品的不同对营销员实行差异化管理。北京保监局将根据农村营销员队伍的实际情况，探索保险代理人分级考试、分级持证制度，建立与销售产品复杂程度相关的资格认证体系。

（四）强化风险管控

农村问题关乎全局，维护农村稳定是政府的工作重点。发展农村人身保险，应诚信展业、规范经营、防范风险、取信于民。各公司应考虑长远利益，加强成本控制，实现农村业务的永续经营；应建立完善的内部控制机制，加强对农村地区的机构、人员、资金、单证、销售、承保、理赔等的管理；要加强对销售品质的管控，严禁误导销售行为；要认真处理农村地区信访问题，妥善解决客户投诉，分公司总经理是农村地区信访工作的第一责任人。鼓励各公司利用农村金融网点，逐步实现银行划账缴费，有效控制资金风险。

（五）完善客户服务

建立完善的客户服务体系。各公司应加强对销售人员的售前培训，提高销售人员的素质，规范销售人员展业行为；简化投保手续，加强售后服务，通过电话、信函等多种方式开展客户回访工作；提倡银行转账续期收费，方便农民交费；简化理赔程序，延伸服务网络，为农民提供便捷服务。

（六）加强宣传交流

提高农民保险意识。各公司应深入农村，通过农民喜闻乐见的方式宣传保险，普及保险知识，树立公司的良好形象。各公司应建立农村人身保险业务统计体系，建立郊区县业务开展情况的数据收集、整理和分析制度，要按照北京保监局要求定期上报有关数据；及时总结本公司在服务“三农”中的经验和教训，发现典型，树立榜样。

北京保险行业协会应建立农村人身保险的信息交流和共享机制，支持保险公司开展服务“三农”的交流活动。

二〇〇五年五月二十五日

关于印发《关于促进首都金融产业发展的意见》的通知

北京市发展和改革委员会　北京市财政局
北京市地方税务局　北京市人事局
京发改［2005］197号

各有关单位：

经市政府同意，现将《关于促进首都金融产业发展的意见》印发给你们，请遵照执行。

附件：关于促进首都金融产业发展的意见

二〇〇五年二月五日

附件：

关于促进首都金融产业发展的意见

为进一步优化首都金融发展环境，促进首都金融产业发展，根据国家有关法律、法规，现提出如下意见。

一、本意见所称金融企业是指在京注册的具有独立法人资格的金融企业，其他金融企业经批准可参照执行。

二、对市政府授予荣誉称号并给予奖励的金融企业管理人员和专业技术人员，所得奖金免征个人所得税。

三、金融企业职工取得年终加薪、年薪制兑现年薪等年度一次性工薪所得，可单独计税，即按12个月分解后确定适用税率和相应的速算扣除数，再以全部奖金收入按此计算纳税。

四、按照北京市吸引高级人才奖励管理规定，对金融企业连续聘用2年以上的高级管理人员，在本市行政辖区内购买商品房、汽车或参加专业培训的，按其上一年度所缴个人工薪收入所得税地方留成部分的80%予以奖励，奖励资金免征个人所得税。

五、金融企业以股权、期权等形式给予其高级管理人员的奖励，在计征个人所得税时给予优惠。

六、金融企业按不超过职工工资总额20%的比例为职工缴存的住房公积金可税前扣除并免征个人所得税，金融企业职工按不超过其工资总额20%的比例缴存的住房公积金免征个人所得税，职工住房公积金不受月缴存额上限限制。

金融企业按本市规定发给停止实物分房以前参加工作的未享受过福利分房待遇的无房老职工的一次性住房补贴，经税务机关审核可在不少于3年的期间内均匀扣除。金融企业按月发给无房职工和停止实物分房以后参加工作的新职工的住房补贴，可在税前扣除。

七、对在京新设立或新迁入京的金融企业给予一次性资金补助。对注册资本在10亿元人民币（含10亿元人民币）以上的，补助1 000万元人民币；注册资本在10亿元人民币以下、5亿元人民币（含5亿元人民币）以上的，补助800万元人民币；注册资本在5亿元人民币以下、1亿元人民币（含1亿元人民币）以上的，补助500万元人民币。

八、对在京注册的金融企业购买办公用房给予一次性购房补贴，补贴标准为每平方米1 000元人民币；租用办公用房的，实行三年租金补贴。该规定在金融街试点，由西城区政府负责执行。

九、在金融功能区设立金融创新发展基地。对进入金融创新发展基地的中小金融机构，在其初创阶段可向金融创新发展基地申请周转办公用房，三年内免交租金。该规定在金融街试点，由西城区政府负责执行。

十、金融企业聘用的属本市紧缺急需的、具有硕士及以上学位或具有本科及以上学历且取得高级专业技术职称的人员，年龄在45周岁以下的，可办理调京手续并办理本市户口；具有学士及以上学位或取得中级及以上专业技术职称的，可办理《北京市工作居住证》。金融企业聘用的具有学士及以上学位的应届毕业生可按照有关规定办理本市户口。

十一、金融企业需要引进外国专家、留学人员或建立博士后科研工作站的，由人事部门在立项申请、经费资助等方面给予支持。

十二、金融企业高级管理人员的子女，可在京参加高考，录取时与北京市户籍考生同等待遇；需在中小学入学或借读的，由有关区县政府负责安排。

十三、金融企业可根据对外工作需要，确定具备条件的适量业务人员，经市外事主管部门或出入境管理部门批准，优先办理出国护照以及赴香港、澳门特别行政区商务活动有关手续。

十四、对促进首都金融产业发展具有全局性、长远性的资金需要和年度性、临时性的项目资金需求，经市政府批准后，由财政部门给予资金支持。

十五、市发展改革委员会同有关部门制定实施细则并协调解决实施过程中出现的问题。

十六、本意见自2005年2月1日起实施。

《关于促进首都金融业发展的意见》实施细则

京发改［2005］2736号

一、为落实《关于促进首都金融产业发展的意见》（以下简称《意见》），进一步优化首都金融发展环境，促进首都金融产业发展，制定本实施细则。

二、《意见》及本实施细则所称金融企业是指经中国银监会、中国证监会和中国保监会等国家金融监管部门批准，在京注册并具有独立法人资格的金融企业。《意见》及本实施细则所称金融企业高级管理人员是指获得中国银监会、中国证监会和中国保监会等国家金融监管部门资格认定，并在上述金融企业担任董事长、总经理（行长）、副总经理（副行长）、监事长等职务的高级管理人员。对首都金融业发展有特殊贡献的其他金融企业，经批准后可参照执行。

三、对为首都金融业发展作出重大贡献的金融企业管理人员和专业技术人员，市政府授予荣誉称号的，所得奖金免征个人所得税。

四、金融企业取得年终加薪、年薪制兑现年薪等年度一次性工薪所得（下称一次性奖金），可按12个月分解确定适用税率和速算扣除数，再以全部奖金收入按此计算纳税。

五、金融企业职工取得的股权、期权奖励按下列方法计算个人所得税：

（一）直接取得股权奖励的，根据职工在本企业任职年限或与企业协定的任职年限（超过5年的按5年算），按年、月分摊计算个人所得税。

（二）职工行使股票期权认购股票，行权价低于股票实际价格的差额，按工资薪金计算个人所得税时，最长可分解为12个月计算应纳税额。

六、金融企业连续聘用两年以上的高级管理人员，可按其上一年度所缴个人工薪收入所得税地方留成部分80%的标准予以奖励，用于其2005年2月1日以后在本市购买商品房一套、汽车一辆和参加专业领域培训，每年申报一次，奖励金额累计不得超过其购房、购车及培训所付款项且原则上不超过30万元。任职时间以申报人在申请时已实际任职时间为准；连续在同一金融企业集团所属在京不同金融企业担任高级管理人员的，任职时间可以连续计算。

专项奖励申请人由主管税务机关对其上一年度所缴个人工薪收入所得税进行确认后，通过所在单位于每年的5月至9月间提出申请。申请时应提交以下材料：

（一）相关认定证书原件、复印件；

（二）申请人的有效身份证件（身份证或护照）原件、复印件；

（三）申请人任命书、任职聘书、聘用（劳动）合同等证书原件、复印件、监管部门颁发的高级管理人员资格认定书；

（四）企业所在地税务部门出具的上一年度缴纳个人工资薪金收入所得税完税证明原件和复印件；

（五）申请人购房的《房屋买卖合同》、购房发票、《房屋所有权证》，申请人购车的购车发票、《机动车登记证书》原件和复印件，申请人参加专业领域培训的费用证明等；

（六）用于接受奖励款项的申请人所在企业账户。

七、经北京住房公积金管理委员会同意，金融企业单位和职工的住房公积金按规定缴存。申请提高住房公积金缴存比例的金融企业应于每年3月向北京住房公积金管理中心申报。经住房公积金管理委员会批准后，下个住房公积金年度金融企业为职工缴存的住房公积金可在税前扣除并免征个人所得税，职工缴存的住房公积金免征个人所得税，且住房公积金缴存不受住房公积金额上限的限制。

金融企业按北京市有关房改政策发放给无房老职工和未达标老职工的一次性住房补贴，经税务机关审核可在不少于8年的期间内均匀扣除，金融企业按月发给无房职工和新职工的住房补贴可在税前扣除。关于住房补贴发放对象、发放标准等相关政策，应根据《关于北京市机关事业单位职工住房补贴计发及有关纪律规定等问题的通知》（［2003］京房改办字第078号）的有关规定执行。发放职工住房补贴的金融企业需在住房公积金管理中心设立职工住房补贴个人账户，实行专户管理。职工住房补贴的管理参照住房公积金管理办法执行。

八、对2005年2月1日后在京新设立或新迁入的金融企业给予一次性资金补助。对注册资本在10亿元人民币（含10亿元人民币）以上的，补助1 000万元人民币；注册资本在10亿元人民币以下、5亿元人民币（含5亿元人民币）以上的，补助800万元人民币；注册资本在5亿元人民币以下、1亿元人民币（含1亿元人民币）以上的，补助500万元人民币。所需资金由市区两级各分担50%，由所在区县全额兑现，市级应承担部分，通过体制结算补助区县。

在京新设立的法人金融企业凭中国银监会、中国证监会和中国保监会等国家金融监管部门颁发的金融法人许可证、工商登记证明复印件和具有法定资格的验资机构出具的验资证明，新迁入京的法人金融企业凭中国银监会、中国证监会和中国保监会等国家金融监管部门颁发的金融法人许可证、工商登记证明复印件和具有相当资质的中介机构所出具净资产专项审计报告及经中介机构审计的上一年财务报告提出申请，经批准后可享受一次性资金补助。

九、金融企业可以购房补贴或租房补贴。购买自用办公用房的，一次性补贴标准为每平方米1 000元人民币；租用办公用房的，实行三年租金补贴，即第一年优惠50%，第二年优惠30%，第三年优惠10%。本条在金融街试点，由西城区政府负责执行，北京商务中心区和朝阳区政府可参照执行。

新入驻金融街区域的地区级总部及以上金融企业，在西城区完成工商和税务登记的可享受此条优惠政策。申报时金融企业应提交企业书面申请（加盖公章）、购（租）办公用房的合同、付款凭证原件及复印件。符合认定资格的金融企业到北京金融街商会领取申请表格，金融界商会对申报材料初审汇总后，报西城区金融产业促进办公室审核，经西城区政府批准后兑现。

已享受自用办公用房1 000元/平方米优惠的金融企业，五年内不得将房屋产权出让，否则将追回已发放的补贴。申请租房补贴优惠的企业，应租用不少于三年。新入驻企业购租其他已兑现房屋补贴企业办公用房的，不再享受购租房政策。

十、在金融功能区设立金融创新发展基地。对进入金融创新发展基地的中小金融机构，在其初创阶段可向金融创新发展基地申请周转办公用房，三年内免交租金。本条在金融街试点，由西城区政府负责执行。北京商务中心区和朝阳区政府可参照执行。

经西城区金融产业促进办公室认可，属于初创阶段的中小金融机构，在西城区完成工商和税务登记后，均可申请使用创新发展基地周转办公用房。需要提交企业的书面申请（加盖公章）。符合认定资格的金融企业到北京金融街商会领取申请表格，金融街商会对申报材料初审汇总后，报西城区金融产业促进办公室审核，经区政府批准后兑现。中小金融机构在创新发展基地使用的办公用房仅供自用，原则上不超过2间。使用期限最长为三年，其间西城区政府可就基地具体情况对房屋进行调剂。

十一、金融企业聘用的属本市紧缺急需的，具有硕士及以上学位或具有本科及以上学历且取得高级专业技术职称的人员，年龄在45周岁以下的，报市人事局批准后办理调京手续和本市户口。申请时应提供以下申报材料：申请人的学历证书、学位证书、职称证书、身份证原件及复印件；聘用（劳动）合同、同意调出函、接收函、近期体检表及个人全部档案。有配偶和子女且随调或随迁的还需提供：结婚证书，配偶学历、学位、职称证书，同意调出函，同意接收函，独生子女证（或二胎生育证明）等。

金融企业需要在教育部直属院校、其他部委所属院校、中央与地方共建院校及列入“211”工程的地方院校范围内引进紧缺专业学士及以上学位非北京生源应届毕业生的，报市人事局批准后办理调京手续和本市户口。申请时应提供以下申报材料：毕业生就业推荐表（须学校毕业生就业主管部门盖章）；毕业生已修全部课程成绩单（30门课程以上，并经学校教务部门盖章）；英语四级、六级证书复印件或成绩单。

金融企业聘用的具有学士及以上学位或取得中级以上专业技术职称的人员，可通过所在单位向其注册所在地区县人事局申请，经市人事局审核办理《北京市工作居住证》。申请时应提供以下申报材料：申请人的学历证书、学位证书、职称证书、身份证原件及复印件；聘用（劳动）合同、在京固定住所证明和近期一寸免冠彩色照片一张。配偶和子女随往的还需提供：结婚证书、配偶身份证原件及复印件、聘用合同、独生子女证等。

十二、金融企业引进外国专家、留学人员、申请建立博士后科研工作站及其他人才培训计划时可向市人事局或其委托机构申请经费资助。

十三、金融企业高级管理人员的子女需要在北京参加高考的，经批准后可参照《关于来京投资企业高级管理人员子女在京上学问题的实施方案》（京经协办［2002］64号）执行。

金融企业高级管理人员的子女，在入中小学就读等方面，由企业所在区县政府委托相关机构负责办理。

十四、金融企业可根据对外业务需要，确定具备条件的适量业务人员，经市外事主管部门或出入境管理部门批准，优先办理出国护照以及赴香港、澳门特别行政区商务活动有关手续。

市属金融企业可根据开展对外金融业务的需要，确定适量业务人员，报市政府外事办公室批准后，实行一次审批，批件在年度内多次使用有效的办法。即上述人员年度内第一次出国，仍按原规定报批，经批准后年度内再次出国的，由本企业负责人批准。市属金融企业可根据在港澳地区开展金融业务的需要，确定适量业务人员，报市政府港澳事务办公室（市外办）批准后，办理半年至一年多次往返港澳手续。

经批准实行一次审批，批件在年度内多次使用办法的有关业务人员，如需个别调整，按规定办理报批手续。市政府外事办公室根据金融企业人员因公出国任务的需要，适当放宽因公护照有效期年限。

十五、对促进首都金融产业发展具有全局性、长远性的资金需要和年度性、临时性的项目资金需求，经市政府批准后，由财政部门给予资金支持。

十六、申请享受优惠政策的金融企业及高级管理人员，应以企业为单位统一申报，由金融街商会和CBD金融商会免费受理，经市金融工作部门认定资格后由有关部门审核办理。

十七、本实施细则具体实施工作中的问题由北京市发展和改革委员会、北京市人民政府国有资产监督管理委员会会同有关部门负责协调解决，重大问题上报市政府批准后实施。

北京市人民政府办公厅关于印发北京市银行卡应用发展工作指导意见（2005年至2007年）的通知

京政办发［2005］58号

各区、县人民政府，市政府各委、办、局，各市属机构：

经市政府同意，现将《北京市银行卡应用发展工作指导意见（2005～2007年）》（以下简称《指导意见》）印发给你们，并就有关事项通知如下：

银行卡应用发展对实现“新北京、新奥运”战略构想，提升北京城市现代化水平，构建和谐社会首善之区，实现北京“十一五”规划，促进现代服务业发展等方面具有重要意义。要以科学发展观为指导，充分发挥市场调节的作用，积极探索银行卡产业发展新思路。各区县政府、市政府各有关部门要高度重视，相互配合，认真组织实施，按照《指导意见》抓紧开展相关工作，确保各项工作落到实处，共同推进全市银行卡应用发展工作。

二〇〇五年十一月三十日

附件：

北京市银行卡应用发展工作指导意见（2005年至2007年）

为加快推动北京市银行卡应用发展，巩固联网通用取得的工作成果，提升北京国际化大都市形象，实施“新北京、新奥运”战略构想，配合北京市“十一五”规划，促进现代服务业发展，建立符合国际化标准的银行卡支付环境，满足举办北京2008年奥运会的用卡需要，结合本市实际，提出本指导意见。

一、本市银行卡应用发展总体目标

到2007年年底，北京市银行卡应用发展要达到世界先进水平，用卡环境及银行卡支付功能要基本达到国际化标准，能够向持卡人提供安全、普遍、快捷、优质的银行卡服务。奥运场馆及周边地区的商业服务网点、奥运星级饭店、重点商务区、商业街区、旅游景区要全部具备受理银行卡功能，所布放的自动柜员机（ATM）和特约商户销售终端机（POS）能够全面受理国际卡。银行卡要成为市民消费使用的主要支付工具，银行卡产业链中，各参与方要能够实现规模效益发展。在本市基本形成银行卡“技术创新发展，服务质量提高，资源信息共享，风险控制防范，市场有序竞争，参与各方共赢”的局面，为北京2008年奥运会创造良好的用卡环境。

二、本市银行卡应用发展的组织领导

2005～2007年是本市银行卡实现“巩固成果、转型发展”的关键时期，为进一步保障银行卡工作的有效性和连续性，推动银行卡应用发展，带动相关产业发展，促进现代服务业发展，完善首都城市化建设，实现“奥运经济”的战略目

标，北京市银行卡应用发展联席会议制度（以下简称联席会议）保留至2007年年底。并以“统一部署，集中决策，分散管理”为原则开展工作。联席会议要继续加强银行卡工作领导和协调机制，负责统筹规划和指导本市银行卡工作，制定并落实相关政策措施，协调解决银行卡产业发展中的突出问题，指导和推动本地区银行卡应用发展。为便于各成员单位开展工作，不再保留北京市银行卡应用发展推进工作办公室，改由联席会议各成员单位各司其职，各负其责，共同推动银行卡应用发展工作。

联席会议各成员单位具体负责落实联席会议的各项工作要求，建立完善双向沟通协调机制，组织协调本系统银行卡工作，逐步建立以市场调节、行业自律、政策引导相结合的市场化组织管理体系。

联席会议成员单位可提请召开联席会议，原则上跨部门重大事项应提交联席会议研究决定。

联席会议成员单位由人民银行营业管理部、市发展改革委、市商务局、市教委、市科委、市公安局、市监察局、市财政局、市交通委、市卫生局、市国资委、市国税局、市地税局、市工商局、市旅游局、市信息办、北京银监局、外汇局北京管理部、市通信局、市烟草专卖局、北京奥组委等相关部门组成。

三、主要工作任务及措施

（一）继续巩固完善受理市场建设

由市商务局、人民银行营业管理部牵头负责，组织推动引导商业服务业企业、全市金融企业继续扩大受理网络，不断提高服务质量，进一步规范受理市场发展。探索建立有利于本市银行卡产业发展的银企双赢市场化机制，营造公平竞争、健康发展的受理市场环境。

1. 市商务局负责会同有关部门，继续做好商户受理银行卡的拓展工作，将区域拓展和行业拓展相结合，大力发展银行卡特约商户。从2005年开始，以城近郊区、奥运场馆及周边地区、郊区重点旅游区、商业发达街区等市场需求较大的区域为重点，逐步向有一定市场需求的中小商户拓展；积极引导商业、旅游、餐饮等零售和服务行业受理银行卡。到2007年年底，银行卡商户力争发展到4万户。

2. 人民银行营业管理部负责推动引导全市各金融企业与有关行业主管部门联合，加强市场营销，规模发展银行卡商户，提高服务质量，规范受理市场发展。2005年，加大培育市场和完善市场力度，针对机具使用效率较低等突出问题，展开对全市银行卡受理市场专项检查，进一步清理整顿、规范发展。2006年，会同有关部门，组织对全市代理境外信用卡收单业务进行调研，全面分析外资银行进入人民币银行卡业务的情况，完善规范与发展机制。2006年年底前，要做好人民币银行卡业务全面对外开放的各项准备工作，为2007年中外金融机构共同促进、规范受理市场协调发展奠定基础。

3. 2006年，由人民银行营业管理部、市旅游局、北京奥组委相关部门、市商务局等单位共同负责，重点督促检查宾馆、酒店类商户和新建奥运场馆及周边商业服务网点的银行卡受理情况，改善银行卡受理环境。2007年年底，联席会议有关成员单位会同市政府有关部门，组织推动全市各金融机构及行业主管部门对重点领域的银行卡受理环境进行奥运前的实战演习和全面检查。2008年年初，北京市银行卡受理环境要达到举办奥运会的基本要求。

4. 建立和完善合理的收费定价机制。坚持银行服务合理收费原则，综合考虑成本、利润和风险因素，兼顾各方利益，建立科学、合理的银行卡定价机制。按照市场化的发展要求，由各收单机构与商户协商定价，为鼓励商户受理银行卡的积极性，各商业银行可根据商户刷卡消费额等因素建立适当的奖励机制。同时要科学制定银行卡财务管理制度，严格成本核算，降低成本。

（二）提高银行卡联网通用技术与服务水平

1. 加大技术改造力度。2005 年，人民银行营业管理部负责组织推动全市金融企业完成对全市银行卡系统、机具和终端的全面检查和进一步优化改造，提高交易网络运行效率，缩短错账更正、退货等跨行结算时间，加快刷卡消费资金到账时间。市通信局负责组织推动全市电信运营企业加强科技攻关，采取有效措施，保证交易网络的通信畅通，力争降低银行卡通信成本和费用。到 2007 年年底，实现同城、异地跨行交易成功率平均达到 96%以上。

2. 完善受理市场建设。在发展受理市场时，银行卡机具的布放允许多元化发展，但任何联接方式都必须实现联网通用，遵守“一柜一机”原则，实现资源共享，鼓励有序竞争，提升服务水平，调动各方参与受理市场建设的积极性。

3. 规范专业化服务公司的管理与发展。本市从事专业化服务的公司，必须严格遵守银行卡主管部门制定的支付结算和专业化服务公司管理有关规定。各发卡机构要加强对银行卡业务外包的管理和风险控制，健全专业化服务体系，提高专业化服务水平，共同促进专业化服务公司的规范、健康发展。

4. 规范技术标准，完善服务功能。从 2005 年起，要进一步加大规范银行卡技术标准，加强对人民币银行卡国际规范技术标准的推广力度，各发卡机构发行新的人民币卡必须符合该技术标准，年底前完成现有非标准卡的换发工作，支持民族银行卡产业发展。加快推行受理外卡的进度，争取于 2006 年年底前使受理外卡范围和卡种有较大进展。

2006 年，以 POS 和 ATM 机具为重点，加快改造和布放受理本外币 POS 终端、ATM 机具的进度，2007 年年底前，实现全市所有 POS 终端的外卡受理，ATM 机外卡取现、跨行转账功能，推进 ATM 机增值业务的跨行开放，拓宽 ATM 机服务模式及领域，提高 ATM 机窗口服务水平。

（三）促进银行卡品种和功能多样化

1. 促进借记卡发展，普及借记卡应用。全市各发卡机构要完善借记卡功能，推动借记卡的国际化进程，提高服务效率和质量。2005 年，人民银行营业管理部负责牵头组织各发卡机构与社区管理部门合作，持续开展“银行卡进社区”公益活动，普及借记卡知识，促进借记卡应用。

2. 稳健发展贷记卡，推广借贷合一卡，有效防范信用卡风险。全市各发卡机构要在防范风险的同时，积极稳妥发展贷记卡，培养有固定职业、一定收入水平的持卡人增加信用消费，促进消费信贷增长。逐步建立个人信用体系，提高本市银行卡风险防范能力和信用卡服务效率，提升综合竞争能力。

3. 推动公务用卡，促进银行卡在小额支付、公务支付、公共缴费领域的“一卡通用”。由市财政局牵头负责在行政事业单位探索差旅费等日常公用支出中需以现金支付的公务支出使用银行卡支付。力争研究解决社会公益机构银行卡手续费问题的政策措施。

由人民银行营业管理部、北京银监局负责，鼓励金融企业进行技术创新，丰富银行卡品种和功能，支持开发具有多种支付功能的银行卡，拓展银行卡业务及服务领域，实现银行卡在交通、电信、水、电、煤气等与市民生活密切相关领域的应用，减少现金使用量，力争在2007年左右，使银行卡成为首都市民的主要支付工具。

4. 推进金融IC卡应用。由人民银行营业管理部、北京银监局根据各自的职责，牵头组织各发卡机构面向社会需求，根据人民银行《中国金融集成电路（IC）卡规范》（2005年版）新行业标准，考虑从银行磁条卡标准向芯片卡标准转移（EMV迁移）的需要，推进金融IC卡应用发展；积极推动行业IC卡应用与金融IC卡应用有机结合，减少成本，提高使用效率。

（四）做好EMV迁移试点工作

EMV迁移试点工作，将按照“积极应对，谨慎实施”的指导方针，坚持商业银行自主自愿原则，采取“先标准、后试点，先收单、后发卡，先外卡、后内卡”分步实施，2007年年底前完成部分迁移——实现收单银行和转接机构的迁移工作。

2005年，由人民银行营业管理部会同市科委完成北京EMV迁移试点城市的科研立项工作。同时加强与市信息办的沟通联系，对全市收单市场情况进行调查，制定全市EMV迁移试点工作年度推进计划。

全市参加EMV迁移试点工作各有关单位的外卡收单系统改造、信息转接、终端开放等工作于2006年年底前完成。

2007年年底，人民银行营业管理部会同北京奥组委、市旅游局、市商务局，围绕北京2008年奥运会涉及的场馆、宾馆、酒店、大型商场等服务设施，进一步完善受理环境建设和金融服务配套设施，稳步实现EMV迁移的试点运行。

（五）积极推进银税一体化工作

由市信息办、市国税局、市地税局牵头，会同人民银行营业管理部、市商务局等单位，探索建立“政府支持、税务推动、银行配合、社会投入”的应用推广模式，进一步推动银税一体化工作。

积极推广使用金融税控一体机工作。市地税局负责制定税控收款机推进规划和实施计划，研究制定银行卡和财税库行横向联网等相关配套工作。

（六）加大对银行卡应用发展工作的宣传力度

由人民银行营业管理部负责牵头组织有关行业主管部门、各发卡收单机构、信用卡组织在京机构、专业化服务公司等，开展广泛的宣传活动，提高银行卡和机具使用效率，促进持卡消费额增长。

2006年，配合银行卡条例出台，由人民银行营业管理部牵头，会同有关部门开展银行卡应用发展系列宣传活动，政策引导与安全教育相结合，普及银行卡知识，培养市民使用银行卡支付的习惯。推动全市金融企业开展银行卡教育、培训，规范银行卡业务，促进银行卡产业健康发展。

（七）加强银行卡风险管理

1. 人民银行营业管理部、北京银监局根据各自的职责，加强银行卡技术风险管理，采取有效的技术措施，防范银行卡伪冒和欺诈交易；规范银行卡准入管理，防止无序竞争和盲目发卡；建立银行卡交易监测和大额可疑交易报告制度，防止违法分子利用银行卡从事洗钱等犯罪活动和跨境转移非法资金；积极引导有关部门加强对银行卡业务外包的准入、监管和风险控制；建立防范和打击银行卡犯罪情报信息会商机制与合作制度，研究建立信用卡恶意透支相关信息基础数据库，探索建立金融与公安部门之间的双向警示制度，配合市公安部门，打击银行卡犯罪。

2. 由市商务局会同有关部门，在全面促进本市商业服务业企业流通现代化进程中，努力提高商户风险防范意识。在进一步推进商户受理银行卡的同时，引导特约商户，加强受理业务的管理、教育与培训，充分发挥银行卡电子信息系统作用，加强企业内部控制，提高企业财务管理和业务服务水平，提高特约商户受理银行卡过程中的风险控制能力。

3. 全市各金融企业要不断加强内控管理、业务管理、技术管理与风险控制。逐步建立和完善银行卡业务规范和服务标准体系；确保网络安全、稳定运行，建立同城备份系统和网络系统故障应急措施；各发卡机构要提高信用卡的科技含量，加强对信用卡安全的技术防范；根据市场发展和客户需求，提高系统的交易处理能力，保障系统交易成功率，降低交易差错率；加强商户管理与培训教育，高度重视信用卡业务开办过程中的信用风险和欺诈风险，加强对信用卡持卡人和受理商户安全用卡的宣传教育，充分发挥社会信用服务机构在防范信用卡风险方面的作用，普及银行卡使用常识，提高差错处理效率，维护持卡人合法权益，为广大商户和人民群众提供方便、快捷、安全的服务，创造良好的银行卡受理环境。

附：

2005年文件与规章目录选编

中国人民银行营业管理部

一、综合类

1. 关于印发《在京外资金融机构开办人民币业务指引》的通知

银管发［2005］2号

2. 关于印发《在京外资金融机构审慎谈话制度实施细则》的通知

银管办［2005］24号

3. 关于印发《中国人民银行营业管理部行政许可实施细则》的通知

银管办［2005］86号

二、货币信贷类

1. 全国银行间债券市场金融债券发行管理办法

中国人民银行令［2005］第1号

2. 短期融资券管理办法

中国人民银行令［2005］第2号

3. 银行业金融机构进入全国银行间同业拆借市场审核规则

中国人民银行公告［2005］第3号

4. 商业银行设立基金管理公司试点管理办法

中国人民银行　中国银行业监督管理委员会　中国证券监督管理委员会公告［2005］第4号

5. 国际开发机构人民币债券发行管理暂行办法

中国人民银行　财政部　国家发展和改革委员会　中国证券监督管理委员会公告［2005］第5号

6. 信贷资产证券化试点管理办法

中国人民银行　中国银行业监督管理委员会公告［2005］第7号

7. 全国银行间债券市场债券远期交易管理规定

中国人民银行公告［2005］第9号

8. 短期融资券承销规程

中国人民银行公告［2005］第10号

9. 资产支持证券信息披露规则

中国人民银行公告［2005］第14号

10. 关于印发《北京市推进下岗失业人员小额贷款工作财政支持政策具体实施办法》的通知

银管发［2005］3号

11. 关于北京地区利率监测管理系统试运行的通知

银管发［2005］5号

12. 转发中国人民银行关于对外资保险公司办理人民币协议存款文件的通知

银管发［2005］7号

13. 转发中国人民银行关于2005年再贷款浮息有关问题的通知

银管发［2005］15号

14. 关于印发《北京市深化农村信用社改革试点资金支持方案监测与考核实施细则》的通知

银管发［2005］28号

15. 转发中国人民银行关于调整商业银行住房信贷政策和超额准备金存款利率文件的通知

银管发［2005］30号

16. 转发中国人民银行　银监会关于加快落实国家助学贷款新政策有关事宜文件的通知

银管发［2005］38号

17. 关于调整、增加利率监测内容有关问题的通知

银管发［2005］71号

18. 转发中国人民银行　中国银行业监督管理委员会关于进一步加强农村信用社改革试点专项中央银行票据发行兑付考核工作文件的通知

银管发［2005］80号

19. 转发中国人民银行关于上调小额外币存款利率上限文件的通知

银管发［2005］88号

20. 关于进一步加强北京地区金融市场管理工作的通知

银管发［2005］91号

21. 关于印发《北京市经济金融形势分析例会工作规程》的通知

银管发［2005］100号

22. 转发中国人民银行关于人民币存贷款计结息问题文件的通知

银管发［2005］103号

23. 关于进一步加强北京地区利率监测工作的通知

银管发［2005］109号

24. 关于建立利率工作重点联系行制度的通知

银管发［2005］111号

25. 关于印发《北京地区金融机构场外融资电子备案管理办法》的通知

银管发［2005］117号

26. 转发中国人民银行关于上调小额外币存款利率上限的通知

银管发［2005］123号

27. 转发中国人民银行关于完善人民币汇率形成机制改革公告的通知

银管发［2005］124号

28. 转发中国人民银行关于银行间外

汇市场交易汇价和外汇指定银行挂牌汇价管理有关文件的通知

银管发［2005］125号

29. 关于印发《北京市信用社区小额信用贷款工作办法（试行）》的通知

银管发［2005］135号

30. 转发中国人民银行关于上调小额外币存款利率上限文件的通知

银管发［2005］142号

31. 转发中国人民银行　中国银行业监督管理委员会关于印发农村信用社改革试点专项中央银行票据兑付考核操作程序文件的通知

银管发［2005］169号

32. 转发国家税务总局　中国人民银行　教育部关于教育储蓄存款利息所得免征个人所得税实施办法有关问题补充文件的通知

银管发［2005］174号

33. 转发中国人民银行关于上调小额外币存款利率上限文件的通知

银管发［2005］183号

34. 转发国家税务总局　中国人民银行　教育部关于教育储蓄存款利息所得免征个人所得税实施办法文件的通知

银管发［2005］193号

35. 关于转发劳动和社会保障部、建设部等九部委《关于进一步解决拖欠农民工工资问题的通知》的通知

银管发［2005］211号

36. 转发中国人民银行关于积极做好防控禽流感疫情相关金融服务工作文件的通知

银管发［2005］214号

37. 北京市国家税务局　中国人民银行营业管理部　北京市教育委员会关于贯彻《教育储蓄存款利息所得免征个人所得税实施办法》的补充通知

银管发［2005］220号

38. 转发国家税务总局　中国人民银行　教育部关于教育储蓄存款利息所得免征个人所得税有关问题解答的通知

银管发［2005］221号

39. 关于进一步加强辖区银行间债券市场备案管理工作有关问题的通知

银管发［2005］223号

40. 转发中国人民银行关于邮政储蓄老转存款转出事宜文件的通知

银管发［2005］224号

41. 转发中国人民银行关于上调小额外币存款利率上限文件的通知

银管发［2005］234号

三、会计财务类

1. 关于调整部分银行外汇存款准备金缴存范围的通知

银管发［2005］185号

2. 转发民间非营利组织会计制度等系列文件的通知

银管办［2005］38号

四、征信管理类

1. 个人信用信息基础数据库管理暂行办法

中国人民银行令［2005］第3号

2. 转发中国人民银行关于印发《个人信用信息基础数据库数据报送管理规程（暂行）》和《个人信用信息基础数据库金融机构用户管理办法（暂行）》文件的通知

银管发［2005］43号

3. 转发中国人民银行征信管理局关于开通个人信用信息基础数据库测试环境文件的通知

银管发［2005］86号

4. 转发中国人民银行办公厅关于进

一步做好个人信用信息基础数据库系统推广工作文件的通知

银管发［2005］99号

5. 转发中国人民银行关于填报资信评级机构统计报表文件的通知

银管发［2005］108号

6. 关于将个人信贷业务加入个人信用信息基础数据库的通知

银管发［2005］146号

7. 转发中国人民银行办公厅关于规范商业银行取得个人信用报告查询授权有关文件的通知

银管发［2005］218号

8. 关于协助收集银行信贷登记咨询升级系统借款人基本信息的通知

银管发［2005］226号

9. 关于进一步加强银行信贷登记咨询系统数据管理的通知

银管发［2005］237号

五、支付结算类

1. 电子支付指引（第一号）

中国人民银行公告［2005］第23号

2. 中国人民银行自动质押融资业务管理暂行办法

中国人民银行公告［2005］第25号

3. 转发中国人民银行关于印发《人民币银行结算账户管理办法实施细则》的通知

银管发［2005］18号

4. 关于印发《北京市人民币银行结算账户管理系统推广工作实施方案》的通知

银管发［2005］49号

5. 关于印发《北京市支付密码器系统推广应用实施细则》的通知

银管发［2005］56号

6. 关于印发《北京市银行结算账户清理核实工作实施方案》的通知

银管发［2005］58号

7. 转发中国人民银行关于人民币银行结算账户管理业务处理办法（试行）文件的通知

银管发［2005］67号

8. 关于在北京市推广运行人民币银行结算账户管理系统的通知

银管发［2005］87号

9. 关于"冀（廊坊）"字样支票在区域票据交换范围内流通使用有关事项的通知

银管发［2005］92号

10. 关于个人银行结算账户清理核实有关事项的通知

银管发［2005］114号

11. 转发中国人民银行关于完善票据业务制度有关文件的通知

银管发［2005］166号

12. 转发中国人民银行关于商业银行工作人员泄露反洗钱信息问题情况的通知

银管发［2005］177号

13. 关于迅速采取有效措施防止利用手机短信进行银行卡诈骗事态蔓延的紧急通知

银管发［2005］180号

14. 转发中国人民银行关于中信实业银行更换票据、会计印章的行名和行徽有关批复的通知

银管发［2005］194号

15. 转发中国人民银行关于境外投资者因经营受让不良债权开立人民币银行结算账户有关文件的通知

银管发［2005］195号

16. 转发中国人民银行办公厅关于印发《小额支付系统业务处理办法（试行）》、《小额支付系统业务处理手续（试

行)》、《中国现代化支付系统运行管理办法（试行)》等规章制度的通知

银管发［2005］208号

17. 转发中国人民银行办公厅关于印发小额支付系统收费试行标准有关文件的通知

银管发［2005］210号

18. 转发中国人民银行办公厅《联网报送数据工作有关问题的解答》的通知

银管发［2005］217号

19. 转发北京市人民政府办公厅关于印发北京市银行卡应用发展工作指导意见（2005年至2007年）文件的通知

银管发［2005］231号

六、国库类

1. 转发中国人民银行《国库资金汇划报解指导原则》的通知

银管发［2005］41号

2. 关于印发《北京市国库资金汇划报解办法》的通知

银管发［2005］47号

3. 关于印发《北京市市级财政国库集中支付资金网络支付清算业务处理暂行办法》的通知

银管发［2005］84号

4. 转发中国人民银行关于印发《商业银行、信用社代理支库业务审批工作规程（暂行)》和《商业银行、信用社代理乡镇国库业务审批工作规程（暂行)》文件的通知

银管发［2005］96号

5. 转发财政部、国土资源部、中国人民银行关于进一步加强新增建设用地土地有偿使用费征收使用管理的通知

银管发［2005］112号

6. 转发中国人民银行关于配合做好财税库横向联网系统建设工作有关文件的通知

银管发［2005］160号

7. 转发北京市人民政府关于完善市与区县分税制财政管理体制有关文件的通知

银管发［2005］164号

8. 转发财政部　国家税务总局　中国人民银行《关于出口退税负担机制调整后有关预算管理问题的通知》

银管发［2005］184号

9. 关于调整耕地开垦费预算收入科目的通知

银管发［2005］198号

10. 转发财政部　国家税务总局　中国人民银行《关于出口退税负担机制调整后有关调库事项的通知》

银管发［2005］199号

11. 关于商业银行办理委托代征税款业务有关事项的通知

银管发［2005］200号

12. 关于印发《北京市商业银行代理国库业务部门负责人及代理支库负责人审慎谈话管理办法》的通知

银管发［2005］201号

13. 转发中国人民银行关于印发《国库会计管理规定》有关文件的通知

银管发［2005］230号

14. 转发《国家税务总局　中国人民银行关于印发国家税务局系统行政性收费票据式样的通知》的通知

银管发［2005］233号

七、货币金银类

1. 人民币图样使用管理办法

中国人民银行令［2005］第4号

2. 转发国务院反假货币工作联席会议办公室关于2005年版第五套人民币假币情况文件的通知

银管发［2005］235号

八、科技类

1. 转发中国人民银行关于发布《银行信息化通用代码集》行业标准文件的通知

银管发［2005］40号

2. 转发中国人民银行关于发布《中国金融集成电路（IC）卡规范（V2.0）》行业标准文件的通知

银管发［2005］46号

中国银行业监督管理委员会北京监管局

1. 关于印发《增进合作　促进发展　全面深化首都金融监管工作》的通知

京银监通［2005］28号3月7日

2. 关于印发《当前北京银行业总体形势和风险防范工作的分析报告》的通知

京银监发［2005］88号4月15日

3. 关于印发《北京辖内银行业金融机构重大突发事件报告制度》的通知

京银监发［2005］86号4月18日

4. 关于对辖内商业银行有效防范汽车消费贷款风险的监管意见

京银监发［2005］121号6月20日

5. 关于开展小企业贷款试点的指导意见

京银监发［2005］194号9月22日

6. 关于增强支农服务功能的指导意见

京银监发［2005］197号9月22日

7. 关于促进北京农村商业银行健康发展的若干监管意见

京银监发［2005］218号11月21日

8. 关于北京银行业金融机构案件专项治理工作情况的报告

京银监字［2005］281号12月7日

9. 关于在北京农村商业银行大力开展和推动“创建好银行”工作的通知

京银监通［2005］218号12月12日

10. 关于印发《北京银行业发展与监管三年规划》的通知

京银监发［2005］241号12月16日

11. 关于印发《关于进一步加快北京银行业对外开放若干意见》的通知

京银监通［2005］240号12月30日

中国保险监督管理委员会北京监管局

1. 关于印发《保险公司在京分公司行政许可及非行政许可事项申报指引》的通知

京保监发［2005］12号1月10日

2. 关于印发《北京保监局“农保工程”工作方案》的通知

京保监发［2005］60号2月22日

3. 关于规范北京保险中介市场经营行为的通知

京保监发［2005］76号3月4日

4. 关于实施《北京保险业信访回访和督查制度（试行）》的通知

京保监发［2005］93号3月31日

5. 关于落实保险公司营销员持证上岗制度有关问题的通知

京保监发［2005］94号3月31日

6. 关于印发《中资寿险公司在京分公司开业审批指引》的通知

京保监发［2005］105号4月11日

7. 关于加强北京非寿险业诚信制度建设　提高车险服务质量的通知

京保监发［2005］116号4月25日

8. 关于下发《加强医疗责任保险风险管理指导意见》的通知

京保监发［2005］37号4月26日

9. 关于印发《北京保险公司分公司分类监管办法》的通知

京保监发［2005］123号4月29日

10. 关于中国保险监督管理委员会北京监管局迁址的公告

京保监公告20号5月16日

11. 关于加快发展北京农村人身保险的指导意见

京保监发［2005］137号5月25日

12. 关于责令改正违反《保险中介服务统一发票》管理规定的通知

京保监发［2005］154号6月13日

13. 关于开展2005年整顿和规范北京财产保险市场秩序工作的通知

京保监发［2005］160号6月21日

14. 关于开展2005年北京人身保险市场秩序整顿与规范工作的通知

京保监发［2005］159号6月21日

15. 关于开展2005年北京保险中介市场秩序整顿和规范工作的通知

京保监发［2005］161号6月21日

16. 关于严禁非法销售保险产品行为的通知

京保监发［2005］195号8月4日

17. 关于落实机动车第三者责任强制保险制度有关问题的通知

京保监发［2005］215号8月30日

18. 关于规范财产保险投标业务有关问题的通知

京保监发［2005］217号9月5日

19. 关于建立北京寿险业非现场监管指标异常情况季度反馈制度的通知

京保监发［2005］231号9月14日

20. 关于印发《北京保险公司分公司分类监管实施细则》的通知

京保监发［2005］234号9月15日

21. 关于修订投保提示有关问题的通知

京保监发［2005］255号10月27日

北京市政府各部门

1. 北京市发展和改革委员会、北京市财政局、北京市地方税务局、北京市人事局印发《关于促进首都金融产业发展的意见》

京发改［2005］197号2月5日

2. 北京市劳动和社会保障局、北京市财政局、中国人民银行营业管理部联合发出关于印发《北京市信用社区小额信用贷款工作办法（试行）》的通知

京劳社服发［2005］100号 银管发［2005］135号8月3日

3. 北京市人民政府办公厅发出《关于印发北京市银行卡应用发展工作指导意见（2005年至2007年）的通知》

京政办发［2005］58号11月30日

六、专题与调研

2005年北京市金融运行报告

中国人民银行营业管理部 货币政策分析课题组

2005年，北京市经济持续快速健康增长，产业结构进一步优化，经济增长的质量、效益进一步提高，首都经济的综合实力切实增强。抑制过快投资和调整投资结构成效显著，消费市场运行平稳，对外经贸增势强劲，居民消费价格走势平稳，生产类价格有所回落。北京金融业保持平稳健康运行：汇率形成机制改革、利率市场化的进一步推进、短期融资券发行以及国有商业银行改革等金融业重大改革为北京市金融业注入了新的积极因素，银行业在不断变化的环境中，通过深化改革和不断创新，体现出较强的适应能力。货币运行呈现存款高速增长、贷款适度增长、结构不断优化的态势。证券业在化解风险中逐步恢复元气。随着市场的开放，保险业竞争激烈，整个行业规模增加，活力增强。货币市场交易较为活跃，吸纳、调节流动性方面作用显著。总体而言，北京金融和经济形成良性互动，紧密度和协调性增强。

一、金融运行平稳健康，统一性和联系性增强，与经济形成良性互动

北京经济的较快增长，为金融业发展注入了新的动力。2005年，北京金融业以改革促发展，不断推动金融深化。

（一）银行业运行良好，作为金融主业态的地位增强

1. 银行业机构体系健康运行，机构种类趋于多元，机构素质增强。2005年，北京市各类各级银行业金融机构3 351家，从业人员60 970人，高管人员1 417人，资产总规模达到37 766.6亿元。其中中资银行机构本外币资产总额为34 137.5亿元，实现利润407.4亿元，按五级分类口径统计的不良贷款余额为466.5亿元（不含北京农村商业银行），不良贷款比例为3.25%。北京农村商业银行不良贷款率比年初下降3.4个百分点。

表1 北京市银行业机构情况

机构类别	机构个数	从业人数	资产总额（亿元）
一、国有商业银行	1 566	33 923	18 593
二、政策性银行	18	684	3 773.1
三、股份制商业银行	458	10 393	9 441.1
四、城市商业银行	119	4 293	2 330.3
五、城市信用社	0	0	0
六、农村信用社	693	5 975	1 328.7
七、信托、租赁、财务公司	17	755	1 212.1
八、邮政储蓄	471	3 747	377.2
九、外资银行①	124	1 200	711.1
合计	3 351	60 970	37 766.6

数据来源：北京银监局。

2. 本外币存款高位增长，居民资金

① 外资银行包括外资银行29家、外资银行代表处79家、外资非银行代表处13家、汽车金融公司3家。

向储蓄存款集中，企业存款增势明显。北京辖内金融机构（含外资）本外币各项存款显著增长。年末本外币各项存款余额为28 970 亿元，全年新增5 093.6 亿元，同比多增1 764.9 亿元，高于历年水平。其中企事业单位存款余额为16 340亿元，全年新增3 046.6 亿元；储蓄存款为8 315.8亿元，全年新增1 161.5 亿元。

人民币存款余额为26 785.9 亿元，增长23.9%，其中人民币储蓄存款年末余额为7 477.7 亿元，比年初增加1 355.4 亿元，同比多增526.6 亿元。居民资金有向储蓄集中的趋势。近几年，随着企业集团内部资金网络的日臻完善，总部归集资金统一运用的能力加强，北京作为企业集团资金归集、流转中心的地位增强。北京市人民币企业存款占全国企业存款的比重由2001 年的13.1 %上升到2005 年的15.8%，企业部门资金有向北京集中的迹象。企业存款定期化趋势明显，2005 年，人民币定期企业存款占企业存款的比例为49.7%，比上年末提高7.1 个百分点。

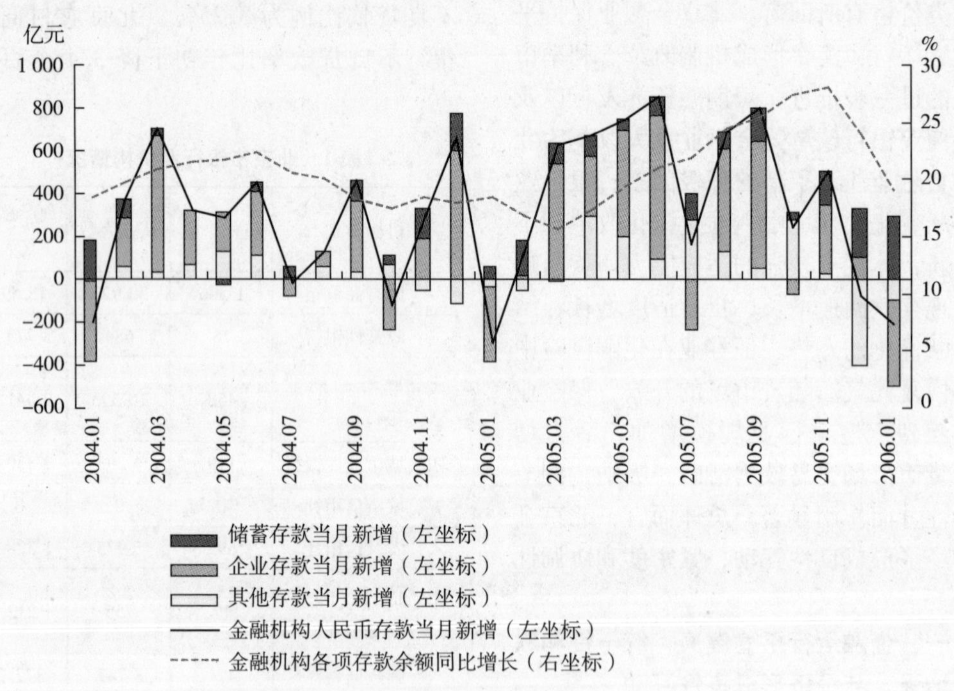

图1　金融机构人民币存款增长变化

数据来源：北京市金融机构信贷收支统计月报。

外汇存款低速增长。年末余额为270.6 亿美元，比上年增长3.9%。为应对汇率变动，企业偏好活期存款，活期企业存款全年新增达29.1 亿美元。受人民币升值预期影响，外汇储蓄向人民币储蓄转移明显。

3. 本外币贷款增长渐进趋缓，贷款同比多增，结构调整见成效。2005 年，北京辖内金融机构（含外资）本外币贷款增长渐进趋缓。年末各项贷款余额为

15 335.5亿元，按可比口径增长 14.7%，比全国水平（12.75%）高 1.95 个百分点。全年新增贷款 1 993.1 亿元，同比多增 79.7 亿元。考虑短期融资券对贷款的替代影响以及国有商业银行改革等因素，2005 年信贷投放总体适度。

2005 年末，人民币各项贷款余额为 13 834.5 亿元，增长 11.6%，新增贷款 1 462.4亿元，比上年少增 159.8 亿元。2002～2005 年人民币贷款的年增长率分别为 27.7%、22.9%、12.8%、11.6%，呈下行趋势。在人民币贷款保持合理增速的基础上，2005 年，人民币贷款的结构表现出一些新特点：一是从贷款期限结构看，用于企业流动资金的短期贷款和票据融资合计比年初增加 633.4 亿元，占各项贷款新增额的 43.3%，有利于缓解企业特别是中小企业的流动性压力。中长期贷款中的个人中长期消费贷款同比少增 198.7 亿元，主要是个人住房贷款下降所致。二是从贷款投向结构看，贷款投向呈现不少亮点。对农村的信贷投入增加，农户贷款余额为 16.8 亿元，比年初增加 4.1 亿元。年末中小企业贷款余额为 2 871.8亿元，比年初增加 135.2 亿元，同比多增 218.4 亿元，这在一定程度上缓解了中小企业融资难的问题。三是从贷款的行际结构看，中资股份制商业银行仍然是新增贷款主力，受改革影响，四大国有商业银行贷款同比少增。北京地区外资银行的人民币贷款业务从无到有，全年新增贷款 42.3 亿元，呈现良好增长态势。

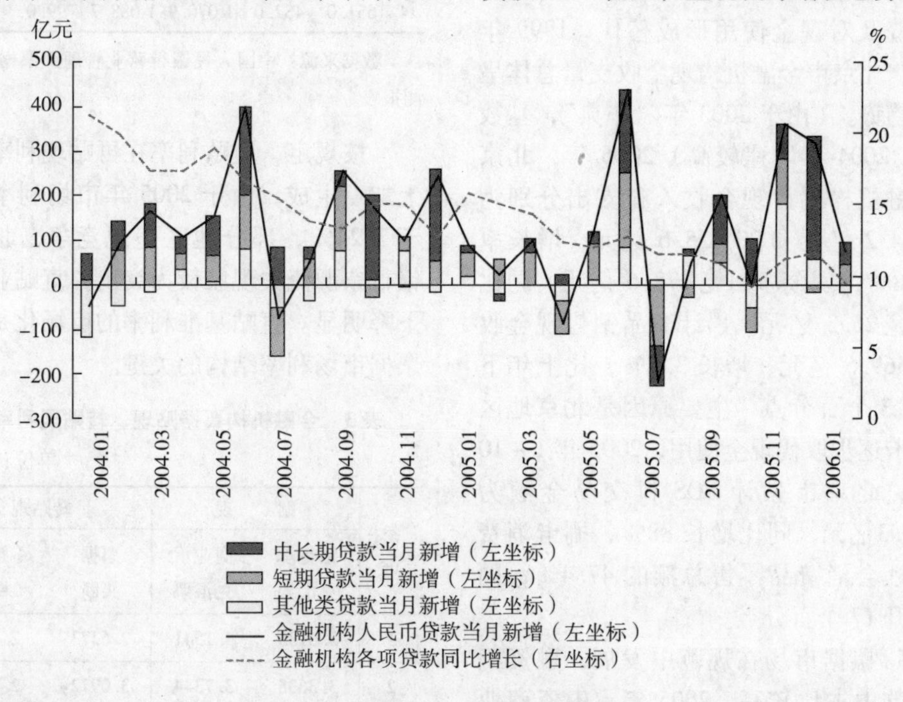

图 2　金融机构人民币贷款增长变化

数据来源：北京市金融机构信贷收支统计月报。

北京市金融机构（含外资）外汇各项贷款 186 亿美元，新增 68.8 亿美元，占全年本外币贷款新增额的 27.9%，比 2004 年年末提高 12.8 个百分点，成为

2005年贷款新增一大亮点。主要原因一是外贸企业普遍持有较强的人民币升值预期，日益广泛使用短期贷款及进口押汇等融资方式，到期后再以人民币资金购汇偿还。2005年，北京地区“偿还国内外汇贷款”售汇61.85亿美元，同比增长33.51%。二是“走出去”战略实施，北京地区以能源石化企业为代表的大型国有企业境外投资增加，对外汇贷款的需求增加。三是对外经贸快速发展带动进出口贸易融资增长，进出口贸易融资比年初增长11.8亿美元，同比多增6.1亿美元。由于中资银行客户多为具有海外投资实力的大型国有企业，外汇贷款增长主要来自中资银行。

4. 现金收支正常，银行卡在消费领域的普及对现金使用形成替代。1999年以来，北京市金融机构现金收支量总体呈减缓趋势。（由于2003年“非典”，基数较低，2004年增速较高）2005年，北京市金融机构累计现金收入和支出分别为20 634.2亿元和20 455.6亿元，增长率均为8%，现金净回笼178.6亿元，同比少回笼25.3亿元。累计商品销售现金收入2 569.5亿元，增长3.3%，比上年下降19.3个百分点，主要原因是北京地区银行卡逐步取代现金使用，2005年1~10月份，北京市累计POS机交易金额为1 135.3亿元，同比增长88%，刷卡消费额占社会消费品零售总额的47.4%，同比上升17个百分点。

5. 票据市场在规范中发展，融资额在贷款中占比较高。2005年，中资商业银行票据贴现余额为1 169.9亿元，增长37.7%，转贴现主导票据市场量能扩张，直贴业务下降，2005年年末，直贴余额为311.3亿元，下降10.3%。

2005年，北京市金融机构票据融资新增354.7亿元。票据融资新增量占全部贷款新增量的17.8%，而上年票据融资负增长。主要是2005年商业银行资金较为充裕，票据成为为数不多的资金运用渠道。

表2 金融机构票据业务量统计表

单位：亿元

季度	银行承兑汇票承兑		贴现			
			银行承兑汇票		商业承兑汇票	
	余额	累计发生额	余额	累计发生额	余额	累计发生额
1	585.0	440.7	858.6	824.0	37.8	91.4
2	644.5	451.2	971.5	943.4	31.4	76.9
3	630.1	443.0	938.8	615.0	77.7	134.1
4	651.0	482.0	1 070.9	1 088.7	99.0	179.8

数据来源：中国人民银行营业管理部票据市场监测报表。

按规定，直贴利率在再贴现利率基础上加点生成，由于2005年市场利率远低于3.24%，部分地区违规竞争，北京的银行票源流失现象较为突出，直贴业务量下降明显。直贴基准利率的市场化是理顺票据市场利率结构的关键。

表3 金融机构票据贴现、转贴现利率表

单位:%

季度	贴现		转贴现	
	银行承兑汇票	商业承兑汇票	票据买断	票据回购
1	3.6135	4.1541	2.6373	2.4036
2	3.3638	3.7344	3.0972	2.1085
3	3.3658	3.555	1.7735	1.8675
4	3.3873	3.6273	1.6479	2.0173

数据来源：中国人民银行营业管理部利率监测数据。

6. 贷款利率整体偏低，辖内银行定价能力有所提升。

由于北京银行类金融机构的贷款多集中在优势行业和大型企业集团，整体贷款利率偏低，2005 年下浮利率贷款占比为 52.1%。高位区间的利率分布在逐步改善，利率上浮 30% 以上的贷款占比由 2004 年第一季度的 1.1% 上升到 2005 年第四季度的 1.9%，说明金融机构贷款利率覆盖风险的能力进一步提高。

从机构分布看，国有商业银行由于资金、客户等方面的优势，贷款利率水平低于股份制商业银行。2005 年，国有商业银行分行下浮利率贷款占比为 57.9%，高于平均水平 5.8 个百分点。

表 4　利率浮动区间贷款占比表

单位:%

		合计	国有独资商业银行	股份制商业银行	区域性商业银行	城乡信用社
	合计	100	100	100	100	100
	0.9~1.0	52.1	57.9	53.3	47.2	0.3
	1.0	28.1	22.1	28.2	32.4	8.3
上浮水平	小计	19.8	20.0	18.5	20.4	91.4
	1.0~1.3	17.5	18.1	17.9	20.3	60.3
	1.3~1.5	1.7	0.6	0.5	0.1	30.2
	1.5~2.0	0.1	0.1	0.1	0.0	0.9
	2.0 以上	0.5	1.2	0.0	0.0	0.0

数据来源：中国人民银行营业管理部利率监测数据。

7. 银行金融机构改革进展顺利，效果明显。银行业改革顺利推进，涉及股份制改革的三家国有商业银行改革顺利进行，工行北京分行 2005 年共剥离损失类、可疑类贷款 136.69 亿元，非信贷资产 38.86 亿元；中行北京分行推进业务流程整合、机构改革和人力资源管理改革，成效明显；建行北京分行完成资产负债划分工作。以更名、改制、引资、重组为内容的北京银行改革进展顺利，引进境外战略投资者取得良好效果。农信社改革取得阶段性成果，由 127 家农信社整体改制而成的北京农村商业银行成立，并获得人民银行 24.2 亿元的票据支持，首都农村金融实现了由合作制向股份制的历史性转变。

（二）证券业改革顺利推进，风险逐步化解

截至年底，北京地区的证券公司总公司共有 14 家，分公司 2 家，证券营业部 171 家，证券服务部 14 家。证券投资基金管理公司 10 家，比上年新增 4 家，管理证券投资基金 42 只。期货经纪公司 20 家，与上年持平。证券从业人员 6 000 人。证券投资者开户数累计 161.4 万户，机构投资者开户数较快增长，而个人投资者开户数略有减少。

证券市场各类证券成交额为 9 322.5 亿元，比上年下降 49.6%。其中股票成交额为 4 343.7 亿元，下降 40.1%；国债成交额为 305.4 亿元，下降 54.5%；基金成交额为 91.3 亿元，增长 15.7%。

2005 年，证券业风险逐步化解。华夏证券股份有限公司进入清算程序，中信建投证券受让其证券资产后挂牌成立；瑞银集团注资 17 亿元，参与北京证券有限责任公司重组。

（三）保险业市场竞争激烈，活力增强，规模增加

得益于市场开放，保险机构、人员规模持续增长。截至年末，保险公司达到 44 家，比上年新增 13 家，其中产险公司 14 家，寿险公司 28 家，再保险公司 2 家。保险中介机构 6 094 家，比上年新增

1 028 家，保险从业人员达到 57 220 人，比上年增加 4 125 人。

2005 年，累计实现保费收入 497.7 亿元，同比增长 78.2%，（包括中意人寿获中石油 200 亿元保费的大单），保险深度和密度分别为 7.4% 和 3 293 元。其中财产险实现保费收入 67.1 亿元，同比增长 1.26%；人寿险实现保费收入 389.4 亿元，较上年增长迅速，增幅达到 117.5%。通过出口信用保险支持北京地区出口 35 亿美元，占一般贸易出口额的 20.8%。

保险资金运用渠道还受到限制，主要集中在低风险的投资产品，与负债在收益和期限等方面不尽匹配。

（四）金融市场运行平稳，有效调节市场流动性，在融资体系中的作用增强

1. 北京地区直接融资比例上升。由于北京是大型企业的聚集地，大型企业集团在直接融资方面具有优势，特别近几年，直接融资比例呈上升趋势。如果考虑在京企业发行短期融资券 834 亿元，2005 年直接融资比例增幅近 50%。

表 5　北京非金融企业融资结构表①

年份＼项目	融资量（亿元人民币）	比重（%）贷款	债券（含可转债）	股票
2000	1 505.3	87.4	0.0	12.6
2001	2 740.0	90.3	2.4	7.3
2002	2 050.4	84.1	8.3	7.6
2003	2 602.3	81.9	8.7	9.4
2004	1 904.0	85.1	11.3	3.6
2005	1 925.5	75.9	23.9	0.2

数据来源：中国债券网、北京证监局。

2. 北京地区货币市场运行平稳，对辖内流动性的吸纳、调节作用逐步增强。2005 年，市场资金较为充裕，利率下行，市场在吸纳和调节多余流动性方面作用显著。市场交易总体活跃，信用拆借有一定增长，银行间市场全年信用拆借交易额为 11 224.1 亿元，在银行间市场交易的质押式债券交易增长迅猛，规模较大，全年交易 127 191.1 亿元，其中正回购 23 331.1 亿元，逆回购 103 860 亿元；买断式债券交易稳步增长，买断式交易额为 656.2 亿元，正、逆回购交易量基本相当。

（五）金融生态环境不断改善，扶持政策促发展，金融宣传出亮点

北京市的金融生态环境建设起点较高，各项金融基础设施较为完备，金融机构种类多样，法律制度相对较为健全，信用环境相对较好，金融生态环境有很大改善。

1. 2005 年 2 月，北京市政府通过出台《关于促进首都金融产业发展的意见》为驻京金融机构和金融高级人才提供切实的优惠政策，进一步优化了首都金融业发展的环境。

2. 2005 年 9 月初，首都金博会成功举办，各界反响强烈，短短四天时间，观众达到 17 万多人次，金融机构发放的理财产品宣传资料超过 400 万份。人民银行营业管理部在金融知识宣传、加强金融生态建设方面发挥了积极作用。

二、经济持续快速健康增长，稳定性和协调性增强，呈现均衡发展态势

2005 年，北京市经济持续快速健康增长，经济增长的质量、效益进一步提高，首都经济的综合实力切实增强。初步

① 融资额为当年新增量，不包括外币融资；非金融企业包括在京中央企业。

核算，全市实现地区生产总值6 814.5亿元，同比增长11.1%。按常住人口计算，当年人均GDP达到44 969元（折合5 457美元），达到上中等收入国家和地区水平。根据国际上一些国家和地区的发展实践，这一阶段经济发展上有经济快速发展、产业结构向高级化迈进、服务业占很高比重、城市化水平大幅提高等特点，北京正根据这一时期的特点和规律，发挥后发优势，推进北京经济社会全面发展。

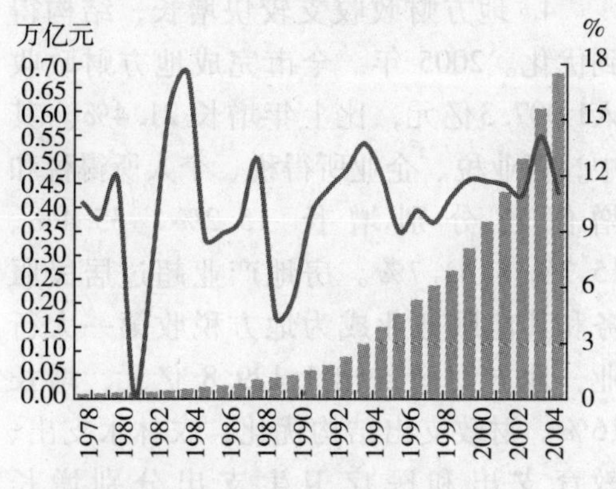

图3 地区生产总值及其增长率

数据来源：北京市统计局。

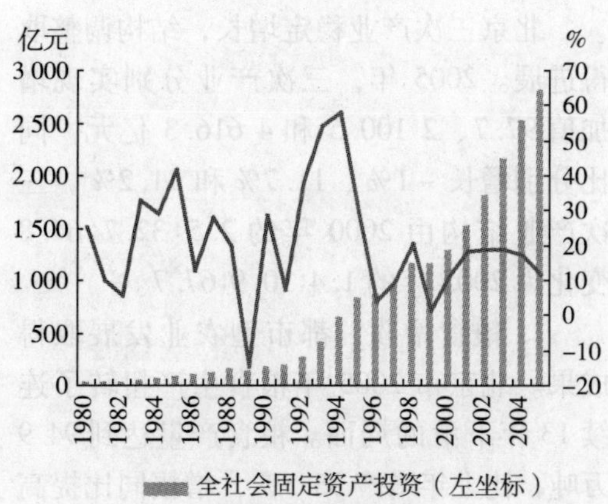

图4 年度固定资产投资及其增长率

数据来源：北京市统计局。

（一）需求整体保持增长，结构有所改善，各类需求之间的互补性增强

需求保持增长，并呈现投资有所下降、消费稳定增长、外贸快速增长的格局。三大需求互补性增强，对经济整体拉动作用较强。

1. 投资增幅回落，结构有所改善。2005年，北京市完成全社会固定资产投资2 827.2亿元，比上年增长11.8%，增幅比上年回落5.4个百分点。受宏观调控等因素的影响，房地产开发投资增长3.5%，增幅比年初回落19个百分点，成为全社会固定资产投资增幅回落主要原因，体现了房地产宏观调控政策的效果，但作为北京市经济的支柱产业，房地产开发投资下降幅度过大，值得关注。

基础设施投资快速增长，共计投入610.7亿元，同比增长31.8%，增幅比上年提高20.9个百分点，有力地推动了城市化建设。

投资增速回落，对经济增长未出现较大影响，显示北京经济增长对投资的依赖有所减弱。

2. 居民收入稳步提高，消费结构升级明显。城市居民人均可支配收入为17 653元，增长12.9%，其中人均财产性收入增长加快，主要原因是北京流动人口不断增加，房屋出租收入较快增长。2005年，被调查的2 000户城市居民家庭人均出租房屋收入达到134.1元，比上年增长1.1倍。农村居民人均纯收入为7 860.3元，增长9.6%。2005年，居民家庭消费倾向和边际消费倾向（指变动的收入中的消费变动额）分别为0.75和0.518，与上年相比有小幅下降。

全市实现社会消费品零售额2 902.8亿元，同比增长10.5%。城镇、郊区社会消费品零售额分别为2 519.1亿元和383.7亿元，同比分别增长9.1%和20.8%。

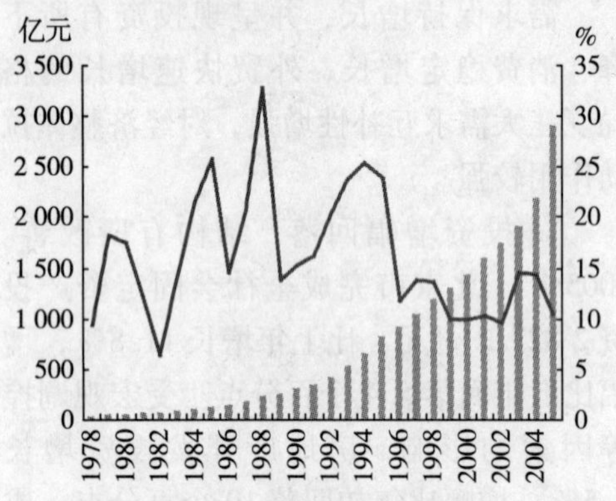

图5　年度社会消费品零售总额及其增长率

数据来源：北京市统计局。

消费结构继续升级。2005年，全市销售机动车57万辆，其中新车37.2万辆，增长22.3%。由于商品房价格居高不下，经济适用房供应又比较紧缺，北京居民购建房支出大幅度下降。调查显示，2005年，北京居民人均购建房支出1 104.8元，比上年下降30.1%。北京市人均地区生产总值已超过5 000美元，从未来几年发展看，居民的消费结构将加快升级，住房、汽车等大件物品消费对消费的带动作用会逐步增强。

3. 对外开放水平提高，汇率形成机制改革对北京外贸机遇大于挑战。外贸规模进一步扩大，北京成为北方主要的进出口集散地。人民币升值并未对北京出口产生明显影响，出口商品结构进一步优化。2005年，地方企业进出口总值为403.2亿美元，增长43.6%。其中出口总值为171亿美元，增长61.1%，增幅比上年提高17.1个百分点。地方企业出口优势产业竞争力提高，高新技术产品出口89.9亿美元，占比为52.6%，比上年提高3.9个百分点。

从北京地区看，北京是国家最主要的原油进口地区。2005年，原油进口353.7亿美元，占地区进口额的41.2%，占全国原油进口额的80%以上。

实际利用外资35.3亿美元，增长14.4%。合同外资金额为65.2亿美元，增长4.2%，增速低于实际利用外资10个百分点，值得关注。

4. 地方财政收支较快增长，结构得到优化。2005年，全市完成地方财政收入1 007.3亿元，比上年增长21.4%。其中，营业税、企业所得税、个人所得税和增值税分别增长15.2%、35.4%、15.3%和41.7%。房地产业超过居民服务和其他服务业成为地方税收第一大行业，地方财政支出1 129.8亿元，增长16%。财政支出结构优化，农林水支出、教育支出和医疗卫生支出分别增长28.5%、20.5%、20.8%，明显高于支出平均水平。

（二）产业结构不断优化，布局日渐合理，与需求结构的契合度加强

北京三次产业稳定增长，结构调整取得进展。2005年，三次产业分别实现增加值97.7、2 100.5和4 616.3亿元，同比分别增长-1%、11.7%和11.2%。三次产业结构由2000年的2.5∶32.7∶64.8变化为2005年的1.4∶30.9∶67.7。

1. 粮食增收，都市型农业发展取得成果。北京市2005年粮食生产扭转了连续13年下滑的局面。粮食产量达到94.9万吨，比上年增产35.3%，增幅同比提高14.4个百分点。都市型农业发展取得一定成果。农业观光旅游发展迅速，成为农民增收的重要原因；特色农业加快发展，全

年种业收入5.9亿元，同比增长35.6%。

2. 工业结构继续改善，综合效益明显改善，高端产业凸显发展优势。2005年，规模以上工业企业完成增加值1 705.4亿元，增长13.1%，增幅回落6.8个百分点。高端产业发展优势明显，高新技术产业完成工业增加值517.5亿元，按现价计算，增长20%，增幅高于上年2.3个百分点；资源型工业发展得到有效控制。2005年，煤炭开采和洗选业、黑色金属矿采选业增加值分别比上年下降39.9%和32.5%。

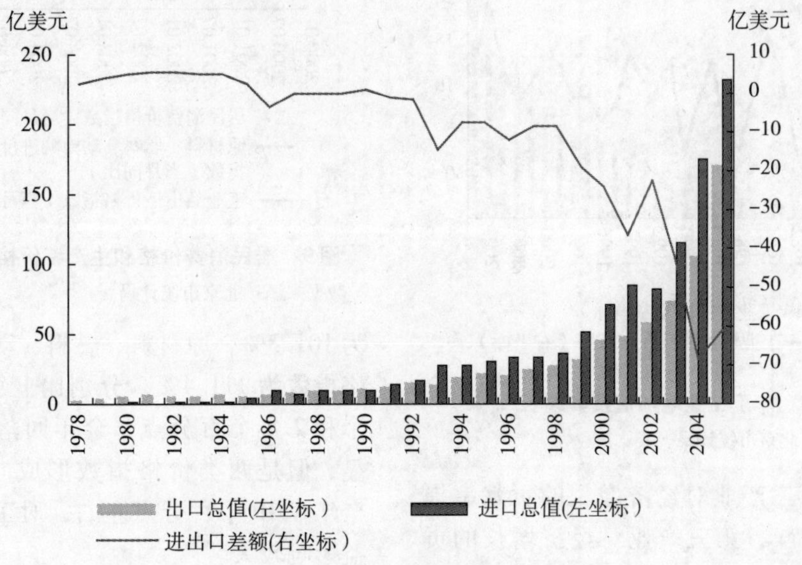

图6　年度进出口状况

数据来源：北京市统计局。

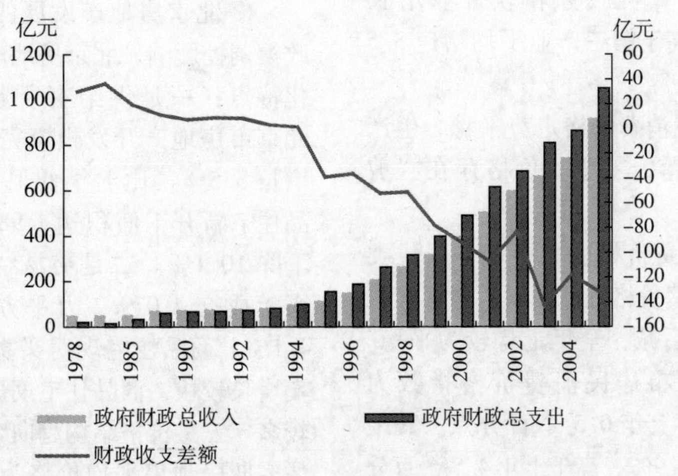

图7　年度财政收支状况

数据来源：北京市统计局。

北京市规模以上工业企业经济效益综合指数为177.7%，比上年提高2.1个百分点。值得注意的是，工业企业利润总额以及成本费用利润率均有小幅下降。

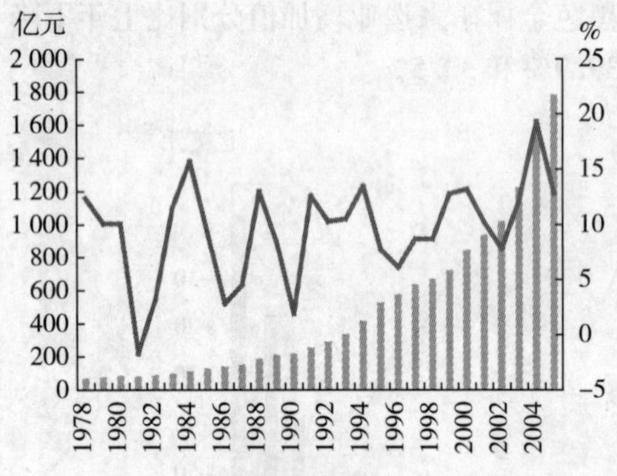

图8 年度工业增加值及其增长率

数据来源：北京市统计局。

3. 第三产业对经济增长的贡献率提升。2005年，第三产业对经济增长的贡献率达到66.4%，高于上年4.5个百分点。现代服务业主要行业较快增长，其中信息传输、计算机服务和软件业增长14.7%，增速高于第三产业平均增速3.5个百分点。

（三）居民消费价格走势平稳，生产类价格有所回落，工业品价格存在“剪刀差”

1. 居民消费价格变化平稳，居住类价格是居民消费价格上涨因素。居民消费价格指数先增后减，全年走势较为平稳。2005年，北京市居民消费价格指数为101.5%，高于上年0.5个百分点。其中居住类价格105.9%，高于上年4.5个百分点，成为拉动居民消费价格上涨的因素。

2. 生产类价格均有回落，工业品价格存在“剪刀差”。工业品出厂价格指数

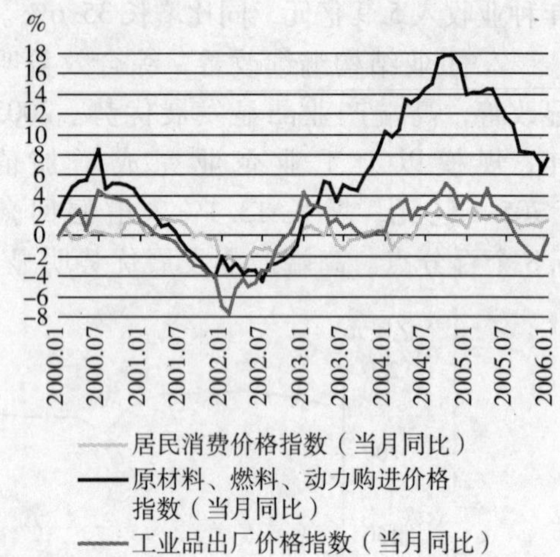

图9 居民消费价格和生产者价格变动趋势

数据来源：北京市统计局。

为101.3%，原材料、燃料、动力购进价格指数为111.4%，分别比上年回落1.7个和2.8个百分点，全年回落的趋势明显，但是两类价格指数形成“剪刀差”全年在10个百分点左右，对工业企业效益影响较大。

（四）北京房地产呈良性发展态势，但阶段性矛盾依然存在

1. 北京房地产发展的年度特征。受政策调控影响，北京房地产市场有以下变化特点：一是供给有所紧缩。2005年，北京市房地产开发投资完成1 525亿元，增长3.5%，比上年低19个百分点，商品住宅新开工面积达1 983.2万平方米，下降10.1%。二是交易结构调整。住宅买卖成交4 079.2万平方米，同比下降4.1%。商品住宅现房买卖和存量住房买卖增长较快，商品住宅期房预售成交下降较多。三是价格结构趋向合理。全市商品住宅期房预售平均价格为6 725元/平方米，比上年上涨了1 083元/平方米，从贷款购房的价格结构看，交易价格在3 000~5 000元/平方米和8 000元/平方

米的商品住宅成交套数份额分别为39%和14%，分别比2004年上升3个和4个百分点。四是银行信贷增幅下降，结构调整。2005年年末，北京市银行房地产贷款为4 412.8亿元，新增508.9亿元，同比少增147.8亿元。其中，个人住房贷款比年初增加282.1亿元，同比少增209.4亿元。

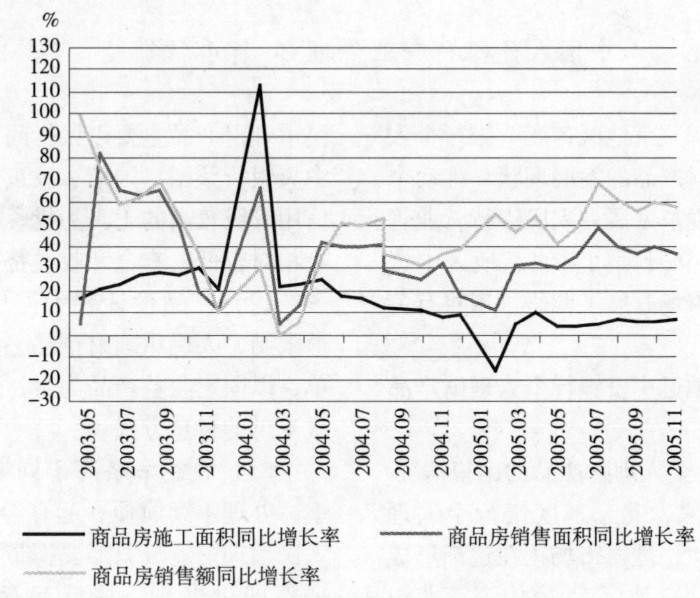

图10　商品房施工和销售变动趋势

数据来源：北京统计局。

2. 北京房地产业运行的阶段性矛盾。北京房地产业运行中呈现三大阶段性矛盾：一是宏观调控与房地产价格上升。价格上涨的主要原因在于北京房地产价格补涨，域外购房及全额付款购房比重较高，土地定价模式、租金收益支持等多种因素促使房价上涨。二是房地产开发投资增速大幅回落。土地管理模式改变使分散开发变成了统一开发和供给，开发资金筹集渠道受到了限制。三是普通住房空置与居民需求的结构性矛盾。北京居民收入呈现出分层走势，开发商迎合高收入需求并拉高普通住房价格，造成房地产供求矛盾，导致空置率上升。

（执笔人：陆强华）

关于北京地区中资银行个人理财业务和理财产品发展状况的调研报告

中国人民银行营业管理部 货币信贷处

为深入了解北京地区各商业银行个人理财业务和理财产品的发展现状，推动个人理财业务的规范发展，人民银行营业管理部在2005年9月期间对北京地区中资银行个人理财市场开展了调研，现将有关情况报告如下。

一、北京地区中资银行个人理财产品的基本情况

（一）主要个人理财产品的销售情况

2004年以来，北京地区银行个人理财业务发展较快，理财市场正在逐渐形成规模。目前，北京地区15家中资商业银行全部开办了个人理财业务，包括人民币理财和外币理财业务。

1. 人民币理财产品。截至9月末，北京辖区15家中资银行销售的人民币理财产品共募集资金114亿元，其中一年以内的产品募集资金近103亿元，占全部资金募集总量的90%。具体销售情况见表1。

表1 2004年以来北京地区人民币理财产品销售情况统计表

币种	期限及期数	募集资金（万元）	占比（%）
人民币	一年以下	1 029 300.54	90.16
	1~3年	111 751.9	9.79
	3年以上	526	0.05
	合　计	1 141 578.44	100.00

人民币理财产品的特点主要有：

（1）风险相对低：目前商业银行人民币理财产品主要以银行间市场上流通的中央银行票据、国债、政策性金融债券等信用等级较高的工具为投资对象，市场风险相对较低，本金和收益都有保障。

（2）产品设计较为简单：受投资渠道限制，人民币理财产品一般设计较为简单，以固定收益产品为主，多采用到期一次支付的付息方式。

（3）收益率略高于同期定期存款利率，办理手续简便，起存金额不断降低：人民币理财业务只需要携带客户有效身份证件即可办理，最低起存金额已降到5 000元。

2. 外汇理财产品。和人民币理财产品相比，外汇理财产品出现相对较早，产品类型更为丰富。截至9月，北京地区15家中资银行销售的外汇理财产品的币种有：美元、港币、欧元和澳元，其中以美元和港币为主。美元理财产品募集资金36亿美元，港币理财产品募集资金10亿港币。

外汇理财产品的主要特点有：

（1）产品设计灵活多样，品种丰富。按收益类型划分，目前各行发行的外汇理财产品可以分为：固定收益型产品（在投资期内收益率固定不变）、收益递增型产品（在投资期内收益率逐渐递增）、利率挂钩型产品（收益率与LIBOR、HIBOR等利率水平或设定区间挂钩）、汇率挂钩型产品（收益率与某种货币或一篮子货币汇率水平或设定区间挂钩）以及债券指数型产品（收益率与债券指数或设定区间挂钩）等，此外还有达标终止型（收益率达到一定水平即终止）、与金价挂钩型（与黄金交易价格挂钩）等。

按是否可赎回，可分为客户可提前赎回、银行可提前赎回和双向可赎回等。

按付息方式，可分为到期一次还本付息、定期支付（按季、按月）和贴现发行等。

（2）从销售情况看，以固定收益型产品和中期产品为主。从实际发行效果和客户偏好看，按收益类型分类，以固定收益型产品为主。在美元和港币产品中，固定收益型产品募集资金占募集资金总量的比例分别为77.9%和75.5%。

目前已推出的产品期限种类较多，最短为3个月，最长可达7年。而从销售情况看，中期产品所占份额较大。在美元和港币产品中，1～3年的产品募集资金占募集资金总量的比例分别为59.2%和58%。

（3）风险相对较大，收益较高。外汇理财产品的收益与国际金融市场汇率、利率的变化密切相关，与人民币理财产品相比，设计更为复杂，风险相对较大，但收益也相对较高，因而吸引了部分外汇储蓄资金。目前北京市场已推出的产品预期收益率最高可达10%以上。

3. 双币种理财产品。2005年，随着理财业务的逐渐发展，各商业银行，尤其是股份制商业银行，如光大银行和民生银行，积极创新，开发了双币种的新型理财产品。目前市场上的双币理财产品主要分为两类：一类是投资本金包含美元和人民币，产品设计的宗旨是利用丰富成熟的外币理财手段和潜在的高收益，拉动人民币投资回报，以期达到较高的综合理财收益；另一类是投资本金为人民币，收益为美元，产品设计类似美元和人民币收益部分进行互换。与人民币、外币理财产品相比，双币种理财产品在销售时起点相对较高，风险较大，但综合收益率也相对要高。

（二）北京地区中资银行个人理财产品的市场格局和运作模式

1. 理财产品市场格局。从市场份额看，国有商业银行和股份制商业银行理财产品发展各有侧重。图1为二者人民币理财产品和主要外汇理财产品（美元）的市场占比情况。

图1反映出，股份制商业银行在人民币个人理财产品销售中处于绝对优势，而在外汇理财产品销售中所占份额低于国有商业银行。这种格局与商业银行的资金来源结构及存款竞争格局密切相关。相比之下，国有商业银行和股份制商业银行在外汇存款方面差距不大。截至8月末，二者在中资商业银行外汇存款中的份额分别为56.6%和43.4%，外汇理财产品的市场竞争也相对缓和。

2. 理财产品运作模式

从销售方式来看，多采用定期发售的方式进行销售，即设定一定的销售期间，如一个星期或两个星期，以不变价格销售同一种产品，募集期满即停止发售。目前随着竞争加剧和市场发展，部分银行推出了长期发行的产品，即定期发售（每周一次或两次），每日更新报价。

从资金的运作看，人民币理财产品主要是根据银行在货币市场上投资的央行票据、债券等的期限、金额和收益水平确定相应的理财产品的募集金额和收益率，资金来源和运作相互匹配。外汇理财产品募集资金投向主要是购买外资金融机构原始设计的金融产品，在公开募集期满后与外资金融机构平盘。据了解，由于对金融衍生产品的定价能力不足，目前除中国银行外，其他中资银行没有推出自行设计和定价的产品。

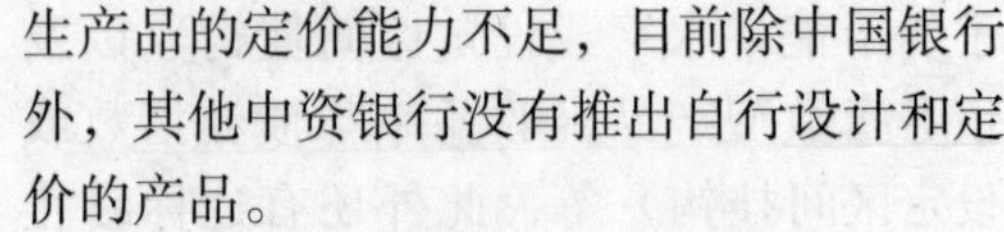

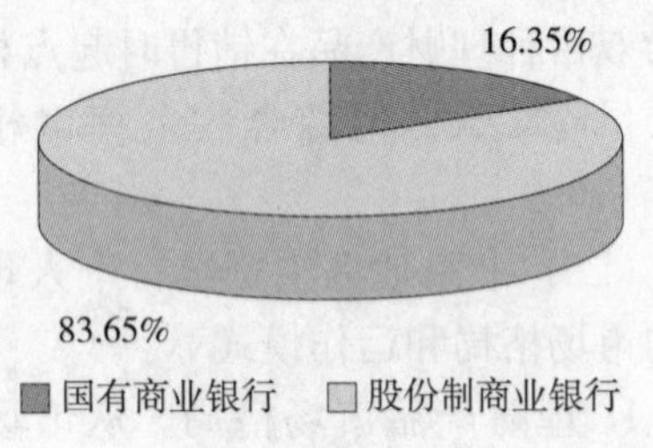

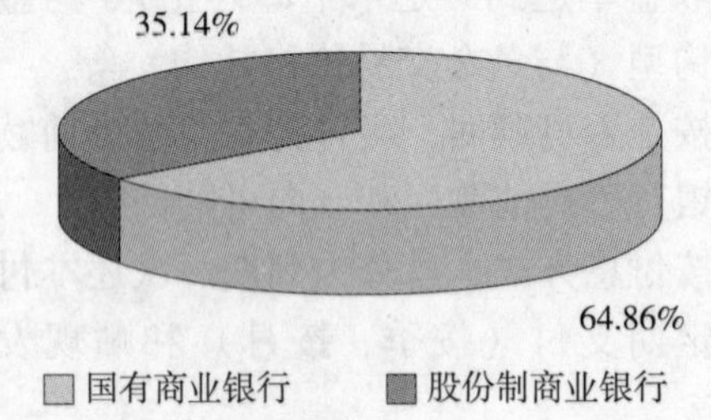

图1　北京地区中资银行个人理财产品市场份额分布情况

目前除辖区法人机构——北京银行外，各商业银行北京分行销售各类理财产品所募集的资金，均为直接上划总行，由总行统一运作，所获收益首先扣除兑付给客户的部分，之后剩余收益在总行与分行之间按一定比例分配。因此，对各商业银行北京分行或营业部而言，在理财业务方面所发挥的主要作用是销售与推广产品，而在产品的开发、资金的平盘与风险管理等方面尚没有权限。

（三）汇率改革后北京地区理财产品市场的主要变化

2005 年 7 月，人民银行就人民币汇率形成机制进行了改革，其中一个内容是即时起人民币对美元汇率调整 2%，达到 8.11 的水平。汇率调整对商业银行理财产品，尤其是外汇理财产品产生了较大的影响。一是汇率调整后，结汇量激增导致外汇理财产品销售受到较大冲击。以中行北京分行为例，改革后该行日均结汇量为 5 000万美元，比改革前增加 2 000 万美元；外币储蓄存款日均减少 1 182 万美元，而改革前是净增加 9 000 万美元。二是汇率将继续调整的预期仍然存在，导致部分客户要求提前赎回外汇理财产品。

除上述即期影响外，汇率调整后，理财产品市场出现了一些新的变化。

1. 不同类型产品的供需矛盾日益突显。汇率调整后，外汇理财产品的销售受到较大冲击，而人民币理财产品的需求较为旺盛，导致市场上存在外汇理财产品丰富而需求不旺、人民币理财产品较少但需求旺盛的局面。随着我国金融市场的逐步发展和民众金融意识的提高，居民对储蓄存款、股票投资以外的其他人民币投资渠道的需求将更为旺盛，人民币理财产品的市场潜力较大。

2. 双币种理财产品是未来市场主要的创新点。尽管人民币理财产品面临旺盛的需求，但受分业经营的影响，目前各商业银行人民币理财产品相对单一，不能完全满足客户的需求。为解决供求矛盾，各商业银行目前在双币种理财产品方面积极创新，意图主要是借助美元的高收益来提升理财收益，带动人民币理财产品市场的发展。

3. 产品期限短期化。汇率形成机制改革后，客户对外汇理财产品的投资有短期化的趋势，以规避和防范汇率风险。适应客户需求的这种变化，各商业银行也加大了短期外汇理财产品的开发与创新。

从长远看，北京作为“大存差”地区，资金供应充足，个人理财业务和理财产品的发展具有广阔的空间和待挖掘的潜力。截至8月末，北京市金融机构（含外资）人民币储蓄存款余额达到6 909亿元，占各项存款总额的27.3%，外汇储蓄存款余额达到109.96亿美元，占各项外汇存款余额的38.15%。对各商业银行来讲，重要的是根据客户需求的变化，推出满足客户和市场需求的理财产品，从而推动理财业务的发展。

二、当前中资银行个人理财业务发展中存在的主要问题

（一）理财产品性质界定不清楚，相关法律法规不完善

理财产品性质界定的不清楚，导致了以下问题的出现：

1. 会计核算方法不统一。对个人理财业务，有的银行在资产负债表内反映，有的银行则按总行要求在资产负债表外反映该项业务。

2. 存款准备金的缴纳口径不一致。据了解，在开办人民币理财业务的银行中，有的银行将理财产品所募集的全部资金计入缴纳存款准备金的各项存款口径；有的将募集的资金部分地反映在缴纳存款准备金的各项存款口径；有的则不纳入存款准备金考核的统计口径。开办外汇理财业务的15家银行，所募集的外汇资金都纳入了准备金考核范围，但有5家银行对吸收的外汇存款没有在储蓄存款科目中反映。

3. 缴税标准不明确。对于理财产品的收益是否需要缴纳个人所得税，税务部门没有明确规定，如果需要缴纳的话，缴纳方式是由银行代扣代缴还是由客户自行申报缴纳也没有明确规定。因此，有的银行不收税，有的银行按照同档次定期存款利率征收利息税；在缴纳时，有的银行要求客户自行纳税，有的代缴税，没有规范统一的标准。

（二）理财产品单一，同质性强，激烈的市场竞争导致收益率走低

在严格的分业经营环境下，受投资渠道狭窄等因素制约，商业银行理财产品的创新能力，尤其是人民币理财产品的创新能力较弱，因此，目前各行推出的个人理财产品同质性较强，产品结构大致相同，除名称外，区别主要体现在产品价格，也就是向客户承诺的产品收益上。有些银行的个别产品收益率过高，背离了理财的初衷，造成人民币结构存款收益率竟相攀高，产品的竞争陷入价格战的泥潭，银行理财业务的收益也越来越低。

（三）银行缺少理财方面的专业人才和客户经理

从产品研发角度看，目前北京理财市场上的外汇理财产品大部分来自外资银行的原始设计，各商业银行产品的自主研发能力较弱；并且，风险管理与控制手段仍较为落后，主要采取与外资银行平盘的方式规避外汇市场的风险。从客户经理角度看，尽管有的银行配备了专业的“理财”工作人员，但他们大多数只能指导客户办理一些中间业务或提供一些理财的原则性建议，与提供“量身定做、因人而异”的理财业务的要求仍相距较远。

（四）理财产品的营销宣传存在不实之处，有的片面宣传高收益而忽视了风险提示

为争取市场份额，各商业银行都加大了对理财产品的宣传。但有的产品宣传广告存在不实之处，一味强调产品的高收益

来迎合客户对收益的期待，而忽视了产品收益背后的风险提示，从而易误导投资者。

三、个人理财业务存在的主要风险

（一）政策性风险

理财业务的发展离不开金融创新。在目前我国分业经营、分业监管的环境下，理财业务的发展受到了一定的政策限制。在理财业务的性质界定不明确，相关法规不完善的情况下，商业银行发展理财业务存在较大的政策风险，一旦政策调整或规范，有些业务的发展将会受到影响。

此外，随着我国外汇体制改革的逐步推进，政策变化导致的汇率变动也给理财产品带来了较大的风险。2005 年 7 月，汇率机制调整后，人民币的升值造成个人客户投资风险加大，理财产品收益相对下滑。对于在升值前，已购买个人外汇理财产品的客户，最直接的影响是产品收益率间接降低了 2%。因此，汇率政策调整后，各商业银行的外币结汇业务量在一段时间内出现了大幅上升，相对而言，个人客户持有外汇资产的规模在逐渐缩小，从而对个人外汇理财产品的推广产生了较大影响。目前市场对人民币继续升值的预期仍然较为强烈，使得绝大部分个人理财产品的潜在客户对购买外汇理财产品产生了一定的顾虑。同时，人民币升值对债券市场投资产生了较大影响，利率普遍呈下降趋势，使银行持续推出同类型产品的阻碍加大。

（二）利率风险

利率风险是理财产品管理面临的重要风险之一。以人民币理财产品为例，目前，受法律法规和金融政策的限制，人民币理财产品主要以国债、政策性金融债、中央银行票据等为投资对象，这些投资对象相对信用等级高，市场风险低，但并非零风险。银行间债券市场的供给量、物价指数、利率市场化过程中的利率变动等都可能导致理财产品所投资的债券等价格和收益率发生变化。各家银行在发行理财产品时，普遍承诺了高额的收益率，一旦市场利率发生不利于银行投资的变化后，承诺的收益将很难保证。

（三）汇率风险

就外汇理财产品而言，由于国际外汇市场是一个 24 小时运转的市场，所有外汇产品的市场价格都会受到来自国际政治、经济以及方方面面因素的影响，而各商业银行北京分行的个人外汇理财产品主要是在募集期结束后，通过上级行来完成平盘交易。在事先约定的公开募集发行期内，这段时间大约有一至二周的时间，如果国际市场产品价格出现较大波幅，有可能会导致银行自身收益的降低，甚至出现亏损。并且，目前各行发行的每款个人外汇理财产品都会分别按各个产品与上级行进行平盘业务，一旦有客户办理了提前支取/赎回业务，将直接导致这笔资金成为银行自营业务，从而产生新的风险敞口，加大银行的业务经营风险。

（四）客户违约与法律风险

尽管某些银行的个人理财产品出具的产品协议书上已明确注明客户无法提前赎回产品，但仍有一部分客户向银行提出过提前赎回的要求，如果银行无法满足客户要求，客户将考虑选择法律途径解决，给商业银行带来法律风险。

四、进一步规范商业银行个人理财产品发展的建议

在我国目前分业经营、分业监管的格局下，商业银行个人理财业务的进一步发展依赖于我国金融市场的逐步完善和金融

产品的进一步丰富，依赖于其风险控制及产品创新能力的提高。为确保商业银行个人理财业务和理财产品规范、健康地发展，建议如下：

（一）尽快完善理财业务的法律框架

理财业务的发展为居民提供了新的投资渠道，为银行提供了新的利润来源，具有广阔的发展前景。而政策法规的不完善制约了理财业务的发展，也不利于保护投资者的利益。因此，需尽快完善理财业务的相关法律、法规，明确理财产品的法律性质，对理财业务的市场准入、业务管理、风险控制、会计处理、投资方向、信息披露等方面在政策上予以详细规范。

（二）加快金融市场建设，丰富金融市场产品类型

金融市场的发展，是商业银行理财产品市场发展的依托。因此，加快我国金融市场建设步伐，丰富金融市场产品类型，有利于商业银行个人理财产品的开发，从而构造一个完整的产品体系，满足不同投资者的投资偏好。

（三）鼓励合法合规的金融创新

金融创新，是商业银行个人理财业务发展的重要推动力，贯穿于个人理财业务发展的整个过程。鼓励商业银行积极进行合法合规的金融创新，是提升我国商业银行个人理财业务竞争力的重要环节。

（四）加强市场监管，主要是纠正不正当的价格竞争

个人理财业务的健康发展和产品创新的实现，需要规范的市场环境和金融环境。无序的价格竞争和对新技术的监管不到位，将造成金融机构的恶性竞争，导致金融风险的失控。因此，规范发展与加强监管是个人理财业务持续、稳定、健康发展的重要保证。

（五）严格要求各商业银行在理财产品的宣传中做到风险提示

由于个人理财产品销售直接面向普通民众，在我国目前的金融环境下，普通民众对金融风险的防范意识还较为薄弱，容易被理财产品所宣传的高收益率所吸引，而忽视风险的存在。因此，应严格要求各商业银行在理财产品的宣传中做到完全的风险提示，要求客户经理在销售前向投资者完整地揭示每个产品内在的风险结构，以确保理财产品的健康发展和社会稳定。

（执笔人：蒋湘伶、周 丹）

北京市房地产价格上涨的原因分析与政策建议

中国人民银行营业管理部 货币信贷处

北京房地产价格的上涨集中体现在2004年年末，2005年年初持续了上涨势头，2005年房地产市场的运行态势如何，怎样才能保持房地产市场的稳步发展，需要我们深入研究。

一、北京房地产市场价格年末骤升，值得关注

2004年，北京市全年商品房销售价格呈逐季上升之势，房屋销售价格总水平比2003年上涨3.7%，涨幅提高了3.4个

百分点，其中第四季度上涨6.3%，达到7年来最高水平。从商品房销售价格指数的构成和分类看，住宅类销售价格比2003年上涨4.3%，其中，普通住宅和豪华住宅的销售价格同比分别上涨5.2%和1.7%；非住宅类销售价格同比上涨1.2%。其中写字楼销售价格同比下降2.4%。从房屋类型看，多层住宅和高层住宅的销售价格比2003年分别上涨5.3%和5.1%，别墅和高档公寓的销售价格分别上涨2.7%和0.4%。从2004年5~6月份起，北京市房地产价格上涨速度开始加快，由于计算平均房价的销售价格和销售面积中包含以前年度销售目前竣工的房产而不包括现在销售目前尚未竣工的房产，因而计算方法具有滞后性，这样房地产价格上涨年末才逐步得到体现，并且仍存在低估房价的可能。

二、2005年年初北京市房地产价格持续上涨

2005年3月4日，国家统计局公布的数据显示，2004年，全国商品房平均销售价格上涨14.4%，涨幅比上年提高10.6个百分点，商品住宅平均销售价格上涨15.2%。北京市众多房地产开发商随即紧跟全国房地产涨幅数据，一是在售房中加大房地产价格上涨宣传力度，再则是应声提高房地产的价格；加上购房者和投资者“买涨不买落”心理的影响，岁初北京市开发企业对房地产价格进行了集中调整。2005年3月1~7日，我们对京西、京南的十几家在售楼盘进行了电话调查，从调查情况看，平均售价比2004年8~9月份提高500~800元，平均上涨9%左右（调查数据）。2005年3月15日，北京市统一实行网上售房，公开透明的销售体系可能对北京市房地产价格起到一定的抑制作用，但也需要防止开发商囤积房源、故意炒作的情况发生。

三、北京市房地产价格的影响因素分析

影响北京市房地产价格结构的主要因素包括：《北京市城市总体规划》方案、奥运项目规划建设、北京市交通建设规划等；房地产市场自身发展变化因素有：全国房地产形势、写字楼和住宅楼的供求结构、住宅楼建设结构类型、地域结构、刚性需求和投资需求的变化等；其他影响因素还有土地政策、房产政策、房地产金融、收入政策等宏观调控政策。

（一）以总体规划、地铁建设为契机，拉高房地产价格

2005年年初，《北京城市总体规划（2004~2020年）》得到国务院的正式批复，提出构建“两轴—两带—多中心”的新城市空间格局，实施多中心与新城发展战略。北京三大主要城市功能中心CBD、中关村和奥运村对北京房地产格局影响越来越大，2005年以这三大中心为首的城市功能中心，将重新标定城市的区位价值和房产的价格定位；交通规划特别是地铁和奥运交通建设进入了关键的一年，随着奥运会的临近，相关配套设施的投入加大、速度增快，它所覆盖区域的房地产价值将从2005年开始迅速上升；北京的城市交通改造日新月异，从2005年开始，政府还将对道路改造再投入638亿元，新建8条地铁线路，新交通线沿线的房地产价格也将被重新改写。由于房地产价格是刚性的，其他区域的价格很难绝对下调，因而市政、交通规划方案不仅会调整北京市房地产价格结构，同时也会推高房价的总体水平。

（二）房屋拆迁引致近期刚性购房需求和远期住房供给

房屋拆迁和危房改造对房地产的价格具有双重影响，引致近期的刚性需求和远期的房产供给，从前两年北京市房地产需求情况分析，它引致的刚性需求至少占总销售面积的 30% 以上。我们可以利用前两年的数据来做分析，截至 2004 年 12 月 16 日，全市批准拆迁住宅建筑面积 308.79 万平方米，需动迁居民 4.72 万户，同比分别下降 36%、36.6%；全市启动危改拆迁项目 27 个，批准拆迁危旧住房建筑面积 47.19 万平方米，需动迁居民 1.21 万户。假设每拆迁户购房商品房 100 平方米，则引致商品房需求 593 万平方米，约占 2004 年新房总销售面积的 34%，比 2003 年降低近 30%。房屋拆迁建设导致的房地产供给至少滞后 2 年，因而 2003 年房屋拆迁改造引致的供给将于 2005 年逐步表现，如果 2005 年房屋的拆迁改造规模能得到有效的控制，从这一点看北京市房屋上涨的压力将得到一定的缓解。

（三）价格上涨可能进一步带动投资需求和住房升级需求

2004 年，北京市新建住宅类商品房的平均价格上涨 4.3%，二手房的平均售价却上涨 7.6%，二手房的交易价格的上涨幅度高于新房价格的上涨幅度。从住房需求类型分析，房屋需求主要分为自住需求和投资需求。自住需求又可以分为三类：第一类是住房升级需求，是指居民为改善和提高住房条件，购房或租房的需求。近年的房地产迅速升值为北京居民改善住房条件提供了经济基础，把现有住房出售或出租就基本能支持购新房的首付款或房贷月供；第二类为无房人员的需求，是指外地人进京务工经商或房改后参加工作人员主动购房或租房的需求；第三类是拆迁需求。投资需求是指购房者将房屋作为投资品，用来出租或销售乃至“炒楼”的需求，二手房价格的大幅上涨增加了投资收益，会进一步促进投资购房的扩大。房地产价格上涨会带动住房升级需求和投资需求，房价上涨预期也会带动无房人员的购房需求，房价上涨会给北京市房产带来需求压力，并进一步产生价格偏离，产生房地产泡沫。

（四）新房市场价格高企导致部分需求转移向二级市场

新房价格高企会调整市场的需求结构，导致部分需求从一级市场转向二级市场。2004 年，北京二手房交易量已达到 3.9 万套，比 2003 年二手房交易量增长 1.8 万套，增幅为 85.7%。2004 年 7～12 月，东城等 18 区（县）已购公房和经济适用住房再上市买卖平均成交价格为 4 046元/m^2，比上期（2004 年 1～6 月）上涨了 232 元/m^2，涨幅为 6.08%；比上年同期（2003 年 7～12 月）上涨了 328 元/m^2，涨幅为 8.82%，部分地区的二手房售价甚至只比新房便宜 600～700 元。据房屋中介公司介绍 2004 年北京房地产二级市场的整体供求比例达到 1∶8 左右。房地产二级市场的放量增长，加上房地产投资者和二手房中介公司有意抬高房价，导致二手房价格上涨幅度较大。预计 2005 年一级市场的部分需求还会向二级市场转移，二手房市场的供求可能更加旺盛。

（五）收入和人口增长加大了对房地产市场的需求

近几年北京经济进入高成长时期，地区生产总值、城镇居民可支配收入和新增居民都保持了较快的增长。这会加大居民对收入增长的预期，提高居民对居住条件的要求。2004 年，北京市实现地区生产总值 4 283.3 亿元，按可比价格计算，比上年增长 13.2%，增幅提高 2.5 个百分点，为 1995 年以来最高增速；城市居民人均可支配收入 15 637.8 元，比上年增长 12.6%，扣除价格因素，实际增长 11.5%，自 2000 年以来年均增长 10.9%；2004 年年末，全市户籍人口为 1 162.9万人，比上年年末增长 1.2%，从 1998 年年末房改政策以来，北京市新增户籍人口为 181.6 万人。这些因素都会增加对住房的要求，可以预见近几年北京市房地产市场的需求仍会十分旺盛。

（六）购房贷款是支撑房地产价格的重要力量

北京市商业银行的各类房地产贷款余额为 3 779.58 亿元，占贷款总额的 31%，比上年增加 2.1 个百分点；新增房地产贷款 656.8 亿元，占其人民币新增贷款的 49%。在新增贷款中，开发类贷款占 17%，购房类贷款占 77%。2004 年，商品房现房销售面积约为 1 582 万平方米，期房预售面积约为 2 739 万平方米，合计销售金额约为 2 381 亿元，购新房贷款累计发放 796.06 亿元，约占销售金额的 33%，这部分购房资金来自银行贷款，银行信贷资金有效地支持了北京房地产的发展。

中国人民银行于 2004 年 10 月 29 日上调了基准利率，及时地调节了购房者的利率预期和政策预期。11 月，北京市自营性个人住房贷款净增加 31.2 亿元，比上月多增 2 亿元；12 月份比上月净增加 30.44 亿元；2005 年一月份比上月净增 22.6 亿元，依然保持较高的增速，控制购房贷款的政策效果并不理想。

四、近期北京市房地产市场的价格和供给形势比较严峻

（一）与主要经济指标相比，北京房地产销售旺盛

2004 年，北京市房地产销售总额为 1 249.10 亿元，比 2003 年增长 39.1%；个人住房销售额为 1 122.3 亿元，同比增长 41.6%，个人住宅销售增长率达到 2001 年以来的最高值。个人住房的销售额的增长率是城镇居民可支配收入增长率的 3.3 倍，个人住房销售额是地区国民生产总值增加额的 2.25 倍；个人贷款增长率为 32.31%，是储蓄存款增长率的 3.3 倍。这样的销售形势自然会带动房地产价格的上涨，表 1 描述了北京市房地产市场这种旺盛的销售态势。

（二）北京房地产依然保持较高的投资收益

我们可以根据北京房地产的租金水平和新房及二手房平均价格，可以推算房地产投资收益率，新房的平均投资收益率为 6.35%，二手房的平均投资收益率为 7.65%。如果投资新房再转手不仅可以获得租金受益，也可以获得房产的增值收益，即使不计增值收益这样转手还可以增加近一个百分点的收益水平。房地产开发商的利润还远远不止 7% 的收益，较高的收益率会吸引大量的投机资金进入购房市场，进一步推动房地产价格的上涨。

（三）从施工面积看，房地产可能存在供给缺口

从 2004 年全市房地产开发施工面积看，2005 年房地产供给形势仍不容乐观，截至 12 月末，全市房地产施工面积合计 9 931.31万平方米，比 2003 年同期仅增加 9.5%，住宅施工面积增加 6.4%；其中新开工面积比 2003 年下降 11.1%，住宅新开

工面积下降11.8%，对于高增长的销售额来讲，2005年的房产可能会产生供给缺口。

表1 1998~2004年北京的GDP、可支配收入、居民储蓄和住宅销售额

单位：亿元,%

年份	GDP		城镇居民人均可支配收入		城乡居民储蓄		住宅销售额	
	总额	增长率	总额（元）	增长率	余额	增长率	总额	同比增长率
1998	2 011.31	9.8	8 472	5.9	2 287.2	15.79	179.8	28.11
1999	2 174.46	10.2	9 182.8	7.8	2 680.7	17.2	232.02	29.04
2000	2 478.76	11	10 349.7	8.9	2 923.2	9.05	409.34	76.42
2001	2 845.65	11.2	11 578	8.5	3 536.3	20.97	531.71	29.89
2002	3 130	10.4	12 463.9	15.5	4 389.69	24.13	716.66	34.78
2003	3 611.9	10.5	13 882.6	11.2	5 293.53	20.59	789.16	10.12
2004	4 283.3	13.2	15 637.8	12.6	5 803.79	9.6	1 122.3	41.6

注：城镇居民人均可支配收入的同比增长率已扣除价格因素；
贷款总额包括中资商业银行和北京市农信联社的贷款之和；
城乡居民储蓄额为北京市中资金融机构储蓄存款数。

（四）投机资本有向北京房地产转移的可能

房地产投机资金既包括国内炒房资金，也包括国外投机人民币升值的外汇资金。根据北京外汇管理局和北京市统计局统计数据估算，2004年，外汇资金流入北京房地产业的总规模约为15亿美元，合人民币124亿元，约占房地产市场交易规模的5%~10%；投入房地产开发的外汇资金约为8.6亿美元，置业投资（含租赁投资）约为6.3亿美元，置业投资的增速远远快于开发投资。外资流入房地产市场会抬高房地产的价格，这样会进一步增加房地产增值率，吸引更多的外资流入房地产市场，从而又会增加金融市场对人民币的需求，加大人民币的升值压力，同时冲击国内的金融市场和幼稚的房地产市场。前两年投机资金推高了杭州和上海的房价，北京的房价相对还处于上升阶段，要慎防出现同样的局面。

（五）我国房地产市场仍处在“发展阶段”

从国外房地产的发展经验看，在成熟的经济体系里，新增建设总值约占GDP的8.1%（美国，1990），在成熟的经济体系里新增房地产约占存量的5.1%（美国，1990）；2004年房地产业的竣工价值为552.62亿元，占北京市GDP的12.9%；北京新增房地产约占存量的14%左右，这说明北京房地产市场在今后很长一段时期内仍会处在高速发展时期。

我国经济正处在快速的发展时期，城镇化步伐逐步加快，这些必定会带来房地产业的快速发展。在这一阶段，我国没有先进的房地产业的发展经验，也可以说我国房地产业处于“初级阶段”，借鉴国外经验，防范房地产业的风险是这一时期首要的任务。在我国实行房改政策以后，城镇特别是大中城市集聚了大量的房地产需求，如果房地产供给量不足，加上社会舆

论和宣传误导，势必造成房地产价格的迅速上涨。

房地产价格上涨过快会带来房地产泡沫，如果强力控制购房需求，会造成房地产泡沫的破灭，给整个国民经济造成不良影响，因而当前最主要的问题是如何平抑房价的过快增长，又要满足正常的购房需求。

五、政策建议

（一）采取稳定房地产价格的经济措施

保持价格平稳、满足居民的住房需求是我国房地产业“初级阶段”的首要任务。在这一阶段应该采取稳定房价的经济措施：一是防止过度的投机行为；二是指导房地产价格；三是有步骤地实行旧房的拆迁改造；四是实行与本市的经济规模、发展阶段相适应的房地产供求政策。

（二）探索新的房地产业的经营模式

北京市总体规划要求有与之相适应的土地管理模式、房地产经营模式和物业管理模式。我国房地产开发企业对房地产的开发、规划、建设、销售和物业管理等都处在自发发展和自主管理的阶段，探索有效的房地产管理模式有利于房地产业的长远发展。

（三）采取币值稳定在3%～5%区间内的货币政策

这种政策既不会对人民生活造成负担，又维护了币值的基本稳定和经济增长，并有利于脱离通货紧缩的经济状态。更重要的是这一政策和收入政策配合可以化解人民币升值压力，并在保证房地产价格稳定的前提下，适当改善居民生活。

（四）灵活运用信贷政策，引导开发资金流向中低档普通住宅

应进一步落实“121号文件”的调控措施，配合土地政策，有保有压，促进商品房开发结构根据市场需求进行调整。2004年，银根有所紧缩，但基础货币投放量过大，信贷政策应在保持货币供给总量的供给平衡的情况下，进一步发挥对房地产市场结构的调节作用。

（五）培育和发展房地产二级市场和租赁市场

层次清晰、结构合理的房地产市场，有利于建立完善的价格机制；建立完善的房地产市场机制，有利于调节房地产市场，以达到供求平衡。

（执笔人：赵　连、周　丹、李海辉）

关于北京市经济适用房情况的调查报告

中国人民银行营业管理部 货币信贷处

为了调研北京市经济适用房政策变迁、建设、销售等情况，中国人民银行营业管理部与北京市建委、土地局等有关单位进行了沟通，并采取研究制度、调度数据、电话采访、理论分析等形式展开全面调查，对经济适用房政策进行深层剖析。

一、北京市经济适用房制度沿革及情况介绍

（一）在住房改革探索中逐步形成经济适用房政策

1994年7月，国务院发出《关于深化城镇住房制度改革的决定》，确立了

“建设与社会主义市场经济相适应的住房制度，实现住房商品化、社会化”的住房制度改革目标，解决了存量房的改革原则，为我国城镇住房改革奠定了基础，但没有提出经济适用房的问题。1995 年，提出“安居工程”，与后来的经济适用房基本相似，可以认为是经济适用房的前身，但提出的“经济适用商品房”仍是商品房的范畴。1998 年，国发［1998］23 号文件是我国城镇住房改革的纲领性文件，决定停止住房实物分配，以商品化、社会化为目标；另一方面根据当时居民的经济承受能力建立以经济适用房为主体的多层次的住房供应体系，经济适用房用地实行行政拨划，政府扶持，以保本微利为原则，向低收入家庭提供住房。根据国务院文件精神，建设部、国家发展计划委员会、国土资源部、人民银行等相关部门相继颁布了《大力发展经济适用房的若干意见》、《关于进一步加快经济适用房建设的若干问题的通知》、《经济适用住房开发贷款管理暂行规定》、《住房公积金管理条例》等规范性文件，明确了经济适用房建设的土地政策、信贷政策、价格政策和房改政策等。

此后北京市陆续出台了经济适用住房的建设和销售办法。2000 年年底，颁布实施的《北京市城镇居民购买经济适用住房有关问题的暂行规定》，以及 2002 年年底制定的《北京市城镇居民购买经济适用住房有关问题补充规定的通知》，是北京市购买经济适用房资格的审核依据。针对销售环节的问题，从 2004 年 1 月 10 日起，北京市为了能够加强对经济适用住房销售环节的管理，严格控制供应对象，北京市建委出台新规定，将北京市居民购买经济适用住房的申报材料向社会公示 10 天，公示期满无人举报，申请人才具备购买资格。

（二）北京经济适用房政策稳步推进

自 1998 年北京开始发展经济适用住房，截至 2004 年年底已建造了 1 800 多万平方米，让近 20 万户家庭受惠。2004 年，北京经济适用房开发建筑面积 300 万平方米，商品住宅新开工面积为2 019. 29 万平方米，经济适用房建筑总量是整个商品房开发建筑总量的 15%。根据建设部门的计算，在 2010 年以前，北京市经济适用住房年均需求量为 3. 8 万 ~ 4. 3 万套，约合建筑面积 300 万 ~ 340 万平方米；北京市政府决定从 2003 年开始的三年内，经济适用住房建设计划年均不少于 300 万平方米，年竣工量在 250 万平方米以上，每年需要供应的土地数量约为 250 公顷。可以预计今后几年北京市经济适用房建设还会以平稳的速度稳步发展。

二、经济适用房政策取得了良好的效果

（一）经济适用房是住房供给的重要部分，整体上平抑了房价

北京是全国经济适用房建设规模最大的城市，对房价的影响较为突出。北京的经济适用房建设从 1998 年 10 月开始，以“政府组织，政策支持，企业实施”为特点，享受建设用地优先划拨，免征土地出让金、开发贷款优先发放、减免 21 项行政事业收费等优惠，政府同时将开发商的利润率控制在 3% 以内。这些政策保证了经济适用房以满足低收入家庭居住为目的，实行较低的指导价格销售。根据调查匡算，2005 年年初北京市经济适用房销售价格平均要比同地段、同档次的商品住宅低 800 ~ 1500 元/平方米，相对价差大致在 20% ~ 35% 之间，2004 年经济适用

房平均将住房销售均价摊低 268 元/平方米。

（二）经济适用房在解决低收入家庭住房问题上功不可没

在近两年商品房价格快速上涨的情况下，经济适用房由于政策优惠，以相对较低价格颇受北京市居民的欢迎。加上北京市政府制订了较为严密的购房资格审核制度，由街道、工作单位、北京市城市建设综合开发办公室，共同对购房资格进行审核，层层把关，这些政策措施基本上保证了经济适用房满足低收入家庭购房的目的。

（三）经济适用房政策基本保证了北京住房体制改革的顺利进展

住房商品化、社会化的目标早在1991年和1994年就已经提出，但进展并不理想。经济适用房政策解决了低收入家庭的住房问题，抓住了住房改革阻力的关键，为住房体制改革扫除了障碍，为北京市乃至全国的住房商品化、社会化目标的实现提供了重要保障。

三、经济适用房建设与销售中存在的问题

（一）经济适用房的土地审批中存在不公平竞争

国家规定土地一级市场掌握在政府，二级市场必须实行拍卖，但经济适用房建设并未按此办理，而是交给开发商建设，政府给予优惠，限价销售。这种做法一方面因不通过招标容易滋生腐败，另一方面因对房屋售价控制不严而使开发商取得不合理的利润。

（二）经济适用房建设量不足，难以满足购房需求

建设部曾明文规定，各地住宅建设70%～80%应建经济适用房，销售给中低收入家庭（北京规定为年收入 6 万元以下家庭）。但在实际建设中，经济适用房只占住宅建设中的很小一部分，远远满足不了中低收入人群的购房要求。

（三）经济适用房的销售过程中存在不规范行为

由于经济适用房的房价远低于同档次、同地段商品房的房价，人们争相竞购，并出现了不同程度的寻租行为，从而造成三大现象：一是有些应该买经济适用房的人买不到，部分买到的人却是不该买的；二是存在炒卖经济适用房房号现象；三是经济适用房成为存量房市场的主要来源之一。

（四）经济适用房在建设过程中存在两大矛盾

其一是经济适用房设计走样，面积过大。这样会造成经济适用房单价虽然便宜，但是总价太高，低收入阶层依然买不起。其二是经济适用房建设地段太偏，市政设施不够完善，给居住经济适用房的居民带来生活上的不便。

四、关于经济适用房政策的深度思考

经济适用房的优缺点都非常明显，并引起全社会广泛的争议，这就不得不引发我们对经济适用房政策的深度思考。

（一）解决当前住房市场公平原则的有效措施

“耕者有其田，居者有其屋”是人们几千年来的生活理想，但时至今日，在商品房市场条件下，“居者有其屋”，对许多低收入家庭来说仍是奢望。低收入水平是由许多因素造成的，其重要的因素之一可能是这些家庭承担了向市场经济转轨中的外部效应，因而把他们排挤出北京的住房市场显然并不人道，在经济原则上也不公平。经济适用房和廉租房政策就是在探

索住房制度改革路途中总结出来的行之有效的政策，这已经被实践所证明。

西方发达国家干预住房市场的理论基础是“准公共物品”理论。他们认为对低收入的家庭来说，住房更接近于公共物品，而非私人物品；对高收入家庭而言，住房更接近于私人物品而非公共物品。因而住房是“准公共物品”，需要政府干预，以满足中低收入家庭的住房需求。在我国现阶段，住房需求十分旺盛，住房供给相对紧缺，政府需要适当扩大住房供给。对政府而言，增加住房供给措施有两种：一是修建公有住房，直接增加住房供给；二是减少投资者的成本，间接增加供给。而我国经济适用房政策属于后者，根据福利经济学原理，它相对优于前者，因而在现阶段经济适用房政策是有效的基本措施。

（二）经济效率高的商品房对效率较低的经济适用房具有不同程度的排挤作用

将住宅供给划分为市场价商品住宅、经济适用房和廉租住宅，是我国住宅供给体系的创新，也符合住宅市场的长远发展规律。然而，和商品房市场相比，经济适用住房在土地使用竞争方面明显缺乏经济效率。经济理论表明在城市的发展过程中，经济效率较低的建设项目通过价格因素会逐步被排挤到城市的郊区，从而提高土地的使用效率。经济适用房作为住宅项目，土地的经济效率仅次于第三产业和某些技术密集型产业，而经济适用房的价格被限定，在土地使用竞争中不具备较强竞争力，因而它受到两个方面的排挤：一是被排挤到边远地段，市政设施较差；二是产生“挤出效应”，经济适用房的建设面积被极大的压缩，北京相对于全国来讲是经济适用房发展最好的地区，但仍然不能满足中低收入家庭的购房需求。

（三）政策公平原则的实施存在理论和实践上的困难

北京规定享受经济适用房政策的群体为年收入 6 万元以下的家庭，以北京 2004 年人均收入 15 638 元，每个家庭三人计算，家庭年收入仍在 6 万元以下，这样平均收入的家庭都可以享受经济适用房政策，导致经济适用房供不应求；政府相关部门又没有科学划分收入标准和审核中低收入家庭实际收入的能力和手段，甚至对其是否已经享受公有住宅亦不能考察，结果会导致政策的受益者扩大到高收入的家庭和已有公有住房的家庭。这些家庭对经济适用房的需求特征，又会导致相应住宅建设标准的提高，而真正的低收入家庭又买不起这样的住房，被排挤到经济适用房之外。这样会形成两方面的不利后果：其一是财政补贴部分落到了收入较高的家庭手中，降低了稀缺的补贴资源的使用效率，不符合建设经济适用房的目的和财政补贴的支付原则；二是对商品房市场而言，财政补贴的不当收益者的存在会对商品房市场产生“挤出效应”，不利于住房市场供给结构和需求结构的合理配合。

五、政策建议

我们认为经济适用房政策在北京现阶段仍是政府干预住房市场和保证公平原则的重要手段，结合当前北京市商品房价格上涨过快的状况，我们给经济适用房政策提出如下建议：

一是改变经济适用房承建方式。经济适用房建设应采用招标制度，选择有效率的开发企业承建经济适用房项目，使中低收入家庭切实享受价格低廉的好处。

二是改变经济适用房的补贴方式。经济适用房享受了多项政策优惠，但这些优惠措施大都是“暗补”，从而造成权力的寻租行为。要改“暗补”为“明补”，比如土地实行年租的方法替代无偿划拨，防止腐败滋生。

三是增加定向供给量，改变原有大一统的销售方式。对低收入单位的审查成本远远低于对家庭审查的成本，因而改变销售方式可以降低政府的干预成本，提高政府效率。

四是确立经济适用房是商品房市场的弥补措施的地位，根据商品房市场的供给形势，调整经济适用房的供给策略。

五是采取多种政策相配套的措施，干预商品房市场。比如用税收措施、信贷政策、土地措施、拆迁措施等配合经济适用房政策以影响房地产市场。

（执笔人：赵 连、雷晓阳、周 丹、李海辉）

对北京银行信贷支持中小企业的调查

《金融时报》北京记者站 北京银行 办公室

近年来，国家发改委、商务部、税务总局和中国人民银行陆续出台了一系列政策性文件和各项优惠措施，大力推动中小企业的发展。北京市中小企业开始发挥越来越重要的作用。然而，随着中小企业的增多和对资金需求的不断扩大，融资难成为困扰中小企业发展的“瓶颈”问题。

在一些商业银行陆续撤足中小企业融资市场时，北京银行却一直坚持以“服务中小企业”为市场定位，通过多种手段拓宽中小企业的融资渠道，提高金融服务水平，促进首都经济建设和中小企业的健康发展。据统计，目前北京市的中小企业近80万家，其中在北京银行开户的有近11万家。该行现有企业贷款客户1 100多家，其中85%以上的客户是中小企业。近十年，该行累计为中小企业发放贷款500多亿元，近万户中小企业在有力的贷款支持下得到了快速发展，同时，北京银行也实现了综合实力的同步提升。该行是如何通过艰难开拓，摸索出一条成功之路的呢？对此，我们就北京辖内银行支持中小企业及北京银行服务中小企业方面的情况进行了调查。

一、中小企业间接融资现状及反映

从近两年的情况看，北京地区中资商业银行对大型企业的支持力度要强于中小企业。此外，在预期经济增长可能放缓的情况下，银行贷款投放有向优质的、相对规模更大的客户集中的趋势。中小企业成了贷款优先压缩或延后发放的主要对象。对北京400家中小企业融资状况进行的问卷调查显示，银行对中小企业融资持保守态度的原因主要体现在以下几方面：

（一）银行信贷资金投入量少，中小企业普遍反映存在贷款难现象

调查结果显示，有66%的中小企业反映融资主渠道是自筹资金，只有12%的中小企业通过银行信贷融通资金；有36%的中小企业反映目前银行服务存在的最主要问题是得不到贷款支持；有61%的中小企业认为贷款难现象很普遍；有88%的中小企业反映银行应制定适合中小企业发展的信贷政策。调查还显示，近一

半的中小企业反映对金融环境不了解，有1/3的中小企业反映目前金融环境不适合中小企业发展。

（二）贷款门槛高，影响中小企业间接融资的积极性

由于中小企业自身规模小，在业务经营方面具有周转快、交易量小、发生频繁等特点，对银行的融资服务需求也具有相应的特点。但许多银行只从追求效益、降低成本的经营策略出发，缺少为中小企业服务的积极性，使中小企业融资需求难以满足。例如，银行对中小企业的贷款利率可以在普遍贷款利率的基础上上浮10%～30%，造成中小企业融资成本较高；而且银行由于对中小企业存在偏见，对中小企业贷款条件较高，规定应达到的要求较多，对中小企业融资期限规定较严等问题也普遍存在。

（三）金融服务品种少，难以满足中小企业的金融服务需求

商业银行除了为中小企业提供信贷、结算等金融服务品种外，对中小企业提供的其他服务种类相对较少，如信用证、保函、银行承兑汇票、网络结算、企业银行等多限于大中型企业，对中小企业开放得很少。实际上，部分中小企业特别是符合现代企业制度要求的中小企业，强烈地感到商业银行传统金融服务已不能适应其进一步发展的需要，迫切希望金融机构为其提供全方位的金融创新服务，甚至包括部分投资银行业务。调查显示，有37%的中小企业认为目前金融服务品种少是银行服务存在的最主要问题。

（四）为中小企业提供融资服务的主渠道不明确

一般来讲，许多大型企业都有主办银行，这不仅有效地解决了企业的资金问题，而且还能为企业提供全面的金融服务。但是绝大部分中小企业都没有主办银行，而且许多银行都没有设置专门为中小企业服务的机构，以中小企业为自身市场定位的银行则更少，造成中小企业融资主渠道的不明确，难以享受到较好的金融服务。

（五）为中小企业融资服务的信用担保体系不健全

中小企业由于信用较低，在向银行申请贷款时往往需要第三方提供信用保证，这就需要较为完善的信用担保体系。但我国目前针对中小企业的信用担保体系刚开始建立，为中小企业提供贷款担保的机构少，而且担保基金的种类和数量还远不能满足需要，其运作、管理方式也亟待改进与完善。而且，由于有些担保公司以营利为目的，对申请担保的企业审查内容与银行贷款审查内容相同或相似，使许多无法获得银行贷款的中小企业同样无法获得担保公司的担保。这不仅需要银行与担保公司加深合作，而且还需要成立再担保机构和担保保险机构，同时也需要政府部门出面解决，只有社会各方面共同努力，才能健全为中小企业服务的信用担保体系。

（六）社会信用制度尚未建立，银行难以判断企业优劣

由于我国社会信用制度还未建立起来，对中小企业进行贷前调查时，银行没有充足时间和必要途径来了解企业真实的财务状况，很难准确、快速地判断某些中小企业经营者的信用高低，导致银行发放贷款顾虑重重，不得不慎重对待中小企业的融资需求。目前相比较而言，大企业特别是上市公司的经营状况、财务信息以及其他信息的公开化程度远高于中小企业，而且信息的真实程度也高于中小企业。在

信息不对称程度较高的情况下，银行对借款人的行为难以做出可靠的判断，这势必会增大贷款风险。

二、对中小企业自身存在问题的分析

中小企业面临融资难的窘境以及它们所反映的问题是现实存在的，但造成问题的主要原因，不仅包括银行、社会等外部因素，而且也包括中小企业自身的一些问题。主要可概括为以下几点：

（一）贷款抵押或担保难以让银行满意

由于中小企业规模较小，面临的经营风险较大，一般来讲，银行只愿意为中小企业提供抵押或担保贷款。但是由于中小企业普遍存在固定资产少，土地、房屋等抵押物不足，流动资产在生产过程易发生物质形态变化，无形资产又难以量化等特点，因而，向银行提供的贷款抵押物难以得到银行的认可，而且寻找担保方也较困难，使中小企业难以得到贷款。有42%的中小企业反映银行不认可贷款抵押或担保是贷款被拒绝的主要原因。

（二）管理水平低

目前，许多中小企业现代经营管理的理念不强，市场预测开发的能力较弱，难以抵御市场风险；财务行为不规范，财务信息随意性大，银行难以了解其真实的财务状况。此外，还存在内部管理较为混乱、内控制度不严、管理者素质较低、信用观念较差等问题。

（三）融资渠道窄

目前上市公司主要是大企业，中小企业在资本市场直接融资的机会不多，也少有票据融资。融资主渠道仍然是通过银行贷款，而目前银行实施的是相对趋紧的信贷政策，中小企业受到的影响最大。

（四）资金实力弱

大多中小企业自有资金匮乏，其他投资无望。

（五）企业扩张快

2004年下半年以来，受部分行业经济过热的影响，部分中小企业过度扩张，投资不断扩大。

三、北京银行支持中小企业的作为

多年来，北京银行不断研究摸索适合中小企业成长的金融服务和产品，并推出多项措施扶植中小企业健康成长。

（一）推出“小巨人”发展计划，积极培育优质中小企业

北京银行在该行“二五”规划中明确将支持中小企业发展作为战略重点，将成长型和创业型中小企业作为重点支持对象。2001年年初，该行推出以中小企业为主要服务对象的“小巨人”发展计划，为中小企业发展提供全面的金融服务及便利的融资方案。据调查了解，在该行“小巨人”发展计划的推动下，部分优质中小企业得到了持续快速发展，成长为“小巨人”。

2005年9月15日，为进一步加大“小巨人”发展计划的实施力度，北京银行出台十项措施深入推进中小企业贷款业务。十项措施包括：明确中小企业贷款业务发展目标；建立垂直的中小企业信贷管理机构；完善中小企业信用评级体系；科学定价中小企业贷款风险；优化操作流程，提升管理效率；扩大合作领域，多方开辟信息渠道；积极营销中小企业贷款，全方位提供金融服务；密切跟踪中小企业客户需求，加大产品创新力度；完善中小企业贷款信息管理系统；优化考核和奖惩机制。

（二）成立中小企业服务中心，提供一站式配套金融服务

2001年4月20日，北京银行成立中

小企业服务中心，这是全国第一家由商业银行独立设立的服务于中小企业的机构。中小企业服务中心成立以来，通过加强与国家各专业担保公司、风险投资公司的合作，充分了解中小企业发展的各项政策法规和相关信息，为中小企业提供信息咨询、理财、财务、营销、企业诊断等服务，架起了与中小企业沟通、联系和共同发展的桥梁。

（三）大力推进担保贷款业务，开辟中小企业融资绿色通道

为突破中小企业融资“瓶颈”，北京银行大力推进担保贷款业务，开辟中小企业便利融资的绿色通道。针对中小企业规模小、数量多、风险大的特点，1997 年，北京银行与市财政局等部门成立贷款风险资金，积极探索既支持中小企业发展，又降低贷款风险的有效方法，先后贷款支持了十几家市属中小企业；1998 年，该行与北京市新技术产业开发试验区管委会、中国经济技术投资担保公司、首都创业集团签订协议，启动北京市新技术企业担保风险基金，提供 4 亿元信贷额度；为进一步支持区域经济发展，北京银行与北京市城八区担保基金签订合作协议，承诺提供 60 多亿元贷款额度，主要投向各区的中小企业；2002 年，北京银行与部分郊区县联合开展信用担保业务，支持郊区中小企业发展。此外，该行还先后与中投信用担保有限公司、中国经济技术投资担保公司、北京中关村科技担保公司签订联合开展担保贷款业务合作协议，缓解了中小企业担保难和贷款难的问题。

（四）成立中关村科技园区管理部，助高新技术企业腾飞

2000 年 9 月 10 日，北京银行整合中关村科技园区内的 20 余家支行成立了中关村科技园区管理部，从制度创新中寻求支持中关村科技园区建设和发展的新途径。

作为北京市第一家派驻中关村科技园区的金融管理机构，中关村科技园区管理部成立后，充分发挥管理职能，为园区内的科技型企业创造良好的发展环境。一是集中资金，支持园区基础设施建设；二是逐步推行市场细分和功能定位的营销思路，引导支行根据自身特点开拓业务，提高服务企业的针对性；三是利用好总行赋予的审贷权限，提高为中小企业融资服务的效率；四是积极推进与海淀园管委会企业网上结算业务合作，提高园区企业结算质量与效率；五是全面推进与中关村科技园区担保基金的合作；六是优化网点资源，在科技型企业集中地区增加机构，如在上地信息产业基地设立了上地支行。

（五）建立担保贷款专业支行，提高担保贷款审批效率

根据中小企业融资一般具有金额小、频率多、时间紧的特点，北京银行建立了中小企业担保贷款专业支行，简化贷款审批环节，提高贷款审批效率，不断满足中小企业的资金需求。为不断提高支行操作担保贷款业务的能力，北京银行联合专业担保公司开展全行范围内担保贷款培训，建立了与担保公司联席会议制度，一方面使更多的支行与担保公司建立联系和业务合作，另一方面加强沟通协调，合力解决业务开展中遇到的实际问题，共同简化评审程序。

（六）创新金融产品和服务方式，不断满足中小企业服务需求

成立近十年来，北京银行着眼长远，在为中小企业的服务过程中，持续加大业务和服务创新力度，给予中小企业全方位、多层次、个性化的金融服务。先后开

发了综合授信业务、留学生小额信用担保贷款、专利质押贷款、软件企业外包业务贷款、再就业贷款和投保贷、贷保贴的新型金融产品及服务方式；启动“瞪羚”计划，积极培育、扶植中小高新技术企业；与中信信托投资有限责任公司联合推出北京市首支有担保的信托投资计划，开创了中关村高新技术企业融资的新模式；2003年12月，北京银行在入驻海淀区金融走廊之际，实行中小企业服务中心与北京中关村科技担保有限公司现场联合办公、一站式服务的模式，给予中小企业最贴心的人文关怀。

（七）积极参与中小企业配套服务建设，完善中小企业社会化服务体系

近年来，北京银行积极参与促进中小企业健康成长的各项社会活动，在完善中小企业社会化服务体系中发挥了积极的作用。该行先后与北京市委、市政府及有关专家学者举办了数次中小企业服务研讨活动；成立了“中小企业金融支持体系研究”课题组，研究和探索金融支持中小企业发展的新途径和新方式；2001年，北京银行参加了上海“APEC中小企业工商论坛暨展览”，是参展的唯一金融机构，受到广大中小企业的关注和好评。

四、解决中小企业融资难问题的几点建议

北京银行在一定程度上缓解了北京辖内中小企业融资难的问题。但是，北京银行毕竟是一家规模一般的中型银行，要根本解决融资难的问题，必须要全社会和业内的共同努力。从目前对中小企业融资的政策和制度上看，要解决中小企业融资难的问题，必须解决好风险担保机制不健全、融资结构不匹配和社会信用环境不完善方面的问题，为此建议：

（一）健全风险分担机制

针对中小企业特别是小型企业生产经营的不确定性较大，发展的稳定性差的现实，为防止银行贷款风险，可根据原国家经贸委发布的《关于建立中小企业信用担保体系试点的指导意见》，尝试建立政府出资的、为中小企业融资提供服务的信用担保体系。同时，要积极落实1999年中国人民银行发布《关于加强和改善对中小企业金融服务的指导意见》，各商业银行对建立中小企业信贷担保体系应予以积极配合。要成立政府出资的担保公司，增强中小企业的信用，帮助其跨过贷款门槛并建立起与银行的信用关系。

（二）尽快解决目前融资结构不相匹配的问题

要克服国有商业银行不愿为中小企业提供更多贷款，中小银行不同程度上存在着重大轻小的倾向；拓宽中小企业外部融资渠道，按产业政策导向区别对待中小企业。

（三）加快完善社会信用环境，提高信息透明度

各银行机构要加强与中小企业之间的信息交流，加强与政府部门、行业协会和社会中介机构的沟通与联系。不断研究和丰富对中小企业信贷担保方式，完善担保结构。各银行机构要从改进自身服务出发，完善对中小企业信贷服务的组织体系和业务流程，建立、健全适合中小企业特点的评级和授信制度，合理确定中小企业贷款期限、额度和利率。并牢固树立对中小企业营销的意识，健全贷款营销的约束和激励机制，努力开展信贷服务创新，为中小企业提供全方位的金融服务。

（执笔人：吴进宇、曹 阳、王 新、唐一鸣）

开放一年来在京外资银行人民币业务发展概述

中国银行业监督管理委员会北京监管局

自2004年12月1日北京向外资银行开放人民币业务以来，外资银行依托总行支持，逐步扩大客户基础，加大产品创新力度，人民币业务发展迅速。截至11月末，北京已有10家外资银行开办了人民币业务，人民币资产总额为78.08亿元，其中各项贷款余额为33.18亿元；负债总额为68.06亿元，其中各项存款余额为44.79亿元，分别占在京外资银行本外币资产总额、各项贷款余额、负债总额、各项存款余额的11.13%、11.67%、25.48%和10.21%，人民币业务已成为在京外资银行新的业务增长点。

一、发展特点

在京外资银行人民币业务在布局阶段初步呈现出“客户多元化、网点多样化、人才本土化、合作深入化”等特点。

(一) 本土化经营运作能力有所提高

在京外资银行人民币业务更加注重本土化运作，目标客户定位更为清晰。截至11月末，在京外资银行人民币贷款中资客户数量和余额已占全部人民币贷款的28%和37%。

(二) 营业网点建设迅速加强，实体网点扩张与电子网络布设并进

一年来，在京外资银行迅速开展网点布局，2005年当年有3家外资银行分行迁址或扩建，3家支行开业、3家支行在建。从地理位置看，6家支行主要分布于高端个人客户较为密集的国贸、中关村及东方广场等地。

除积极扩张实体网点外，在京外资银行还大力推进人民币网上银行服务。目前已有4家在京外资银行分行提供了人民币网上银行服务，其中一家分行截至11月末的人民币网上银行交易金额超过2亿元。

(三) 员工本土化步伐加快

在京外资银行加紧建立人才储备，11月末在京10家已开办人民币业务外资银行的员工数量同比增加426人，增长87%。新增员工中本土员工占比超过95%，员工队伍本土化趋势明显。

(四) 与中资银行的人民币业务合作层次加深

一年来，外资银行人民币业务合作已由开放初期的人员培训等方面扩展到资金拆借、票据贴现和现金管理等领域，合作领域有所拓宽，合作层次趋于深化。目前在京外资银行与中资银行人民币同业拆借协议总金额已近40亿元，人民币同业存款及同业拆借已占外资银行人民币负债总额的1/6。有5家外资银行分行与中资银行签订了票据合作协议，5家外资银行与中资银行签订了现金管理协议。

二、主要问题及风险

(一) 人民币资金来源渠道狭窄，存在流动性风险隐患

外资银行目前尚无法通过发行金融债券、商业票据来开展主动负债业务，人民币资金的主要来源是人民币存款和同业拆借资金。截至11月末，两项合计占其人

民币负债的77.36%。同时，外资银行同业拆借的金额以及期限均受到一定限制。

资金来源狭窄导致外资银行存在一定流动性风险，一是人民币存贷款期限不匹配，11月末，外资银行人民币存款中活期和短期存款占比高达99.76%，而同期人民币中长期普通贷款占比却为22.63%。二是人民币存款集中度较高，11月末，10家在京外资银行最大十户存款占其全部存款的91.69%。

（二）人民币资金运用尚不充分，人民币业务效益尚不明显

截至11月末，在京开办人民币业务的10家外资银行累计实现人民币业务税后利润292.71万元，其中4家亏损，人民币利润仅占该10家银行本外币业务利润总额的1.18%，人民币业务经营效益尚不明显。主要原因一是人民币资金运用尚不充分，11月末其人民币资金运用中存放央行占比高达37.27%；二是贷款损失拨备较多，截至11月末，外资银行人民币贷款损失准备支出占人民币业务总收入的19.39%，而外汇业务该比例只有5.35%。

（三）操作风险管理和合规性管理有待加强

一是部分新增支行网点偏重由业务线主管进行管理，分行对其监测和管理力度不够。二是未及时针对人民币业务和风险完善内部操作规程，风险预警机制执行不严格，合规管理有待加强。如某在京外资银行分行不熟悉结售汇业务对人民币头寸的影响，在计算人民币流动性比例时出现失误。三是新员工的操作技能及风险合规意识尚需提高。

（四）人民币关注类贷款占比相对较高，信贷风险值得关注

虽然外资银行开展人民币业务仅1年，但人民币关注类贷款比率已达2.35%，仅比外汇关注类贷款比率低0.99个百分点，信贷风险值得关注。

（五）对国内货币政策和宏观调控政策的潜在影响不容忽视

与中资银行相比，外资银行受宏观调控政策的影响及分业经营的制约相对较弱，人民币业务的扩展也可能对部分货币政策效率和货币政策传导机制产生反向影响。因此，外资银行人民币业务增长对我国货币政策的潜在影响值得关注。

三、监管建议

（一）外资银行应系统地加强人民币业务合规风险管理，加大人员培训及分支机构管理力度，完善内控机制，严格遵守各项相关法律法规。

（二）外资银行应进一步完善人民币流动性风险预警系统及应急机制，积极拓宽资金来源渠道，提高人民币存贷款期限匹配程度，发挥主报告行的资金调度职能，提高流动性风险管理水平。

（三）外资银行应密切监测企业集团客户大额授信及关联企业互保情况，积极拓宽客户基础，防范风险集中。加大对新增授信客户的审核力度，针对信贷风险预警信号及早采取风险缓释措施。

（四）监管部门应有针对性地加强对外资银行人民币业务的风险提示及政策指导，围绕非现场监管和现场检查发现的突出风险提出整改要求，提高监管透明度。

（五）监管部门应依法规范和积极鼓励中外资银行之间加强合作，促进双方在银团贷款、新产品研发及推广等领域的互利合作。

（六）有关部门应进一步规范和加强外资银行人民币业务统计监测，关注外资

银行人民币业务扩大对货币政策工具及宏观调控效果的影响，增强相关政策的分析研究。

（执笔人：梅向东）

关于北京市房贷险业务经营情况的报告

中国保险监督管理委员会北京监管局

随着国家加大对房地产市场的宏观调控力度，房贷险市场的经营风险进一步显现。为防范和化解房贷险经营风险，进一步促进房贷险业务的健康发展，按照中国保监会的要求，北京监管局对北京市房贷险业务进行了调研。

一、房贷险经营基本情况

自1997年华泰财产保险股份有限公司北京分公司开办房贷险业务以来，北京已有10家财产保险公司开办房贷险业务，主要产品有个人贷款抵押房屋保险和个人贷款抵押房屋综合险。华泰财产保险股份有限公司北京分公司于2004年8月开办新房贷险险种，永安财产保险股份有限公司北京分公司于2005年1月使用新个人贷款抵押房屋保险，其余各公司均使用原有的房贷险产品。

2005年第一季度，北京市房贷险业务的承保数量为29 658件，保险金额为382亿元，累计保费为6 226.5万元，同比减少57.1%，环比减少32.1%，简单赔付率为5%，退保率为34.4%。根据人民银行营业管理部的数据，2005年第一季度，北京市自营性个人住房贷款提前收回59.9亿元，同比增加22.6亿元，占当期收回额的63.8%，同比上升6.8个百分点。

二、各公司房贷险的财务处理办法

关于保费确认方法，除华泰财产保险股份有限公司北京分公司采取保费分期确认以外，其余各公司均采取一次确认的会计处理办法。

关于未到期责任准备金提取方法，部分公司对于未到期准备金按照1/24法提取准备金，其他公司按照1/365法由系统自动计提。

目前各公司向银行实际支付手续费的比例一般在8%～20%之间，如果发生退保，各公司对已支付手续费主要采取以下处理方式：一是对于正常退保的客户全部还清贷款后，银行不需要退还已支付的手续费。二是对于银行未放款的退保，银行须将该业务的全部手续费退回。三是按照约定的新增业务减去退保业务后的净值结算手续费。四是发生退保后的手续费从银行的下期手续费中扣除。

三、存在的主要问题

（一）退保率迅猛增加，影响房贷险业务稳定发展

由于房贷险是银行要求强制参加的保险，投保人对此有强烈的抵触情绪，加上央行调高房贷险利率，提前还贷的客户增多。从数据上来看，2004年第一季度至2005年第一季度，各季度的退保率分别为13%、9%、18%、29%、34%，尤其是从2004年第四季度开始，退保率明显呈快速递增的趋势。提前还贷退保的增加，造成已支付的手续费基本无法收回，给保险公司带来巨大的财务压力，影响了

保险公司的承保利润及经营稳定性。

（二）房贷保证险、部分高保额产品存在经营风险

在实际操作中，保险公司与银行对购房贷款人的资信情况均未作严格的调查，在同一被保险人通过贷款方式购得多处房屋或高档住房、保险金额高达数百万元甚至上千万元的情况下，保险公司承担了较大的还贷责任风险。

（三）宏观政策对房贷险的影响

受国家宏观调控政策的影响，给房地产市场带来两种可能：一是借款人提前还贷的数量会继续增加；二是购房人目前持币待购、暂不买房的心理，造成通过银行贷款购房的数量减少。这两方面因素的影响将会在一定程度上导致房贷险保费减少及退保率持续上升。

四、解决问题的建议

（一）逐步完善房贷险产品

保险公司应对市场需求进行调研，合理的设计房贷险的支付方式及保险条款。首先，针对趸交保费所存在的问题，开发分期支付保费方式的房贷险产品，与购房人分期还款时一并支付保费，减少退保引起的手续费无法收回的风险。其次，合理的设计保险条款。一是可考虑合理增加对疾病、失业还贷保障的保险责任范围。二是可按照贷款余额定期确定保险金额。三是充分考虑购房贷款人的信用风险，根据风险大小，实行浮动费率，以有效控制同一被保险人高保额业务的还贷责任风险。

（二）提高公司的市场应变能力

央行连续调整房贷险利率后，各公司没有及时出台相应的应对措施，反映出市场应变能力较弱。随着宏观经济形势变化与保险业关联度的加大，各公司应加强分析宏观调控政策对保险业的影响，提高市场应变能力。

（三）加大宣传力度，使房贷险得到市场认可

贷款购房人在银行的强制要求下投保房贷险，但对房贷险的保险责任、保障程度及作用等都不甚了解，社会公众对房贷险的认识存在误解。因此，保险公司应加强宣传，使社会公众接受认可房贷险，从而促进房贷险市场地健康发展。

（执笔人：马　骥）

关于北京农民保险需求的调查报告

中国保险监督管理委员会北京监管局

为了深入了解北京农民的保险需求，提高北京保险业服务“三农”力度，稳步推进北京保监局“农保工程”，2005年2~3月，北京保监局组织中国人寿北京市分公司、平安人寿北京分公司在北京平谷、顺义、怀柔、密云、昌平、延庆、门头沟、房山、大兴、通州10个远郊区县进行了农民保险需求调查。

一、调查工作情况及结论

（一）调查情况

此次农民保险需求调查由营销员向北京10个远郊区县的农村居民发放调查问卷，历时2个月完成。共发放问卷1 400份，收回有效问卷960份。其中，女性被

调查者553人，占比57.6%，男性被调查者407人，占比为42.4%。被调查者所居住区县分布均匀，除门头沟收回50份调查问卷外，其他远郊区县均为100份左右，绝大多数被调查农民居住在平原。在年龄分布上，被调查农民主要集中在30~50岁，占比为78%，20岁以下的仅占1%。此外，本次调查的农民年收入划分标准参考了北京市2004年城镇居民人均可支配收入（13 000元）和农民的人均年收入（7 150元）标准，调查显示，56%的农民年收入在7 000元以上，说明此次接受调查的农民收入与实际情况基本吻合（见图1、2、3）。

受调查方式所限，被调查人群有一定的挑选性，调查内容的客观性可能受到一定影响。

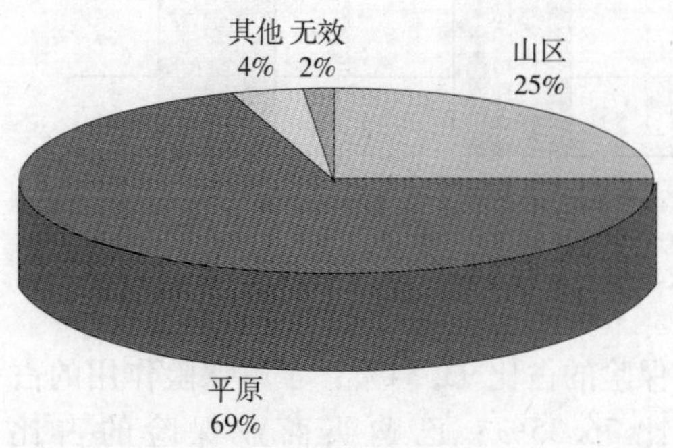

图1 被调查者居住地区分布

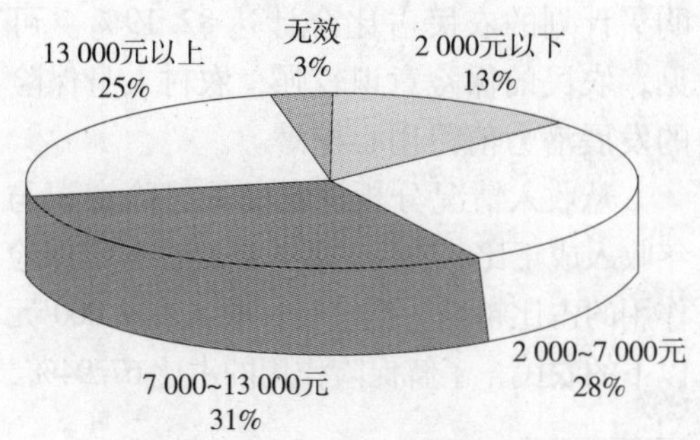

图2 被调查者年收入分布

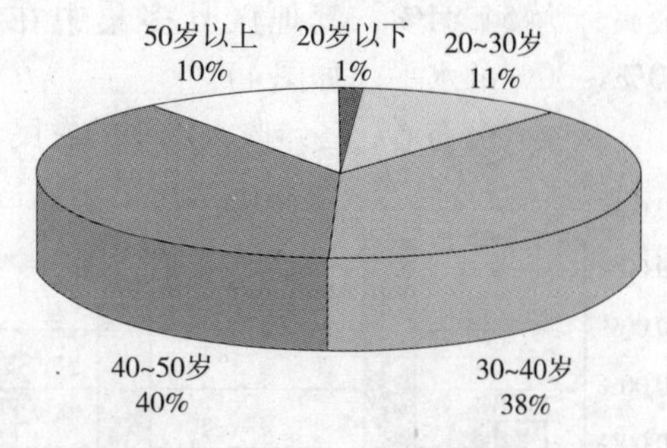

图3 被调查者年龄分布

（二）重要结论

1. 多数农民尚未参加社会保险，保险业保障农民生活的社会责任重大；

2. 农民的保险意识显著增强；

3. 农民保险需求较大，20~50岁的人群是农村人身保险的重点客户群，健康险在农民保险需求中占有主导地位；

4. 农民购买保险的目的主要是为风险保障；

5. 农民观念发生转变，保险成为其重要理财方式；

6. 农民保险购买力增强，愿意且能够承受的保费较高；

7. 农民倾向于保费期缴，通过营销员购买保险。

二、调查分析结果

（一）农村社会保险覆盖情况

2003年以来，北京市在10个远郊区县全面推进新型农村合作医疗制度，并在大兴、通州等区县试点进行农村养老保险制度改革，农村社会保险体系逐步建立。但据此次调查统计，目前农村社会保险覆盖率不高。被调查农民中，已参加社会保险的有273人，占比为28.44%，未参加社会保险的为673人，占比为70.1%；从区县分布看，10个远郊区县社保参保率不均，延庆县最低，仅为8%，大兴区最高，为54.84%，其他区县多集中在20%～30%的水平（如图4）。

从收入分布看，各年收入水平的农民的社会保险参保率集中在20%～35%之间，说明社会保险的参保率与农民收入无明显关系（如图5）。

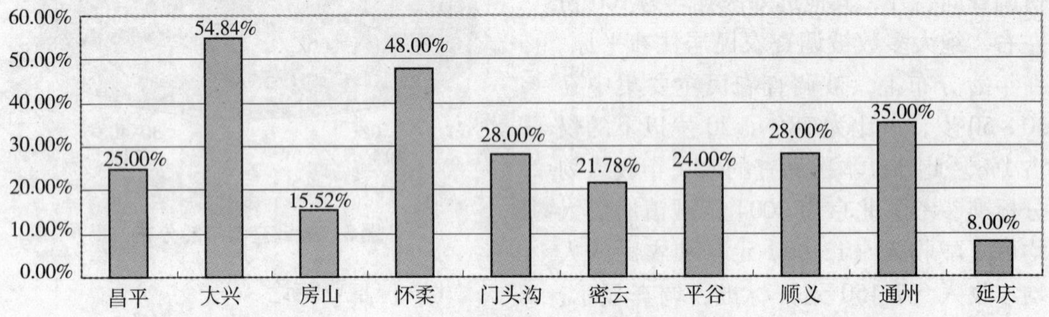

图4　各远郊区县农民社保参保率

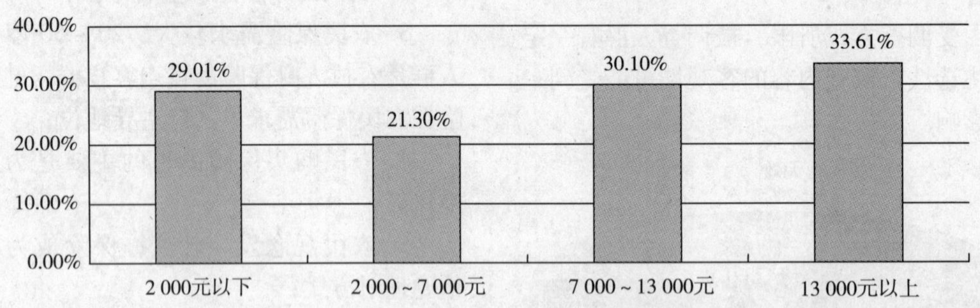

图5　各年收入水平的参保率

从年龄结构看，各年龄段农民参保率均未超过40%，除20岁以下年龄段外①，30～40岁年龄段参保率最低，仅为24.11%，50岁以上最高，为40%（如图6）。

在已参加社会保险的农民中，54.67%的被调查农民参加了合作医疗保险，28.30%的被调查农民参加了农村社会养老保险，14.29%的被调查农民参加上述两项，另有2.75%的农民选择了其他。

（二）农民的保险意识

调查显示，北京农民的保险意识较前几年显著增强。被调查农民中听说过商业保险的占比93.54%；了解保险作用的占比76.35%；已购买商业保险的占比51.15%，有购买计划的占比31.04%，无购买计划的占比16.35%，已购买和有购买计划的农民占比合计达82.19%。可见，农民的保险意识较强，农村人身保险的发展潜力值得用心挖潜。

从收入情况分析，农民的保险意识与年收入成正比。农民的收入越高，了解保险作用的占比越高。据统计，收入在2 000元以下的农民，了解保险作用的占比67.94%，

① 北京市社保政策一般将年满18周岁的农民列入可参加社会保险范围。

2 000～7 000 元的占比 71.48%，7 000～13 000元的占比79.24%，13 000 元以上的占比 85.25%。此外，在年收入 2 000 元以下的农民中，已购买商业保险的占比 48.09%，未购买且不准备购买商业保险的为 22.9%；在年收入 13 000 元以上的农民中，61.07% 的农民已购买商业保险，10.25% 的农民未购买且不准备购买商业保险（如图7、8）。

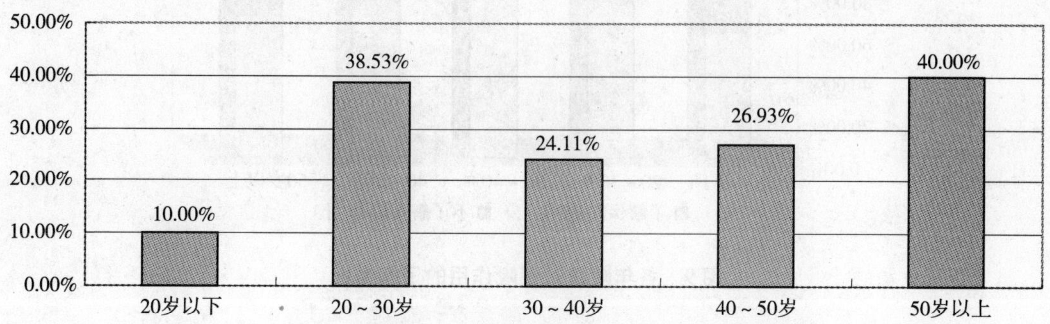

图 6　各年龄段的参保率

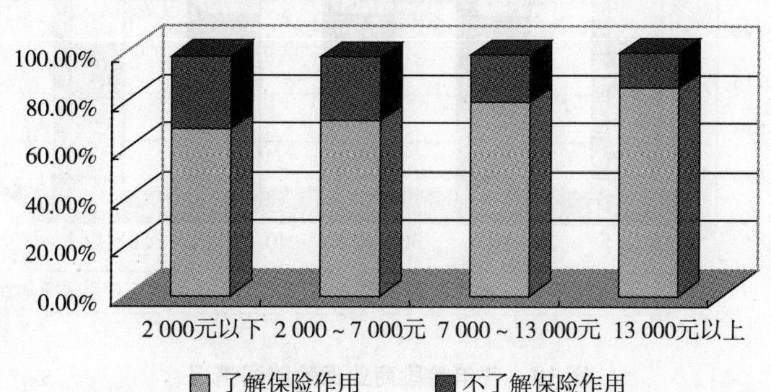

图 7　各年收入水平对保险作用的了解情况

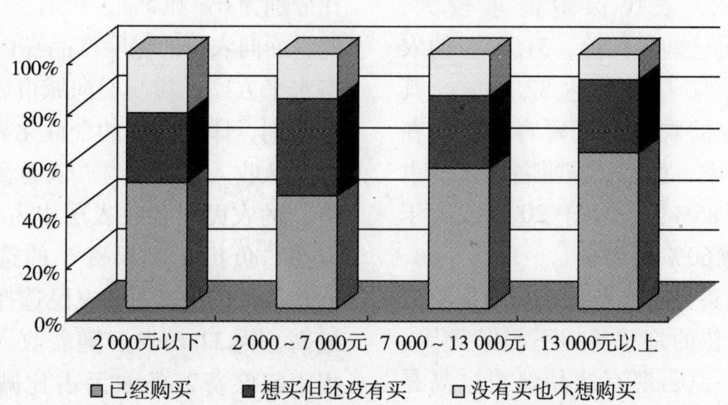

图 8　各年收入水平商业保险购买情况

从年龄情况分析，30～40 岁的农民对保险的接受程度较高，其中 81.1% 的农民了解保险作用，52.6% 的农民已购买商业保险；相比之下，20 岁以下和 50 岁以上的农民对保险的接受程度较低，这说明受过一定教育，拥有家庭的年轻人更容易接受保险（如图9、10）。

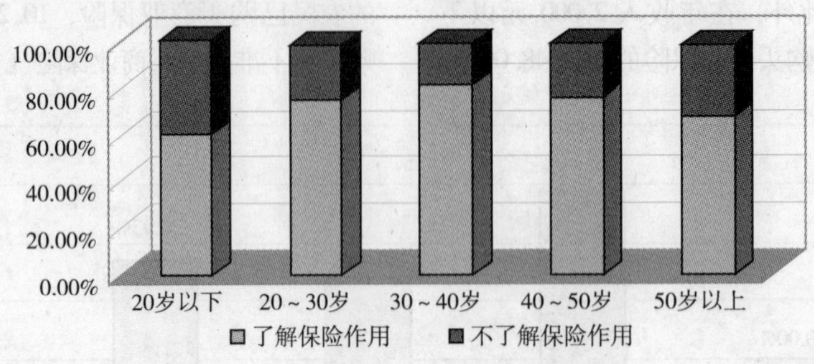

图9 各年龄段对保险作用的了解情况

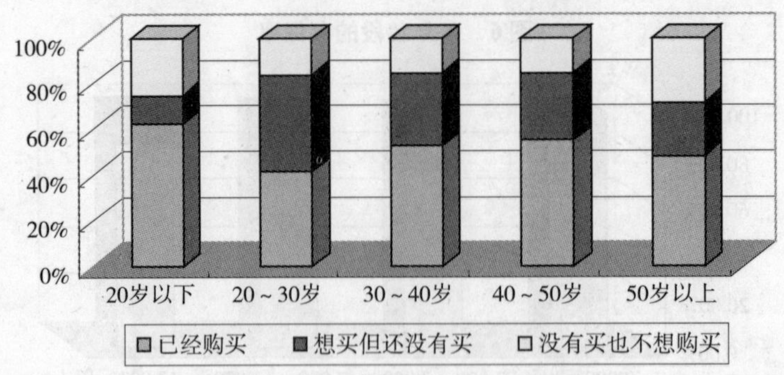

图10 各年龄段商业保险购买情况

（三）农村人身保险的需求情况

调查显示，农民保险需求较大，51.15%的农民已购买保险，31.04%的农民准备购买，二者合计达82.19%。其中，20～50岁的农民是重要客户群，在此年龄段人群中，已购买或准备购买的占比高达83%～85%，而小于20岁或大于50岁的占比为60%和71%。

农民未购买且不准备购买商业保险的原因，居第一位的是“负担不起保费”①，占比为19%，说明现有产品保费过高是影响农村保险业务发展的重要原因，而81%的农民未选择此项，说明农民具有一定的保费承担能力；居第二位的是“认为目前不需要保险”，占比为12%；“不信任保险公司”和“未发现适合的产品”的占比分别为6%和5%，居第三、第四位。因此，面向农民的保险产品在内容设计和价格水平方面，应与面向城市居民的产品有所区别，体现农民的个性化需求特征。

从收入情况看，“认为目前不需要保险”的农民在各收入层中占比基本相同；但在“负担不起保费”的选择中，年收入在2 000元以下的农民选择此项的占比最高，为32.61%，随着收入增加，“负担不起保费”的农民占比减少，在年收

① 由于问题答案设计存在缺陷，56%的被调查农民在本道问题选择了“其他”，影响了调查效果，在此排除“其他”选项作分析。

入为 13 000 元以上的农民中，仅有 10.95%选择此项；同样，在“未发现适合产品”原因中，收入越低的农民，选择此项的越多，这从一个侧面说明收入较低的农民负担保费的能力有限。

从年龄段分析，50 岁以上的农民“认为目前不需要保险”、“未发现适合产品”和“想买但不知到哪儿去买”的占比最高，分别为 16.42%、7.46% 和 2.99%；30 ~40 岁的农民认为“负担不起保费”的占比最高，达 20.24%；此外，年龄越小和越大的农民“不信任保险公司”的占比越高，相比之下，30 ~40 岁的农民“最信任保险公司”（如表 1）。

表 1

	认为目前不需要	负担不起保费	未发现适合的产品	不信任保险公司	不满意保险公司服务态度	想买但不知到哪儿去买	其他
2 000 元以下	11.96%	32.61%	8.70%	7.61%	4.35%	2.17%	32.61%
2 000 ~7 000 元	10.98%	23.78%	6.71%	6.10%	0.61%	0.61%	51.22%
7 000 ~13 000 元	11.64%	17.99%	3.70%	7.94%	0.53%	0.00%	58.20%
13 000 元以上	11.94%	10.95%	3.48%	3.48%	1.00%	0.50%	68.66%
20 岁以下	7.69%	15.38%	0.00%	30.77%	7.69%	0.00%	38.46%
20 ~30 岁	16.09%	13.79%	2.30%	4.60%	1.15%	0.00%	62.07%
30 ~40 岁	9.31%	20.24%	6.48%	6.07%	1.21%	0.40%	56.28%
40 ~50 岁	9.00%	16.67%	4.00%	4.33%	0.67%	1.00%	64.33%
50 岁以上	16.42%	25.37%	7.46%	10.45%	1.49%	2.99%	35.82%

从需求险种分析，44.61% 的农民对健康险有需求，26.2% 的农民对意外险有需求，25.43% 的农民对养老险有需求，其他为 3.77%，这说明农民对健康险的需求最为迫切，健康险应成为农村保险产品的主要险种。

从收入情况看，各收入层次的农民对险种的需求情况基本相同。其中对健康险有需求的占比在 43% ~46% 之间，对意外险和养老险有需求的占比在 20% ~30% 之间。

从年龄段分析，50 岁以上的农民对健康险的需求最为强烈，占比为 52.88%（如表 2）。

表 2

	健康险	意外险	养老险	其他
2 000 元以下	45.89%	22.60%	23.97%	7.53%
2 000 ~7 000 元	44.09%	26.52%	23.96%	5.43%
7 000 ~13 000 元	45.70%	24.04%	29.38%	0.89%
13 000 元以上	43.63%	28.33%	24.36%	3.68%
20 岁以下	26.67%	20.00%	33.33%	20.00%
20 ~30 岁	44.14%	28.28%	25.52%	2.07%
30 ~40 岁	45.41%	24.61%	26.85%	3.13%
40 ~50 岁	42.89%	26.51%	25.43%	5.17%
50 岁以上	52.88%	26.92%	20.19%	0.00%

（四）农民购买保险的主要目的

农民购买保险的主要目的是风险保障。据统计，58%的农民出于风险保障目的购买保险，32%的农民出于养老目的购买保险，出于投资目的购买保险的农民占比仅为10%。

从收入情况看，收入在2 000元以下的农民出于养老而购买保险的占比是各收入水平中最高的，为36.18%，出于投资而购买保险的占比最低，为8.55%；收入在13 000元以上的农民投资目的较强，占比为14.11%。这说明随着收入的增加，农民购买保险的保障目的减弱，投资目的增强。

从年龄段分析，20～30岁的农民风险保障需求最强，选择此项的农民占比为63.5%，40～50岁的农民养老需求最强，占比为36.12%，20岁以下的农民投资需求最强，占比为29.41%（如图11、12）。

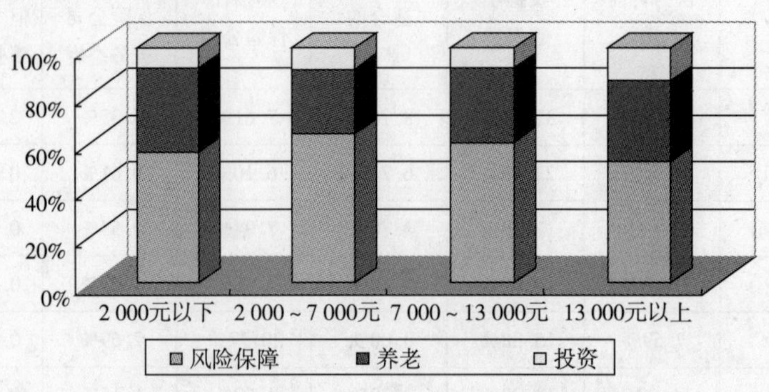

图11　各收入水平购买保险目的的分析

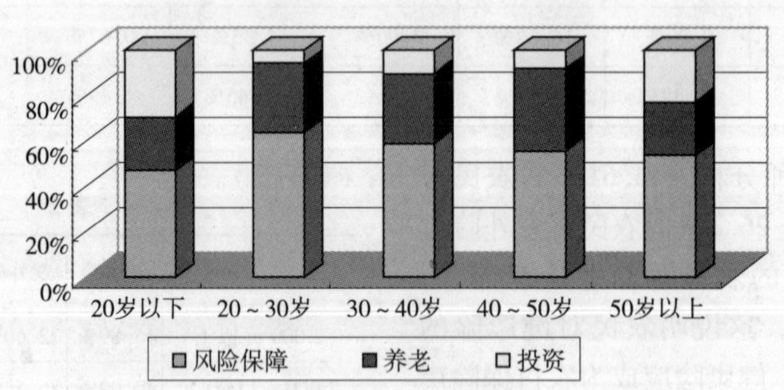

图12　各年龄段购买保险目的的分析

（五）农民的主要理财方式

调查显示，农民的理财方式发生深刻变化，购买保险已成为农民最主要的理财方式。当有余钱时，41%的农民选择购买保险，其次为存到银行，占比为38%，选择自己保管的占比仅为5%（如图13）。

在各收入水平中，年收入在13 000元以上选择将余钱购买保险的农民最多，占比达45.82%，这说明收入越高的农民越接受保险理财，同时也说明农村经济实力较强的业务客户群，可成为保险公司业

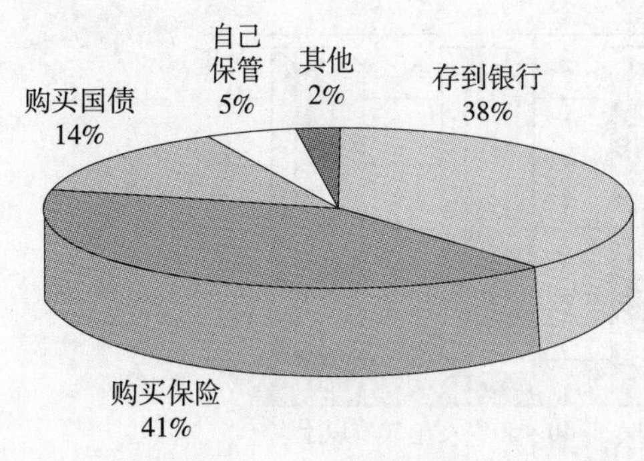

图 13　农民资金流向分析

务拓展对象的人群；在各年龄段中，40～50 岁的农民选择购买保险的占比最大，达 43.56%，20 岁以下的农民选择购买保险的占比最小，为 16.67%（如表 3）。

（六）农民人身保险的保费承受能力

每年愿花 1 000 元以上购买保险的农民占比为 44.73%，每年能够承受 100 元保费的农民仅占 7.2%，说明农民已具有一定的保费承受能力，农村市场潜力较大，同时从侧面说明农民对保险的接受程度较高。

此外，收入越高的农民，其所能承受的保费越高。收入在 13 000 元以上的农民，能够承担 1 000 元/年保费的占比达 62.6%，收入在 2 000 元以下的农民仅为 28.91%。这项结果为保险公司设计满足不同层次需求的保险产品提供了依据。

年龄较大的农民，保费负担能力有限，如选择承担 1 000 元/年保费的 50 岁以上农民占比为 38.46%，比其他各年龄段的水平低（如图 14、15）。

表 3

	存到银行	购买保险	购买国债	自己保管	其他
2 000 元以下	34.59%	37.84%	18.38%	7.57%	1.62%
2 000～7 000 元	43.53%	37.94%	11.47%	5.00%	2.06%
7 000～13 000 元	40.00%	39.21%	14.21%	5.00%	1.58%
13 000 元以上	32.28%	45.82%	14.99%	2.88%	4.03%
20 岁以下	38.89%	16.67%	22.22%	11.11%	11.11%
20～30 岁	47.89%	41.55%	7.75%	1.41%	1.41%
30～40 岁	39.48%	38.88%	15.03%	4.61%	2.00%
40～50 岁	35.58%	43.56%	12.68%	5.52%	2.66%
50 岁以上	31.75%	37.30%	23.02%	4.76%	3.17%

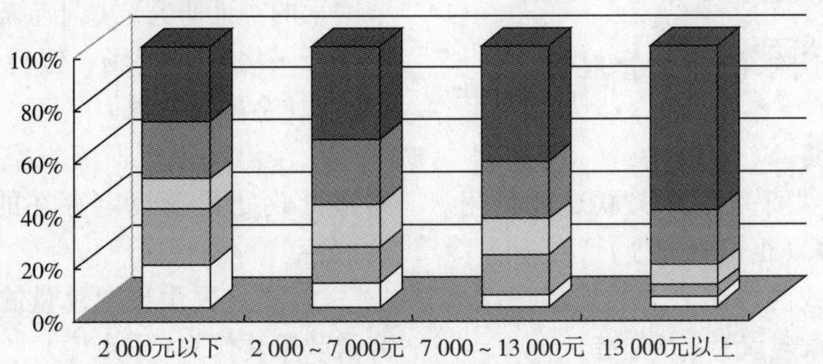

图 14　各收入水平每年承受保费情况

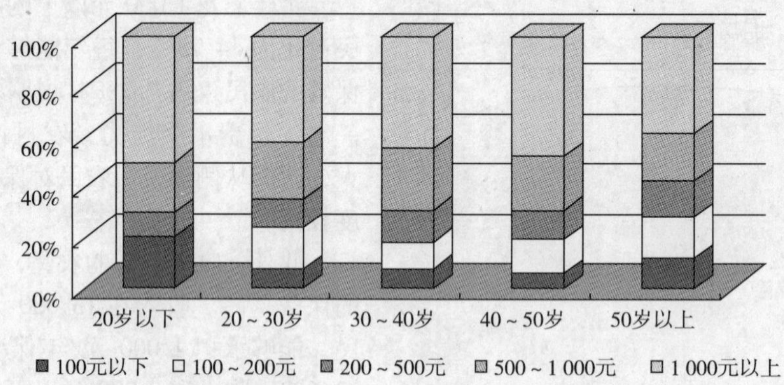

图15　各年龄段每年承受保费情况

（七）农村保险的缴费方式和购买途径选择

调查显示，农民较为认可期缴保费的缴费方式和通过营销员购买保险这一途径。据统计，近90%的被调查农民倾向于保费期缴，为此，保险公司在设计农村产品时应主要选择期缴方式；77%的农民倾向于通过营销员购买保险，远高于其他途径的占比，这说明建设一支训练有素的农村营销员队伍对于尽快拓展农村保险市场具有重要作用。

（执笔人：邹　婧）

附：

2005年专题与调研目录选编

中国人民银行营业管理部

一、一等奖

1.《北大“青鸟系”关联企业信用风险分析报告》（征信管理处）

2.《当前我国“储值卡”发展情况、存在问题及对策建议》（办公室）

3.《从凯恩斯主义角度看十个热点问题》（资本项目处）

4.《覃辉及其“卓京系”关联公司信用风险分析报告》（征信管理处）

二、二等奖

1.《北京市房地产价格上涨的原因分析与政策建议》（货币信贷处）

2.《北京地区非居民购房增势迅猛应引起适度警惕》（国际收支处）

3.《北京转变外贸增长方式剑指何方?》（外汇综合业务处）

4.《国内外宏观经济运行先行性指标体系建设的经验及借鉴》（金融研究处）

5.《关于北京经济适用房情况调查报告》（货币信贷处）

6.《关于扩大京津冀区域票据交换的调研报告》（票据清算中心）

7.《货币供应量季节调整中消除春节因素的实证研究》（调查统计处）

8.《房地产市场、银行信贷与经济增长》（金融研究处）

9.《建议修正对签发空头支票行为实施行政处罚新规定存在的制度缺陷》（办公室）

10.《人民币现金总量的发展趋势研究及政策建议》（重点库）

11.《中小企业融资特点及银行信贷策略研究》（货币信贷处）

12.《关于北京地区中资银行个人理

财业务和理财产品发展状况的调研报告》(货币信贷处)

13.《金融发展与经济增长》(调查统计处)

14.《应采取多种措施促进北京市房地产市场健康发展》(金融研究处)

15.《对人民银行分行(营业管理部)行使建议检查权的思考及建议》(办公室)

16.《北京市服务业信贷支持状况分析》(金融研究处)

17.《应注意“捐赠”外汇的投机倾向》(经常项目处)

18.《数据挖掘技术在央行决策支持中的应用及前景展望》(调查统计处)

19.《优势与挑战并存——入世以来北京吸收 FDI 研究及对策建议》(国际收支处)

20.《从长虹巨额预亏反思远期收汇监管》(经常项目处)

三、三等奖

1.《北京市分币流通状况调查》(货币金银处)

2.《被处置金融机构个人债权收购中存在的问题及建议》(金融稳定处)

3.《有效控制 科学管理 优化监管资源配置》(资本项目处)

4.《当前贸易争端之我见》(国际收支处)

5.《对现状积极评价 对前景审慎乐观》(机关党委办)

6.《稳步推进境外投资改革 积极支持企业走出去》(资本项目处)

7.《天津分行内控监督与评价体系》(内审处)

8.《强硬美元政策与美国的“新经济奇迹”》(国际收支处)

9.《改进预付款保函管理方式探讨》(经常项目处)

10.《人民银行行业作风建设着力点研究》(纪检监察办)

11.《境外商品期货交易与或有债务的管理研究》(资本项目处)

12.《我国区域票据交换操作模式分析及政策建议》(支付结算处)

13.《北京地区与离岸金融中心跨境资金流动现状及建议》(外汇检查处)

14.《汇率改革后房地产业短期内不会出现大幅波动》(外汇综合业务处)

15.《外汇反洗钱工作存在的问题及政策建议》(外汇检查处)

16.《北京高校企业信贷风险情况分析调查》(征信管理处)

17.《我国洗钱罪刑事立法研究》(支付结算处)

18.《北京地区通货膨胀因素的协整分析》(调查统计处)

19.《外资金融机构存在的会计国际化和本地化之间的矛盾分析及影响》(会计财务处)

20.《对北京银行信贷支持中小企业的调查》(办公室)

21.《网上银行的风险控制》(会计财务处)

22.《实行票据截留扩大我国支票使用范围的可行性分析》(支付结算处)

23.《浅析北京市国库代理支库人员结构情况及其管理中存在的主要问题及解决建议》(国库处)

24.《我国征信行业标准化的现状、存在问题以及政策建议》(征信管理处)

25.《关于营业管理部营业室职能定位的思考》(营业室)

七、大 事 记

1月

1月3日 中国人民银行营业管理部发布《在京外资金融机构开办人民币业务指引》(银管发［2005］2号)。

1月7日 信达资产管理公司北京办事处完成向东方资产管理公司北京办事处移交建行可疑类资产档案工作。此次共移交资产5 351笔,债权本金折合人民币100.6亿元。

1月8日 北京银行在人民大会堂隆重举行揭牌仪式暨九周年行庆招待会,并举行了北京银行更名新闻发布会。此前,北京银行已于1月1日正式启用更名后的公司标识、印章及业务凭证。

1月10日 从即日起,中国居民持有"银联"字样的人民币卡可以在韩国、泰国和新加坡刷卡消费。

1月11日 中行北京分行在本市同业银行中首家推出以人民币计值的纸黄金交易,此业务在中行近200家分理处以上网点机构(含分理处)同时开通,2005年当年即完成交易额3.3亿元。

1月17日 根据中国农业银行总行决定,朱洪波任中国农业银行北京市分行行长,免去李兴奇中国农业银行北京市分行行长职务。

全国首家真正意义上的女子银行在北京银行望京支行正式对外营业,针对女性客户定制的核心金融产品"彩蝶理财"也同时推出。

1月18日 交通银行与中央电视台签订战略伙伴合作协议,为双方重点客户提供全面服务。

1月25日 浦发银行北京分行西客站支行开业暨银企合作仪式隆重举行。浦发北京分行为上汽及其关联单位提供最高8亿元人民币的综合授信额度。

1月28日 人行营业管理部、北京市旅游局、中国银联香港地区市场委员会及香港旅游发展局在香港共同举办,"2008京港互动银行卡宣传活动签约仪式暨新闻发布会"。为期6个月的"京港互动"北京市银行卡刷卡消费抽奖活动从即日起开始。

VISA国际信用卡组织在北京举行评奖活动,北京地区17家商业银行参加了该项活动。

1月 北京保监局全面启动"保险业支持北京'三农'发展系列工程"。

中信银行总行营业部酒仙桥支行凭借优质服务成为中国红十字会指定的给东南亚海啸灾区捐款的唯一美元捐款专户。

2月

2月1日 根据中国平安人寿保险公司决定,罗春风任中国平安人寿保险公司北京分公司总经理。此前,原总经理朱仲群于2004年年底离任。

2月5日 北京市发展和改革委员会、北京市财政局、北京市地方税务局、北京市人事局出台了《关于促进首都金融产业发展的意见》(京发改［2005］197号),为驻京金融机构、为北京市吸引金融高级人才提供优惠政策和有利条件。

2月6日 北京银监局印发《关于进一步加强和改进对北京中小企业信贷服务的监管指导意见》(京银监发［2005］21号)。

2月19日 太平洋人寿保险公司北京分公司在北京国际会议中心举办"福

寿延年”新产品推介会。

2月20日 中国人民银行、中国银行业监督管理委员会、中国证券监督管理委员会共同发布并实施《商业银行设立基金管理公司试点管理办法》。

2月下旬 北京市成立金融工作协调小组。组长为副市长翟鸿祥，副组长为市政府副秘书长董宏。成员包括北京市政府办公厅、北京市发改委、国资委、维护稳定工作领导小组办公室、公安局、财政局、人事局、审计局、地税局、国税局、人行营业管理部、北京银监局、北京证监局、北京保监局有关领导。协调小组下设办公室，具体工作分别由市政府办公厅（秘书三处）、市发改委（财政金融处）、市国资委（金融事务处）承担。

2月21日 国务院批准组建全国首家省级股份制农村商业银行——北京农村商业银行。3月3日，经北京市委、市政府批准，北京农村商业银行筹备组正式成立，标志着深化北京市农村信用社改革工作正式启动。

2月23日 交通银行北京分行正式推出“得利宝”人民币理财产品。

2月24日 公安部、中国人民银行和国家外汇管理局在北京联合召开“打击地下钱庄违法犯罪联合行动总结表彰大会”。

2月25日 中国长征三号乙运载火箭保险项目签字仪式在平安大厦举行。平安产险北京分公司作为此项目的首席承保人组织承办此次签字仪式，共有12家保险公司参与共保。

2月27日 中国人民银行、中国银监会联合发出《关于加快落实国家助学贷款新政策有关事宜的通知》。

3月

3月1日 北京银行推出美元大额存款产品和大额速汇产品，并在业内率先承诺美元汇款资金在亚洲地区当天到账，在欧美等地区24小时内到账。

北京邮政储汇局推出个人缴费卡业务，首先开办的是代缴医疗保险费业务。

3月1～31日 总额为350亿元的凭证式（一期）国债正式发行。该期国债3年期票面年利率为3.37%；5年期票面年利率为3.81%。北京市各承销机构实际向社会发行55.67亿元。

3月2日 中国人民银行营业管理部印发《北京市深化农村信用社改革试点资金支持方案》（银管发［2005］21号）。

3月3日 农行北京分行与金盛人寿保险公司举行全面合作协议签字仪式。

3月4日 北京保监局印发《关于规范北京保险中介市场经营行为的通知》（京保监发［2005］76号）。

交通银行北京分行自助设备全面开通代理外币卡取现售单业务功能，VISA、MASTERCARD、DINERS、JCB 4种国际通行的银行卡均可在交通银行自助设备提取人民币现金。

3月8日 招商银行北京分行首届企业文化节拉开帷幕，历时一个月，开展了包括“我心中的招行演讲比赛”、“行长大堂经理日”、“最美丽的文化墙”、“扶贫捐书”、“同读一本书”等活动。

3月11日 建行北京分行人民币一般性存款余额突破3 000亿元大关，达到3 062亿元。截至9月末，建行北京分行本外币储蓄存款余额达到1 016.9亿元，提前实现所均余额超过3亿元的目标。

3月16日 中国人民银行下发《关于调整商业银行住房信贷政策和超额准备金存款利率的通知》，决定从2005年3月17日起，调整商业银行自营性个人住房贷款政策。

3月18日 香港上海汇丰银行获中国银监会批准，成为首家开办人民币业务的外资银行。

广发银行北京分行黄寺支行开业，这是该行的第23家营业网点。

3月22日 中国工商银行总行决定，李晓鹏同志不再兼任中国工商银行北京市分行行长、党委书记职务；聘任易会满同志为中国工商银行北京市分行行长，同时任北京市分行党委书记。

3月24日 兴业银行北京分行正式推出“外汇宝”个人实盘外汇买卖业务。

人保财险北京分公司全面启动金牌服务工程：“理赔无忧——车险快捷服务承诺”。

3月25日 农行北京分行与北京市商务局举行“银商协作发展北京郊区现代流通网络框架协议”签字仪式。根据该协议，农行北京分行将在2005~2007年提供25亿元贷款额度支持北京郊区现代物流网络建设。

北京银行在人民大会堂与荷兰国际集团（ING集团）签订股份认购暨战略伙伴协议，与国际金融公司（IFC）草签股份认购协议，ING集团以19.9%的股份成为该行第一大股东，标志着北京银行成功引入境外战略投资者。

北京邮政储汇局正式发行绿卡银联标准卡，其BIN号为“622188”，全面支持中国银联在境内外的各类交易。

3月28日 中信银行与中国联通有限公司签订了人民币20亿元一年期额度贷款协议。

3月30日 根据中国人民财产保险公司总公司决定，王德地任中国人民财产保险公司北京市分公司总经理，免去郭生臣中国人民财产保险公司北京市分公司总经理职务。

3月31日 人行营业管理部、北京银监局、北京证监局、北京保监局召开北京金融管理机构主要领导人第二次碰头会，共同签署了《金融业信息共享协议》。

3月31日、4月8日 建行北京分行、招行北京分行与京东方光电科技有限公司签订第五代薄膜晶体管液晶显示器（TFT—LCD）7.4亿美元银团贷款项目协议。该笔银团贷款涉及9家银行，是近年来国内金额最大的一笔境内外币银团贷款。

3月 北京正式开办邮政储蓄绿卡境外受理业务，首批开通的国家和地区有：泰国、韩国、新加坡、中国香港、中国澳门。

永安保险公司北京分公司承保西昌卫星发射基地一切险，共保金额3亿元。

4月

4月1日 中信银行北京分行再次中标中央单位非税收收入收缴代理银行。

浦发北京分行与首都经济贸易大学联手开展“爱心满校园”系列活动。双方充分挖掘力量和资源，探索和尝试建立长效助学机制。

4月6日 民生银行总行营业部与同仁医院、同仁医疗产业集团签约，开始全面合作。

4月7日 北京市政府在首都大酒店召开“2004年北京市银行卡应用发展推进工作总结表彰大会”。

4月7~8日 人行营业管理部组织召开北京市银行系统2005年第一次保卫工作会议。

4月7~12日 北京国际信托投资有限公司王晓龙总经理赴日本考察，与日本丸红株式会社签署了《合作框架协议书》。

4月8日 北京票据清算中心的“基于图像清分机系统”与中国银行北京市分行的“票据集中处理系统”正式开通。

中国人民健康保险股份有限公司正式开业，中国保险市场没有专业健康保险公司的历史宣告结束。

4月10~30日 总额为350亿元的凭证式（二期）国债发行。该期国债年利率与一期国债相同。北京市各承销机构实际向社会发行81.50亿元。

4月13日 交通银行北京分行“通宝”个人理财业务全面升级，推出“通宝天天盈”系列产品。

经北京保监局批准，中华联合财产保险公司北京市海淀、丰台、怀柔、通州、顺义、昌平、房山、石景山八家支公司成立。

4月16日 深发北京分行“理财面对面、服务心贴心”金融服务进社区活动在北京13个会场全面拉开帷幕。

4月17日 信达资产管理公司北京办事处完成二次剥离不良资产——中行可疑类、建行呆账及损失类、交行资产可疑及损失核销类共3 262户、3 812笔、本息金额254.7亿元资产清理自查整改工作。

4月18日 太平洋人寿保险公司北京分公司推出新型养老险——“金玉满堂两全保险（分红型）”，填补了北京寿险市场综合养老险的空缺。

4月18日 万安培被免去深圳发展银行北京分行行长职务。

4月20日 北京银监局印发《辖内银行业金融机构案件专项治理工作实施方案》（京银监发［2005］93号）。

4月21日 中国人民银行和中国银监会发布《信贷资产证券化试点管理办法》。

4月25日 北京保监局印发《关于加强北京非寿险业诚信制度建设 提高车险服务质量的通知》（京保监发［2005］116号）。

4月26日 光大银行总行营业部推出“阳光理财A+计划”，该产品是国内理财市场上第一只以人民币为本金、美元收益的理财产品。

4月29日 北京保监局印发《北京保险公司分公司分类监管办法》（京保监发［2005］123号）。

西城区发展改革委员会、北京金融街商会、金融街控股股份有限公司、北京金融街物业管理有限公司四家单位在北京金融街绿地广场联合举办主题为“金融街、金融日”的第二届“北京金融街金融产品咨询日”活动。

4~5月 交通银行北京分行推出“双利账户”和“滚金账户”两款人民币个人理财服务。

4月 原北京市农村信用社联社发行的信通卡突破100万张。

北京保监局开展“送考试下乡”工作，为远郊区县农村保险营销员举办“保险代理人从业人员基本资格考试”笔试专场。截至年底，共开设保险代理人资格考试专场49场，参考人数达3 537人。

人保财险北京分公司签单承保中央电视台新台址工程保险项目。该项目物质损失部分保险金额达人民币55.37亿元，第三者责任累计赔偿限额达人民币5 000万元。

5月

5月9日 国务院办公厅转发建设部、国家发展和改革委员会、财政部、国土资源部、人民银行、税务总局、中国银监会七部门《关于做好稳定住房价格工作的意见》。

中国人民银行、国家发展和改革委员会、财政部、商务部、公安部、信息产业部、税务总局、中国银监会、国家外汇管理局九部门联合发布《关于促进银行卡产业发展的若干意见》。

5月12日 "北京市民金融理财年"新闻发布会举行，标志着由人行营业管理部、北京银监局、北京证监局、北京保监局、北京电视台财经节目中心共同主办的"北京市民金融理财年"活动开幕。

5月14日 中国信托业协会在北京举行成立大会。至此，我国四大金融业——银行、证券、保险、信托均有了行业自律组织。

5月15日 天安保险北京分公司成功承保国内最大家电零售商国美电器有限责任公司包括财产一切险、公众责任险及机动车辆保险等一揽子保险，保额超过20亿元。

5月15~19日 2005年记账式（四期）国债发行。本期国债计划发行面值金额300亿元，票面利率为4.11%，北京市各承销机构实际向社会发行44.94亿元。

5月18日 人行营业管理部组织召开北京市财税库行横向联网工作第二次联席会议。

5月19日 中国人民银行决定自2005年5月20日起上调境内商业银行美元、港币小额外币存款利率上限。其中，一年期美元存款利率上限提高0.25个百分点，一年期港币存款利率上限提高0.1875个百分点，调整后利率上限分别为1.125%和1%。

北京银监局召开"北京银行业金融机构案件专项治理工作会议"。

5月20日 在北京保监局的推动下，北京保险行业协会组织在京11家财产保险分公司现场签署《北京保险行业车险服务承诺》，在全国率先向社会公布车险服务行为规范和标准，并于6月1日正式实施。

5月23日 中行北京分行电话银行二期项目经测试验收后投产。由此增加了基金交易、消费信贷、对私转账、银券通等服务项目，大大提升了中行的电话银行功能。

5月25日 北京保监局印发《关于加快发展北京农村人身保险的指导意见》（京保监发［2005］137号）。

5月26日 招商银行北京分行与中芯国际集成电路制造（北京）有限责任公司举办6亿美元银团融资项目签约仪式，这是北京金融界迄今为止金额最大的一笔涉外企业的银团贷款。

5月27日 廊坊票据自动清分系统正式开通运行，并与北京、天津两城市票据清分系统联合，构成区域票据交换业务处理平台。

5月28日 北京保监局办公地址迁

往北京市西城区金融大街15号鑫茂大厦北楼10层。

工行北京分行与中国石油化工股份有限公司合作的银企互联项目，在其试点中国石油化工股份有限公司燕山分公司、北京燕山石油化工有限公司成功投产。

5月31日 北京地区发生20年来罕见的大面积雹灾，对有关保险标的特别是保险车辆造成了较为严重的损坏。仅太平洋保险公司一家就接到报案电话6 300余个，估损金额达到1 200余万元。雹灾过后，各保险公司立即启动应急预案，增加一线定损理赔人员，安排及时定损和快速理赔。

5月 北京银监局编印《银行业监管法规手册》(上、下)是北京银监局成立以来编印的第一部系统性法规手册。

中信银行总行营业部与中国银河证券有限责任公司签署了年金合作协议，成功开办第一笔年金托管业务。

兴业银行北京分行向个人客户推出兴业e卡。

6月

6月1日 自即日起，北京保监局实施保险公司新增营销员“先持证、后上岗”的监管措施。

6月3日 北京银监局、北京保监局联合主办“银行保险深层次合作与发展论坛”。

深圳发展银行推出了第一只人民币理财产品“聚财宝理财D计划——现金增利计划”。

6月9日 建行北京分行专门服务于顶端客户的财富管理中心开业。

“上海浦东发展银行信用卡六城市发行典礼”在京隆重举行。当日，浦发信用卡在北京、天津、大连、宁波、南京和苏州六地同时发行。

经银监会批准，北京银行在城市商业银行中首获衍生产品交易业务资格。

6月10日 北京邮政代理局与新华人寿北京分公司共同开发的“邮保通”系统在全市297个邮局网点正式上线。

华融资产管理公司北京办事处圆满完成工商银行总行及北京分行损失类信贷资产及非信贷风险资产的档案接收工作，共接收损失类资产556户、107.12亿元。

6月16日 中国证监会发布《上市公司回购社会公众股份管理办法(试行)》，从即日起允许上市公司回购股票。

根据深圳发展银行总行决定，赵文杰任深发北京分行行长职务。

中国人寿保险公司北京分公司召开了“国寿意外伤害999紧急救援保险”新产品发布会。

6月20日 北京邮政储蓄汇兑两网互通工程顺利切换上线，在原有的现金—现金业务的基础上，新增加了账户—现金、现金—账户、账户—账户的三大类汇款业务。

6月21日 中信银行总行营业部与中兴通讯股份有限公司签署1.02亿美元《债权转让合同》。

6月23日 交通银行股份有限公司正式在香港联交所挂牌上市，成为中国内地第一家在海外首次公开发行上市的商业银行。

6月25日 信达资产管理公司北京办事处中标工商银行总行以及工商银行北京分行可疑类资产包。其中，工商银行总行本息合计 192.42 亿元；工商银行北京分行本息合计 191.69 亿元。

7月

7月初 中央财政非税收收入收缴业务系统在建行北京分行上线。9月12日，中央财政非税收收入收缴业务中央财政专户在建行北京分行丰台支行开立。11月12日，建行北京分行中标北京市地方财政非税收收入收缴业务，成为四大国有商业银行中唯一中标的银行。

7月5日 农行北京分行网上银行"理财频道"上线，该频道为个人客户提供理财资讯、理财课堂、理财技巧及开放式基金、记账式国债信息查询服务。

中国第一家由国有商业银行发起设立的合资基金管理公司——工银瑞信基金管理公司在北京成立。

7月6日 北京证监局召开"北京辖区上市公司做好清欠解保和股权分置改革工作动员大会"，全面打响"清欠"攻坚战。

7月7日 北京银行推出7天个人通知存款自动转存业务。

根据中国平安财产保险公司总公司决定，刘铮任中国平安财产保险公司北京分公司总经理，免去骆鹏中国平安财产保险公司北京分公司总经理职务。

7月7~8日 人行营业管理部组织召开北京市银行系统2005年第二次保卫工作会议。会议讨论并通过了《银行营业场所风险等级和防护级别的规定》。

7月8日 浦发银行"轻松理财"展示会暨银联标准东方卡发行仪式在京隆重举行。

中央财经大学—上海浦东发展银行联合实践基地正式成立。

7月11日 银联北京分公司与北京市旅游局签署《中国银联北京分公司与北京市旅游局建立战略伙伴关系协议书》。

7月15日 北京邮政储蓄开办代收铁通电话费业务。

7月17日 在人行营业管理部的牵头组织下，北京市"银行卡之春"——银行卡宣传进社区公益宣传活动在20多个大社区同时开展。

7月18日 交通银行新版双币信用卡在北京隆重首发，该卡在全国29个城市也将全面发行。

7月21日 中国人民银行发布《完善人民币汇率形成机制改革有关事宜公告》。宣布自2005年7月21日起，我国开始实行以市场供求为基础，参考一篮子货币进行调节，有管理的浮动汇率制度。7月21日19时，美元对人民币的交易价格调整为1美元兑8.11元人民币。

中国人寿保险公司北京分公司与中国石油化工集团公司正式签订协议。该集团公司为其离退休教师三千多人投保了"国寿团体即期年金保险"和"国寿永泰团体年金"，保费规模达1.5亿多元。

7月22日 中国人民银行决定上调境内商业银行美元、港币小额外币存款利率上限。其中，一年期美元、港币存款利率上限均提高0.5个百分点，调整后利率上限分别为1.625%和1.5%。

7月25日 中国人民银行大额支付系统建成仪式在北京人民大会堂举行。

7月26日 建行北京分行第一家中小企业金融服务中心在海淀支行成立，此举标志着该行中小企业业务推进工作正式启动。

7月28日 中国银监会发布《银行开展小企业贷款指导性意见》。

7月 太平人寿在全国22家分支机构所在地分别开设对外服务邮箱，并指定专人负责邮箱管理及邮件回复工作。

8月

8月3日 为更好地满足居民个人真实合理的用汇需求、方便简化购汇手续，国家外汇管理局发布《关于调整境内居民个人经常项目下因私购汇限额及简化相关手续的通知》。

北京市劳动和社会保障局、北京市财政局、中国人民银行营业管理部联合发出关于印发《北京市信用社区小额信用贷款工作办法（试行）》的通知（京劳社服发［2005］100号、银管发［2005］135号），使北京市下岗失业人员小额担保贷款及再就业政策得到进一步完善。

银联北京分公司与中行北京分行在华融大厦举行了合作协议签字仪式。

8月4日 北京保监局印发《关于严禁非法销售保险产品行为的通知》（京保监发［2005］195号）。

中国人民银行上海总部揭牌仪式在上海浦东国际会议中心举行。

8月9日 中华联合财产保险公司北京分公司与农行北京分行签署《全面业务合作协议书》，建立战略合作伙伴关系。

8月10日 中国人民银行发布《关于加快发展外汇市场有关问题的通知》，该通知自发布之日起施行。

农行北京分行开通电话及网上缴纳联通手机话费业务，客户只要拨打95599语音电话或登录www.95599bj.com.cn，即可缴纳电话费。

根据华泰财产保险公司总公司决定，张爱民任华泰财产保险公司北京分公司总经理，免去马鲁明华泰财产保险公司北京分公司总经理职务。

8月14日 华夏银行总行营业部举行了华夏外汇卡首发仪式。

8月16日 北京邮政外币储蓄正式开办，首批开办网点分别为建内大街邮电局、阜成门邮电局、和平门邮局、国际邮电局和学院路邮电局。

8月18日 浦发银行“浦发创富”品牌推介会暨“财富之旅”活动在京隆重举行。“浦发创富”是浦发银行全新打造的公司金融服务品牌。

8月23日 中国人民银行决定自即日起上调境内商业银行美元、港币小额外币存款利率上限。其中，一年期美元、港币存款利率上限均提高0.375个百分点，调整后利率上限分别为2.000%和1.875%。

8月24日 工行北京分行与神华集团有限责任公司、中国神华能源股份有限公司《战略合作协议》签约仪式在工行总行举行。

深圳发展银行北京分行与北京市住房担保中心正式签订二手房全程担保合作协议。

北京国际信托投资有限公司与中国农业银行北京分行签署了全面战略合作协议。

8月26日 农行北京分行与中国国际航空股份有限公司签署全面合作框架协议，向其提供总额人民币60亿元的意向性信用额度。同日，与国药集团药业股份有限公司签署全面合作协议，成为国药集团的主结算银行，为其提供全面的金融服务。

交通银行北京分行南城全国通汇款中心正式成立，该中心为北京银行业首家专业汇款中心。

8月27日 中行北京分行人民币结售汇一日多（报）价系统投入运转，这是适应人民币汇率改革趋势而变革原每日一报人民币汇价的重大举措。它涉及银行的零售、国际结算、信贷、资金管理等多项业务。

8月30日 北京保监局印发《关于落实机动车第三者责任强制保险制度有关问题的通知》（京保监发［2005］215号）。

太平洋产险北京分公司与中国民用航空管理局举行空中交通管制责任保险（2005~2006年度）签字仪式。这是自2002年首次将此险种引入国内保险市场以来，太保产险北京分公司连续第3年独家承保该项业务。

8月31日 经国务院批准，中国人民银行发行2005年版第五套人民币100元、50元、20元、10元、5元纸币和1角硬币。2005年版第五套人民币发行后，与1999年版第五套人民币同时流通。

工行北京分行本外币全部存款首次突破10 000亿元，余额达10 033.4亿元。

8月 民生银行总行营业部成功获得开办人民币结构性理财产品的资格，成为首家获得该项业务资格的股份制商业银行。

8~10月 北京银监局分别对辖内30家银行业金融机构2004年度总体情况及高级管理人员履职情况进行“好银行”试评价。

9月

9月1~4日 首都金融文化节暨北京国际金融投资理财博览会在北京国贸中心举行。此次金融文化节以“荟萃金融服务精品、满足百姓金融需求、培育首都金融市场、投资理财造福民生”为宗旨，展览面积超过13 000平方米，银行、证券、基金、信托、保险等行业的北京各大金融机构集中展示企业形象。4天内，国贸主会场观众达到17万人次，发放的金融理财宣传资料超过400万份。

9月1日 北京农村商业银行（筹）96198客户服务中心开通24小时人工在线服务。

9月9日 交通银行北京分行中标中国电信短期融资券主承销资格，首期发行短期融资券100亿元。

平安人寿北京分公司召开了“钟爱一生”分红养老险新险上市新闻发布会。该产品不仅具有递增领取养老保险金利益，同时还具有分红功能。

9月12日 中国人民银行营业管理部、国家外汇管理局北京外汇管理部联合北京市公安局在全市范围内开展了打击外汇非法交易专项行动，一举捣毁多个外汇非法交易团伙。抓获犯罪嫌疑人41人，刑事拘留33人，扣押和冻结资金共计折合人民币2 800多万元。

9月15日 北京奥组委和中国人民财产保险股份有限公司在北京签署北京2008保险合作伙伴赞助协议。中国人保财险正式成为北京2008年奥运会保险合作伙伴，同时也成为2008年奥运会的第十家合作伙伴。

北京银行召开“深化小巨人计划，

做强小企业贷款”会议，对信贷模式进行战略调整，出台十项措施深入推进小企业贷款业务。

9月15～16日 人行营业管理部组织召开北京市银行系统2005年第3次保卫工作会议。通报运钞车无线报警网的有关情况及近期治安形势，并部署银行系统国庆期间的安全保卫工作。

9月18日 第13届中国国际金融（银行）技术暨设备展在北京展览馆开幕。

9月20日 华泰保险公司北京分公司在中央直属机关公务车辆保险采购项目中中标。

9月21日 北京银监局印发《关于增强支农服务功能的指导意见》（京银监发［2005］197号）。

9月22日 北京银监局印发《关于开展小企业贷款试点的指导意见》（京银监发［2005］194号）。

北京证监局召开“北京辖区上市公司股权分置改革工作会”，全面推进上市公司股权分置改革工作。

北京国际信托投资有限公司、北京银行、海淀国投、八大处地产四单位举行项目合作签约仪式。

9月23日 兴业银行北京分行正式推出“自然人生”家庭理财卡。

9月25日 “华彩人生 银联相伴——银联标准卡主题宣传营销活动”北京分会场在王府井步行街好友广场成功举办。

9月下旬 人保财险北京分公司中标中共中央直属机关公务车辆保险采购项目，该项目车损险部分保险金额累计约人民币12.5亿元。

9月27日 北京银监局搬迁至北京市西城区金融大街金阳大厦办公。

大唐电信科技产业集团与中国工商银行战略合作暨财务顾问签约仪式在北京举行，该协议的签订标志着工商银行在重组并购业务领域迈出突破性的一步。

人保财险北京分公司召开新闻发布会正式推出“车险VIP服务”，对两年不出险的客户和重要客户推出了包括95518自动识别、续保价格优惠、异地出险服务、北京全境救援、优质修理厂推荐、VIP绿色理赔通道等多项服务措施。

9月28日 由全市17家发卡机构、银联、专业化服务公司和部分外资银行参加的北京市银行卡协调委员会成立。

9月29日 北京农村商业银行（筹）存款余额突破1 000亿元。

10月

10月9日 太保产险北京分公司在北京昆仑饭店召开为“神舟六号”宇航员及书画长卷《和平颂》提供保险服务的新闻发布会。

10月10日 中国光大银行与中国兵器装备集团公司《银企合作协议》签约仪式隆重举行。

10月11日 由人行营业管理部牵头的北京市第二次反假货币宣传月拉开帷幕。

10月中旬 人行营业管理部与北京市公安局联合开展“打击信用卡诈骗专项行动”，迅速有效地遏制了北京地区“十一”期间爆发的利用手机短信进行银行卡诈骗事态的蔓延。

10月12日 招商银行北京分行在嘉里中心举行“外币现金池产品”新闻发布会，成为北京市第一家提供外币资金集中管理服务的银行。

光大银行总行营业部与北京麦当劳食品有限公司合作开展的“方便缴费，贴心服务”启动仪式在麦当劳王府井餐厅隆重举行。

10 月 14 日 中国人民银行决定自 2005 年 10 月 15 日起上调境内商业银行美元、港币小额外汇存款利率上限。其中，一年期美元、港币存款利率上限均提高 0.5 个百分点，调整后利率上限分别为 2.5% 和 2.375%。

10 月 18 日 中国银联新标识启用暨银联品牌人民币信用卡首发式在北京举行。

工行北京分行作为工商银行总行 12 家韩元兑换业务首批投产分行，正式开办个人韩元现钞与人民币间的双向兑换业务。

太平洋人寿保险公司北京分公司新产品《小康之家——如意安康两全保险（A）款》上市销售。

10 月 19 日 北京农村商业银行股份有限公司成立庆典在人民大会堂举行。该行在原北京市农村信用合作社联合社的基础上改组成立，资本金为 50.75 亿元。

10 月 20 ~ 24 日 北京市税务、国库、银行部门在全国率先参加了人民银行总行组织的财税库行横向联网第一次实验室测试。

10 月 23 日 北京保险行业协会组织评选的“2005 年度首都保险业杰出服务精英”奖颁奖典礼在人民大会堂举行。

10 月 25 日 建行北京分行短期融资券承销业务取得成效，获得承销费收入 2 280万元。分行作为中国石油化工股份有限公司短期融资券发行的主承销商，成功发行一年期短期融资券 100 亿元；作为参加承销商，参与中国电信 100 亿元短期融资券发行工作。

10 月 28 日 中国工商银行股份有限公司在北京成立。

建行北京分行与北京市首都公路发展有限责任公司签署“十一五”期间银企合作协议，意向性向该公司提供“十一五”期间不低于 100 亿元的综合授信额度。

10 月 首创证券公司迁址至朝阳区北辰东路 8 号辰运大厦三层。

11 月

11 月 1 日 中信建投证券有限责任公司成立，并正式开业。

11 月 9 日 银联北京分公司、光大银行总行营业部与北京博思银联公司签署了 ATM 代理服务协议，实现了北京地区该项商业合作模式“零”的突破。

11 月 10 日 兴业银行北京海淀支行正式开业，成为分行第 22 家经营机构。

11 月 11 日 光大银行总行营业部在北京市市级单位非税收收入收缴改革业务财政专户代理银行项目招标中顺利中标，标志着在北京市场，光大银行已经成为拥有全面代理中央、市、区三级财政国库业务资格的商业银行。

深圳发展银行北京分行与北京产权交易所签署全面合作协议。

经中国保险监督管理委员会决定，丁小燕同志任北京保监局党委书记、局长（保监党委任［2005］22 号、保监任［2005］39 号）。

华安保险公司“禽流感无忧疾病保险”新产品新闻发布会在北京华侨大厦隆重举行。

11 月 14 日 中信总行营业部再度中标北京市市级单位非税收收入收缴业务财政专户代理银行。

天安保险北京分公司与中国农业银行总行营业部签署战略合作协议。

11 月 15 日 太保产险北京分公司再次中标“中央国家机关京内单位车辆保险采购项目”承保资格。

11 月 17 日 北京市人民政府召开专题会议，研究北京国际信托投资有限公司重组工作，并成立了北京国际信托投资有限公司重组工作协调小组。

11 月 18 日 由中国人保控股公司、日本住友生命保险公司、亚洲金融集团（控股）有限公司和泰国盘古银行共同发起成立的全国性合资寿险公司——中国人保寿险公司在北京正式成立。

11 月 22 日 北京银行各项存款余额一举突破 2 000 亿元大关，实现了历史性跨越。

11 月 22 ~ 23 日 北京证监局召开“北京辖区上市公司监管工作会议暨‘两法’培训会议”，再次布置股改工作，落实国务院《关于提高上市公司质量的意见》的精神。

11 月 25 日 农行北京分行与中国中钢集团公司签署战略合作协议，为中钢集团及其所属企业提供总额为 50 亿元的人民币意向性信用额度，并在信用、结算、代理、现金管理、财务顾问等领域开展全面合作。

中信实业银行在北京举行仪式，宣布更名中信银行，并于 12 月 1 日起启用新的凭证、印章以及带有新标识的银行产品。

天勤证券有限责任公司被国元证券有限责任公司托管，由北京市兰台律师事务所进行行政清理。这是中国证监会开展证券公司综合治理过程中，北京地区第一家被关闭的证券公司。

11 月 28 日 建行北京分行个人外汇期权交易系统上线，这不仅是北京地区银行系统首家，同时也是建设银行总行系统首家自主开发上线的个人外汇期权交易系统。

根据交通银行总行决定，孙德顺任交通银行北京分行行长，王滨不再担任交行北京分行行长职务。

11 月 29 日 北京银行与北京市交通委员会签署全面合作协议，并与北京公交集团签署 40 亿元贷款及授信协议，主要用于更新公交车辆，为奥运会的顺利举行创造良好环境。

11 月 30 日 北京市人民政府办公厅发出《关于印发北京市银行卡应用发展工作指导意见（2005 ~ 2007 年）的通知》（京政办发［2005］58 号）。

在北京保监局的指导下，北京保险行业协会组织会员公司研究制定了《北京保险行业寿险营销员警示信息管理规定（试行）》。

太平人寿北京分公司密云、顺义、昌平营销服务部相继开业，至此，分公司城区、郊县共开设了 8 家营销服务部。

12 月

12 月 1 ~ 2 日 人行营业管理部组织召开了北京市银行系统 2005 年第四次保卫工作会议。会议通报了北京市金融机构风险等级认定、内保防控网金融监控管理子系统建设、运钞车无线报警网等有关情况，并强调了岁末年初的安全保卫工作。

招商银行北京分行正式开办远期结售

汇业务。

12月7日 北京银监局印发《关于北京银行业金融机构案件专项治理工作情况的报告》(京银监字［2005］281号)。

12月9日 由北京农村商业银行牵头的全国农村信用社资金清算中心筹备组在京成立。

12月10日 光大银行总行营业部储蓄存款历史性地突破90亿元大关，达到93亿元。

12月12日 经过2个多月的不懈努力，由工行北京分行牵头组织的，中国建设银行股份有限公司北京市分行、中国农业银行北京市分行为参加行的西西工程4号地项目15亿元人民币银团贷款组建成功，这是工行北京分行牵头承办的第一笔银团贷款。

12月13日 工行北京分行个人账户金——黄金（盎司）兑美元业务顺利投产，成为在工行系统内，同时也是在北京地区同业间第一家开展黄金兑美元买卖业务的银行。

12月15日 中国银行业监督管理委员会决定，王兆星兼任中国银行业监督管理委员会北京监管局局长，免去赖小民的中国银行业监督管理委员会北京监管局局长职务，另有任用。

12月16日 北京农村商业银行向个人信用信息基础数据库正式上报数据成功，标志着个人征信系统在北京市全面联网运行。

北京国际信托投资有限公司与石景山区签署了共同组建“石开房地产开发有限公司”的投资协议书。

作为“中国邮政ATM外包项目”试点省市，北京邮政储汇局第一台外包管理的ATM机在北京西客站邮局投入生产环境使用。

华夏证券公司进入清算程序，中信建投证券有限责任公司受让其证券类资产，于12月19日正式对外挂牌开业。

12月19日 中行北京分行2005年人力资源管理改革自上而下历经8个月，到本日基本结束，分行全辖从部门总经理、直管支行行长到普通行员共有6 678人竞聘后上岗。

中国人寿保险公司北京分公司ISO9000质量管理体系接受并顺利通过了英国标准协会（BSI）的外部审核。

12月21日 交通银行北京分行IC卡售电业务成功上线，自此，交通银行“缴费通”业务涵盖话费、水、电、气等公用事业等缴费品种。

12月22日 中信银行总行营业部储蓄存款突破70亿元人民币，储蓄增幅达49.66%。

12月23日 根据中国农业发展银行总行决定，左志任中国农业发展银行北京市分行行长，免去孔宪勇中国农业发展银行北京市分行行长职务。

12月26日 华夏银行北京秀水支行正式对外试营业。华夏银行在北京地区设立的支行已达到33家。

12月27日 中国农业银行北京市分行与中国工商银行股份有限公司北京市分行签署全面合作协议。

中行北京分行报关即时通——关税/法人账户透支业务系统投入使用，该系统可为中行的进出口大客户提供便利的通关模式。

建行北京分行石景山支行为神华财务有限公司办理了7.1亿元回购型信贷资产转让业务，这是分行系统第一笔回购型信贷资产转让业务，也是建设银行总行系统单笔交易金额最大的信贷资产回购业务。

12月28日 中国人民银行决定自即日起上调境内商业银行美元、港币小额外币存款利率上限。其中，一年期美元、港币存款利率上限分别提高0.5和0.25个百分点，调整后利率上限分别为3%和2.625%。

北京银行以私募方式成功发行35亿元“2005年北京银行次级债券”，这是该行首次以发行次级债券的方式补充附属资本。

12月29日 北京市出台《关于促进首都金融产业发展的意见实施细则》。

建行北京分行代理铁道部向大秦铁路股份有限公司发放1笔25亿元、半年期委托贷款，这是该分行改变传统营销模式的一次成功尝试，是该分行单笔金额最高的委托贷款。

12月30日 北京银监局印发《关于进一步加快北京银行业对外开放若干意见》的通知（京银监通［2005］240号）。

华安保险北京分公司与永诚保险公司、太平保险公司签订共保协议，共同承保北京地铁一、二号线消隐改造工程一揽子保险项目，财产险保额20亿元人民币，安工险保额25亿元人民币。北京分公司合计签单净保费为137.6万元人民币。

12月31日 北京市政府下发《北京市社会信用体系建设方案》（京政办发［2005］68号）。

北京邮政储蓄又有26个网点跨入亿元网点行列，使单点余额超过亿元的网点上升至119个。

经中国银监会批准，渤海银行股份有限公司正式挂牌成立。

12月 据《北京日报》报道：2005年全国经济普查数据显示：北京金融资产总量为14.1万亿元，占本市资产总额的65.28%，金融业增加值为793亿元，占北京地区生产总值的11.64%。

北京证券重组工作取得重大阶段性进展。瑞银集团注资17亿元，参与北京证券重组。

中央国家机关就京内单位车辆保险采购项目进行公开招标，该项目涉及95个部门及其所属在京单位的约15 000辆公务用车，保险金额累计逾人民币30亿元。人保财险北京分公司最终一举中标。

2005年，人行营业管理部对北京地区银行、证券、保险三大领域的风险状况进行了全面系统分析，完成了《北京地区金融稳定报告》。加快中创公司、中兴信托公司清算工作步伐，中创公司清算工作已经到了最后攻坚阶段。人行营业管理部对中创、中兴公司进行的清算工作，为防范系统性金融风险、维护首都金融稳定，发挥了积极作用。

八、统计资料

北京市2005年暨“十五”期间国民经济和社会发展统计公报

北京市统计局　国家统计局北京调查总队

2006年1月24日

2005年，全市人民在市委、市政府的正确领导下，以邓小平理论和“三个代表”重要思想为指导，认真贯彻党的十六大、十六届三中、四中和五中全会精神及中央对北京市工作的一系列重要指示，全面贯彻科学发展观，坚决落实宏观调控措施，紧紧围绕新的城市总体规划和“新北京、新奥运”战略构想，将保持经济平稳较快增长、加快结构调整步伐、转变经济增长方式、推动和谐社会建设作为经济社会发展的主线，实现了首都经济和社会发展的预期目标，“十五”计划顺利完成。

一、综合

初步核算，全市实现地区生产总值6 814.5亿元，比上年增长11.1%。其中，第一产业增加值97.7亿元，下降1%；第二产业增加值2 100.5亿元，增长11.7%；第三产业增加值4 616.3亿元，增长11.2%。按常住人口计算，当年人均GDP达到44 969元（折合5 457美元），比上年增长8.1%，是2000年的1.9倍。

第一产业对经济增长的贡献率为-0.2%，比2000年下降1.4个百分点；第二产业贡献率为33.8%，下降13个百分点；第三产业贡献率为66.4%，提高14.4个百分点。三次产业结构由2000年的2.5∶32.7∶64.8变化为2005年的1.4∶30.9∶67.7。

“十五”期间，全市地区生产总值年均增长11.9%，超出“十五”计划目标2.9个百分点，高于“九五”时期平均增速1.6个百分点。其中三次产业年均分别增长2.7%、11.7%和12.3%。

表1　地区生产总值

单位：亿元

指　　标	2005年	比上年增长（%）
地区生产总值	6 814.5	11.1
第一产业	97.7	-1.0
第二产业	2 100.5	11.7
工业	1 782.4	12.8
建筑业	318.1	5.9
第三产业	4 616.3	11.2
交通运输、仓储和邮政业	392.9	8.0
信息传输、计算机服务和软件业	517.2	14.7
批发和零售业	640.4	9.3
住宿和餐饮业	176.9	8.2
金融业	792.8	9.9
房地产业	488.9	8.8
其他服务业	1 607.2	13.9

全市万元GDP能耗为0.81吨标准煤，按可比价格计算，比上年下降3.9%，降幅高于上年1.1个百分点。万元GDP水耗为50.9立方米，按可比价格计算，比上年下降9.8%。

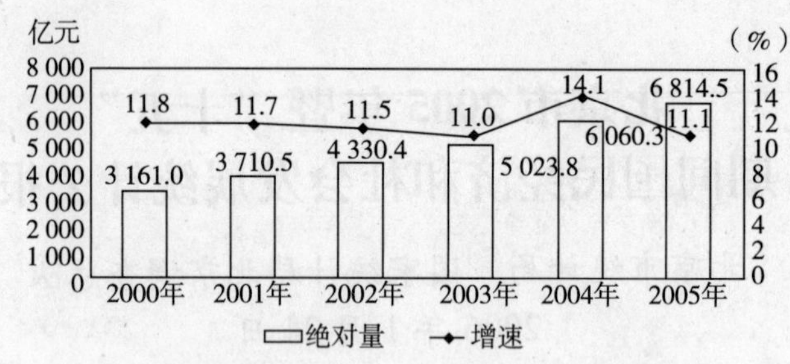

图1　2000 年以来全市地区生产总值及增速

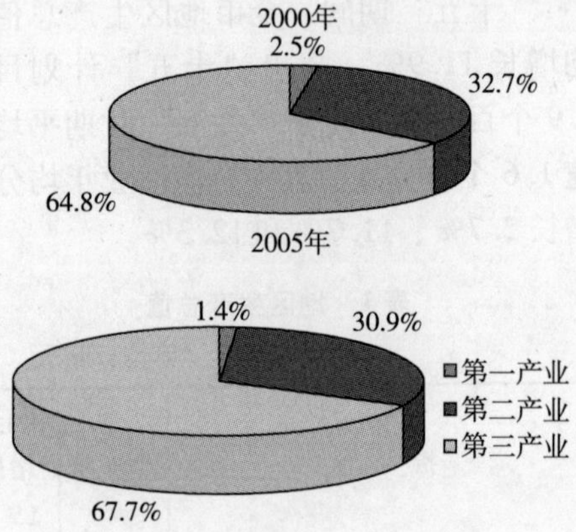

图2　三次产业比重变化情况

全市研究与试验发展（R&D）经费支出占地区生产总值的比重达到 5.6%，比上年提高 0.4 个百分点，比 2000 年提高 0.7 个百分点。

全市完成地方财政收入（一般预算）919.2 亿元，比上年增长 23.5%。地方财政支出（一般预算）1 050.9 亿元，增长 17%。“十五”期间，地方财政收入（一般预算）和支出（一般预算）累计分别达到 3 244.4 亿元和 3 871.5 亿元，分别是“九五”时期的 2.7 倍和 2.6 倍，年均分别增长 25.3% 和 18.4%。

全市居民消费价格指数为 101.5%，高于上年 0.5 个百分点；其中，低收入居民消费价格指数为 101.9%。工业品出厂价格指数为 101.3%，原材料、燃料、动力购进价格指数为 111.4%，分别比上年回落 1.7 个和 2.8 个百分点。固定资产投资价格指数为 100.7%，低于上年 3.6 个百分点。房屋销售价格指数为 106.9%，高于上年 3.2 个百分点；其中商品住宅销售价格指数为 107.1%，上升 2.8 个百分点。

表2　居民消费价格指数

单位：%

指　标	2005 年	其中：低收入层	2004 年
居民消费价格总指数	101.5	101.9	101.0
其中：服务项目价格指数	101.3	100.9	101.8
食　品	104.9	103.6	104.8
烟酒及用品	100.0	100.2	101.2
衣　着	100.1	99.2	98.9
家庭设备用品及维修服务	99.7	99.7	96.9
医疗保健和个人用品	98.0	97.7	99.2
交通和通信	97.5	99.5	95.7
娱乐教育文化用品及服务	99.7	100.0	101.5
居　住	105.9	106.9	101.4

年末城镇登记失业率为 2.11%，比上年末提高 0.81 个百分点，仍处于 2.3% 的计划调控目标之内。当年全市共安排 19.9 万名失业人员就业，6.8 万名农村劳动力实现转移就业。

国民经济和社会发展中存在的主要问题是：经济增长方式依然较为粗放，经济社会发展与资源环境的矛盾仍显突出，就业压力有所加大，社会保障体系尚待进一步完善，解决“三农”问题、城乡统筹和区域协调发展任重道远。

二、农业

全市粮食播种面积19.2万公顷，比上年增长24.4%，粮食产量94.9万吨，比上年增产35.3%。其他主要农副产品产量除鲜蛋较上年有所增长外，均呈现不同程度的下降。

表3　主要农副产品产量

指　　标	单位	2005年	比上年增长（%）
粮食总产量	万吨	94.9	35.3
蔬菜总产量	万吨	423.9	-13.3
肉类总产量	万吨	66.7	-5.8
鲜蛋总产量	万吨	16.0	0.5
牛奶总产量	万吨	64.2	-8.3
水产品总产量	万吨	6.4	-4.5
出栏生猪	万头	448.7	-2.6
出栏家禽	万只	16 852.5	-3.2

观光休闲农业发展较快。农业观光园达512个，比上年增长39.1%；观光旅游收入4.1亿元，增长49.3%；民俗旅游户8 691个，接待人数为770万人次，增长28.4%。种业收入5.9亿元，比上年增长35.6%。

三、工业和建筑业

全市完成工业增加值1 782.4亿元，比上年增长12.8%。其中规模以上工业企业完成增加值1 705.4亿元，增长13.1%。产销衔接良好，产品销售率为98.5%，比上年提高0.3个百分点。

“十五”期间，全市工业增加值年均增长12.4%，比“九五”时期提高2.5个百分点。

表4　规模以上工业企业增加值

单位：亿元

指　　标	2005年	比上年增长（%）
工业增加值	1 705.4	13.1
轻工业	345.4	10.5
重工业	1 360.0	13.8
其中：高新技术产业	517.5	20.0
其中：国有及国有控股企业	1 004.0	10.5
其中：通信电子设备制造业	258.7	14.7
交通运输设备制造业	150.5	12.6
化学原料及化学制品制造业	159.2	14.9
专用设备制造业	64.5	23.1
石油、炼焦及核燃料加工业	29.7	34.5
电力、热力的生产和供应业	228.0	28.0

注：高新技术产业增加值增速按现价计算。

高新技术产业实现增加值517.5亿元，按现价计算，比上年增长20%。其中电子与信息增长22%，生物医药增长10.1%，新材料增长13.2%，光机电一体化增长18.4%；占高新技术产业增加值的比重分别为70.4%、6.8%、8.7%和10.7%。程控交换机、移动电话机和微型电子计算机等主要高新技术产品产量分别比上年增长12.4%、35.1%和23.4%。高新技术产业增加值占全市工业的比重为29%，占地区生产总值的比重为7.6%。

全市生产汽车58.6万辆，比上年增长8.8%。其中轿车22.1万辆，增长47.1%。“十五”期间，全市累计生产汽车179.5万辆，年均增长36.1%（“九五”时期汽车产量年均下降6.9%）。

全市规模以上工业企业经济效益综

合指数为177.7%，比上年提高2.1个百分点；利润总额391.1亿元，下降1.2%。

表5 主要工业产品产量

产品名称	单位	2005年	比上年增长（%）
钢材	万吨	966.2	11.4
发电量	亿千瓦时	209.0	3.8
液化石油气	万吨	47.4	10.1
化肥（折纯）	万吨	5.9	7.6
乙烯	万吨	99.0	0.8
汽车	万辆	58.6	8.8
其中：轿车	万辆	22.1	47.1
彩色显像管	万只	983.1	-6.4
显示器	万部	577.8	15.7
微型计算机	万台	649.6	23.4
程控交换机	万线	3 652.2	12.4
移动电话机	万台	9 108.2	35.1
饮料酒	万千升	163.1	9.8
乳制品	万吨	56.9	18.3

全市建筑业实现增加值318.1亿元，比上年增长5.9%。全市具有资质等级的总承包和专业承包建筑业企业实现利润51.8亿元，增长29.5%；上缴税金70.3亿元，增长27.1%。

“十五”期间，全市建筑业增加值年均增长8.1%，比“九五”时期提高0.9个百分点。

四、固定资产投资

全市完成全社会固定资产投资2 827.2亿元，比上年增长11.8%，增幅比上年回落5.4个百分点。其中，城镇投资增长11.2%，农村投资增长18.7%。

表6 全社会固定资产投资

单位：亿元

指标	2005年	比上年增长（%）
全社会固定资产投资	2 827.2	11.8
城镇固定资产投资	2 595.4	11.2
其中：房地产开发	1 525.0	3.5
农村固定资产投资	231.8	18.7
其中：生产投资（不含房地产开发）	1 302.2	23.4
第一产业	11.9	83.1
第二产业	409.7	21.8
其中：工业	383.4	19.0
第三产业	880.6	23.7
其中：城市基础设施投资	610.7	31.8
其中：住宅投资	853.8	1.2

全市完成房地产开发投资1 525亿元，比上年增长3.5%，增幅比上年回落19个百分点。商品房销售面积2 803.2万平方米，增长13.4%；其中住宅2 566万平方米，增长12.3%。商品房空置面积1 374.2万平方米，增长31.6%。商品房销售额1 758.8亿元，增长40.8%。

全市基础设施投资610.7亿元，比上年增长31.8%，增幅比上年提高20.9个百分点；占全社会固定资产投资的比重为21.6%，比上年提高3.3个百分点。

全市房屋施工面积14 096.2万平方米，比上年增长7.4%；其中住宅8 043.2万平方米，增长7.1%。房屋竣工面积4 679.2万平方米，增长11.3%；其中住宅3 024.1万平方米，增长14.1%。

“十五”期间，全社会固定资产投资累计达到10 857.4亿元，相当于“九五”时期的2倍。五年间投资年均增长

17.7%，比“九五”时期提高8.9个百分点。其中房地产开发投资累计达到5 974亿元，相当于“九五”时期的3倍；城市基础设施投资累计达到2 260亿元，相当于“九五”时期的1.6倍。

“十五”期间，全市房屋施工面积累计达到55 603.8万平方米，相当于“九五”时期的1.8倍；其中住宅33 754.9万平方米，相当于“九五”时期的2倍。房屋竣工面积累计达到17 311.8万平方米，相当于“九五”时期的1.8倍；其中住宅11 927.8万平方米，相当于“九五”时期的2倍。

五、国内贸易

全市批发零售业实现增加值640.4亿元，比上年增长9.3%；住宿餐饮业实现增加值176.9亿元，增长8.2%。

全市实现社会消费品零售额2 902.8亿元，比上年增长10.5%，扣除物价上涨因素，实际增长10.8%。

表7 社会消费品零售额

单位：亿元

指　标	2005年	比上年增长（%）
社会消费品零售额	2 902.8	10.5
按商品用途分		
吃的商品	748.7	16.1
穿的商品	281.5	16.3
用的商品	1 638.7	6.5
烧的商品	233.9	16.2
按行业分		
其中：批发、零售贸易业	2 529.4	13.6
餐饮业	267.9	7.1
按地区分		
城镇	2 519.1	9.1
郊区	383.7	20.8

在限额以上批发零售企业零售额中，通讯器材类增长8%，家用电器和音像器材类增长14%，建筑及装潢材料类增长17.2%，家具类增长4.4%，石油及制品类增长30.5%。

全市销售机动车57万辆，比上年增长27.5%。其中，新车37.2万辆，增长22.3%。

全市社会商品购进总值12 308.7亿元，增长20%；商品销售总值13 400.1亿元，增长18.8%。

年末全市连锁商业门店数达到5 973个，比上年年末增加541个，比2001年年末增加3 850个；实现零售额950.7亿元，比上年增长14%。郊区乡镇连锁超市、便利店达到1 123个，比上年末增加681个。

全市限额以上批发零售企业实现商品销售收入9 654.1亿元，比上年增长24%；利润总额228.1亿元，增长12.4%。

“十五”期间，全市批发零售业增加值年均增长10.8%，住宿餐饮业增加值年均增长11.4%。全市累计实现社会消费品零售额11 662.9亿元，相当于“九五”时期的1.7倍。五年间社会消费品零售额年均增长11.8%，与“九五”时期持平。

六、对外经济

北京地区进出口总值达1 255.7亿美元，比上年增长32.8%；其中出口308.7亿美元，增长50.1%。地方企业进出口总值403.2亿美元，比上年增长43.6%；其中出口171亿美元，增长61.1%。地方企业出口中，机电产品出口120.5亿美元，增长69.2%；高新技术产品出口89.9亿美元，增长73.8%；占地方出口的比重分别达到70.5%和52.6%，分别比上年提高3.4个和3.9个百分点。

“十五”期间，北京地区进出口总值累计达到3 927.4亿美元，比“九五”时期增长1.3倍；其中出口927亿美元，增长85%。地方企业进出口总值累计为1 147.6亿美元，其中出口458.4亿美元，分别比“九五”时期增长2倍和1.9倍。

表8 全市进出口总值

单位：亿美元

指　标	2005年	比上年增长（%）
北京地区进出口总值	1 255.7	32.8
出口	308.7	50.1
进口	947.0	28.0
其中：地方进出口总值	403.2	43.6
出口	171.0	61.1
进口	232.2	33.0

全市签订利用外资项目2 136个，比上年增长18.3%；合同外资金额65.2亿美元，增长4.2%；实际利用外资35.3亿美元，增长14.4%。“十五”期间，全市共签订利用外资项目7 821个，合同外资金额219.6亿美元，分别比“九五”时期增长90.8%和87.3%。实际利用外资五年累计达123.2亿美元，比“九五”时期增长24.6%。

对外承包工程与对外劳务合作完成营业额7.2亿美元，比上年增长19.5%。“十五”期间，累计完成营业额20.8亿美元，比“九五”时期增长38.7%。

七、交通、邮电和旅游

交通运输、仓储和邮政业实现增加值392.9亿元，比上年增长8%。信息传输、计算机服务和软件业实现增加值517.2亿元，增长14.7%。“十五”期间，交通运输、仓储和邮政业增加值年均增长5.7%，信息传输、计算机服务和软件业增加值年均增长16.6%。

货物运输总量32 530万吨，比上年增长2.6%。其中，铁路1 976万吨，增长0.9%；公路30 050万吨，增长2.7%；民航77万吨，增长5%。“十五”期间，货运总量累计达到15.7亿吨，比“九五”时期增长1.5%。

旅客运输总量60 839万人，比上年增长22.3%。其中，铁路5 778万人，增长6.3%；公路51 925万人，增长25.2%；民航3 136万人，增长10%。“十五”期间，客运总量累计达到19.2亿人，比“九五”时期增长2.1倍。

年末全市公共电汽车（含小公共，下同）线路达到622条，运营里程19 121公里，比2000年年末增长22%。轨道交通运营里程达到114公里，比2000年年末增加60公里。全市共有公共电汽车运营车辆1.9万辆，客运出租车运营车辆6.66万辆，分别比2000年年末增长40%和2.3%。全年城市公共交通共运送乘客53.3亿人次（不含出租车），比2000年增长31%；其中公共电汽车运送乘客46.5亿人次，轨道交通运送乘客6.8亿人次。全年出租汽车客运量达到6.5亿人次，比2000年增长4.8%。

年末全市民用汽车保有量达到214.6万辆，比上年年末增长14.7%，其中轿车130.8万辆，增长19.3%；分别比2000年年末增长1.1倍和1.7倍。私人汽车保有量达到154万辆，比上年年末增长18.7%；其中轿车99.2万辆，比上年年末增长23.5%；分别比2000年年末增长2.1倍和3.1倍。

全市完成邮电业务总量417.5亿元（2000年不变价），比上年增长21.3%，比2000年增长94.4%。其中，邮政业务总量33.5亿元，比上年增长7.8%；电信业务总量384亿元，比上年增长22.7%。新增固定电话用户102.6万户，年末达到950万户，其中城市电话用户854.5万户，乡村电话用户95.5万户。固定电话主线普及率达到62.7线/百人，比2000年增加28.3线/百人。新增移动电话用户129.3万户，年末达到1 470万户。移动电话普及率达到97部/百人，比2000年增加70.5部/百人。

全市接待入境旅游者362.9万人次，比上年增长15%。其中，外国人311.6万人次，增长16.2%；港、澳、台同胞51.3万人次，增长8.2%。全市旅游外汇收入36.2亿美元，增长14.2%。全年出境旅游者达51.7万人次，增长0.7%。全年接待国内旅游者1.25亿人次，增长4.6%。国内旅游收入1 300亿元，增长13.5%。“十五”期间，全市共接待入境旅游者1 460万人次，旅游外汇收入累计达到148亿美元，分别比“九五”时期增长21.3%和21.4%。共接待国内旅游者5.6亿人次，实现旅游收入4 968.7亿元，分别比“九五”时期增长26.3%和1.3倍。

八、金融、证券和保险

金融业实现增加值792.8亿元，比上年增长9.9%。“十五”期间，金融业增加值年均增长10.6%，比“九五”时期下降6.3个百分点。

年末全市金融机构（含外资）本外币存款余额28 970亿元，比年初增加5 093.6亿元，同比多增1 764.9亿元。金融机构（含外资）本外币贷款余额15 335.5亿元，按可比口径计算，比年初增加1 993.1亿元，同比多增79.7亿元。

表9　全市金融机构（含外资）本外币存贷款

单位：亿元

指　　标	2005年年末数	比年初增加额	增加额同比增减
各项存款余额	28 970.0	5 093.6	1 764.9
其中：企事业存款	16 340.0	3 046.6	933.8
储蓄存款	8 315.8	1 161.5	448.7
各项贷款余额	15 335.5	1 993.1	79.7
其中：短期贷款	5 167.2	354.7	-256.1
中长期贷款	8 632.4	1 159.4	-67.6
票据融资	1 140.0	354.7	362.9

证券市场各类证券成交额9 322.5亿元，比上年下降49.6%。其中股票成交额4 343.7亿元，下降40.1%；国债成交额305.4亿元，下降54.5%；基金成交额91.3亿元，增长15.7%。

年末全市有各类保险公司44家，比上年增加13家；保险中介机构227家，增加47家。全年保费收入497.7亿元，比上年增长78.2%。其中，财产险保费收入67.1亿元，增长1.3%；人身险保费收入389.4亿元，增长1.2倍；健康险和意外伤害险保费收入41.3亿元，增长21.3%。全年各类保险赔款给付支出75.4亿元，比上年增长36.3%；其中财产险赔款35.2亿元，寿险业务给付29亿元，健康险和意外伤害险赔款及给付11.2亿元，分别增长2.7%、1.2倍和37.3%。

九、开发区

年末全市28个开发区累计入区企业34 630家，其中投产企业25 723家，分别比上年年末增加5 271家和1 839家。全年各类开发区实现总收入6 448.4亿元，比上年增长29.9%，其中出口销售收入995.1亿元，增长68.9%；实现利润357.2亿元，增长13%；应缴税金267.6亿元，增长22.2%。

中关村科技园区投产开业企业21 257家，实现总收入4 819.3亿元，比上年增长30%，其中出口销售收入730.3亿元，增长1.2倍；实现利润270.2亿元，增长5.8%；应缴税金167.5亿元，增长14%。

北京市经济技术开发区投产开业企业942家，实现总收入1 267亿元，比上年增长73.4%，其中出口销售收入444.6亿元，增长1.3倍；实现利润85.9亿元，增长30%；应缴税金42.6亿元，增长40%。

十、教育和科学技术

年末全市共有普通高等院校79所，比2000年年末增加20所。全年招收本专科学生15.6万人，本专科在校生达到53.7万人，毕业学生11.7万人。全市共有51所普通高校和115个科研机构培养研究生，全年在学研究生达到16.5万人。本专科在校生与在学研究生分别比2000年年末增加25.4万人和10.1万人。

年末全市有普通中等学校917个，全年招生25.9万人，在校生85.9万人，毕业生30.4万人。小学1 403所，招生7.1万人，在校生49.4万人，毕业生9.3万人。特殊教育学校25所，招生635人，在校生6 353人，毕业生1 043人。幼儿园1 358所，在园幼儿20.2万人。

年末全市民办学校数达到517所，在校生31万人，毕业生5万人。

全市研究与试验发展（R&D）经费支出380亿元，比上年增长20%，“十五”期间，R&D经费支出累计达到1 343.9亿元，比“九五”时期增长2.1倍。全市开展科技活动的单位7 400个，拥有科技活动人员34万人，分别比2000年增长1.2倍和30.3%。全市专利申请量与批准量分别为2.3万项和1万项。“十五”期间，专利申请量和批准量累计分别达到8.4万项和4万项，分别比“九五”时期增长1.3倍和77.8%。全市签订技术合同3.8万项，技术合同成交总额489.6亿元。“十五”期间，技术合同签订项目数与成交总额累计分别达到15.6万项和1 592.2亿元，分别比“九五”时期增长71%和2.8倍。

十一、文化、卫生和体育

年末全市共有公共图书馆26个，总藏书3 465.6万册，比2000年年末增长14.8%。全市11个市属专业艺术表演团体举办国际国内演出6 905场。年末有线电视用户达到282万户，比2000年年末增长68%；有线电视入户率为64.1%，比2000年年末提高18.3个百分点。广播、电视综合覆盖率分别达到100%和99.99%。北京地区出版的报纸、期刊和图书分别达到253种、2 810种和10.6万种，分别比2000年年末增加13种、458种和5.1万种。全市各类电影院全年放映电影22.6万场，比2000年增长79.3%，观众达到873.8万人。全市拥有全国重点文物保护单位60处，市级文物保护单位264处。北京地区注册登记的博物馆达到129座，馆藏文物323.8万件。

年末全市共有卫生机构7 236个，比2000年年末增加1 132个。其中，医院511个，卫生院145个，乡村卫生室2 329个。医疗卫生机构共有床位7.8万张，比2000年年末增长10.1%。其中，医院7万张，卫生院3 688张。全市卫生技术人员达到11.6万人，比2000年年末增长0.8%。其中执业医师4.8万人，注册护士4.2万人。全市医疗机构共诊疗7 097万人次，健康检查343.6万人次。

年末全市共有体育场馆6 105个，比2000年年末增加1 432个。全民健身工程总面积达到376万平方米，总投资6.62亿元。全市共有专业体育运动员820人，共获得国际和全国性比赛奖牌307.5枚，其中金牌118枚，银牌94.5枚。“十五”期间，全市运动健儿共获得国际和全国性比赛奖牌1 461枚，比“九五”时期增加600余枚。

十二、人口、人民生活和社会保障

年末全市常住人口（在京居住半年以上人口）1 538万人，比上年末增加45.3万人，比2000年年末增加174.4万人。全市人口出生率为6.3‰，死亡率5.2‰，自然增长率1.1‰。据公安部门统计，年末全市户籍人口1 180.7万人，比上年末增加17.8万人，比2000年年末增加73.2万人。

城市居民人均可支配收入达到17 653元，比上年增长12.9%，扣除价格因素，实际增长11.2%。其中，20%低收入户人均可支配收入增长15.9%，20%高收入户人均可支配收入增长11.2%。“十五”期间，城市居民人均可支配收入年均实际递增10.4%，高于“九五”时期3.3个百分点。城市居民恩格尔系数为31.8%，比2000年降低4.5个百分点。城镇居民人均住房使用面积19.5平方米，比上年增加0.4平方米，比2000年增加2.7平方米。

农村居民人均纯收入7 860元，比上年增长9.6%，扣除价格因素，实际增长8.1%。其中，20%低收入户人均纯收入增长16.7%，20%高收入户人均纯收入增长5.3%。“十五”期间，农村居民人均纯收入年均实际递增9.9%，高于“九五”时期3.7个百分点。农村居民恩格尔系数为32.8%，比2000年下降3.9个百分点。农村居民人均住房面积36.9平方米，比上年增加2.7平方米，比2000年增加8平方米。

年末全市参加基本养老、基本医疗、失业、工伤保险的人数分别为520万人、574.8万人、394.6万人和328.9万人，分别比上年末净增60万人、90.8万人、86.6万人和69.9万人。其中，基本养老、失业保险参保人数分别比2000年年末增加128.4万人和106.8万人，基本医疗保险参保人数比2001年年末增加358.2万人。全市参加农村养老保险的人数为40.6万人，比上年末增加3.8万人；参加新型农村合作医疗的人数达到249万人，比上年末增加15万人，参合率为81%，高于上年17个百分点。社会保障相关待遇标准有所提高。全市享受城市最低生活保障的居民为15.5万人，比上年减少0.6万人；享受农村最低生活保障的农民7.8万人，比上年增加0.3万人。其中享受城乡最低生活保障的残疾人达到4万人，比上年增加0.3万人。

年末北京市各类收养性社会福利单位323家，床位3.2万张，收养各类人员2万人。城镇建立各种社区服务设施1 770个，其中社区服务中心162个。

表10　社会保障相关待遇标准变化情况

单位：元/月

项　　目	2005年	2000年
失业保险金	382～491	300～385
城市居民最低生活保障	300	280
职工最低工资	580	412
退休人员基本养老金最低标准（统筹范围内）	563	421

十三、资源与环境

北京市继续严格土地管理，加大闲置土地的收回力度，土地供应在得到控制的前提下，满足了全市经济社会发展的需要。全年土地供应总量6 000公顷，其中基础设施用地3 281公顷，为全年计划供地量的153%；经济适用房用地295公顷，为全年计划的148%，规划建筑面积335万平方米。

全市能源消费量5 500万吨标准煤，比上年增长7%，增幅同比回落2.8个百分点。

全年平均降水量468毫米，比上年减少13%。全年总用水量34.5亿立方米，与上年基本持平。其中，生活用水增长5%，工业用水下降15%，农业用水增长0.7%。全社会节水意识增强。全年农业新增节水灌溉面积10万亩，工业和生活完成节水技改措施56项。

城八区污水日处理能力达248万立方米，比上年增长30.5%；城八区污水处理率达到70%，比上年提高12个百分点，比2000年提高30个百分点。新建再生水利用管线70公里，污水再生利用率达到30%。城八区生活垃圾无害化处理率达到95.2%（按产生量计算）。空气质量达到二级和好于二级的天数为234天，比上年增加5天，占全年总天数的64.1%，比2000年提高15.7个百分点。城八区绿化覆盖率达到42.5%，比上年提高0.7个百分点，比2000年提高6.2个百分点。城八区人均公共绿地面积11.1平方米，比上年增加1平方米，比2000年增加2.4平方米。

全市共完成绿化造林16万亩，植树1 792万株。飞播造林3万亩，封山育林13万亩。全市林木覆盖率达到50.5%，比2000年提高8.6个百分点。三道绿色生态屏障建设取得进一步进展。其中，绿化隔离地区新增绿地面积3万亩，平原绿色生态屏障建设新增绿地面积2.5万亩，山区绿色生态屏障建设新增绿地面积10.5万亩。全市有自然保护区20个，面积为1 342平方公里；其中国家级自然保护区1个。拥有国家级生态示范区7个，面积9 245.8平方公里。

公报注释

1. 本公报数据为初步统计数。

2. 本公报中增加值为现价，除注明外，增加值增长速度均按可比价计算。

3. 按国家统计局要求，本公报中地区生产总值、社会消费品零售额历史数据根据经济普查结果作了相应调整。

4. 规模以上工业企业是指全部国有和年产品销售收入500万元及以上非国有工业企业；限额以上批发零售企业是指年销售额2 000万元及以上批发企业和年销售额500万元及以上零售企业。

5. 利用外资数据均为客商直接投资口径。

6. 恩格尔系数是指居民食品消费支出占全部消费支出的比重。

7. 城市、农村20%高、低收入户人均收入增速未扣除价格因素。

（一）北京市主要经济社会指标

表1-1　国民经济和社会发展总量与速度指标

项　　目	总量指标					速度指标（%）			
						指数（2005年比以下各年）			
	1990年	1995年	2000年	2004年	2005年	1990年	1995年	2000年	2004年
人口与就业									
人　口									
年末全市常住人口　（万人）	1 086	1 251.1	1 363.6	1 492.7	1 538.0	141.6	122.9	112.8	103.0
男性人口	545	627.0	710.9	779.9	778.7	142.9	124.2	109.5	99.8
女性人口	541	624.1	652.7	712.8	759.3	140.4	121.7	116.3	106.5
年末户籍人口　（万人）	1 032.2	1 070.3	1 107.5	1 162.9	1 180.7	114.4	110.3	106.6	101.5
就　业									
从业人员　（万人）	627.1	665.3	619.3	854.1	878.0	140.0	132.0	141.8	102.8
#在岗职工人数	454.9	470.9	434.2	446.4	448.4	98.6	95.2	103.3	100.4
城镇登记失业人数（万人）		2.2	3.3	6.5	10.6		480.5	320.3	163.6
宏观经济									
国民经济核算									
地区生产总值　（亿元）	500.8	1 507.7	3 161.0	6 060.3	6 886.3	502.6	287.3	176.3	111.8
第一产业	43.9	72.2	76.6	93.4	95.5	125.2	121.0	114.1	98.8
第二产业	262.4	645.8	1 033.3	1 853.6	2 026.5	450.3	268.9	171.3	110.1
第三产业	194.5	789.7	2 051.1	4 113.3	4 764.3	643.0	320.2	181.5	113.0
人均生产总值　（元）	4 635	12 691	24 121	41 099	45 439	358.2	225.3	152.5	108.8
固定资产投资									
全社会固定资产投资（亿元）	179.2	841.5	1 297.4	2 528.3	2 827.2	1 577.7	336.0	217.9	111.8
#房地产开发投资	22.5	352.8	522.1	1 473.3	1 525.0	6 777.8	432.3	292.1	103.5
#国有单位	154.2	514.2	765.8	755.5	897.7	582.2	174.6	117.2	118.8
商品房施工面积（亿平方米）	774.0	2 810.2	4 455.0	9 931.3	10 748.5	1 388.7	382.5	241.3	108.2
商品房竣工面积（亿平方米）	271.6	653.0	1 365.6	3 067.0	3 770.9	1 388.4	577.5	276.1	123.0
财　政									
地方财政收入　（亿元）	74.0	115.3	398.4	830.0	1 007.4				

续表

项　目	总量指标					速度指标（%）			
						指数（2005年比以下各年）			
	1990年	1995年	2000年	2004年	2005年	1990年	1995年	2000年	2004年
#一般预算			345.0	744.5	919.2			266.4	123.5
地方财政支出　（亿元）	66.5	154.4	490.3	974.2	1 137.3	1 710.2	736.6	232.0	116.7
#一般预算			443.0	898.3	1 058.3			238.9	117.8
价格指数									
居民消费价格指数　（%）	105.4	117.3	103.5	101.0	101.5				
商品零售价格指数　（%）	104.1	112.6	98.9	99.2	99.7				
农产品生产价格指数（%）				106.2	102.9				
工业品出厂价格指数（%）	107.9	107.3	102.5	103.0	101.3				
原材料、燃料、动力购进价格指数　（%）	114.8	106.7	100.0	114.2	111.4				
固定资产投资价格指数　（%）		113.9	101.0	104.3	100.7				
能源消费总量	**2 719.3**	**3 533.3**	**4 144.0**	**5 139.6**	**5 521.9**			**133.3**	**107.4**
产　业									
农村经济									
耕地面积　（万公顷）	41.3	39.9	32.9	23.6	23.3	56.4	58.4	70.8	98.7
农林牧渔业总产值（现价）（亿元）	70.2	164.4	195.2	262.0	268.8	382.9	163.5	137.7	102.6
主要农产品产量　（万吨）									
粮　食	264.6	259.8	144.2	70.2	94.9	35.9	36.5	65.8	135.2
蔬　菜	356.1	397.3	489.1	489.2	423.9	119.0	106.7	86.7	86.7
鲜　蛋	25.8	28.5	16.0	15.9	16.0	62.0	56.1	100.0	100.6
牛　奶	21.7	20.6	30.3	70.0	64.2	295.9	311.7	211.9	91.7
猪牛羊肉	20.4	27.0	34.0	41.8	39.7	194.6	147.0	116.8	95.0
工　业									
工业增加值（综合法，规模以上）　（亿元）			745.2	1 483.2	1 627.0				
工业总产值（现价，规模以上）　（亿元）	625.9	1 493.3	2 842.0	5 733.3	6 946.2	1 109.8	465.2	244.4	121.2
轻工业	262.2	472.2	719.3	1 084.7	1 164.9	444.3	246.7	161.9	107.4

续表

项目	总量指标					速度指标（%）			
						指数（2005 年比以下各年）			
	1990 年	1995 年	2000 年	2004 年	2005 年	1990 年	1995 年	2000 年	2004 年
重工业	363. 7	1 021. 1	2 122. 7	4 648. 6	5 781. 3	1 589. 6	566. 2	272. 4	124. 4
工业企业主要经济指标									
资产总计（亿元）	498. 3	2 582. 6	4 612. 7	12 049. 5	12 829. 8	2 574. 7	496. 8	278. 1	106. 5
负债总额（亿元）		1 528. 8	2 676. 4	4 143. 1	4 706. 7		307. 9	175. 9	113. 6
产品销售收入（亿元）	610. 5	1 590. 4	2 821. 4	5 992. 7	7 279. 1	1 192. 3	457. 7	258. 0	121. 5
利润总额（亿元）	48. 9	85. 3	127. 1	397. 4	413. 5	845. 6	484. 8	325. 3	104. 1
建　筑									
建筑业施工企业总产值（亿元）	94. 7	426. 6	812. 5	1 776. 0	2 025. 4	2 138. 8	474. 8	249. 3	114. 0
建筑业施工企业从业人员（万人）	60. 2	82. 6	56. 6	53. 6	67. 2	111. 6	81. 4	118. 7	125. 4
运　输									
货物周转量（亿吨公里）		323. 1	299. 6	402. 3	488. 5		151. 2	163. 1	121. 4
铁　路（亿吨公里）		239. 3	200. 2	257. 1	310. 8		129. 9	155. 2	120. 9
公　路（亿吨公里）		76. 2	82. 6	82. 3	85. 5		112. 2	103. 5	103. 9
民　航（亿吨公里）		7. 5	16. 8	27. 0	28. 2		376. 0	167. 9	104. 4
管　道（亿吨公里）		0. 07	0. 04	35. 8	64. 0		91 428. 6	160 000. 0	178. 8
旅客周转量（亿人公里）		207. 7	314. 0	758. 0	838. 1		403. 5	266. 9	110. 6
邮　电									
邮电业务总量（亿元）	7. 7	56. 1	214. 7	343. 8	413. 0	5 363. 6	736. 2	192. 4	120. 1
年末全市移动电话用户（万户）			347. 2	1 340. 7	1 459. 8			420. 4	108. 9
百人拥有移动电话（部）				90. 9	96. 3				105. 9
商　业									
社会消费品零售额（亿元）	307. 7	950. 4	1 658. 7	2 626. 6	2 902. 8	943. 4	305. 4	175. 0	110. 5
批发零售贸易业	247. 7	672. 2	1 178. 6	2 227. 0	2 529. 4	1 021. 2	376. 3	214. 6	113. 6
餐饮业	19. 3	72. 4	99. 3	250. 2	268. 0	1 388. 6	370. 2	269. 9	107. 1
其他	40. 7	205. 8	380. 8	149. 4	105. 4	259. 0	51. 2	27. 7	70. 5
对外经济贸易和旅游									
海关进出口总额（亿美元）		370. 3	496. 2	946. 6	1 255. 7		339. 1	253. 1	132. 7
进口额		267. 8	376. 5	740. 9	947. 0		353. 6	251. 5	127. 8
出口额		102. 5	119. 7	205. 7	308. 7		301. 2	257. 9	150. 1

续表

项　目	总量指标					速度指标（%）			
						指数（2005 年比以下各年）			
	1990 年	1995 年	2000 年	2004 年	2005 年	1990 年	1995 年	2000 年	2004 年
地方企业进出口总额（亿美元）	21.5	53.1	116.5	280.7	403.2	1 875.3	759.3	346.1	143.6
进口额	10.3	30.4	70.2	174.6	232.2	2 254.4	763.8	330.8	133.0
出口额	11.2	22.7	46.3	106.1	171.0	1 526.8	753.3	369.3	161.2
协议利用外商直接投资（亿美元）	1.2	27.4	43.3	62.6	65.2	5 433.3	238.0	150.6	104.2
实际利用外商直接投资（亿美元）	2.8	14.0	24.6	30.8	35.3	1 260.7	252.1	143.5	114.4
接待海外旅游人数（万人次）	100	207	282	316	363	363.0	175.4	128.7	114.9
旅游外汇收入（亿美元）	6.6	21.8	27.7	31.7	36.2	548.5	166.1	130.7	114.2
金融保险									
金融机构（含外资）本外币存款余额（亿元）			11 526.0	23 781.3	28 970.0			251.3	121.8
金融机构（含外资）本外币贷款余额（亿元）			6 407.9	13 577.4	15 335.5			239.3	112.9
保险费收入（亿元）	5.2	26.3	88.0	279.3	498.2	9 580.8	1 894.3	566.1	178.4
教育、文化、科技、卫生									
教　育									
在校学生数（万人）	168.7	203.2	201.7	229.2	226.4	134.2	111.4	112.2	98.8
专任教师数（万人）	14.6	16.1	15.8	17.2	17.5	119.9	108.7	110.8	101.7
文　化									
公共图书馆藏书（万册）	2 205.4	2 629.0	3 020.0	3 450.6	3 626.3	164.4	137.9	120.1	105.1
艺术剧团国内演出场次（场）	7 527	6 728	7 610	8 731	11 059	146.9	164.4	145.3	126.7
科　技									
专业技术人员（万人）	91.9	112.7	119.2	143.2	143.5	156.1	127.3	120.4	100.2
研究与发展经费支出（亿元）				316.9	379.5				
技术合同成交总额（亿元）			126.3	425.0	489.6			387.6	115.2
专利授权量（件）	2 268	4 025	5 905	9 005	10 100	445.3	250.9	171.0	112.2

续表

项目	总量指标					速度指标（%）			
						指数（2005年比以下各年）			
	1990年	1995年	2000年	2004年	2005年	1990年	1995年	2000年	2004年
卫生									
卫生机构病床数（万张）	5.9	6.7	7.1	7.7	7.9	133.9	117.9	111.3	102.6
卫生技术人员数（万人）	11.2	11.6	11.6	11.7	12.0	107.1	103.4	103.4	102.6
#执业医师（万人）	5.1	5.4	5.2	4.9	5.1	100.0	94.4	98.1	104.1
注册护师（士）（万人）	3.5	3.7	4.0	4.2	4.3	122.9	116.2	107.5	102.4
生活与环境									
婚姻									
结婚登记总数（万对）	9.3	8.5	8.0	12.6	9.7	104.3	114.1	121.3	76.4
离婚数（万对）	1.5	2.0	2.7	2.1	2.4	160.0	120.0	88.9	114.3
居住									
城镇居民人均住宅使用面积（平方米）	11.17	13.34	16.75	19.09	19.45	174.1	145.8	116.1	101.9
农村人均住房面积（平方米）	20.6	24.74	28.91	34.21	36.94	179.3	149.3	127.8	108.0
生活									
城市居民人均可支配收入（元）	1 787.1	5 868.4	10 349.7	15 637.8	17 653.0	987.8	300.8	170.6	112.9
农村居民人均纯收入（元）	1 297.1	3 208.5	4 687.0	7 172.1	7 860.0	606.0	245.0	167.7	109.6
城乡居民储蓄存款余额（亿元）	226.6	1 254.0	2 923.2	6 122.3	7 477.6	3 299.9	596.3	255.8	122.1
城镇（亿元）	188.0	1 111.5	2 663.3	5 692.8	6 968.9	3 706.9	627.0	261.7	122.4
农村（亿元）	38.6	142.5	259.9	429.6	508.7	1 317.9	357.0	195.7	118.4
工资									
在岗职工工资总额（亿元）	118.9	382.0	695.5	1 315.1	1 520.1	1 278.5	397.9	218.6	115.6
在岗职工平均工资（元）	2 653	8 144	15 726	29 674	34 191	1 288.8	419.8	217.4	115.2
市政建设									
用电量（亿千瓦时）	150.5	222.6	331.8	451.7	567.0	376.7	254.7	170.9	125.5
自来水销售量（亿吨）	5.3	6.8	7.5	8.3	7.2	135.8	105.9	96.0	86.7
居民燃气用户（万户）	176.1	219.8	291.9	438.6	458.5	260.4	208.6	157.1	104.5

续表

项　目	总量指标					速度指标（%）			
						指数（2005年比以下各年）			
	1990年	1995年	2000年	2004年	2005年	1990年	1995年	2000年	2004年
城市公共交通客运量（亿人次）	33.5	37.2	40.7	51.4	52.6	157.0	141.4	129.2	102.3
环　境									
城市绿化覆盖率（%）	28.0	32.7	36.5	41.9	42.5				
污水处理率（%）	7.3	19.4	39.4	53.9	62.4				
空气质量二级及好于二级的天数（天）			177	229	234			132.2	102.2

注：1. 地区生产总值绝对值按现价计算，发展速度按可比价格计算；工业增加值是用综合法计算的规模以上口径数据，其绝对值按现价计算，发展速度按可比价格计算。

2. 从2001年开始，有关职工的指标调整为在岗职工的指标。

3. 从2005年开始，用电量统计开始包括用电损失量。

表1－2　地方财政收入

项　目	绝对数（万元）		2005年为2004年%	构成（%）	
	2005年	2004年		2005年	2004年
合　计	**10 073 460**	**8 300 347**	**121.4**	**100.0**	**100.0**
一般预算财政收入	**9 192 098**	**7 444 874**	**123.5**	**91.3**	**89.7**
#增值税	975 976	688 797	141.7	9.7	8.3
营业税	3 837 623	3 331 645	115.2	38.1	40.1
个人所得税	845 232	733 357	115.3	8.4	8.8
城市维护建设税	388 336	347 203	111.8	3.9	4.2
固定资产投资方向调节税	6	312	1.9		…
农牧业税和耕地占用税类	7 405	18 403	40.3	0.1	0.2
企业所得税	1 647 615	1 216 973	135.4	16.4	14.7
国有资产经营收益	15 442	9 035	170.9	0.2	0.1
国有企业计划亏损补贴类	－502 900	－506 057	99.4		
企业所得税退税					
罚没收入、行政性收费	433 655	348 309	124.5	4.3	4.2
基金预算收入合计	**881 362**	**855 473**	**103.1**	**8.7**	**10.3**

注：增速为可比增速。

资料来源：北京市财政局。

表 1-3 地方财政支出

项　目	绝对数（万元）		2005 年为 2004 年%	构成（%）	
	2005 年	2004 年		2005 年	2004 年
合　计	**11 372 789**	**9 741 724**	**116.7**	**100.0**	**100.0**
一般预算财政支出	**10 583 114**	**8 982 756**	**117.8**	**93.1**	**92.2**
#基本建设支出	844 269	739 446	114.2	7.4	7.6
企业挖潜改造资金	443 307	428 314	103.5	3.9	4.4
科技三项费用	96 094	78 547	122.3	0.8	0.8
农林水支出	426 420	333 335	127.9	3.7	3.4
城市维护费	527 159	404 388	130.4	4.6	4.2
工业交通等部门的事业费	73 253	61 856	118.4	0.6	0.6
文体广播事业费	250 827	202 481	123.9	2.2	2.1
教育事业费	1 458 723	1 213 881	120.2	12.8	12.5
卫生经费	656 229	540 662	121.4	5.8	5.5
科学事业费	157 439	132 556	118.8	1.4	1.4
行政管理费	691 634	533 379	129.7	6.1	5.5
公检法司支出	843 905	677 822	124.5	7.4	7.0
抚恤和社会福利救济费	320 515	266 954	120.1	2.8	2.7
政策性补贴支出	46 158	45 178	102.2	0.4	0.5
基金支出合计	**789 675**	**758 968**	**104.0**	**6.9**	**7.8**

资料来源：北京市财政局。

表1－4 地区生产总值指数（上年＝100）（1979～2005年）

单位:%

年份	地区生产总值	第一产业	第二产业			第三产业	人均地区生产总值
				工业	建筑业		
1979	109.7	105.0	109.2	110.1	108.4	113.2	107.4
1980	111.8	109.3	110.1	110.1	110.3	118.5	109.8
1985	108.7	106.3	111.0	109.1	124.7	104.4	106.9
1986	108.0	100.1	104.8	105.0	103.7	115.7	104.6
1987	109.6	113.4	105.6	105.5	106.3	116.7	106.1
1988	112.8	111.2	112.1	113.0	106.5	114.1	111.0
1989	104.4	101.1	108.9	108.4	112.2	97.3	103.1
1990	105.2	103.3	101.1	101.9	95.6	113.3	104.0
1991	109.9	103.6	107.5	112.6	81.6	114.5	108.9
1992	111.3	103.0	112.2	110.3	125.7	111.9	110.5
1993	112.3	103.1	113.0	110.5	128.5	113.1	111.4
1994	113.7	102.6	114.1	113.5	117.0	115.0	112.5
1995	112.0	91.7	107.7	107.7	107.6	120.5	105.4
1996	109.0	97.0	106.2	106.1	107.0	113.4	103.1
1997	110.1	101.0	108.1	108.7	105.1	113.2	110.6
1998	109.5	101.5	109.6	108.7	114.2	110.1	110.1
1999	110.9	102.5	112.0	112.8	108.0	110.6	110.2
2000	111.8	104.0	111.4	113.2	102.1	112.9	106.8
2001	111.7	104.5	109.5	110.2	106.6	113.1	106.5
2002	111.5	105.0	108.4	107.8	110.9	113.3	109.2
2003	111.0	103.3	112.0	112.2	110.7	110.8	108.2
2004	114.1	101.9	117.0	119.3	106.3	113.1	111.4
2005	111.8	98.8	110.1	110.9	106.3	113.0	108.8

注：本表按可比价格计算。

表 1－5 地区生产总值

单位：亿元

项 目	2005 年	2004 年	2005 年为 2004 年%	构成（%）	
				2005 年	2004 年
地区生产总值	**6 886.3**	**6 060.3**	**111.8**	**100**	**100**
第一产业	**98.0**	**95.5**	**99.2**	**1.4**	**1.6**
第二产业	**2 026.5**	**1 853.6**	**110.1**	**29.5**	**30.6**
工 业	1 707.0	1 554.7	110.9	24.8	25.7
建筑业	319.5	298.9	106.3	4.7	4.9
第三产业	**4 761.8**	**4 111.2**	**113.0**	**69.1**	**67.8**
交通运输、仓储和邮政业	404.7	356.8	108.5	5.9	5.9
信息传输、计算机服务和软件业	583.2	449.7	123.1	8.5	7.4
批发和零售业	654.1	587.7	111.6	9.5	9.7
住宿和餐饮业	182.8	163.3	109.5	2.6	2.7
金融业	836.6	713.8	115.1	12.1	11.8
房地产业	455.3	436.1	102.0	6.6	7.2
租赁和商务服务业	346.8	276.6	119.4	5.0	4.6
科学研究、技术服务和地质勘察业	341.8	276.5	117.9	5.0	4.6
水利、环境和公共设施管理业	40.1	34.6	114.3	0.6	0.6
居民服务和其他服务业	84.5	79.6	104.8	1.2	1.3
教 育	315.2	286.3	110.1	4.6	4.7
卫生、社会保障和社会福利业	116.2	105.9	111.7	1.7	1.7
文化、体育和娱乐业	171.3	142.7	118.6	2.5	2.3
公共管理和社会组织	229.2	201.6	112.1	3.3	3.3
人均地区生产总值 （元）	**45 444**	**41 099**	**108.8**		

注：本表按当年价格计算。人均 GDP 按常住人口计算。行业按国家 2002 年国民经济行业分类标准核算。

表1－6 按资金来源分固定资产投资（1985～2005年）

单位：亿元

年份	上年末结余资金	本年资金来源小计	国家预算内资金	国内贷款	利用外资	自筹资金	其他资金
1985		77.8	30.4	11.5	5.1	26.4	4.4
1986～1990		**629.4**	**184.9**	**90.3**	**69.1**	**245.6**	**39.5**
1986		94.5	33.0	17.0	4.6	37.4	2.5
1987		126.2	43.1	19.5	8.8	49.1	5.7
1988		149.4	37.4	18.2	22.3	62.3	9.2
1989	25.1	123.1	35.6	12.8	18.2	44.5	12.0
1990	21.6	136.2	35.8	22.8	15.2	52.3	10.1
1991～1995		**1 734.6**	**254.5**	**274.8**	**189.6**	**888.4**	**127.3**
1991	27.7	151.1	35.5	28.2	13.9	65.5	8.0
1992	29.7	216.7	42.2	40.1	14.9	109.9	9.6
1993	36.4	350.2	46.4	71.0	28.0	168.9	35.9
1994	46.8	549.7	62.5	70.9	87.8	283.7	44.8
1995	74.7	466.9	67.9	64.6	45.0	260.4	29.0
1996～2000		**3 075.9**	**492.2**	**501.1**	**195.2**	**1 705.0**	**182.4**
1996	79.0	503.5	73.1	71.1	53.8	265.7	39.8
1997	72.9	587.5	82.8	89.7	51.3	322.4	41.3
1998	87.0	669.4	93.9	108.4	41.2	382.9	43.0
1999	101.5	657.6	135.7	96.9	34.5	359.1	31.4
2000	156.8	657.9	106.7	135.0	14.4	374.9	26.9
2001～2005		**4 344.8**	**555.5**	**1 006.4**	**158.0**	**2 455.9**	**169.0**
2001	132.5	645.4	135.0	89.0	15.4	372.5	33.5
2002	154.8	706.9	108.5	161.1	24.7	386.0	26.6
2003	204.5	802.6	78.4	168.4	19.4	511.9	24.5
2004	183.7	961.3	110.6	220.2	68.0	530.4	32.1
2005	235.5	1 228.6	123.0	367.7	30.5	655.1	52.3

注：按资金来源划分的固定资产投资不含房地产开发投资及农村投资。

表1－7　房地产开发情况（1990～2005年）

年份	投资总额（亿元）	商品房施工面积（万平方米）	#本年新开工面积	商品房竣工面积（万平方米）	商品房销售面积（万平方米）	商品房销售额（亿元）
1990	22.5	774.0	249.1	271.6	142.2	20.3
1991～1995	**568.4**		**3 022.6**	**2 061.7**	**855.6**	**218.7**
1991	24.0	815.1	317.6	275.2	154.0	22.0
1992	33.7	1 021.1	508.6	331.4	159.1	25.5
1993	58.4	1 262.0	524.8	356.4	182.0	41.0
1994	99.5	1 593.2	659.4	445.7	168.6	60.4
1995	352.8	2 810.2	1 012.2	653.0	191.9	69.8
1996～2000	**1 979.5**		**5 359.2**	**4 762.6**	**2 416.7**	**1 251.4**
1996	328.2	2 824.6	578.7	663.4	215.3	94.7
1997	330.3	2 869.6	848.4	682.3	290.9	164.1
1998	377.4	3 499.1	1 193.4	842.8	409.2	214.4
1999	421.5	3 784.0	1 061.8	1 208.5	544.4	307.5
2000	522.1	4 455.0	1 676.9	1 365.6	956.9	407.7
2001～2005	**5 974.0**		**15 449.8**	**13 523.4**	**10 084.3**	**5 329.6**
2001	783.8	5 966.7	2 789.8	1 707.4	1 205.0	609.9
2002	989.4	7 510.7	3 206.0	2 384.4	1 708.3	813.8
2003	1 202.5	9 070.7	3 433.8	2 593.7	1 895.8	898.0
2004	1 473.3	9 931.3	3 054.3	3 067.0	2 472.0	1 249.1
2005	1 525.0	10 748.5	2 965.9	3 770.9	2 803.2	1 758.8

表1－8　全社会固定资产投资

单位：亿元

项　　目	2005年	2004年
全社会固定资产投资	**2 827.2**	**2 528.3**
#地方投资	2 462.9	2 247.3
#基础设施投资	610.7	463.2
#住宅建设投资	853.8	843.4
#建安投资	1 569.5	1 438.9
按统计内容分		
城镇固定资产投资	2 595.4	2 333.0
#房地产开发投资	1 525.0	1 473.3
农村投资	231.8	195.3
按经济类型分		
国有经济投资	897.7	755.4
民间投资	1 491.3	1 369.6
外商及港澳台投资	438.2	403.3

注：1. 根据国家统计局有关规定，从2004年年报起，全社会固定资产投资中不包括零星购置投资。

2. 民间投资为非国有投资扣除外商及港澳台企业投资。

表1－9　房屋建筑施工及竣工面积

单位：万平方米

项　　目	2005年	2004年	占竣工面积（%）	
			2005年	2004年
施工总面积	**14 096.2**	**13 121.9**		
竣工总面积	**4 679.2**	**4 203.2**	**100.0**	**100.0**
按隶属关系分				
中　央	256.6	301.9	5.5	7.2
地　方	4 422.6	3 901.3	94.5	92.8
#国　有	963.4	936.7	20.6	22.3
集　体	159.0	215.7	3.4	5.1
按功能分				
首都功能核心区	667.3	502.5	14.3	12.0
城市功能拓展区	2 443.5	2 051.6	52.2	48.8
城市发展新区	1 303.7	1 301.7	27.9	31.0
生态涵养发展区	264.7	347.4	5.7	8.3

表1－10　商品房施工面积及销售额

项　　目		2005年	2004年
施工面积	**（万平方米）**	**10 748.5**	**9 931.3**
#本年新开工面积		2 965.9	3 054.3
#住　宅		7 283.4	6 759.4
竣工面积	**（万平方米）**	**3 770.9**	**3 067.0**
#住　宅		2 841.4	2 344.0
销售面积	**（万平方米）**	**2 803.2**	**2 472.0**
#住　宅		2 566.0	2 285.8
#个　人		2 488.0	2 248.6
销售额	**（亿元）**	**1 758.8**	**1 249.1**
#住　宅		1 501.8	1 085.1
#个　人		1 420.7	1 061.9
平均销售价格	**（元/平方米）**	**6 274.0**	**5 052.9**
#住　宅		5 853.0	4 747.1
空置面积	**（万平方米）**	**1 374.2**	**1 044.1**

表 1－11 经济适用房

项　　目		合　　计		#住　宅	
		2005 年	2004 年	2005 年	2004 年
完成投资	（万元）	658 204	979 503	447 648	725 690
施工面积	（万平方米）	890.9	890.0	783.4	793.2
竣工面积	（万平方米）	355.8	308.8	325.6	298.8
竣工套数	（套）	29 409	27 399	29 409	27 399
销售面积	（万平方米）	304.0	306.3	304.0	306.3
销售套数	（套）	28 821	28 054	28 821	28 054

表 1－12 居民消费价格分类指数（2005 年）

项　　目	2004 年＝100	项　　目	2004 年＝100
居民消费价格指数	**101.5**	室内装饰品	98.2
#非食品价格指数	**100.0**	床上用品	97.6
#服务项目价格指数	**101.3**	家庭日用杂品	99.6
#消费品价格指数	**101.5**	家庭服务及加工维修服务	102.5
食　品	**104.9**	**医疗保健和个人用品**	**98.0**
粮　食	104.6	医疗保健	96.8
淀粉及薯类	107.3	#中药材及中成药	91.1
干豆类及豆制品	102.5	西　药	97.2
油　脂	98.0	保健器具及用品	98.0
肉禽及其制品	103.8	医疗保健服务	100.0
蛋	104.7	个人用品及服务	102.4
水产品	104.7	#化妆美容用品	105.4
菜	110.8	**交通和通信**	**97.5**
调味品	100.5	交　通	99.1
糖	102.0	交通工具	95.7
茶及饮料	100.0	车用燃料及零配件	112.6
干鲜瓜果	109.5	车辆使用及维修	102.2
糕点饼干面包	101.9	市内公共交通	100.0
奶及奶制品	103.5	城市间交通	102.3
在外用膳食品	105.4	通　信	95.6
其他食品及食品加工服务	102.1	通信工具	75.6
烟酒及用品	**100.0**	通信服务	100.0
烟　草	98.8	**娱乐教育文化用品及服务**	**99.7**
酒	100.7	文娱用耐用消费品及服务	94.9
吸烟饮酒用品	105.5	教　育	100.0
衣　着	**100.1**	文化娱乐用品	101.5
服　装	101.5	旅游及外出	101.8
衣着材料	99.5	**居　住**	**105.9**
鞋袜帽	96.5	建房及装修材料	103.2
衣着加工服务	100.8	租　房	100.0
家庭设备用品及维修服务	**99.7**	自有住房	107.2
耐用消费品	99.7	水、电、燃料	108.6

表1－13 工业品出厂价格指数

（上年＝100）

项　目	2005年	2004年
总指数	**101.3**	**103.0**
轻工业	98.7	100.2
以农产品为原料	100.6	102.4
以非农产品为原料	98.1	99.5
重工业	103.3	105.3
采　掘	139.6	127.7
原　料	112.2	113.8
加　工	97.8	100.6
生产资料	101.9	103.7
采　掘	148.0	120.5
原　料	110.4	113.8
加　工	97.9	100.2
生活资料	99.1	100.6
食　品	101.0	103.4
衣　着	101.7	101.3
一般日用品	101.5	99.8
耐用消费品	95.0	97.1

表1－14 原材料、燃料、动力购进价格指数

（上年＝100）

项　目	2005年	2004年
总指数	**111.4**	**114.2**
燃料、动力类	117.1	120.0
黑色金属材料类	108.3	124.5
#钢　材	105.9	122.4
其　他	117.9	128.9
有色金属材料类	123.3	120.9
化工原料类	114.9	111.1
木材及纸浆类	103.6	100.7
建筑材料及非金属类	101.8	105.8
其他工业原材料及半成品类	102.8	103.8
农副产品类	96.3	122.3
纺织原料类	106.2	102.8

表1－15 房地产价格指数

（上年＝100）

项 目	2005年	2004年
土地交易价格指数	**103.8**	**102.5**
居住用地	103.7	102.2
工业仓储用地	105.0	104.8
商业旅游娱乐用地	104.4	103.5
其他用地	103.2	101.3
房屋销售价格指数	**106.9**	**103.7**
商品房	106.6	103.9
住 宅	107.1	104.3
非住宅	102.4	101.2
二手房	109.4	103.3
房屋租赁价格指数	**102.4**	**103.4**
住 宅	103.1	106.4
办公楼	97.8	93.8
商业娱乐用房	102.7	100.8
工业仓储用房	100.0	102.6
其 他	105.5	
物业管理价格指数	**100.5**	
#住 宅	100.6	
办公楼	100.1	
商业娱乐用房	100.0	

表1－16　2 000户城市居民家庭每人每年现金收入（2005年）

单位：元

项　目	全市平均	低收入户20%	中低收入户20%	中等收入户20%	中高收入户20%	高收入户20%	2005年为2004年%
家庭总收入	**19 533.3**	**9 650.6**	**13 940.4**	**17 818.1**	**22 899.8**	**36 234.1**	**114.1**
#可支配收入	17 653.0	8 580.9	12 485.2	16 062.8	20 812.9	32 967.7	112.9
工薪收入	13 666.3	6 720.5	9 951.9	12 496.0	16 054.2	25 099.3	117.9
工资及补贴收入	13 162.4	6 512.0	9 712.8	12 065.5	15 386.2	24 026.3	119.0
其他劳动收入	503.9	208.5	239.1	430.5	668.0	1 073.0	95.8
经营性收入	213.7	170.2	112.7	115.8	161.7	538.1	120.4
财产性收入	190.4	29.8	66.6	128.5	174.8	606.9	130.1
利息收入	34.5	5.0	13.2	20.9	40.3	103.0	94.5
股息与红利收入	16.0		9.2	7.8	30.5	37.1	44.8
保险收益	3.5	1.5		3.7	3.2	10.2	62.5
其他投资收入	1.4	…	0.5	…	6.7	0.1	155.6
出租房屋收入	134.0	22.5	43.7	95.9	94.1	452.3	205.2
知识产权收入							
其他财产性收入	1.0	0.8		0.2		4.2	47.6
转移性收入	5 462.9	2 730.1	3 809.2	5 077.8	6 509.1	9 989.8	105.0
#养老金或离退休金	4 663.0	2 398.0	3 495.1	4 718.2	5 788.4	7 523.4	101.9
社会救济收入	9.8	19.3	17.5	3.4	5.1	1.2	111.4
辞退金	33.5	0.2		26.4	35.7	117.4	219.2
保险收入	19.6	29.3	17.3	25.6	17.1	6.6	74.2
#失业保险金	15.0	27.1	13.2	24.7	4.7	2.5	71.1
赡养收入	162.7	72.4	56.3	73.9	217.1	431.7	90.1
赠送收入	218.9	92.8	91.1	78.2	260.2	624.3	122.7
亲友搭伙费	7.2	0.4	3.4	4.9	8.7	20.8	107.5
提取住房公积金	176.2	1.6		0.5	4.0	949.1	208.3
记账补贴	118.9	105.9	114.0	121.7	123.4	132.3	124.0
出售财物收入	**635.6**	**18.1**	**1 306.9**	**7.1**	**243.4**	**1 692.6**	**976.3**
借贷收入	**3 889.0**	**1 429.0**	**2 705.7**	**2 633.6**	**5 045.9**	**8 370.4**	**83.0**

注：人均可支配收入实际增长11.2%。

表 1－17　2 000 户城市居民家庭每人每年现金支出（2005 年）

单位：元

项　　目	全市平均	低收入户 20%	中低收入户 20%	中等收入户 20%	中高收入户 20%	高收入户 20%	2005 年为 2004 年%
家庭总支出	**17 174.3**	**9 226.4**	**13 511.2**	**14 964.9**	**20 461.7**	**29 957.3**	**106.3**
消费支出	13 244.2	7 863.5	10 939.0	11 772.5	15 813.8	21 325.2	108.6
#服务性消费支出	4 092.9	2 286.8	3 236.3	3 646.3	4 963.6	6 840.3	105.9
#通过互联网购买商品或服务支出	37.6	1.4	10.0	15.2	25.5	148.8	
购房与建房支出	1 104.8	4.0	573.6	498.6	1 311.9	3 475.2	69.9
购　房	1 101.5	2.5	567.9	492.0	1 311.9	3 472.3	71.5
建　房	3.3	1.5	5.7	6.6		2.9	8.2
转移性支出	1 331.5	444.5	788.4	1 200.4	1 697.6	2 787.7	109.8
交纳的个人收入税	285.1	51.2	133.6	180.8	337.3	798.0	125.2
捐赠支出	549.0	215.0	281.0	632.7	765.3	947.2	101.8
购买彩票	15.1	4.7	12.3	17.7	9.0	34.5	85.8
赡养支出	340.3	124.2	266.7	261.9	422.5	685.4	110.3
各种非储蓄性保险支出	98.4	30.7	69.4	74.0	110.0	227.4	123.5
#车辆保险支出	26.7	5.2	7.1	1.5	33.2	95.3	143.6
其他转移性支出	43.6	18.7	25.4	33.3	53.5	95.2	109.6
财产性支出	17.3	1.7	2.6	40.6	12.3	33.0	126.3
社会保障支出	1 476.5	912.7	1 207.6	1 452.8	1 626.1	2 336.2	127.8
个人交纳的养老基金	537.6	399.1	479.5	564.2	568.8	711.1	129.5
个人交纳的住房公基金	678.4	312.2	492.5	627.1	767.1	1 296.6	127.0
个人交纳的医疗基金	209.9	167.2	193.3	205.2	234.8	260.2	131.9
个人交纳的失业基金	48.5	32.5	41.9	52.1	54.2	65.8	114.4
其他社会保障支出	2.1	1.7	0.4	4.2	1.2	2.5	50.0
借贷支出	**5 896.8**	**1 298.0**	**3 573.5**	**4 376.1**	**6 411.9**	**15 192.0**	**121.5**
#存入储蓄款	4 710.2	1 066.9	2 645.7	3 766.5	5 093.8	12 073.7	125.7
归还借款	358.3	38.4	403.0	129.6	407.9	888.6	149.3
储蓄性保险支出	197.4	98.7	96.0	169.0	284.0	374.1	67.4
购买有价证券	142.4	4.4	270.0	86.3	137.8	229.7	88.2
归还住房贷款	308.5	21.7	92.3	83.4	273.5	1 176.3	175.5
归还汽车贷款	31.1		5.0	38.9	22.6	98.8	63.7
归还教育贷款	0.6			2.8			66.7

表1－18　2 000户城市居民家庭平均每人年消费支出（2005年）

单位：元

项　　目	全市平均	低收入户20%	中低收入户20%	中等收入户20%	中高收入户20%	高收入户20%	2005年为2004年%
消费支出	**13 244.2**	**7 863.5**	**10 939.0**	**11 772.5**	**15 813.8**	**21 325.2**	**108.6**
食　品	4 215.6	3 218.2	3 911.6	4 212.5	4 714.0	5 263.3	107.4
衣　着	1 184.1	598.4	971.3	1 137.3	1 404.0	1 960.5	111.4
家庭设备用品及服务	852.2	382.8	655.3	637.5	1 059.8	1 661.4	103.4
医疗保健	1 295.8	757.9	1 165.7	1 363.5	1 744.6	1 565.4	109.6
交通和通信	1 943.5	800.7	1 265.7	1 288.8	2 533.8	4 192.9	124.4
#汽　车	458.2	26.8	127.7		771.1	1 525.6	91.0
教育文化娱乐服务	2 186.6	1 270.7	1 867.7	1 940.1	2 456.0	3 645.0	103.3
居　住	1 039.8	611.7	765.6	722.1	1 294.5	1 948.6	97.6
杂项商品与服务	526.6	223.1	336.1	470.7	607.1	1 088.1	114.0
#服　务	191.6	58.9	87.7	184.3	198.4	471.4	120.9

注：人均消费支出实际增长7%。

表1－19　2 000户城市居民家庭消费支出构成（2005年）

单位:%

项　　目	全市平均	低收入户20%	中低收入户20%	中等收入户20%	中高收入户20%	高收入户20%	2005年比2004年增、减百分点
消费支出	**100.0**	**100.0**	**100.0**	**100.0**	**100.0**	**100.0**	**100.0**
食　品（即恩格尔系数）	31.8	40.9	35.8	35.8	29.8	24.7	-0.4
衣　着	8.9	7.6	8.9	9.7	8.9	9.2	0.2
家庭设备用品及服务	6.4	4.9	6.0	5.4	6.7	7.8	-0.4
医疗保健	9.8	9.6	10.7	11.6	11.0	7.3	0.1
交通和通信	14.7	10.2	11.6	10.9	16.0	19.7	1.9
教育文化娱乐服务	16.5	16.2	17.1	16.5	15.5	17.1	-0.8
居　住	7.9	7.8	7.0	6.1	8.2	9.1	-0.8
杂项商品与服务	4.0	2.8	2.9	4.0	3.9	5.1	0.2

表 1 - 20　3 000 户农民家庭平均每人年纯收入（2005 年）

单位：元

项　　目	全市平均	低收入户 20%	中低收入户 20%	中等收入户 20%	中高收入户 20%	高收入户 20%	2005 年为 2004 年%
合　　计	**7 860**	**3 052**	**5 233**	**6 990**	**9 471**	**16 206**	**109.6**
生产性收入	**6 735**	**2 681**	**4 581**	**6 121**	**8 067**	**13 455**	**109.7**
工资性收入	4 774	1 920	3 335	4 308	5 995	9 149	109.5
在非企业组织中劳动的报酬	1 149	339	603	1 052	1 366	2 649	100.3
在企业劳动得到的报酬	2 214	839	1 635	1 875	2 898	4 210	113.2
在其他单位劳动得到的报酬	1 411	742	1 097	1 381	1 731	2 290	112.3
家庭经营纯收入	1 961	761	1 246	1 813	2 072	4 306	110
从第一产业得到	899	379	690	978	902	1 687	116.5
#牧业收入	260	25	116	166	199	883	125.6
从第二产业得到	168	19	57	72	87	670	87.5
从第三产业得到	894	363	499	763	1 083	1 949	109.2
#交通运输业收入	510	206	288	387	660	1 118	107.6
非生产性收入	**1 125**	**371**	**652**	**869**	**1 404**	**2 751**	**109.1**
#转移性收入	508	184	377	495	612	962	118.1
财产性收入	617	187	275	374	792	1 789	102.7

表 1 - 21　3 000 户农民家庭平均每人年生活费支出（2005 年）

单位：元

项　　目	全市平均	低收入户 20%	中低收入户 20%	中等收入户 20%	中高收入户 20%	高收入户 20%	2005 年为 2004 年%
合　　计	**5 515**	**3 296**	**4 022**	**5 062**	**6 349**	**9 573**	**112.9**
食品支出	**1 807**	**1 186**	**1 477**	**1 746**	**2 133**	**2 667**	**113.5**
#主　食	219	203	196	213	221	268	108.4
副　食	716	482	613	700	868	978	114.0
其他食品	532	313	423	507	653	823	112.5
衣着支出	**428**	**191**	**289**	**379**	**547**	**809**	**117.6**
#服装支出	265	104	168	229	347	526	122.7
居住支出	**894**	**553**	**540**	**789**	**1 044**	**1 677**	**106.9**
#住　房	388	244	145	317	436	876	95.8
燃　料	300	202	262	297	369	393	121.0
家庭设备用品及服务支出	**341**	**175**	**230**	**279**	**395**	**681**	**130.2**
#耐用消费品	205	97	91	110	135	217	138.3
家庭日用杂品	122	71	129	150	246	443	122.0
医疗保健支出	**499**	**335**	**388**	**456**	**571**	**801**	**116.9**
交通和通信支出	**606**	**282**	**387**	**486**	**712**	**1 273**	**110.8**
#交通工具	93	26	37	65	98	267	72.7
交通费	72	26	58	56	81	152	118.0
邮电费	250	130	169	229	299	462	115.0
文教娱乐用品及服务支出	**835**	**524**	**638**	**840**	**829**	**1 446**	**108.3**
#文娱用机电消费品	131	60	70	91	126	335	140.9
书报杂志	17	10	15	18	18	27	100.0
学杂费	479	357	435	566	453	609	104.8
文娱费	74	26	34	57	83	190	108.8
其他商品及服务支出	**105**	**50**	**73**	**87**	**118**	**219**	**120.7**
#商品性支出	44	22	33	38	39	97	104.8

表1－22 规模以上工业总产值（1984～2005年）

单位：亿元

年份	合计	轻工业	重工业	#大中型工业
1984	276.2	118.0	158.2	178.7
1985	324.2	135.8	188.4	213.7
1986～1990	**2 448.3**	**1 039.7**	**1 408.6**	**1 691.2**
1986	336.5	140.8	195.7	231.6
1987	387.6	160.1	227.5	272.1
1988	495.6	212.5	283.1	345.4
1989	602.7	264.1	338.6	408.3
1990	625.9	262.2	363.7	433.8
1991～1995	**5 826.7**	**1 936.6**	**3 890.1**	**3 770.8**
1991	730.2	298.1	432.1	507.4
1992	860.0	306.5	553.5	587.4
1993	1 166.6	361.9	804.7	747.6
1994	1 576.6	497.9	1 078.7	990.7
1995	1 493.3	472.2	1 021.1	937.7
1996～2000	**10 382.8**	**3 026.2**	**7 356.6**	**5 765.7**
1996	1 590.6	509.1	1 081.5	962.3
1997	1 819.7	577.8	1 241.9	999.6
1998	1 947.0	598.2	1 348.8	1 059.8
1999	2 183.5	621.8	1 561.7	1 090.9
2000	2 842.0	719.3	2 122.7	1 653.1
2001～2005	**23 980.6**	**4 911.1**	**19 069.5**	**16 858.4**
2001	3 270.1	842.4	2 427.7	2 298.4
2002	3 620.2	882.4	2 737.8	2 434.7
2003	4 410.8	936.7	3 474.1	3 183.9
2004	5 733.3	1 084.7	4 648.6	3 699.3
2005	6 946.2	1 164.9	5 781.3	5 242.1

注：工业总产值按现价计算。规模以上工业：1999年以前各年为乡及乡以上工业口径；1999年起调整为全部国有及年销售收入在500万元及以上非国有工业口径，简称规模以上工业。

表 1－23　现代制造业情况（2005 年）

单位：万元

项　目	工业增加值（当年价格）
合　计	**5 666 542**
电子信息产业	2 500 500
机电产业	1 209 260
交通运输设备产业	1 191 017
医药产业	535 501
其他产业	230 263

表 1－24　高新技术产业情况

单位：亿元

项　目	工业总产值（现价）		2005 年为 2004 年%
	2005 年	2004 年	
合　计	**2 407. 1**	**1 750. 1**	**137. 5**
按登记注册类型分			
国有	59. 5	55. 4	107. 4
集体	13. 6	24. 1	56. 4
外资及港澳台	1 791. 0	1 122. 9	159. 5
股份制及其他	543. 1	547. 6	99. 2
按高新技术领域分			
电子与信息	1 818. 3	1 131. 5	160. 7
生物及医药制品	173. 1	153. 8	112. 5
新材料	58. 5	186. 9	31. 3
光机电一体化	263. 5	220. 3	119. 6
新能源	18. 8	13. 9	135. 3
环保设备	15. 5	5. 5	281. 8
航空航天及地球空间技术	59. 3	38. 1	155. 6

表1－25　社会消费品

年　份	社会消费品零售额	按地区分			按经济类型分			
		市	县	县以下	国有经济	集体经济	个体经济	其他经济
1978	44.2	34.5	5.3	4.4	37.2	7.0		
1979	52.2	41.6	5.8	4.8	44.2	7.9	0.1	
1980	61.3	49.3	6.6	5.4	49.1	11.8	0.4	
1981～1985	**455.3**	**364.0**	**48.3**	**43.0**	**301.7**	**143.5**	**9.1**	**1.0**
1986～1990	**1 131.8**	**943.0**	**103.4**	**85.4**	**617.7**	**401.1**	**106.7**	**6.3**
1986	146.5	121.7	12.1	12.7	84.5	51.0	10.6	0.4
1987	176.6	145.7	16.2	14.7	97.1	64.5	14.5	0.5
1988	234.3	195.0	21.2	18.1	129.4	84.5	19.7	0.7
1989	266.7	221.5	25.0	20.2	143.8	92.2	28.2	2.5
1990	307.7	259.1	28.9	19.7	162.9	108.9	33.7	2.2
1991～1995	**3 116.0**	**2 448.0**	**418.2**	**249.8**	**1 468.5**	**871.8**	**595.1**	**180.6**
1991	357.8	301.2	33.4	23.2	191.8	122.9	40.5	2.6
1992	430.0	360.2	41.1	28.7	230.6	139.6	56.5	3.3
1993	611.2	495.3	69.6	46.3	313.7	186.8	101.4	9.3
1994	766.6	603.5	104.1	59.0	344.0	196.8	175.1	50.7
1995	950.4	687.8	170.0	92.6	388.4	225.7	221.6	114.7
1996～2000	**6 811.7**	**5 288.4**	**502.7**	**1 020.6**	**2 207.3**	**1 277.5**	**1 453.8**	**1 873.1**
1996	1 061.6	763.7	109.9	188.0	361.8	249.7	277.8	172.3
1997	1 208.5	929.0	101.4	178.1	423.9	284.9	271.7	228.0
1998	1 373.6	1 094.7	88.5	190.4	396.2	266.0	279.3	432.1
1999	1 509.3	1 192.6	96.5	220.2	501.2	230.8	296.5	480.8
2000	1 658.7	1 308.4	106.4	243.9	524.2	246.1	328.5	559.9
2001～2005	**11 662.9**	**9 590.3**	**432.8**	**1 639.8**	**2 017.3**	**898.5**	**2 178.0**	**6 569.1**
2001	1 831.4	1 438.8	117.2	275.4	517.1	190.0	385.5	738.8
2002	2 005.2	1 564.7	127.6	312.9	491.4	179.7	397.3	936.8
2003	2 296.9	1 840.3	106.4	350.2	538.7	242.1	408.0	1 108.1
2004	2 626.6	2 286.8	22.2	317.6	236.6	142.8	459.4	1 787.8
2005	2 902.8	2 459.7	59.4	383.7	233.5	143.9	527.8	1 997.6

注：1. 1993～2003年社会消费品零售额按经济普查口径进行了调整，2004年使用经济普查数据。

2. 国有经济包括国有、国有联营、国有独资公司。

3. 集体经济包括集体、集体联营、股份合作。

零售额（1978~2005 年）

单位：亿元

年份	按行业分			按类别分			
	批发零售贸易业	餐饮业	其他行业	食品类	衣着类	日用品类	燃料类
1978	40.7	1.7	1.8	18.0	8.9	16.0	1.3
1979	47.3	2.1	2.8	20.4	11.1	19.2	1.5
1980	53.5	2.7	5.1	24.4	12.9	22.4	1.6
1981~1985	**381.7**	**21.9**	**51.7**	**174.3**	**82.0**	**188.7**	**10.3**
1986~1990	**906.7**	**70.7**	**154.4**	**451.8**	**152.4**	**503.5**	**24.1**
1986	119.3	8.1	19.1	57.4	21.6	64.2	3.3
1987	140.2	10.7	25.7	72.4	25.6	74.9	3.7
1988	186.4	16.1	31.8	92.0	33.0	105.2	4.1
1989	213.1	16.5	37.1	108.0	31.6	121.3	5.8
1990	247.7	19.3	40.7	122.0	40.6	137.9	7.2
1991~1995	**2 297.2**	**239.7**	**579.1**	**1 213.7**	**465.0**	**1 365.5**	**71.8**
1991	286.2	22.9	48.7	138.6	47.1	164.4	7.7
1992	333.7	30.8	65.5	165.5	57.2	197.0	10.3
1993	451.7	51.3	108.2	220.7	96.5	277.6	16.4
1994	553.4	62.3	150.9	283.2	125.3	338.6	19.5
1995	672.2	72.4	205.8	405.7	138.9	387.9	17.9
1996~2000	**4 808.5**	**448.6**	**1 554.6**	**2 177.0**	**858.9**	**3 576.5**	**199.3**
1996	755.2	78.6	227.8	427.5	152.5	461.8	19.8
1997	815.3	83.3	309.9	447.9	161.6	565.6	33.4
1998	994.9	94.0	284.7	399.8	167.2	764.2	42.4
1999	1 064.5	93.4	351.4	430.4	178.8	852.9	47.2
2000	1 178.6	99.3	380.8	471.4	198.8	932.0	56.5
2001~2005	**9 430.7**	**903.9**	**1 328.3**	**3 058.9**	**1 217.7**	**6 717.7**	**668.6**
2001	1 296.7	111.0	423.7	528.7	221.9	1 016.9	63.9
2002	1 446.8	129.2	429.2	540.2	219.9	1 167.4	77.7
2003	1 930.8	145.5	220.6	596.4	252.3	1 356.4	91.8
2004	2 227.0	250.2	149.4	644.9	242.1	1 538.3	201.3
2005	2 529.4	268.0	105.4	748.7	281.5	1 638.7	233.9

表1－26　海关进出口贸易总额（地方）

项　目	金额（万美元）		2005年为2004年%	构成（%）	
	2005年	2004年		2005年	2004年
地方出口	**1 709 603**	**1 060 916**	**161.1**	**100.0**	**100.0**
按登记注册类型分					
#内资企业	514 048	323 808	158.7	30.1	30.5
国有企业	379 814	265 383	143.1	22.2	25.0
集体企业	12 156	10 009	121.5	0.7	0.9
其　他	122 078	48 416	252.1	7.2	4.6
外商投资企业	1 195 555	737 108	162.2	69.9	69.5
#中外合资	911 445	513 484	177.5	53.3	48.4
中外合作	9 654	8 758	110.2	0.6	0.8
外商独资	274 456	214 866	127.7	16.0	20.3
按构成分					
一般贸易	715 689	422 958	169.2	41.9	39.9
来料加工装配贸易	51 469	45 183	113.9	3.0	4.3
进料加工贸易	904 126	567 602	159.3	52.9	53.5
对外承包工程货物	20 519	15 357	133.6	1.2	1.4
出料加工贸易	56	9	622.2		
地方进口	**2 322 136**	**1 745 980**	**133.0**	**100.0**	**100.0**
按登记注册类型分					
#内资企业	804 477	632 339	127.2	34.6	36.2
国有企业	632 443	525 612	120.3	27.2	30.1
集体企业	14 864	10 547	140.9	0.6	0.6
其　他	157 170	96 180	163.4	6.8	5.5
外商投资企业	1 517 659	1 113 641	136.3	65.4	63.8
中外合资	883 498	691 791	127.7	38.0	39.6
中外合作	24 366	15 033	162.1	1.1	0.9
外商独资	609 795	406 817	149.9	26.3	23.3
按构成分					
一般贸易	1 520 106	1 156 600	131.4	65.5	66.2
来料加工装配贸易	39 585	36 103	109.6	1.7	2.1
进料加工贸易	527 106	357 413	147.5	22.7	20.5
外商投资企业进口设备	168 751	164 475	102.6	7.3	9.4
租赁贸易	1 733	1 187	146.0	0.1	0.1

资料来源：中华人民共和国北京海关。

表 1－27 海关进出口贸易总额（按国别、地区分）

项　　目	金额（万美元）		2005 年为 2004 年%	构成（%）	
	2005 年	2004 年		2005 年	2004 年
地方出口按国别（地区）分	**1 709 603**	**1 060 916**	**161.1**	**100.0**	**100.0**
#中国香港	248 575	94 338	263.5	14.5	8.9
中国澳门	887	403	220.1	…	…
日　本	203 414	179 234	113.5	11.9	16.9
新加坡	39 271	24 380	161.1	2.3	2.3
英　国	54 115	26 050	207.7	3.2	2.5
德　国	104 043	54 755	190.0	6.1	5.2
法　国	29 672	15 848	187.2	1.7	1.5
意大利	18 876	18 388	102.7	1.1	1.7
瑞　士	9 024	5 114	176.5	0.5	0.5
波　兰	5 948	1 908	311.7	0.3	0.2
俄罗斯联邦	55 958	11 209	499.2	3.3	1.1
埃　及	1 757	2 568	68.4	0.1	0.2
加拿大	14 243	13 167	108.2	0.8	1.2
美　国	195 259	150 342	129.9	11.4	14.2
澳大利亚	34 604	24 236	142.8	2.0	2.3
地方进口按国别（地区）分	**2 322 136**	**1 745 980**	**133.0**	**100.0**	**100.0**
#中国香港	42 788	48 068	89.0	1.8	2.8
日　本	426 898	345 514	123.6	18.4	19.8
新加坡	57 807	46 239	125.0	2.5	2.6
英　国	34 360	26 560	129.4	1.5	1.5
德　国	179 575	130 057	138.1	7.7	7.4
法　国	38 171	28 559	133.7	1.6	1.6
意大利	27 219	20 713	131.4	1.2	1.2
瑞　士	23 903	18 735	127.6	1.0	1.1
比利时	10 306	8 386	122.9	0.4	0.5
俄罗斯联邦	15 325	7 548	203.0	0.7	0.4
加拿大	16 144	14 805	109.0	0.7	0.8
美　国	244 073	184 750	132.1	10.5	10.6
澳大利亚	67 807	43 099	157.3	2.9	2.5

资料来源：中华人民共和国北京海关。

表1－28 外商投资企业实际利用外资情况

单位：万美元

项　　目	2005年	2004年	2005年为2004年%
实际利用外资	**352 638**	**308 354**	**114.4**
按登记注册类型分			
合资经营	69 447	79 418	87.4
合作经营	23 609	27 804	84.9
独资经营	259 463	201 132	129.0
外商投资股份制	119		
按行业分			
农、林、牧、渔业	354	1 022	34.6
制造业	113 246	112 681	100.5
建筑业	870	1 300	66.9
信息传输、计算机服务和软件业	24 250	27 166	89.3
批发和零售业	2 560	6 373	40.2
住宿和餐饮业	647	1 038	62.3
房地产业	46 326	36 370	127.4
租赁和商务服务业	124 272	103 005	120.6
其他行业	40 113	19 399	206.8
按客商国别（地区）分			
中国香港	57 170	43 606	131.1
中国台湾	1 108	1 780	62.2
日　本	79 877	78 666	101.5
新加坡	15 899	4 826	329.4
法　国	9 511	6 433	147.8
美　国	15 753	11 596	135.8
德　国	24 896	8 602	289.4
韩　国	25 790	33 583	76.8
英　国	905	1 644	55.0
奥地利	227	82	276.8
加拿大	333	1 197	27.8
其　他	121 169	116 339	104.2

资料来源：北京市商务局。

表 1－29　外商投资企业投产开业情况

项　　目	企业单位数（个）		企业职工人数（人）	
	2005 年	2004 年	2005 年	2004 年
合　　计	**3 110**	**5 755**	**704 657**	**577 697**
按登记注册类型分				
港澳台商投资企业	1 052	2 258	217 827	206 509
与港澳台商合资	592	1 344	120 690	134 965
与港澳台商合作	170	251	18 509	16 813
港澳台商独资	283	660	60 858	46 318
港澳台商投资股份有限公司	7	3	17 770	8 413
外商投资企业	2 058	3 497	486 830	371 188
中外合资	981	1 782	246 602	217 563
中外合作	185	264	23 689	23 230
外商独资	867	1 444	194 194	120 227
外商投资股份有限公司	25	7	22 345	10 168
按行业分				
农、林、牧、渔业	2	49	59	2 084
制造业	1 309	2 699	306 223	296 460
建筑业	106	157	37 327	9 384
信息传输、计算机服务和软件业	368	816	72 798	49 374
批发和零售业	102	168	54 587	20 430
住宿和餐饮业	168	220	63 601	65 663
房地产业	434	423	39 022	40 072
租赁和商务服务业	217	524	34 963	38 114
其他行业	404	699	96 077	56 116

注：1. 本表 2005 年为限额以上单位。

2. （一）北京市主要经济社会指标选自《北京统计年鉴（2006）》。

3. 本年鉴使用的符号说明，“…”表示数据不足该表最小单位数；“空格”表示该项指标数据不详或没有数据；“#”表示其中部分项目。

（二）金融业务综合统计

表2－1　北京市金融机构（含外资）本外币信贷收支统计

单位：万元

资金来源项目	2005年		2004年	
	余额	比年初	余额	比年初
一、各项存款	289 700 120	50 935 632	237 813 488	33 286 531
1. 企事业单位存款	163 399 613	30 466 113	132 430 979	21 128 051
（1）活期存款	81 308 810	8 229 782	73 079 610	10 373 650
（2）定期存款	82 090 803	22 236 331	59 351 369	10 754 401
2. 储蓄存款	83 158 298	11 615 166	71 543 045	7 127 705
（1）活期储蓄	27 290 146	3 331 042	23 959 292	3 163 200
（2）定期储蓄	55 868 151	8 284 125	47 583 753	3 964 505
3. 信托存款	99 879	58 447	41 432	41 432
4. 委托存款	120 865	－109 593	230 652	304 445
5. 其他存款	42 921 466	8 905 499	33 567 380	4 684 898
二、所有者权益	5 434 623	1 413 700	4 068 001	996 924
其中：实收资本	1 885 268	798 542	1 114 172	213 581
当年结益	4 114 432	4 114 432	2 921 620	2 921 651
三、其他	－134 240 003	－35 229 263	－97 848 724	－17 113 006
资金来源总计	160 894 740	17 120 068	144 032 765	17 170 449
资金运用项目	2005年		2004年	
	余额	比年初	余额	比年初
一、各项贷款	153 354 632	17 835 955	135 776 770	16 911 364
1. 短期贷款	51 671 600	2 361 336	50 126 327	4 825 971
2. 中长期贷款	86 323 536	10 692 767	75 064 194	11 461 114
3. 信托贷款	181 982	86 292	95 689	17 937
4. 委托贷款	36 120	－92 369	128 489	116 369
5. 其他贷款	3 661 721	1 212 493	2 449 212	684 126
6. 票据融资	11 399 681	3 546 707	7 861 597	－82 720
7. 各项垫款	79 991	28 729	51 262	－111 434
二、有价证券及投资	7 540 108	－715 887	8 255 996	259 085
资金运用总计	160 894 740	17 120 068	144 032 765	17 170 449

表 2－2　北京市中资金融机构本外币信贷收支统计

单位：万元

资金来源项目	2005 年		2004 年	
	余额	比年初	余额	比年初
一、各项存款	288 008 595	50 269 269	236 792 923	33 039 688
1. 企事业单位存款	162 342 929	30 002 957	131 837 894	21 068 536
（1）活期存款	80 685 706	7 899 309	72 784 609	10 312 161
（2）定期存款	81 657 223	22 103 648	59 053 285	10 756 375
2. 储蓄存款	82 974 390	11 595 471	71 378 258	7 047 554
（1）活期储蓄	27 202 209	3 304 706	23 897 074	3 124 733
（2）定期储蓄	55 772 181	8 290 765	47 481 184	3 922 821
3. 信托存款	99 879	58 447	41 432	41 432
4. 委托存款	120 865	－109 593	230 652	304 446
5. 其他存款	42 470 532	8 721 987	33 304 687	4 577 720
二、所有者权益	4 840 619	1 231 716	3 655 916	905 392
其中：实收资本	1 297 394	608 486	716 353	141 412
当年结益	4 092 976	4 092 976	2 900 520	2 900 520
三、其他	－135 346 405	－35 135 555	－99 070 216	－17 714 626
资金来源总计	157 502 809	16 365 430	141 378 623	16 230 454

资金运用项目	2005 年		2004 年	
	余额	比年初	余额	比年初
一、各项贷款	149 965 861	17 084 476	133 122 629	15 967 243
1. 短期贷款	50 396 392	2 149 355	49 060 683	4 449 510
2. 中长期贷款	84 734 153	10 287 335	73 874 450	10 981 213
3. 信托贷款	181 982	86 293	95 689	17 938
4. 委托贷款	36 120	－92 369	128 489	116 369
5. 其他贷款	3 342 791	1 074 233	2 268 541	656 840
6. 票据融资	11 194 433	3 550 901	7 643 515	－143 193
7. 各项垫款	79 990	28 728	51 262	－111 434
二、有价证券及投资	7 536 948	－719 046	8 255 994	263 211
资金运用总计	157 502 809	16 365 430	141 378 623	16 230 454

表2－3 北京市中资金融机构人民币信贷收支统计

单位：万元

资金来源项目	2005年		2004年	
	余额	比年初	余额	比年初
一、各项存款	267 312 602	50 110 364	216 258 698	33 274 392
1. 企业存款	151 688 351	28 086 997	123 101 494	20 801 348
（1）活期存款	76 307 339	5 682 092	70 625 387	10 072 510
（2）定期存款	75 381 012	22 404 905	52 476 107	10 728 838
2. 财政存款	2 514 776	106 186	2 408 591	702 416
3. 机关团体存款	9 228 365	2 361 984	6 866 381	253 208
4. 储蓄存款	74 775 889	13 552 335	61 223 488	8 288 149
（1）活期储蓄	25 205 418	3 643 438	21 561 915	2 756 920
（2）定期储蓄	49 570 471	9 908 897	39 661 573	5 531 229
5. 农业存款	5 091 820	532 225	4 559 604	260 267
6. 信托存款	99 879	99 879		
7. 委托存款	250 844	131 697	119 341	193 532
8. 其他存款	23 662 678	5 239 061	17 979 799	2 775 472
二、金融债券	350 103	349 991	112	-56
三、应付及暂收款	3 284 442	789 944	2 485 991	-233 498
其中：应付及预收利息	1 682 246	393 513	1 286 373	240 700
四、同业往来	9 924 526	3 695 275	6 229 251	505 472
五、行内资金往来				
六、各项准备	1 651 356	-124 812	1 775 965	968 110
其中：贷款损失准备金	1 474 597	-98 928	1 573 322	774 320
七、所有者权益	4 479 595	1 150 942	3 346 309	689 742
其中：实收资本	1 273 732	609 091	664 641	141 413
当年结益	3 712 434	3 712 434	2 637 609	2 637 609
八、其他	21 152 834	10 832 671	11 485 024	-912 214
资金来源总计	308 155 458	66 804 375	241 581 350	34 291 948

续表

资金运用项目	2005年		2004年	
	余额	比年初	余额	比年初
一、各项贷款	137 921 887	12 161 578	126 002 366	14 569 553
1. 短期贷款	47 750 338	1 272 167	47 215 964	4 204 360
（1）工业贷款	11 369 699	-1 488 752	12 167 860	-191 503
（2）商业贷款	8 481 073	656 164	7 879 271	49 061
其中：农副产品贷款	697 688	29 672	668 016	63 190
（3）建筑业贷款	4 225 854	595 052	3 570 627	-466 084
（4）农业贷款	752 157	90 812	765 389	-1 409
（5）乡镇企业贷款	3 056 779	128 299	3 017 389	239 386
（6）三资企业贷款	938 874	48 175	937 060	-215 044
（7）私营企业及个体贷款	1 488 342	224 020	1 264 656	313 746
（8）其他短期贷款	17 437 560	1 018 397	17 613 712	4 476 207
其中：个人短期消费贷款	144 118	-41 360	185 480	-61 646
2. 中长期贷款	78 771 744	7 294 432	70 981 576	10 337 299
（1）基本建设贷款	27 723 015	1 768 285	26 341 769	-9 810
（2）技术改造贷款	2 108 749	-7 279	2 271 849	-90 031
（3）其他中长期贷款	48 939 980	5 533 426	42 367 958	10 437 140
其中：个人中长期消费贷款	21 822 522	1 607 486	19 718 456	3 596 064
3. 信托贷款	170 990	96 083	74 907	18 898
4. 融资租赁				
5. 委托贷款	36 120	-92 369	128 489	116 766
6. 票据融资	11 128 751	3 563 679	7 565 072	-110 030
其中：贴现	11 128 751	3 566 529	7 562 222	-112 880
7. 各项垫款	63 944	27 586	36 358	2 260
二、有价证券及投资	15 833 274	737 900	15 095 374	3 338 506
三、应收及预付款	1 287 809	97 308	1 187 999	119 772
其中：应收利息	489 013	201 945	284 782	25 547
四、同业往来	597 015	33 691	563 324	-571 178
五、二级准备金	34 638 931	13 122 004	21 516 926	3 502 418
六、行内资金往来	114 674 807	40 441 021	74 226 543	13 278 618
七、委托投资	60 241	-1 284	61 525	-650
八、金银占款				-2 651
九、外汇占款	-100 377	-188 436	86 014	-37 994
十、固定资产	2 338 492	274 807	2 063 686	-14 649
十一、库存现金	903 379	125 786	777 593	110 203
资金运用总计	308 155 458	66 804 375	241 581 350	34 291 948

表2－4 北京市金融机构（含外资）外汇信贷收支统计

单位：万美元

资金来源项目	2005年		2004年	
	余额	比年初	余额	比年初
一、各项存款	2 706 433	101 192	2 604 339	1 532
1. 单位活期存款	587 839	291 362	296 531	36 394
其中：中资企业存款	166 868	34 627	132 214	15 398
外商投资企业存款	113 273	1 354	111 999	22 648
2. 单位定期存款	816 220	－14 852	830 697	3 109
其中：中资企业存款	530 083	－129 752	659 836	32 513
外商投资企业存款	62 687	－6 185	68 532	－12 010
3. 储蓄存款	1 038 499	－208 354	1 246 850	－140 177
其中：定期存款	780 234	－176 989	957 190	－189 270
4. 信托存款	0	－5 006	5 006	5 006
5. 委托存款	－16 106	－29 555	13 449	13 401
6. 其他类存款	227 330	53 249	174 075	66 619
7. 境外存款	52 651	14 348	37 731	17 180
二、境外筹资	11 835	5 853	5 981	2 149
三、同业存放	21 395	7 841	13 554	－816
其中：境外同业存放	290	－49	339	－449
四、应付及暂收款	68 224	12 173	56 978	－48 295
其中：应付及预提利息	20 849	7 517	13 444	－1 740
五、同业拆入	37 725	14 294	23 431	18 498
其中：境外同业拆入	37 725	14 294	23 431	18 498
六、外汇买卖	－10 813	－15 539	4 475	－10 446
其中：结售汇	－15 111	－20 073	4 962	6 446
七、境内联行存放	0	0	0	0
八、境外联行存放	375 194	58 470	310 228	110 683
九、证券业务款项	0	0	0	0
十、各项准备	19 934	7 394	12 543	5 157
其中：贷款损失准备	19 205	7 322	11 886	4 501
十一、所有者权益	106 040	22 397	87 197	37 117
其中：实收资本	63 385	12 387	54 314	8 721
当年结益	49 886	49 886	34 315	34 319
十二、其他	12 344	52 068	－42 621	58 777
资金来源总计	3 348 311	266 143	3 076 105	174 356

续表

资金运用项目	2005年		2004年	
	余额	比年初	余额	比年初
一、各项贷款	1 859 938	680 894	1 180 981	282 968
1. 短期贷款	447 930	105 745	351 641	75 112
（1）境内短期贷款	435 482	112 231	331 918	68 153
其中：中资企业贷款	304 078	118 482	193 063	24 486
外商投资企业贷款	105 535	-24 637	131 892	45 051
（2）境外短期贷款	12 448	-6 486	19 723	6 959
2. 中长期贷款	926 724	424 888	493 277	135 791
（1）境内中长期贷款	847 445	405 023	433 163	109 936
其中：中资企业贷款	583 408	393 797	191 677	5 484
外商投资贷款	123 560	22 858	100 702	37 514
（2）境外中长期贷款	79 279	19 865	60 114	25 855
3. 进出口贸易融资	367 372	118 261	249 109	57 749
4. 票据融资	28 386	-6 400	35 828	3 302
其中：贴现	23 118	-5 688	29 850	6 942
5. 融资租赁	0	0	0	0
6. 信托贷款	1 362	-1 149	2 511	-116
7. 委托贷款	0	0	0	-48
8. 各项垫款	1 988	187	1 801	-13 736
9. 境外筹资转贷款	86 176	39 362	46 814	24 914
二、有价证券及投资	84 201	38 329	45 872	-5 017
三、应收及预付款	50 356	27 911	22 515	-32 641
其中：应收及预付利息	19 000	8 422	10 673	3 805
四、存放同业	39 731	19 714	20 016	-2 524
其中：存放境外同业	39 731	19 714	20 016	-2 524
五、拆放同业	10 121	-21 413	31 534	23 067
其中：拆放境外同业	10 121	-21 413	31 534	23 067
六、存放境内联行	1 180 719	-465 952	1 643 614	-129 805
七、存放境外联行	94 054	-5 008	94 120	27 585
八、证券业务占款	0	0	0	0
九、库存现金	29 191	-8 332	37 453	10 723
资金运用总计	3 348 311	266 143	3 076 105	174 356

表2-5　北京市中资金融机构外汇信贷收支统计

单位：万美元

资金来源项目	2005年		2004年	
	余额	比年初	余额	比年初
一、各项存款	2 564 497	83 122	2 481 029	-28 248
1. 单位活期存款	542 536	281 416	260 887	28 962
其中：中资企业存款	164 220	33 087	131 106	14 342
外商投资企业存款	70 626	-7 078	77 498	16 091
2. 单位定期存款	777 702	-17 014	794 681	3 346
其中：中资企业存款	530 083	-129 752	659 836	32 513
外商投资企业存款	24 169	-8 347	32 516	-11 788
3. 储蓄存款	1 015 898	-211 114	1 226 940	-149 861
其中：定期存款	768 470	-176 355	944 797	-194 307
4. 信托存款		-5 006	5 006	5 006
5. 委托存款	-16 106	-29 555	13 449	13 449
6. 其他类存款	227 330	53 249	174 075	66 619
7. 境外存款	17 137	11 146	5 991	4 231
二、境外筹资	11 835	5 854	5 981	2 149
三、向中央银行借款				
四、中央银行存款				
五、同业存放	84 859	38 379	46 480	22 008
其中：境外同业存放	290	-49	339	51
六、应付及暂收款	54 903	9 019	45 856	-55 424
其中：应付及预提利息	16 887	5 012	11 876	-2 773
七、同业拆入		-111	111	-222
其中：境外同业拆入		-111	111	-222
八、外汇买卖	-10 813	-15 539	4 475	-10 446
其中：结售汇	-15 111	-20 073	4 962	6 446
九、境内联行存放				
十、境外联行存放				
十一、证券业务款项				
十二、各项准备				
其中：贷款损失准备				
十三、所有者权益	44 735	10 874	37 408	26 056
其中：实收资本	2 932		6 248	
当年结益	47 154	47 154	31 766	31 766
十四、其他	125 583	71 603	50 676	42 946
资金来源总计	2 875 599	203 201	2 672 016	-1 181

续表

资金运用项目	2005 年		2004 年	
	余额	比年初	余额	比年初
一、各项贷款	1 492 400	632 003	860 299	168 891
1. 短期贷款	327 879	114 158	222 886	29 624
（1）境内短期贷款	327 879	114 158	222 886	29 624
其中：中资企业贷款	289 501	120 008	177 958	12 769
外商投资企业贷款	12 509	-24 236	37 965	18 212
（2）境外短期贷款				
2. 中长期贷款	738 818	380 030	349 529	77 807
（1）境内中长期贷款	705 111	369 917	325 935	65 009
其中：中资企业贷款	543 414	364 649	180 831	-521
外商投资贷款	23 859	16 311	7 548	-1 919
（2）境外中长期贷款	33 707	10 113	23 594	12 798
3. 进出口贸易融资	328 038	100 756	227 280	54 452
4. 票据融资	8 139	-1 341	9 478	-4 006
其中：贴现	2 871	-629	3 500	-366
5. 融资租赁				
6. 信托贷款	1 362	-1 149	2 511	-116
其中：境外	1 218		1 218	
7. 委托贷款				-48
8. 各项垫款	1 988	187	1 801	-13 736
9. 境外筹资转贷款	86 176	39 362	46 814	24 914
二、有价证券及投资	66 901	21 029	45 872	-4 518
其中：境外	29 989	-7 726	37 715	-6 635
三、应收及预付款	42 551	23 016	19 503	-34 173
其中：应收及预付利息	14 147	5 674	8 473	2 455
四、存放中央银行	13 458	8 714	4 743	-3 342
其中：缴存准备金	2 999	2 465	534	18
五、存放同业	23 409	5 296	18 112	-44 178
存放境外同业	17 029	7 170	9 858	-6 333
六、拆放同业	3 316	-13 184	16 500	10 983
拆放境外同业	2 816	-13 684	16 500	10 983
七、存放境内联行	1 203 666	-457 747	1 661 233	-107 918
八、存放境外联行	1 559	-7 061	8 620	2 538
九、证券业务占款				
十、库存现金	28 339	-8 865	37 134	10 536
资金运用总计	2 875 599	203 201	2 672 016	-1 181

表2－6 北京地区金融机构存贷款情况

单位：亿元

项 目 名 称	2001年	2002年	2003年	2004年	2005年
一、存款总量					
金融机构（含外资）本外币	14 109	17 438	20 476	23 781	28 970
中资金融机构本外币	14 042	17 370	20 398	23 679	28 801
中资金融机构本币	12 223	15 393	18 322	21 626	26 731
中资银行本外币	13 350	16 568	19 408	22 483	27 415
外资银行本外币	67	68	78	102	169
附一：企业存款本外币	7 528	9 384	10 888	13 243	16 340
附二：储蓄存款本外币	4 600	5 560	6 441	7 154	8 316
# 储蓄存款本币	3 536	4 390	5 294	6 122	7 478
二、贷款总量					
金融机构（含外资）本外币	7 612	9 704	12 058	13 578	15 335
中资金融机构本外币	7 515	9 603	11 884	13 312	14 997
中资金融机构本币	7 206	9 231	11 315	12 600	13 792
中资银行本外币	7 187	9 224	11 341	12 802	14 386
外资银行本外币	97	100	173	265	339
附三：短期贷款本外币	3 458	3 801	4 580	5 013	5 167
短期贷款本币	3 272	3 640	4 350	4 722	4 806
附四：中长期贷款本外币	3 797	5 027	6 352	7 506	8 632
中长期贷款本币	3 638	4 836	6 056	7 098	7 884

表2－7 北京市中资银行人民币存贷款情况

单位：万元

项 目	2001年	2002年	2003年	2004年	2005年
存款总计	**115 332 950**	**145 912 679**	**173 316 300**	**204 410 875**	**253 326 038**
一、企业存款	66 979 805	85 221 491	99 322 029	122 455 948	150 584 316
1. 活期存款	43 268 645	50 575 791	58 066 934	70 615 382	76 082 500
（1）工业存款	7 006 256	6 335 872	7 000 886	6 493 890	7 569 647
（2）商业存款	6 418 940	7 413 862	9 114 843	12 702 458	13 038 413
（3）建筑企业存款	2 775 973	3 780 200	3 397 331	3 617 117	3 914 679

续表

项　目	2001 年	2002 年	2003 年	2004 年	2005 年
(4) 城镇集体企业存款	3 731 902	2 513 937	2 703 242	2 981 435	2 989 799
(5) 乡镇企业存款	481 461	553 563	647 732	729 331	736 091
(6) 三资企业存款	1 058 384	1 134 582	1 489 077	1 585 545	1 751 311
(7) 私营企业及个体户存款	1 206 231	1 522 120	1 870 741	2 199 162	2 452 430
(8) 其他企业存款	20 589 498	27 321 655	31 843 082	40 306 444	43 630 130
2. 定期存款	23 711 160	34 645 700	41 255 095	51 840 566	74 501 816
二、储蓄存款	32 538 708	40 730 632	49 264 668	56 927 966	69 689 047
其中：定期储蓄	21 789 387	26 347 061	31 460 104	36 573 590	45 959 132
三、农业存款	246 594	280 976	254 539	232 147	236 055
四、其他存款	15 567 843	19 679 580	24 475 064	24 794 814	32 816 620
贷款总计	**69 044 361**	**88 588 027**	**107 989 344**	**120 922 275**	**131 831 653**
一、短期贷款	29 897 095	33 244 769	39 794 905	42 741 002	43 415 138
1. 工业贷款	10 812 005	10 695 594	12 345 972	12 167 860	11 269 499
2. 商业贷款	6 716 517	6 739 769	7 824 318	7 879 271	8 481 073
3. 建筑业贷款	2 493 052	3 538 982	3 941 399	3 570 627	4 225 854
4. 农业贷款	381 178	336 689	342 006	336 331	342 834
5. 乡镇企业贷款	248 062	259 232	277 576	249 935	254 087
6. 三资企业贷款	2 165 472	1 358 992	1 121 404	937 060	938 874
7. 私营及个体贷款	545 601	596 960	947 841	1 264 656	1 488 342
8. 其他类短期贷款	6 535 208	9 718 551	12 994 389	16 335 262	16 414 575
二、中长期贷款	32 435 549	42 971 190	54 579 092	70 602 588	77 354 052
1. 技术改造贷款	4 880 173	2 909 987	26 179 099	26 341 769	27 524 835
2. 基本建设贷款	17 308 046	21 779 717	2 453 880	2 271 849	2 108 749
3. 其他中长期贷款	10 247 330	18 281 486	25 946 113	41 988 970	47 720 468
三、其他类贷款	6 711 717	12 372 068	13 615 347	7 578 685	11 062 463

注：本表机构范围为：中国人民银行、国家邮政储汇局、政策性银行、国有商业银行、其他商业银行（不含北京农村商业银行）。

表2－8　北京市中资银行外汇存贷款情况

单位：万美元

项　目	2001年	2002年	2003年	2004年	2005年
一、各项存款	**2 194 749**	**2 388 474**	**2 508 473**	**2 467 501**	**2 580 524**
1. 境内外汇存款	2 193 203	2 387 417	2 506 712	2 461 510	2 563 387
(1) 企业存款	893 429	924 411	1 024 258	1 055 489	1 320 159
(2) 储蓄存款	1 282 753	1 408 091	1 376 592	1 226 940	1 015 898
其中：定期	1 155 292	1 214 884	1 139 022	944 797	768 470
(3) 其他存款	17 021	54 915	105 862	179 081	227 330
2. 境外存款	1 546	1 057	1 761	5 991	17 137
二、各项贷款	**361 954**	**441 289**	**685 540**	**857 788**	**1 491 039**
1. 短期贷款	170 425	145 570	193 274	222 886	327 880
其中：外商投资企业	25 776	20 907	24 086	37 965	12 509
2. 中长期贷款	136 050	180 447	271 709	349 529	738 818
3. 其他贷款	55 479	115 272	220 557	285 373	424 341

表2－9　北京市金融机构（含外资）储蓄存款情况

单位：亿元

项目名称	余额		同比增幅（%）	构成（%）	
	2005年	2004年		2005年	2004年
储蓄存款（本外币）	8 316	7 154	16.2	100	100
其中：活　期	2 729	2 396	13.9	32.8	33.5
定　期	5 587	4 758	17.4	67.2	66.5
储蓄存款（本币）	7 478	6 122	22.1	89.9	85.6
储蓄存款（外币）	838	1 032	–18.8	10.1	14.4

表 2－10　北京市金融机构现金收支统计

单位：万元

项　目　名　称	2001 年	2002 年	2003 年	2004 年	2005 年
现金收入合计	**105 779 238**	**121 939 313**	**144 803 653**	**190 647 055**	**206 341 668**
商品销售收入	14 946 160	17 889 398	20 276 347	24 864 483	25 695 152
服务业收入	7 403 024	7 572 973	7 951 420	9 198 567	9 558 569
税款收入	160 128	163 337	176 661	565 541	425 908
城乡个体经营收入	1 057 821	1 179 183	1 614 143	2 366 951	2 003 405
储蓄存款收入	69 514 750	81 991 967	99 574 617	133 669 510	145 825 323
其他金融机构收入	621 001	653 951	597 344	803 947	1 065 181
汇兑收入	3 337 304	3 185 133	2 410 552	2 427 769	2 376 502
有价证券收入	1 948 710	739 124	1 263 892	1 113 038	629 934
其他收入	6 790 340	8 564 247	10 938 677	15 637 249	18 761 694
其中：兑换外币收入	128 463	97 992	156 140	172 432	203 959
现金支出合计	**104 596 984**	**121 117 469**	**143 898 317**	**188 608 704**	**204 555 938**
工资性支出	8 579 940	9 257 838	9 870 427	11 054 551	10 772 391
农副产品采购支出	756 477	1 027 653	1 289 605	2 036 054	2 369 747
工矿及其他产品采购支出	691 338	844 109	1 329 229	1 414 489	1 726 576
行政企事业管理费支出	11 373 636	13 483 490	15 625 774	17 838 830	18 320 532
城乡个体经营支出	2 838 899	3 471 741	4 311 652	5 210 194	4 973 907
储蓄存款支出	69 336 150	80 868 843	97 648 999	133 029 229	143 880 218
其他金融机构支出	532 297	442 001	832 193	991 784	1 484 717
汇兑支出	1 996 230	2 192 072	1 443 702	976 518	654 306
有价证券支出	1 357 217	570 505	679 090	596 166	395 242
其他支出	7 134 800	8 959 217	10 867 646	15 460 891	19 978 302
其中：兑换外币支出	551 259	1 003 236	1 533 196	1 909 205	2 171 854

以上统计表制表单位：人行营业管理部调查统计处。

表2－11 北京市利用外资情况

项目单位：个；金额单位：万美元

年份	外商直接投资		外方利润再投资	
	项目	金额	项目	金额
2003	1 318	178 974.06	122	42 653.51
2004	1 623	254 786.64	169	52 876.93
2005	1 822	254 002.19	172	104 840.21

表2－12 北京辖区直接外债余额

单位：亿美元

年份	总计	为上年（%）	中长期债务	占总计（%）	短期债务	占总计（%）
2003	864.40	104.43	815.66	94.36	48.73	5.64
2004	943.60	109.16	856.67	90.79	86.92	9.21
2005	936.93	99.29	845.27	90.22	91.66	9.78

以上统计表制表单位：国家外汇管理局北京外汇管理部。

表2－13 2005年北京市银行系统发行国家债券统计

凭证式国债

单位：亿元

期数	发行数量
一期	55.67
二期	81.5
三期	73.14
四期	44.94
五期	54.54
合计	309.79

制表单位：人行营业管理部国库处。

表 2－14　金融市场交易量

单位：万元

项　　目	2005 年	2004 年	2005 年为 2004 年%
合计	**93 224 933**	**185 129 182**	**50. 4**
国家债券	3 053 550	6 717 030	45. 5
股票交易	43 436 512	72 477 234	59. 9
国债回购	42 619 230	102 572 135	41. 6
基金	913 003	789 439	115. 7
其他	3 202 638	2 573 343	124. 5

注：该统计表选自《北京统计年鉴》（2006）。

表 2－15　北京市保险业务统计

单位：万元

指标项目	2005 年	2004 年	增长率（%）
一、保费收入	4 982 390. 5	2 792 976. 344	78. 39
1. 财产险	675 729. 85	662 285. 46	2. 03
其中：机动车辆保险	479 926. 44	463 652. 25	3. 51
2. 人身意外伤害险	65 277. 00	49 890. 71	30. 84
3. 健康险	347 790. 15	290 721. 52	19. 63
4. 寿险	3 893 593. 51	1 790 157. 94	117. 50
二、各项赔款和给付	753 884. 89	553 066. 4588	36. 31
1. 财产保险	352 388. 28	342 790. 16	2. 80
其中：机动车辆保险	301 431. 36	292 964. 68	2. 89
2. 人身意外伤害险	12 634. 90	8 530. 75	48. 11
3. 健康险	98 861. 22	72 713. 46	35. 96
4. 寿险	290 000. 49	129 038. 22	124. 74

注：1. 数据来源于中国保险统计信息系统。

2. 以上均为 12 月月报数字。

表2－16 北京市各财产保险公司业务统计

单位：万元

公司名称	保费收入			赔款支出			综合赔付率（%）		
	2005年	2004年	同比增长（%）	2005年	2004年	同比增长（%）	2005年	2004年	同比增长（%）
人保北分	304 384.66	348 309.60	－12.61	178 153.76	221 489.05	－19.57	58.30	67.45	－9.15
大地北分	27 645.74	19 395.18	42.54	16 484.45	2 539.93	549.01	65.77	57.49	8.28
中华联合北分	59 134.52	46 307.60	27.70	30 543.81	15 986.90	91.06	66.82	58.22	8.59
太保北分	108 336.54	107 812.90	0.49	45 933.43	34 439.27	33.38	54.62	51.02	3.60
平安北分	100 044.20	82 377.38	21.45	43 958.34	31 518.47	39.47	57.24	60.65	－3.42
华泰北分	42 050.88	34 781.64	20.90	17 940.52	16 496.96	8.75	53.53	58.96	－5.43
天安北分	7 108.86	3 712.07	91.51	2 386.58	943.84	152.86	53.40	74.72	－21.32
华安北分	14 181.35	13 384.04	5.96	10 759.81	3 311.42	224.93	79.76	60.59	19.17
永安北分	8 258.50	4 663.35	77.09	5 725.82	5 047.43	13.44	75.74	88.88	－13.14
太平北分	9 531.78	7 460.64	27.76	3 398.86	2 223.59	52.85	68.66	36.89	31.77
永诚北分	669.08	0.00	—	0.86	0.00	—	1.19	0.00	1.19
安邦北分	1 656.51	0.00	—	117.51	0.00	—	44.45	0.00	44.45
阳光北分	280.17	0.00	—	0.69	0.00	—	99.37	0.00	99.37
都邦北分	0.00	0.00	—	0.00	0.00	—	0.00	0.00	0.00
小计	685 745.61	671 849.36	2.07	355 442.21	344 076.96	3.30	58.94	66.65	－7.71

项　目	占比（%）
人保	44.39
大地	4.03
中华	8.62
太保	15.8
平安	14.59
华泰	6.13
天安	1.04
华安	2.07
永安	1.2
太平	1.39
永诚	0.1
安邦	0.24
阳光	0.04
都邦	0

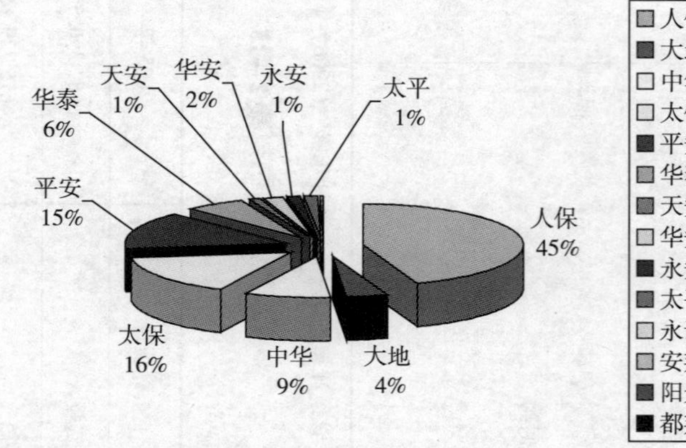

2005年北京市各财产保险公司保费收入市场份额

表 2－17　北京市各人身保险公司业务统计

单位：万元

	保费收入			退保金			赔款支出			死伤医疗给付	满期给付	年金给付
	2005 年	2004 年	增长率（%）	2005 年	2004 年	增长率（%）	2005 年	2004 年	增长率（%）			
国寿	454 485.03	449 669.70	1.07	55 818.18	39 438.60	41.53	34 207.70	24 443.80	39.94	7 877.08	8 369.84	23 011.53
平安	621 601.39	613 253.84	1.36	82 738.09	54 460.91	51.92	25 334.20	16 372.13	54.74	9 848.93	39 557.15	12 439.10
太保	207 042.57	219 054.00	-5.48	55 990.33	22 460.00	149.29	2 897.07	7 438.00	-61.05	2 238.23	35 763.25	1 979.20
新华	374 006.03	332 224.55	12.58	114 278.75	119 015.42	-3.98	8 712.53	6 819.70	27.76	3 513.18	333.04	10 374.01
泰康	255 821.84	249 328.81	2.60	19 720.72	39 393.67	-49.94	19 412.41	13 377.87	45.11	1 608.65	3 585.85	4 616.52
太平	100 896.09	95 229.22	5.95	10 447.18	3 508.89	197.73	2 280.01	1 086.19	109.91	511.13	49.91	698.55
友邦	145 338.09	70 023.99	107.55	1 517.52	291.21	421.11	775.08	335.25	131.19	331.55	0.00	49.42
民生	9 669.21	31 563.57	-69.37	9 310.34	3 151.92	195.39	549.19	262.75	109.02	46.77	0.00	14.22
信诚	20 956.41	12 957.88	61.73	2 020.45	629.81	220.80	235.94	31.22	655.77	249.03	0.00	0.00
瑞泰	6 764.71	1 125.31	501.14	98.64	4.23	2 231.91	0.00	0.00	0.00	0.00	0.00	0.00
中意	1 971 688.02	22 228.89	8 769.93	479.56	24.42	1 863.81	60.87	2.31	2 535.19	64.49	0.00	135 664.75
生命	30 626.07	19 481.03	57.21	11 143.31	71.33	15 522.24	15.95	0.43	3 585.73	18.82	0.00	0.00
中宏	1 350.70	477.95	182.60	30.25	0.84	3 510.22	4.74	0.48	897.06	0.00	0.00	0.00
光大永明	4 344.45	963.08	351.10	82.75	0.08	103 337.50	17.21	1.36	1 165.44	5.07	0.00	0.00
中美大都会	9 999.26	2 813.54	255.40	187.04	2.48	7 441.94	27.10	0.00	0.00	160.28	0.00	0.00
中英	41 046.25	467.69	8 676.34	114.64	0.00	0.00	51.45	0.15	34 200.00	0.91	0.00	436.37
招商信诺	618.29	—	—	0.00	—	—	0.10	—	—	0.00	0.00	0.00
首创安泰	7 154.80	—	—	1.62	—	—	2.00	—	—	0.15	0.00	0.00
海康	8 767.85	—	—	0.00	—	—	0.54	—	—	0.00	0.00	0.00
华泰	2 696.29	—	—	14.03	—	—	0.63	—	—	0.00	0.00	0.00
人保健康	710.72	—	—	0.00	—	—	48.80	—	—	0.00	0.00	0.00
金盛	7 370.65	—	—	6.37	—	—	1.60	—	—	6.00	0.00	0.00
合众	3 470.21	—	—	0.89	—	—	0.15	—	—	0.00	0.00	0.00
三星	161.14	—	—	0.00	—	—	0.04	—	—	0.00	0.00	0.00
长城	4 822.90	—	—	0.00	—	—	0.32	—	—	0.00	0.00	0.00
人保寿	126.01	—	—	0.00	—	—	0.00	—	—	0.00	0.00	0.00
合计	4 291 534.98	2 120 863.04	102.35	364 000.66	282 453.81	28.87	94 635.63	70 171.63	34.86	26 480.27	87 659.04	189 283.67

表2－18　北京市财产保险市场各险种保费收入与赔款统计

单位：万元

项　目	保费收入			赔款支出		
险别	2005年	2004年	同比增长（%）	2005年	2004年	同比增长（%）
1. 企业财产保险	55 161.79	51 930.32	6.22	8 828.21	11 519.00	－23.36
2. 家庭财产保险	10 803.98	18 944.52	－42.97	453.30	481.69	－5.89
其中：投资型家财险	654.82	1 108.46	－40.93	64.42	45.33	42.13
3. 机动车辆保险	481 095.66	465 126.04	3.43	301 206.72	287 830.29	4.65
其中：法定三责险	0.00	0.00	—	0.00	0.00	—
4. 工程保险	16 489.76	12 106.39	36.21	1 483.83	755.08	96.51
5. 责任保险	21 910.43	13 970.46	56.83	4 457.27	2 050.46	117.38
6. 信用保险	8 581.06	3 901.81	119.93	440.12	1 418.74	－68.98
7. 保证保险	12 436.96	15 616.92	－20.36	16 528.93	698.59	2 266.06
其中：机动车辆消费贷款保证保险	－7.79	－32.59	76.1	15 322.43	177.08	8 552.93
其中：个人贷款抵押房屋保证保险	12 306.68	15 437.24	－20.28	1 118.60	253.89	340.58
8. 船舶保险	1 034.50	1 090.65	－5.15	58.00	31.80	82.38
9. 货物运输保险	43 692.57	44 056.60	－0.83	15 268.47	13 456.35	13.47
10. 特殊风险保险	22 168.56	19 064.54	16.28	2 953.99	10 535.29	－71.96
11. 农业保险	183.70	118.70	54.76	138.20	299.80	－53.9
12. 健康险	1 769.43	956.06	85.08	1 370.28	255.09	437.17
其中：投资型健康险	0.00	0.00	—	0.00	0.00	—
13. 意外伤害保险	13 244.17	8 393.21	57.8	2 024.94	1 120.89	80.65
其中：投资型意外险	0.00	0.00	—	0.00	0.00	—
14. 其他险	657.57	781.88	－15.9	9.97	13.28	－24.93
合计	685 745.61	671 849.36	2.07	355 442.21	344 076.96	3.3

表 2-19　北京市人身保险公司各险种保费收入与赔付支出统计

单位：万元

项　目	保费收入	退保金	赔款支出	死伤医疗给付	满期给付	年金给付
一、人寿保险小计	3 893 593.51	314 463.61	0	13 089.53	87 627.27	189 283.66
1. 普通寿险小计	338 469.28	83 742.19	0	7 543.26	47 320.22	35 789.51
定期寿险	4 120.24	799.88	0	845.81	0	0
两全寿险	155 895.15	11 693.72	0	2 607.36	29 533.18	9 172.16
终身寿险	77 144.66	3 780.33	0	3 179.78	27	0
年金	101 309.23	67 468.26	0	910.31	17 760.04	26 617.35
2. 分红寿险小计	3 152 002.48	173 152.13	0	4 288.28	36 187.91	150 799.04
定期寿险	0	0	0	0	0	0
两全寿险	900 594.55	90 658.56	0	3 475.31	16 612.63	4 035.55
终身寿险	50 869.34	1 214.23	0	419.69	2.58	0
年金	2 200 538.59	81 279.34	0	393.28	19 572.7	146 763.49
3. 投资连结产品小计	65 864.69	30 634.85	0	954.03	0	2 608.23
4. 万能产品小计	337 257.06	26 934.44	0	303.96	4 119.14	86.88
二、意外伤害保险小计	51 950.88	0	10 621.61	0	0	0
一年期以内	7 087.35	0	474.17	0	0	0
一年期	44 863.53	0	10 147.44	0	0	0
三、健康保险小计	345 990.6	49 305.73	84 067.53	13 390.72	31.75	0
一年期及以内	109 328.05	0	84 067.53	0	0	0
一年期以上	236 662.54	49 305.73	0	13 390.72	31.75	0
合计	4 291 535	363 769.34	94 689.14	26 480.25	87 659.02	189 283.66

以上统计表制表单位：中国保监会北京保监局。

表 2-20　中国人民银行对金融机构存款利率表

单位：年利率%

	2002.02.21	2003.12.21	2005.03.17
一、金融机构存款			
准备金存款	1.89	1.89	1.89
超额准备金	1.89	1.62	0.99
欠交准备金	按日利率万分之六计收利息	同前	
二、保险公司存款	1.89	1.89	
三、邮政储蓄转存款①	4.347	4.131	

注：①2002 年 12 月 31 日银发［2002］393 号文，规定从 2003 年 1 月 1 日起邮政储蓄转存款利率暂调整为 4.131%。2003 年 9 月 1 日银发［2003］177 号，规定自 2003 年 8 月 1 日起，邮政储蓄新增存款转存人民银行的部分，按照金融机构准备金存款利率（年利率为 1.89%）计息；此前的邮政储蓄在人民银行的转存款暂按现行转存款利率计息（年利率为 4.131%）。

表2－21　中国人民银行对金融机构贷款利率表

单位：年利率%

	2002.02.21	2004.03.25	2005.01.01
一、对金融机构贷款			
（一）再贷款（不含农村信用社）	①		
二十天以内	2.70	3.33	
三个月以内	2.97	3.60	
六个月以内	3.15	3.78	
一年	3.24	3.87	
（二）再贴现	2.97	3.24	
（三）逾期贷款	按日利率万分之五计收利息	同前	
二、对农村信用社再贷款	②		
二十天以内	1.71	1.71	2.70
三个月以内	1.98	1.98	2.97
六个月以内	2.16	2.16	3.15
一年	2.25	2.25	3.24

注：①2004年3月24日银发［2004］59号文，决定从2004年3月25日起，用于金融机构头寸调节和短期流动性支持的各档次再贷款利率，在现行再贷款基准利率基础上加0.63个百分点。其中，20天以内再贷款利率为3.33%，3个月以内为3.6%，6个月以内为3.78%，1年以内为3.87%。

②2004年3月24日银发［2004］59号文，农村信用社再贷款（不含紧急贷款）浮息采取逐步到位的政策。2004年，保持现行农村信用社再贷款利率政策不变，即在再贷款基准利率基础上下浮0.99个百分点；2005年1月1日起，农村信用社再贷款利率执行再贷款基准利率；2006年1月1日起，农村信用社再贷款利率在再贷款基准利率基础上加点，加点幅度按同期人民银行确定的流动性再贷款利率加点幅度减半执行。农村信用社再贷款按合同利率执行到期，合同期内不分段计息。

表2－22　金融机构存款利率表

单位：年利率%

项　目	2002.02.21	2004.10.29
一、活期存款	0.72	0.72
二、定期存款		
1. 整存整取		
三个月	1.71	1.71
半年	1.89	2.07
一年	1.98	2.25
二年	2.25	2.70
三年	2.52	3.24
五年	2.79	3.60
2. 零存整取、整存零取、存本取息		
一年	1.71	1.71
三年	1.89	2.07
五年	1.98	2.25

续表

项　　目	2002.02.21	2004.10.29
3. 定活两便	按一年以内定期整存整取同档次利率60%执行	按一年以内定期整存整取同档次利率60%执行
三、协定存款	1.44	1.44
四、通知存款		
一天	1.08	1.08
七天	1.62	1.62

表2－23　金融机构贷款利率表　　单位：年利率%

项　　目	2002.02.21	2004.10.29	2005.03.17
一、短期贷款			
六个月以内（含六个月）	5.04	5.22	5.22
六个月至一年（含一年）	5.31	5.58	5.58
二、中长期贷款			
一至三年（含三年）	5.49	5.76	5.76
三至五年（含五年）	5.58	5.85	5.85
五年以上	5.76	6.12	6.12
三、贴现	在再贴现利率基础上，按不超过同期贷款利率（含浮动）加点	在再贴现利率基础上，按不超过同期贷款利率（含浮动）加点	
四、个人住房贷款			
1. 个人住房公积金贷款			
五年以下（含五年）	3.60	3.78	3.96
五年以上	4.05	4.23	4.41
2. 自营性个人住房贷款①			
五年以下（含五年）	4.77	4.95	取消优惠利率，改按商业性贷款利率执行
五年以上	5.04	5.31	

注：①从2005年3月17日起，自营性个人住房贷款利率改按商业性贷款利率执行，上限放开，实行下限管理，下限利率水平为相应期限档次贷款基准利率的0.9倍。

表2－24　优惠贷款利率表

单位：年利率%

项　　目	2002.02.21	2004.10.29
民政部门福利工厂贷款	3.87	4.14
老少边穷发展经济贷款	2.43	2.70
贫困县办工业贷款	2.43	2.70
民族贸易及民族用品生产贷款	2.43	2.70
扶贫贴息贷款（含牧区）	3.00	3.00

以上统计表制表单位：人行营业管理部货币信贷处。

（三）金融机构业务统计

表3－1 中国人民银行营业管理部人民币信贷收支统计

单位：万元

资金来源项目	2005年		2004年	
	余额	比年初	余额	比年初
一、财政存款	1 701 143	－176 752	1 877 895	710 080
其中：中央财政存款				
地方财政存款	1 701 143	－176 752	1 877 895	710 080
二、机关团体存款	13 732	6 971	6 761	6 361
三、金融机构准备金存款	10 566 836	1 594 049	8 972 787	2 402 562
1. 政策性银行准备金存款	1 675 941	1 392 918	283 023	－13 043
2. 国有商业银行准备金存款	2 252 964	－170 996	2 423 960	316 361
3. 其他商业银行准备金存款	2 508 817	596 253	1 912 564	72 364
4. 城市商业银行准备金存款	2 476 467	－639 481	3 115 948	1 691 314
5. 城市信用合作社准备金存款				
6. 农村信用合作社准备金存款	1 168 836	87 773	1 081 063	309 036
7. 资产管理公司存款				
8. 其他金融机构准备金存款	483 811	327 582	156 229	26 530
四、金融机构特种存款				
五、邮政储蓄转存款	2 364 895	－123 459	2 488 354	－19 125
六、金融机构缴存财政性存款	1 008 111	－45 400	1 053 511	346 603
七、卖出回购证券				
八、中央银行债券				
九、货币流通量				
十、中央信贷基金				
十一、当年结益	－301 357	－301 357	－245 018	－245 018
十二、其他	－14 774 530	－770 182	－13 759 330	－3 800 789
资金来源总计	578 830	183 870	394 960	－599 326

续表

资金运用项目	2005 年		2004 年	
	余额	比年初	余额	比年初
一、金融机构贷款	389 151	184 501	204 650	-596 676
1. 政策性银行贷款				
2. 国有商业银行贷款	8 482	8 482	0	0
3. 其他商业银行贷款				
4. 城市商业银行贷款				
5. 城市信用社贷款				
6. 农村信用社贷款	0	-20 000	20 000	3 000
7. 资产管理公司贷款				
8. 其他金融机构贷款	380 669	196 019	184 650	-1 100
9. 再贴现	0	0	0	-598 576
其中：国有商业银行	0	0	0	0
二、专项贷款	189 680	-629	190 309	0
三、金银占款	0	0	0	-2 651
四、外汇占款				
五、财政借款				
六、有价证券及投资				
七、买入返售证券				
八、库存现金				
资金运用合计	578 830	183 870	394 960	-599 326

表3-2 国家开发银行总行营业部人民币信贷收支统计

单位：万元

资金来源项目	2005年		2004年	
	余额	比年初	余额	比年初
一、各项存款	1 362 322	564 319	798 003	423 447
1. 企业存款	1 360 998	563 395	797 603	423 047
（1）活期存款	795 425	533 695	261 730	96 512
（2）定期存款	565 573	29 700	535 873	326 535
2. 机关团体存款				
3. 储蓄存款				
（1）活期储蓄				
（2）定期储蓄				
4. 农业存款				
5. 其他存款	1 324	924	400	400
二、代理财政性存款				
三、金融债券				
其中：政策性金融债券				
四、应付及暂收款	22 499	5 734	16 765	3 383
其中：应付及预提利息	909	53	856	307
五、卖出回购资产				
六、向中央银行借款				
七、同业往来	162 148	148 007	14 141	13 257
1. 同业存放	162 148	148 007	14 141	13 257
2. 同业拆借				
八、行内资金往来				
九、委托存款及委托投资基金（净）				
1. 委托存款及委托投资基金				
2. 减：委托贷款及委托投资				
十、代理金融机构委托贷款基金				
其中：中央银行委托贷款基金				
十一、各项准备				
其中：贷款损失准备				
十二、所有者权益	423 575	-45 451	469 026	111 793
其中：实收资本				
当年结益	416 152	416 152	469 026	469 026
十三、其他	21 390 460	2 472 046	18 918 414	814 344
资金来源总计	23 361 004	3 144 655	20 216 349	1 366 224

续表

资金运用项目	2005 年		2004 年	
	余额	比年初	余额	比年初
一、各项贷款	22 013 645	3 170 297	18 843 348	1 979 012
1. 短期贷款	868 500	422 250	446 250	209 250
（1）工业贷款				
（2）商业贷款				
其中：收购贷款				
（3）建筑业贷款				
（4）农业贷款				
（5）乡镇企业贷款				
（6）三资企业贷款				
（7）私营企业及个体贷款				
（8）其他短期贷款	868 500	422 250	446 250	209 250
其中：个人短期贷款				
2. 中长期贷款	21 145 145	2 748 047	18 397 098	1 769 762
（1）基本建设贷款	14 343 768	440 724	13 903 044	-796 729
（2）技术改造贷款	153 963	16 692	137 271	-17 502
（3）其他中长期贷款	6 647 414	2 290 631	4 356 783	2 583 993
其中：个人中长期贷款				
3. 票据融资				
其中：贴现				
4. 各项垫款				
二、有价证券及投资	167 501	-311 140	478 641	-955 667
三、应收及预付款	39 311	38 838	473	26
其中：应收利息	38 707	38 707		
四、买入返售资产				
五、存放中央银行准备金存款	178 629	-89 573	268 202	4 679
六、存放中央银行特种存款				
七、缴存中央银行财政性存款				
八、同业往来				
1. 存放同业				
2. 拆放同业				
九、二级准备金				
十、行内资金往来	962 036	336 351	625 685	338 174
十一、代理金融机构贷款				
其中：代理人行专项贷款				
十二、库存现金				
十三、外汇占款	-118	-118		
资金运用总计	23 361 004	3 144 655	20 216 349	1 366 224

表3-3　中国进出口银行总行营业部人民币信贷收支统计

单位：万元

资金来源项目	2005年		2004年	
	余额	比年初	余额	比年初
一、各项存款	111 442	75 823	35 619	1 944
1. 企业存款	107 738	76 307	31 431	-1 771
（1）活期存款	39 738	8 307	31 431	-1 143
（2）定期存款	68 000	68 000		-628
2. 机关团体存款				
3. 储蓄存款				
（1）活期储蓄				
（2）定期储蓄				
4. 农业存款				
5. 其他存款	3 704	-484	4 188	3 715
二、代理财政性存款				
三、金融债券				
其中：政策性金融债券				
四、应付及暂收款	5 928	517	5 411	640
其中：应付及预提利息	3 760	761	2 999	263
五、卖出回购资产				
六、向中央银行借款				
七、同业往来				
1. 同业存放				
2. 同业拆借				
八、行内资金往来	3 728 244	277 723	3 450 521	44 192
九、委托存款及委托投资基金（净）				
1. 委托存款及委托投资基金				
2. 减：委托贷款及委托投资				
十、代理金融机构委托贷款基金				
其中：中央银行委托贷款基金				
十一、各项准备				
其中：贷款损失准备				
十二、所有者权益	8 920	-8 057	16 977	6 902
其中：实收资本				
当年结益	8 920	8 920	16 977	16 977
十三、其他	25 144	10 729	14 415	221
资金来源总计	3 879 678	356 735	3 522 943	53 899

续表

资金运用项目	2005年		2004年	
	余额	比年初	余额	比年初
一、各项贷款	3 700 935	210 925	3 490 010	96 090
1. 短期贷款	240 354	95 272	145 082	25 009
（1）工业贷款				
（2）商业贷款				
其中：收购贷款				
（3）建筑业贷款				
（4）农业贷款				
（5）乡镇企业贷款				
（6）三资企业贷款				
（7）私营企业及个体贷款				
（8）其他短期贷款	240 354	95 272	145 082	25 009
其中：个人短期贷款				
2. 中长期贷款	3 460 581	115 653	3 344 928	71 081
（1）基本建设贷款				
（2）技术改造贷款				
（3）其他中长期贷款	3 460 581	115 653	3 344 928	71 081
其中：个人中长期贷款				
3. 票据融资				
其中：贴现				
4. 各项垫款				
二、有价证券及投资				
三、应收及预付款	4 443	780	3 663	175
其中：应收利息	4 255	633	3 622	154
四、买入返售资产				
五、存放中央银行准备金存款	173 765	145 069	28 696	-42 439
六、存放中央银行特种存款				
七、缴存中央银行财政性存款				
八、同业往来	524	-48	572	71
1. 存放同业	524	-48	572	71
2. 拆放同业				
九、二级准备金				
十、行内资金往来				
十一、代理金融机构贷款				
其中：代理人行专项贷款				
十二、库存现金	11	9	2	2
十三、外汇占款				
资金运用总计	3 879 678	356 735	3 522 943	53 899

表3－4　中国农业发展银行北京市分行人民币信贷收支统计

单位：万元

资金来源项目	2005年		2004年	
	余额	比年初	余额	比年初
一、各项存款	72 390	39 533	32 857	1 807
1. 企业存款	72 390	39 533	32 857	1 807
（1）活期存款	72 344	39 535	32 809	1 759
（2）定期存款	46	－2	48	48
2. 机关团体存款				
3. 储蓄存款				
（1）活期储蓄				
（2）定期储蓄				
4. 农业存款				
5. 其他存款				
二、代理财政性存款	61 924	－49 383	111 307	4 349
三、金融债券				
其中：政策性金融债券				
四、应付及暂收款	1 395	291	1 104	－1 918
其中：应付及预提利息				
五、卖出回购资产				
六、向中央银行借款				
七、同业往来	584	584		
1. 同业存放	584	584		
2. 同业拆借				
八、行内资金往来	546 897	67 047	479 850	46 043
九、委托存款及委托投资基金（净）				
1. 委托存款及委托投资基金				
2. 减：委托贷款及委托投资				
十、代理金融机构委托贷款基金				
其中：中央银行委托贷款基金				
十一、各项准备				
其中：贷款损失准备				
十二、所有者权益	36 113	1 056	35 057	2 448
其中：实收资本	27 745		27 745	222
当年结益	8 212	8 212	7 157	7 157
十三、其他	－26 311	1 220	－27 531	－95
资金来源总计	692 992	60 348	632 644	52 634

续表

资金运用项目	2005 年		2004 年	
	余额	比年初	余额	比年初
一、各项贷款	670 736	48 157	622 579	64 751
1. 短期贷款	670 248	49 139	621 109	64 751
（1）工业贷款				
（2）商业贷款	650 916	52 944	597 972	65 500
其中：收购贷款	650 916	52 944	597 972	65 500
（3）建筑业贷款				
（4）农业贷款				
（5）乡镇企业贷款				
（6）三资企业贷款				
（7）私营企业及个体贷款				
（8）其他短期贷款	19 332	-3 805	23 137	-749
其中：个人短期贷款				
2. 中长期贷款	488	-982	1 470	
（1）基本建设贷款				
（2）技术改造贷款				
（3）其他中长期贷款	488	-982	1 470	
其中：个人中长期贷款				
3. 票据融资				
其中：贴现				
4. 各项垫款				
二、有价证券及投资				
三、应收及预付款	58	-25	83	-554
其中：应收利息		-51	51	-411
四、买入返售资产				
五、存放中央银行准备金存款	19 847	11 214	8 633	-11 442
六、存放中央银行特种存款				
七、缴存中央银行财政性存款				
八、同业往来	2 325	995	1 330	-114
1. 存放同业	2 325	995	1 330	-114
2. 拆放同业				
九、二级准备金				
十、行内资金往来				
十一、代理金融机构贷款				
其中：代理人行专项贷款				
十二、库存现金	26	7	19	-7
十三、外汇占款				
资金运用总计	692 992	60 348	632 644	52 634

表3－5　中国工商银行北京市分行人民币信贷收支统计

单位：万元

资金来源项目	2005年		2004年	
	余额	比年初	余额	比年初
一、各项存款	90 142 818	18 034 875	71 705 479	8 465 707
1. 企业存款	44 396 282	11 501 292	32 894 990	5 199 376
（1）活期存款	16 315 932	1 436 046	14 879 886	677 825
（2）定期存款	28 080 350	10 065 246	18 015 104	4 521 551
2. 机关团体存款	5 717 317	256 160	5 461 157	470 015
3. 储蓄存款	30 551 137	4 281 505	26 269 630	2 082 313
（1）活期储蓄	9 050 795	1 009 621	8 041 173	492 511
（2）定期储蓄	21 500 342	3 271 884	18 228 457	1 589 802
4. 农业存款	553	-464	1 017	452
5. 其他存款	9 477 529	1 996 382	7 078 685	713 551
二、代理财政性存款	718 336	359 382	358 955	-5 639
三、金融债券	86	-9	95	-41
其中：政策性金融债券	86	-9		
四、应付及暂收款	984 735	309 459	675 276	-542 326
其中：应付及预提利息	529 361	92 307	437 054	29 938
五、卖出回购资产				
六、向中央银行借款				
七、同业往来	5 616 591	1 360 983	4 658 070	-385 843
1. 同业存放	5 616 591	1 360 983	4 658 070	-355 843
2. 同业拆借				-30 000
八、行内资金往来				
九、委托存款及委托投资基金（净）	2 090	1 950	141	135
1. 委托存款及委托投资基金	1 594 994	-729 786	2 324 781	254 855
2. 减：委托贷款及委托投资	1 592 904	-731 736	2 324 640	254 720
十、代理金融机构委托贷款基金				
其中：中央银行委托贷款基金				
十一、各项准备	261 916	-159 463	421 379	192 680
其中：贷款损失准备	261 949	-159 430	421 379	192 680
十二、所有者权益	964 861	176 049	788 813	36 641
其中：实收资本				
当年结益	1 005 690	1 005 690	603 706	603 706
十三、其他	6 899 532	7 113 717	-214 187	-146 469
资金来源总计	105 590 965	27 196 943	78 394 021	7 614 845

续表

资金运用项目	2005年		2004年	
	余额	比年初	余额	比年初
一、各项贷款	17 657 417	-1 539 008	19 196 426	-381 553
1. 短期贷款	4 155 065	-2 607 932	6 762 998	-575 219
（1）工业贷款	2 095 758	-2 426 605	4 522 363	-319 945
（2）商业贷款	413 590	-441 035	854 625	-268 189
其中：收购贷款				
（3）建筑业贷款	40 075	14 170	25 905	3 055
（4）农业贷款				
（5）乡镇企业贷款				
（6）三资企业贷款				-5 340
（7）私营企业及个体贷款				
（8）其他短期贷款	1 605 642	245 538	1 360 105	15 200
其中：个人短期贷款	6 764	-9 777	16 542	-19 946
2. 中长期贷款	10 752 384	123 066	10 629 318	-635 329
（1）基本建设贷款	4 572 731	11 729	4 561 002	-1 371 153
（2）技术改造贷款				
（3）其他中长期贷款	6 179 653	111 337	6 068 316	735 824
其中：个人中长期贷款	3 799 831	-452 384	4 252 215	174 864
3. 票据融资	2 749 968	953 445	1 796 523	828 017
其中：贴现	2 749 968	953 445	1 796 523	828 017
4. 各项垫款		-7 587	7 587	978
二、有价证券及投资	2 950 042	-843 556	3 793 598	1 710 912
三、应收及预付款	67 812	13 736	54 075	-6 807
其中：应收利息	3 100	146	2 954	2 107
四、买入返售资产	29 000	29 000		-134 325
五、存放中央银行准备金存款	214 149	-141 257	355 406	-215 481
六、存放中央银行特种存款				
七、缴存中央银行财政性存款	939 641	-55 069	994 710	368 299
八、同业往来	148 516	-134 738	283 254	-78 700
1. 存放同业	120 726	120 089	637	-422
2. 拆放同业	27 790	-254 827	282 617	-78 278
九、二级准备金	19 977 179	10 390 378	9 586 800	1 216 598
十、行内资金往来	63 395 868	19 465 552	43 930 316	5 155 867
十一、代理金融机构贷款				
其中：代理人行专项贷款				
十二、库存现金	211 341	11 905	199 436	22 288
十三、外汇占款				-42 253
资金运用总计	105 590 965	27 196 943	78 394 021	7 614 845

表3－6　中国农业银行北京市分行人民币信贷收支统计

单位：万元

资金来源项目	2005年		2004年	
	余额	比年初	余额	比年初
一、各项存款	14 886 662	2 509 279	12 377 384	1 673 565
1. 企业存款	7 814 585	1 227 114	6 587 472	881 789
（1）活期存款	4 970 547	539 383	4 431 165	764 461
（2）定期存款	2 844 038	687 731	2 156 307	117 328
2. 机关团体存款	266 352	59 624	206 728	－10 341
3. 储蓄存款	5 639 987	1 060 673	4 579 314	698 411
（1）活期储蓄	2 461 115	415 539	2 045 576	335 977
（2）定期储蓄	3 178 872	645 134	2 533 738	362 434
4. 农业存款	216 071	－1 459	217 530	－18 699
5. 其他存款	949 667	163 327	786 340	122 405
二、代理财政性存款	5 978	－2 296	8 274	145
三、金融债券	17		17	1
其中：政策性金融债券	17			
四、应付及暂收款	150 643	－26 059	176 702	49 011
其中：应付及预提利息	66 539	24 265	42 274	5 529
五、卖出回购资产				
六、向中央银行借款				
七、同业往来	1 096 879	394 989	701 890	－95 701
1. 同业存放	1 096 879	394 989	701 890	－95 701
2. 同业拆借				
八、行内资金往来				
九、委托存款及委托投资基金（净）	3 521	3 495	26	－5
1. 委托存款及委托投资基金	1 091 836	641 721	450 115	236 081
2. 减：委托贷款及委托投资	1 088 315	638 226	450 089	236 086
十、代理金融机构委托贷款基金				
其中：中央银行委托贷款基金				
十一、各项准备	86 572	3 893	82 679	16 829
其中：贷款损失准备	86 572	3 893	82 679	16 829
十二、所有者权益	255 049	37 399	217 650	－14 953
其中：实收资本				
当年结益	178 472	178 472	91 738	91 738
十三、其他	－364 766	659 201	－1 023 967	－243 874
资金来源总计	16 120 555	3 579 901	12 540 655	1 385 018

续表

资金运用项目	2005 年		2004 年	
	余额	比年初	余额	比年初
一、各项贷款	8 563 345	679 214	7 884 131	1 395 011
1. 短期贷款	4 673 794	753 386	3 920 408	707 498
（1）工业贷款	1 279 593	413 675	865 918	268 700
（2）商业贷款	1 981 480	249 636	1 731 844	381 929
其中：收购贷款	46 772	-23 272	70 044	-2 310
（3）建筑业贷款	60 620	-35 194	95 814	-51 057
（4）农业贷款	307 235	-10 096	317 331	-7 875
（5）乡镇企业贷款	221 154	-1 503	222 657	-13 576
（6）三资企业贷款	153	-1 952	2 105	-263
（7）私营企业及个体贷款	10 422	1 232	9 190	2 179
（8）其他短期贷款	813 137	137 588	675 549	127 461
其中：个人短期贷款	9 019	-1 145	10 164	-2 526
2. 中长期贷款	3 774 652	403 068	3 371 584	853 450
（1）基本建设贷款	1 349 387	255 080	1 094 307	292 962
（2）技术改造贷款	79 933	13 279	66 654	6 951
（3）其他中长期贷款	2 345 332	134 709	2 210 623	553 537
其中：个人中长期贷款	1 860 232	263 471	1 596 761	528 672
3. 票据融资	71 917	-502 633	574 550	-182 062
其中：贴现	71 917	-502 633	574 550	-182 062
4. 各项垫款	42 982	25 393	17 589	16 125
二、有价证券及投资	146 583	49 873	96 710	44 430
三、应收及预付款	104 551	-34 205	138 756	7 359
其中：应收利息	4 895	2 816	2 079	-26 468
四、买入返售资产	35 443	-260 260	295 704	295 704
五、存放中央银行准备金存款	209 559	935	208 624	-41 890
六、存放中央银行特种存款				
七、缴存中央银行财政性存款	25 458	20 544	4 914	2 700
八、同业往来	48 909	-30	48 939	-2 417
1. 存放同业	20 025	20 000	25	-1
2. 拆放同业	28 884	-20 030	48 914	-2 416
九、二级准备金				
十、行内资金往来	6 915 449	3 099 792	3 815 657	-291 751
十一、代理金融机构贷款				
其中：代理人行专项贷款				
十二、库存现金	65 255	18 672	46 583	-24 270
十三、外汇占款	6 003	5 366	637	142
资金运用总计	16 120 555	3 579 901	12 540 655	1 385 018

表3-7　中国银行北京市分行人民币信贷收支统计

单位：万元

资金来源项目	2005年		2004年	
	余额	比年初	余额	比年初
一、各项存款	21 615 360	5 106 451	16 508 909	3 280 688
1. 企业存款	14 184 889	3 404 812	10 780 077	2 041 661
（1）活期存款	4 864 052	741 464	4 122 588	753 717
（2）定期存款	9 320 837	2 663 348	6 657 489	1 287 944
2. 机关团体存款				
3. 储蓄存款	7 022 024	1 609 180	5 412 844	1 127 742
（1）活期储蓄	1 906 149	343 311	1 562 838	331 395
（2）定期储蓄	5 115 875	1 265 869	3 850 006	796 347
4. 农业存款				
5. 其他存款	408 447	92 459	315 988	111 285
二、代理财政性存款	45	18	27	-309
三、金融债券				-15
其中：政策性金融债券				
四、应付及暂收款	422 691	126 215	314 942	52 010
其中：应付及预提利息	327 862	97 842	230 020	39 606
五、卖出回购资产	80 410	80 410		-49 968
六、向中央银行借款				
七、同业往来	1 017 837	635 991	381 846	82 202
1. 同业存放	851 837	469 991	381 846	82 202
2. 同业拆借	166 000	166 000		
八、行内资金往来				
九、委托存款及委托投资基金（净）				
1. 委托存款及委托投资基金	627 857	144 275	483 582	483 582
2. 减：委托贷款及委托投资	627 857	144 275	483 582	483 582
十、代理金融机构委托贷款基金				
其中：中央银行委托贷款基金				
十一、各项准备	259 020	-104 376	363 396	301 460
其中：贷款损失准备	216 508	-78 224	294 732	232 796
十二、所有者权益	150 640	169 661	-19 021	-16 989
其中：实收资本				
当年结益	269 986	269 986	11 643	11 643
十三、其他	-1 227 230	-1 186 636	-61 344	-9 930
资金来源总计	22 318 773	4 827 734	17 488 755	3 639 149

续表

资金运用项目	2005 年		2004 年	
	余额	比年初	余额	比年初
一、各项贷款	6 700 543	439 537	6 261 006	-176 594
1. 短期贷款	1 532 604	60 512	1 484 115	-461 085
（1）工业贷款	993 441	141 752	161 809	-833 578
（2）商业贷款	74 913	-54 138	181 215	-356 427
其中：收购贷款				
（3）建筑业贷款	80 215	-34 251	16 380	9 080
（4）农业贷款				
（5）乡镇企业贷款				-8 000
（6）三资企业贷款	114 903	970	160 078	-148 279
（7）私营企业及个体贷款				
（8）其他短期贷款	269 132	6 179	964 633	876 119
其中：个人短期贷款	17 986	-12 723	30 709	-5 734
2. 中长期贷款	4 579 037	186 503	4 380 511	233 561
（1）基本建设贷款	401 751	58 074	733 015	-238 556
（2）技术改造贷款	156 262	91 930	220 153	-33 778
（3）其他中长期贷款	4 021 024	36 499	3 427 343	505 895
其中：个人中长期贷款	2 476 530	61 872	2 414 658	317 428
3. 票据融资	588 902	192 522	396 380	63 707
其中：贴现	588 902	192 522	396 380	63 707
4. 各项垫款				-12 777
二、有价证券及投资	70 601	13 766	56 835	22 997
三、应收及预付款	389 621	128 511	258 826	89 334
其中：应收利息	292 142	102 967	186 890	47 995
四、买入返售资产	367 107	325 184	41 923	-48 204
五、存放中央银行准备金存款	66 190	-38 456	104 646	32 819
六、存放中央银行特种存款				
七、缴存中央银行财政性存款	20 860	3 317	17 543	1 504
八、同业往来	21 545	-6 269	27 814	3 294
1. 存放同业	17 045	10 800	6 245	6 245
2. 拆放同业	4 500	-17 069	21 569	-2 951
九、二级准备金	1 587 646	-563 396	2 151 042	484 817
十、行内资金往来	13 081 715	4 591 507	8 490 208	3 212 168
十一、代理金融机构贷款				
其中：代理人行专项贷款				
十二、库存现金	92 581	19 259	73 322	11 696
十三、外汇占款	-79 636	-85 226	5 590	5 318
资金运用总计	22 318 773	4 827 734	17 488 755	3 639 149

表3-8　中国建设银行北京市分行人民币信贷收支统计

单位：万元

资金来源项目	2005年		2004年	
	余额	比年初	余额	比年初
一、各项存款	33 845 226	5 283 532	28 020 721	3 592 714
1. 企业存款	19 872 117	1 656 573	18 215 544	3 095 513
（1）活期存款	12 819 755	-662 558	13 482 313	2 351 251
（2）定期存款	7 052 362	2 319 131	4 733 231	744 262
2. 机关团体存款	1 655 089	1 600 140	54 949	-17 604
3. 储蓄存款	9 943 232	1 695 756	8 247 476	977 485
（1）活期储蓄	3 493 333	346 833	3 146 500	190 827
（2）定期储蓄	6 449 899	1 348 923	5 100 976	786 658
4. 农业存款	4 035	1 588	2 447	-1 099
5. 其他存款	2 370 753	329 475	1 500 305	-461 581
二、代理财政性存款	16 536	-10 928	27 464	27 224
三、金融债券				
其中：政策性金融债券				
四、应付及暂收款	165 051	31 964	133 087	45 099
其中：应付及预提利息	257	-15	272	-30
五、卖出回购资产				
六、向中央银行借款				
七、同业往来	1 976 123	-193 047	2 169 170	3 933
1. 同业存放	1 976 123	-193 047	2 169 170	3 933
2. 同业拆借				
八、行内资金往来				
九、委托存款及委托投资基金（净）	-140 418	-683	-139 735	-2 939
1. 委托存款及委托投资基金	3 752 450	612 189	3 142 050	2 507 165
2. 减：委托贷款及委托投资	3 892 868	612 872	3 281 785	2 510 104
十、代理金融机构委托贷款基金				
其中：中央银行委托贷款基金				
十一、各项准备	113 089	-5 863	118 952	118 952
其中：贷款损失准备				
十二、所有者权益	95 490	-5 220	100 704	80 989
其中：实收资本				
当年结益	693 126	693 126	569 829	569 829
十三、其他	60 670	-54 204	655 853	35 483
资金来源总计	36 131 767	5 045 551	31 086 216	3 901 455

续表

资金运用项目	2005 年		2004 年	
	余额	比年初	余额	比年初
一、各项贷款	18 569 105	524 467	18 044 638	1 586 656
1. 短期贷款	5 395 670	-80 749	5 476 419	-1 165 510
（1）工业贷款	1 886 226	-218 659	2 104 885	-238 974
（2）商业贷款	1 758 328	224 854	1 533 474	-73 689
其中：收购贷款				
（3）建筑业贷款	1 294 483	69 454	1 225 029	-1 088 654
（4）农业贷款				
（5）乡镇企业贷款				
（6）三资企业贷款				
（7）私营企业及个体贷款	2 267	-1 260	3 527	759
（8）其他短期贷款	454 366	-155 138	609 504	235 048
其中：个人短期贷款	2 578	-2 216	4 794	-4 683
2. 中长期贷款	11 731 135	-221 778	11 952 913	2 463 628
（1）基本建设贷款	4 026 453	538 316	3 488 137	1 608 754
（2）技术改造贷款	1 571 873	-76 148	1 648 021	-127 263
（3）其他中长期贷款	6 132 809	-683 946	6 816 755	982 137
其中：个人中长期贷款	4 185 346	-257 390	4 442 736	-143 756
3. 票据融资	1 439 450	826 994	612 456	290 091
其中：贴现	1 439 450	826 994	612 456	290 091
4. 各项垫款	2 850		2 850	-1 553
二、有价证券及投资	203 013	17 403	185 610	21 054
三、应收及预付款	64 132	4 161	59 971	318
其中：应收利息	19 134	6 463	12 671	8 973
四、买入返售资产				-5 000
五、存放中央银行准备金存款	628 502	-35 782	664 284	140 645
六、存放中央银行特种存款				
七、缴存中央银行财政性存款	19 655	2 314	17 341	-2 784
八、同业往来	6 172	460	5 712	-50 780
1. 存放同业	77	-2	79	
2. 拆放同业	6 095	462	5 633	-50 780
九、二级准备金	2 650 901	496 929	2 153 972	440 156
十、行内资金往来	13 853 090	4 018 417	9 834 673	1 753 794
十一、代理金融机构贷款				
其中：代理人行专项贷款				
十二、库存现金	137 197	17 182	120 015	17 396
十三、外汇占款				
资金运用总计	36 131 767	5 045 551	31 086 216	3 901 455

表3-9　交通银行北京分行人民币信贷收支统计

单位：万元

资金来源项目	2005年		2004年	
	余额	比年初	余额	比年初
一、各项存款	13 061 002	2 233 935	10 827 067	2 864 465
1. 企业存款	9 961 423	1 269 531	8 691 892	2 245 200
（1）活期存款	6 017 270	-945 673	6 962 943	2 292 422
（2）定期存款	3 944 153	2 215 204	1 728 949	-47 222
2. 机关团体存款	42 814	17 020	25 794	-4 918
3. 储蓄存款	2 440 947	557 653	1 883 294	507 600
（1）活期储蓄	1 029 211	155 569	873 642	204 521
（2）定期储蓄	1 411 736	402 084	1 009 652	303 079
4. 农业存款	362	360	2	2
5. 其他存款	615 456	389 371	226 085	116 581
二、代理财政性存款				
三、金融债券				
其中：政策性金融债券				
四、应付及暂收款	234 314	88 698	145 616	14 937
其中：应付及预提利息	48 046	16 260	31 786	9 470
五、卖出回购资产				
六、向中央银行借款				
七、同业往来	2 543 696	2 406 766	136 930	12 263
1. 同业存放	2 543 696	2 406 766	136 930	12 263
2. 同业拆借				
八、行内资金往来				
九、委托存款及委托投资基金（净）	9 911	5 170	4 741	4 674
1. 委托存款及委托投资基金	2 976 390	1 513 394	1 462 996	1 332 569
2. 减：委托贷款及委托投资	2 966 479	1 508 224	1 458 255	1 327 895
十、代理金融机构委托贷款基金				
其中：中央银行委托贷款基金				
十一、各项准备	73 444	5 528	67 916	63 454
其中：贷款损失准备	73 444	5 528	67 916	63 454
十二、所有者权益	150 049	38 142	111 906	39 507
其中：实收资本				
当年结益	228 126	228 126	179 579	179 579
十三、其他	-109 529	21 919	-131 447	-80 534
资金来源总计	15 962 887	4 800 158	11 162 729	2 918 766

续表

资金运用项目	2005年		2004年	
	余额	比年初	余额	比年初
一、各项贷款	7 449 309	1 425 405	6 023 904	1 842 883
1. 短期贷款	3 907 344	848 449	3 058 895	604 321
（1）工业贷款	1 052 802	226 722	826 080	478 109
（2）商业贷款	660 890	196 661	464 229	89 157
其中：收购贷款				
（3）建筑业贷款	841 137	472 397	368 740	32 356
（4）农业贷款	5 019	5 019		
（5）乡镇企业贷款				
（6）三资企业贷款		−179 675	179 675	23 083
（7）私营企业及个体贷款	506	−495	1 001	−789
（8）其他短期贷款	1 346 990	127 820	1 219 170	−17 595
其中：个人短期贷款	5 893	−492	6 385	1 756
2. 中长期贷款	2 780 668	510 765	2 269 903	731 770
（1）基本建设贷款	467 257	73 895	393 362	270 212
（2）技术改造贷款	57 683	22 313	35 370	−3 220
（3）其他中长期贷款	2 255 728	414 557	1 841 171	464 778
其中：个人中长期贷款	832 282	31 232	801 050	205 446
3. 票据融资	760 328	68 173	692 155	505 273
其中：贴现	760 328	68 173	692 155	505 273
4. 各项垫款	969	−1 982	2 951	1 519
二、有价证券及投资	1 853 503	387 427	1 466 076	832 499
三、应收及预付款	66 958	54 594	12 364	−11 006
其中：应收利息	1 780	656	1 124	731
四、买入返售资产	1 232 491	555 983	676 508	−353 012
五、存放中央银行准备金存款	651 094	210 497	440 597	95 085
六、存放中央银行特种存款				
七、缴存中央银行财政性存款				
八、同业往来	791 077	493 694	297 383	−147 448
1. 存放同业	784 877	557 694	227 183	74 552
2. 拆放同业	6 200	−64 000	70 200	−222 000
九、二级准备金	1 331 579	368 753	962 826	370 195
十、行内资金往来	2 545 799	1 295 682	1 250 117	280 721
十一、代理金融机构贷款				
其中：代理人行专项贷款				
十二、库存现金	41 077	7 944	33 133	9 605
十三、外汇占款		179	−179	−756
资金运用总计	15 962 887	4 800 158	11 162 729	2 918 766

表3－10 招商银行北京分行人民币信贷收支统计

单位：万元

资金来源项目	2005年		2004年	
	余额	比年初	余额	比年初
一、各项存款	7 649 368	1 531 329	6 118 039	1 202 938
1. 企业存款	3 747 756	576 438	3 171 318	499 144
（1）活期存款	2 070 033	－26 412	2 096 445	286 677
（2）定期存款	1 677 723	602 850	1 074 873	212 467
2. 机关团体存款	81 014	1 755	79 259	－1 188
3. 储蓄存款	3 068 075	914 326	2 153 749	537 237
（1）活期储蓄	1 459 037	366 412	1 092 625	270 355
（2）定期储蓄	1 609 038	547 914	1 061 124	266 882
4. 农业存款				
5. 其他存款	752 523	38 810	713 713	167 745
二、代理财政性存款	12	9	3	3
三、金融债券				
其中：政策性金融债券				
四、应付及暂收款	88 545	25 555	62 990	6 314
其中：应付及预提利息	40 204	10 699	29 505	10 892
五、卖出回购资产				－68 919
六、向中央银行借款				－100 000
七、同业往来	492 098	262 361	229 737	－64 388
1. 同业存放	492 098	262 361	229 737	－64 388
2. 同业拆借				
八、行内资金往来				
九、委托存款及委托投资基金（净）				
1. 委托存款及委托投资基金	436 304	172 443	263 861	74 564
2. 减：委托贷款及委托投资	436 304	172 443	263 861	74 564
十、代理金融机构委托贷款基金				
其中：中央银行委托贷款基金				
十一、各项准备	63 731	1 892	61 839	11 965
其中：贷款损失准备	63 611	1 952	61 659	11 885
十二、所有者权益	69 873	20 375	49 498	27 616
其中：实收资本				
当年结益	110 758	110 758	88 080	88 080
十三、其他	40 352	89 893	－49 541	－86 281
资金来源总计	8 403 979	1 931 414	6 472 565	929 248

续表

资金运用项目	2005 年		2004 年	
	余额	比年初	余额	比年初
一、各项贷款	4 068 349	300 559	3 767 790	617 362
1. 短期贷款	2 107 607	-74 282	2 181 889	433 915
(1) 工业贷款	244 539	-71 131	315 670	-32 198
(2) 商业贷款	277 735	-56 014	333 749	1 950
其中：收购贷款				
(3) 建筑业贷款	386 854	59 239	327 615	109 873
(4) 农业贷款				
(5) 乡镇企业贷款				
(6) 三资企业贷款	148 931	91 696	57 235	24 582
(7) 私营企业及个体贷款	4 352	-528	4 880	-1 000
(8) 其他短期贷款	1 045 196	-97 544	1 142 740	330 708
其中：个人短期贷款	15 071	-15 670	30 741	-28 629
2. 中长期贷款	1 721 312	373 496	1 347 816	344 315
(1) 基本建设贷款	135 910	16 910	119 000	-12 808
(2) 技术改造贷款	3 000	3 000		
(3) 其他中长期贷款	1 582 402	353 586	1 228 816	357 123
其中：个人中长期贷款	1 129 264	149 416	979 848	309 730
3. 票据融资	239 430	1 345	238 085	-160 868
其中：贴现	239 430	1 345	238 085	-160 868
4. 各项垫款				
二、有价证券及投资	90 729	-51 740	142 469	-1 596
三、应收及预付款	22 350	6 150	16 200	2 002
其中：应收利息	19 924	5 470	14 454	1 907
四、买入返售资产	356 900	-3 978	360 878	-188 965
五、存放中央银行准备金存款	151 912	51 783	100 129	-48 180
六、存放中央银行特种存款				
七、缴存中央银行财政性存款	665	665		
八、同业往来	313 062	310 145	2 917	-716
1. 存放同业	313 062	310 145	2 917	-716
2. 拆放同业				
九、二级准备金	1 413 639	417 814	995 825	328 172
十、行内资金往来	1 958 621	899 621	1 059 000	212 500
十一、代理金融机构贷款				
其中：代理人行专项贷款				
十二、库存现金	27 752	395	27 357	8 669
十三、外汇占款				
资金运用总计	8 403 979	1 931 414	6 472 565	929 248

表3－11　上海浦东发展银行北京分行人民币信贷收支统计

单位：万元

资金来源项目	2005年		2004年	
	余额	比年初	余额	比年初
一、各项存款	5 118 113	1 696 036	3 422 077	715 075
1. 企业存款	4 132 297	1 321 604	2 810 832	496 937
（1）活期存款	1 327 622	216 313	1 111 448	130 677
（2）定期存款	2 804 675	1 105 291	1 699 384	366 260
2. 机关团体存款	200 846	42 831	158 015	67 408
3. 储蓄存款	452 837	162 624	290 213	105 621
（1）活期储蓄	174 706	66 453	108 253	36 080
（2）定期储蓄	278 131	96 171	181 960	69 541
4. 农业存款				
5. 其他存款	332 133	168 977	163 017	45 109
二、代理财政性存款	10 800	－1 301	12 101	－31 415
三、金融债券				
其中：政策性金融债券				
四、应付及暂收款	38 228	9 471	28 757	4 385
其中：应付及预提利息	26 811	10 731	16 080	4 156
五、卖出回购资产		－6 000	6 000	6 000
六、向中央银行借款				
七、同业往来	399 873	181 889	217 984	49 119
1. 同业存放	399 873	181 889	217 984	49 119
2. 同业拆借				
八、行内资金往来				
九、委托存款及委托投资基金（净）				
1. 委托存款及委托投资基金				
2. 减：委托贷款及委托投资				
十、代理金融机构委托贷款基金				
其中：中央银行委托贷款基金				
十一、各项准备	73 621	10 834	62 787	10 757
其中：贷款损失准备	64 860	10 432	54 428	10 952
十二、所有者权益	49 523	652	48 871	27 531
其中：实收资本				
当年结益	49 523	49 523	48 871	48 871
十三、其他	761 033	391 513	369 520	－74 906
资金来源总计	6 451 191	2 283 094	4 168 097	706 546

续表

资金运用项目	2005 年		2004 年	
	余额	比年初	余额	比年初
一、各项贷款	2 405 833	213 589	2 192 244	323 353
1. 短期贷款	1 527 190	74 234	1 452 956	66 190
（1）工业贷款	486 023	136 344	349 679	-84 465
（2）商业贷款	154 700	39 747	114 953	-23 471
其中：收购贷款				
（3）建筑业贷款	172 029	-74 548	246 577	246 577
（4）农业贷款				
（5）乡镇企业贷款				
（6）三资企业贷款	894	-969	1 863	-57 321
（7）私营企业及个体贷款	10 000		10 000	-3 000
（8）其他短期贷款	703 544	-26 340	729 884	-12 130
其中：个人短期贷款	7 394	-5 693	13 087	-322
2. 中长期贷款	742 893	77 509	665 384	250 918
（1）基本建设贷款	58 300	-27 500	85 800	-23 700
（2）技术改造贷款	5 480	-5 400	10 880	-1 500
（3）其他中长期贷款	679 113	110 409	568 704	276 118
其中：个人中长期贷款	396 499	111 289	285 210	177 661
3. 票据融资	135 750	64 266	71 484	3 825
其中：贴现	135 750	64 266	71 484	3 825
4. 各项垫款		-2 420	2 420	2 420
二、有价证券及投资	154 423	37 453	116 970	78 792
三、应收及预付款	22 791	4 438	18 353	2 449
其中：应收利息	7 517	4 606	2 911	2 261
四、买入返售资产	213 100	106 100	107 000	-33 000
五、存放中央银行准备金存款	491 553	219 539	272 014	-20 023
六、存放中央银行特种存款				
七、缴存中央银行财政性存款				
八、同业往来	4 741	2 994	1 747	-10 441
1. 存放同业	4 741	2 994	1 747	-441
2. 拆放同业				-10 000
九、二级准备金	1 320 534	408 383	912 151	133 994
十、行内资金往来	1 813 831	1 286 267	527 564	229 150
十一、代理金融机构贷款				
其中：代理人行专项贷款				
十二、库存现金	22 695	4 368	18 327	2 207
十三、外汇占款	1 690	-37	1 727	65
资金运用总计	6 451 191	2 283 094	4 168 097	706 546

表3－12　广东发展银行北京分行人民币信贷收支统计

单位：万元

资金来源项目	2005年		2004年	
	余额	比年初	余额	比年初
一、各项存款	3 148 206	158 922	2 989 284	614 444
1. 企业存款	2 417 232	20 161	2 397 071	472 520
（1）活期存款	1 239 873	－39 324	1 279 197	235 048
（2）定期存款	1 177 359	59 485	1 117 874	237 472
2. 机关团体存款				
3. 储蓄存款	290 919	108 689	182 230	54 268
（1）活期储蓄	139 729	47 850	91 879	26 870
（2）定期储蓄	151 190	60 839	90 351	27 398
4. 农业存款				
5. 其他存款	440 055	30 072	409 983	87 656
二、代理财政性存款		－10 000	10 000	9 997
三、金融债券				
其中：政策性金融债券				
四、应付及暂收款	38 688	7 322	31 366	18 602
其中：应付及预提利息	34 341	21 289	13 052	4 870
五、卖出回购资产	78 490	73 490	5 000	－63 951
六、向中央银行借款				－81 024
七、同业往来	140 919	－60 481	201 400	－68 946
1. 同业存放	140 919	－60 481	201 400	－68 946
2. 同业拆借				
八、行内资金往来				
九、委托存款及委托投资基金（净）	68	67	1	1
1. 委托存款及委托投资基金	50 102	27 151	22 951	7 323
2. 减：委托贷款及委托投资	50 034	27 084	22 950	7 322
十、代理金融机构委托贷款基金				
其中：中央银行委托贷款基金				
十一、各项准备	38 583	6 938	31 645	13 817
其中：贷款损失准备	33 645	4 593	29 052	11 224
十二、所有者权益	21 328	5 883	15 445	－14 219
其中：实收资本				
当年结益	21 328	21 328	15 445	15 445
十三、其他	238 610	42 550	196 060	19 480
资金来源总计	3 704 892	224 691	3 480 201	448 201

续表

资金运用项目	2005 年		2004 年	
	余额	比年初	余额	比年初
一、各项贷款	1 811 776	-152 685	1 964 461	41 211
1. 短期贷款	944 010	-61 996	1 006 006	40 388
（1）工业贷款	58 833	-50 467	109 300	-107 665
（2）商业贷款	55 390	-36 068	91 458	-3 438
其中：收购贷款				
（3）建筑业贷款	21 500	-36 300	57 800	-5 900
（4）农业贷款				
（5）乡镇企业贷款				
（6）三资企业贷款	25 500	-1 200	26 700	-800
（7）私营企业及个体贷款	4 205	-2 261	6 466	-3 984
（8）其他短期贷款	778 582	64 300	714 282	162 175
其中：个人短期贷款	20 162	7 097	13 065	8 830
2. 中长期贷款	822 192	-36 347	858 539	122 211
（1）基本建设贷款				
（2）技术改造贷款				
（3）其他中长期贷款	822 192	-36 347	858 539	122 211
其中：个人中长期贷款	262 584	41 895	220 689	101 150
3. 票据融资	44 695	-54 691	99 386	-121 918
其中：贴现	44 695	-54 691	99 386	-121 918
4. 各项垫款	879	349	530	530
二、有价证券及投资				
三、应收及预付款	31 221	-8 003	39 224	6 503
其中：应收利息	7 969	5 727	2 242	-8 351
四、买入返售资产	88 285	-41 840	130 125	121 285
五、存放中央银行准备金存款	138 179	-200 188	338 367	146 566
六、存放中央银行特种存款				
七、缴存中央银行财政性存款				
八、同业往来	61 815	17 832	43 983	-52 476
1. 存放同业	55 815	11 832	43 983	-22 476
2. 拆放同业	6 000	6 000		-30 000
九、二级准备金	690 360	136 190	554 170	81 564
十、行内资金往来	862 353	464 332	398 021	99 526
十一、代理金融机构贷款				
其中：代理人行专项贷款				
十二、库存现金	10 514	3 629	6 885	1 551
十三、外汇占款	10 389	5 424	4 965	2 471
资金运用总计	3 704 892	224 691	3 480 201	448 201

表3-13　兴业银行北京分行人民币信贷收支统计

单位：万元

资金来源项目	2005年		2004年	
	余额	比年初	余额	比年初
一、各项存款	3 776 049	988 737	2 787 312	410 964
1. 企业存款	3 242 073	920 304	2 321 769	238 256
（1）活期存款	1 578 948	268 057	1 310 891	41 652
（2）定期存款	1 663 125	652 247	1 010 878	196 604
2. 机关团体存款				
3. 储蓄存款	235 629	61 020	174 609	61 821
（1）活期储蓄	124 802	27 044	97 758	30 843
（2）定期储蓄	110 827	33 976	76 851	30 978
4. 农业存款	9 589	2 158	7 431	-2 464
5. 其他存款	288 758	5 255	283 503	113 351
二、代理财政性存款				
三、金融债券				
其中：政策性金融债券				
四、应付及暂收款	27 921	13 059	14 862	4 966
其中：应付及预提利息	17 684	10 375	7 309	1 933
五、卖出回购资产		-51 747	51 747	27 796
六、向中央银行借款				
七、同业往来	1 335 217	941 851	393 366	-62 902
1. 同业存放	1 335 217	941 851	393 366	-62 902
2. 同业拆借				
八、行内资金往来				
九、委托存款及委托投资基金（净）	5 189	4 756	433	-2 673
1. 委托存款及委托投资基金	88 089	38 066	50 023	43 117
2. 减：委托贷款及委托投资	82 900	33 310	49 590	45 790
十、代理金融机构委托贷款基金				
其中：中央银行委托贷款基金				
十一、各项准备	-578	-375	-203	-93
其中：贷款损失准备	-541	-274	-267	-176
十二、所有者权益	56 684	13 848	42 836	12 682
其中：实收资本				
当年结益	56 684	56 684	42 836	42 836
十三、其他	256 372	254 328	2 044	9 240
资金来源总计	5 456 854	2 164 457	3 292 397	399 980

续表

资金运用项目	2005年		2004年	
	余额	比年初	余额	比年初
一、各项贷款	2 256 193	349 084	19 071 09	484 183
1. 短期贷款	1 398 285	220 947	1 177 338	193 009
（1）工业贷款	795 700	320 375	475 325	107 948
（2）商业贷款	139 578	-29 534	169 112	51 570
其中：收购贷款				
（3）建筑业贷款	274 072	18 496	255 576	-6 044
（4）农业贷款	27 400	11 400	16 000	
（5）乡镇企业贷款				
（6）三资企业贷款				
（7）私营企业及个体贷款				
（8）其他短期贷款	161 535	-99 790	261 325	39 535
其中：个人短期贷款	4 978	213	4 765	3 167
2. 中长期贷款	773 749	64 998	708 751	352 666
（1）基本建设贷款	228 800	-56 000	284 800	131 300
（2）技术改造贷款	39 000		39 000	39 000
（3）其他中长期贷款	505 949	120 998	384 951	182 366
其中：个人中长期贷款	238 749	84 998	153 751	102 666
3. 票据融资	81 206	60 186	21 020	-61 492
其中：贴现	81 206	60 186	21 020	-61 492
4. 各项垫款	2 953	2 953		
二、有价证券及投资	266 727	182 071	84 656	78 902
三、应收及预付款	5 551	1 237	4 314	3 894
其中：应收利息	3 065	3 065		-55
四、买入返售资产	87 500	-54 248	141 748	-272 047
五、存放中央银行准备金存款	149 919	69 737	80 182	-43 758
六、存放中央银行特种存款				
七、缴存中央银行财政性存款				
八、同业往来	52 588	4 957	47 631	-11 166
1. 存放同业	30 988	24 757	6 231	2 134
2. 拆放同业	21 600	-19 800	41 400	-13 300
九、二级准备金	643 346	643 346		
十、行内资金往来	1 982 955	964 575	1 018 380	158 080
十一、代理金融机构贷款				
其中：代理人行专项贷款				
十二、库存现金	12 075	3 698	8 377	1 892
十三、外汇占款				
资金运用总计	5 456 854	2 164 457	3 292 397	399 980

表3-14　深圳发展银行北京分行人民币信贷收支统计

单位：万元

资金来源项目	2005年		2004年	
	余额	比年初	余额	比年初
一、各项存款	2 163 695	737 535	1 426 160	335 394
1. 企业存款	1 331 788	253 003	1 078 785	289 333
（1）活期存款	709 251	186 615	522 636	153 708
（2）定期存款	622 537	66 388	556 149	135 625
2. 机关团体存款				
3. 储蓄存款	89 431	32 989	56 442	18 532
（1）活期储蓄	41 671	13 643	28 028	5 682
（2）定期储蓄	47 760	19 346	28 414	12 850
4. 农业存款	5 445	1 726	3 719	-585
5. 其他存款	737 031	449 817	287 214	28 114
二、代理财政性存款				
三、金融债券				
其中：政策性金融债券				
四、应付及暂收款	21 303	7 239	14 064	524
其中：应付及预提利息	15 412	7 115	8 297	1 862
五、卖出回购资产				-70 000
六、向中央银行借款				-46 766
七、同业往来	481 337	139 760	341 577	34 239
1. 同业存放	481 337	139 760	341 577	66 239
2. 同业拆借				-32 000
八、行内资金往来				-41 278
九、委托存款及委托投资基金（净）				
1. 委托存款及委托投资基金	21 228	10 582	10 646	2 033
2. 减：委托贷款及委托投资	21 228	10 582	10 646	2 033
十、代理金融机构委托贷款基金				
其中：中央银行委托贷款基金				
十一、各项准备	920	-14 163	15 083	4 874
其中：贷款损失准备	912	-14 163	15 075	4 874
十二、所有者权益	23 541	5 103	18 438	11 579
其中：实收资本				
当年结益	23 541	23 541	18 438	18 438
十三、其他	-21 695	-13 087	-8 608	-173
资金来源总计	2 669 101	862 387	1 806 714	228 393

续表

资金运用项目	2005 年		2004 年	
	余额	比年初	余额	比年初
一、各项贷款	1 595 378	379 561	1 215 817	154 329
1. 短期贷款	897 516	141 300	756 216	107 318
（1）工业贷款	75 700	26 200	49 500	9 060
（2）商业贷款	166 096	10 769	155 327	41 625
其中：收购贷款				
（3）建筑业贷款	144 119	11 724	132 395	89 665
（4）农业贷款		-3 000	3 000	3 000
（5）乡镇企业贷款				
（6）三资企业贷款	5 370	20	5 350	-25 656
（7）私营企业及个体贷款	575	191	384	384
（8）其他短期贷款	505 656	95 396	410 260	-10 760
其中：个人短期贷款	738	-750	1 488	-5
2. 中长期贷款	219 172	-14 516	233 688	119 544
（1）基本建设贷款	16 900	-48 400	65 300	47 700
（2）技术改造贷款				
（3）其他中长期贷款	202 272	33 884	168 388	71 844
其中：个人中长期贷款	176 295	98 448	77 847	47 503
3. 票据融资	478 690	252 777	225 913	-72 533
其中：贴现	478 690	252 777	225 913	-72 533
4. 各项垫款				
二、有价证券及投资	7 227	5 261	1 966	1 108
三、应收及预付款	15 793	10 185	5 608	-74
其中：应收利息	1 569	1 557	12	-3 023
四、买入返售资产	80 500	-8 807	89 307	12 307
五、存放中央银行准备金存款	206 204	131 475	74 729	-111 169
六、存放中央银行特种存款				
七、缴存中央银行财政性存款				
八、同业往来	3 330	-94 012	97 342	28 908
1. 存放同业	3 330	-94 012	97 342	28 908
2. 拆放同业				
九、二级准备金	337 763	95 049	242 714	64 958
十、行内资金往来	418 953	342 584	76 369	76 369
十一、代理金融机构贷款				
其中：代理人行专项贷款				
十二、库存现金	3 953	1 091	2 862	1 657
十三、外汇占款				
资金运用总计	2 669 101	862 387	1 806 714	228 393

表 3－15　中信银行总行营业部人民币信贷收支统计

单位：万元

资金来源项目	2005 年		2004 年	
	余额	比年初	余额	比年初
一、各项存款	8 521 362	1 228 245	7 293 117	1 211 064
1. 企业存款	6 633 544	937 768	5 695 776	922 811
（1）活期存款	3 586 257	867 401	2 718 856	－361 022
（2）定期存款	3 047 287	70 367	2 976 920	1 283 833
2. 机关团体存款	38 178	－39 690	77 868	－397 670
3. 储蓄存款	626 628	285 972	340 592	94 979
（1）活期储蓄	128 279	43 546	84 669	4 324
（2）定期储蓄	498 349	242 426	255 923	90 655
4. 农业存款				
5. 其他存款	1 223 012	44 195	1 178 881	590 944
二、代理财政性存款				
三、金融债券				－1
其中：政策性金融债券				
四、应付及暂收款	185 707	90 284	95 423	－43 987
其中：应付及预提利息	36 495	4 129	32 366	9 303
五、卖出回购资产	10 041	－59 138	69 179	－54 656
六、向中央银行借款				－70 182
七、同业往来	719 818	－140 135	859 953	278 900
1. 同业存放	719 818	－140 135	859 953	278 900
2. 同业拆借				
八、行内资金往来				
九、委托存款及委托投资基金（净）	35 785	－25 796	61 581	61 081
1. 委托存款及委托投资基金	491 067	62 615	428 452	281 070
2. 减：委托贷款及委托投资	455 282	88 411	366 871	219 989
十、代理金融机构委托贷款基金				
其中：中央银行委托贷款基金				
十一、各项准备	38 003	－13 946	51 949	4 613
其中：贷款损失准备	34 363	－17 586	51 949	4 613
十二、所有者权益	71 240	－4 831	76 071	37 573
其中：实收资本				
当年结益	124 152	124 152	108 466	108 466
十三、其他	698 558	753 119	－54 561	30 666
资金来源总计	10 280 514	1 827 802	8 452 712	1 455 071

续表

资金运用项目	2005年		2004年	
	余额	比年初	余额	比年初
一、各项贷款	6 015 539	1 440 084	4 575 455	143 808
1. 短期贷款	2 184 824	453 644	1 731 180	112 310
（1）工业贷款	338 205	76 386	261 819	-7 454
（2）商业贷款	344 214	68 105	276 109	-6 845
其中：收购贷款				
（3）建筑业贷款	263 246	-33 640	296 886	-7 094
（4）农业贷款				
（5）乡镇企业贷款				
（6）三资企业贷款	132 569	76 015	56 554	-63 675
（7）私营企业及个体贷款	805	-3 115	3 920	-340
（8）其他短期贷款	1 105 785	269 893	835 892	197 718
其中：个人短期贷款	9 862	3 286	6 576	1 717
2. 中长期贷款	2 783 269	251 360	2 531 909	1 113 951
（1）基本建设贷款	288 971	-153 527	442 498	154 772
（2）技术改造贷款	13 000	13 000		
（3）其他中长期贷款	2 481 298	391 887	2 089 411	959 179
其中：个人中长期贷款	1 173 068	340 321	832 747	487 891
3. 票据融资	1 045 101	733 235	311 866	-1 082 953
其中：贴现	1 045 101	733 235	311 866	-1 082 953
4. 各项垫款	2 345	1 845	500	500
二、有价证券及投资	187 813	37 957	149 856	-6 359
三、应收及预付款	19 455	-33 374	52 829	13 035
其中：应收利息	14 724	863	13 861	3 594
四、买入返售资产	251 045	-370 587	621 632	129 081
五、存放中央银行准备金存款	271 490	-253 966	525 456	358 684
六、存放中央银行特种存款				
七、缴存中央银行财政性存款				
八、同业往来	313 141	132 004	181 137	-125 162
1. 存放同业	313 141	132 004	181 137	-123 362
2. 拆放同业				-1 800
九、二级准备金	668 795	67 025	601 770	193 965
十、行内资金往来	2 589 570	857 683	1 731 887	750 744
十一、代理金融机构贷款				
其中：代理人行专项贷款				
十二、库存现金	23 348	7 808	15 540	-660
十三、外汇占款	-59 682	-56 832	-2 850	-2 065
资金运用总计	10 280 514	1 827 802	8 452 712	1 455 071

表3－16　中国光大银行股份有限公司营业部人民币信贷收支统计

单位：万元

资金来源项目	2005年		2004年	
	余额	比年初	余额	比年初
一、各项存款	8 281 039	2 194 369	6 086 362	459 936
1. 企业存款	5 380 820	842 366	4 038 454	－443 733
（1）活期存款	2 803 694	642 057	2 161 637	164 275
（2）定期存款	2 577 126	200 309	1 876 817	－608 008
2. 机关团体存款	451 483	164 754	286 729	35 416
3. 储蓄存款	757 261	275 072	482 189	86 768
（1）活期储蓄	235 897	41 461	194 436	23 683
（2）定期储蓄	521 364	233 611	287 753	63 085
4. 农业存款				
5. 其他存款	1 691 475	912 177	1 278 990	781 485
二、代理财政性存款				
三、金融债券				
其中：政策性金融债券				
四、应付及暂收款	107 563	17 337	90 226	31 551
其中：应付及预提利息	44 375	100	44 275	12 145
五、卖出回购资产	10 000	4 830	5 170	5 170
六、向中央银行借款				－14 908
七、同业往来	1 257 060	958 889	298 171	－93 449
1. 同业存放	1 257 060	958 889	298 171	－93 449
2. 同业拆借				
八、行内资金往来				
九、委托存款及委托投资基金（净）	82 287	－3 426	85 712	85 598
1. 委托存款及委托投资基金	250 626	24 396	226 229	140 661
2. 减：委托贷款及委托投资	168 339	27 822	140 517	55 063
十、代理金融机构委托贷款基金				
其中：中央银行委托贷款基金				
十一、各项准备	35 730	5 170	30 560	6 543
其中：贷款损失准备	35 730	5 170	30 560	6 543
十二、所有者权益	39 881	18 662	21 219	－2 171
其中：实收资本				
当年结益	86 080	86 080	58 218	58 218
十三、其他	17 450	73 406	－55 647	－4 422
资金来源总计	9 831 010	3 269 237	6 561 773	473 848

续表

资金运用项目	2005 年		2004 年	
	余额	比年初	余额	比年初
一、各项贷款	3 573 087	517 468	3 055 619	643 989
1. 短期贷款	1 502 907	13 781	1 489 126	70 751
（1）工业贷款	460 841	56 535	404 306	-53 879
（2）商业贷款	191 641	104 204	87 437	-30 145
其中：收购贷款				
（3）建筑业贷款				
（4）农业贷款				
（5）乡镇企业贷款				
（6）三资企业贷款				-58 169
（7）私营企业及个体贷款	447	-2 712	3 159	3 159
（8）其他短期贷款	849 978	-144 246	994 224	209 785
其中：个人短期贷款	4 750	-2 637	7 387	-7 354
2. 中长期贷款	1 963 883	580 347	1 383 536	473 617
（1）基本建设贷款	186 029	5 043	180 986	79 530
（2）技术改造贷款				
（3）其他中长期贷款	1 777 854	575 304	1 202 550	394 087
其中：个人中长期贷款	776 537	196 899	579 638	262 282
3. 票据融资	106 297	-76 660	182 957	105 023
其中：贴现	106 297	-76 660	182 957	105 023
4. 各项垫款				-5 402
二、有价证券及投资	42 399	-55 427	97 826	4 296
三、应收及预付款	70 672	-22 726	93 397	-7 133
其中：应收利息	10 628	3 630	6 997	-4 834
四、买入返售资产	60 209	-64 291	124 500	124 500
五、存放中央银行准备金存款	384 690	202 150	182 540	-272 948
六、存放中央银行特种存款				
七、缴存中央银行财政性存款	180	124	56	8
八、同业往来	659 870	642 916	16 954	14 023
1. 存放同业	655 941	638 987	16 954	14 023
2. 拆放同业	3 929	3 929		
九、二级准备金	541 650	541 650		-671 639
十、行内资金往来	4 486 384	1 506 911	2 979 474	640 737
十一、代理金融机构贷款				
其中：代理人行专项贷款				
十二、库存现金	11 869	621	11 248	1 590
十三、外汇占款		-159	159	-3 575
资金运用总计	9 831 010	3 269 237	6 561 773	473 848

表3－17　华夏银行总行营业部人民币信贷收支统计

单位：万元

资金来源项目	2005年		2004年	
	余额	比年初	余额	比年初
一、各项存款	7 265 393	667 931	6 597 462	2 378 959
1. 企业存款	3 933 049	584 900	3 348 149	846 212
（1）活期存款	2 166 127	211 827	1 954 300	333 378
（2）定期存款	1 766 922	373 073	1 393 849	512 834
2. 机关团体存款	25 556	20 921	4 635	-589
3. 储蓄存款	427 191	64 766	362 425	144 438
（1）活期储蓄	203 163	55 112	148 051	52 539
（2）定期储蓄	224 028	9 654	214 374	91 899
4. 农业存款				
5. 其他存款	2 879 597	-2 656	2 882 253	1 388 898
二、代理财政性存款				
三、金融债券				
其中：政策性金融债券				
四、应付及暂收款	65 665	-2 083	67 748	37 795
其中：应付及预提利息	39 604	5 557	34 047	18 185
五、卖出回购资产				
六、向中央银行借款				
七、同业往来	521 361	343 613	177 748	126 014
1. 同业存放	521 361	343 613	177 748	126 014
2. 同业拆借				
八、行内资金往来				
九、委托存款及委托投资基金（净）				
1. 委托存款及委托投资基金		-96 987	96 987	49 193
2. 减：委托贷款及委托投资		-96 987	96 987	49 193
十、代理金融机构委托贷款基金				
其中：中央银行委托贷款基金				
十一、各项准备	86 111	-25 060	111 171	82 916
其中：贷款损失准备	84 107	-24 962	109 069	80 959
十二、所有者权益	52 759	9 092	43 667	30 998
其中：实收资本				
当年结益	55 089	55 089	40 990	40 990
十三、其他	16 123	29 279	-13 156	18 668
资金来源总计	8 007 412	1 022 772	6 984 640	2 675 350

续表

资金运用项目	2005 年		2004 年	
	余额	比年初	余额	比年初
一、各项贷款	4 135 302	692 722	3 442 580	1 182 396
1. 短期贷款	2 185 890	-112 728	2 298 618	653 347
（1）工业贷款	510 171	-69 387	579 558	154 138
（2）商业贷款	308 270	-16 392	324 662	76 833
其中：收购贷款				
（3）建筑业贷款	251 458	26 517	224 941	54 356
（4）农业贷款				
（5）乡镇企业贷款				
（6）三资企业贷款	174 604	11 849	162 755	12 549
（7）私营企业及个体贷款	2 055	55	2 000	
（8）其他短期贷款	939 332	-65 370	1 004 702	355 471
其中：个人短期贷款	16 518	2 249	14 269	7 088
2. 中长期贷款	1 168 729	116 002	1 052 727	559 708
（1）基本建设贷款	142 094	99 138	42 956	8 466
（2）技术改造贷款	1 000	1 000		
（3）其他中长期贷款	1 025 635	15 864	1 009 771	551 242
其中：个人中长期贷款	586 192	265 890	320 302	174 474
3. 票据融资	770 958	681 654	89 304	-31 222
其中：贴现	770 958	681 654	89 304	-31 222
4. 各项垫款	9 725	7 794	1 931	563
二、有价证券及投资	368 290	-85 988	454 278	148 124
三、应收及预付款	16 715	-33 047	49 762	36 809
其中：应收利息	658	589	69	1
四、买入返售资产				
五、存放中央银行准备金存款	329 523	-124 641	454 164	199 760
六、存放中央银行特种存款				
七、缴存中央银行财政性存款				
八、同业往来	14 241	3 543	10 698	-363
1. 存放同业	14 241	3 543	10 698	-363
2. 拆放同业				
九、二级准备金	334 217	61 336	272 881	88 385
十、行内资金往来	2 822 435	543 652	2 278 783	999 838
十一、代理金融机构贷款				
其中：代理人行专项贷款				
十二、库存现金	20 462	1 943	18 519	8 839
十三、外汇占款	-33 773	-36 748	2 975	11 562
资金运用总计	8 007 412	1 022 772	6 984 640	2 675 350

表3－18　中国民生银行总行营业部人民币信贷收支统计

单位：万元

资金来源项目	2005年		2004年	
	余额	比年初	余额	比年初
一、各项存款	11 277 130	2 285 937	8 991 193	1 939 088
1. 企业存款	8 047 835	1 287 178	6 760 657	1 305 234
（1）活期存款	4 178 450	538 745	3 639 705	696 074
（2）定期存款	3 869 385	748 433	3 120 952	609 160
2. 机关团体存款	181 424	151 586	29 838	－28 265
3. 储蓄存款	1 309 608	504 885	804 723	230 773
（1）活期储蓄	498 367	146 453	351 914	87 933
（2）定期储蓄	811 241	358 432	452 809	142 840
4. 农业存款				
5. 其他存款	1 738 263	342 288	1 395 975	431 346
二、代理财政性存款		－2 558	2 558	2 558
三、金融债券				
其中：政策性金融债券				
四、应付及暂收款	166 930	68 748	98 182	21 972
其中：应付及预提利息	115 079	53 586	61 493	12 388
五、卖出回购资产	50 000	－181 336	231 336	－590 284
六、向中央银行借款				
七、同业往来	1 156 262	142 382	1 013 880	－245 801
1. 同业存放	1 156 262	172 382	983 880	－275 801
2. 同业拆借		－30 000	30 000	30 000
八、行内资金往来				
九、委托存款及委托投资基金（净）				
1. 委托存款及委托投资基金	439 997	94 167	345 830	185 680
2. 减：委托贷款及委托投资	439 997	94 167	345 830	185 680
十、代理金融机构委托贷款基金				
其中：中央银行委托贷款基金				
十一、各项准备	90 660	－2 355	93 015	22 391
其中：贷款损失准备	90 480	－2 355	92 835	22 212
十二、所有者权益	178 745	64 668	114 055	46 544
其中：实收资本				
当年结益	178 745	178 745	113 689	113 689
十三、其他	401 103	－234 672	635 775	211 744
资金来源总计	13 320 830	2 140 814	11 179 994	1 408 212

续表

资金运用项目	2005 年		2004 年	
	余额	比年初	余额	比年初
一、各项贷款	8 692 572	1 161 755	7 530 817	2 049 703
1. 短期贷款	3 762 237	−77 419	3 839 656	878 750
（1）工业贷款	349 596	−350 245	699 841	166 327
（2）商业贷款	904 700	346 485	558 215	106 549
其中：收购贷款				
（3）建筑业贷款	78 000	73 000	5 000	5 000
（4）农业贷款				
（5）乡镇企业贷款				
（6）三资企业贷款	302 715	64 309	238 406	113 465
（7）私营企业及个体贷款	1 418 880	209 337	1 209 543	312 947
（8）其他短期贷款	708 346	−420 305	1 128 651	174 462
其中：个人短期贷款	17 905	−1 254	19 159	−13 804
2. 中长期贷款	4 020 973	670 495	3 350 478	1 325 225
（1）基本建设贷款	73 720	−28 747	102 467	−27 680
（2）技术改造贷款	1 400	−10 600	12 000	
（3）其他中长期贷款	3 945 853	709 842	3 236 011	1 352 905
其中：个人中长期贷款	1 900 692	518 414	1 382 278	725 331
3. 票据融资	909 362	568 679	340 683	−153 629
其中：贴现	909 362	568 679	340 683	−153 629
4. 各项垫款				−643
二、有价证券及投资	473 301	27 331	445 970	−7 523
三、应收及预付款	155 555	69 559	85 996	4 566
其中：应收利息	16 454	6 983	9 471	9 296
四、买入返售资产	172 592	−198 408	371 000	−660 086
五、存放中央银行准备金存款	390 433	238 051	152 382	−153 132
六、存放中央银行特种存款				
七、缴存中央银行财政性存款				
八、同业往来	401 877	−11 389	413 266	−376 962
1. 存放同业	225 077	−20 189	245 266	−395 962
2. 拆放同业	176 800	8 800	168 000	19 000
九、二级准备金	1 731 054	−81 971	1 813 025	564 295
十、行内资金往来	1 275 654	929 700	345 958	−10 159
十一、代理金融机构贷款				
其中：代理人行专项贷款				
十二、库存现金	26 201	5 284	20 917	4 318
十三、外汇占款	1 591	902	663	−6 808
资金运用总计	13 320 830	2 140 814	11 179 994	1 408 212

表3－19　北京银行人民币信贷收支统计

单位：万元

资金来源项目	2005年		2004年	
	余额	比年初	余额	比年初
一、各项存款	19 291 850	2 310 418	16 981 432	3 013 833
1. 企业存款	13 947 501	1 146 229	12 801 272	2 183 899
（1）活期存款	10 527 183	911 781	9 615 402	1 458 065
（2）定期存款	3 420 318	234 448	3 185 870	725 834
2. 机关团体存款	538 837	74 761	464 076	132 390
3. 储蓄存款	3 031 261	528 662	2 502 599	578 101
（1）活期储蓄	1 122 030	30 069	1 091 961	255 779
（2）定期储蓄	1 909 231	498 593	1 410 638	322 322
4. 农业存款		－1	1	－4
5. 其他存款	1 774 251	560 767	1 213 484	119 447
二、代理财政性存款	1	－6	7	－14 486
三、金融债券	350 000	350 000		
其中：政策性金融债券				
四、应付及暂收款	146 604	5 855	140 749	32 868
其中：应付及预提利息	61 574	16 542	45 032	7 711
五、卖出回购资产	100 000	－984 352	1 084 352	535 352
六、向中央银行借款				
七、同业往来	1 117 763	178 282	939 481	－288 504
1. 同业存放	1 117 763	178 282	939 481	－158 504
2. 同业拆借	-			－130 000
八、行内资金往来	631	287	344	344
九、委托存款及委托投资基金（净）	217 621	217 621		
1. 委托存款及委托投资基金	479 918	243 719	236 199	164 917
2. 减：委托贷款及委托投资	262 297	26 098	236 199	164 917
十、代理金融机构委托贷款基金				
其中：中央银行委托贷款基金				
十一、各项准备	270 290	94 020	176 270	94 872
其中：贷款损失准备	270 226	94 020	176 206	94 872
十二、所有者权益	945 682	208 758	736 924	137 198
其中：实收资本	502 756	148 870	353 886	59 183
当年结益	105 690	105 690	87 640	87 640
十三、其他	1 010 560	37 375	973 185	167 195
资金来源总计	23 451 002	2 418 258	21 032 744	3 678 672

续表

资金运用项目	2005年		2004年	
	余额	比年初	余额	比年初
一、各项贷款	11 762 908	1 048 876	10 714 032	2 790 792
1. 短期贷款	5 461 091	572 431	4 892 741	1 472 348
（1）工业贷款	642 070	199 552	441 807	302 373
（2）商业贷款	398 631	－4 061	404 890	－3 848
其中：收购贷款				
（3）建筑业贷款	318 046	63 988	291 969	142 703
（4）农业贷款	3 180	3 140		－800
（5）乡镇企业贷款	32 933	12 265	27 278	－5 997
（6）三资企业贷款	33 235	－12 888	46 339	－29 220
（7）私营企业及个体贷款	33 828	23 576	10 586	3 431
（8）其他短期贷款	3 999 168	286 859	3 669 872	1 063 706
其中：个人短期贷款	4 501	－1 847	6 349	－1 201
2. 中长期贷款	4 724 110	788 303	3 931 726	200 213
（1）基本建设贷款	1 232 764	385 370	845 095	－132 880
（2）技术改造贷款	26 155	－76 345	102 500	47 281
（3）其他中长期贷款	3 465 191	479 278	2 984 131	285 812
其中：个人中长期贷款	1 201 839	－176 891	1 378 726	125 207
3. 票据融资	1 577 388	－312 177	1 889 565	1 118 231
其中：贴现	1 577 388	－309 327	1 886 715	1 115 381
4. 各项垫款	319	319		
二、有价证券及投资	5 623 933	1 576 148	4 047 785	429 694
三、应收及预付款	52 583	－149 000	201 583	－15 819
其中：应收利息	4 611	3 093	1 518	－8 702
四、买入返售资产	601 490	－133 036	734 526	－1 167 549
五、存放中央银行准备金存款	2 476 467	－639 481	3 115 948	1 691 314
六、存放中央银行特种存款				
七、缴存中央银行财政性存款	789	－84	873	873
八、同业往来	1 414 989	564 991	849 998	－274 856
1. 存放同业	1 340 308	536 734	803 574	－44 756
2. 拆放同业	74 681	28 257	46 424	－230 100
九、二级准备金	1 410 268	140 518	1 269 750	206 958
十、行内资金往来				－211
十一、代理金融机构贷款				
其中：代理人行专项贷款				
十二、库存现金	84 664	8 341	76 323	17 736
十三、外汇占款	22 911	985	21 926	－260
资金运用总计	23 451 002	2 418 258	21 032 744	3 678 672

表3－20 北京农村商业银行人民币信贷收支统计

单位：万元

资金来源项目	2005年		2004年	
	余额	比年初	余额	比年初
一、各项存款	10 891 806	1 584 349	9 307 466	1 041 811
1. 企业存款	874 776	241 655	633 121	106 939
（1）活期存款				
（2）定期存款	874 776	241 655	633 121	106 939
2. 机关团体存款	15 723	5 151	10 572	2 193
3. 储蓄存款	5 086 842	791 320	4 295 522	624 857
（1）活期储蓄	1 475 503	267 964	1 207 539	207 114
（2）定期储蓄	3 611 339	523 356	3 087 983	417 743
4. 农业存款	4 855 765	528 317	4 327 457	282 664
5. 其他存款	58 700	17 906	40 794	25 158
二、代理财政性存款	1	1		-91
三、金融债券				
其中：政策性金融债券				
四、应付及暂收款	319 162	33 635	258 554	-16 065
其中：应付及预提利息	218 929	28 086	188 483	12 339
五、卖出回购资产	640 000	640 000		
六、向中央银行借款		-20 000	20 000	3 000
七、同业往来	698 132	-315 058	1 013 190	-992 826
1. 同业存放	698 132	604 942	93 190	-1 335 826
2. 同业拆借		-920 000	920 000	343 000
八、委托存款及委托投资基金（净）	42	-36	272	256
1. 委托存款及委托投资基金	622	-166	982	221
2. 减：委托贷款及委托投资	580	-130	710	-35
九、代理金融机构委托贷款基金		-194		
其中：中央银行委托贷款基金				
十、各项准备	157 026	72 727	84 096	19 978
其中：贷款损失准备	157 026	72 727	84 096	19 978
十一、所有者权益	641 162	343 915	316 950	93 023
其中：实收资本	507 505	355 221	152 284	52 008
当年结益	74 922	74 922	57 965	57 965
十二、其他	-678 632	-181 084	-248 245	-109 071
资金来源总计	12 668 699	2 158 255	10 752 283	40 015

续表

资金运用项目	2005 年		2004 年	
	余额	比年初	余额	比年初
一、各项贷款	5 571 187	949 725	4 863 517	-410 464
1. 短期贷款	4 222 934	482 837	4 461 784	760 048
（1）工业贷款				
（2）商业贷款				
其中：收购贷款				
（3）建筑业贷款				
（4）农业贷款	409 323	84 349	429 058	4 266
（5）乡镇企业贷款	2 802 692	117 537	2 767 454	266 959
（6）三资企业贷款				
（7）私营企业及个体贷款				
（8）其他短期贷款	1 010 919	280 952	1 265 272	488 823
其中：个人短期消费贷款				
2. 中长期贷款	1 219 512	360 892	378 988	-12 992
（1）基本建设贷款				
（2）技术改造贷款				
（3）其他中长期贷款	1 219 512	360 892	378 988	-12 992
其中：个人中长期消费贷款	826 582	330 006		
3. 票据融资	127 819	105 074	22 745	-1 157 520
其中：贴现	127 819	105 074	22 745	-1 157 520
4. 各项垫款	922	922		
二、有价证券及投资	3 088 394	-247 136	3 335 530	928 739
三、应收及预付款	43 749	15 317	28 216	-3 216
其中：应收利息	28 438	16 260	12 178	-1 299
四、买入返售资产		-594 101	594 101	594 101
五、存放中央银行准备金存款	1 168 836	87 773	1 081 063	309 036
六、存放中央银行特种存款				
七、缴存中央银行财政性存款				
八、同业往来	2 719 203	1 930 545	788 658	-1 387 832
1. 存放同业	2 716 971	1 930 545	786 426	-1 296 032
2. 拆放同业	2 232		2 232	-91 800
九、代理金融机构贷款				
其中：代理人行专项贷款				
十、库存现金	77 330	16 132	61 198	9 651
十一、外汇占款				
资金运用总计	12 668 699	2 158 255	10 752 283	40 015

表3－21　北京市邮政储汇局储蓄存款统计

单位：万元

项目名称	2005年		2004年	
	余额	比年初	余额	比年初
一、活期储蓄存款	1 661 632	266 559	1 395 073	200 487
二、定期储蓄存款	2 141 250	350 686	1 790 564	156 715
合　　计	3 802 882	617 245	3 185 637	357 202

表3－22　北京市信托投资公司人民币信贷收支统计

单位：万元

资金来源项目	2005年		2004年	
	余额	比年初	余额	比年初
一、各项存款	99 879	－27 588	127 467	116 841
1. 信托存款	99 879	99 879		
2. 委托存款		－127 467	127 467	116 841
（1）委托存款		－126 183	126 183	115 623
（2）委托投资基金		－1 284	1 284	1 218
3. 保证金存款				
4. 其他存款				
二、金融债券				
三、应付及暂收款	19 756	－18 786	38 542	－18 276
其中：应付及预提利息	93	－1 061	1 154	－187
四、长期借款				
五、证券业务款项				
六、卖出回购资产	45 000	－5 000	50 000	－12 528
七、向中央银行借款				
八、同业往来	67 000	－5 600	72 600	－42 300
1. 同业存放				
2. 同业拆借	67 000	－5 600	72 600	－42 300
九、代理金融机构贷款基金				
其中：央行委托贷款基金				
十、各项准备	2 916	－213	3 129	2 102
其中：贷款损失准备	1 403	－249	1 652	625
十一、所有者权益	180 865	40 674	138 172	35 449
其中：实收资本	170 726	45 000	125 726	30 000
当年结益	11 303	11 303	7 689	7 689
十二、其他	－3 264	－19 439	16 175	－1 203
资金来源合计	412 152	－35 952	446 085	80 085

续表

资金运用项目	2005 年		2004 年	
	余额	比年初	余额	比年初
一、各项贷款	170 990	−29 986	200 976	145 216
1. 信托贷款	170 990	96 083	74 907	28 450
其中：中长期贷款	20 000		20 000	12 171
2. 委托贷款		−126 069	126 069	116 766
3. 抵押贷款				
4. 票据融资				
其中：贴现				
5. 融资租赁				
6. 各项垫款				
7. 其他贷款				
二、委托投资	55	−1 229	1 284	1 218
三、投　　资	138 739	−1 859	140 598	8 104
1. 短期投资	30 000	−27 355	57 355	−19 681
2. 长期投资	108 739	25 496	83 243	27 785
四、应收及预付款	62 994	30 246	32 748	−6 536
其中：应收利息	173	−2 049	2 222	2 222
五、证券业务占款				
六、经营租赁				
七、买入返售资产				
八、缴存央行准备金存款	14	−9	23	−70
九、存放央行特种存款				
十、同业往来	9 107	−10 939	20 046	−66 016
1. 存放同业	9 107	−10 939	20 046	−36 016
2. 拆放同业				−30 000
十一、代理金融机构贷款				
其中：代理人行专项贷款				
十二、库存现金	5	−4	9	4
十三、外币占款	30 248	−22 172	50 401	−1 835
资金运用合计	412 152	−35 952	446 085	80 085

表3-23 北京市财务公司人民币信贷收支统计

单位：万元

资金来源项目	2005年		2004年	
	余额	比年初	余额	比年初
一、各项存款	262 958	250 533	12 425	-2 826
1. 企业存款	229 258	216 833	12 425	-2 826
（1）活期存款	224 838	214 833	10 005	-2 826
（2）定期存款	4 420	2 000	2 420	
2. 机关团体存款				
3. 委托存款及投资基金	33 700	33 700		
（1）委托存款	33 700	33 700		
（2）委托投资基金				
4. 信托存款				
5. 保证金存款				
6. 其他存款				
二、金融债券				
三、应付及暂收款	16 222	615	15 607	5 000
其中：应付及预提利息	18	18		
四、长期借款				
五、证券业务占款				
六、卖出回购资产	52 801	52 800	1	
七、向中央银行借款	810		810	-60
八、同业往来	15 252		15 252	
1. 同业存放	2 450		2 450	
2. 同业拆借	12 802		12 802	
九、代理金融机构贷款基金				
其中：中央银行委托贷款基金				
十、各项准备	302		302	
其中：贷款损失准备	302		302	
十一、所有者权益	63 615	60 564	3 051	-399
其中：实收资本	65 000	60 000	5 000	
当年结益	5 934	5 934	-373	-373
十二、其他	10 207	9 865	342	-184
资金来源总计	422 167	374 377	47 790	1 531

续表

资金运用项目	2005 年		2004 年	
	余额	比年初	余额	比年初
一、各项贷款	348 056	332 458	15 598	-2 581
1. 短期贷款	112 266	99 088	13 178	-2 581
（1）工业贷款	100 200	100 200		
（2）商业贷款				
（3）其他短期贷款	12 066	-1 112	13 178	-2 581
2. 中长期贷款	198 180	198 180		
3. 委托贷款	36 120	33 700	2 420	
4. 信托贷款				
其中：中长期信托贷款				
5. 抵押贷款				
6. 票据融资	1 490	1 490		
其中：贴现	1 490	1 490		
7. 融资租赁				
8. 各项垫款				
二、委托投资				
三、投资				
1. 短期投资				
2. 长期投资				
四、应收及预付款	31 403	122	31 281	4 170
其中：应收利息	9 179		9 179	-827
五、证券业务占款				
六、经营租赁				
七、买入返售资产				
八、存放中央银行准备金存款	25 513	24 629	884	-60
九、存放中央银行特种存款				
十、同业往来	17 192	17 168	24	
1. 存放同业	17 192	17 168	24	
2. 拆放同业				
十一、代理金融机构贷款				
其中：代理人行专项贷款				
十二、现金	3		3	2
十三、外汇占款				
资金运用总计	422 167	374 377	47 790	1 531

表3－24　2005年北京市中资银行外汇信贷收支情况统计（一）

单位：万美元

资金来源项目	工商银行	农业银行	中国银行	建设银行
一、各项存款	403 435	99 932	574 330	195 200
1. 单位活期存款	29 681	12 867	81 049	49 134
其中：中资企业存款	29 150	12 867	81 049	6 752
外商投资企业存款				41 576
2. 单位定期存款	45 882	68 461	57 382	40 708
其中：中资企业存款	30 339		56 256	35 366
外商投资企业存款				4 563
3. 储蓄存款	267 480	12 111	426 224	54 597
其中：定期存款	233 992	7 962	318 620	42 689
4. 其他类存款	60 392	6 493	9 675	50 079
5. 境外存款				682
二、境内中长期筹资				
三、卖出回购资产				
四、境外筹资	6 814			3 766
五、向中央银行借款				
六、中央银行存款				
七、应付及暂收款	6 888	2 051	12 889	1 076
其中：应付及预提利息	1 289	148	8 308	
八、同业存放	34 309	20 244	43 871	14 501
（1）境内同业存放	34 309	20 191	43 731	14 501
（2）境外同业存放		53	140	
九、同业拆入				
（1）境内同业拆入				
（2）境外同业拆入				
十、委托基金存款（净）				
十一、外汇买卖	1 581	742	－9 869	
其中：结售汇		742	－9 871	
十二、境内联行存放				
十三、境外联行存放				
十四、各项准备	191	135	5 111	
其中：贷款呆账准备金	191	135	5 022	
十五、所有者权益	11 346	1 124	16 032	1 494
其中：实收资本				
当年结益	11 346	1 124	16 032	1 494
十六、其他	－99 110	－106 783	－449 609	－104 978
资金来源总计	365 454	17 445	192 755	111 059

续表

资金运用项目	工商银行	农业银行	中国银行	建设银行
一、各项贷款	316 574	9 784	148 073	103 853
1. 短期贷款	139 573	3 954	56 730	18 462
（1）境内短期贷款	139 573	3 954	56 730	18 462
其中：中资企业贷款	139 573		51 320	18 162
其中：外商投资企业贷款			5 410	300
（2）境外短期贷款				
2. 中长期贷款	152 269	4	82 930	78 737
（1）境内中长期贷款	152 269	4	82 930	78 737
其中：中资企业贷款	148 969		24 153	60 117
外商投资企业贷款			6 544	17 315
（2）境外中长期贷款				
3. 进出口贸易融资	17 901	4 544	293	3 000
4. 票据融资	73	302		35
其中：贴现		286		
5. 各项垫款		851		
6. 境外筹资转贷款	6 758	129	8 120	3 619
二、投资	17 355		1 385	
1. 购买有价证券	17 355			
其中：购买境外有价证券	17 355			
2. 其他投资			1 385	
其中：投资境外				
三、应收及预付款	519	1 571	10 407	582
其中：应收及预付利息			9 931	43
四、买入返售资产				
五、存放中央银行	1 522	860	759	867
其中：缴存准备金				867
六、存放同业	22 216	270	20 000	2 256
（1）存放境内同业	12 730	270	20 000	2 256
（2）存放境外同业	9 486			
七、拆放同业	2 816	3 762		
（1）拆放境内同业		3 762		
（2）拆放境外同业	2 816			
八、存放境内联行	108 945	113 453	455 747	106 347
九、存放境外联行			1 494	
十、库存现金	4 452	1 198	10 637	3 501
资金运用总计	365 454	17 445	192 755	111 059

表3－25　2005年北京市中资银行外汇信贷收支情况统计（二）

单位：万美元

资金来源项目	开发银行	进出口银行	交通银行	招商银行
一、各项存款	65	163 864	210 533	127 798
1. 单位活期存款	65	142 986	11 957	10 689
其中：中资企业存款	65		1 658	10 160
外商投资企业存款			6	524
2. 单位定期存款		200	135 894	6 643
其中：中资企业存款			135 637	6 569
外商投资企业存款			257	74
3. 储蓄存款			51 155	77 456
其中：定期存款			26 728	29 480
4. 其他类存款		5 273	11 527	33 010
5. 境外存款		15 405		
二、境内中长期筹资				
三、卖出回购资产				
四、境外筹资				
五、向中央银行借款				
六、中央银行存款				
七、应付及暂收款		238	15 607	1 830
其中：应付及预提利息		237	710	639
八、同业存放		94	9 680	6 605
（1）境内同业存放			9 680	6 605
（2）境外同业存放		94		
九、同业拆入				
（1）境内同业拆入				
（2）境外同业拆入				
十、委托基金存款（净）			13	－16 119
十一、外汇买卖	－6			－4
其中：结售汇				
十二、境内联行存放	365 742	36 598		
十三、境外联行存放				
十四、各项准备			1 008	902
其中：贷款呆账准备金			1 008	902
十五、所有者权益	850	2 234	2 442	1 108
其中：实收资本				
当年结益	799	2 234	2 442	1 909
十六、其他		2 138	－128 414	－54 661
资金来源总计	366 651	205 166	110 869	67 459

续表

资金运用项目	开发银行	进出口银行	交通银行	招商银行
一、各项贷款	364 325	201 405	94 803	55 015
1. 短期贷款			37 834	13 960
（1）境内短期贷款			37 834	13 960
其中：中资企业贷款			34 103	13 960
其中：外商投资企业贷款			3 731	
（2）境外短期贷款				
2. 中长期贷款	301 228	13 101	27 147	3 174
（1）境内中长期贷款	301 228		27 147	3 174
其中：中资企业贷款	271 722		23 204	1 300
外商投资企业贷款				
（2）境外中长期贷款		13 101		
3. 进出口贸易融资		188 304	25 284	37 874
4. 票据融资			108	1
其中：贴现			53	
5. 各项垫款				6
6. 境外筹资转贷款	63 097		4 430	
二、投资				
1. 购买有价证券				
其中：购买境外有价证券				
2. 其他投资				
其中：投资境外				
三、应收及预付款	2 326	264	11 066	276
其中：应收及预付利息	2 326	263		276
四、买入返售资产				
五、存放中央银行		6	1 107	1 435
其中：缴存准备金				
六、存放同业		3 491	2 285	9 841
（1）存放境内同业		3 491	1 052	8 700
（2）存放境外同业			1 233	1 141
七、拆放同业				
（1）拆放境内同业				
（2）拆放境外同业				
八、存放境内联行			133 589	54 662
九、存放境外联行			65	
十、库存现金			1 543	892
资金运用总计	366 651	205 166	110 869	67 459

表3-26　2005年北京市中资银行外汇信贷收支情况统计（三）

单位：万美元

资金来源项目	浦发银行	广发银行	深发银行	兴业银行
一、各项存款	13 012	16 279	17 994	17 580
1. 单位活期存款	1 220	4 569	3 349	2 404
其中：中资企业存款	554	18	1 964	180
外商投资企业存款	311	1 611	1 385	819
2. 单位定期存款	2 587	1 921	13 001	10 479
其中：中资企业存款		790	13 001	2 476
外商投资企业存款		46		111
3. 储蓄存款	7 210	4 691	745	1 816
其中：定期存款	4 027	3 797	510	1 109
4. 其他类存款	1 986	5 098	899	2 881
5. 境外存款	9			
二、境内中长期筹资				
三、卖出回购资产				
四、境外筹资				
五、向中央银行借款				
六、中央银行存款				
七、应付及暂收款	3 041	334	531	59
其中：应付及预提利息	125	324	521	43
八、同业存放	1 026	21		1 375
（1）境内同业存放	1 026	21		1 375
（2）境外同业存放				
九、同业拆入				
（1）境内同业拆入				
（2）境外同业拆入				
十、委托基金存款（净）				
十一、外汇买卖	210	1 287		
其中：结售汇	208	1 359		
十二、境内联行存放				
十三、境外联行存放				
十四、各项准备		17		-26
其中：贷款呆账准备金		17		-26
十五、所有者权益	477	499	133	217
其中：实收资本				
当年结益	477	499	133	217
十六、其他	-1 126	-10 376	-7 648	-16 118
资金来源总计	16 640	8 061	11 010	3 087

续表

资金运用项目	浦发银行	广发银行	深发银行	兴业银行
一、各项贷款	12 515	5 833	4 807	2 609
1. 短期贷款	4 650	2 665		1 963
（1）境内短期贷款	4 650	2 665		1 963
其中：中资企业贷款	4 650	17		1 963
其中：外商投资企业贷款				
（2）境外短期贷款				
2. 中长期贷款	4 760	478		
（1）境内中长期贷款	4 760	478		
其中：中资企业贷款	3 135			
外商投资企业贷款				
（2）境外中长期贷款				
3. 进出口贸易融资	3 105	2 690	4 807	646
4. 票据融资				
其中：贴现				
5. 各项垫款				
6. 境外筹资转贷款				
二、投资			3 333	
1. 购买有价证券			3 333	
其中：购买境外有价证券			3 333	
2. 其他投资				
其中：投资境外				
三、应收及预付款	2 691	389	499	5
其中：应收及预付利息			90	5
四、买入返售资产				
五、存放中央银行	198		81	186
其中：缴存准备金	198		81	
六、存放同业	536	1 412	2 154	13
（1）存放境内同业	536	1 035	2 036	13
（2）存放境外同业		377	118	
七、拆放同业				
（1）拆放境内同业				
（2）拆放境外同业				
八、存放境内联行	2 497	10 876	7 648	16 118
九、存放境外联行				
十、库存现金	700	427	136	274
资金运用总计	16 640	8 061	11 010	3 087

表3－27　2005年北京市中资银行外汇信贷收支情况统计（四）

单位：万美元

资金来源项目	中信银行	光大银行	华夏银行	民生银行
一、各项存款	461 771	62 418	28 761	114 216
1. 单位活期存款	160 632	8 514	5 652	9 644
其中：中资企业存款	9 871	4 267	189	1 889
外商投资企业存款	15 895		2 790	2 637
2. 单位定期存款	256 195	24 473	14 674	64 412
其中：中资企业存款	150 031	1 778	11 550	64 412
外商投资企业存款	11 784		3 086	
3. 储蓄存款	19 272	21 974	4 396	38 796
其中：定期存款	15 828	20 438	3 553	34 584
4. 其他类存款	24 637	7 457	4 033	1 364
5. 境外存款	1 035		6	
二、境内中长期筹资				
三、卖出回购资产				
四、境外筹资			1 255	
五、向中央银行借款				
六、中央银行存款				
七、应付及暂收款	4 568	1 049	1 859	1 927
其中：应付及预提利息	1 712	515	218	1 892
八、同业存放	12 076	4 945	13 174	36 891
（1）境内同业存放	12 073	4 945	13 174	36 891
（2）境外同业存放	3			
九、同业拆入				
（1）境内同业拆入				
（2）境外同业拆入				
十、委托基金存款（净）				
十一、外汇买卖	－7 395		－4 181	209
其中：结售汇	－6 274		－4 185	72
十二、境内联行存放				
十三、境外联行存放				
十四、各项准备	5 201	160	1 583	437
其中：贷款呆账准备金	4 564	160	1 583	437
十五、所有者权益	－130	231	490	979
其中：实收资本				
当年结益	4 666	231	490	979
十六、其他	－283 113	－47 789	－15 818	－103 829
资金来源总计	192 978	21 014	27 123	50 830

续表

资金运用项目	中信银行	光大银行	华夏银行	民生银行
一、各项贷款	60 417	16 132	21 990	43 453
1. 短期贷款	18 982	3 861	2 651	14 548
（1）境内短期贷款	18 982	3 861	2 651	14 548
其中：中资企业贷款	900	3 861	2 151	10 795
其中：外商投资企业贷款	68			3 000
（2）境外短期贷款				
2. 中长期贷款	32 182	1 950	13 174	16 430
（1）境内中长期贷款	11 576	1 950	13 174	16 430
其中：中资企业贷款	4 947			
外商投资企业贷款				
（2）境外中长期贷款	20 606			
3. 进出口贸易融资	6 631	10 320	6 165	11 810
4. 票据融资	1 917			665
其中：贴现	1 867			665
5. 各项垫款	682	1		
6. 境外筹资转贷款	23			
二、投资	1 138	121		
1. 购买有价证券	742			
其中：购买境外有价证券	742			
2. 其他投资	396	121		
其中：投资境外	214			
三、应收及预付款	8 857	268	436	230
其中：应收及预付利息	260	256	21	197
四、买入返售资产	5 388			
五、存放中央银行	1 101	171	3 311	
其中：缴存准备金				
六、存放同业	114 545	3 615	579	6 297
（1）存放境内同业	112 988	3 615	579	6 297
（2）存放境外同业	1 557			
七、拆放同业	100	286		
（1）拆放境内同业	100	286		
（2）拆放境外同业				
八、存放境内联行	429 839	48 262	15 823	102 197
九、存放境外联行				
十、库存现金	1 432	421	807	850
资金运用总计	192 978	21 014	27 123	50 830

表3－28　北京银行外汇信贷收支统计

单位：万美元

资金来源项目	2005年		2004年	
	余额	比年初	余额	比年初
一、各项存款	73 337	5 669	67 668	24 241
1. 单位活期存款	8 047	－1 804	9 851	－326
其中：中资企业存款	3 588	－2 781	6 369	－142
外商投资企业存款	2 994	797	2 197	－278
2. 单位定期存款	34 790	5 652	29 138	8 026
其中：中资企业存款	21 878	20 145	1 733	－4 266
外商投资企业存款	4 248	1 558	2 690	－1 591
3. 储蓄存款	27 975	6 024	21 951	11 754
其中：定期存款	25 153	5 095	20 058	10 938
4. 其他类存款	2 525	－4 203	6 728	4 792
5. 境外存款				－5
二、境内中长期筹资				
三、卖出回购资产				
四、境外筹资				
五、向中央银行借款				
六、中央银行存款				
七、应付及暂收款	628	－70	698	－209
其中：应付及预提利息	205	74	131	5
八、同业存放	29 578	9 504	20 074	－193
（1）境内同业存放	29 578	9 504	20 074	－193
（2）境外同业存放				
九、同业拆入	2 406	－1 991	4 397	2 355
（1）境内同业拆入	2 406	－1 991	4 397	2 355
（2）境外同业拆入				
十、委托基金存款（净）				
十一、外汇买卖	2 865	52	2 813	175
其中：结售汇	2 839	84	2 755	5 194
十二、境内联行存放				
十三、境外联行存放				
十四、各项准备	616	－1	617	285
其中：贷款呆账准备金	616	－1	617	285
十五、所有者权益	1 851	1 341	510	－139
其中：实收资本				
当年结益	1 851	1 851	510	510
十六、其他	14 775	7 815	6 960	－40
资金来源总计	126 056	22 319	103 737	26 475

续表

资金运用项目	2005年		2004年	
	余额	比年初	余额	比年初
一、各项贷款	29 451	－328	29 779	－1 327
1. 短期贷款	8 046	2 160	5 886	－2 694
（1）境内短期贷款	8 046	2 160	5 886	－2 694
其中：中资企业贷款	8 046	2 160	5 886	－2 694
其中：外商投资企业贷款				
（2）境外短期贷款				
2. 中长期贷款	11 255	－1 579	12 834	1 218
（1）境内中长期贷款	11 255	－1 579	12 834	1 218
其中：中资企业贷款	5 868	－906	6 774	1 508
外商投资企业贷款				
（2）境外中长期贷款				
3. 进出口贸易融资	4 664	－342	5 006	3 702
4. 票据融资	5 038	－562	5 600	－3 560
其中：贴现				
5. 各项垫款	448	－5	453	7
6. 境外筹资转贷款				
二、投资	40 014	22 752	17 262	897
1. 购买有价证券	40 014	22 752	17 262	897
其中：购买境外有价证券	8 014	－6 048	14 062	－2 303
2. 其他投资				
其中：投资境外				
三、应收及预付款	398	396	2	－20
其中：应收及预付利息	398	396	2	－20
四、买入返售资产				
五、存放中央银行	1 853	1 853		
其中：缴存准备金	1 853	1 853		
六、存放同业	51 771	21 279	30 492	7 802
（1）存放境内同业	48 654	20 145	28 509	6 325
（2）存放境外同业	3 117	1 134	1 983	1 477
七、拆放同业	1 500	－23 703	25 203	18 786
（1）拆放境内同业	1 500	－7 203	8 703	7 803
（2）拆放境外同业		－16 500	16 500	10 983
八、存放境内联行	1	1		
九、存放境外联行				
十、库存现金	1 069	70	999	337
资金运用总计	126 056	22 319	103 737	26 475

以上制表单位：人行营业管理部调查统计处。

表 3－29　2005 年 12 月 31 日北京市

单位名称	发卡量	借记卡	准贷记卡	贷记卡	其中，银联标识卡	其中，银联标准卡6字头	银行网点数	自助银行数	自助缴费终端		自助存款机数
									总数	其中，开通跨行转账	
邮储	5 660 114	5 660 114			2 724 883	745 361	470		40		
工行	10 483 939	10 280 191	193 561	10 187	7 265 926		531				
农行	6 253 394	6 170 868	72 250	10 276	5 205 248	35 223	362	7	100		
中行	3 548 997	2 946 139	443 853	159 005	2 421 511		221	36	153		
建行	7 518 228	7 288 606	229 622		4 171 174	332 233	338	38			65
交行	2 797 992	2 712 512	55	85 425	2 193 023	1 486 021	80	48	115	115	1
中信	1 119 637	1 077 579		42 058	900 708		29	28	29		27
光大	1 589 733	1 589 733					33	28	401		
华夏	854 816	854 816			414 281	56 769	34	30			25
民生	3 746 621	3 746 621			2 540 000			71	50		26
广发	604 469	285 194		319 275			23	27			23
深发	286 063	263 233		22 830	218 447	6 942	14				1
招行	2 945 408	2 945 408			575 208	950 298	31	36	124		21
兴业	700 279	700 279			688 496		22	2			
浦发	757 136	486 076	271 060		381 431	26 326	23	3	23		3
北京银行	3 207 818	3 207 818			11 310	3 195 758	119	37	430		29
廊坊商行	48 087	48 087				48 087	21	1			1
北京农村商行	1 522 011	1 522 011			1 522 011	1 522 011	696	1	139		
合计	53 644 742	51 785 285	1 210 401	649 056	31 233 657	8 405 029	3 047	393	1 604	115	222

注：1. 以上数据均由各银行上报数据汇总而成，截至2005 年年底的累计数据。

2. 直联商户数和直联POS 数按专业化公司提供。

银行卡发卡量和机具的时点统计

单位：张/个/台

自助存取款机			ATM 取款机情况				本行商户情况				直联商户情况	本行 POS 情况			直联POS 数
总数	其中，开通跨行转账	其中，受理外卡	总数	其中，入网数	其中，开通跨行转账	其中，受理外卡	总数	入网数	其中，受理外卡	其中，MIS 商户	直联结算商户	总数	其中，入网数	其中，受理外卡	
			182	182							2	199			2
30			1 248	1 248		801	4 245	4 245		18	1 045	8 051	8 051	4 990	1 293
27			532	532		205	535	535	2 950	2	4 939	708	708	3 716	6 505
			346	346		346	7 696	7 696	7 696	6	407	10 539	10 539	10 539	581
			552	552		552	4 305	4 305	2 088	11	287	6 314	6 314	2 492	393
54	54	54	176	176	176	176	1 030	1 030	150		444	1 030	1 030	400	747
27	27		115	115	115		1 202	834	368	6	179	457	400	335	217
33	33		87	87	87		632	632			507				632
12	12		205	205	205		479	479	6		433	62	62	18	854
50	50	50	170	170	170	170	100	100			701	255	255		861
23	23	23	28	28	28	28	2	2			321	23			359
			43	43	43						216				335
83			192	192		192	351	351			1 148	1 268	1 268		1 618
2			73	73	73						240				471
19	19	19	38	38	38	38	89	89			164	90	90		232
			305	305	305	247	87	87		3	524	977	977	52	691
			25	25							31				46
			312	312	312						1 575				2 023
360	218	146	4 629	4 629	1 552	2 755	20 753	20 385	13 258	46	13 163	29 973	29 694	22 542	17 860

制表单位：中国银联北京分公司。

表3－30　2005年中国人民银行发行普通纪念币一览表

序号	名称	发行日期	材质	直径（mm）	面值（元）	图案		铸造数量（万枚）
						正面	背面	
1	2005年贺岁普通纪念币	2005年1月26日	黄铜合金	25	1	“中国人民银行”行名、“1元”和汉语拼音字母“YIYUAN”字样及“2005”年号	身穿中国传统服饰的儿童左手提着装有两只雏鸡的篮子，右手举着一只蚂蚱，下方为一只母鸡。左侧为写有“满堂福”的迎春灯笼，右下方为“乙酉”字样	1 000
2	世界文化遗产——丽江古城普通纪念币	2005年5月12日	黄铜合金	30	5	主景为国徽，内缘下方刊“中华人民共和国”国名和“2005”年号	主景为随地势高低而就、错落有致的丽江古城，背景为玉龙雪山，内缘上方刊“5元”字样，内缘下方刊“世界文化遗产丽江古城”字样	800
3	世界文化遗产——青城山与都江堰普通纪念币	2005年5月12日	黄铜合金	30	5	主景为国徽，内缘下方刊“中华人民共和国”国名和“2005”年号	主景为都江堰水利工程主体部分之一——宝瓶口，背景为鱼嘴分水堤等建筑，内缘左方刊“世界文化遗产青城山与都江堰”字样，右方刊“5元”字样	800
4	陈云诞辰100周年普通纪念币	2005年6月13日	钢芯镀镍	25	1	主图案为上海青浦陈云故居，内缘上方刊“中华人民共和国”国名，内缘下方依次刊“上海青浦陈云故居”、“壹圆”和“2005”字样	主图案为陈云同志头像，内缘上方刊“陈云诞辰100周年”及“1905～2005”字样	1 000
5	中国宝岛台湾——敬字亭普通纪念币	2005年10月28日	黄铜合金	30	5	主景为国徽，内缘上方刊“中华人民共和国”国名，内缘下方刊“2005”年号	主景图案为龙潭圣迹亭，四周的老树、相思林与之相互辉映，内缘左方刊“5元”字样，内缘下方刊“宝岛台湾——敬字亭”字样	1 000

制表单位：北京市钱币学会。

（四）机构、人员统计

表4－1 北京辖区内银行及其他金融机构数量与从业人员数量统计

2005年12月31日

单位：人/机构（个）

机构名称	合计	分行级（含总行营业部）	支行级（含分行营业部）	分理处	储蓄所	职工人数
金融机构合计	3 368	163	1 191	846	1 168	60 723
金融管理机构		4				798
人行营业管理部		1				486
北京银监局		1				202
北京证监局		1				74
北京保监局		1				36
国有商业银行	1 566	4	561	304	697	34 656
工商银行	635	1	129	157	348	13 607
农业银行	363	1	97	139	126	6 613
中国银行	221	1	204	2	14	4 517
建设银行	347	1	131	6	209	9 919
政策性银行	18	5	13	0	0	672
国家开发银行	2	2	0	0	0	
进出口银行	1	1	0	0	0	
农业发展银行	15	2	13	0	0	409
股份制商业银行	458	11	431	16	0	20 850
交通银行	82	1	65	16	0	2 316
中信实业	29	1	28	0	0	1 028
光大银行	35	1	34	0	0	919
华夏银行	35	1	34	0	0	944
广发银行	24	1	23	0	0	697
深发银行	14	1	13	0	0	460
招商银行	32	1	31	0	0	1 408
浦发银行	24	1	23	0	0	747
兴业银行	23	1	22	0	0	477

续表

机构名称	合计	分行级（含总行营业部）	支行级（含分行营业部）	分理处	储蓄所	职工人数
民生银行	41	1	40	0	0	1 328
北京银行	119	1	118	0	0	3 616
农村商业银行	693	1	166	526	0	6 910
北京邮政储汇局	488	1	16	0	471	3 747
信托公司	2	2	0	0	0	
财务公司	15	15	0	0	0	
资产管理公司	4	4	0	0	0	
外资银行	29	25	4	0	0	
外资银行代表处	79	79	0	0	0	
外资非银行代表处	13	13	0	0	0	
汽车金融公司	3	3				

注：① 分行含市信用联社，支行含区信用联社、信用社，分理处含信用社分社，储蓄所含邮政储蓄网点。

② 本表根据北京银监局“2004 年 12 月 31 日”北京辖内银行及其他金融机构数量与从业人员数量统计，并参考各金融机构业务综述整理。

表 4－2 北京辖区内证券机构数量与从业人员数量统计

2005 年 12 月 31 日

单位：人/机构（个）

机构类别	机构数量	从业人员数量	投资者数量
证券公司	14		
证券营业部	171		
证券服务部	14		
基金管理公司	10		
基金分公司	24		
投资咨询机构	21		
外资代表处	41		
期货经纪公司	20		
期货经纪公司营业部	30		
上市公司	83		
合计		6 000	1 613 600

注：本表数字由北京证监局提供。

表 4－3　北京辖区内保险机构数量与从业人员数量统计

2005 年 12 月 31 日

单位：人/机构（个）

机构类别	机构数量	公司职工	保险营销员
产险公司北京分公司	14		
寿险公司北京分公司	21		
外资再保险北京分公司	2		
政策性保险公司营业部	1		
寿险公司总公司	6		
中介机构	227		
兼业代理机构	5 800		
合计		12 198	45 022

注：本表数字由北京保监局提供。

九、附　　录

（一）北京市中资银行、证券、保险机构名录

（截至2005年12月31日）

1. 金融管理机构

中国人民银行营业管理部

主　任：韩　平（女）
副主任：刘春明
韩世群
李文辉（11月4日免，另有任用）
纪委书记、监察专员：温克勤
监管专员：杨伟中
助理巡视员：单强（7月29日任）
地　址：北京市西城区月坛南街79号
邮　编：100045
电　话：68559027
传　真：68559023

国家外汇管理局北京外汇管理部

主　任：韩　平（女）
副主任：刘春明
地　址：北京市海淀区莲花池东路39号西金大厦
邮　编：100036
电　话：63988081
传　真：68559914

中国银行业监督管理委员会北京监管局

局　长：王兆星（12月15日起兼任）
赖小民（12月15日免，另有任用）
副局长：于丛林
任永光
杨丽萍（女）
向世文
纪委书记：张中奇
地　址：北京市西城区金融大街26号金阳大厦
邮　编：100032
电　话：58391816
传　真：58391602

中国证券监督管理委员会北京监管局

局　长：张新文
副局长：孙才仁
王佰川
吴汉华（9月8日免）
局长助理：杨　琳
安青松（5月30日任）
地　址：北京市西城区金融大街33号B座10层
邮　编：100032
电　话：88088060
传　真：88088012

中国保险监督管理委员会北京监管局

局　长：丁小燕（女，11月11日任）
副局长：丁小燕（女，11月11日免）
傅安平（5月12日免）
朱　艺（女）
地　址：北京市西城区金融大街15号鑫茂大厦北楼10层
邮　编：100032
电　话：66553635
传　真：66060531

2. 银行

中国农业发展银行北京市分行

行　长：孔宪勇（12月23日免）
左　志（12月23日任）
副行长：左　志（12月23日免）
龚　超
陈小强
纪委书记：左　志（12月13日免）
龚　超（12月13日任，兼）
总行正厅级党风巡视员：蔡淑英
副行级巡视员：邓建平
地　址：北京市西城区月坛北街甲2号
邮　编：100045
电　话：68081842
传　真：68081036

中国工商银行股份有限公司北京市分行

行　长：李晓鹏（3月22日免）
易会满（3月22日任）
副行长：闫小平
孙德顺（12月13日免）
龚　萍（女）
沈如军
王金山
纪委书记兼工会主任：张友芬（女）
地　址：北京市西城区复兴门南大街2号（天银大厦B座）
邮　编：100031
电　话：66410055
传　真：66410579

中国农业银行北京市分行

行　长：李兴奇（1月17日免）
朱洪波（1月17日任）
副行长：闵　玮（女，1月17日免）
孟福增（1月17日免）
董福海
姜瑞斌（1月17日任）
纪委书记：李占才
行长助理：孙学文
陈英顺（女）
地　址：西城区展览馆路5号
邮　编：100037
电　话：68358266
传　真：68350495

中国银行股份有限公司北京市分行

行　长：赵世刚
副行长：赵　濛
肖　伟
梅非奇
总稽核：许金锹
行长助理：蒋月宝

地　址：北京市朝阳区雅宝路8号
邮　编：100020
电　话：65199988
传　真：65199368

中国建设银行股份有限公司北京市分行

行　长： 张　民
副行长： 曾见泽（6月10日免）
李卫平（8月19日任）
秦仁文
梁　军
方秋月
龚　毅
纪委书记： 董建恒
工会主任： 王若梅（女）
行长助理： 刘步其
北京总审计室总审计师兼主任： 赵克义
地　址：北京市宣武区宣武门西大街28号楼4门
邮　编：100053
电　话：63603664
传　真：63603656

交通银行股份有限公司北京分行

党委书记、行长： 王　滨
党委副书记、行长： 孙德顺（11月28日任）
党委副书记、副行长： 果雪英（女）
副行长： 高一兵（女，9月19日免）
刘建军
纪委书记： 果雪英（女，兼）
行长助理： 尹兆君（3月31日任）
杨　丽（女，3月31日任）
地　址：北京市西城区金融街33号通泰大厦A座
邮　编：100032
电　话：66101616
传　真：88086008

注：王滨同志于2005年11月28日孙德顺同志任职行长时已不再具体担任行长一职，正式免职文件于2006年1月23日下发。

招商银行股份有限公司北京分行

行　长： 尹凤兰（女）
副行长： 杨　宾
王　良
倪　纯
郭海霞（女）
行长助理： 李　锋
刘加隆
地　址：北京市西城区复兴门内大街156号A座
邮　编：100031
电　话：66426889
传　真：66426889

上海浦东发展银行股份有限公司北京分行

行　长： 刘　柳（女）
副行长： 李永昌
颜东明
行长助理： 杨式雷
郑　榕（女）
地　址：北京市东城区东四十条68号
邮　编：100007
电　话：84085556、84085557
传　真：84086499

广东发展银行股份有限公司北京分行

行　长：张庆修
副行长：江友青
　　　　刘福泉
　　　　赵　勇
　　　　蔡红兵
纪委书记：刘晓林
行长助理：徐兆胜
　　　　　张荣森
地　址：北京市东城区东单大华路2号
邮　编：100005
电　话：65269966
传　真：65266728

兴业银行北京分行

行　长：蒋云明
副行长：王青云（4月26日免）
　　　　薛鹤峰（2月7日免）
　　　　王国庆（5月31日任）
　　　　罗施毅（8月3日任）
　　　　俞　松（9月8日任）
纪委书记：王国庆（兼）
地　址：北京市朝阳区安贞西里三区11号
邮　编：100029
电　话：64429988
传　真：88392519

注：副行长梁平瑞于2004年11月25日免。

深圳发展银行北京分行

行　长：万安培（4月18日免）
　　　　赵文杰（6月16日任）
副行长：王新宇（4月5日免）
　　　　吴正章
　　　　王　玮
　　　　李上河
财务执行官：孙安琴（女，4月4日任）
行长助理：孙安琴（女，4月4日免）
　　　　　赵　建（7月20日任）
　　　　　黄洪博（9月25日任）
地　址：北京市西城区复兴门内大街158号远洋大厦F5
邮　编：100031
电　话：66421666
传　真：66421688

中信银行总行营业部

总经理：张　强
副总经理：张立明（6月6日免）
　　　　　孙建林
　　　　　李　冬（8月9日任）
总经理助理：沈国勇
　　　　　　杨　晓（女）
　　　　　　于　蓉（女）
　　　　　　李　欣（6月10日免）
总经济师：徐聿播（女）
地　址：北京市西城区金融大街甲27号投资广场A座
邮　编：100032
电　话：66219988
传　真：66211770

中国光大银行股份有限公司总行营业部

主　任：张华宇
副主任：周兆金（5月25日免）
　　　　陈金良

王　琳

袁临江（9月20日任）

韩学智（12月20日任）

地　址：北京市宣武门内大街1号

邮　编：100031

电　话：68567688

传　真：68567411

华夏银行股份有限公司总行营业部

总经理：叶望春

副总经理：涂　超（1月11日免）

李学平

李印波（9月1日任）

郭占彬（3月21日任）

刘小莉（女，8月16日任）

总经理助理：李印波（9月1日免）

地　址：北京市西城区金融大街11号

邮　编：100034

电　话：58598600

传　真：58598603

中国民生银行股份有限公司总行营业部

总 经 理：梁玉堂

副总经理：杨　毓

张金顺

肖瑞彦

刘娅玲（女）

师黎明

地　址：北京市西城区复兴门内大街2号

邮　编：100031

电　话：58560088

传　真：58560001

北京银行股份有限公司

董事长：阎冰竹

副董事长：史　元

行　长：严晓燕（女）

副行长：刘　琛（6月2日退休）

赵瑞安

刘建民

许宁跃（5月8日任）

侯德民（11月8日任）

地　址：北京市西城区复兴门内大街156号北京国际金融大厦D座

邮　编：100031

电　话：96169、66426500

传　真：66426519

北京农村商业银行股份有限公司（原北京市农村信用合作社联合社，2005年10月19日更名）

董事长、党委书记：赵济堃（10月13日任）

行长、副董事长、党委副书记：金维虹（10月13日任）

监事长：陈翰林（10月13日任）

纪委书记、党委副书记：任俊峰（9月23日任）

副行长：付东升（10月13日任）

姜　朝（10月13日任）

行长助理：王耀辉（10月20日任）

张　斌（10月20日任）

崔　钧（10月20日任）

地　址：北京市西城区阜成门内大街410号（2005年7月11日迁入该地址）

邮　编：100034

电　话：66506239

传　真：66051709

3. 非银行金融机构

北京国际信托投资有限公司

董 事 长：刘建华
副董事长、总经理：王晓龙
董事、纪检委书记：殷　捷
副董事长：杨　实
董　　事：吕凤春
董事、副总经理：肖　伟
副总经理：周瑞明
　　　　　肖丽娟（女，7月25日免）
董　　事：栾京亮
总经济师：时宝东
总会计师：吴　剑（女）
地　址：北京市朝阳区安定路5号北京金融信托大厦C座
邮　编：100029
电　话：64436553
传　真：64436551

中国银联股份有限公司北京分公司

总 经 理：宋汉石
副总经理：吴颖秋（女）
　　　　　韩　平
地　址：北京市宣武区右安门内新安南里甲1号
邮　编：100054
电　话：83554651
传　真：83522316

北京邮政储汇局

局　长：周毅明
书　记：戴　成
副局长：刘志军（女）
总工程师：徐兴晔（12月15日免）
总稽查：潘　虹（女）
地　址：北京市丰台区莲花池东路126号邮政信息大厦九层
邮　编：100055
电　话：63986666
传　真：63986805

中国华融资产管理公司北京办事处

总经理：徐肇宏
副总经理：付　颀
　　　　　郭京华
地　址：北京西城区阜成门内大街293号
邮　编：100034
电　话：66511186
传　真：66511257

中国长城资产管理公司北京办事处

总经理：张记山
副总经理：赵振江
　　　　　毛墨堂
　　　　　朱丽华（女，6月9日任）
地　址：北京市朝阳区朝外工体路东2号
邮　编：100020
电　话：65530318
传　真：65528808

中国东方资产管理公司北京办事处

总经理：张晓昌

副总经理： 丁　源（女）
李美英（女，5月26日免）
孙军建
地　址：北京市崇文区崇文门外大街44号
邮　编：100062
电　话：67165566
传　真：67177515

中国信达资产管理公司北京办事处

主　任： 左凤高
副主任： 张长意（6月1日任）
主任助理： 段晓军（12月5日免）
地　址：北京市朝阳区安华西里二区18号楼
邮　编：100011
电　话：64269951
传　真：64269951

4. 证券公司

中国银河证券有限责任公司北京管理部

总经理： 霍肖宇（女）
副总经理： 朱跃辉
地　址：北京市西城区月坛南街丙一号
邮　编：100045
电　话：68033583
传　真：68033570

首创证券有限责任公司

董事长： 俞昌建
总经理： 吴　涛
地　址：北京市朝阳区北辰东路8号辰运大厦三层
邮　编：100101
电　话：84975885
传　真：84976055

5. 保险公司

中国人民财产保险股份有限公司北京市分公司

总经理： 郭生臣（3月30日免）
王德地（3月30日任）
副总经理： 乔卫兵（1月26日免）
李　莎（女）
谷　伟（3月30日任）
冯建新（3月30日任，8月30日免）
纪委书记： 李　莎（女）
地　址：北京市东城区朝阳门北大街17号
邮　编：100010
电　话：58195001
传　真：58195008

中国人寿保险股份有限公司北京市分公司

总经理： 黄俊光
副总经理： 青　戈（9月12日免）
郑　成（9月12日免）
徐海峰（9月12日任）
杨爱萍（女）
梅国洪（3月免）
总经理助理： 王南生
方茂林（9月12日任）
车安兰（女，9月12日任）

督导员：孙　宁（女）
地　址：北京市朝阳区朝外市场街20号中保大厦
邮　编：100020
电　话：85615141
传　真：85615140

中国太平洋财产保险股份有限公司北京分公司

总经理：李宝利
副总经理：张世萍（女）
杨德晔
总经理助理：陈　辉
方　向
地　址：北京市西城区复兴门内大街158号远洋大厦F6层
邮　编：100031
电　话：66428888
传　真：66414787

中国太平洋人寿保险股份有限公司北京分公司

总经理：李洪林
副总经理：关海涛（9月1日任）
方雪梅（女，9月1日任）
王　文（4月27日免）
助理总经理：彭继延（9月13日任）
于卫红（女，9月13日任）
地　址：北京市西城区复兴门内大街158号远洋大厦F6层
邮　编：100031
电　话：66418855（总机）、66416085
传　真：66416141

中国平安财产保险股份有限公司北京分公司

总经理：骆　鹏（7月7日免）
刘　铮（7月7日任）
副总经理：李志静（女）
王小兵
张　明（10月19日任）
地　址：北京市西城区金融街23号
邮　编：100032
电　话：66210437
传　真：66210447

中国平安人寿保险股份有限公司北京分公司

总经理：朱仲群（1月31日免）
罗春风（2月1日任）
副总经理：张毅红（女）
李　静（女，4月20日免）
高　菁（3月6日免）
周爱工
总经理助理：姜　京（11月4日任）
谢爱华（女）
郭志勇
卢振宇
顾　昕（9月20日任）
王海涛（女，4月20日任）
地　址：北京市西城区金融街23号平安大厦
邮　编：100032
电　话：95511
传　真：66210510

新华人寿保险股份有限公司北京分公司

总经理： 刘亦工
副总经理： 孟朝霞（女，1月27日免）
王佰玲（女）
李志宣
曲延文（1月27日任）
地　址：北京市丰台区莲花池西里8号新华保险大厦
邮　编：100073
电　话：63903399（总机）、63903190
传　真：63958906

泰康人寿保险股份有限公司北京分公司

总经理： 苗　力（女）
副总经理： 王丽莉（女）
傅　华
王　洋
李　军（12月9日任）
助理总经理： 李建宁（女）
贺　莉（女，7月任）
地　址：北京市西城区复兴门内大街156号泰康人寿大厦
邮　编：100031
电　话：66428866
传　真：66426406

华泰财产保险股份有限公司北京分公司

总经理： 马鲁明（8月10日免）
张爱民（女，8月10日任）
总经理助理： 周勇刚（7月12日免，另有任用）
李　巍
齐小兵（11月29日任）
李建军（11月29日任）
袁　军（11月29日任）
地　址：北京市宣武区南滨河路1号高新大厦
邮　编：100055
电　话：63370088
传　真：63370081

太平保险有限公司北京分公司

总经理： 边　勇
副总经理： 黄　骏（5月16日免）
孙一鹤（女，11月10日任）
徐　瑛（女，5月25日任）
助理总经理： 彭　力
徐　瑛（女，5月25日免）
地　址：北京市海淀区北四环中路238号柏彦大厦6层
邮　编：100083
电　话：82326060
传　真：82335125

太平人寿保险有限公司北京分公司

总经理： 谢　忠
副总经理： 郑庆红（女，1月26日任）
白　平（女，3月2日任）
助理总经理： 周永政
地　址：北京市东长安街1号东方广场东方经贸城E3座五层
邮　编：100738
电　话：85185665
传　真：85180169

中国大地财产保险股份有限公司北京分公司

总经理：张淮利（女）
副总经理：刁粤生
毕　欣
彭　钊
地　址：北京市海淀区中关村南大街2号数码大厦B座16层
邮　编：100086
电　话：82515533
传　真：82512100

中华联合财产保险公司北京分公司

总经理：刘显龙
副总经理：王　钢
总经理助理：林　斌
地　址：北京市朝阳区安贞西里三区26号浙江大厦9层
邮　编：100029
电　话：64412800、64452612
传　真：64452504

天安保险股份有限公司北京分公司

总经理：袁定国
地　址：北京市海淀区西三环北路100号金玉大厦22层
邮　编：100037
电　话：68423636
传　真：68423700

华安财产保险股份有限公司北京分公司

总经理：谢　春（4月14日免）
梅雪松（5月25日任）
党委书记：李吉宁
副总经理：许光利（4月14日免）
乔　晟（3月25日任）
胡　毅（女，7月14日任）
李德新（9月15日任）
总经理助理：李云峰（9月15日免）
地　址：北京市东城区灯市口大街50号新中原大厦7层
邮　编：100006
电　话：65236288
传　真：65231160

永安财产保险股份有限公司北京分公司

总经理：苑　为
地　址：北京市朝阳区北三环东路28号易亨大厦15层
邮　编：100013
电　话：64405558
传　真：64405096

民生人寿保险股份有限公司北京分公司

负责人：吕林祥（9月26日主持工作）
副总经理：曹建范
苏　敏（女，9月26日任）
总经理助理：郭稚民（9月26日免）
梁万江（11月1日任）
刘长标

地　址：北京市西城区宣武门西大街129号金隅大厦20层
邮　编：100031
电　话：66411199、66418818、66418835
传　真：66415844

注：曹建范2004年8月10日任副总经理，主持工作。2005年9月26日以后不再主持工作。

6. 保险中介机构

在京保险代理公司

公司名称	地　址	负责人
北京安邦保险代理有限责任公司	西城区六铺炕街1号1层119室	吴昌侠
北京国民保险代理有限责任公司	海淀区苏州街31号	陈建国
北京国泰保险代理有限责任公司	朝阳区工体北路幸福一村甲55号	李蓓玲
北京恒信保险代理有限公司	朝阳区芍药居北里305楼203－204室	黄敏清
北京安平保险代理有限公司	西城区南草厂街甲11号长城写字楼四层402A	侯少林
北京君安保险代理有限公司	朝阳区大屯安慧北里逸园甲16#世纪龙都国际公寓26层	周　钤
北京万和保险代理有限公司	朝阳区北小营欧陆经典万兴苑（公寓）楼11座16层C室	周　严
北京信安保险代理有限公司	朝阳区北辰西路69号峻峰华亭C座5层516室	季　方
北京阳光三泰保险代理有限公司	海淀区复兴路乙24号豪轩商务会馆209室	李春燕
北京达富保险代理有限公司	朝阳区东三环中路39号建外SOHO 2号楼1805室	萧茱迪
北京银华同邦保险代理有限公司	宣武区宣武门西大街28号大成广场9门19层	杨晓斌
北京泛联保险代理有限公司	朝阳区呼家楼向军南里三巷甲5号雨霖大厦7层	吴云涛
北京嘉信保险代理有限公司	东城区东四北大街107号天海商务大厦A座2层211－219室	陈宁宁
北京开诚保险代理有限公司	丰台区东大街66号院商务楼205室	周　伟

北京诚信保险代理有限公司	朝阳区东三环南路58号富对中心A座606室	张海荣
北京太和瑞安保险代理有限公司	东城区建国门内大街大雅宝胡同雅宝公寓东楼1101室	周瑞琪
北京信安诚保险代理有限公司	崇文门外大街44号楼大康大厦808室	王虹梅
北京诚成保险代理有限公司	宣武区宣武门外大街6号庄胜广场北办公楼907室	焦瑞杰
北京中安保险代理有限公司	西城区金融街19号富凯大厦B座802室	唐国维
北京中邦保险代理有限公司	海淀区世纪城烟树园2号楼一层	韩　勇
北京国人保险代理有限公司	朝阳区安外胜古庄2号618室	王玉平
北京宏安信保险代理有限公司	海淀区中关村东路18号财智国际大厦A座1201室	邹燕花
北京京安保险代理有限公司	西城区西直门南小街国英1号427室	王会军
北京阳光保险代理有限公司	朝阳区惠新西街18号罗马花园D－1601	喻　晖
北京安康加业保险代理有限公司	丰台区南三环东路6号嘉业大厦B座1803室	安庆民
北京格林保险代理有限公司	西城区北礼士路甲98号阜成大厦6层	苏玉华
北京富邦保险代理有限公司	朝阳区平乐园201楼三门103室	李向兵
北京国恒保险代理有限公司	西城区德外大街73号北楼2层	陈德清
北京恒泰保险代理有限公司	朝阳区秀水街1号建国门外外交公寓8－2－43	吴建斌
北京华盛保险代理有限公司	海淀区北三环中路花园路甲13号8号楼206室	李　荃
北京平和保险代理有限公司	西城区阜外大街7号国投大厦529室	白　滨
北京泰洋保险代理有限公司	朝阳区吉庆里6号楼佳汇中心B座407号	马　驰
北京九州康达保险代理有限公司	朝阳区东三环南路17号京瑞大厦B座9A	张文志
北京维嘉德保险代理有限公司	朝阳区东三环中路39号建外SOHO 14号楼2906室	周春发
北京信泰保险代理有限公司	海淀区昌运宫4号豪柏公寓B1－701室	唐在洪
北京益远保险代理有限公司	西城区阜外北营房东里13号今儒大厦B座416室	王晓慧
北京成达保险代理有限公司	西城区南礼士路3号B座写字楼211室	洪健荣
北京德缘保险代理有限公司	北京市经济技术开发区宏达北路10号万源商务中心一层C区101－102室	王　媛
北京东方华安保险代理有限公司	西城区月坛北街2号月坛大厦A座15层1508室	杨国范

北京旭日保险代理有限公司	海淀区复兴路甲65号A写字楼10层	金文旭
北京康泰保险代理有限公司	东城区鼓楼外大街52楼212室	乔淑月
北京隆盛保险代理有限公司	海淀区万柳中路锋尚国际公寓C座101室	李　萍
北京国济保险代理有限公司	西城区黄寺大街24号明湖大厦A215室	薛春华
北京民众保险代理有限公司	石景山区阜石路166号泽洋科贸大厦1006室	邱忠毅
北京嘉和永安保险代理有限公司	东三环中路39号建外SOHO 10楼0603室	骆　达
北京华诚保险代理有限公司	海淀区中关村南大街11号百花苑写字楼A座5层	陈再华
北京瑞信保险代理有限公司	朝阳区北四环东路108号千鹤家园3号楼504室	杨啸雷
北京世纪隆盛保险代理有限公司	海淀区板井路69号世纪金源国际公寓东区10H	方贤明
北京德信保险代理有限公司	朝阳区安慧里四区16号化工大厦916室	张奇颖
北京联众保险代理有限公司	海淀区新街口外大街19号北京师范大学国际学术交流中心9415室	崔福山
北京国诚国际保险代理有限公司	东城区东交民巷23号丙5层	程如光
北京建安保险代理有限公司	宣武区广莲路甲5号（建设大厦10层1004室）	蔡金辉
北京金康保险代理有限公司	海淀区畅茜园兰德华庭3号楼5单元101室	李　萍
北京京恒福保险代理有限公司	海淀区学院南路76号钢研北门平房	张　慧
北京三众保险代理有限公司	海淀区远大东路20号鹏安世纪大厦B座17B	李世献
北京一和保险代理有限公司	东城区五道营胡同68号	李　星
北京桂隆保险代理有限公司	朝阳区东三环南路54号院7－301	李　伟
北京中逸保险代理有限公司	海淀区中关村大街27号中关村大厦11层	兰　冰
北京广安保险代理有限责任公司	平谷区平谷镇古丰东路8号	王春光
北京亿都川保险代理有限公司	朝阳区金台路甜水园东街2号甜水园商务中心A座二层207室	何博远
北京未然保险代理有限公司	朝阳区来广营西路518号创诚永信2层	穆赵军
北京天地保险代理有限公司	海淀区中关村北二条13号中科科仪5号楼309室	史秀珍
北京新民安保险代理有限公司	海淀区学清路16号学知轩1407室	虞　坚

北京开元保险代理有限公司	海淀区阜成路115号2号楼722室	钱晓青
北京万家保险代理有限公司	海淀区阜成路115号北京印象1号楼205房间	陈　朔
北京泛华保险代理有限公司	朝阳区向军南里2巷甲5号雨霖厦7层	龙雨波
北京天泽安泰保险代理有限公司	宣武区儒福里40号402室	王　丽
北京迪卡保险代理有限公司	海淀区清华东路2号农大科贸楼D座202室	林　林
北京海亚保险代理有限公司	朝阳区亚运村安慧北里秀园15号6层	范玉荣
北京泰鑫保险代理有限公司	丰台区南三环中路70号南曦大厦D座2305室	王　楠
北京恒信伟业保险代理有限公司	丰台区马家堡东路71号立业大厦1009室	王韩宾
北京华晨保险代理有限公司	海淀区厂洼路5号东点写字楼A8405室	刘克鸣
北京煜堡钧保险代理有限公司	朝阳区安定门外安华西里一区12号楼436室	曲维玲
北京双诚保险代理有限公司	崇文区忠实里南街6号楼3单元603室	程伟红
北京市金诚华夏保险代理有限公司	丰台区科技园区3A地块工商联科技大厦09b04、05、06室	王亚军
北京华邦保险代理有限公司	朝阳区小营路17号305－306室	郭　勤
北京富民保险代理有限公司	朝阳区酒仙桥南路4号院3号楼305室	刘　军
北京顺安保险代理有限公司	平谷区平谷镇新平北路67号	唐泽光
北京江南世纪保险代理有限公司	海淀区西三环北路72号世纪经贸大厦A座1702室	李国强
北京福通保险代理有限责任公司	西城区二七剧场路19号楼2层206、207室	丁蒙生
北京卓越保险代理有限公司	朝阳区小关北里45号世纪嘉园5号楼3层	刘　勇
北京致用保险代理有限公司	宣武区广安门南滨河路25号403室	许宝欣
北京至友保险代理有限公司	朝阳区南磨房路37号华膝北搪商务大厦2102室	吴　立
北京万里安保险代理有限公司	朝阳区北四环中路6号华亭嘉园F座1005室	万　莉
北京信德诚保险代理有限公司	朝阳区北苑路168号中安盛业大厦15层1505室	赵　伟
北京利信保险代理有限公司	朝阳区安贞西里四区23号楼深房大厦12层A房间	杨　飞

北京新月保险代理有限责任公司	昌平区府学路15号岳华大厦东侧一层	刘建新
北京惠通保险代理有限公司	朝阳区广渠门外大街8号优士阁A座1903室	姚久荣
北京普顺保险代理有限公司	崇文区法华南里17号二层205室	吴振佳
北京申根保险代理有限公司	朝阳区三里屯北街81号凤凰宾馆102室	王　新
北京安惠保险代理有限公司	朝阳区通惠家园惠民园7号楼1406室	滕　旭
北京润昌保险代理有限公司	海淀区花园路2号中城写字楼502A室	狄　明
北京中佳保险代理有限公司	宣武区广安门南滨河路31号华亨大厦707室	毛同卫
北京阳光干线保险代理有限公司	海淀区祁家豁子甲2号建德商务楼222室	李子录
北京汇龙森保险代理有限公司	北京经济技术开发区西环南路18号	宁丽珍
北京瑞丰民安保险代理有限公司	朝阳区德胜门外黄寺大街28号	何　萍
北京神舟保险代理有限公司	海淀区知春路锦秋知春九号楼1301室	谷惠芬

在京保险经纪公司

公司名称	地　址	负责人
华泰保险经纪有限公司	西城区金融大街11号中国再保险大厦14层	刘建英
达信保险与风险管理咨询有限公司	东城区建国门外大街1号国贸大厦1座35层3518室	韦　朴
江泰保险经纪有限公司	海淀区新街口外大街19号北京师范大学国际学术交流中心京师大厦7层	沈开涛
长安保险经纪有限公司	宣武区广安门外南滨河路1号高新大厦9层	王风华
北京联合保险经纪有限公司	海淀区中关村大街35号13层	陈小平
民生保险经纪有限公司	东三环北路2号南银大厦22层2210室	吴汝江
新时代保险经纪有限公司	海淀区花园路7号新时代大厦	李　杰
华盛保险经纪有限公司	建国门外大街21号北京国际俱乐部109室、122室	申英伟
北京天和保险经纪有限公司	朝阳区北土城西路7号国恒基业大厦F座802室	李　燕
北京伟华保险经纪有限公司	朝阳区望京利泽中二路中辰大厦6层	樊启发

加安保险经纪有限公司	海淀区中关村东路18号财智国际大厦B座3层	贾廷战
北京格林保险经纪有限公司	西城区金融街27号投资广场B座2006室	王拴红
北京世纪保险经纪有限公司	西城区金融大街33号通泰大厦B座419室	欧阳文安
北京中鼎保险经纪有限公司	西城区前井胡同7号潍坊市人民政府驻北京联络处	宋延均
将军保险经纪有限公司	朝阳区劲松三区甲302号华腾大厦1701室	安郁厚
康桥保险经纪有限公司	朝阳区首图东路5号御景园2号楼7G	杨金岭
北京隆泰保险经纪有限公司	东城区建国门外大街24号华侨村4门11层1室	王茂勇
北京康信保险经纪有限公司	朝阳区建国路99号中服大厦701室	李宇钢
北京安鼎龙保险经纪有限公司	朝阳区裕民路12号中国国际科技会展中心C座	王厚杰
北京环球保险经纪有限公司	西城区西直门内南小街国英一号516、518室	李　硕
五洲（北京）保险经纪有限公司	东城区东长安街1号东方广场东二座1704－1705A	戴　询
北京新世界保险经纪有限公司	崇文区崇文门外大街3号新世界南办公楼916B室	王　僖
新华保险经纪有限公司	丰台区莲花池西里8号新华保险大厦21层	周景林
北京德圣保险经纪有限公司	朝阳区广渠门外大街8号优士阁A座1108室	唐　诚
北京天道保险经纪有限责任公司	朝阳区裕民路12号中国国际科技会展中心B座10层	刘　书
华信保险经纪有限公司	海淀区中关村南大街乙56号方圆大厦写字楼6层	王怀书
金安保险经纪有限公司	海淀区板井路69号世纪金源大饭店写字楼七层	王劲松
竞盛保险经纪股份有限公司	宣武区庄胜广场西翼写字楼901、938室	周明春
联储（北京）保险经纪有限公司	西直门外大街甲143号凯旋大厦A座2层215－216室	王同田
北京汇丰保险经纪有限公司	东城区东长安街1号东方广场E2楼912室	秦祥东
华旅（北京）保险经纪有限公司	朝阳区延静里中街3号院5号楼308室	荣乐乐
扬子江保险经纪有限公司	朝阳区慧中北里109号楼1607室	杨素梅
中孚保险经纪有限公司	海淀区紫竹院路31号华澳中心1609室	王有森

北京信德保险经纪有限公司	海淀区西三环北路50号豪柏国际公寓A1座	王家明
北京安和保险经纪有限公司	海淀区西三环北路11号为公商务中心C2－108室	顾云飞
北京长润保险经纪有限公司	朝阳区安立路56号九台2000家园1号楼802室	黄文彬
北京华融保险经纪有限公司	西城区阜外大街国宾大厦808室	苗　君
北京中体保险经纪有限公司	崇文区天坛东路50号国家体育总局训练局院内	魏纪中
北京方胜保险经纪有限公司	朝阳区朝阳门南大街14号外企办公楼330室	韩敬民
宏达通泰保险经纪（北京）有限公司	海淀区车公庄西路甲19号华通大厦8层828房间	徐　虹
北京华夏保险经纪有限公司	东城区鼓楼外大街45号中国工人出版社综合楼一层北面	薛文平
北京东方华信保险经纪有限公司	西城区月坛北街2号月坛大厦A座1509－1510室	杨国范
北京安华保险经纪有限公司	朝阳区光华路2号阳光100E座2709室	岳治伟
天勤保险经纪（北京）有限公司	朝阳区东三环南路17号京瑞大厦B座公寓9层E，F单元	郑　辉
北京金永泰保险经纪有限公司	海淀区西八里庄北里56号院西钓鱼台庄园3号楼	陈　平
希尔曼（北京）国际保险经纪有限公司	朝阳区建国门外大街建华南路19号成远大厦701室	曲　龙
北京百合保险经纪有限公司	海淀区蓝靛厂东路2号院金源时代商务中心2号B座6E	庞　涛
民华保险经纪有限公司	海淀区西直门北大街46号时代之光名苑C座1101室	范建华
百科联保险经纪（北京）有限公司	朝阳区首图东路5号御景园2号楼6E	刘建民
北京国中保险经纪有限公司	朝阳区光华路丙12号北京数码01大厦1701室	王　滕
北京华育保险经纪有限公司	西城区大木仓胡同35号	李　非
北京亚泰胜达保险经纪有限公司	西城区金融街通泰大厦C座703室	李时峰
北京永诚保险经纪有限公司	海淀区中关村南大街2号北京科技会展中心银座803、903室	王银荣

北京中金保险经纪有限公司	西城区金融大街19号富凯大厦B811A室	卓　华
华富（北京）保险经纪有限公司	西城区金融大街35号国际企业大厦C座1739室	贾　红
银河保险经纪（北京）有限责任公司	海淀区阜成路67号银都大厦5层	谢　军
北京东方时代保险经纪有限公司	宣武区广安门外南滨河路1号高新大厦1413室	冯　武
北京富诚保险经纪有限公司	朝阳区潘家园路7号北京军区空军劲松招待所	李长山
北京润得保险经纪有限公司	朝阳区北苑路172号（公寓楼）11楼4层A室	徐佩涵
北京东方保险经纪有限公司	宣武区南横西街甲一号京源大厦7层	高琪平
北京盛邦保险经纪有限公司	海淀区复兴路65号电信实业大厦8层804、806室	曾万辉
航联保险经纪有限公司	朝阳区东三环南路17号京瑞公寓B座12B、C单元	谭星禄
中桥（北京）国际保险经纪有限公司	朝阳区永安里灵通观5号院万豪国际公寓B座6C	陈金秋
中铁保险经纪有限责任公司	西城区金融大街35号国际企业大厦11层	周玉成
北京鑫恒保险经纪有限公司	西城区金融大街27号投资广场A1802	李仉军
国联（北京）保险经纪有限公司	朝阳区安立路阳光大厦D3－402	高国宗
宜安（北京）保险经纪有限公司	东城区东直门大街48号东方银座C座22G、D座20D	裴漫玉
中青（北京）保险经纪有限公司	丰台区科学城帝京路1号帝京花园1－21	孙大江
北京润盛保险经纪有限公司	西城区阜成门北大街6号国际投资大厦C座4层	李京生
北京中旭保险经纪有限公司	朝阳区大屯路科学园南里枫林绿洲06－21B	刘中华
北京鸿博新业保险经纪有限公司	朝阳区建国路98号盛世嘉园D座603室	周　伟
北京金州高华保险经纪有限公司	朝阳区安立路68号阳光广场B343	张本汉
北京明亚保险经纪有限公司	朝阳区朝阳门外大街22号泛利大厦605室	杨　臣
北京三元保险经纪有限公司	朝阳区南十里居1号东风农场办公楼3楼305室	曹京华

北京天易保险经纪有限公司	海淀区魏公村街1号韦伯豪家园4号楼408室	刘　昭
北京亿霖保险经纪有限公司	朝阳区建外大街19号1204室	英晓明
北京正涛保险经纪有限公司	北京市经济技术开发区大雄公寓408、410室	邹　涛
北京中海保险经纪有限公司	丰台区方庄芳城园1区17号楼日月天地大厦B座306室	陈树群
北京中天保险经纪有限公司	西城区月坛北街26号恒华国际商务中心A座803室	潘建忠
远通（北京）保险经纪有限公司	海淀区北三环西路48号北京科技会展中心3号楼22B	谷　军
北京大润保险经纪有限公司	崇文区广渠门桥远洋德邑A座1702室	王教生
北京中富邦保险经纪有限公司	西城区阜外北营房东里13号今儒大厦A座312室	王丽萍
北京金甲保险经纪有限公司	西城区西直门内南小街国英园1号楼707室	张振江
领航国际保险经纪（北京）有限公司	西城区太平桥大街丰汇园11号楼丰汇时代大厦东翼607A	陈　辉
北京中泰鑫海保险经纪有限公司	海淀区中关村东路18号财智大厦C座2002室	陈俊启
金联安保险经纪（北京）有限公司	昌平区立汤路188号北方明珠大厦1号楼2310室	方　伟
宏孚保险经纪（北京）有限公司	朝阳区西坝河南路甲1号新天第大厦B座1007室	路景生
北京新城保险经纪有限公司	朝阳区北土城西路7号国恒基业大厦D座804室	庞虹南
北京远安保险经纪有限责任公司	朝阳区东三环北路2号南银大厦2502室	郑　志
北京安康保险经纪有限公司	朝阳区建国门外大街4号建外SOHO南办公楼16单元1906室	杜　晖
中盛国际保险经纪有限责任公司	西城区宣武门西大街127号大成大厦12A01室	乔卫兵
北京天时国际保险经纪有限公司	海淀区西三环北路72号世纪经贸大厦A座1707室	聂振声
北京盛安国际保险经纪有限公司	门头沟区含晖苑5号楼2单元101室	邹晓红

北京金诚国际保险经纪有限公司	海淀区紫竹院路69号中国兵器大厦18层1805－1807室	王　进
北京木易保险经纪有限责任公司	海淀区上河村一区1号楼3单元702室	李青明
北京中汇国际保险经纪有限公司	朝阳区东三环中路39号建外SOHO 11号楼2801室	牟宝喜
金丰（北京）保险经纪有限公司	西城区佟麟阁路95号尚信大厦401室	马婷婷
北京昌和宏保险经纪有限责任公司	朝阳区建国门外大街甲24号东海中心905室	刘金荣
北京智天保险经纪有限公司	建国门外大街22号赛特大厦1111室	李林芝
北京美邦保险经纪有限公司	东城区新中街18号4号楼2205室	肖金鹏
北京嘉信保险经纪有限公司	东城区东四北大街107号天海商务大厦A座207室	陈宁宁
北京国利保险经纪有限公司	西城区月坛北街26号恒华国际商务中心B1座1201室	王　轶
北京富达保险经纪有限公司	朝阳区吉庆里9号10号楼蓝筹名座B座1单元502室	梁东兵
九州（北京）保险经纪有限公司	海淀区北洼路甲28号1号楼1603室	栾盛元

在京保险公估公司

公司名称	地　址	负责人
北京大陆保险公估有限公司	西城区车公庄大街6号3号楼469室	闫克温
北京中立保险公估有限公司	朝阳区枣营北里6号伯宁花园2094室	王安徽
北京合信保险公估有限公司	海淀区复兴路83号九州大厦612室	刘　文
北京正和保险公估有限公司	经济技术开发区东区科创三街富士普拉斯卡有限公司208室	牟　斌
北京益中保险公估有限公司	西城区新文化街84号13楼302室	张学德
北京格林保险公估有限公司	西城区金融街27号投资广场B座2007室	王永智
北京龙源平泰保险公估有限公司	朝阳区德外北沙滩大屯路甲1号劳动大厦2225房间	杨学义
北京泰浩保险公估有限公司	朝阳区建国路88号现代城A－2603	崔民选
北京天诺保险公估有限公司	朝阳区东三环中路39号建外SOHO四号楼1205室	李昕月
北京安泰恒达保险公估有限公司	海淀区民族大学西路58号	王　进
北京华大保险公估有限公司	西城区白云路1号白云大厦1303室	刘　若

北京华信保险公估有限公司	海淀区中关村南大街乙56号方圆大厦6层607室	彭兴宇
竞胜保险公估有限公司	宣武区庄胜广场写字楼西翼9层919－920室	周明春
北京思博兴业保险公估有限公司	朝阳区建华南路11号东方瑞景C座1810室	杨　敏
北京首证保险公估有限公司	西城区南草场11号长城写字楼4层402A	侯少林
北京天鼎衡保险公估有限公司	东城区创业文化交流中心写字楼304－308室	丁明义
北京安诚保险公估有限公司	朝阳区芍药居北里305号楼204室	黄敏清
北京中达信保险公估有限公司	西城区西直门南小街国英1号723室	单康军
北京君恒保险公估有限公司	宣武区广安门外大街248号机械大厦1702室	郭　波
仁祥保险公估（北京）有限公司	海淀区车公庄西路甲19号华通大厦7层716室	张旭波
北京天恒保险公估有限公司	海淀区北小马厂6号华天大厦2216室	李志华
北京仁济和保险公估有限公司	朝阳区八里庄西里64号楼605室	薛　蓓
北京永昌保险公估有限公司	东城区东交民巷丙23号5楼	程如光
民爱保险公估（北京）有限公司	朝阳区安定门外北辰东路8号亚运村汇园公寓L座1701室	陈建中
北京国信行保险公估有限公司	宣武区南滨河路31号华亨大厦603室	刘国浩
金联安保险公估（北京）有限公司	昌平区立汤路188号北方明珠大厦1号楼2310室	方　伟
北京中咨保险公估有限公司	海淀区东北旺西路8号中关村软件园5号汉王大厦1E精友时代A1－A2	冯彦成

7. 征信机构

机构名称	成立时间	法人（负责人）	单位性质
中国诚信信用管理有限公司	1992年10月	毛振华	内资
中诚信国际信用评级公司	1992年10月	凌则提	内资
中诚信国际信用评级公司北京分公司	2004年4月	何敏华	内资
大公国际资信评估有限公司	1994年3月	关建中	内资
联合资信评估有限公司	2000年7月	王少波	内资
长城资信评估有限公司	1993年8月	杜　平	内资
金城国际信用管理有限公司	2001年6月	王　艺	内资

北京国商国际资信评估有限公司	2003年5月	刘晓东	内资
北京市银拓资信评估事务所	1994年10月	李儒云	内资
北京市银建资信评估有限公司	2003年4月	单永先	内资
银通投资咨询公司	1993年8月	丛　林	内资
北京穆迪投资者服务有限责任公司	2003年2月	叶　敏	外资
标准普尔北京代表处	2003年12月	张莎莎	外资
惠誉北京代表处	2003年6月	郧润扬	外资
华夏国际企业信用咨询有限公司	1993年8月	曹小宁	内资
北京新华信商业信息咨询有限公司	2000年10月	赵　民	内资
北京信用管理有限公司	2002年6月	樊大志	内资
东方国际保理中心	1994年10月	谢　旭	内资
邓白氏国际信息咨询（上海）有限公司北京办事处	1994年12月	余以恒	外资

（二）北京市中资银行、证券、保险机构分支机构名录

1. 银行分支机构

中国农业发展银行北京市分行

机构名称	地　址	负责人
中国农业发展银行北京市分行	西城区月坛北街甲2号	孔宪勇
分行营业部	西城区月坛北街甲2号	杨建华
天坛支行	崇文区光明路13号	常崇祥
西三环支行	海淀区西三环北路乙25号	蔡志斌
门头沟支行	门头沟区石龙南路14号	王志刚
房山区支行	房山区良乡西路28号	张金洲
通州区支行	通州区新华北街33号	周　燕
昌平区支行	昌平区北环路4号	郭　鑫
顺义区支行	顺义区五里仓小区38号楼	韩志强
大兴区支行	大兴区兴华中里14号楼	孟凡凯
平谷区支行	平谷区金乡路5号	高明录
怀柔区支行	怀柔区后横街15号	王继福
密云县支行	密云县新南路70号	蔡瑞更
延庆县支行	延庆县东外大街46号	冯建亭

中国工商银行股份有限公司北京市分行

机构名称	地　址	负责人
中国工商银行股份有限公司北京市分行	西城区复兴门南大街2号	易会满
东城支行	东城区东四十条24号	王德斌
王府井支行	东城区王府井大街237号	包永康
和平里支行	东城区和平里北街14号	李士平
长安支行	西城区宣内大街乙6号	冀光恒
南礼士路支行	西城区阜外大街8号	汪　萍
新街口支行	西城区西直门内大街273号	宋战平
地安门支行	朝阳区裕民路12号	何长荣
金融街支行	西城区金融大街29号	马　靖
崇文支行	崇文区永定门外大街86号	孙　峰
宣武支行	宣武区广外南滨河路3号楼	果志刚
珠市口支行	崇文区珠市口东大街15号	高　平
西客站支行	海淀区什坊院3号	李新明
朝阳支行	朝阳区朝外大街1号	辛　洁
九龙山支行	朝阳区广渠路甲40号	刘惠明
亚运村支行	朝阳区慧忠北里407号	苗鸿祥
望京支行	朝阳区酒仙桥路10号	周丽萍
商务中心区支行	朝阳区东环南路2号	付　巍
海淀支行	海淀区中关村东路100号	徐天岭
中关村支行	海淀区上地信息路2号	门月红
翠微路支行	海淀区阜成路79号	何　平
丰台支行	丰台区文体路19号	贺　宁
方庄支行	丰台区芳城园三区18号楼	曲　琰
经济技术开发区支行	北京经济技术开发区宏达北路12号A楼	于　青
石景山支行	石景山区石景山路63号	郭庆斌
门头沟支行	门头沟区新桥大街12号	聂荣启
燕山支行	房山区燕山迎风街21号	车玉合
房山支行	房山良乡西潞北大街32号	宋福增
顺义支行	顺义区石园西路	陈　雷
通州支行	通州区新华大街155号	齐兆惠
昌平支行	昌平区科技园区综合办公楼	李　彤

大兴支行	大兴区兴政街24号	王　凯
怀柔支行	怀柔区商业街23号	马跃进
平谷支行	平谷区府前西街14号	张俊杰
密云支行	密云县鼓楼南大街	戴生宪
延庆支行	延庆县延庆镇东大街37号	胡长文
营业部	西城区复兴门南大街2号天银大厦B座	苗子瑜

中国农业银行北京市分行

机构名称	地　址	负责人
中国农业银行北京市分行	西城区展览馆路5号	朱洪波
分行营业部	西城区展览馆路5号	王希迎（兼职临时负责）
东城支行	东城区金宝街58号华丽大厦	高松林
西城支行	西城区西直门内大街118－3号	曹　伟
崇文支行	丰台区南方庄1号楼	周伟京
宣武支行	宣武区西大街28号	张志名
朝阳支行	朝阳区朝外工体路东2号	张君儒
海淀支行	海淀区海淀大街37号	王静波
丰台支行	丰台区东大街9号	冯建辉
石景山支行	石景山区八角南路18号	李连桐
万寿路支行	海淀区万寿路西街6号	邢凤芹
开发区支行	北京经济技术开发区中和街3号	李爱华
亚运村支行	朝阳区安定路33号化信大厦	高英慧
海东支行	海淀区学院路丁11号	潘贵平
盈科支行	朝阳区东三环北路17号恒安大厦4层	李　志
通州支行	通州区新华大街61号	马秀华
顺义支行	顺义区府前西街甲2号	沈绍洁
昌平支行	昌平区南大街	陈立波
大兴支行	大兴区兴丰南大街128号	赵保生
房山支行	房山区良乡拱辰北大街19号	杨　奎
怀柔支行	怀柔区青春路5号	史春雷
平谷支行	平谷区府前街23号	何晓生
密云支行	密云县滨河路24号	李　印
延庆支行	延庆县东外大街46号	张振发（副行长临时负责）

中国银行股份有限公司北京市分行

机构名称	地　址	负责人
中国银行股份有限公司北京市分行	朝阳区雅宝路8号	赵世刚
东城区支行	东城区交道口东大街81号	王　磊
西城区支行	西城区阜城门外大街5号	邱培东
崇文区支行	崇文区天坛路55号	林　勇
宣武区支行	宣武区南新华街1号	黄晓娟
朝阳区支行	朝阳区三里屯路1号	尤志山
海淀区支行	海淀区北四环西路58号理想国际大厦	黄新斌
丰台区支行	丰台区右安门外大街2号迦南公寓	许九鼎
昌平区支行	昌平区城南环路57号	周春生
顺义区支行	顺义区府前街金融大厦内	张　同
通州区支行	通州区车站路中仓小区路东	李　毅
北京经济技术开发区支行	经济技术开发区荣京东街3号1-2层103号	麻跃光
平谷区支行	平谷区城西临荫街11号	杨青梅
怀柔区支行	怀柔区府前街5号	周　颖
密云县支行	密云县鼓楼南大街	刘甫成
延庆县支行	延庆县庆园街12号	王海波
首都机场支行	首都机场公安路	姜　明
王府井支行	东城区东长安街1号	孙　涛
奥运村支行	朝阳区安立路安慧里3区6号楼	刘雪莲
长安支行	东城区建国门内大街19号	玉　君
阜成门支行	西城区阜成门大街410号	李美荣
中银大厦支行	西城区复兴门内大街1号	孙皆欢
(以上为直属支行)		
东安门支行	东城区东安门大街19号	吴　军
新东安市场支行	东城区王府井大街130号	刘　丰
灯市口支行	东城区灯市东口大街5号	席彩林
东四十条支行	东城区北门仓6号	白黎明
安定门外支行	东城区安定门外大街191号	刘颖之
崇文门支行	东城区东交民巷2号	王谊勇
恒基中心支行	东城区建国门大街18号	任　宇
港澳中心支行	东城区港澳中心有限公司2层	王　彬
东直门外支行	东城区东直门外香河园路1号当代万国城1层	郝　霞

和平里支行	东城区和平里北街16号	徐革梅
前门支行	西城区西交民巷17号	张　宏
西单支行	西城区西单北大街130号	郭　媛
平安里支行	西城区西四北大街83号	王利群
金融街支行	西城区金融街27号投资广场	曹海燕
缸瓦市支行	西城区西四南大街262号	霍映红
复兴门支行	西城区西便门外大街1号	付一工
大成大厦支行	西城区宣武门西大街127号	付大伟
宣武门支行	西城区宣武门西大街297号尚座大厦1层	付　郁
工会大楼支行	西城区真武庙路1号	刘　历
三里河支行	西城区三里河东口	钱英才
百万庄支行	西城区百万庄大街中里10号楼1层	庞金栋
安德路支行	西城区德胜门外安德路118-1号	李　彤
德外支行	西城区德外大街11号1层	周友冬
北太平庄支行	西城区新街口外大街19号	杜　勇
黄寺支行	西城区黄寺大街甲24号	张　军
西直门支行	西城区国英园1号楼1层	任　义
劲松支行	崇文区劲松5区518号楼	付玉东
龙潭湖支行	崇文区龙潭路乙3号	张志伟
崇外大街支行	崇文区崇外大街44号	吴　红
东花市支行	崇文区东花市大街98号	赵　青
幸福大街支行	崇文区广渠门内大街80号	李治忠
庄胜广场支行	宣武区宣武门外大街甲8号	王玉杰
广安门支行	宣武区广安门内南线阁8号	耿雪梅
莲花池支行	宣武区广安门外大街178号	钱　进
陶然亭支行	宣武区白纸坊东街平渊里小区18号底商1-2单元	马卫伶
东经路支行	宣武区东经路42号	马　平
天缘公寓支行	宣武区广安门南街36号	安玉娟
建国门外支行	朝阳区建国门外大街京华公寓1层	宋新颖
丰联广场大厦支行	朝阳区朝阳门外大街18号	刘建洁
现代城支行	朝阳区建国路88号现代城A区S栋2201-2202号	任红燕
国际贸易中心支行	朝阳区建国门外大街1号	商文秀
朝阳门外支行	朝阳区吉庆里9-10号	张连海
永安里支行	朝阳区建国门外大街永安东里8号	鲍　军
东直门支行	朝阳区东直门外大街35号	俞　华
金台路支行	朝阳区朝阳北路177号	张增芳

光华路支行	朝阳区光华路8号	李迎春
团结湖北口支行	朝阳区团结湖北口上泗路2号	杨晓明
白家庄支行	朝阳区白家庄西里2号	姚燕明
亚运村支行	朝阳区安立路甲66号	范　路
安苑路支行	朝阳区安苑路甲17号	刘　宇
北辰西路支行	朝阳区北土城西路7号	马雪莉
松榆里支行	朝阳区松榆里37号	张云山
静安支行	朝阳区北三环东路8号	张佳音
和平西桥支行	朝阳区北三环东路28号	张继武
安立路支行	朝阳区安立路68号	卢丽丽
京广中心支行	朝阳区京广中心内	杨　淮
五路居支行	朝阳区安贞西里2区21楼	季　红
三里屯支行	朝阳区西大街6号乾坤大厦1层	杨兆红
长虹桥支行	朝阳区工体北路4号	赵　妍
丽都饭店支行	朝阳区将台路丽都饭店内	李颖均
工体东路支行	朝阳区工体东路甲8号	李　峰
发展大厦支行	朝阳区东三环北路西侧	张　静
南银大厦支行	朝阳区东三环北路2号	薛　茹
亮马河大厦支行	朝阳区东三环北路8号	张　靖
双井支行	朝阳区东三环中路大路园20号	刘志强
东三环中路支行	朝阳区东三环中路9号	徐党英
大北窑支行	朝阳区东三环中路39号	石灿红
潘家园支行	朝阳区东三环南路29号	魏文丽
劲松东口支行	朝阳区南磨房37号	王鸿鸣
花家地支行	朝阳区花家地南里1号楼	田　宁
燕莎中心支行	朝阳区亮马桥路50号	薄　清
将台路支行	朝阳区酒仙桥路甲11号	林　君
柳芳北里支行	朝阳区柳芳北里12楼	车延涛
望京支行	朝阳区望京北路9号	沈折海
望京园支行	朝阳区望京小区B25区1号楼	朱　虹
霄云路支行	朝阳区麦子店西路3号	马　军
樱花东街支行	朝阳区樱花园东街1号	孙书斌
西坝河东里支行	朝阳区西坝河东里77号楼	步连英
西坝河南路支行	朝阳区西坝河南路1号	刘红梅
光华东路支行	朝阳区西大望路1号	王海英
朝外大街支行	朝阳区朝外大街乙12号	李　群
金台路支行	朝阳区朝阳北路177号	张增芳

和平东街支行	朝阳区和平街 13 区 35 号楼	朱永红
逸园支行	朝阳区安慧北里小区逸园 28 号楼	张　迎
东大桥路支行	朝阳区东大桥路 8 号尚都国际 A 幢 102、103 号房	郑晨辉
西奥中心支行	朝阳区大屯路科学园南里风林绿洲 18 号 B 幢 1 层	黄德进
广渠路支行	朝阳区广渠路 21 号	李书红
望京科技园支行	朝阳区望京湖光中街 1 号	李　旭
青年路支行	朝阳区朝阳路 69 号	陈　刚
北苑支行	朝阳区北苑家园秋实街 1 号	张　松
中航科技大厦支行	海淀区知春路 58 号	苏　琨
知春路支行	海淀区知春路 100 号	陈　豪
新世纪饭店支行	海淀区西直门外二里沟 5 号	谢　瑾
木樨地支行	海淀区复兴路茂林居小区 2 号商业楼	庄朝晖
皂君庙支行	海淀区皂君庙东里 29 号楼前	王俊玲
车道沟支行	海淀区紫竹院路 88 号	卜振宇
航天桥支行	海淀区阜成路 73 号裕惠大厦 1 层	贾志明
高梁桥支行	海淀区高梁桥北下关 51 号	张建东
文慧园支行	海淀区学院南路红联东村 13－24 院首层	宋学武
万寿路支行	海淀区复兴路 22 号 75 楼	章建国
永定路支行	海淀区复兴路甲 38 号	刘　岚
中关村南大街支行	海淀区中关村南大街 34 号	刘宪华
中关村支行	海淀区北京大学中关村园 502－503 联楼	许海华
中关村科技园区支行	海淀区王庄路 15 号清华同方科技广场 B 座 1 层	翟　星
苏州桥支行	海淀区万泉河 115 好新起点嘉园 C 座 1 层	迟　勇
长远天地支行	海淀区苏州街 18 号院 2－101 号	周京波
万泉河支行	海淀区万泉河路 68 号	孟　欣
北极寺支行	海淀区花园东路 10 号高德大厦 A 段 1 层 103 号	赫庆祥
科学城支行	海淀区科学院南路 6 号	卢　涛
清华园支行	海淀区清华大学内照澜商业区	冯　剑
清华东路支行	海淀区清华东路 17 号	周文军
北大支行	海淀区颐和园路 1 号	张　衡
塔园支行	海淀区花园路 1 号	贺晓明
世纪城支行	海淀区远大路世纪城商务中心 C 区 1 层	汪　涛
上地支行	海淀区上地 4 街 8 号玉景公寓 1 层	史亚南
远大路支行	海淀区远大路 1 号－J－1013 号	沈继芳
科技会展中心支行	海淀区四通桥东南角	何　畅
西翠路支行	海淀区万寿路西街甲 11 号园 7 号楼	陈天国
北京西站北支行	海淀区羊坊店 6 号	孙树娥

学清路支行	海淀区学清路8号	张淑琴
增光路支行	海淀区增光路35号	李　涛
万柳支行	海淀区万柳中路15号	吴景云
大运村支行	海淀区知春路锦秋国际大厦A区首层01号	段桂英
太平路支行	海淀区西翠路5号	王淑英
银谷大厦支行	海淀区中关村路10号银谷大厦首层	马晓燕
翠微支行	海淀区翠微路甲10号建筑大厦1层	王学伟
军科支行	海淀区军事科学院南大门西楼1、2层	刘春请
石景山区支行	石景山区八角西街229号	王　梅
鲁谷支行	石景山区鲁谷小区七星园1号楼1层	刘　巍
玉泉路支行	石景山区玉泉路19号乙-40号	陈群林
方庄支行	丰台区方庄芳城园1区16号楼	龚　宏
西罗园支行	丰台区马家堡36-42号	卢红宇
北京西站支行	丰台区西客站南路7号	陈天利
芳星园支行	丰台区方庄小区芳星园1区10号楼	秦景华
万客隆支行	丰台区大红门西路19号	郭臻泽
科技园区支行	丰台区科学城恒富街2号院5号楼	王玉杰
丰台东大街支行	丰台区东大街19号	丁桂莲
东铁营支行	丰台区东铁营顺一条6号	孙洪岩
丰台路支行	丰台区丰台路75号院	王　华
草桥支行	丰台区草桥东路8号院7号楼	徐　平
东高地支行	丰台区东高地斜街6号	孙文英
角门支行	丰台区角门北路8号院1号楼	王　华
成寿寺支行	丰台区成寿寺四方景园（世纪风景）2区1号楼商铺	张红蒂
大兴支行	大兴区兴丰南大街21号	刘　清
大兴开发区支行	大兴区开发区广茂大街9号	孙振苏
天华支行	大兴区经济技术开发区天华园二里2区	谈维军
黄村兴业路支行	大兴区兴业路中段三合南里22楼1层	王晓洁
汽车城支行	大兴区北京经济技术开发区文化园东路6号	赵金金
天宝支行	北京市经济技术开发区天宝园5里2区	张艳洪
西红门支行	大兴区西红门镇红旭路219-221号	葛翠敏
天河西路支行	大兴区黄村镇天河西路	高　昆
空港支行	顺义区天竺镇天柱路10号	徐　彬
空港万科支行	顺义区天竺空港工业区B区裕民大街4号	郭立新
新航站楼支行	顺义区首都机场新航站楼2层	严朝霞
机场南路支行	顺义区机场南路7号	崔元梅

林河支行	顺义区林河开发区顺运路东侧	王利民
马坡支行	顺义区马坡向阳西街11号乡村乐园院内东侧	贾国强
天竺支行	顺义区天竺镇府前一街38号	张文华
顺义东兴支行	顺义区府前东街9号	杨立爱
顺义汽车城支行	顺义区双河大街61号	谢　勇
新华大街支行	通州区新华大街157号	陈艳菅
通州滨河支行	通州区新华北街67号	姜丽琴
光机电支行	通州区光机电一体化产业基地光联工业园联东商务中心	丁克俭
通州果园支行	通州区运河西大街南	程国华
房山区支行	房山区良乡拱晨北大街3号	罗士勇
燕山迎风街支行	房山区燕山向阳路13号	周　伟
城关北街支行	房山区北大街17号	吴国际
门头沟支行	门头沟区新桥大街63号	张学洁
沙河支行	昌平区沙河巩华城大街76号	王华欣
回龙观支行	昌平区回龙观风雅园2区8号楼	成　斌
昌平政府街支行	昌平区政府街中安宾馆东侧楼	张双蛾
昌平东环路支行	昌平区府学路5号	李　杰
西三旗支行	昌平区回龙观西三旗西路41号	张铁明
天通苑支行	昌平区东小镇天通苑5区14号楼2门	姜国东
立汤南路支行	昌平区东小口镇中滩1号北方明珠大厦1层	张海涛
回龙观东区支行	昌平区回龙观龙跃苑2区36号楼南段（F0136号）	朱学民
密云鼓楼东大街支行	密云县鼓楼东大街	晁　伟
密云城西支行	密云县西门外大街6号	齐学红
怀柔雁栖支行	怀柔区雁栖工业区内	冯泽林
怀柔府前街支行	怀柔区府前街5号	陈亚炎
怀柔府西支行	怀柔区西大街12号	崔文燕
怀柔南大街支行	怀柔区南大街25号	张　颖
怀柔北大街支行	怀柔区北大街49号	张建良
延庆高塔街支行	延庆县高塔街64号	丘海燕

（以上为经营性支行）

中国建设银行股份有限公司北京市分行

机构名称	地　址	负责人
中国建设银行股份有限公司北京市分行	宣武区宣武门西大街28号楼4门	张　民

东四支行	东城区美术馆后街8号	王志宏
西四支行	西城区阜外大街甲26号	张　斌
前门支行	崇文区西打磨厂1号楼	杨宗平
城市建设开发专业支行	丰台区方庄蒲方路28号	周振海
宣武支行	宣武区广安门内大街314号	王新立
铁道专业支行	丰台区莲花池东路114－1	齐建铁
朝阳支行	朝阳区朝阳门外大街10号楼	王宝魁
海淀支行	海淀区知春路96号	吴泼伟
丰台支行	丰台区西四环南路54号	秦伶华
石景山支行	石景山区石景山路22号	栾文生
长安支行	海淀区复兴路33号西楼	刘长禄
北京经济技术开发区支行	经济技术开发区隆庆街18号	王起源
安华支行	朝阳区安定路35号	张金明
西单支行	西城区西单北大街34号	朱玉俊
建国支行	朝阳区建国门内大街8号中粮广场B座	张广洲
安慧支行	朝阳区北辰东路8号汇欣大厦1层、2层	孙　会
上地支行	海淀区上地信息路28号	薛　琪
光华支行	朝阳区光华路7号	赵　亚
月坛支行	西城区金融街19号富凯大厦B座	胡雄敏
金安支行	海淀区复兴路戊12号	刘　斌
鼎昆支行	西城区黄寺大街23号阳光丽景商业配套楼	魏华业
保利支行	东城区新中西里13号巨石大厦	余祁相
苏州桥支行	海淀区西三环北路5号	林　麟
中关村支行	海淀区中关村大街27号	夏万群
房山支行	房山区燕山迎风街2号	高连兴
门头沟支行	门头沟区双峪路22号	吴翠珍
通州支行	通州区玉带河大街151号	黄起和
顺义支行	顺义区府前中街	刘发猛
昌平支行	昌平区城区镇东环中路	佟留柱
延庆支行	延庆县东外大街20号	林树军
怀柔支行	怀柔区南大街22号	肖连良
密云支行	密云县新中街85号	傅小平
平谷支行	平谷区文化南街19号	孙廷民
大兴支行	大兴区黄村镇兴政西街25号	李清泉

交通银行股份有限公司北京分行

机构名称	地址	负责人
交通银行股份有限公司北京分行	北京市西城区金融街33号	王滨
分行营业部	北京市西城区金融街33号	刘寒星
东单支行	东城区大雅宝胡同8号	刘昕
东单北大街支行	东城区东单北大街乙112号	邹海涛
东单支行光华路分理处	朝阳区光华路甲8号	马晓华
顺源街支行	朝阳区顺源里2号楼	刘畅
东单支行国土房管局大厦分理处	东城区和平里北街6号	刘丽云
赛特支行	朝阳区建国门外大街22号	尹热风
王府井支行	东城区王府井大街200号	王晓娟
春秀路支行	朝阳区春秀路甲1号	赵世雄
广渠路支行	朝阳区双井1号优仕阁大厦B座和C座首层	王利英
亚运村支行	朝阳区北四环路安惠里二区4号楼	郭海林
亚运村支行马甸分理处	西城区德胜门外大街5号	郑爱东
亚运村支行安翔里分理处	朝阳区安翔里1号	刘浩
亚运村支行惠忠里分理处	朝阳区惠忠里228号	谢玉庆
惠新支行	朝阳区惠新东街5号	刘弘弢
慧忠北里支行	朝阳区慧忠北里111号	李倩
育惠东路支行	朝阳区小营路12号亚运花园1层	孙玉翠
天通苑支行	昌平区天通苑小区203B－4单元	吴军
科技会展中心支行	朝阳区裕民路12号中国国际科技会展中心	曲凤梅
亚北支行	朝阳区安立路60号院润丰花园六号楼X座西段	卞凯卫
和平里支行	朝阳区外馆东街51号柳清居裙房	鄢祖信
北太平庄支行	海淀区花园路7号	杨秋英
惠新西街支行	朝阳区惠新西街33号	霍冬华
和平里支行胜古园分理处	朝阳区胜古西庄胜古家园3号楼	张富嵩
和平里支行和平里东街分理处	东城区和平里东街16号	范玲
和平里支行兴化路分理处	东城区和平里兴化路11号	王漪敏
中轴路支行	东城区安德里北街21号	黄巍涛
阜外支行	西城区阜外大街7号	贺飚

西直门支行	西城区西直门内玉桃园3区13号	贾　炎
百万庄支行	西城区百万庄大街6号	杨　明
阜外支行西便门分理处	西城区宣武门西大街甲129号	梁　辉
阜外支行平安大街分理处	西城区平安大街6号	李爱军
阜外支行社会路分理处	西城区二七剧场路南里商业楼首层北侧	王熙罡
阜外支行车公庄西路分理处	海淀区车公庄西路20号	李艳华
西直门北大街支行	海淀区西直门北大街1号	安　辉
阜成路支行	海淀区阜成路14号1号楼一层	田　华
海淀支行	海淀区苏州街16号	赵立莉
海淀支行双榆树分理处	海淀区双榆树都市网景E座一层	孙　鸣
中关村支行	海淀区成府路蓝旗营高校住宅楼	董　仑
万寿寺支行	海淀区西三环北路25号	陈　力
上地支行	海淀区上地科技路甲2号	齐小丹
北航科技园支行	海淀区北四环中路238号柏彦大厦	单　莉
万柳支行	海淀区长春桥路11号万柳亿城大厦B座北侧1-2层	关　悦
公主坟支行	海淀区复兴路甲14号	华天雪
羊坊店支行	海淀区羊坊店路11号	于　朋
公主坟支行永定路分理处	海淀区永定路66号	卢军工
翠微路支行	海淀区翠微路翠微东里甲2号	刘玉仓
石景山支行	石景山区古城南里甲5号	吴玉兰
定慧寺支行	海淀区恩济庄2区北3号楼新洲商务大厦1层	王　庆
马连道支行	宣武区广外大街248号（机械大厦）	谢　炯
三元支行	朝阳区东三环北路甲2号	松誉欣
三元支行团结湖东里分理处	朝阳区团结湖东里6号楼	吴　辉
红庙支行	朝阳区红庙柴家湾1号	迟震宇
麦子店支行	朝阳区枣营路甲4号（方舟宾馆）	彭　安
工体北路支行	东城区新中街68号	周红芬
国安支行	朝阳区关东店北街1号（国安宾馆内）	徐　涛
大望路支行	朝阳区西大望路3号蓝堡北区写字楼101-103室	邓喜梅
水碓子支行	朝阳区水碓子北里19号楼	张惠玲
酒仙桥支行	朝阳区酒仙桥路10号星城国际大厦C座	张屹明
天坛支行	崇文区天坛东里北区12号	叶　宁
天坛支行华威路分理处	朝阳区华威北里20号	邵智学
崇文门支行	崇文区崇文门西大街2号	崔　雷

右安门支行	宣武区白纸坊东街10号	韩亚光
芳群园支行	丰台区方庄芳群园4区23号	萧　华
木樨园支行	丰台区东木樨园9号	李新莉
松榆里支行	朝阳区松榆东里23号	常　兰
朝外支行	朝阳区朝阳门外大街16号	路　辉
南滨河路支行	宣武区南滨河路乙25号	李淑英
望京支行	朝阳区望京西园4区416号楼	杜继波
望京中环路支行	朝阳区望京西园304号楼	石　军
望京南湖中园支行	朝阳区望京南湖中园K3－301号楼	马　欣
北京经济技术开发区支行	北京经济技术开发区隆庆街3号	张舜芳
东高地支行	丰台区南大红门路15号	曹东民
西单支行	西城区西长安街甲17号	刘宝新
安德里支行	西城区德外六铺炕一区	陈时军
农科院支行	海淀区学院南路57号	王慧霞
世纪城支行	海淀区蓝靛厂世纪城小区金夕园甲1号楼4段	李文齐
建国路支行	朝阳区建国路90号	孙淑萍
东直门支行	东城区东直门外大街48号东方银座大厦	闫　伟
紫竹桥支行	海淀区紫竹院路1号人济山庄D座裙房103、203室	郭　盛

招商银行股份有限公司北京分行

机构名称	地　址	负责人
招商银行股份有限公司北京分行	西城区复兴门内大街156号A座	尹凤兰
分行营业部	西城区复兴门内大街156号北京招商国际金融中心A座	边　琳
长安街支行	东城区建国门内大街11号	张蓉蓉
东三环支行	朝阳区东三环北路1号	哈　斯
展览路支行	西城区展览路乙3号	程　岩
亚运村支行	朝阳区北辰东路8号	周　静
万寿路支行	海淀区复兴路乙20号	张　华
双榆树支行	海淀区中关村南大街9号理工科技大厦1层	杨铭海
大运村支行	海淀区知春路27号	蒋　南
王府井支行	东城区灯市口大街75号	杨桂林

宣武门支行	宣武区宣武门外大街88号	孙　逊
西三环支行	海淀区阜石路67号	党秀利
北三环支行	朝阳区樱花西街18号	周　群
朝阳门支行	东城区朝阳门北大街6号	陈　涛
建国路支行	朝阳区建国路116号	吴　亮
崇文门支行	崇文区崇外大街5号北京新世界商场二期	徐筱荣
首体支行	西城区西直门外大街143号	任　力
清华园支行	海淀区清华大学东门外紫光大厦	唐　文
方庄支行	丰台区方庄通润商务会馆B区首层	朱　红
中关村支行	海淀区中关村大街42号	赵凤玲
小关支行	朝阳区惠新东街2号	陈　翔
光华路支行	朝阳区光华路1号	刘学菁
东方广场支行	东城区东长安街1号东方新天地A512	周良弘
北四环支行	海淀区北四环中路229号	于丛竹
万泉河支行	海淀区万柳阳春光华家园甲5号	颜卫东
金融街支行	西城区金融大街35号	齐向昱
静安里支行	朝阳区东三环北路8号	朱晓东
安定门支行	东城区安定门外大街208号	陈　刚
海淀支行	海淀区中关村西区辉煌时代大厦	曲　进
世纪城支行	海淀区蓝靛厂垂虹园甲1号	吴　江
望京支行	朝阳区南湖南路15号甲1号	曹　蓬
朝外大街支行	朝阳区朝外大街26号	顾年华

上海浦东发展银行股份有限公司北京分行

机构名称	地　址	负责人
上海浦东发展银行股份有限公司北京分行	东城区东四十条68号	刘　柳
营业部	东城区东四十条68号	崔　晨
金融街支行	西城区金融大街35号国企大厦A座首层	王　谦
宣武支行	宣武区广安门内大街316号	王豫温
黄寺支行	东城区安德里北街21号	贽丽春
中关村支行	海淀区海淀南路15号	张　松
朝阳支行	朝阳区朝阳门外大街19号	王大鸣
建国路支行	朝阳区建外大街99号	荣永露
万寿路支行	海淀区万寿路西街2号文博大厦	张海年
安外支行	东城区安外大街甲88号	刘　瑞

阜成支行	西城区南礼士路3号	梅永田
雅宝路支行	东城区建国门北大街8号	刘晓冰
海淀园支行	海淀区中关村大街1号	李今青
首体支行	海淀区白石桥路54号	李春平
东三环支行	朝阳区霄云路26号鹏润大厦	董 军
亚运村支行	朝阳区慧忠路5号远大中心	沈 泓
知春路支行	海淀区知春路9号蓟门坤讯大厦	李 舸
安华桥支行	朝阳区安贞西里3区15号	闫武全
灯市口支行	东城区东四南大街143号	秦伯明
电子城支行	朝阳区酒仙桥路10号	严 岩
经济技术开发区支行	经济技术开发区天华园二里二区19号楼	周新平
永定路支行	海淀区永定路甲51号	赵世明
花园路支行	海淀区花园东路10号高德大厦C座	赵亚东

广东发展银行股份有限公司北京分行

机构名称	地 址	负责人
广东发展银行股份有限公司北京分行	东城区东单大华路2号	张庆修
月坛支行	西城区月坛北街2号	倪 明
中关村支行	海淀区中关村大街45号	刘卫国
亚运村支行	朝阳区安定门外安立路8号	夏 群
建国路支行	朝阳区建国路112号	张伟华
国展支行	朝阳区西坝河东里18号	王树青
朝阳门支行	东城区朝阳门内大街168号	刘 宁
航天桥支行	海淀区西三环北路105号	张荣森
新外支行	海淀区新街口外大街19号	黄新锋
西客站支行	北京市宣武区广莲路1号	张国英
甘家口支行	西城区阜外大街34号	林 燕
东直门支行	东城区东中街9号	裴志新
翠微路支行	海淀区复兴路乙20号	徐兆胜
车公庄支行	海淀区车公庄西路乙19号	陈 伟
方庄支行	丰台区方庄路5号	史 杰
安贞支行	朝阳区安定路39号	田柳毅
蒋宅口支行	东城区安外大街蒋宅口3号	李超宇
宣武门支行	宣武区宣武门外大街8号	程春雷
十里堡支行	朝阳区十里堡甲3号	王加乃

知春路支行	海淀区知春路49号	郑孝和
王府井支行	东城区王府井大街218－2号	崔贺龙
北沙滩支行	朝阳区北沙滩甲1号	程秋平
黄寺支行	西城区德外大街12号	解　威

兴业银行北京分行

机构名称	地　址	负责人
兴业银行北京分行	朝阳区安贞西里三区11号	蒋云明
甘家口支行	海淀区三里河路19号甘家口大厦	冯　伟
中轴路支行	东城区鼓楼外大街甲28号	张建中
朝外支行	朝阳区朝外大街77号曼哈顿大厦	李春生
广安门支行	宣武区广安门内大街315号信息大厦	焦文平
亚运村支行	朝阳区亚运村安慧里四区16号楼	陆　勇
西单支行	西城区宣内大街甲6号西单东南大厦	徐胜强
中关村支行	海淀区中关村南大街32号中关村科技发展大厦	曹小琼
东外支行	朝阳区东直门外大街23号	景　嵩
上地支行	海淀区上地信息中路19号	孙小芬
西客站支行	海淀区复兴路12号恩菲科技大厦	刘学军
东单支行	东城区东单三条8－2号青艺大厦	刘兴华
长安支行	海淀区复兴路65号	李　直
国贸支行	朝阳区东三环中路甲10号赢嘉中心	司晓明
安华支行	朝阳区安贞西里三区11号	付　筠
月坛支行	西城区二七剧场路15号	尤象都
三元桥支行	朝阳区东三环霄云路21号大通大厦	熊晓东
西直门支行	海淀区西直门北大街42号华星贸易大厦	程　肯
知春路支行	海淀区知春路59号中关村海关大厦	徐兴建
大钟寺支行	海淀区北三环西路23号	徐　川
空港支行	顺义区天竺镇府前二街1号宏远天竺物流中心A楼	瞿唯红
世纪坛支行	海淀区复兴路甲1号	吴　靖
海淀支行	海淀区中关村西区丹棱街3号	邱瑞坤

深圳发展银行北京分行

机构名称	地　址	负责人
深圳发展银行北京分行	西城区复兴门内大街158号远洋大厦F5	赵文杰
分行营业部	西城区复兴门内大街158号远洋大厦F1	王　青
神华支行	东城区安定门西滨河路22号神华大厦	王　军
安华支行	朝阳区安贞西里3区10号楼	庞　涛
西三环支行	海淀区西三环中路甲21号	陈　忠
三元桥支行	朝阳区霄云路38号现代盛世大厦	夏卫平
中关村支行	海淀区苏州街1号绿创大厦	彭　松
朝阳门支行	朝阳区关东店北街1号国安宾馆	彭喜文
官园支行	西城区车公庄大街乙1号富通大厦	王晓林
建国门支行	东城区建国门内大街18号恒基中心大厦	陈海锋
知春路支行	海淀区知春路113号银网中心	周　靖
海淀支行	海淀区中关村南大街甲32号	张振宇
东直门支行	东城区东直门外大街48号东方银座	翟振明
东城支行	东城区金宝街58号北京华丽大厦	董建江
和平支行	东城区和平里9区甲4号安信大厦	高晓健

中信银行总行营业部

机构名称	地　址	负责人
中信银行总行营业部	西城区金融大街甲27号投资广场A座	张　强
营业结算部	西城区金融大街甲27号投资广场一楼	程少芳
国际大厦支行	朝阳区建国门外大街19号国际大厦	陆金根
京城大厦支行	朝阳区新源里南路6号京城大厦	芦　苇
富华大厦支行	东城区朝阳门外北大街8号富华大厦C座	孙　鹏
朝阳支行	朝阳区农展馆南里12号	郑建军
中关村支行	海淀区中关村南大街6号	肖　欣
招商大厦支行	朝阳区建国路118号招商局大厦	马顺军
广安门支行	宣武区广安门外南滨河路1号高新大厦	王春江
海淀支行	海淀区中关村北1条甲10号	叶雪松
东大桥支行	朝阳区工体东路18号	崔　浩
知春路支行	海淀区知春路14号	张韧奇
奥运村支行	朝阳区慧忠北里309楼天创世缘D1	赵晓文

阜成门支行	西城区阜成门北大街6号国际投资大厦A座	王　延
崇文支行	崇文区光明路13号	孙　艳
西单支行	西城区复兴门内大街45号主楼东配楼	杨璋琪
东单支行	东城区东长安街东方广场W1座1-18号	石劭原
首体南路支行	海淀区首体南路16号国兴大厦E座	刘红燕
中粮广场支行	东城区建国门内大街8号中粮广场A座	赵　青
金运大厦支行	海淀区西直门北大街甲43号1号楼101	李怀珍
酒仙桥支行	朝阳区酒仙桥路14号兆维大厦	高　宏
新兴支行	海淀区西三环中路17号新兴宾馆北楼	郭大海
上地支行	海淀区上地东里一区4号楼科贸大厦	窦彦红
经济技术开发区支行	经济开发区宏达北路10号万源商务大厦	邓　磊
安贞支行	朝阳区北三环中路安贞里浙江大厦	张春中
广渠路支行	朝阳区东三环外广渠路31号九龙商厦一层	刘　战
望京支行	朝阳区望京利泽中园工业区众运大厦首层	钟宇菁
清华科技园支行	海淀区中关村清华科技园9号威新国际大厦1层	李亚如
三元桥支行	朝阳区曙光西里甲1号第三置业一层	田文冬
世纪城支行	海淀区世纪城三期垂虹园甲2号	胡桂军

中国光大银行股份有限公司总行营业部

机构名称	地　　址	负责人
中国光大银行股份有限公司总行营业部	西城区宣武门内大街1号	张华宇
营业室	西城区宣武门内大街1号	陈　岩
王府井支行	东城区王府井大街121号	李　伟
宣武支行	西城区广安门外大街1号	王　霄
德胜门支行	西城区黄寺大街23号	田金明
海淀支行	海淀区海淀路171号	张　珺
朝阳支行	朝阳区朝外大街16号	吴文清
建国门支行	朝阳区建国门外大街16号	孙宇战
复兴路支行	海淀区复兴路47号	崔敏奎
和平门支行	宣武区前门西大街甲10号	张晋红
天宁寺支行	西城区莲花池东路1号	郭文忠
西城支行	西城区车公庄大街甲4号	王　彦

中关村支行	海淀区知春路63号	王　琼
东四支行	东城区东四北大街337号	王少英
新源支行	朝阳区新源西里中街12号	吴博峰
安定门支行	东城区安定门外大街208号	翟敬华
礼士路支行	西城区南礼士路66号	张小芳
亚运村支行	朝阳区惠中东路5号	杨　震
首体支行	海淀区西直门外大街168号	高　抒
阜成路支行	海淀区西三环中路100号	张　博
花园路支行	海淀区花园东路8号	马　杰
三里河支行	西城区月坛南街71号	杨登彬
工体路支行	东城区东中街46号	卜广庆
西单支行	西城区华远北街2号	冯青梅
西直门支行	西城区德宝新园22号	李国伟
方庄支行	丰台区芳古园1区31号B楼	寇传平
长安支行	西城区复兴门外大街6号	宋　勇
长虹桥支行	朝阳区东三环北路15号	刘书杰
世纪城支行	海淀区板井路59号	罗　静
远大路支行	海淀区长椿桥路5号3号楼	史静宾
北太平庄支行	海淀区北太平庄路18号城建大厦B座	张广立
安贞支行	朝阳区安定路39号	高振华
望京支行	朝阳区望京中环南路花家地街花家地商业1号楼	王　华
金源支行	海淀区远大路垂虹园甲5号	张怡卿

华夏银行股份有限公司总行营业部

机构名称	地　址	负责人
华夏银行股份有限公司总行营业部	西城区金融大街11号北京国际金融中心	叶望春
石景山支行	石景山区石景山路66号	胥嘉国
和平门支行	宣武区前门西大街14号	宋　剑
紫竹桥支行	海淀区广源闸5号广源大厦首层	李　嘉
东四支行	东城区东四十条21－2号	姜永成
长安支行	西城区三里河东路5号中商大厦	苏沁阳
中关村支行	海淀区北四环西路56号辉煌时代大厦	樊风华
知春支行	海淀区知春路111号	周　伟
灯市口支行	东城区灯市口大街33号国中商业大厦首层	毕学安

平安支行	西城区平安里西大街16号	李学军
安定门支行	东城区安定门外大街甲68号	刘金祥
建国门支行	东城区建国门内大街5号	华　锋
朝阳门支行	朝阳区朝外吉祥里103号工艺大厦附楼一层	吴京军
京广支行	朝阳区东三环中路7号财富中心一期商铺E106号	马晓东
首体支行	海淀区西直门外大街168号腾达大厦	王明华
公主坟支行	海淀区复兴路14号华鹰大厦G座	李胜利
亮马河支行	朝阳区东三环北路3号B座首层	张志刚
东直门支行	朝阳区东土城路14号建达大厦首层	曹钢锋
中轴路支行	东城区鼓楼外大街45号	杨振宇
亚运村支行	朝阳区北辰东路8号汇宾大厦首层	程庆强
万柳支行	海淀区万柳中路29号院	章长钐
两广支行	崇文区珠市口东1号新阳商务楼	吕忠军
国贸支行	朝阳区东三环南路赢嘉中心	刘　辉
光华支行	朝阳区光华路甲8号和乔大厦C座	张晓民
魏公村支行	海淀区中关村南大街甲12号寰太大厦首层	林　峰
阜外支行	西城区阜外大街甲34号泰阳大厦	杨乐昌
东单支行	东城区建国门内大街22号华夏大厦	陈劲伟
北沙滩支行	朝阳区德外北沙滩1号	杜元平
德外支行	西城区德外大街3号	夏　冰
西直门支行	海淀区西直门北大街60号首钢国际大厦	刘永健
望京支行	朝阳区望京广顺北大街222号星源国际公寓首层	李占军
世纪城支行	海淀区蓝靛厂东路2号金源时代商务中心2号A座首层	马　煜
车公庄支行	西城区车公庄大街12号核建大厦首层	孙　莉
秀水支行	朝阳区建外秀水东街8号秀水街市场2楼	赵恩平

中国民生银行股份有限公司总行营业部

机构名称	地　址	负责人
中国民生银行股份有限公司总行营业部	西城区复兴门内大街2号	梁玉堂
营业部	海淀区复兴路甲3号	杜　鹏
阜成门支行	西城区阜外大街2号万通新世界广场B座首层	于启春
建国门支行	朝阳区建国门外大街21号国际俱乐部首层	赵文利

中关村支行	海淀区知春路113号银网中心首层	纪乃方
西坝河支行	朝阳区西坝河西里甲18号	刘志明
工体北路支行	朝阳区工体北路9号	尚　明
安定门支行	东城区安外大街8号	苗维善
万寿路支行	海淀区复兴路甲65号–A	吴剑辉
西客站支行	丰台区西客站南广场中色大厦首层	彭　立
正义路支行	东城区正义路4号	魏晓晴
上地支行	海淀区上地东里一区4号楼科贸大厦首层	高　峰
国贸支行	朝阳区建国门外大北窑东环南路2号艾米克大厦	赵志敏
首体支行	西城区西直门外大街甲143号凯旋大厦	赵　新
金融街支行	西城区金融大街33号通泰大厦B座首层	许秀生
平安里支行	西城区地安门西大街141号	孟光明
北太平庄支行	西城区新街口外大街2号金辉科技楼	张湘如
广安门支行	宣武区广内大街338号港中旅大厦	李沁春
方庄支行	丰台区芳古园通润会馆首层	师黎明
朝阳门支行	朝阳区朝外大街22号泛利大厦首层	赵　泓
紫竹支行	海淀区紫竹院路31号华澳中心嘉慧苑首层	吴江涛
魏公村支行	海淀区中关村南大街27号中扬科技大厦首层	刘　红
东单支行	东城区东单大街甘雨胡同甲2号大万商务中心	田　颖
亚运村支行	朝阳区惠新西街3号	宋健尔
苏州街支行	海淀区苏州街33号	王红彪
西直门支行	海淀区西直门大街43号时代之光名苑首层	朱　冰
和平里支行	东城区和平里东街12号华文宾馆首层	马　琳
崇文门支行	崇文区崇外大街9号正仁大厦首层	周　蕾
奥运村支行	朝阳区安立路66号安立花园首层	魏　威
三元支行	朝阳区东三环北路甲2号京信大厦西南配楼首层	徐金亭
西单支行	西城区西单北大街107号北京电信首层	陈桥根
劲松支行	朝阳区劲松三区甲302号	刘俊利
成府路支行	海淀区成府路298号中关村方正大厦首层南侧	奚衍安
德胜门支行	西城区德外大街新风街2号天成科技大厦首层	尚新梅
电子城支行	朝阳区酒仙桥路14号	安永东
首都机场支行	朝阳区航安路首都机场“职工之家”综合楼	马玉红
西二环支行	西城区阜成门北大街6号国际投资大厦首层	肖　丽
空港支行	首都机场候机楼8号离港厅	杜　京

西长安街支行	西城区复兴门内大街2号民生银行大厦首层	程　蕾
南二环支行	崇文区永定门外大街101号百荣世贸商城	魏立宇
建国门外支行	朝阳区建国门外大街甲12号	宗树生
京广支行	朝阳区呼家楼京广中心首层	杨新军

北京银行股份有限公司

机构名称	地　址	负责人
北京银行股份有限公司	西城区复兴门内大街156号	阎冰竹
总行营业部	西城区复兴门内大街156号	杜志红
车公庄支行	西城区车公庄大街乙8号	王海静
德外支行	西城区德胜门外大街8号	丛曰丽
西四支行	西城区西单北大街30号	尹　君
阜成支行	西城区阜外大街2号	郝剑雄
复兴支行	西城区月坛南街14号	綦　冰
新街口支行	西城区新街口南大街119号	霍向辉
地内大街支行	西城区地安门内大街9号	王　忠
展览路支行	西城区西直门外南路8号	阮　彤
长安支行	西城区复兴门外大街10号	李国梁
月坛支行	西城区阜外大街27号	郝剑雄
华安支行	西城区西黄城根北街甲2号	张慧珍
西直门支行	西城区赵登禹路冠英园西区31号楼	李西丁
燕京支行	西城区复外大街19号	王一兵
金融街支行	西城区金融大街16号	高雅玲
官园支行	西城区育教胡同33号	昌　青
紫竹支行	海淀区车道沟10号院	孙维强
新街口北大街支行	德胜门西大街15号远洋风景C1单元8楼102号	王美茹
新华支行	海淀区万柳中路15号	曹力华
上地支行	海淀区上地信息路1号国际科技创业园	耿代路
清华大学支行	海淀区照澜院商业楼一层	蔡时禄
双榆树支行	海淀区双榆树东里甲22号	周建华
翠微路支行	海淀区复兴路33号（翠微大厦东南角一层）	徐　文
中关村支行	海淀区中关村南路甲2号	晋湘芬
魏公村支行	海淀区中关村南大街25号	宋　威
大钟寺支行	海淀区白石桥路30号东门五区	王　义

学院路支行	海淀区学院路30号	刘志成
西苑支行	海淀区颐和园路39号	朱 枫
燕园支行	海淀区西草场1号	崔满红
清华园支行	海淀区双清路西王庄同方大厦	章志勇
万寿路支行	海淀区万寿路17号天天假日饭店B座	王淑梅
西客站支行	海淀区羊坊店路3号	孙静宇
永定路支行	海淀区复兴路81号G座	苑士红
白石桥支行	海淀区白石桥路48号	王新亚
北太平庄支行	海淀区北三环中路戊40号	丁 平
北洼路支行	海淀区北洼路26号	崔勇浩
四道口支行	海淀区学院南路54号	李嘉兴
航天支行	海淀区海淀南路30号	夏 英
学知支行	海淀区北土城西路197号	林平平
双秀支行	海淀区北三环中路31号	张书坡
阜裕支行	海淀区阜成路甲28号	安文梅
甘家口支行	海淀区三里河路39号	邱万铭
玉海园路支行	海淀区复兴路乙59号	张永利
金运支行	海淀区西直门北大街甲43号	袁月女
北京大学支行	海淀区成府路298号方正大厦	傅东晖
慧园支行	海淀区学院南路12号	武振朴
国兴家园支行	海淀区首体南路20号国兴家园5号楼1层	骞丽君
海淀路支行	海淀区中关村大街22号中科大厦B座	张志琦
友谊支行	海淀区中关村南大街3号	许卫红
中关村科技园区支行	海淀区中关村大街甲28号	王 喆
世纪城支行	海淀区板井路69号世纪金源国际公寓东区首层	孔 骞
北航支行	海淀区学院路35号世宁大厦	林 敏
工体北路支行	东城区新中西里13号	韩 飏
和平里支行	东城区和平里东街1号	周 岳
建国支行	东城区建内大街乙18号	林京良
东四支行	东城区东四北大街H303号	俞大明
长城支行	东城区王府井金鱼胡同18号	余佳瑞
灯市口支行	东城区灯市口大街72号	康建荣
景山支行	东城区美术馆东街20号	方 兴
安外支行	东城区安外东河沿乙4号	田和珍
中轴路支行	东城区安德路16号	孙 延
沙滩支行	东城区北河沿大街97号	张 华

东单支行	东城区建国门内大街19号	翟淮锋
安定门支行	东城区交道口南大街16号	俞　英
朝外支行	朝阳区朝阳门外大街12号	赵　明
望京支行	朝阳区望京广顺南大街19号	季金峰
东大桥支行	朝阳区东直门外大街22号楼东侧	吴星远
酒仙桥支行	朝阳区酒仙桥路3号	黄　赢
九龙山支行	朝阳区农光里117号	冯　鹏
团结湖支行	朝阳区白家庄北里甲5号	郭　伟
芳草地支行	朝阳区东大桥路10号	蔡元棣
金台路支行	朝阳区团结湖路52号	李　玲
亚运村支行	朝阳区慧忠北里309号	刘　军
八里庄支行	朝阳区朝外延静西里2号	廖　波
京广支行	朝阳区关东店南街8号	张东波
新源支行	朝阳区北三环东路6号	孔　茹
安华路支行	朝阳区外馆东街51号	吴耀辉
北三环东路支行	朝阳区北三环东路26号	甄同军
樱花支行	朝阳区北三环东路15号	孙立敏
关东店支行	朝阳区东大桥三角地	王　珍
北辰路支行	朝阳区北辰东路8号汇珍楼	乌　斌
现代城支行	朝阳区建国路88号	曹　岩
商务中心区支行	朝阳区光华路丙12号	郭文华
雅宝路支行	朝阳区雅宝路2号（天雅大厦）	郭　莺
红星支行	朝阳区朝外大街20号	顾明琪
北苑路支行	朝阳区北苑路172号	王　萌
右安门支行	宣武区右安门内大街65号	马宝红
前门支行	宣武区前门西大街正阳市场1号楼	曲　洪
琉璃厂支行	宣武区南新华街48号	丁慈秀
广安支行	宣武区广安门外白菜湾5号楼一层	王　玉
报国寺支行	宣武区广安门内大街白广路北口甲1号	田大庆
西河沿支行	宣武区前门西河沿9号	曲　洪
珠市口支行	宣武区骡马市大街14号	曹爱萍
天宁支行	宣武区核桃园西街36号	邢洪旺
滨河路支行	宣武区枣林前街119号	李雪梅
白云支行	宣武区小马厂西里2号	吴　江
陶然支行	宣武区永定门内西街5号	刘子琪
宣武门支行	宣武区广安门内大街6号	白占水
沙子口支行	崇文区永定门外东革新里40号	高　红

天桥支行	崇文区大都市街南8楼	王力田
天坛支行	崇文区天坛东路76号	吴崃峰
幸福大街支行	崇文区幸福大街34号	赵　伟
花市支行	崇文区东花市北里中区甲27楼	崔义进
光明支行	崇文区光明路11号	席　明
广渠门支行	崇文区夕照寺街2号	赵京孚
丰台支行	丰台区丰台镇东安街1号	陈继贤
西罗园支行	丰台区海户西里甲30号	王华忠
刘家窑支行	丰台区定安路8号	张　杰
两桥支行	丰台区西四环南路31号	郑　伟
方庄支行	丰台区方庄芳星园2区甲3号院6号	程秀华
经济技术开发区支行	经济技术开发区宏达北路12号	焦仲平
京源路支行	石景山区石景山路23号中础大厦	王建红
石景山支行	石景山区石景山路42号	王　锐
昌平支行	昌平区政府街2号	崔永胜
顺义支行	顺义区站前街粮食局商办楼	刘学娥
首都机场支行	北京首都国际机场1号航站楼二层E211－212	刘　虹
燕山支行	房山区燕山迎风街17号	马晓煌
通州支行	通州区新华大街171号	李　伟

北京农村商业银行股份有限公司

机构名称	地　址	负责人
北京农村商业银行股份有限公司	西城区阜成门内大街410号	赵济堃
朝阳支行	朝阳区北苑路90号	孙　涛
将台支行	朝阳区酒仙桥村甲3号	崔国强
金盏支行	朝阳区金盏乡金盏大街中路	陈　立
来广营支行	朝阳区望京北路18号	兰　建
亚运村支行	朝阳区安外安立路甲56号	张宝民
太阳宫支行	朝阳区西坝河北里15号楼	刘明忠
小红门支行	朝阳区小红门乡小红门路15号	朱雪芳
十八里店支行	朝阳区十八里店乡十八里店村19号	崔　进
南磨房支行	朝阳区大望路平乐园路口南300米	王永胜
王四营支行	朝阳区王四营乡官庄大队陶庄个体公园南侧	张　晓
高碑店支行	朝阳区高碑店乡康家园小区26号楼	宋淑焕

和平支行	朝阳区来广营东路5号东郊农场综合服务楼	闫自江
双桥支行	朝阳区朝阳路管庄路口西20米	李红梅
丰台支行	丰台区丰台北路45号	王满祥
卢沟桥支行	丰台区丰台体育中心北路1号	许文渊
南苑支行	丰台区方庄路3号	王雅林
花乡支行	丰台区看丹路甲15号	宋丽花
太居寺支行	丰台区西三环南路16号	姚　杨
长辛店支行	丰台区杜家坎南路甲6号	王文革
王佐支行	丰台区云岗南宫路3号	何凤霞
石景山支行	石景山区杨庄东路78号	赵　影
京源支行	石景山区京源路展龙写字楼一层	李永安
八角支行	石景山区八角南路7号	吕新雅
西山支行	石景山区西黄村336车站北面	李建明
海淀支行	海淀区苏州街77号	闫　军
北安河支行	海淀区苏家坨镇北安河路5号	张增义
东北旺支行	海淀区上地信息路7号	金柏松
东升支行	海淀区清华东路甲1号	王永才
上庄支行	海淀区上庄镇上庄路72号	张春生
四季青支行	海淀区板井路81号	王东海
苏家坨支行	海淀区苏家坨镇温阳路18号	刘长祥
温泉支行	海淀区温泉镇温泉路59号	赵海国
永丰支行	海淀区中关村永丰高新技术产业基地IV区4号永丰商业中心2号楼B座	谢志伟
玉渊潭支行	海淀区万寿路17号A座	田学军
西苑支行	海淀区西苑草场2号乙	范　卫
中关村支行	海淀区海淀南路11号	乔旭明
门头沟支行	门头沟区滨河路龙泉花园D座一单元	金保珍
龙泉支行	门头沟区门头沟路21号	孙玉水
雁翅支行	门头沟区雁翅镇雁翅车站往东200米	崔国庆
潭柘寺支行	门头沟区潭柘寺镇鲁家滩大街46号	邓德顺
妙峰山支行	门头沟区妙峰山镇镇政府对面	刘正珠
斋堂支行	门头沟区斋堂镇斋堂大街43号	刘清印
永定支行	门头沟区石龙北路52号	邵　强
军庄支行	门头沟区军庄镇军庄村口南100米	宋文瑞
王平支行	门头沟区王平镇王平大街11号	刘建利

清水支行	门头沟区清水镇上清水村上清水车站50米	张殿增
昌平支行	昌平区东环路中医院路口往西20米少年宫对面	任德军
兴昌支行	昌平区昌平镇东环路中医院对面	董　伟
东小口支行	昌平区东小口镇中滩村东镇政府后面	吕国清
回龙观支行	昌平区回龙观镇政府北100米	马凤霞
南口支行	昌平区南口镇东大街保温瓶厂南侧	鲁凤清
小汤山支行	昌平区小汤山镇地税所西院	邵新龙
北七家支行	昌平区北七家镇政府街八仙别墅北	张东明
兴寿支行	昌平区兴寿镇兴寿村709号	杨广玲
阳坊支行	昌平区阳坊镇南阳路大都饭店北侧	宋立超
长陵支行	昌平区长陵镇政府南侧	刘德海
流村支行	昌平区流村镇北流村西科技园环岛西500米	刘玉江
沙河支行	昌平区沙河镇展思门路29号	董瑞生
马池口支行	昌平区马池口镇马池口村新街347号	杨继华
崔村支行	昌平区崔村镇西崔村11号	张瑞国
南邵支行	昌平区南邵镇南邵村镇政府对面	李树文
十三陵支行	昌平区十三陵镇胡庄	李　强
百善支行	昌平区百善镇政府西侧	王世启
通州支行	通州区新华大街59号	杨荣彬
永顺支行	通州区新华北街31号	张秀红
宋庄支行	通州区宋庄镇102国道北侧	凌建华
潞城支行	通州区潞城镇政府东侧	董延利
西集支行	通州区西集镇国防路39号	杨宝明
漷县支行	通州区漷县镇漷兴一街北侧	王明江
永乐店支行	通州区永乐店镇永乐大街54号	杨淑华
张家湾支行	通州区张家湾镇光华路西侧	何　涛
台湖支行	通州区台湖镇政府西200米	郑爱华
马驹桥支行	通州区马驹桥镇兴华大街1号	刘金伟
梨园支行	通州区梨园镇九棵树大街17号	吕建苹
顺义支行	顺义区新顺南大街15号	李晓光
仁和支行	顺义区政府西1700米顺榆路路南顺义区供销社大厦	李文龙
南法信支行	顺义区南法信镇京顺路南法信段7号	周之亮
后沙峪支行	顺义区后沙峪镇双裕街15号	马连长

天竺支行	顺义区天竺镇府前街 37 号	李洪昌
平各庄支行	顺义区仁和地区顺通路平各庄段东侧	李文虎
马坡支行	顺义区马坡地区西马坡村西	齐士华
牛栏山支行	顺义区牛栏山镇牛板路牛山段邮局东侧	邹　文
赵全营支行	顺义区赵全营镇政府西 300 米	齐士祥
杨镇支行	顺义区杨镇顺平路杨镇段 53 号	夏志成
南彩支行	顺义区南彩镇顺平路南彩段 45 号	骆　旭
北小营支行	顺义区北小营镇府前街 11 号	闫桂林
张各庄支行	顺义区张各庄镇大街 7 号	王春雨
李家桥支行	顺义区李桥镇中心街 53 号	杨长春
高丽营支行	顺义区高丽营镇顺沙路高丽营段 7 号	周亚丽
光明街支行	顺义区光明北街 9 号	高金荣
大兴支行	大兴区黄村东大街 9 号	刘万芳
黄村支行	大兴区黄村清源路 6 号	孙凤俊
庞各庄支行	大兴区庞各庄镇农行分理处南 1 米	张秀兰
榆垡支行	大兴区榆垡镇卫生院东侧 5 米	桂士常
礼贤支行	大兴区礼贤镇派出所东侧 10 米	刘建军
青云店支行	大兴区青云店镇国税所北侧 5 米	梁建新
采育支行	大兴区采育镇电管站西侧 2 米	闫福海
长子营支行	大兴区长子营镇政府内	张武立
旧宫支行	大兴区旧宫镇旧宫东路 90 号	周　强
亦庄支行	大兴区亦庄镇政府内	赵永旺
瀛海支行	大兴区瀛海镇政府北侧 20 米	冯尚宝
西红门支行	大兴区西红门镇政府西侧 1 米	皮朋迅
魏善庄支行	大兴区魏善庄镇车站村东 20 米	林　军
安定支行	大兴区安定镇农行分理处西侧 1 米	陈　宁
北臧村支行	大兴区北臧村镇政府西侧 50 米	肖宝民
房山支行	房山区良乡长虹东路 1 号	梁大学
燕房支行	房山区城关镇南大街 2 号	苗锦新
良乡支行	房山区良乡中路 34 号	杨海兴
阎村支行	房山区阎村镇紫园路 115 号	孙国宇
佛子庄支行	房山区佛子庄乡政府西侧	陈富贵
大石窝支行	房山区大石窝镇石窝大队东侧	管建石
青龙湖支行	房山区青龙湖镇豆各庄村下四区 43 号	吴克杰
琉璃河支行	房山区琉璃河镇东街 28 号	佟建金
韩村河支行	房山区韩村河镇西东村岳李路 29 号	王　岩
十渡支行	房山区十渡镇十渡大街 91 号	高银凤

河北支行	房山区河北镇李各庄村卫生院东侧	陈大明
史家营支行	房山区史家营乡政府左侧	姜兆华
长阳支行	房山区长阳镇阳城环路19号	路建伟
窦店支行	房山区窦店镇政府北侧	许爱武
张坊支行	房山区张坊镇张坊村中二区61号	兰建国
周口店支行	房山区周口店镇周口店村派出所对面	刘春生
长沟支行	房山区长沟镇长沟大街48号	孙国亮
平谷支行	平谷区平谷镇新平北路平乐街8号	李素荣
绿谷支行	平谷区光明西小区5号	韩立冬
东高村支行	平谷区东高村镇兴业路6号	韩　冰
王辛庄支行	平谷区王辛庄镇齐各庄前街75号	顾玉斌
夏各庄支行	平谷区夏各庄镇夏各庄村北街72号	王青云
山东庄支行	平谷区山东庄镇西沥津西路85号	张永红
马坊支行	平谷区马坊镇西大街17号	李永国
马昌营支行	平谷区马昌营镇马昌营古槐大街53号	李淑明
金海湖支行	平谷区金海湖镇韩庄北街160号	韩立锋
南独乐河支行	平谷区南独乐河镇同乐路128号	安志强
大华山支行	平谷区大华山镇大华山大街136号	贾小华
峪口支行	平谷区峪口镇峪口村西大街2号	谢景泉
大兴庄支行	平谷区大兴庄镇大兴庄村东	佟全凤
密云支行	密云县鼓楼南大街25号	赵江然
檀州支行	密云县鼓楼东大街世豪大酒店对面	刘永录
穆家峪支行	密云县穆家峪镇南穆家峪村南侧	刘向荣
河南寨支行	密云县河南寨镇河南寨村北路西	肖青山
十里堡支行	密云县十里堡镇政府东侧	黄淑凤
溪翁庄支行	密云县溪翁庄镇溪翁庄村委会北楼	王福海
西田各庄支行	密云县西田各庄镇西田各庄村东南	雷丽君
巨各庄支行	密云县巨各庄镇巨各庄村南侧	于连军
太师屯支行	密云县太师屯镇永安街12号	田立冬
高岭支行	密云县高岭镇高岭村政府路东侧	王立红
不老屯支行	密云县不老屯镇政府东侧	李　刚
怀柔支行	怀柔区迎宾北路18号	郑文明
青春路支行	怀柔区青春路8号	焦安波
泉河支行	怀柔区迎宾北路32号	王新林
北房支行	怀柔区北房镇北房村幸福西街17号	王凤忠
杨宋支行	怀柔区凤翔科技开发区四园1号	孙荣阁
雁栖支行	怀柔区雁栖镇雁栖环岛南侧	于尊龙

怀北支行	怀柔区怀北镇西庄村317号	薛东芳
渤海支行	怀柔区沙峪村350号	刘艳平
庙城支行	怀柔区庙城镇庙城村派出所对面	王启生
桥梓支行	怀柔区桥梓镇桥梓村村北	崔秀全
汤河口支行	怀柔区汤河口镇汤河口村16号	王俊金
延庆支行	延庆县东外大街109号	杜卫东
夏都支行	延庆县高塔路62号	周举峰
南菜园支行	延庆县延庆镇南菜园开发区17号	胡　东
张山营支行	延庆县张山营镇张山营村南	任永旺
永宁支行	延庆县永宁镇北门口	王迎春
八达岭支行	延庆县八达岭镇政府院内	卫福生
旧县支行	延庆县旧县镇村北侧	张全顺
军博支行	海淀区会城门北口路东	黄　梅
鼓楼支行	西城区旧鼓楼外大街甲1号	刘　承

2. 非银行金融机构分支机构

北京邮政储汇局

机构名称	地　　址	负责人
北京邮政储汇局	丰台区莲花池东路126号	周毅明
东区邮政储汇分局	朝阳区望京西园一区120楼	刘苏平
西区邮政储汇分局	西城区西直门南大街18号	高庆兰
南区邮政储汇分局	丰台区西罗园一区15号楼	王多田
海淀邮政储汇分局	海淀区圆明园西路51号院	闫春笑
郊区邮政储汇分局	昌平区回龙观西大街	王立君
国际邮政局储汇科	东城区建国门北大街东侧	王　虹
通州区邮政局储汇科	通州区运河西大街64号	刘　芳
密云县邮政局储汇科	密云县古楼东大街36号	关秀云
顺义区邮政局储汇科	顺义区新顺南大街	王大宏
房山区邮政局储汇科	房山区良乡西路11号	刘晓平
门头沟区邮政局储汇科	门头沟区河滩路2号	马凤坡
大兴区邮政局储汇科	大兴区兴丰大街	王俊江
昌平区邮政局储汇科	昌平区政府街	孙学红
平谷县邮政局储汇科	平谷区旧城街16号	张海忠
延庆县邮政局储汇科	延庆县庆园街16号	王志军
怀柔区邮政局储汇科	怀柔区北大街16号	房海龙

3. 证券公司分支机构

中国银河证券有限责任公司北京管理部

机构名称	地址	负责人
中国银河证券有限责任公司北京管理部	西城区月坛南街丙1号	霍肖宇
月坛证券营业部	西城区月坛南街丙1号	霍肖宇
天坛东里证券营业部	崇文区天坛东里5号	许伟峰
双榆树营业部	海淀区双榆树科学院南路44号	陈珊红
安外营业部	东城区和平里九区甲4号安信大厦A座一层	陆　地
学院南路营业部	海淀区学院南路34号	赵新华
黄寺大街营业部	西城区黄寺大街21号	朱跃辉
阜城路营业部	海淀区阜城路67号银都大厦	赵缀英
百万庄营业部	西城区百万庄大街甲2号	李　蔚
望京营业部	朝阳区望京西园4区乙410楼	赵志全
马家堡服务部	丰台区马家堡东路94号	丁泽福

首创证券有限责任公司

机构名称	地址	负责人
首创证券有限责任公司	朝阳区北辰东路8号辰运大厦3层	吴　涛
北辰东路证券营业部	朝阳区北辰东路8号辰运大厦	张　弛
五道口证券服务部	海淀区成府路蓝旗营小区1号楼东2层	张景国

4. 证券公司营业部

机构名称	地址	邮政编码
北方证券西直门北大街证券营业部	海淀区西直门北大街45号时代之光名苑	100044
北京高华证券建国门外大街证券营业部	朝阳区建国门外大街一号国贸大厦2座10层	100004
北京证券安定门证券营业部	东城区安定门内大街106号	100009
北京证券北三环东路证券营业部	朝阳区北三环东路西坝河东里18号	100028
北京证券车公庄西大街证券营业部	海淀区车公庄西路甲19号	100044

北京证券德胜门东滨河路证券营业部	西城区德胜门外东滨河路B11号	100011
北京证券阜外大街证券营业部	西城区阜外大街2号万通新世界大厦B座7层718室	100037
北京证券潘家园证券营业部	朝阳区潘家园甲2号	100021
北京证券新街口外大街证券营业部	西城区新街口外大街12号	100088
北京证券颐和园路证券营业部	海淀区颐和园路1号	100080
北京证券永内东街证券营业部	崇文区永内东街中里13号	100050
北京证券知春里证券营业部	海淀区知春东里15号楼	100086
渤海证券慧忠里证券营业部	朝阳区慧忠里417号	100101
渤海证券西外大街证券营业部(大兴服务部)	西城区西直门外大街甲143号凯旋大厦C座	100044
财富证券阜外大街证券营业部	西城区阜外大街甲7号	100037
财富证券知春路证券营业部	海淀区知春路59号	100080
长财证券东三环中路证券营业部	朝阳区东三环中路18号东环国际大厦三层	100022
长城证券阜成门北大街证券营业部(首都机场服务部)	西城区阜成门北大街17号	100037
长城证券中关村大街证券营业部	海淀区中关村大街甲28号海淀文化艺术大厦B座11层	100086
长江证券展览路证券营业部	西城区展览路丙3号	100037
大鹏证券万泉河路证券营业部	海淀区万泉河路68号紫金大厦4层	100086
大鹏证券新源西里营业部	朝阳区新源西里东街6号	100027
大通证券阜城门外大街证券营业部	西城区阜城门外大街8号国润大厦12层	100037
德邦证券宣武门西大街证券营业部	西城区宣武门西大街甲127号大成大厦	100031
第一创业证券月坛南街证券营业部	西城区月坛南街甲一号东方亿通大厦	100045
第一证券中关村东路证券营业部	海淀区中关村东路8号东升大厦A座6层	100083
东北（新华）证券朝外大街证券营业部	朝阳区朝外大街38号	100020
东北证券三里河东路证券营业部	西城区三里河东路5号	100045
东方证券安苑路营业部	朝阳区小关北里45号世纪嘉园5号楼	100029
东海证券慧忠路证券营业部	朝阳区慧忠路5号远大中心C座7层	100101
东吴证券北京鼓楼外大街证券营业部	东城区鼓楼外大街27号	100011
方正证券和平里东街证券营业部	东城区和平里东街6区8号	100013

富成证券北京崇文门外大街证券营业部	崇文区崇文门外大街9号正仁大厦4层	100062
光大证券东中街营业部	东城区东中街29号东环广场	100027
光大证券樱花西街证券营业部	朝阳区樱花西街18号贵州大厦三层B座二层	100029
光大证券月坛北街证券营业部	西城区月坛北街2号月坛大厦东配楼2－5层	100045
广东证券长春桥路证券营业部	海淀区厂洼中路1号	100089
广发北方证券东三环北路证券营业部	朝阳区东三环北路3号幸福大厦A座1608	100027
广发证券朝阳门北大街营业部	东城区万泰北海大厦3层	100027
广发证券阜成门南大街证券营业部	西城区阜成门南大街甲3号	100037
广发证券建华南路证券营业部	朝阳区建外建华南11号	100022
广州证券三里河东路证券营业部	西城区三里河东路39号燕京大厦2层	100045
国都证券安外大街安苑里营业部	朝阳区安外大街安苑里1号龙强大酒店北写字楼	100029
国都证券阜外大街证券营业部	西城区阜外大街43号	100037
国都证券复兴路证券营业部	海淀区复兴路32号	100039
国都证券新中街证券营业部	东城区新中街68号聚龙花园7号楼2层	100027
国都证券中关村南大街证券营业部	海淀区中关村南大街5号理工科技大厦303室	100081
国海证券和平街证券营业部	朝阳区和平街11区38号	100013
国联证券北京宣武门东大街证券营业部	西城区宣武门东大街24号越秀饭店南配楼6楼	100051
国盛证券知春路证券营业部	海淀区知春路113号银网中心B座18层	100086
国泰君安证券德外大街营业部	西城区德外大街3号	100088
国泰君安证券方庄路营业部	丰台区方庄路1号	100078
国泰君安证券西黄城根证券营业部（通州服务部）	西城区西黄城根北街21号	100034
国泰君安证券知春路营业部（怀柔服务部）	海淀区知春路17号	100083
国信（广东民安）证券慧忠路证券营业部	朝阳区慧忠路5号远大中心A座11层	100101
国信证券呼家楼营业部	朝阳区呼家楼北街7号楼	100026
国信证券三里河路营业部	海淀区三里河路13号	100037
国元证券北京西坝河南路营业部	朝阳区西坝河南路1号金泰大厦	100028

海通证券光华路证券营业部	朝阳区光华路甲8号	100026
海通证券柳芳北里证券营业部	朝阳区左家庄柳芳北里综合楼	100028
海通证券中关村南大街证券营业部	海淀区中关村南大街甲56号	100044
汉唐证券丰汇园证券营业部	西城区丰汇园21号楼	100032
汉唐证券前门证券营业部	东城区东交民巷28号	100051
汉唐证券裕民路证券营业部	朝阳区裕民路12号中国国际科技会展中心C座四层	100029
航空证券中关村南大街证券营业部	海淀区中关村南大街6号中电信息大厦5层	100086
和兴证券百万庄证券营业部	西城区百万庄大街19号和兴证券	100037
河北财达证券北京花园路证券营业部	海淀区花园路2号	100083
河北证券首体南路证券营业部	海淀区首体南路20号国兴家园D座河北证券	100044
恒泰南滨河路证券营业部	宣武区广安门外南滨河路1号高新大厦	100055
恒泰证券安德路证券营业部	东城区安德路大街16号洲际大厦B座	100011
恒信证券北京文慧园证券营业部	海淀区文慧园北路9号空间蒙太奇大厦A座2层	100088
红塔证券板井路证券营业部	海淀区板井路69号	100089
宏源证券北洼路证券营业部	海淀区北洼路26号	100089
华安证券慧忠北里证券营业部	朝阳区慧忠北里305号楼	100012
华创证券复兴门外大街证券营业部	西城区复兴门外大街甲一号国家海洋局东配楼2－5层	100045
华林证券北三环东路证券营业部	朝阳区北三环东路28号易亨大厦2层	100013
华龙证券安外大街证券营业部	东城区安外大街191号	100011
华泰证券月坛南街营业部	西城区月坛南街甲12号怡和商务会馆3层	100045
华西证券紫竹院路证券营业部	海淀区紫竹院路31号华澳中心	100089
华夏证券安立路证券营业部（东高地服务部）	朝阳区安立路66号安立花园C座	100101
华夏证券东直门南大街证券营业部（燕山服务部）	东城区东直门南大街6号	100027
华夏证券海淀南路证券营业部	海淀区海淀南路19号北京时代网络大厦三层	100080
华夏证券三里河路证券营业部	海淀区三里河路39号	100037
华鑫证券车公庄大街证券营业部	西城区车公庄大街12号中核建设集团大厦西侧2层	100037

建银（南方）安立路证券营业部	朝阳区安外安立路8号	100101
建银（南方）证券东方广场证券营业部	东长安街1号东方广场W1座7层	100738
建银（南方）证券方庄方群园证券营业部	丰台区方庄方群园4区21楼南方证券大厦	100078
建银（南方）证券复兴路证券营业部	海淀区复兴路乙20号	100036
健桥证券北京学院南路证券营业部	海淀区学院南路49号	100081
江南证券安立路证券营业部	朝阳区安立路甲56号	100012
金谷信托翠微路证券交易营业部	海淀区翠微路甲10号建筑大厦内	100036
金谷信托古城路证券营业部	石景山区八角西街68号	100043
金通证券北京紫竹院路证券营业部	海淀区紫竹院路69号中国兵器大厦9层	100089
金信证券朝阳门北大街证券营业部	东城区朝阳门北大街8号富华大厦E座	100027
金元证券方庄方古园证券营业部	丰台区方庄方古园一区29-4第三层	100078
金元证券新外大街证券营业部	海淀区新外大街19号京师大厦六层	100875
巨田证券北太平庄路证券营业部	海淀区北太平庄路2号	100088
巨田证券东三环北路证券营业部	朝阳区东三环北路15号恒安大厦12层	100027
昆仑证券长春桥路证券营业部	海淀区长春桥路5号新起点嘉园12号楼21层	100089
联合证券北三环东路营业部	朝阳区曙光里45号楼	100028
联合证券南草场街营业部	西城区西内南草场街11号	100035
联合证券西三环北路证券营业部	海淀区西三环北路72号中经大厦	100037
联讯证券北京外馆东街证券营业部	朝阳区外馆东街51号柳清居大厦	100011
联讯证券西直门北大街证券营业部	海淀区西直门北大街42号	100088
民生证券北京西三环北路证券营业部	海淀区西三环北路91号国图文化大厦南门三楼	100044
闽发证券北四环中路营业部	海淀区北四环中路229号海泰大厦二层	100083
闽发证券翠微路证券营业部	海淀区复兴路20号翠微商业楼2段	100036
平安证券东花市证券营业部	崇文区东花市北里西区B座23号楼	100062
日信证券北京北四环西路证券营业部	海淀区北四环西路52号	100080
山东省齐鲁证券北京北四环西路证券营业部	海淀区北四环西路67号	100080
山西证券太平庄营业部	北京100081信箱43分箱	100081
上海远东证券南礼士路证券营业部	西城区南礼士路三号海通大厦A座三、四层	100037
上海证券万寿路营业部	海淀区万寿路翠微中里14号楼	100036

申银万国证券安定路证券营业部	朝阳区安定路 39 号长新大厦三层	100029
申银万国证券劲松九区证券营业部	朝阳区劲松九区 909 楼	100021
世纪证券北京西坝河证券营业部	朝阳区西坝河 168 号	100028
世纪证券光华路证券营业部	朝阳区光华路丙 12 号	100020
首创证券北辰东路证券营业部(五道口服务部)	朝阳区北辰东路 8 号辰运大厦	100101
太平洋证券海淀大街证券营业部	海淀区海淀大街 38 号银科大厦 6 楼 616 号	100080
泰阳证券阜外大街营业部	西城区阜外大街甲 34 号	100037
天勤证券东直门外大街证券营业部	东城区东直门外南二里庄 29 号	100027
天同证券朝外大街营业部	朝阳区朝外大街 20 号联合大厦二层	100020
天一证券北京东四北大街证券营业部	东城区东四北大街 107 号天海商务大厦 B 座 2 层	100007
天元证券广渠门外大街证券营业部	朝阳区广渠门外大街 9 号院 3 号楼	100022
万联证券西单营业部	西城区西单横二条 3 号	100031
万通证券花园东路营业部	海淀区花园东路 10 号高德大厦 7 层	100083
武汉证券广安门南街证券营业部	宣武区广安门南街 2 号	100053
西北证券惠新西街证券营业部	朝阳区惠新西街 9 号	100029
西部证券新街口外大街证券营业部	西城区新街口外大街 2-5 号	100088
西藏证券陶然亭路证券营业部	宣武区陶然亭路 16 号	100054
西南证券北三环中路营业部(昌平服务部)	西城区北三环中路 2 号	100011
厦门证券北京远大路证券营业部	海淀区远大路 22 号 B 区 1 号楼 101 号	100089
湘财证券朝外大街营业部	朝阳区朝外大街 12 号四层	100020
湘财证券惠新东街营业部(八里庄服务部)	朝阳区惠新东街 2 号	100029
湘财证券顺义府前西街营业部	顺义区府前西街 10 号	101300
湘财证券苏州街证券营业部	海淀区苏州街 79 号金洲大厦三层	100089
新疆证券裕民东路证券营业部	西城区裕民东路 3 号	100029
新时代证券成府路证券营业部	海淀区成府路 298 号方正大厦 2 层	100871
兴安证券北京知春路证券营业部	海淀区知春路甲 63 号卫星大厦 7 层	100080
兴业证券赵登禹路证券营业部	西城区赵登禹路 277 号先锋商务写字楼	100034
亚洲证券广安路证券营业部	丰台区西客站南广场中色建设大厦 3 层	100055
亚洲证券和平里证券营业部	东城区和平里小黄庄二区一号楼	100013
银河证券安外证券营业部	东城区安外大街 66 号	100011
银河证券百万庄大街证券营业部	西城区百万庄大街甲 2 号	100037
银河证券阜成路证券营业部	海淀区阜成路 67 号银都大厦 1-5 层	100036

银河证券黄寺大街证券营业部	西城区黄寺大街21号	100011
银河证券双榆树证券营业部	海淀区双榆树科学院南路44号	100086
银河证券天坛东里证券营业部	崇文区天坛东里5号东普写字楼	100061
银河证券望京西园证券营业部（马家堡服务部）	朝阳区望京西园四区乙410楼	100102
银河证券学院南路证券营业部	海淀区学院南路34号	100088
银河证券月坛证券营业部	西城区月坛南街丙一号	100045
招商证券建国路证券营业部	朝阳区建国路118号招商局大厦8层	100022
招商证券西直门北大街营业部	海淀区西直门北大街60号首钢国际大厦6层	100088
中创证券东单证券营业部	东城区东单北大街3号	100005
中富证券北京东四十条证券营业部	东城区东四十条68号	100007
中关村证券中关村南大街证券营业部	海淀区中关村南大街甲32号中关村科技发展大厦B座	100081
中国国际金融有限公司建国门外大街证券营业部	建国门外大街1号国贸大厦2座28层	100004
中国科技证券阜成路证券营业部	海淀区阜成路101号	100036
中国民族证券和平里证券营业部（云岗服务部）	朝阳区和平里14区青年沟东路华表时装公司	100013
中国民族证券太平桥大街证券营业部（丰台服务部）	西城区太平桥大街250号	100032
中国民族证券知春路证券营业部	海淀区知春路106号太平洋国际大厦7层	100086
中期证券苏州街营业部（恒远）	海淀区苏州街72号银丰大厦1－3层	100080
中山证券公司北京车公庄大街证券营业部	西城区车公庄大街乙1号	100044
中信证券安外大街证券营业部（天通苑服务部）	东城区安外大街甲57号	100011
中信证券白家庄东里证券营业部（良乡服务部）	朝阳区白家庄东里一号建宏大厦	100026
中信证券北三环中路营业部	海淀区北三环中路40号莹虹商厦4层	100088
中信证券复外大街营业部	西城区白云路1号白云大厦三层	100045
中信证券张自忠路证券营业部	东城区张自忠路七号中信证券	100007
中兴信托证券安立路证券营业部（泛亚）	朝阳区安外安立路8号汇园公寓一号厅	100101
中银国际证券北京宣武门外大街证券营业部	宣武门外大街10号庄胜广场中央办公楼北翼13A层	100053
中原证券酒仙桥路证券营业部	朝阳区酒仙桥路14号	100016

5. 保险公司分支机构

中国人民财产保险股份有限公司北京市分公司

机构名称	地　址	负责人
中国人民财产保险股份有限公司北京市分公司	东城区朝阳门北大街17号	王德地
东城支公司	东城区和平里东街20号	李　兵
西城支公司	西城区德外大街73号	蒙士洪
崇文支公司	崇文区培新街6号	郭少军
宣武支公司	宣武区菜市口南大街平原里小区20号楼	蔡丰绩
朝阳支公司	朝阳区霄云里4号	高　勇
海淀支公司	海淀区阜成路81号	冯建华
丰台支公司	丰台镇东大街11号	刘　辉
石景山支公司	石景山区杨庄东路80号	龚　托
门头沟支公司	门头沟区新桥大街18号楼	穆朝晖
房山支公司	房山区良乡政通路6号	刘艳东
通州支公司	通州区玉带河大街22号	史新国
大兴支公司	大兴区黄村兴政街26号	武希超
昌平支公司	昌平区城区镇北环路21号	隋　斌
顺义支公司	顺义区新顺南大街1号	郭效来
怀柔支公司	怀柔区青春路21号慧友大厦	路志伟
密云支公司	密云县密云镇鼓楼南大街41号	张艳秋
平谷支公司	平谷区城关镇府前西街16号	刘玉纯
延庆支公司	延庆县东外大街59号	王　健
营业部	东城区朝阳门北大街17号	马　健
直属支公司	西直门南大街2号	杨　斌
燕山支公司	燕山迎风街三里金融综合楼	张永生
北京经济技术开发区支公司	北京经济技术开发区宏达北路10号	陈　滨
责任险营销服务部	西城区富国街2号富国饭店写字楼132室	吕志华
金融街营销服务部	西城区宣武门西大街129号金隅大厦19层1918－1920号	邱　华
北京商务中心区营销服务部	朝阳区建外SOHO第一大道B座2205室	姜　雷

中国人寿保险股份有限公司北京市分公司

机构名称	地　　址	负责人
中国人寿保险股份有限公司北京市分公司	朝阳区朝外市场街20号中保大厦	黄俊光
顺义支公司	顺义区新顺南大街1号	米建国
怀柔支公司	怀柔区商业街2号	张　华
营业一部	朝阳区金台北街7号	吴农凯
营业二部	东城区东中街32号	齐　军
营业三部	海淀区知春路20号	岳　兰
营业四部	宣武区北纬路1号	周春丽
营业五部	西城区西交民巷22号	王剑钧
门头沟团体部	门头沟区滨河路64号	吕光增
房山团体部	房山良乡西潞北大街26号	贾京平
大兴团体部	大兴区黄村镇兴政街34号	侯　军
通州团体部	通州区玉带河大街22号	刘德奇
昌平团体部	昌平区昌平镇创新路5号	张松山
平谷团体部	平谷区新开街25号	付宝昌
密云团体部	密云县滨河路22号	姚雪峰
延庆团体部	延庆县东外大街59号	王益民
银行保险部	西城区后广平胡同36号	俞　宏
大客户业务部	朝阳区朝外市场街20号中保大厦营业大厅	孙大震
开发区营业部	北京经济技术开发区宏达北路18号大地国际商务中心307D	孙大震
第一营销区部	东城区东中街32号8层朝阳金台北街7号2、5层	张　青
第二营销区部	西城区后广平胡同36号	张宝山
第三营销区部	宣武区北纬路1号	孔亚辉
第四营销区部	西城区南大安胡同六号中宏大厦	冯　强
第五营销区部	朝阳区裕民路3号北京天星大厦8层	刘春海
第六营销区部	西城区阜外大街3号东润时代大厦308室	李　杰
第七营销区部	石景山区石景山路3号玉泉大厦四层	张丹加
第八营销区部	丰台区云岗福官路8号	王　健
第九营销区部	门头沟区滨河路64号	于立军
第十营销区部	海淀区中关村大街40号当代商城7层	申　琦
第十一营销区部	昌平区昌平镇创新路5号	陈　勇

第十三营销区部	通州区玉带河大街22号	胡振英
第十四营销区部	大兴区黄村镇兴政街34号	杨　凯
第十五营销区部	房山区良乡西路北大街26号	王瑞雪
第十六营销区部	平谷区新开街25号	王文才
第十八营销区部	密云县康居小区综合楼2层	林　强
第十九营销区部	延庆县东外大街53号	许可飞
第二十营销区部	海淀区花园路B3号迪蒙大厦南楼3层	符超群
第二十一营销区部	丰台区西四环南路72号	孙冉冉
收　展　部	朝阳区金台北街7号	赵芳梅
东区客户服务部	朝阳区金台北街7号	傅秀琴
西区客户服务部	西城区后广平胡同36号	梁京莉
南区客户服务部	宣武区北纬路1号	张颖杰
北区客户服务部	海淀区知春路20号	张红洋
中心区客户服务部	朝阳区朝阳门外大街16号中国人寿大厦2层	欧声远
门头沟客户服务部	门头沟区滨河路64号	李　虹
房山客户服务部	房山区良乡西路北大街26号	刘凤玲
大兴客户服务部	大兴区黄村镇兴政街34号	周凤兰
通州客户服务部	通州区玉带河大街22号	郑　浩
昌平客户服务部	昌平区昌平镇创新路5号	王晓红
平谷客户服务部	平谷区新开街25号	赵大平
密云客户服务部	密云县滨河路22号	赵军平
延庆客户服务部	延庆县东外大街59号	杨金香
健康险客户服务部	东城区东中街32号	李　明
资产清收办公室	西城区西单金保典当行楼上	胡燕华

中国太平洋财产保险股份有限公司北京分公司

机构名称	地　址	负责人
中国太平洋财产保险股份有限公司北京分公司	西城区复兴门内大街158号远洋大厦F6层	李宝利
东城支公司	朝阳区东土城路13号	孙永建
西城支公司	西城区展览馆路3号	韩克伟
海淀支公司	西城区新外大街2号	张　建
丰台支公司	宣武区广安门外大街87号	孙国建
朝阳支公司	朝阳区霄云路霄云里6号楼翼龙宾馆	陈　宇
昌平支公司	昌平区科技园区创新路6号	赵　阁

通州支公司	通州区通惠北路25号	王金凯
顺义支公司	顺义区顺通路27号	蒋　刚

中国太平洋人寿保险股份有限公司北京分公司

机构名称	地　址	负责人
中国太平洋人寿保险股份有限公司北京分公司	北京市西城区复兴门内大街158号远洋大厦F6层	李洪林
东城支公司	东城区东四十条113号	张　旭
西城支公司	西城区西直门外大街新兴东巷甲15号	王　东
海淀支公司	海淀区复兴路47号天行健商务大厦	王　玉
昌平支公司	昌平区西关商业综合楼	邓　伟
通州支公司	通州区新华大街169号	王　扬
朝阳支公司	朝阳区安贞里二区1号楼	胡亚靖
顺义支公司	顺义区石幢综合商业楼	刘树合
海淀区中关村营销服务部	海淀区中关村南大街甲10号银海大厦5层	石乃文
大兴黄村营销服务部	大兴区黄村镇兴丰大街9号	王　卓
密云鼓楼营业服务部	密云县新中街42号	崔蕊丽

中国平安财产保险股份有限公司北京分公司

机构名称	地　址	负责人
中国平安财产保险股份有限公司北京分公司	西城区金融街23号平安大厦15层	刘　铮
分公司营业部	西城区金融街23号平安大厦8层	刘　铮
朝阳支公司	朝阳区小关北里45号世纪嘉园5号2层	吴晓刚
丰台支公司	丰台区丰北路甲45号鼎恒中心3层	陈茂奎
房山支公司	房山区良乡月华大街2号	张学会
西城支公司	西城区阜外大街271号C座	季新民
宣武支公司	宣武区广安门内大街338号港中旅大厦	曹庭文
海淀支公司	海淀区海淀区北四环西路67号大地科技大厦4层	吴晓东
东城支公司	东城区安定门外大街2号安贞大厦4层	段卫东

中国平安人寿保险股份有限公司北京分公司

机构名称	地　址	联系电话
中国平安人寿保险股份有限公司北京分公司	西城区金融街23号平安大厦	66210511
海淀北太平庄营销服务部	海淀区北太平庄路2号德恒商务会馆3-5层	62372556
海淀阜成路营销服务部	海淀区阜成路58号新洲商务大厦6层北	88129943
海淀区魏公村营销服务部	海淀区中关村南大街11号光大国信大厦4层	68460541
海淀西三环中路营销服务部	海淀区西三环中路18号万发大厦2-4层	63963996
海淀甘家口营销服务部	海淀区三里河路17号甘家口大厦13层	88392194
海淀学院路营销服务部	海淀区知春路56号中海实业大厦3层	63600966
东城东方广场营销服务部	东城区东单三条8号东方广场东配楼7-8层	65595480
东城雍和宫营销服务部	东城区藏经馆路11号	84047561
东城建国门营销服务部	东城区北京站东街10号4号楼2-4层	65590090
西城六部口营销服务部	西城区西长安街15号中国民航实业开发总公司营业大厦5层	66071910
西城西单营销服务部	西城区灵境胡同42号惠能大厦	66058634
西城鹰冠营销服务部	西城区新街口外大街8号金丰和写字楼3层	62374546
东城安定门营销服务部	东城区安定门外大街208号三利大厦3层	64218807
朝阳亚运村营销服务部	朝阳区安慧里二区12号楼东侧	84047561
崇文陶然亭营销服务部	崇文区南二环陶然桥马家堡路1号	63600966
东城东四营销服务部	东城区东直门南大街甲10号中航大厦3层	63600966
通州西海子营销服务部	通州区新华大街71号	69510448
平谷金乡路营销服务部	平谷区金乡路1号雅美奇商厦2层	89985998
顺义龙府营销服务部	顺义区西辛北区甲18号龙府花园11号楼	69438196
房山城关营销服务部	房山区燕房路20号写字楼	89332777
房山良乡营销服务部	房山区良乡拱辰北大街1号西侧	89361763
大兴兴政营销服务部	大兴区兴政街16号亚特商城2-3层	69206377
昌平永安营销服务部	昌平区永安路32号楼	89740948
怀柔梅苑营销服务部	怀柔县青春路梅苑小区8号楼3门北间	69647589
密云鑫盛营销服务部	密云县鼓楼北大街10号楼	69029644

延庆板泉路营销服务部	延庆县板泉路26号鑫妫川购物中心4层	69175097
东城东直门营销服务部	东城区东中街9号东环广场A座首层RA1D－E号	64185318
石景山玉泉路营销服务部	石景山区石景山路3号玉泉大厦8层	63600966
海淀区寰太营销服务部	海淀区中关村南大街甲12号寰太大厦	62109618
宣武长椿街营销服务部	宣武区宣武门西大街28号	63600966

新华人寿保险股份有限公司北京分公司

机构名称	地　址	负责人
新华人寿保险股份有限公司北京分公司	丰台区莲花池西里8号新华保险大厦	刘亦工
西城支公司	西城区阜外大街2号万通新世界A8层	遇　宏
宣武支公司	宣武区珠市口西大街120号（太丰惠中大厦配楼3层、6层）	安震峰
海淀支公司	海淀区北三环中路36号	金爱丽
朝阳支公司	朝阳区安定门外胜古北路甲3号	陈金友
丰台支公司	丰台区莲花池西里29号公交大厦10层	赵德刚
通州支公司	通州区新华大街157号	乔向东
石景山支公司	石景山路22号A座长城大厦	陈毅莉
大兴支公司	大兴区市场路京南大厦	陈　峰
房山支公司	房山区迎风大街43号邮局3楼	吕　良
顺义支公司	顺义区幸福东区丁18号楼2层	田海朔
西城新外大街营销服务部	西城区新外大街12号	白崇立
西城中京畿道营销服务部	西城区中京畿道1号院2号楼503室	张振华
丰台南苑营销服务部	丰台区南苑北里二区六号楼	刘金波
昌平北环营销服务部	昌平区西环路78号利阳大厦	刘　宇
怀柔营销服务部	怀柔区迎宾北路1号4层	肖建军
平谷旧城街营销服务部	平谷区府前西街2号渔阳大厦	王小红
房山良乡镇营销服务部	房山区良乡西路11号	单佩秋
密云鼓楼营销服务部	密云县鼓楼东大街87号院粮贸大厦9层	陈素珍
通州西集营销服务部	通州区西集镇环岛西侧	王笑臣
延庆营销服务部	延庆县湖南东路1号	王立凯
门头沟营销服务部	门头沟区新桥大街12号	田立萍
朝阳团结湖营销服务部	朝阳区团结湖北三条瑞博写字楼10号楼418室（该机构8月1日经北京保监局批复撤销）	李晨辉
海淀翠微营销服务部	海淀区西三环中路乙18号荣华大厦	高新生

（该机构8月1日经北京保监局批复撤销）

房山城关镇营销服务部	房山区城关镇东大街13号	陈广祥
	（该机构8月1日经北京保监局批复撤销）	
大兴庞各庄营销服务部	大兴区庞各庄镇邮政支局2层	张艳梅
	（该机构8月1日经北京保监局批复撤销）	
海淀知春路营销服务部	海淀区知春路106号太平洋国际大厦	张　敏
	（该机构8月1日经北京保监局批复撤销）	
丰台镇营销服务部	北京市丰台区丰台北路79号A座9层	宋秀伟
	（该机构8月1日经北京保监局批复撤销）	

泰康人寿保险股份有限公司北京分公司

机构名称	地　　址	负责人
泰康人寿保险股份有限公司北京分公司	西城区复兴门内大街156号泰康人寿大厦	苗　力
西城支公司	西城区西外大街6号中仪大厦	李建宁
东城支公司	东城区安德里北街21号奥星大厦3层	陈　钢
海淀支公司	海淀区知春路1号白云大厦4层	马　跃
长安支公司	西城区白云路1号白云大厦4层	王北蓉
朝阳门营销服务部	朝阳区永安里华彬大厦13层	李艳培
宣武支公司	宣武区宣外大街6号庄胜广场第一座东. E3A28－31	杨　涛
石景山万商大厦营销服务部	石景山区石景山路22号万商大厦20层	刘春光
房山区窦店营销服务部	房山区窦店镇京门家园小区	李　晖
大兴旧宫营销服务部	大兴区旧宫镇万源京门家园小区	鄢洪军
通州营业部	通州区新华大街100号	张国荣
丰台支公司	丰台区西四环南路48号蓝天商务楼3层	王学信
房山支公司	房山区良乡月华1号	李　晖
昌平支公司	昌平区新新公寓二区写字楼3层309室	
顺义支公司	顺义区府前东街23号物资局办公楼2楼	徐轶群
大兴支公司	大兴区兴政街科技大厦9层	鄢洪军
怀柔支公司	怀柔区青春路26号3层	任立新
密云营销服务部	密云县山水大厦3层	杜　波
延庆妫水北街营销服务部	延庆县妫水北街县工会南侧	李占林
平谷区文化南街营销服务部	平谷区平谷镇文化南街三号楼	李洪伟

华泰财产保险股份有限公司北京分公司

机构名称	地址	负责人
华泰财产保险股份有限公司北京分公司	宣武区南滨河路1号高新大厦一层	张爱民
西城支公司	西城区富国街2号南通永峰建筑工程公司办公楼2层	李彩红
崇文支公司	朝阳区潘家园路7号银鹰宾馆十三层	李建军
朝阳支公司	朝阳区霞光里8号鑫泰大厦一层11080	齐小兵
通州支公司	通州区滨河路江米店18号一层	王振亮
顺义支公司	顺义区石园西区23号楼6门101号	韩少兵
房山支公司	房山区良乡拱辰北大街甲38号	王　文
宣武支公司	宣武区南滨河路1号高新大厦三层	李德新

太平保险有限公司北京分公司

机构名称	地址	负责人
太平保险有限公司北京分公司	海淀区北四环中路238号柏彦大厦6层	边　勇
朝阳亚运村营销服务部	朝阳区北三环东路28号易亨大厦8层	李国利
海淀学院路营销服务部	海淀区北四环中路238号柏彦大厦6层	卓　颖
宣武广安门营销服务部	宣武区南滨河路31号华亨大厦9层	王宇龙

太平人寿保险有限公司北京分公司

机构名称	地址	负责人
太平人寿保险有限公司北京分公司	东城区东长安街1号东方广场东方经贸城东3楼5层501－506	谢　忠
朝阳建国门营销服务部	朝阳区建外大街建华南路17号北京佰联大厦五层	刘延海
房山城关营销服务部	房山区北关大街23号2楼	沈光辉
海淀西直门营销服务部	海淀区西直门北大街42号华星大厦8层	范立新
平谷营销服务部	平谷区新平北路56号祥和宾馆办公楼5层北半层	战　歌
顺义营销服务部	顺义区石园西路南侧（圣元公司）	王　颖
海淀营销服务部	海淀区西直门北大街60号首钢大厦	周永政
昌平营销服务部	昌平区昌平镇鼓楼大街12号	战　歌

密云营销服务部	密云县鼓楼东区1号楼	刘延海

中国大地财产保险股份有限公司北京分公司

机构名称	地 址	负责人
中国大地财产保险股份有限公司北京分公司	海淀区中关村南大街2号数码大厦B座16层	张淮利
第一营销服务部	崇文区珠市口东大街16号	彭 钊

中华联合财产保险公司北京分公司

机构名称	地 址	负责人
中华联合财产保险公司北京分公司	朝阳区安贞西里三区26号浙江大厦9层	刘显龙
崇文支公司	崇文区龙潭路8号	顾 红
西城支公司	西城区赵登禹路277号先锋写字楼3层	孙晓杰
宣武支公司	宣武区广安门外马连道11号1001号	张金英
朝阳支公司	朝阳区安外胜古庄2号企发大厦5层	毕海燕
海淀支公司	海淀区昆明湖南路9号云航大厦3层	排凤拥
丰台支公司	丰台区东大街53号运通行国际商务大厦B座1层	吴晓强
怀柔支公司	怀柔区富乐北里25号正楼1层	韩国东
通州支公司	通州区运河东大街3号2号楼1－1	王士东
顺义支公司	顺义区中山西街4号	高树军
昌平支公司	昌平区昌平科技园区振兴路9号	陈继光
房山支公司	房山区良乡拱辰北大街甲33号	徐广明
石景山支公司	石景山区古城大街西侧古城旅馆5层	施云涛
大兴黄村营销部	大兴区黄村镇兴丰大街89号	赵 达
经济技术开发区营销部	北京经济技术开发区宏达北路12号	刘玉峰

天安保险股份有限公司北京分公司

机构名称	地 址	负责人
天安保险股份有限公司北京分公司	海淀区西三环北路100号金玉大厦22层	袁定国
昌平营销服务部	昌平区建明里小区22号楼2单元102室	王世耀
丰台营销服务部	丰台区花乡四合庄282号	王 斐
朝阳营销服务部	朝阳区北四环东路108号千鹤家园5乙楼1504－1505室	吴广春

永安财产保险股份有限公司北京分公司

机构名称	地　址	负责人
永安财产保险股份有限公司北京分公司	朝阳区北三环东路28号易亨大厦15层	苑　为
丰台太平桥营销服务部	丰台区梆子井甲18号5号房	李国建
朝阳亚运村营销服务部	朝阳区安定路3号甲3号	郑　箭
宣武广安门营销服务部	宣武区珠市口西大街120号太丰惠中大厦12层	张亚兰、
崇文体育馆路营销服务部	崇文区体育馆路9号	马陈平
大兴黄村营销服务部	大兴区黄村镇饮马井南里	邢国栋

民生人寿保险股份有限公司北京分公司

机构名称	地　址	负责人
民生人寿保险股份有限公司北京分公司	西城区宣武门西大街129号金隅大厦20层	吕林祥
崇文营销服务部	崇文区崇文门外大街7号正仁大厦二段主楼6层	裴素琴
朝阳营销服务部	朝阳区安外胜古庄2号企发大厦4层	马珊华
东城营销服务部	东城区和平里东街民旺乙19号中粮凯达大厦3层	王金平
顺义营销服务部	顺义区中山南街1号楼3层东侧	高卫国
平谷营销服务部	平谷区新平北路51号	关梅春
密云营销服务部	密云县鼓楼东大街花园小区综合楼5层	李金长
怀柔营销服务部	怀柔区迎宾中路1号瑞特沃斯机电建材家具大厦6层	贾瑞声
通州营销服务部	通州区新华大街157号博飞大楼3层东大厅	李树鑫
昌平营销服务部	昌平区昌平镇西环路24号楼3层	高建学
房山营销服务部	房山区良乡拱辰大街拱辰家园1号楼	陈志超
丰台营销服务部	丰台区丰台北路79号冠京写字楼526室	高学忠

（三）外资银行及其他金融机构北京分支机构名录

国家或地区	机构名称	地　址	行长/总经理
奥地利	奥地利中央合作银行股份有限公司北京分行	朝阳区建国门外大街21号北京国际俱乐部200室 邮编：100020	卫安德
澳大利亚	澳大利亚和新西兰银行集团有限公司北京分行	东城区建国门内大街7号光华长安大厦2座1717－1718室 邮编：100005	莫　畏
德国	德国德累斯登银行股份公司北京分行	朝阳区麦子店街37号盛福大厦1700室 邮编：100016	施汉杰
德国	德国德意志银行股份有限公司北京分行	朝阳区建国门外大街1号国贸大厦2座3606室 邮编：100004	李纯纯
法国	法国巴黎银行有限公司北京分行	朝阳区建国门外大街1号国贸大厦19楼 邮编：100004	胡日新
法国	法国东方汇理银行股份有限公司北京分行	朝阳区建国门外大街1号中国国际贸易中心2座3506室 邮编：100004	钟小锋
瑞士	瑞士银行有限公司北京分行	朝阳区建国门外大街1号国贸大厦1座2916室 邮编：100004	金纪湘
韩国	韩国外换银行股份有限公司北京分行	东城区建国门内大街18号恒基中心办公楼第二座五层8－13号 邮编：100005	李炳锡
韩国	韩国友利银行股份有限公司北京分行	朝阳区霄云路38号现代盛世大厦7层702室 邮编：100027	金范洙

荷兰	荷兰银行有限公司北京分行	朝阳区光华路1号北京嘉里中心北楼2801室 邮编：100020	吴政凯
加拿大	加拿大蒙特利尔银行有限公司北京分行	东长安街1号东方经贸城E1楼1502室 邮编：100005	幸公杰
美国	美国摩根大通银行有限公司北京分行	朝阳区光华路1号嘉里中心南楼25层2516号 邮编：100020	霍　康
美国	美国花旗银行有限公司北京分行	东城区建国门内大街7号光华长安大厦16层 邮编：100020	邓　宁
美国	美国银行有限公司北京分行	朝阳区建国门外大街1号国贸大厦26楼09室 邮编：100004	王安豫
日本	日本东京三菱银行股份有限公司北京分行	朝阳区东三环北路5号北京发展大厦2层 邮编：100004	柳冈广和
日本	日本日联银行股份有限公司北京分行	东城区建国门内大街18号恒基中心办公楼第2座409－412室 邮编：100005	岩田健一
日本	日本瑞穗实业银行股份有限公司北京分行	朝阳区建国门外大街甲26号长富宫办公楼8层 邮编：100022	宫口丈人
中国香港	南洋商业银行有限公司北京分行	朝阳区建国门外大街乙8号 邮编：100022	卓建平
中国香港	香港上海汇丰银行有限公司北京分行	东城区建国门内大街8号中粮广场A座首层 邮编：100005	丁国良
中国香港	东亚银行有限公司北京分行	东城区朝阳门北大街8号富华大厦A座首层 邮编：100027	吴志强
新加坡	新加坡星展银行有限公司北京分行	朝阳区建国门外大街1号国贸大厦1009－1018室 邮编：100004	王锡培

英国	英国渣打银行有限责任公司北京分行	东城区东长安街1号东方广场东方经贸城西二办公楼12层和平台层PW2（16－17）号店铺 邮编：100738	左自鹏
新加坡	新加坡大华银行有限公司北京分行	朝阳区建国门外大街1号国贸大厦2座2513室 邮编：100004	廖元祥
中国香港	恒生银行有限公司北京分行	朝阳区光华路1号嘉里中心首层8号和写字楼南楼2421－2422室 邮编：100020	吴来盛
泰国	泰国盘谷银行（大众有限公司）	朝阳区建国门外大街甲12号新华保险大厦1层东区 邮编：100022	伍介山
德国	大众汽车金融（中国）有限公司	朝阳区三里屯路甲3号院2号楼4层 邮编：100027	夏复瑞
德国	戴姆勒·克莱斯勒汽车金融（中国）有限公司	朝阳区东三环北路8号亮马河大厦办公楼1号楼 邮编：100004	白沃福
日本	丰田汽车金融（中国）有限公司	朝阳区建国门外大街1号国贸大厦1座8层818室 邮编：100004	古泽嘉平

（袁宝良）

（四）外资银行及其他金融机构北京代表处名录

外资银行北京代表处名录

国家或地区	机构名称	地　址	首席代表
德国	西德银行股份有限公司北京代表处	朝阳区亮马桥路50号燕莎中心C613B 邮编：100016	吴景柱

德国	德国北德意志州银行北京代表处	朝阳区亮马桥路50号燕莎中心办公楼C406 邮编：100016	张景智
德国	德国商业银行股份有限公司北京代表处	朝阳区建国门外大街19号国际大厦2502室 邮编：100004	Martin Miller
德国	德国巴登—符腾堡州银行北京代表处	朝阳区东三环北路8号亮马大厦2座1130室 邮编：100004	何蕾娜
德国	德国裕宝联合银行股份有限公司北京代表处	朝阳区亮马桥路50号燕莎中心C305室 邮编：100016	陈　亮
德国	德国巴伐利亚州银行北京代表处	朝阳区亮马桥路50号燕莎中心C703 邮编：100016	苗五一
德国	德国施威比豪尔住房储蓄银行股份有限公司北京代表处	朝阳区建国门外大街19号国际大厦23－D 邮编：100004	岳慕礼
德国	德国中央合作银行股份有限公司北京代表处	朝阳区建国门外大街19号国际大厦22－1B室 邮编：100004	陈慧君
意大利	意大利联合银行股份有限公司北京代表处	朝阳区新源南路6号京城大厦2108室 邮编：100004	狄　尼
意大利	意大利圣保罗意米银行股份有限公司北京代表处	朝阳区建国门外大街1号国贸大厦1座2626室 邮编：100004	卓卡罗
意大利	意大利罗马银行股份有限公司北京代表处	朝阳区建国门外大街19号国际大厦2604室 邮编：100004	马德拉
意大利	意大利西雅那银行股份有限公司北京代表处	朝阳区建国门外大街1号国贸大厦1座2617室 邮编：100004	王继荣
意大利	意大利国民劳动银行股份有限公司北京代表处	朝阳区建国门外大街19号国际大厦1002室 邮编：100004	贾万德

意大利	意大利联合信贷银行股份有限公司北京代表处	朝阳区建国门外大街22号赛特大厦1209室 邮编：100004	方　莹
法国	法国兴业银行有限公司北京代表处	朝阳区建国门北大街8号华润大厦1707室 邮编：100005	普瓦耶
法国	法国外贸银行股份有限公司北京代表处	朝阳区建国门外大街1号国贸大厦1座0630室 邮编：100004	李　军
法国	法国工商银行有限公司北京代表处	朝阳区建国门内大街7号光华长安大厦1座310室 邮编：100005	边文龙
法国	法国标致雪铁龙融资银行有限公司北京代表处	朝阳区光华路12号科伦大厦409房间 邮编：100020	党辉
俄罗斯	俄罗斯工业通讯银行（股份有限公司）北京代表处	朝阳区建国门外大街22号赛特大厦1308室 邮编：100004	高罗德宾娜·尼娜
俄罗斯	俄罗斯联邦对外贸易银行公开股份公司北京代表处	朝阳区建国门外大街19号国际大厦18BC室 邮编：100004	鲍力斯·阿布拉莫夫
俄罗斯	俄罗斯信贷商业银行北京代表处	朝阳区建国门外大街24号京泰大厦1703室 邮编：100022	米罗夫·安德烈
俄罗斯	俄罗斯苏联对外经济银行北京代表处	朝阳区建国门外大街19号国际大厦20A室 邮编：100004	皮罗戈夫·谢
瑞士	欧洲金融集团银行瑞士有限责任公司北京代表处	朝阳区建国门外大街1号国贸大厦2座3617、3618室 邮编：100004	石应瀚
瑞士	瑞士苏黎世州银行北京代表处	朝阳区麦子店西路新恒基国际大厦718室 邮编：100016	刘志勤
瑞士	瑞士信贷银行有限公司北京代表处	朝阳区东三环北路2号南银大厦31层 邮编：100027	布克曼

瑞典	北欧银行瑞典有限公司北京代表处	朝阳区东三环北路5号发展大厦721A室 邮编：100004	费焕然
瑞典	瑞典商业银行公共有限公司北京代表处	朝阳区建国门外大街19号国际大厦22D室 邮编：100004	王幼佳
瑞典	瑞典北欧斯安银行有限公司北京代表处	朝阳区东三环北路8号亮马大厦1座605室 邮编：100004	Dan Tage Oscar Lundberg
荷兰	荷兰商业银行股份有限公司北京代表处	朝阳区东三环北路8号亮马大厦1座1510室 邮编：100004	胡元祥
荷兰	荷兰合作银行有限公司北京代表处	朝阳区亮马桥路50号北京燕莎中心写字楼C213B室 邮编：100016	戴　蕙
西班牙	西班牙对外银行有限公司北京代表处	东城区建国门内大街7号光华长安大厦1座508室 邮编：100004	拉蒙·卡斯贡
西班牙	西班牙国际银行有限公司北京代表处	朝阳区东三环北路8号亮马大厦1座1601室 邮编：100004	莱昂拿多·薄萨达
西班牙	西班牙萨瓦德尔银行股份有限公司北京代表处	东城区东中街29号东环广场B座写字楼4层L号 邮编：100027	哈维尔·塞拉多
比利时	比利时富通银行有限公司北京代表处	朝阳区新源南路6号京城大厦2302室 邮编：100004	塞尔日·杨森·德瓦雷贝克
英国	英国苏格兰皇家银行公众有限公司北京代表处	东城区东长安街1号东方广场中2办公楼5层506室 邮编：100738	万茂佳
英国	英国巴克莱银行有限公司北京代表处	东城区建国门北大街8号华润大厦2108室 邮编：100004	费宜来
英国	英国莫斯科人民银行北京代表处	朝阳区东直门外大街35号东湖别墅6D 邮编：100027	列昂尼德·雅利夫列维奇·郭罗斯

奥地利	奥地利银行股份有限公司北京代表处	朝阳区东三环北路8号亮马大厦1座1605室 邮编：100004	法伊斯陶尔
澳大利亚	澳大利亚国民银行有限公司北京代表处	朝阳区建国门外大街1号国贸大厦1座2326室 邮编：100004	徐向荣
澳大利亚	澳大利亚西太平洋银行有限公司北京代表处	西城区金融大街19号富凯大厦B座611室 邮编：100032	迟　浩
澳大利亚	澳大利亚澳洲联邦银行公众股份有限公司北京代表处	朝阳区建国门外大街1号国贸大厦1座2909室 邮编：100004	欧恩陶
巴基斯坦	巴基斯坦国民银行股份有限公司北京代表处	朝阳区新源南路2号昆仑饭店435室 邮编：100004	纳思尔·胡赛因
菲律宾	菲律宾首都银行及信托有限公司北京代表处	东城区建国门内大街18号恒基中心办公一楼1座1410室 邮编：100005	魏　琦
哈萨克斯坦	哈萨克斯坦人民储蓄银行公开股份公司北京代表处	东城区建国门内大街8号中粮广场A座420室 邮编：100005	亚河亚罗夫·努尔朗
韩国	韩国产业银行北京代表处	朝阳区建国门外大街1号国贸中心1座1601室 邮编：100004	金　徹
韩国	韩国输出入银行北京代表处	朝阳区亮马桥路50号燕莎中心办公楼C716室 邮编：100016	具云会
马来西亚	马来西亚马来亚银行有限公司北京代表处	朝阳区建国门外大街1号国贸大厦1座6层0621室 邮编：100004	黄金富
日本	日本三井住友银行股份有限公司北京代表处	朝阳区呼家楼京广中心2902室 邮编：100020	太田忠利
日本	日本三菱信托银行股份有限公司北京代表处	朝阳区建国门外大街甲26号长富宫办公楼304室 邮编：100022	臼井毅
日本	日本住友信托银行股份有限公司北京代表处	朝阳区建国门外大街甲26号长富宫办公楼501室 邮编：100022	甲斐伸一郎

日本	日本农林中央金库有限公司北京代表处	朝阳区建国门外大街甲26号长富宫办公楼601室 邮编：100022	千叶进
泰国	泰国泰华农民银行（大众）有限公司北京代表处	朝阳区建国门外大街19号国际大厦22层C室 邮编：100004	钟建华
泰国	德富泰银行有限公司北京代表处	朝阳区建国路118号招商局大厦29层H2室 邮编：100022	邓大勇
中国香港	中信嘉华银行有限公司北京代表处	朝阳区亮马桥路39号第一上海中心写字楼802室 邮编：100016	赵春铃
中国香港	永亨银行有限公司北京代表处	东城区东直门外大街48号东方银座写字楼15A室 邮编：100027	容承刚
朝鲜	朝鲜华丽银行有限公司北京代表处	崇文区东打磨厂街7号宝鼎中心1069、539室 邮编：100062	李书军
中国台湾	合作金库银行股份有限公司北京代表处	东城区建国门内大街18号恒基中心办公室1座1805室 邮编：100005	洪　维
中国台湾	中国信托商业银行股份有限公司北京代表处	朝阳区光华路甲8号和乔大厦B座111室 邮编：100026	钟敏敏
新加坡	新加坡华侨银行有限公司北京代表处	东城区建国门内大街7号光华长安大厦2座920室 邮编：100005	宋丽华
印度尼西亚	宁波国际银行北京代表处	西城区阜外大街2号万通新世界广场B座1710室 邮编：100037	郭　双
伊朗	伊朗德佳拉特银行北京代表处	朝阳区亮马桥路50号燕莎中心写字楼C208室 邮编：100016	雷扎·阿斯葛扎德·安达拉比
蒙古	蒙古郭勒穆特银行有限公司北京代表处	朝阳区建国门外大街日坛路6号北京安琪商务中心539室 邮编：100020	沙格达尔苏伦额格希格

古巴	古巴国民银行北京代表处	朝阳区建国门外大街24号京泰大厦710室 邮编：100022	Diana Amelia Fernandez Vila
加拿大	加拿大皇家银行有限公司北京代表处	朝阳区建国门外大街1号国贸大厦1座612室 邮编：100004	陈　莉
加拿大	加拿大帝国商业银行有限公司北京代表处	朝阳区建国门外大街21号国际俱乐部201/202室 邮编：100020	郭仲华
加拿大	加拿大丰业银行有限公司北京代表处	东城区建国门北大街8号华润大厦503室 邮编：100005	傅　琼
美国	美国运通银行有限公司北京代表处	朝阳区建国门外大街1号国贸大厦2313室 邮编：100004	李月仙
美国	美国美联银行有限公司北京代表处	东城区建国门北大街8号华润大厦2302室 邮编：100005	赵千慧
美国	美国汇丰银行有限公司北京代表处	东城区建内大街8号中粮广场A座516室 邮编：100005	李宝樑
美国	美国远东国民银行有限公司北京代表处	朝阳区建国门外大街22号赛特大厦9层911房间 邮编：100004	刘　纲
美国	美国加州银行联合银行有限公司北京代表处	东城区建国门内大街7号光华长安大厦办公楼1座1009室 邮编：100005	胡永德
美国	美国华美银行股份有限公司北京代表处	东城区建国门内大街7号光华长安大厦6楼609室 邮编：100005	李　玫
美国	美国纽约银行有限公司北京代表处	西城区金融大街35号国际企业大厦B座1129室 邮编：100032	陈　清
美国	美国北美信托银行有限公司北京代表处	东城区东长安街1号东方广场东方经贸城西二办公楼6层601单元15－16室 邮编：100738	陈金泉

美国	美国道富银行有限公司北京代表处	西城区金融大街19号富凯大厦6楼B602A室 邮编：100032	吴初默
摩洛哥	摩洛哥外贸股份有限公司北京代表处	东城区建国门内大街18号东城区建国门内大街18号恒基中心1座1203层 邮编：100005	哲　路
喀麦隆	喀麦隆非洲第一银行有限公司北京代表处	朝阳区左家庄1号国门大厦4K室 邮编：100028	约瑟夫·托比
英国	英国摩根士丹利国际银行有限公司北京代表处	朝阳区建国门外大街21号北京国际俱乐部800室 邮编：100020	何　宁

（刘　述）

非银行外资金融机构北京代表处名录

国别或地区	机构名称	地　址	首席代表
美国	万事达卡国际组织	东城区建国门内大街7号光华长安大厦1座809－812室 邮编：100005	冯炜权
美国	威士国际组织（亚太）有限公司	西城区国际企业大厦B座1528室 邮编：100032	周晓云
美国	西联金融服务公司	朝阳区麦子店街37号盛福大厦2360室 邮编：100027	孙佐玲
瑞士	瑞士利顺金融公司	东城区建国门内大街18号恒基中心1座1907室 邮编：100020	赖伟志
泰国	正大国际财务有限公司	东城区建国门内大街7号光华长安大厦1座12层 邮编：100005	白京革
中国香港	大来信用证国际（香港）有限公司	东城区建国门内大街7号光华长安大厦1座16层1603A室 邮编：100005	苏志钢

中国香港	宝捷思资本市场（香港）有限公司	东城区东长安街1号东方广场东方经贸城西2办公楼6层 邮编：100738	葛宪明
中国香港	中银信用卡（国际）有限公司	朝阳区建国门外大街乙8号丽晶苑一层 邮编：100022	曹燕明
日本	日本国际信用卡公司	朝阳区建国门外大街甲26号长富宫办公楼406室 邮编：100022	儿玉清一
英国	通济隆全球及金融服务有限公司	西城区阜外大街2号万通新世界广场B座2115室 邮编：100037	陈俊良
英国	毅联汇业有限公司	朝阳区建国门外大街1号国贸大厦1座1913室 邮编：100004	林　青
英国	CMC markets 英国公共有限公司	东城区东方广场东方经贸城C2办公楼304室 邮编：100738	纳斯腾
韩国	现代金融株式会社	朝阳区霄云路38号现代盛世大厦802A 邮编：100027	郑淳元

（王　巍）

（五）外资、合资保险公司北京分公司名录

类别国别	机构名称	地　址	负责人
美国	美国友邦保险有限公司北京分公司	朝阳区东环南路2号京汇大厦3楼 邮编：100022	徐水俊
中英合资	信诚人寿保险有限公司北京分公司	东城区东长安街1号东方广场东方经贸城东一办公楼10层1－12室 邮编：100738	朱加麟

中意合资	中意人寿保险有限公司北京分公司	东城区东长安街1号东方广场东方经贸城中二办公楼6层1－11室 邮编：100738	谢树锦
中加合资	中宏人寿保险有限公司北京分公司	朝阳区建国门外大街1号国贸大厦2座501 邮编：100004	林卫国
中加合资	光大永明人寿保险有限公司北京分公司	东城区建国门内大街22号华夏银行大厦7层 邮编：100045	林雨顺
中英合资	中英人寿保险有限公司北京分公司	东城区东长安街1号东方广场东方经贸城东一办公楼18层1－3室 邮编：100738	曾　钢
中法合资	金盛人寿保险有限公司北京分公司	朝阳区建国路116号招商局大厦R2层 邮编：100022	赵根荣
中荷合资	首创安泰人寿保险有限公司北京分公司	东城区朝阳门北大街6号万泰北海大厦3层和10层 邮编：100027	叶斯韦
中美合资	招商信诺人寿保险有限公司北京分公司	东城区建国门内大街7号光华长安大厦711室 邮编：100005	赖　军
中荷合资	海康人寿保险有限公司北京分公司	东城区东长安街1号东方广场东方经贸城中一办公楼10层8－11A室 邮编：100738	马思琰
美　国	瑞泰人寿保险有限公司	朝阳区麦子店街37号盛福大厦21层 邮编：100026	欧海龙
中美合资	中美大都会人寿保险有限公司	东长安街1号东方广场东方经贸城E2座12层 邮编：100738	齐莱平
中韩合资	中航三星人寿保险有限公司	朝阳区建国路118号招商局大厦15层 邮编：100022	徐彦东

中日泰合资	中国人保寿险有限公司	海淀区首体南路38号创景大厦 邮编：100037	唐运祥
德　国	慕尼黑再保险公司北京分公司	朝阳区建国门内大街1号国贸大厦1座701室 邮编：100004	王　真
瑞　士	瑞士再保险公司北京分公司	东城区东长安街一号东方广场写字楼东二座1701室 邮编：100738	高　璁

（六）外国保险机构北京代表处名录

所属公司国别或地区	机构名称	地　址	负责人
澳大利亚	安保集团北京代表处	东城区建国门内大街7号光华长安大厦2座1726室 邮编：100005	叶　蕾
澳大利亚	康联保险集团北京代表处	朝阳区建国门外大街1号国贸大厦1座2908室 邮编：100004	高骏骅
澳大利亚	万诚保险有限公司北京代表处	朝阳区建国门外大街1号国贸大厦1座23层27–28室 邮编：100004	卢泰宏
加拿大	永明人寿保险公司北京代表处	东城区建国门北大街8号华润大厦1207室 邮编：100005	刘都生
加拿大	加拿大人寿保险公司北京代表处	东城区建国门内大街8号中粮广场B座1223室 邮编：100004	张海燕
法国	安盛公司北京代表处	朝阳区建国路乙118号北京京汇大厦2101室 邮编：100022	法布赖斯·罗力勇（Fabrice Lorillon）
法国	安盟保险公司驻中国总代表处	东城区建国门内大街7号光华长安大厦2座1022室 邮编：100005	张　宏

法国	高仕华保险经纪公司北京代表处	朝阳区安立路68号阳光广场B－346 邮编：100101	Richard Terzan
法国	法国国家人寿保险公司北京代表处	朝阳区建外大街永安东里8号华彬国际大厦2101室 邮编：100022	克里斯蒂安·比肖普
法国	法国再保险公司北京代表处	朝阳区建国门外大街1号国贸大厦1座3712室 邮编：100004	张晓东
法国	科法斯信用保险公司北京代表处	朝阳区建国门外大街1号国贸中心写字楼1座2925室 邮编：100004	王青青
法国	佳迪福非寿险有限公司北京代表处		崔传波
德国	安联保险集团驻中国总代表处	朝阳区亮马桥路50号燕莎中心办公楼C211室 邮编：100016	陆明轩（Joerg-Michael Luther）
德国	科隆再保险公司北京代表处	东城区建国门内大街7号光华长安大厦1座808室 邮编：100005	金大荣
中国香港	盈科保险有限公司北京代表处	东城区建国门内大街7号光华长安大厦610室 邮编：100005	郭　杨
中国香港	中华保险顾问有限公司北京代表处	宣武区南滨河路31号华亨大厦210室 邮编：100055	张宪文
中国香港	海达远东保险顾问有限公司北京代表处	朝阳区马甸裕民路12号元辰鑫大厦508－516室 邮编：100029	任建梅
中国香港	新世界保险服务有限公司北京代表处	崇文区崇文门外大街3A号北京新世界中心南办916A室 邮编：100062	周立峰
中国香港	香港中国保险（集团）有限公司北京办事处	宣武区宣武门西大街28号大成广场一门九层 邮编：100053	曹　杰

中国香港	其士保险有限公司北京代表处	西城区阜外大街2号万通新世界广场707B室 邮编：100037	王　兴
中国香港	中银集团人寿保险有限公司北京代表处	西城区复兴门内大街1号中国银行总行大厦 邮编：100818	温永谦
中国香港	汇丰人寿保险（国际）有限公司北京代表处	东城区建国门内大街8号中粮广场A座508室 邮编：100005	郑海湧
中国香港	汇丰保险（亚洲）有限公司北京代表处	东城区建国门内大街8号中粮广场A座509室 邮编：100005	梁婉芬
中国香港	中国国际再保险有限公司北京代表处		李　丽
荷兰	荷兰保险有限公司北京代表处	朝阳区东三环北路8号亮马大厦1508室 邮编：100004	杨丽君
荷兰	全球人寿保险国际公司北京代表处	东城区东长安街1号东方经贸城中一办公楼10层11B 邮编：100738	毕静媛
印度尼西亚	金光集团保险私人有限公司北京代表处	朝阳区东三环南路2号航华科贸中心招商局大厦25层 邮编：100022	宋建平
意大利	忠利保险有限公司北京代表处	东城区东长安街东方广场C2座6层7A室 邮编：100738	王怡群
日本	财产保险公司驻中国总代表处	朝阳区东三环北路5号发展大厦702室 邮编：100004	篠崎康雄
日本	第一生命保险公司北京代表处	朝阳区建外大街26号长富宫办公楼3层3005室 邮编：100022	赵克非
日本	东京海上日动火灾保险株式会社北京代表处	朝阳区光华路1号嘉里中心北楼2401室 邮编：100020	常田顺介
日本	明治安田生命保险公司北京代表处	朝阳区建外大街26号长富宫办公楼6003室 邮编：100022	桥本万里

日本	爱和谊保险公司驻中国总代表处	朝阳区建外大街1号国贸中心1座410－412 邮编：100004	内海直之
日本	生命保险公司北京代表处	朝阳区建外大街甲26号长富宫办公楼4007室 邮编：100022	李永梅
日本	三井住友海上火灾保险公司驻中国总代表处	朝阳区东三环北路5号北京发展大厦1605～1608室 邮编：100004	小岛信之
日本	住友生命保险公司北京代表处	东城区建国门北大街甲8号华润大厦12层1205室 邮编：100005	松本晓洋
日本	兴亚损害保险公司北京代表处	朝阳区东三环北路5号发展大厦520室 邮编：100004	畑　彻
韩国	乐金火灾海上保险公司北京代表处	朝阳区建国门外大街乙12号双子座大厦EF层03室 邮编：100022	夏东佑
韩国	三星火灾海上保险公司北京代表处	朝阳区建国路118号招商局大厦25层 邮编：100022	郑贤俊
韩国	三星生命保险公司北京代表处	朝阳区建国路118号招商局大厦28层2801 邮编：100022	姜俊暎
韩国	输出保险公社北京代表处	朝阳区东三环北路2号南银大厦915号 邮编：100027	林英虎
韩国	现代海上火灾保险有限公司北京代表处	朝阳区东三环北路8号亮马河大厦1座1101室 邮编：100004	方仁彪
韩国	大韩再保险公司北京代表处	朝阳区东三环北路8号亮马河大厦1座1107室 邮编：100004	尹景禄
韩国	大韩生命保险株式会社北京代表处	朝阳区建国门外大街1号国贸大厦1座2703室 邮编：100004	赵镛洛

韩国	教保生命保险公司北京代表处	朝阳区建国门外大街1号国贸大厦1座2302室 邮编：100004	许锦珠
俄罗斯	赢国斯达保险有限公司北京代表处	朝阳区亮马桥路光明饭店1604室 邮编：100016	乌里亚多夫，弗拉基米尔，阿纳托利耶维奇
新加坡	职总英康合作社北京代表处	西城区金融大街27号投资广场B座1008室 邮编：100032	刘　越
新加坡	亚洲人寿保险有限公司北京代表处	朝阳区北辰东路8号汇宾大厦A0904室 邮编：100101	林　丽
新加坡	新加坡再保险有限公司北京代表处	崇文区崇文门外大街北京新世界太华公寓B座513室 邮编：100062	冯　骞
新加坡	亚瑟·J·盖勒格亚洲私人有限公司	朝阳区建国门外大街19号国际大厦A座23B 邮编：100004	陈岚兰
瑞士	丰泰保险公司北京代表处	朝阳区朝阳门外大街18号丰联广场大厦2106室 邮编：100020	宁　安
瑞士	苏黎世保险公司北京代表处	朝阳区东三环北路霞光里18号佳程大厦A座21层B单元 邮编：100027	张学江
中国台湾	富邦产物保险股份有限公司北京代表处	朝阳区光华路甲8号和乔大厦北座502室 邮编：100026	萧明仁
中国台湾	国泰人寿保险股份有限公司北京代表处	西城区长安街88号首都时代广场1008室 邮编：100031	王健源
中国台湾	新光人寿保险股份有限公司北京代表处	东城区建国门内大街7号2座1822室 邮编：100005	谢文龙
中国台湾	友联产物保险股份有限公司北京代表处	朝阳区建国门外大街3号京伦饭店2052房间 邮编：100020	姜贺伦

中国台湾	富邦人寿保险股份有限公司北京代表处	朝阳区光华路甲8号和乔大厦B座502A室 邮编：100026	粘清木
中国台湾	台湾人寿保险股份有限公司北京代表处	东城区建国门北大街8号华润大厦703室 邮编：100005	简衍宏
中国台湾	中国人寿保险股份有限公司（台湾）代表处	朝阳区光华路甲8号和乔大厦C座9层908室 邮编：100026	李忠权
美国	安裕再保险公司北京代表处	朝阳区光华路7号汉威大厦西区6层B1 邮编：100004	陈南洋
美国	大都会人寿保险公司北京代表处	东城区东长安街1号东方广场经贸城东二办公楼12层 邮编：100738	马思中
美国	大陆保险公司北京代表处	朝阳区亮马桥路50号燕莎中心C609B 邮编：100016	戴泽军
美国	美国国际集团北京代表处	朝阳区建国路乙118号京汇大厦三层 邮编：100022	林　唯
美国	美国联邦保险股份有限公司北京代表处	朝阳区建国门外大街1号国贸中心办公楼2座2402室 邮编：100004	黄小治
美国	纽约人寿国际公司北京代表处	东城区建国门内大街7号光华长安大厦2座6层1621室 邮编：100005	朱　航
美国	信安人寿保险公司北京代表处	朝阳区亮马桥路50号燕莎中心C614B 邮编：100016	崔素芳
美国	信诺保险公司北京代表处	东城区建国门内大街18号恒基中心办公楼1座803室 邮编：100005	匡榕榕
美国	怡安保险（集团）公司北京代表处	朝阳区北三环东路2号中旅大厦1803室 邮编：100028	刘立义

美国	保德信保险公司北京代表处	朝阳区建国路118号招商局大厦29层190B单元 邮编：100022	吴　妍
美国	信合保险公司北京代表处	东城区中粮广场B座715室 邮编：100005	郭立人
美国	利宝互助保险公司北京代表处	朝阳区建国门外大街1号国贸大厦1座3610室 邮编：100004	施德望（Eric Stephanus）
美国	北美洲保险公司北京代表处	西城区金融大街35号国际企业大厦A座1713室 邮编：100032	张　蓓
美国	苏立文·克迪斯保险经纪人公司北京代表处	海淀区知春路76号翠宫饭店1101室 邮编：100086	弗兰克·刘
美国	旅行者保险公司北京代表处	东城区建国门内大街7号光华长安大厦2座1622室 邮编：100005	张海东（Donald R. Forest）
美国	万向—霍顿保险集团有限公司北京代表处	西城区月坛北街26号恒华国际1607室 邮编：100045	赵立强
美国	第一美国产权保险公司北京代表处	朝阳区西大望路1号温特莱中心B座1510室 邮编：100026	李永嘉
美国	RGA美国再保险公司北京代表处	东城区东长安街1号东方广场W1座1103室 邮编：100738	欧　浩
美国	美国通用电气住房抵押贷款保险公司北京代表处	朝阳区光华路7号汉威大厦6层6A8－1 邮编：100004	刘伟业
美国	佳达再保险经纪有限公司北京代表处	东城区东长安街1号东方广场东方经贸城东三办公楼1810室 邮编：100738	张　丽
美国	开曼群岛信利金融公司北京代表处	朝阳区建国门外大街甲12号新华保险大厦1515室 邮编：100022	庄少君

英国	保诚保险有限公司北京代表处	朝阳区亮马桥路50号燕莎中心C503A室 邮编：100016	李晓力
英国	标准人寿保险公司北京代表处	朝阳区东三环路8号亮马河大厦办公楼2座2层世贸中心223A室 邮编：100004	宗思语
英国	皇家太阳联合保险集团北京代表处	海淀区花园东路10号高德大厦B412室 邮编：100083	王伟红
英国	汇丰保险顾问集团有限公司北京代表处	东城区建国门内大街8号中粮广场A座302室 邮编：100005	白尚志
英国	英杰华保险有限公司驻中国总代表处	朝阳区东三环北路8号亮马河大厦办公楼A座1010室 邮编：100004	武晓梅
英国	希斯-兰伯特保险经纪集团公司北京代表处	东城区建国门内大街8号中粮广场B座1002室 邮编：100005	张庆平
英国	劳合社北京代表处	朝阳区建国门外大街1号国贸大厦1座1229室 邮编：100004	谢哲强
英国	GAB罗便士国际保险公估有限公司北京代表处	西城区西长安街88号首都时代广场办公大楼509室 邮编：100031	李全英
英国	怡和保险顾问集团有限公司	朝阳区建国门外大街1号国际贸易中心国贸大厦1座530室 邮编：100004	唐　巍
英国	麦理伦国际集团有限公司	朝阳区呼家楼京广中心4层商务中心405室 邮编：100020	凌　怡
英国	耆卫公共有限公司北京代表处	朝阳区亮马桥路50号燕莎中心办公楼C507 邮编：100016	赵　红
南非	安博保险集团北京代表处	西城区南礼士路66号建成大厦7层715室 邮编：100045	隋　军

（七）机构简介

恒生银行有限公司北京分行

恒生银行有限公司（以下简称恒生银行）于1933年在香港成立，其业务集中在香港及内地。发展至今，该行在香港已设有156家本地分行，成为香港注册的第二大银行，是汇丰集团成员之一，同时也为香港联合交易所的最大上市公司之一。主要业务包括零售银行、商人银行、工商及金融机构业务、理财服务以及私人理财管理服务。1994～1998年度曾连续四次被评为香港最杰出的商业银行，1999年12月该行被《亚洲货币》评选为亚洲最佳银行。自1985年以来，恒生银行已陆续在广州、上海、深圳、北京开设分行，并在厦门设有代表处。

恒生银行北京代表处于1998年10月11日设立，2005年7月21日获得中国银行业监督管理委员会批准升格为北京分行，行长为吴来盛。北京分行营运资金为2亿元人民币等值的美元，根据《外资金融机构管理条例实施细则》第三十二条规定，北京分行在下列范围内经营对各类客户的外汇业务：吸收公众存款；发放短期、中期和长期贷款；办理票据承兑与贴现；买卖政府债券、金融债券，买卖股票以外的其他外币有价证券；提供信用证服务及担保；办理国内外结算；买卖、代理买卖外汇；从事货币兑换；从事同业拆借；从事银行卡业务；提供保管箱服务；提供资信调查和咨询服务；经中国银行业监督管理委员会批准的其他业务。北京分行于2005年8月8日正式开业。

北京分行内设5个部门，包括个人理财部、授信及业务推广部、会计部、行政部、营运部，共有员工23人。

地址：北京市朝阳区光华路1号北京嘉里中心写字楼首层8号和写字楼南楼2421～2422室

邮编：100020

电话：85299882

传真：85299102

（袁宝良）

泰国盘谷银行（大众有限公司）北京分行

泰国盘谷银行（大众有限公司）（以下简称泰国盘谷银行）1994年在泰国曼谷注册成立，其总资产及一级资本排名均为泰国第一大银行，主营商业银行业务。2004年年底，穆迪给予该行的长期次级债务评级为Baa2，长期债务评级为Prime－2。截至2004年年末，总资产为358.35亿美元，在泰国设有695家分行，并在中国内地、中国香港、中国台湾、日本、新加坡、英国伦敦、美国纽约等地设有22家分行和1家代表处。

泰国盘谷银行北京代表处于1985年11月11日设立，2005年11月23日，中国银行业监督管理委员会批准其升格为北京分行，行长为伍介山。北京分行营运资金为2亿元人民币等值的美元，根据

《外资金融机构管理条例实施细则》第三十二条规定，在下列范围内经营对各类客户的外汇业务：吸收公众存款；发放短期、中期和长期贷款；办理票据承兑与贴现；买卖政府债券、金融债券，买卖股票以外的其他外币有价证券；提供信用证服务及担保；办理国内外结算；买卖、代理买卖外汇；从事货币兑换；从事同业拆借；从事银行卡业务；提供保管箱服务；提供资信调查和咨询服务；经中国银行业监督管理委员会批准的其他业务。北京分行于2005年12月8日正式开业。

北京分行内设5个部门，包括市场部、操作业务及服务支持部（下设操作业务部和财务部）、财务部、合规部、总务及人事部，共有员工19人。

地址：北京市朝阳区建国门外大街甲12号新华保险大厦一层东区

邮编：100004

电话：65690059

传真：65690080

（袁宝良）

北京农村商业银行

北京农村商业银行股份有限公司（以下简称北京农村商业银行）是在原北京市农村信用合作社基础上组建的地方性股份制商业银行。原北京市农村信用合作社始建于1951年。50多年来，随着政治、经济形势的变化，北京市农村信用合作社的组织机构和管理体制发生了多次变化。2005年2月，《北京市农村信用社改革试点实施方案》获国务院批准，北京市农村信用社127家法人单位经清产核资和资产评估，在召开社员代表大会表决同意的基础上，合并组建北京农村商业银行。9月7日，北京农村商业银行筹建申请获中国银监会批准。10月18日，经中国银监会批复同意，北京农村商业银行正式成立。

北京农村商业银行是以发起方式设立的股份有限公司，实行一级法人、统一核算、分级管理、授权经营的管理体制。它由北京首都创业集团有限公司、北京市国有资产经营有限公司、北京华融综合投资公司等387家法人和魏晓珍等27 893名自然人共同发起设立，注册资本为50.8亿元，法人代表是赵济堃。

北京农村商业银行现有机构693家。其中总行1家，支行166家，分理处526家。2005年年末，在册人数为6 901人（含内退职工926人）。北京农村商业银行第一届董事会由13名董事组成，董事长是赵济堃。监事会由6人组成，监事长是陈翰林。高级经营管理层由6人组成，行长是金维虹，副行长是付东升、姜朝。

业务范围为：吸收公众存款；发放短期、中期和长期贷款；办理国内结算、办理票据承兑与贴现；代理发行、代理兑付、承销政府债券；买卖政府债券、金融债券；从事同业拆借；从事银行卡业务；代理收付款项及代理保险业务；提供保管箱服务；经中国银行业监督管理委员会批准的其他业务。

2005年年末，北京农村商业银行的资产总额为1 320.7亿元，比年初增加207.9亿元。负债总额为1 256.6亿元，比年初增加173.5亿元。所有者权益为64.1亿元，比年初增加34.4亿元。全年实现账面利润7.5亿元，上缴所得税2亿元，实现税后利润5.5亿元。

地址：北京市西城区阜成门内大街410号

邮编：100034

电话：66506238

传真：66051709

（蒋蓉辉）

兵器装备集团财务有限责任公司

基本情况　兵器装备集团财务有限责任公司（以下简称兵装财务）由中国兵器装备集团公司等8家股东单位投资设立，公司于2005年9月30日经中国银行业监督管理委员会批准取得《金融许可证》，经营范围为《企业集团财务公司管理办法》（中国银行业监督管理委员会令2004年第5号）规定的第二十八条业务。2005年10月21日，该公司取得企业法人营业执照，正式营业。

业务范围　经营范围为《企业集团财务公司管理办法》（中国银行业监督管理委员会令2004年第5号）规定的第二十八条业务。具体为：对成员单位办理财务和融资顾问、信用鉴证及相关的咨询、代理业务；协助成员单位实现交易款项的收付；经批准的保险代理业务；对成员单位提供担保；办理成员单位之间的委托贷款及委托投资；对成员单位办理票据承兑与贴现；办理成员单位之间的内部转账结算及相应的结算、清算方案设计；吸收成员单位存款；对成员单位办理贷款及融资租赁；从事同业拆借；中国银行业监督管理委员会批准的其他业务。

机构设置　公司下设业务稽核部、风险管理部、信贷业务部、财务结算部、公司办公室、综合计划部，共6个部门。截至2005年年末，公司在册员工32人。

公司法定代表人：徐斌

地址：北京市海淀区车道沟10号

邮编：100089

电话：58830070

传真：58330026

（王　巍）

丰田汽车金融（中国）有限公司

基本情况　丰田汽车金融（中国）有限公司是由日本丰田金融服务株式会社（英文名称：TOYOTA FINANCIAL SERVICES CORPORATION）独资设立的非银行金融机构，于2003年12月获中国银行业监督管理委员会批准筹建，2005年1月获准正式对外营业。注册资本为5亿元人民币，注册地为北京，该公司系北京地区成立的第二家汽车金融公司。

业务范围　接受境内股东单位3个月以上期限的存款；提供购车贷款单位；办理汽车经销商采购车辆贷款和营运设备贷款；转让和出售汽车贷款应收款业务；向金融机构借款；为贷款购车融资活动相关的代理业务；经中国银行业监督管理委员会批准的其他信贷业务。

机构设置　公司下设业务发展部、信息系统部、财务资金部、销售市场部、法律部等9个部门。截至2005年年末，公司在册员工60人。

公司法定代表人：尾崎英外

地址：北京市建国门外大街1号国贸大厦1座8层818单元

邮编：100004

电话：65058877

传真：65058765

（王　巍）

戴姆勒—克莱斯勒汽车金融（中国）有限公司

基本情况 戴姆勒—克莱斯勒汽车金融（中国）有限公司系北京地区成立的第三家汽车金融公司，是由戴姆勒—克莱斯勒股份有限公司（美国）独资设立的非银行金融机构。注册资本为5亿元人民币，注册地为北京。

业务范围 接受境内股东单位3个月以上期限的存款；提供购车贷款单位；办理汽车经销商采购车辆贷款和营运设备贷款；转让和出售汽车贷款应收款业务；向金融机构借款；为贷款购车融资活动相关的代理业务；经中国银行业监督管理委员会批准的其他信贷业务。

机构设置 公司下设业务拓展部、汽车金融业务部、保险业务部、贷后管理服务部、资金控制部、财务部等10个部门。截至2005年年末，公司在册员工59人。

公司法定代表人：Juergen Walker

地址：北京市朝阳区东三环北路8号亮马河大厦办公楼1号楼

邮编：100004

电话：65906668－3133

传真：65900663

（王　巍）

都邦财产保险股份有限公司北京分公司

基本情况 都邦财产保险股份有限公司（以下简称都邦保险）是经中国保险监督管理委员会批准，于2005年10月14日设立的财产保险公司，总部设于北京。北京分公司于2005年12月23日正式开业。

股东情况 都邦保险由吉林省金都集团有限公司等7家公司共同发起设立，注册资本为3亿元人民币。

业务范围 财产损失险、责任保险、信用保险和保证保险、短期健康保险和意外伤害保险、上述业务的再保险业务；国家法律、法规允许的保险资金运用业务；经保监会批准的其他业务。

机构设置 北京分公司内设人事行政部门、客户服务部、企划财务部、意健险部、国际业务部、代理业务部、营销业务部、银行业务部。现有员工59人。

负责人：金晓东

地址：北京市朝阳区和平里13区35号煤炭大厦10层

邮编：100013

电话：84263311

传真：84264794

永诚财产保险股份有限公司北京分公司

基本情况 永诚财产保险股份有限公司于2004年9月10日获中国保险监督管理委员会批准设立，是一家由国内大型电力企业集团和产业投资集团共同发起组建的全国性股份制财产保险公司。总部设于上海。目前在湖北、成都、广东、北京、上海设立了5家分公司。

股东情况 公司股东由包括中国华能集团公司、中国大唐集团公司、中国华电集团公司、中国国电集团公司、中国电力投资集团公司五大发电集团在内的十二家企业集团和产业集团组成。注册资本金为10亿元人民币。

业务范围 财产损失保险、责任保

险、信用保险和保证保险、短期健康保险和意外伤害保险、再保险业务、国家法律法规允许的保险资金运用业务及经保监会批准的其他业务。

机构设置　北京分公司内设人事行政部，财务部，客户服务部，车险部和业务一、二、三部。现有员工22人。

负责人：臧党生

地址：北京市西城区车公庄大街12号核建大厦3层

邮编：100037

电话：88365151

传真：68333301

阳光财产保险股份有限公司北京分公司

基本情况　阳光财产保险股份有限公司于2005年9月经中国保险监督管理委员会批准设立，是一家经营财产保险业务的全国性保险公司，总部设在北京。2005年9月29日，北京分公司成立。

股东情况　阳光财产保险股份有限公司由中国石化、南方航空、中国铝业、中国外运、粤电力等发起组建。公司注册资本金为11亿元人民币。

业务范围　财产损失保险、责任保险、信用保险和保证保险、短期健康保险和意外伤害保险，以及保监会批准的其他业务。

机构设置　北京分公司设有总经理室、人事行政部、财务部、车险部、财险部、意健险部、销售客服管理部。共有员工89人。

负责人：冯建新

地址：北京市朝阳区东三环中路7号财富中心写字楼A座501号

邮编：100020

电话：65308855

传真：65309180

金盛人寿保险有限公司北京分公司

基本情况　金盛人寿保险有限公司于1999年6月经中国保险监督管理委员会批准设立，是中国第一家中法合资的保险公司。总部设在上海，已先后在广州、北京开设分公司。2005年3月3日，北京分公司成立。

股东情况　金盛人寿保险有限公司由法国安盛集团和中国五矿集团合资组建，注册资本为6.25亿元。

业务范围　经营人寿保险、健康保险和意外伤害保险等保险业务；上述业务的再保险业务。

机构设置　北京分公司内设代理人发展部（含培训部）、新渠道部、营运部（下设客户服务部、营销资源部、市场推广部和财务部），信息技术部和人力资源、行政部等部门，现有员工51人。

负责人：赵根荣

地址：北京市朝阳区建国路116号招商局中心R2楼2层

邮编：100022

电话：51358866

传真：65660126

招商信诺人寿保险有限公司北京分公司

基本情况　招商信诺人寿保险有限公司于2003年7月25日经中国保险监督管理委员会批准设立。2005年3月15日，北京分公司成立。

股东情况 招商信诺人寿保险有限公司由美国信诺北美人寿保险公司与深圳市鼎尊投资咨询有限公司携手组建，注册资本为2亿元人民币，公司总部位于深圳。

业务范围 一年期意外伤害保险和健康保险。

负责人：赖军

地址：北京市东城区建国门内大街7号光华长安大厦711室

邮编：100005

电话：65102311

传真：65102304

海康人寿保险有限公司北京分公司

基本情况 海康人寿保险有限公司于2003年5月正式获得营业执照，在中国开展寿险业务，总部设在上海。2005年5月17日，北京分公司成立。

股东情况 海康人寿保险有限公司由荷兰AEGON保险集团与中国海洋石油总公司于2002年5月各出资50%共同组建而成，注册资本为6亿元人民币。

业务范围 人寿保险、健康保险和意外伤害保险等保险业务及上述业务的再保险业务。

机构设置 北京分公司内设银行保险部、经代业务部、代理人业务部、行政部、人力资源部、财务部6个部门，现有内勤员工57人。

负责人：马思琰

地址：北京市东城区东长安街1号东方广场中1写字楼10层1008－1011A

邮编：100738

电话：58164868

传真：85189086

华泰人寿保险股份有限公司北京分公司

基本情况 华泰人寿保险股份有限公司于2005年4月6日正式成立，是国内第一家由财产保险公司成立的全国性寿险公司。总部设在北京。2005年5月13日，北京分公司成立。

股东情况 华泰人寿保险股份有限公司股东包括世界著名保险企业美国ACE保险集团及华润集团、华北电网公司、亿阳集团、贵州茅台酒公司、华铁置业等国内著名企业。注册资本为2.2亿元人民币。

业务范围 人寿保险、健康保险、意外伤害保险等各类人身保险业务；经中国保监会批准并经总公司授权的其他业务。

机构设置 北京分公司内设个人业务管理部、市场部、营运部、财务部、人事行政部。

负责人：彭崇明

地址：北京市东城区东中街46号鸿基大厦H层

邮编：100027

电话：58601166

传真：64185295

合众人寿保险股份有限公司北京分公司

基本情况 合众人寿保险股份有限公司经中国保险监督管理委员会批准于2005年2月正式开业。总部设在武汉。现已开设北京、上海、湖北、江苏、河南、山东6家分公司。2005年7月5日，北京分公司成立。

股东情况　合众人寿保险股份有限公司由北京永泰房地产开发有限公司等6家公司发起设立，注册资本金为4.2亿元。

业务范围　人寿保险、健康保险、意外伤害保险等各类人身保险业务；经中国保监会批准并经总公司授权的其他业务。

机构设置　北京分公司内设营销部、培训部、团体业务部、代理业务部、运营管理部、财务部、人事行政部、企划发展部8个部门，共有员工72人。

负责人：夏树海

地址：北京市朝阳区朝外大街乙12号昆泰国际大厦20层

邮编：100020

电话：58797755

传真：58797790

中国人民健康保险股份有限公司北京分公司

基本情况　中国人民健康保险股份有限公司系经国务院同意、中国保险监督管理委员会批准设立的第一家专业健康保险公司，于2005年3月成立。总部位于北京。目前，已先后成立北京、青岛、深圳、云南、上海5家分公司。2005年8月11日，北京分公司成立。

股东情况　中国人民健康保险股份有限公司由中国人保控股公司、德国健康保险公司（DKV）等发起设立。股本总额为10亿元人民币。

业务范围　各种人民币和外币的健康保险业务、意外伤害保险业务，与国家医疗保障政策配套、受政府委托的健康保险业务，与健康保险有关的咨询服务业务及代理业务，经中国保监会批准并经总公司授权的其他业务。

机构设置　北京分公司内设办公室、财务会计部、团险销售部、个险销售部、业务管理部以及健康管理部6个部门，共有正式员工54名。

负责人：李毅

地址：北京市朝阳区朝外大街乙12号昆泰国际大厦12层

邮编：100020

电话：58696688

传真：58790868

中航三星人寿保险有限公司

基本情况　中航三星人寿保险有限公司于2005年5月经中国保险监督管理委员会批准设立，是中国首家中韩合资的寿险公司。公司总部设在北京。

股东情况　中航三星人寿保险有限公司是由韩国三星生命保险株式会社和中国航空集团公司共同出资设立的合资寿险公司。公司注册资本金为2亿元人民币，中外双方股东各占50%的股份。

业务范围　人寿保险、健康保险和意外伤害保险等保险业务以及上述业务的再保险业务。

机构设置　公司内设人力资源部、财务投资部、行政总务部、核保核赔部、法律审计部等12个职能部门，成立了经营、产品和风险管理3个专门委员会，共有内勤员工65人。

负责人：姚维汀

地址：北京市朝阳区建国路118号招商局大厦15层

邮编：100022

电话：65681888

传真：58201888

长城人寿保险股份有限公司

基本情况 长城人寿保险股份有限公司于2005年9月19日经中国保险监督管理委员会批准成立，是一家专业化的全国性人寿保险公司。总部设在北京。

股东情况 长城人寿保险股份有限公司主要股东有北京华融综合投资公司、香港大新人寿保险有限公司、北京金融街建设集团和南昌市政公用投资控股有限公司。注册资本为3亿元人民币。

业务范围 人寿保险、健康保险、意外伤害保险及上述保险业务的再保险。

机构设置 公司内设战略规划部、人力资源部、法律合规部、财务管理部、投资管理部、综合服务部等15个部门。现有员工585人。

负责人：王功伟

地址：北京市西城区金融街33号通泰大厦C座

邮编：100032

电话：88088808

传真：88086909

中国人保寿险有限公司

基本情况 中国人保寿险有限公司于2005年11月10日经国务院同意，中国保险监督管理委员会批准设立，是由中国人保控股公司为主发起成立的一家全国性合资寿险公司。总部设在北京。

股东情况 中国人保寿险有限公司股东包括日本住友生命保险公司，香港亚洲金融集团和泰国盘谷银行。注册资本为10亿元人民币。

业务范围 人寿保险、健康保险和意外伤害保险等保险业务及上述业务的再保险业务。

机构设置 公司内设办公室、人力资源部、机构管理部、计划财务部等13个职能部门，共有员工161人。

负责人：唐运祥

地址：北京市海淀区首体南路38号创景大厦

邮编：100037

电话：58503737

传真：58892760

国民人寿保险股份有限公司

基本情况 国民人寿保险股份有限公司于2005年12月16日经中国保险监督管理委员会批准成立。总部设在北京。

股东情况 国民人寿保险股份有限公司由北京中关村科学城建设股份有限公司、联想控股有限公司、重庆国际信托投资有限公司等6家企业发起组建。注册资本为5亿元人民币。

业务范围 各类人寿保险、健康保险、人身意外伤害保险以及与人寿保险相关的新型产品和相应的再保险业务。

机构设置 公司内设办公室、财务部、业务管理部等11个职能部门，共有员工86人。

负责人：马鸣家

地址：北京市海淀区苏州街3号大恒科技大厦

邮编：100080

电话：82828899

传真：82827715

首创安泰人寿保险有限公司北京分公司

基本情况　首创安泰人寿保险有限公司是一家中外合资人寿保险公司，总部设在大连，营销网点逐步从大连市内扩展至大连行政区辖周边县市，并先后建立了10个营销服务部。首创安泰人寿于2004年8月20日获准筹建北京分公司，于2005年1月19日正式开业。

股东情况　首创安泰人寿保险有限公司由荷兰国际集团旗下的荷兰保险有限公司与北京首创集团各持50%的股份共同投资组建。

机构设置　北京分公司主要部门有市场部、客户服务部、其他渠道部、财务部、资讯部及人力资源部，拥有内勤员工54人，代理人近300人。

总经理：黄宝亨

地址：北京市东城区朝阳门北大街6号万泰北海大厦10层

邮编：100027

总机：82583388

传真：85283355

（宣　伟）

中法人寿保险有限公司

基本情况　中国国家邮政局与法国国家人寿保险公司，于2002年9月16日签订合资成立中法人寿保险有限公司的协议。合资公司股东双方各持50%股份。2004年12月6日，公司获得中国保监会的批复，目前仍在注册程序之中。

经营范围　外国人和境内个人缴费的人身保险业务；上述业务的再保险业务。

机构设置　目前员工人数18人。

负责人：刘立清（董事长）

Christian Bisschop（总经理）

地址：北京市朝阳区建外大街永安东里8号华彬国际大厦1206室

邮编：100022

电话：85288588

传真：85288188

网址：http：//www. sfli. com. cn.

（宣　伟）

安邦财产保险股份有限公司北京分公司

基本情况　安邦财产保险股份有限公司是一家股份制的全国性财产保险公司。北京分公司于2004年9月经中国保险监督管理委员会批准开业。总部设在浙江省宁波市，在全国设有北京、上海、南京、杭州、宁波5家分公司。

股东情况　主要股东有国家重点汽车制造商——上海汽车工业（集团）总公司等7家，注册资本金为5亿元人民币。

业务范围　公司在经营财产保险业务的同时，也经营各种短期健康保险和人身意外伤害保险等业务。

机构设置　北京分公司内设业务管理部、市场部、人事行政部、财务部等部门。现有员工30名。

负责人：杨占魁

地址：北京市朝阳区东三环北路东方东路9号东方国际大厦四层

邮编：100027

电话：64650888

（李　湛）

大公国际资信评估有限公司

大公国际资信评估有限公司成立于1994年，是获得中国人民银行和原国家经贸委共同批准成立的全国性信用评级机构。

1999年，大公与国际权威信用评级机构——美国穆迪投资者服务公司签署战略合作协议。2003年，人事部批准大公成立中国信用评级业的第一个博士后科研工作站；2004年，成为亚洲信用评级协会会员；财政部推荐大公代表中国信用评级机构参加亚洲债券市场建设。

2005年，大公分支机构从4家发展到13家；分析师人数达134人，其中硕士和博士学历占90.1%，具有海外教育背景的达26%。

大公新增评级资质9项，包括中国人民银行银行间债券信用评级，上海、山西、广东、湖南、内蒙古、江苏、长春、温州8省市的借款企业、中小企业、担保公司和集团企业信用评级资格；产品品种创历史新高，短期融资券评级、行业信用评级、资产证券化评级、专项资产管理计划评级、集团企业信用评级、金融债券及混合资本债券评级、信贷风险管理外部咨询等新产品已系列化、规模化。

2005年，大公主要评级业务有：企业债券评级9家，评级总额为180亿元；短期融资券评级60家，评级总额为1 200亿元；金融债券及混合资本债券评级1家，评级总额为300亿元。

资产证券化业务6项，包括中国证监会批准的首例在深圳证券交易所上市发行的专项资产管理计划产品——莞深高速公路收费收益权项目、中国最大一笔金融资产交易——中国工商银行4 500亿元可疑类贷款竞标项目价值测算项目。

借款企业评级资格扩大到8个省市，在上海、深圳、山东三家分公司共完成近800家；担保机构和中小企业评级资格分别扩大到8个和6个省市，年评级数量200余家；竞标成为开发银行的行业风险研究项目、银行客户信用评审报告审查咨询机构，完成32个行业评级报告，评审项目644个。

截至2005年年底，大公先后为覆盖70个行业，29个省市区的3 000多家企业，总金额3 000多亿元的债券进行了信用评级；是国家5大部委，17个地方政府、银行和企业的认定的信用评级机构和信用风险顾问。

总裁：关建中

地址：北京市朝阳区霄云路26号鹏润大厦B座20层

邮编：100016

电话：64606677

传真：84583355

网站：www. daqonqcredit. com

联合资信评估有限公司

联合资信评估有限公司（简称联合资信）是一家全国性专业信用评级机构，注册资本为3 000万元。联合资信目前的业务领域主要包括：信用评级，信用风险研究咨询。

联合资信是2000～2005年全国3家主要承担企业债券信用评级的评级机构之一，平均市场占有率为38.2%；是2005年全国开展短期融资券评级的5家评级机构之一，市场占有率为27%；是2001～2004年全国主要承担可转换债券信用评级的评级机构之一，平均市场占有率为30%；是2004～2005年全国4家主要承担银行债券信用评级的评级机构之一，市场累计占有率为37%；是2002～2005年全国2家主要承担担保机构信用评级的评级机构之一，市场累计占有率为80%；联合资信已在上海、天津、山东、山西、海南等18个省市开展借款企业或中小企业评级业务。

联合资信成立了以北京大学光华管理学院张维迎教授为主任，由我国经济、金融、基础产业等领域的部分专家组成的专家委员会，指导信用评级的理论研究和信用评级工作。

联合资信目前拥有专职信用分析师230多人，其中公司总部拥有专职信用分析师40多人，其中博士5人，占人员总数的12%，硕士30人，占人员总数的72%，部分高级分析师有11～14年的从业经验，有与国际著名评级机构开展业务交流、共同开展评级项目的经历。联合资信目前已在上海、天津、重庆、山西、福建等地设立了24家分支机构。

联合资信是中国人民银行2005年认可的银行间债券市场评级机构；是国家发展和改革委员会、中国保险监督管理委员会2003年认可的企业债券评级机构；是国家发展和改革委员会2003年认定的国家级中小企业信用体系建设试点评级机构；是国家发展和改革委员会2004年认可的信用担保机构信用评级机构；是北京中关村科技园管委会2002年认可的中关村科技园区企业信用制度试点合作单位。

董事长：王少波

总经理：李信宏

地址：北京市朝阳区安慧里四区15号楼五矿大厦16层

电话：64912118

邮编：100101

传真：64912663

网址：www. lianheratings. com. cn

中国诚信信用管理有限公司

1992年10月中国人民银行（银复［1992］445号）批准成立第一家全国性的信用评级机构——中国诚信证券评估有限公司（2002年9月更名为中国诚信信用管理有限公司，以下简称中国诚信）。中国诚信拥有中国人民银行核发的经营金融业务许可证（银金管字08－0709号）和信用评级资格（银发［1997］547号）。中国诚信作为目前国内唯一的一家全国性信用管理集团，主要开展借款企业评级、企业征信以及信用管理、信用信息服务等业务。

1999年5月，经中国人民银行和原中华人民共和国对外贸易经济合作部批准，中国诚信证券评估有限公司信用评级事业部同惠誉国际信用评级公司（Fitch，以下简称惠誉公司）、世界银行国际金融公司（IFC）等合资成立第一家中外合资信用评级机构——中诚信国际信用评级有限责任公司（以下简称中诚信国际）。经中国人民银行（银办函［2000］162号）批准，中诚信国际承接了中国诚信的全部信用评级业务。2004年6月，经商务部批准，惠誉国际信用评级公司和世界银行国际金融公司将其持有股份转让给中国诚信。2006年4月13日，中国诚信已与全球著名评级机构穆迪公司签订合资协议。根据该协议，穆迪将收购中诚信国际49%的股份。目前，该交易正在有关部门报批。

2003年5月，中国保监会发布《保险公司投资企业债券管理暂行办法》，中诚信国际成为中国保监会首批认可的信用评级机构。2003年，原国家经贸委认可中诚信国际参与中小企业信用评级试点工作。2003年8月，北京中关村管理委员会确认中诚信国际为北京中关村企业信用促进会会员并参与中关村企业信用评级工作，2005年6月，中国人民银行认可中诚信国际为银行间债券市场信用评级机构。

截至2006年4月底，中诚信国际人员总数为52人，其中业务人员44人，管理及行政人员8人。公司共有博士3人、硕士40人、本科7人、大专及以下学历2人。人员年龄结构分布情况为：20~30岁（含）为30人，31~40岁（含）为16人，40岁以上为6人。

截至2005年年底，中诚信国际已对近700家次总额超过2 500亿元的债券进行了信用评级。公司经过十多年的发展，评级对象遍及工商企业、银行、保险公司、证券公司、基金管理公司、信托投资公司、金融资产管理公司、担保公司、期货经济公司、金融租赁公司等，评级产品包括企业债券、上市公司可转换债券、金融机构债券及次级债务、基金、信托计划和信托受益权、资产支持证券等。

总裁：毛振华

地址：北京市朝阳区东方东路8号

邮编：100027

电话：64612828

传真：64662887

网站：www. ccxi. com. cn

长城资信评估有限公司

长城资信评估有限公司（以下简称长城资信）成立于1992年，是经中国人民银行批准设立的，具有金融机构、企业债券、贷款项目、公司法人、工程项目、有价证券等信用评级资格的全国性资信评级机构。

1993年，长城资信评估有限公司获得深圳证券交易所上市推荐人资格。1997年，由中国人民银行批准，长城资信评估有限公司获得企业债券资信评级资格。

长城资信拥有一批高素质的资信评估专门人才和富有理论与实践经验的金融、证券、投资、工程技术等方面的专家和权威人士，建立了一整套完整的资信评估标准体系以及评估制度，已经权威性专家委员会鉴定并予以实施，取得了良好的效果。

作为深圳证券交易所的上市推荐人，长城资信为北京市第一批上市的北京市天龙股份有限公司、北京市天桥百货股份有限公司进行了资格评审和上市推荐。另外，长城资信先后为北京旅行车股份有限公司、北京东方电子集团有限公司、北京城乡贸易中心、燕化高新技术股份有限公司等数十家企业提供了上市策划、咨询、推荐服务。

在长期债券评级方面，长城资信为北京首创集团、大连北良公司、北京市华远房地产公司、广珠铁路公司等多家发债单位进行了债券资信评级。在短期融资券评级方面，长城资信先后为天津环球磁卡股份有限公司、天津劝业场（集团）股份有限公司等多家发债单位进行了债券资信评级。

在金融机构评估方面，1995~2003年间，长城资信为中国光大银行、北京市商业银行、深圳发展银行、华夏银行等十余家商业银行进行了综合风险评级。

1995～2006年间，长城资信一直配合人民银行和银监会组织的对商业银行、政策性银行、资产管理公司等机构的专项检查，参加过诸如商业银行财务真实性、内部控制、票据业务等检查。

目前，长城资信在上海、辽宁、天津、山西设立有分支机构，随着公司规模和业务的扩展，长城资信已建立起针对不同行业、不同类型企业的评估指标体系，长城资信的评级企业已覆盖了公路、铁路、电力设施、机械制造、公用事业、石油化工、建筑建材、地产开发、农副养殖、冶金矿产等诸多行业。

总经理：杜平

地址：北京市海淀区板井路69号世纪金源大厦西区6－16C

邮编：100089

电话：88472472

网址：www. gwcrs. com. cn

金诚国际信用评估有限公司

金诚国际信用评估有限公司（以下简称金诚信用）成立于2001年9月，注册资本为5 000万元人民币，是按国际惯例、以独立第三方形式组建的专业信用评级机构。根据工商行政管理局审定的经营范围，金诚信用的经营范围包括：企业及个人信用征集、评定；个人及企业信用数据管理、信用风险管理；企业资信及履约能力评估；企业及金融机构综合财务实力评估；主体及债项评级；信用风险管理培训和咨询；金融信息咨询等。

金诚信用承担了国家发展和改革委员会五省市社会征信服务体系联合数据交换中心的建设任务。金诚信用还与银行、工商、税务、司法机关等行业和机构建立起广泛的合作关系，拥有了丰富的数据来源渠道和一批数据库开发、系统设计和网络管理的技术人员，并建立了拥有海量信息的数据库。该数据库涵盖区域/行业公共信息和企业、个人信用信息以及评估专业信息，由庞大的可更新数据构成，这就为金诚信用评级业务的开展和评级结果的检验及其他相关服务提供了有力的支撑。

目前，金诚信用是某国有商业银行重大贷款项目信用评估常年服务机构之一，是国家发展和改革委员会中小企业信用服务体系试点工作的9家专业信用服务机构之一，也是中国建设行业信用体系试点工作的信用服务机构，在借款企业和贷款项目评级、发行人和债务工具评级、中小企业信用评级、投标企业履约能力评估和行业、区域信用体系建设等方面取得重大进展，积累了比较丰富的经验。

总裁：王艺

地址：北京市金融大街33号通泰大厦C座4层

邮编：100032

电话：65661988

网址：www. goldencredit. com. cn

北京资信评估有限公司

北京资信评估有限公司是按照国家相关主管部门的政策要求，在原北京信用管理有限公司信用评级部的基础上，由北京信用管理有限公司和北京市信用担保业协会共同出资组建的专业资信评级机构。

北京资信评估有限公司控股股东北京信用管理有限公司是根据北京市政府有关北京市社会信用体系建设的指示精神成立的专业信用中介服务机构，股东包括：北京市国有资产经营有限责任公司、首都信息发展股份有限公司、北京中关村科技担保公司和北京市中小企业服务中心。其中，北京市国有资产经营有限责任公司是专门从事国有资产运营的大型国有独资企业，目前资产总额为160多亿元，产业涉及金融、信息、环保、生物制药等多个领域。

北京资信评估有限公司与国际著名评级机构建立了较好的联系，坚持吸收、借鉴国际先进信用评级理论与技术，开发了适合中国发展水平的信用风险评级技术。坚守“独立、客观、公正”的执业准则，以专业化的人员、技术，以及丰沛的信息来源，为北京地铁集团、华夏证券股份有限公司、北京用友软件股份有限公司等近400家企业提供了资信评级服务。

总经理：李伟华

地址：北京市西直门外大街德宝新园11号精美商务楼三层

邮编：100044

电话：88366253－805

传真：88366252－801

网址：www. bjratings. com

银通投资咨询公司

银通投资咨询公司成立于1993年，是经原国家经济贸易委员会批准，在国家工商总局注册登记的在全国范围内从事各类信用评级业务的专业评级机构，业务领域包括信用评级服务、企业信用风险分析与管理、接受客户委托进行资信调查服务、提供项目咨询、融资和并购重组顾问服务、行业研究、信息咨询等。公司拥有一支具有金融、会计、投资、评估等专业知识、从业经验丰富的评级队伍，有国内著名经济学家、金融学家和信用评级专家共同组成的评级专家委员会，负责指导公司信用评级的理论研究和评级业务的开展。多年来公司一直在企业信用评级领域努力探索和实践，先后与《中国城市金融》、《金融时报》等媒体合作开辟信用评级论坛，宣传信用评级知识，对信用评级行业的热点问题进行深入讨论，在充分吸收国际上先进的信用评级思想和技术的基础上，结合中国实际情况，研究开发了一套既能与国际接轨，又适合中国国情的信用评级评价体系，建立了完善的内控机制。

公司秉承“公正、独立、客观、科学”的原则，采用静态分析与动态分析相结合、定量分析与定性分析相结合、微观与宏观相结合的评级方法，遵循科学严谨的评级程序，已为多家企业提供了高质量的信用评级服务。2005年，公司实现业务收入2 014万元，实现净利润170万元，其中主体评级190户，实现评级收入341.6万元，涉及机械、电子、批发零售、建筑、房地产、医药、化学、煤炭等多个行业，客户遍布四川、河北、广东、北京、山西、湖南、云南、天津、广西、湖北、新疆、江苏、海南、陕西等全国20多个省、自治区、直辖市，主要客户包括中国华能集团公司、中国华电集团公司、岳阳纸业股份有限公司、广州日立电梯有限公司、中国医药集团总公司、国药集团药业股份有限公司、云南锡业股份有限公司、中国公路工程咨询总公司、中铁十六局集团有限公司、云南云天化股份有限公司等。

法人代表：丛林

地址：北京市西城区车公庄大街丙3号

邮编：100044
电话：68360108
网址：www. yticc. com. cn

北京银建资信评估事务所

北京银建资信评估事务所成立于1992年，是经原中国人民银行北京市分行批准成立，专门从事企业信用等级评定的中介评估机构。原为建行北京市分行设立的全民所有制企业，已按照建设银行股改上市的部署，2005年，该公司被正式转让给中国建银投资有限责任公司，成为该公司的全资子公司。

北京银建资信评估事务所恪守“客观、公正、实事求是、为客户保守商业秘密”的原则，摆脱与客户有关的各种利害关系，保持评估作业全过程的独立性。评估作业分为主评、监评、审核、专家委员会认定四个环节，并将评估程序划分为业务受理、资料收集、调查取证、评估分析、专家评审、复议、评估结果公示及跟踪评估八个阶段，各环节、各阶段相互衔接、相互制约，确保评估过程的严谨和评估结果的公正。

北京银建资信评估事务所现有员工31人，70%员工具有大学本科及以上学历；高级会计师和高级经济师9人，高级工程师1人，会计师、经济师、工程师5人，初级职称3人；注册会计师3人，注册资产评估师3人，监理工程师1人。根据业务发展的需要，我所制订了人员培训计划和相应的奖励激励机制，鼓励员工加强业务学习，参加社会考试，取得各类执业资格。

多年来，我所接受中国建设银行北京市分行的委托，累计完成1 500余户（次）贷款企业的信用等级评估，为加强银行信贷管理、防范金融风险提供了重要依据。

所长：王东海
地址：北京市宣武区广安门滨河路7号（建行北京分行406室）
邮编：100055
电话：63484488
网　址：www. ccb. cn/portal/branch/home/bjindex. html

北京市银拓资信评估事务所有限公司

北京市银拓资信评估事务所有限公司是于1994年经批准成立的咨询公司，原隶属于中国工商银行北京市分行，现控股股东为北京工业发展投资管理有限公司。

公司是目前全市为数不多的同时拥有从事金融咨询和工程咨询的甲级中介咨询机构。经营范围是：企业资信等级评估；企业财务评估、固定资产及其他资信评估；企业固定资产投资、贷款的可行性评估；金融业务咨询；编制建筑、轻工、机械、商业、旅游业项目建议书和可行性研究报告；保险代理等。

公司内设评估部、经营部、综合部等行政职能部门。公司目前拥有包括高级工程师、高级经济师、高级会计师、注册咨询工程师（投资）、注册资产评估师，注册房地产估价师和土地估价师在内的具有较丰富经验的一支专业咨询队伍，建立了较为完善的计算机局域网系统、办公自动化系统以及专业技术档案库、市场信息资料库、专家顾问库等。

公司成立以来，主要业务包括制作项

目建议书、可行性研究报告；工商业项目贷款评估；房地产开发项目贷款评估；创新基金项目评估；企业资信等级评级；投融资方案咨询；行业发展信息咨询；金融业务咨询等。

总经理：王建军

地址：北京市宣武区广安门内大街6号枫桦豪景A座6单元801－802室

（八）协会、学会、商会活动简介

北京银行业协会

组织机构与负责人

理事长：朱洪波（中国农业银行北京市分行行长）

副理事长：秦仁文（中国建设银行北京市分行副行长）

李锋（招商银行北京分行副行长）

丁国良（汇丰银行北京分行行长）

监事长：杜志红（女，北京银行行长助理）

秘书长：唐路

会员单位

正式会员单位共计48家，准会员14家，其中商业银行4家，政策性银行3家，股份制和非银行性金属机构15家，外资银行和外资非银行性金融机构26家，14家准会员均为外资银行和外资非银行性金融机构的北京代表处。

联系方式

地址：北京市东城区金保街58号华里大厦325室

邮编：100005

电话：65263913

传真：65263915

电子邮箱：office@ bbanet. org

网址：www. bbanet. org

重要活动

（1）在业务调研的基础上，继续开展票据贴现业务的行业协调。积极落实《票据行业约定》，全面结束了北京票据市场上的一度风行的“低价揽票”和“压价出票”等不正当经营行为。通过全体会员行的共同努力，使得票据业务在2005年出现全行业的长足发展。

（2）继续坚持不懈地进行北京个人外汇买卖业务的行业协调。实行联席会例会制，及时解决会员行遇到的新问题，加强相互交流、沟通，并就行业的发展新动向给予充分的关注。

（3）2005年上半年，酝酿、协调并起草和签署了《北京市银行业协会关于银团贷款的行业约定》，召开专业联席会制定了银团贷款合作委员会的工作规则。

（4）为了配合银团贷款业务在京加速推广，协会充分发挥作用，先后联系外资会员银行中国区或香港总部，为协会中资会员行举办了三次四个单元的银团贷款专题讲座，深受会员行的欢迎和好评，同时也开启了协会中外资利用自身资源相互交流合作的进程。

（5）全年定期召开外资银行协调委员会主任例会，外资银行运营经理例会，了解在京外资会员行的意见和建议，及时向有关部门反映争取支持和帮助。

(6) 继续积极开展与金融监管当局、政府有关部门、国内同业协会以及国际银行协会的沟通和交流；努力反映行业意愿，发挥行业代言人的作用，为金融监管当局制定政策提供依据和建议。

(7) 2005 年 7 月协会理事会换届，协会中文名称改为北京市银行业协会，协会完成了新旧交接、秘书处迁址、社团登记注册，与上级主管部门和兄弟行业、国内同业协会的相互沟通等大量工作。并着手制订下期工作计划和安排，为协会的发展作出了不懈努力。

(8) 制定《北京市银行业协会秘书处工作制度》、《北京市银行业协会财务收支管理制度》、《北京市银行业协会工作联系人工作制度》。

(9) 制定《北京市银行业协会业内人员流动管理自律公约》并组织全体会员进行签署。开展“北京市银行业协会法律工作委员会”的筹组工作。

(10) 协会积极配合各理事行、各联席会召集人、委员会主任行，利用“外资银行协调委员会”、“外汇买卖业务联席会”、“票据业务联席会”、“个人信用信息共享联席会”等自律机制和交流平台，发挥积极作用，促进会员对相关业务进行交流、探讨和协调，通过业务联席会的平台作用和行业约定规范会员的经营行为和市场秩序，维护公平竞争的市场环境。

2005 年下半年，协会配合“外资银行协调委员会”主任行，定期召开主任行例会 6 次，研究相关议题 10 项，并分别作出会议纪要。召开“外资银行运营经理（OM）会”2 次，并就会议议题“国际收支电子系统的设立和运行”向人行和外管局做了专题汇报。

(11) 召开“外汇买卖联席会”3 次，“票据业务联席会”2 次，根据会员单位的共同意愿印发相关会议纪要至各会员行，并报送有关监管部门，发挥了行业代言人的作用。

(12) 协会工作继续开展社会信用建设。落实执行车贷、房贷《信用信息共享系统》及其《业务规则》，为北京银行同业防范金融风险起到了应有的作用。

(13) 2005 年 12 月，秘书处开始筹备召开“个人信用信息共享联席会”，总结以往的经验，结合人行征信系统的推广，讨论今后协会个人信用信息共享的方式和方向。

(14) 2005 年度组织协会会员单位多次赴欧美、澳新参观考察、交流。共成行“美加”团两批，“瑞士、捷克”团一批。并向中资会员行下达 2006 年外访计划。

(15) 配合北京市政府举办的“2005 年北京金融文化节”的活动，举办了以“建立健康的理财观”为主题的百姓理财讲座。

(16) 为适应外汇管理及汇率浮动的变革，规避汇率风险，举办了由世界著名银行——东京三菱银行有关高级管理人员主讲，题为“结合实例分析金融机构与交易对手签订衍生产品交易合约的注意事项”的金融衍生产品业务讲座。

(17) 加强与政府部门、监管部门、各兄弟银行业协会、各会员（准会员）之间的沟通，发挥信息传导行业代言人和桥梁纽带作用。协会分别召开了“中资会员行协会工作联系人座谈会”、“外资会员行协会工作联系人座谈会”、“准会员协会工作联系人座谈会”。定期编发

《北京银行业协会简讯》，促进了会员（准会员）单位间的信息交流与沟通。

（杨亚平）

北京证券业协会

组织机构与负责人

理事长：朱利（中国银河证券有限责任公司总裁）

秘书长：陈勇

常务副秘书长：李民雯

副秘书长：丛小路

地址：北京市西城区金融大街35号国企大厦C座10层

邮编：100032

电话：66568614　66568841

传真：66568014　66568017

网址：Http：//www. sabbj. org

电子邮箱：bjzqyxh@ sohu. com

会员单位

协会的会员单位有10家在北京注册的证券公司，3家基金公司，5家投资咨询公司，及124家证券公司营业部。

重要活动

（1）北京证券业协会于2005年4月6日召开了第三届会员大会，选举产生了新一届理事会监事会。重新修订了《北京证券业协会章程》，制定了全新的《北京证券业协会会员会费收缴办法》，公布了《北京证券业协会会员自律公约》，并经第三届会员大会通过。

（2）完成北京证监局交办的工作，协会完成社会各界对北京市证券经营机构的查询、咨询情况216件；立案调查、调解客户投诉证券经营机构情况21例；立案调查、调解营业部之间互相投诉的情况22例；立案查勘未批证券经营网点情况6例；对会员制咨询公司投诉的调查、调解情况16例。

（3）8月至9月协助“首都金博会”主办单位之一的北京证监局做好准备工作，分别组织召开了在京证券公司、基金公司、咨询公司的动员会，为办好“首都金博会”积极出谋划策；组织证券从业人员参与了北京电视台“金博会”特别节目“理财大比拼”的现场录制工作，还参加了“金博会”开幕式50名首都金融业从业人员代表的宣誓仪式；组织了专场研讨交流会，有300余人的业内外人士参加了会议。

（4）为了加强在京证券经营机构对新《公司法》、《证券法》的深入了解和贯彻执行，11月及时召开了“两法”培训会，北京地区证券公司、证券营业部、基金公司及投资咨询公司的负责人及有关人员近300人参加了会议。

（5）召开了表彰2004年度创建文明行业规范化服务达标活动先进单位和先进个人大会，有6家证券营业部和7名个人受到北京证监局和协会的表彰。北京证监局局长张新文出席了表彰会并做了重要发言。

（6）配合北京证监局落实中国证监会关于“证券投资基金监管职责分工协作指引”和相关文件的精神，召开了北京辖区基金管理公司和分公司监管工作会议，45名基金公司的高管人员参加了会议。

（7）截至12月底，协会共组织了培训班16期，参加单位有证券公司10家，在京总部17家，证券营业部170家，基金公司11家，投资咨询公司7家。参加培训的人数为5 436人，占北京地区证券从业人员总数的85%左右。

（8）2005年，协会销售了证券从业

人员资格考试教材 6 755 册，取得了一定的经济效益。教材销售工作也成为协会收入的重要渠道之一。

(9) 2005 年 11 月起，协会每周二、三、四三天安排专人发放证券资格水平证书。对会员单位的发放工作，集中时间统一办理。对于个人办理证书随到随办。截至 12 月底共发放水平证书 1 515 张。

(10) 参加 2005 年资格考试及保荐人考试的巡考工作，代理征订《中国证券》杂志等。

(11) 进一步完善各项管理制度，加强财务工作的管理。严格按照北京证监局“关于加强北京上市公司协会、北京证券业协会、北京期货商会管理的通知”要求，补充健全了一系列协会的内部管理制度，分别是《协会工作规程》、《工资收入标准及发放办法》、《财务管理规定》、《会计工作细则》、《请示备案制度》等及时报送北京证监局。在以上基础上继续完善和细化各项规章制度，主要有《财务费用管理暂行办法》、《财务制度》、《协会印章管理使用办法》、《医疗费管理暂行办法》、《人事管理办法》、《车辆管理办法》和《员工休假暂行办法》7 项。

2005 年度的财务工作与往年相比有了很大的改进和提高，首次执行财务预算制度，严格按照各项财务制度的规定，厉行节约，加强审核手续。

(12) 协会会刊至 2005 年已出版了 41 期，并拥有一支稳定的通讯员队伍 (其中证券公司 3 人、基金公司 2 人、营业部 95 人)。网站建设也在逐步进行，在重新设计更新栏目后，迄今的浏览人数达 1. 24 万人。

(13) 7 月份邀请台湾证券营销专家傅吾豪，为北京地区证券公司、证券营业部、基金公司等单位举办了专场“证券创新营销模式培训会”，受到从业人员的广泛欢迎。

(14) 金秋 9 月为“首都金博会”证券专场组织召开“券商业务创新与理财服务推介”的研讨交流会，邀请了国内知名券商银河证券、中金公司和国信证券的专家发言，来自证券公司、营业部的人员及股民共 300 余人参会。

(15) 组织会员单位参加赴台湾地区证券市场考察团，了解台湾地区证券业市场最新发展趋势和投资环境。

(16) 参加了中国证券业协会分别在上海举办的人力资源培训班，会议的间隙，北京协会还组织了来自北京地区各个证券公司、基金公司、投资咨询公司和资产管理公司人力资源部的有关人员召开了座谈会，就如何贯彻执行中国证券业协会有关证券从业人员后续职业培训的工作征求北京代表的意见和要求。

(17) 参加中国证券业协会赴韩国交流考察团，对韩国证券业的发展状况进行了解。考察了韩国证券商协会、韩国证券交易所、韩国金融监督院等单位，并对大宇证券和现代证券进行访问和交流。

(18) 参加中国证券业协会在云南召开的 2005 年度证券从业人员资格考试考务工作会议，接受中国证券业协会对 2005 年度资格考试、资格水平证书的发放及从业人员资格管理及年检工作的指导。

(19) 加强与北京地区有关行业协会的联系，分别走访了北京上市公司协会、北京期货商会，参加北京市银行业协会、北京保险协会的会员大会和其他活动，共同交流办好行业协会的工作思路。

(20) 组织了“证券之春”2006 年

北京证券业新年联谊会，精心编排了19个节目，所有演员均来自协会的理事长单位、副理事长单位、副监事长单位、理事单位、监事单位等会员单位。现场演出人员有150人，到场观众有1 200余人，在业内产生了较大的影响。

（王永刚）

北京保险行业协会

组织机构与负责人

会长：黄俊光（中国人寿保险股份有限公司北京市分公司总经理）

副会长：王德地（中国人民财产保险股份有限公司北京市分公司总经理）

李宝利（中国太平洋财产保险股份有限公司北京分公司总经理）

罗春风（中国平安人寿保险股份有限公司北京分公司总经理）

徐水俊（美国友邦保险有限公司北京分公司总经理）

秘书长：于文博（专职）

会员单位

北京保险行业协会共有会员公司34家，其中寿险分公司（或总公司营业总部）21家，产险分公司13家，另有保险专家7人为常务理事。

联系方式

地址：北京市西城区西直门外大街6号中仪大厦401室

邮编：100044

电话：68330556

传真：68330580

网址：www. bia. org. cn

重要活动

（1）3月28日，北京保险行业协会、北京保险学会第五次会员代表大会暨第五届理事会召开，正式拉开了“两会”职业化、专业化、年轻化改革的序幕。

（2）5月20日，组织北京市11家财产保险公司在京分公司共同签署《北京市保险行业车险服务承诺》，自2005年6月1日起施行。

（3）7月5日，组织召开“机动车辆强制三者险信息平台建设”启动大会，成立工作领导小组及技术组，拉开强制三者险信息库建设序幕。

（4）7月28日，印发《北京保险行业车险服务规范（试行）》及《北京保险行业车险服务承诺、规范管理办法（试行）》，自2005年8月1日起试行。

（5）8月16日，与中华慈善总会合作成立“中国保险关爱慈善基金”，旨在体现保险大爱，发扬人道主义精神，开展“安老、扶幼、助学、济医”等慈善活动。

（6）9月2日，北京市保险行业部分高级管理人员一行6人赴日本考察，旨在加强对外学习和交流，积极发挥专业委员会职能，探索建立保险投诉纠纷行业协调机制。

（7）9月14日，“北京媒体保险沙龙——媒体看保险”活动召开，北京市保险行业整体宣传活动启动。

（8）10月23日，“诚信北京——服务于心·服务于行”2005年度北京保险行业杰出服务精英颁奖盛典在人民大会堂召开。

（9）11月15日，印发《北京保险行业寿险营销员警示信息管理规定（试行）》，自2006年1月1日起实施。

（10）11月20日，“首都保险业高级管理人员赴法团”起程，就法国银行保险和责任保险进行专题考察。

（11）12月15日，北京保监局丁小燕局长、黄俊光会长一行来“两会”秘书处视察指导。

（周文杰）

北京市金融学会

组织机构与负责人

名誉会长：卢学勇（原中共北京市金融工委书记）

会长：韩平（中国人民银行营业管理部主任）

监事长：张汉桥（中国工商银行北京市分行总稽核）

秘书长：卿尚莲（中国人民银行营业管理部学会办公室副主任）

会员单位

2005 年，学会共有团体会员 54 家，分别为北京银监局、北京证监局、北京保监局、银行 18 家、保险公司 9 家、证券公司 4 家、资产管理公司 4 家、北京邮政储汇局、中国银联北京分公司、市委研究室、市政府研究室、市发改委、在京高等院校 9 家以及市社科院经济研究所、管理研究所。

联系方式

办公地点：中国人民银行营业管理部

地址：北京市西城区月坛南街 79 号

邮编：100045

电话：68559557

传真：68559494

重要活动

（1）3 月 29 日，学会召开七届三次常务理事会暨学术报告会。刘春明副会长作 2004 年工作总结和 2005 年工作计划的工作报告；赖小民副会长作调整、增补常务理事、理事的说明；韩平会长主持会议并作总结讲话。常务理事会后举办了学术报告会，中国社会科学院经济研究所所长刘树成研究员，就中国经济增长的国际影响、我国宏观经济形势和宏观调控问题，作了题为《中国经济走势分析与宏观调控决策》的报告，对大家认清宏观调控的重要性以及调控的目标、重点、原则和手段，进一步做好首都金融工作，很有帮助，受到与会者的热烈欢迎。

（2）4 月 13 日，学会举办“北京市郊区经济发展与支持三农”学术报告会，特邀北京市副市长牛有成进行演讲，参加报告会的有人民银行营业管理部、北京银监局、北京证监局、北京保监局、北京市各家金融机构、北京市委研究室、市政府研究室、北京市发改委等单位的领导及研究人员 200 余人，受到与会者的热烈欢迎。

（3）6 月 9 日，学会举办“关于当前我国国际金融领域的三大热点问题”学术报告会。邀请中国人民大学财政金融学院院长、博士生导师陈雨露教授，就当前人民币汇率、资本账户放松管制、外汇储备等三大热点问题，进行了学术演讲，受到与会人员，包括人民银行营管部、北京银监局、北京证监局、北京保监局、北京市各家金融机构及部分高等院校、科研机构等单位近 300 人的热烈欢迎。

（4）6 月 22 日，学会举办了“利率市场化与金融机构风险管理”研讨会。会上，中国人民银行货币政策司副司长王煜博士、中国人民银行研究局刘明志博士、清华大学经济管理学院宋逢明教授、中国投资学会副会长刘慧勇研究员、汇丰银行亚太区资产分配研究董事张之明博士、中国银河证券有限公司首席经济学家左小蕾博士 6 位专家学者与来自人民银行、北京银监局、北京证监局、北京保监局，各家银行、保险公司、证券公司、资产管理公司等金融机构及部分高等院校的研究人员，围绕利率市场化与金融机构风险管理的主题，回顾了我国利率市场化的进程，深入分析了利率在调节经济中的作用，探讨了金融机构在利率市场化的条件下，如何正确判断价格，科学决定风险溢价，建立利率定价和利率风险管理机制。

(5) 7月5日，学会举办了“关于北京市若干产业发展的思考”学术报告会。特邀北京市副市长陆昊进行演讲，受到了来自人民银行营业管理部、北京银监局、北京证监局、北京保监局、北京市各家金融机构及市委、市政府有关部门的领导、业务部门、研发部门的工作骨干等200余人的热烈欢迎。

(6) 8月30日，学会举办了“人民币汇率形成机制改革及相关配套措施”学术讲座。到会的有人民银行营业管理部、北京银监局、北京证监局、北京保监局、各家银行在京机构、北京市邮政储汇局以及北京市外贸企业等单位共计300余人。

(7) 9月28日，北京市金融学会和台北市电脑商业同业公会在北京饭店成功举办“京台金融论坛”。这是北京市与台湾每年举行一次的经济合作交流活动——京台科技论坛的一部分，也是北京市金融学会第一次主办京台之间的金融论坛。北京市金融学会副会长刘春明致辞并主持。论坛会上，两岸金融界的知名专家、学者发表了演讲，80余名来自京台两地金融界、学术界和工商界知名专家、学者和企业家，围绕发展京台合作、共享奥运商机进行交流。此次论坛，为推进两岸的经济金融合作发挥了积极的作用，也为两岸金融界的进一步交流与合作奠定了坚实的基础。

(8) 10月中旬，北京市金融学会组织金融考察团一行6人，对美国、加拿大进行了考察。考察了两国存款保险制度成立的背景、个人征信体系的建设及运行情况等。人民银行营业管理部副主任李文辉任团长，北京市部分银行派员参加了考察。

(付桂玲)

北京市城市金融学会

组织机构与负责人

会 长：易会满（中国工商银行北京市分行行长）

监事长：于云丽（中国工商银行北京市分行内控合规部总经理）

秘书长：张元海

下设机构

北京市城市金融学会青年经济理论研究分会

联系方式

地址：北京市西城区复兴门南大街2号

邮编：100031

电话：66410543

传真：66410543

重要活动

(1) 组织进行了“2004年度优秀论文”的评选、表彰和“2005年度优秀论文”的评选工作。

为进一步推动中国工商银行北京市分行群众性金融应用理论研究及调研活动，为深入探索和研究全行在股份制改革以及以转变经营模式和增长方式为主要内容的经营战略转型过程中遇到的新情况、新问题，为把工商银行真正建设成一个“学习型”银行，全面提升工商银行理论研究水平，为今后的经营发展提供坚实基础，鼓励全行广大员工积极投身到金融科研活动中来，在全行范围内营造浓厚的学习理论、研究问题的氛围，2005 年下半年，学会秘书处组织进行了“2004 年度优秀论文”的评选、表彰和“2005 年度优秀论文”的评选工作。

“2004 年度优秀论文”评选活动共评出一等奖 2 篇、二等奖 4 篇、优秀奖 11 篇、鼓励奖 12 篇，优秀组织奖 5 个。“2005 年度优秀论文”评选活动共评选出一等奖 2 篇、二等奖 4 篇、优秀奖 8 篇、鼓励奖 9 篇，优秀组织奖 3 个。

（2）2005 年，工商银行总行学会举办“2003 ~ 2004 年度中国城市金融学会优秀团体会员”的活动，经全国各省、市、自治区金融学会投票打分，工商银行总行中国城市金融学会评定，北京市城市金融学会获优秀团体会员称号。

（3）完成了学会领导变更、增补工作。鉴于分行行、处级领导变动较大，按照北京市社会团体管理的有关规定和便于学会工作的开展，适时进行了学会法定代表人、会长、常务副会长、常务理事、理事、监事等的变更和增补工作并完成了市民政局、社团办相应的报批变更手续。

（4）北京市城市金融学会为更好地推动分行群众性城市金融应用理论研究和调研活动，决定每年举行一次优秀论文评选活动。为使论文评选工作制度化、规范化，制定了《北京市城市金融学会优秀论文评选办法》，并发至各理事单位实施。

（李　杰）

北京市国际金融学会

组织机构与负责人

会　长：刘春明（中国人民银行营业管理部副主任）

监事长：王亚伦（原广东发展银行北京分行副行长）

秘书长：王曼怡（首都经济贸易大学金融系教授）

联系方式

办公地点：首都经济贸易大学 1 号教学楼 401 室

地址：北京市丰台区张家路口 121 号

邮编：100070

电话：83952259

传真：83952259

重要活动

（1）2005 年 1 月 19 日，学会召开了新年茶话会，与会人数达 70 多人，均为金融界业务骨干与领导及各金融学校专家教授，并聘请了金融界有声望的某些资深专家到会。大家共同畅谈、并介绍交流了北京市金融形势和国际金融发展趋势。

（2）2005 年年内，举办国际业务管理与案例分析、当前我国国际金融领域的三大热点问题、国际汇兑和外汇票据业务、银行外汇保函业务、人民币对外币远期结售汇和掉期业务等各类高级研修班、报告会、讲座及研讨会共五期。

（3）协助中国人民银行举办全国金融英语统考。

（樊运萍）

北京市投资学会

组织机构与负责人

会长：张民（建设银行北京市分行行长）

常务副会长：秦仁文（建设银行北京市分行副行长）

监事长：吴金锁（建设银行北京市分行会计结算部总经理）

秘书长：宋效军（建设银行北京市分行办公室副主任，主持全面工作）

联系方式

地 址：北京市宣武门西大街28号楼4门建行北京市分行

邮编：100053

电话：63603696

电子邮箱：bjstzxh@ sina. com

重要活动

（1）1月19日，中国金融学会第七届优秀金融论文评选揭晓。北京市投资学会共推荐4篇文章参加评选，有3篇获奖，占全市金融系统获奖论文的42.86%。其中2篇获三等奖，1篇获优秀报告奖。

（2）1月，北京市投资学会副会长赵克义、副秘书长宋效军同志著《2005年北京市银行业经营环境分析》，获2004年度北京市法学会金融与财税法学研究会优秀论文一等奖。

（3）5月17日，北京市投资学会在昌平明苑会议中心召开了第三次会员代表大会，进行了换届选举。大会修改了学会章程，选举产生了第三届理事会理事112人、常务理事20人、监事会监事3人。北京市社会科学界联合会副主席、党组副书记石梅、北京市社会团体管理办公室社团管理处处长王杰、中国投资学会副会长刘惠勇等同志到会并讲话，对大会的召开表示祝贺。

（4）4月6日，北京市投资学会召开了科研课题中间成果交流会，邀请中国投资学会的专家和领导对在中国投资学会立项的14项课题进行指导和点评，有效地促进各会员单位及学会理事科研水平的提高。5～6月，北京市投资学会14个课题组成员分赴辽宁、四川、青海等省参加了中国投资学会三个方向的2004～2005年度科研课题中间成果交流会。10～11日，中国投资学会2004～2005年度科研课题评选揭晓，共验收通过159篇，从中选出获奖课题36篇。北京投资学会提交并验收通过14篇，获奖4篇，其中2篇获二等奖，2篇获三等奖。

（5）6月底，完成北京市投资学会2004～2005年度立项科研课题申报验收工作。7月22日，召开北京市投资学会2004～2005年度科研课题评委会议，本科研年度共立项课题35项，本次评选共收到课题32项，共有15项科研课题获奖，其中一等奖2项，二等奖5项，三等奖8项。9月20日，下达《北京市投资学会2005～2006年度科研课题计划》，其中17项课题已在中国投资学会立项。

（6）7月上旬，参加北京市社科联组织的部分先进学会工作者赴内蒙古考察活动。9月15～17日，参加北京市社科联“三项学习教育”培训班。

（7）11～12月，北京市投资学会和建行北京市分行联合举办了2005年度有奖征文活动。在将近一个月的时间里，共征集稿件112篇，是历年来最多的一次，其中有29个支行共报送74篇，16个部室报送38篇。经评选，共有30篇获奖，其中一等奖5篇、二等奖9篇、三等奖

16 篇。学会秘书处特别邀请 3 名一等奖作者参加了北京分行 2006 年工作务虚会，与分行领导和部分支行行长、部室总经理共济一堂，商讨分行 2006 年的工作思路和业务发展。

（8）12 月 8 日，中国投资学会、国家发展和改革委员会投资研究所、国务院发展研究中心技术经济研究部和中南财经政法大学在湖北武汉联合主办了《第三次全国中青年投资理论研讨会》，参会中青年代表通过征文入选。北京市投资学会推荐 11 篇文章参选，全部入选。北京市分行入选论文作者代表 5 名同志参加了会议，并进行了交流。

（9）12 月 8 日，北京市投资学会会长张民、副会长赵克义、秘书长宋效军等同志参加了在武汉召开的中国投资学会第五次会员代表大会，会议进行了换届选举，张民当选常务理事、李卫平、赵克义、宋效军等同志当选理事，会议还表彰了优秀地方投资学会和先进地方投资学会。北京市投资学会被评为 2000～2005 年度优秀投资学会。

（王小梅）

北京上市公司协会

组织机构与负责人

名誉理事长：经叔平（现任民生银行董事长）

理事长：曹江林（现任中国玻纤董事长）

副理事长：陈革（现任中国石化董秘、董秘局主任）

张定明（现任长江电力副总经理）

秘书长：陈革（兼）

监事会召集人：戎蓓（现任中成股份董事、董事会秘书）

联系方式

地址：北京市车公庄大街 6 号市委党校 1 号楼 160 室

邮编：100044

电话：68008951

传真：68008963

电子邮箱：lcab_ 628@ sina. com

网址：www. lcab. com. cn

会员单位

北京上市公司协会现有会员单位 94 家，其中 A 股公司 84 家（属中央管理的公司 51 家，属北京市管理的公司 34 家），H 股公司 5 家，另外中国证券报、上海证券报、证券时报和证券日报作为特别会员单位加入协会。

重要活动

（1）5 月，举办有上海证券交易所、北京证监局、北京国家会计学院和北京上市公司协会参加的关于上交所发布的《上市公司内部控制制度指引（征求意见稿）》的座谈会，上海证券交易所有关领导，北京证监局有关领导、北京国家会计学院专家以及十余家北京辖区的上市公司代表参加了此次座谈会。

（2）由中国证券监督管理委员会北京监管局局长张新文任主编，由中国证券监督管理委员会北京监管局、北京上市公司协会和申银万国证券公司联合编写、申银万国证券公司执笔的《上市公司董事指引》一书，2005 年 6 月由知识产权出版社正式出版发行。

（3）6 月 11 日至 19 日，与中央财经大学、台湾东吴大学联合举办“证券监管与公司治理海峡两岸高级研讨班”在大陆和台湾两地成功举行，共有 20 家会员单位约30人参加了此次研讨。

(4) 7月5日，邀请香港特许秘书工会副理事长等一行4人来访，与北京证监局和协会领导进行了交流。

(5) 9月7日至11日，组织会员单位赴三一重工就股权分置问题进行了参观、考察交流学习，共有44家会员单位近50人参加了此次活动。

(6) 10月28日，由中关村科技园区管委会、中国证监会北京监管局和北京市丰台区人民政府主办，北京上市公司协会、中关村科技园区丰台园管委会承办的“合作发展、共创未来——百家上市公司与科技总部新区战略发展峰会”召开，丰台区人民政府、中关村科技园区管委会、北京证监局领导、协会领导及会员单位共100余人出席会议。

(7) 11月2日，邀请加拿大上市公司协会代表团一行10人来访，并组织以“加强国际企业间交流　迎接全球化合作机遇”为主题的交流研讨会，北京证监局领导、协会理事单位代表、监事及部分会员单位共30余人出席。

(8) 6月至8月，由北京证监局主办，协会协办在北京国家会计学院举办了六期北京辖区上市公司董事、监事和高管关于新股票上市规则的培训，共有937人参加了培训。

(9) 10月至12月，由北京证监局主办，协会协办在北京国家会计学院举办了四期北京辖区上市公司董事、监事和高管关于以“上市公司财务报表分析及年报审核”为主题的第二主题培训，共有602人参加了培训。

(10) 11月，召开北京辖区上市公司股权分置改革动员大会，近80家会员单位的控股股东代表、董事会秘书和证券事务代表共200人参加了会议。

(11) 12月，先后两次协助北京证监局举办辖区上市公司股改工作座谈会。近60家尚未完成股改工作的会员单位的控股股东代表、董事会秘书和证券事务代表共200人次参加了会议。会上，有关部门领导、专家、媒体代表及辖区已完成股改工作的会员单位的代表分别讲解了股改的重要意义、实施方法、应注意问题、与媒体和中小投资者的沟通、介绍了股改经验并汇报了各自存在的问题。

(12) 积极与相关单位主办与上市公司有关的论坛，如与《新理财》杂志合办了“CFO论坛”、与中央财经大学合办了“IT时代的管理会计发展论坛”等。

(13) 2005年共出刊《公司之友——北京上市公司协会会刊》六期，增刊一期。

(赵恩光、杜　娜)

北京期货商会

组织机构与负责人

会长：王仲会（经易期货经纪有限公司董事长）

执行会长：王化栋（一德期货经纪有限公司总经理）

副会长：母润昌（现任北京中期期货公司董事、总经理）

杨金（首创期货经纪有限公司总经理）

吴培琪（广发期货经纪有限公司副总经理）

赵广钰（格林期货经纪有限公司总经理）

黄辉（中粮期货经纪有限公司副总经理）

秘书长：苏英

监事长：吴永胜（中钢期货经纪有限公司董事长）

联系方式

地址：北京市西城区地安门西大街旌勇里 8 号北京当代服务中心 501 室

邮编：100009

电话：66571672

传真：66571672

网址：www. bjqh. org

重要活动

（1）1 月 10 日，向北京期货商会期货机构会员单位发出《关于落实〈北京期货行业公平竞争自律公约〉有关事项的通知》，商会建立公平竞争保障基金，各期货机构会员单位向商会上缴公平竞争保障基金。

（2）4 月 4 日，与北京证监局联合发文《关于在北京地区开展期货机构创建文明行业规范化服务达标活动的通知》，进一步提高期货从业人员的文明和诚信素养，提升期货机构服务质量，促进期货机构经济效益和社会效益稳步增长。

（3）4 月 23 日，北京期货商会与上海期货交易所在翠宫饭店联合举办（一德期货公司承办）2005 年有色金属、能源期货投资报告会，会议邀请国务院发展研究中心和有色金属、能源行业的有关专家及期货市场资深分析师从宏观经济、市场供求、行情走势等不同方面与期货机构及投资者共同探讨期货投资及风险管理对策。期货机构相关人员及投资者 120 多人参加。

（4）5 月 14 日，北京期货商会主办的“期货杯”羽毛球比赛在北京交通大学体育馆隆重开赛。这是北京期货商会成立以来组织的第一次大型体育活动，也是北京期货业第一次行业集体体育赛事。本次羽毛球比赛，从组织筹备到成功举办都得到了中国证监会期货部、北京证监局和中国期货业协会领导的特别重视和大力支持，广大会员单位积极响应，踊跃报名。报名参赛单位共有 24 个，其中 14 个单位参加了团体赛，参赛人数达 150 多人。参赛单位占北京期货机构总数的 1/2，参赛人数占北京地区期货从业人员总数的1/3。

（5）5 月 21 日 ~5 月 22 日，由中国期货业协会和郑州商品交易所联合主办、北京期货商会承办的“商品期货期权专题培训班”在北京西郊宾馆成功举行。

（6）6 月 4 日，由上海期货交易所、北京期货商会和经易期货联合举办的“能源与外汇、金融衍生品投资报告会”暨北京期货大讲堂开课仪式在京举行。上海期货交易所市场部高级总监田丰和北京期货商会执行会长、一德期货公司总经理王化栋为“北京期货大讲堂”正式开课揭幕，经易期货公司副总经理曹胜主持会议。北京地区期货公司分析师、期货投资者 100 余人参加了本次报告会。

（7）7 月 3 日，郑州商品交易所、北京期货商会在翠宫饭店联合举办“棉花期货分析师高级研修班”。来自北京地区期货公司和营业部的分析师 60 余人参加了研讨。研修班上，郑州商品交易所副总经理张晋生介绍了棉花期货合约上市以来运行情况。郑州商品交易所交割部部长谭公赞、市场三部郭淑华和中国纤维检验局棉花质量监督处处长王丹涛还分别介绍和分析了美国棉花期货市场运行状况、棉花期货合约制度、交割规定和期货交割棉公证检验制度中的注意事项。

（8）7月16日~7月17日，北京期货商会和大连商品交易所在北京实创科技培训中心联合举办以加强期货风险管理为主题的北京期货高级管理人员培训班，北京期货商会会员单位的期货公司高层管理人员和营业部经理近60人参加培训。此次培训监管部门非常重视，证监会期货部综合处处长李晓燕和北京证监局副局长孙才仁到会讲话和授课。培训班还邀请了国家信息中心、中国银行、大连和郑州商品交易所、北京信用管理公司和日本日联株式会社北京代表处的领导和专家分别就金融及风险管理的相关内容作了精彩的演讲。

（9）7月18日~7月24日，北京期货商会和大连商品交易所市场部组织北京地区期货经纪公司、媒体人员赴黑龙江大豆、玉米主产区进行实地考察，实地调研2005年度国内大豆、玉米的种植和生长情况。在此次实地考察过程中，北京考察团成员尽展各自才能，各位期货业内的专家将每天的所见所闻汇集成文及时在和讯网上公布，以使业界人士及时了解考察动态。考察团出色地完成了考察任务，获得了宝贵而丰富的数据信息，扩大了北京期货板块的影响力。

（10）9月4日，北京期货商会在金融博览会报告厅成功举办了期货投资论坛。论坛由北京期货商会执行会长王化栋主持，北京中期、中粮期货、一德期货、经易期货、格林期货、中钢期货和大陆期货北京营业部的研发人员和分析师做了精彩的演讲。300多人参加了论坛活动，场面热烈。

（11）9月15日~11月24日，上海期货交易所与北京期货商会联合主办的“期货大讲堂走进高校”系列活动在北京十所重点名牌高校展开，共邀请18位政府官员、业界学者专家为广大高校师生授课，受到广大师生的热烈好评。

（12）11月17日，上海期货交易所与北京期货商会联合主办的“期货大讲堂走进高校”系列活动进入第十站——走进清华大学。下午三点，随着上期所向北京高校赠送期货书籍仪式的举行，把这一系列活动推向高潮。中国证监会期货部主任杨迈军、北京证监局副局长孙才仁、中国期货业协会会长田源、上海期货交易所理事长王立华、北京期货商会执行会长、一德期货经纪公司总经理王化栋、北京十二所高校领导及学生代表出席了赠书仪式。

（平中奇）

北京市金融业文化建设协会

组织机构与负责人

会长：刘春明（中国人民银行营业管理部副主任）

副会长：单　强（中国人民银行营业管理部助理巡视员）

张中奇（北京银监局纪委书记）

王佰川（北京证监局党委委员、副局长）

朱　艺（北京保监局党委委员、副局长）

秘书长：欧阳芳（中国人民银行营业管理部党办主任）

监事长：张友芬（工行北京分行纪委书记、工委主任）

会员单位

2005年，共有会员单位28家，其中包括人民银行营业管理部、北京银监局、北京证监局、北京保监局、17家银行、6家保险公司及北京市国际信托投资公司。协会共有常务理事、理事58人。

联系方式

办公地点：中国人民银行营业管理部

地址：北京市西城区月坛南街79号

邮编：100045

电话：68559082

传真：68559084

重要活动

（1）3月，协会邀请了中国发展战略学会研究会理事长、中国海内外企业家交流中心副主席管益忻教授做了有关金融企业文化知识专题讲座。市金融业文化协会常务理事、理事60余人参加了会议。管益忻教授的讲座，受到大家的欢迎，收到了很好的效果。

（2）4月，协会积极推荐全市金融系统的10篇优秀研讨文章参加了北京市企业文化建设协会、北京市思想政治工作研究会“丹柯杯”优秀调研成果评选活动。这次推荐评选分局级领导干部组和处级及以下干部组，经过“两会”组织专家学者的评选，协会有8篇研讨文章获奖。其中，中行北京分行赵世刚行长、招行北京分行尹凤兰行长、人保寿险北京分公司孙宁副总经理的研讨文章获三等奖；兴业银行北京分行滕龙的文章获二等奖；中信总行营业部王非革、人保财险北京分公司赵安元获三等奖。另外工行北京分行的姜玉林、人行营管部的卓萍获得优秀奖。上述获奖文章收录在《2004年度“丹柯杯”优秀研究成果》一书中。

（3）6月，协会组织会员单位部分常务理事、理事共18人，由王佰川副会长带队赴广东金融系统学习调研，主要学习考察中国银行佛山分行、中国平安保险（集团）股份有限公司、人民银行汕尾中心支行3家金融机构在企业文化建设方面的好做法与先进经验，并就工作实践中遇到的问题和共同关心的话题与同业进行了广泛深入的探讨和交流。学习考察的时间虽短，但获益颇丰。此次考察学习后，协会组织参加考察的同志结合学习收获和思考，撰写了《对中国银行佛山分行等三家金融机构文化建设的考察与启示》考察报告，在《北京金融》刊载。该报告内容详实、体会深刻，对金融企业文化提出了建设性意见。

（4）6月，北京市金融业文化建设协会被北京市思想政治工作研究会、北京市企业文化建设协会评为先进单位，获得北京市工作奖奖牌和证书。并受邀参加了市思研会和企业文化协会召开的部分获奖单位和个人工作座谈会。

（5）8月底，为庆祝第一届首都金融文化节暨北京国际金融投资理财博览会隆重开幕，协会选调金融系统职工表演文艺节目参加“北青之夜——首都金融文化节大型文艺联欢晚会”的演出。工行北京分行、交行北京分行和深发展北京分行选送的三个优秀节目参演，在首都文艺舞台上展示了金融一线职工的风采。

（6）协会在各会员单位有关部门的协助配合下，联合组织了“北京市金融系统青年思想与发展现状”问卷调查，共有25家会员单位近7千名青年员工参加了这次活动，收回有效问卷6 139份。完成了调查问卷数据程序设计、数据录入和数据基础分析工作，并将有关数据和总体分析研究报告向各会员单位进行了反馈，为各会员单位领导和有关部门了解青年思想现状，进一步做好青年员工的引导、培养工作提供了较为详实的第一手资料和有一定价值的参考信息，得到肯定与好评。同时撰写了《北京市金融系统青年员工思想及发展现状调查报告》及三个分报告，分别在《金融时报》、《北京金融》、《中国青少年研究》等报刊上发表。

（王京璞）

北京市钱币学会

组织机构与负责人

会长：杨伟中（中国人民银行营业管理部副主任）

监事长：李辉（中国人民银行营业管理部内审处处长）

秘书长：焦春莲（中国人民银行营业管理部货币金银处处长）

会员情况

个人会员 1 000 人，团体会员 13 个

联系方式

办公地点：中国人民银行营业管理部办公楼 2017 室

地址：北京市西城区月坛南街 79 号

邮编：100045

电话：68559317

传真：68559315

电子邮箱：zhidongli@ sina. com

网址：www. bjns. org

重要活动

（1）召开北京市钱币学会第四次会员代表大会。本次大会经过 2 年多的筹备，于 2005 年 9 月召开。大会审议并通过了单建生会长所作《工作报告》；选举产生了第四届理事会、常务理事会和监事会，特别是在领导班子中增加了商业银行的代表，以保证学会对团体会员的管理和人民币研究的加强；大会制定了第四届理事会工作规划，提出第四届理事会期间要发挥优势，抓住机遇，力争使学会工作有新突破，取得新成果。要围绕 2008 年奥运会和学会成立 20 周年，开展一系列纪念和宣传活动；保证重点研究课题和学术成果的完成；出版会刊——《北京钱币》，办好北京钱币网；加强对外交流与合作。人民银行营业管理部主任韩平到会并作了重要讲话。北京市钱币学会第四次会员代表大会的召开，标志着北京市钱币学发展进入了新阶段。

（2）开展钱币文化的宣传和学术交流活动。首先，学会连续 5 年参加了北京市社科联组织的“北京社科普及周”活动。在 2005 年 9 月举行的普及周咨询活动中，学会在地坛书市设立了咨询柜台，向群众发放了上千份的宣传材料。其次，学会与新闻媒体合作，宣传钱币文化。9 月，学会办公室组织学会纸币专家参加了中国印钞造币总公司举办的“第一套人民币研讨会"，张忠先生和刘文和先生等作了学术报告。会议期间，学会的专家们接受了北京市 20 多家媒体的采访，就群众在人民币收藏、研究中的热点问题进行了宣传。学会常务理事程纪中先生、钱卓先生等经常应邀为中央电视台“艺术品投资”、“鉴宝”等栏目鉴定、讲解钱币。学会专家参加的“鉴宝——钱币专辑”在国庆节期间播出，在社会上引起较大反响，受到群众欢迎。最后，开展对外学术交流活动。2005 年，学会注意加强了对外学术交流工作，与中国钱币学会外币专业委员会共同接待了两批外国钱币团体的来访。8 月，英国皇家钱币学会司库尼古拉斯先生一行来京访问，北京市钱币学会与中国钱币学会外币专业委员会共同举办了专题学术报告会。学会还安排英国同行

参观考察了报国寺古钱币市场。9月，北京市钱币学会与中国钱币学会外币专业委员会共同接待了美国钱币协会常务董事雷米·吉恩先生一行。学会还举办了学术报告会，有学会外币研究小组成员、外交部集币协会的专家、收藏家30多人参加。吉恩先生和我国著名外币专家李铁生先生作了学术报告。北京市钱币学会向美国同行赠送了一批钱币资料和书籍。

（3）积极参加中国人民银行总行和中国钱币学会组织的活动，认真完成总会交办的工作。首先，配合人民银行参事室进行北京市钱币市场发展情况的调研。学会办公室与部分在京的钱币经销单位负责人和钱币商进行了多次座谈，听取了人民银行和部分商业银行出纳部门同志的情况介绍，撰写了调研报告。6月，组织召开了北京市钱币市场发展问题座谈会，就北京市钱币市场的发展、现状、存在的问题，向总行领导作了汇报，提交了调研报告。学会提出的关于普通纪念币回收、纪念币发行方式等问题的意见和建议受到总行领导的重视。其次，组织会员参加中国钱币学会举办的钱币讲座。2005年，中国钱币学会共组织了10余次钱币知识讲座，内容涉及中国古代铸钱工艺、中国先秦货币、中国西藏货币、中西方货币文化的发展等方面，均是目前国内最高水平的学术讲座。学会秘书处积极组织有专长和有兴趣的会员参加，受到了大家的欢迎。最后，学会办公室还派人参加了“中国钱币学会2005年全国秘书长工作会议”和“中国北方货币研讨会”。

（4）配合人民银行营业管理部货币金银处做好人民币管理工作和处领导交办的其他工作。首先，配合“反假人民币宣传周”活动，学会办公室与货币管理科和综合科的同志一道，参加了全市宣传活动的检查。学会还负责与印刷厂联系印制了人民币宣传手册。该手册得到行领导的肯定，也受到各商业银行的好评。其次，学会办公室与货币管理科和综合科的同志一道，参加了3次纪念币发行工作的检查，并将检查的情况向领导及时汇报，提出意见和建议。最后，配合货币金银处做好新职工的培训工作。学会办公室负责向新职工讲授钱币学会的工作和钱币学知识，并两次组织新职工参观中国钱币博物馆，受到新职工的欢迎。

（5）做好各项服务工作和学会日常工作。学会办公室长期坚持每周一次的会员接待日制度，为会员提供各种钱币收藏品和咨询服务，交流钱币信息。学会坚持这一做法，既加强了学会与会员的联系，又培养了学会的骨干，可以充分地发挥会员特长和作用。这一点深受广大会员的欢迎，也得到中国钱币学会领导的肯定。

（李志东）

（九）2005年度北京市金融系统先进单位、先进个人名录

全国五一劳动奖状获得单位（2005年度）

国家开发银行营业部

全国优秀共青团干部（2005年度）

娄　欣（女）中国建设银行北京市分行东四支行团委书记

金融系统全国青年文明号（2005年度）

一、新命名的是：

中国农业银行北京市分行营业部

中国银行北京市分行中银大厦支行

中国银行北京市分行海淀区支行营业部

中国建设银行北京市分行电子银行部客户服务部（95533）

中国光大银行北京分行礼士路支行

交通银行北京分行国际结算中心汇兑科

二、继续认定的是：

中国工商银行

北京市分行海淀支行公主坟第三储蓄所

北京市分行王府井支行新东安分理处

北京市分行翠微路支行玉泉路储蓄所

北京市分行信息科技部海淀区域中心管理系统支持部

北京市分行新街口支行地安门外大街储蓄所

北京市分行东城支行营业室

总行营业部

中国农业银行

北京市分行和平里支行

北京市分行朝阳路北支行

北京市分行定福庄支行

总行营业部

中国银行

总行营业部驻华机构处

北京市分行三里屯支行

北京市分行经济技术开发区支行营业部

北京市分行西站支行

北京市分行丰联广场大厦支行

中国建设银行

北京市分行东四首都机场支行

北京市分行朝阳支行营业部

北京市分行城建支行安华里储蓄所

北京市分行海淀支行科南路储蓄所

北京市分行前门支行永安支行

北京市分行金安支行

北京市分行海淀清华园支行

总行营业部营业室

交通银行

北京分行营业部信贷业务部

北京分行王府井支行

招商银行

北京分行营业部

北京分行东三环支行

中国民生银行

总行营业部

北京万寿路支行

北京上地支行

中国银河证券有限责任公司北京双榆树证券营业部

全国女职工建功立业标兵（2005 年度）

罗　静　中国光大银行总行营业部世纪城支行行长

全国文明单位

中国工商银行北京市分行王府井支行新东安分理处

中国建设银行北京市分行电子银行服务中心

交通银行北京分行营业部

全国精神文明建设工作先进单位（2005 年度）

北京银行（本部）

中国民生银行总行营业部

中国太平洋财产保险股份有限公司北京分公司

首都劳动奖状（班组）获得者（2005 年度）

中国工商银行北京市分行方庄支行北京芳群园支行

首都劳动奖章获得者（2005 年度）

冯建辉　中国农业银行北京市分行丰台区支行行长

臧新军　中国银行北京市分行公司业务部总经理

孙会芝　中国建设银行北京市分行朝阳支行红庙储蓄所主任

李　靖　北京农村商业银行四季青支行会计

韩秀爱（女）　新华人寿保险公司北京分公司保费部经理

北京市优秀共青团员（2005 年度）

杨　芸　中关村证券股份有限公司团委副书记

北京市“三八”红旗集体（2005 年度）

北京银行中关村科技园区支行

北京市“三八”红旗手（2005 年度）

白　诺　中国建设银行北京市分行东四支行

北京市青年文明号（2005 年度）

华夏银行总行营业部北京建国门支行

华夏银行总行营业部业务部

中关村证券公司北京中关村南大街证券营业部

首都文明单位
（2005年度）

银行系统

中国工商银行北京市分行经济技术开发区支行

中国农业银行北京市分行丰台支行

中国农业银行北京市分行宣武支行

中国农业银行北京市分行延庆支行

交通银行北京分行三元支行

交通银行北京分行公主坟支行

中信银行总行营业部京城大厦支行

中信银行总行营业部富华大厦支行

中国建设银行北京市分行西四支行

中国建设银行北京市分行上地支行

中国建设银行北京市分行长安支行

中国农业发展银行北京市分行怀柔区支行

中国农业发展银行总行营业部

兴业银行北京分行东单支行

广东发展银行北京分行

中国进出口银行总行营业部

中国银行北京市分行朝阳支行

中国银行北京市分行公司业务部

招商银行北京分行崇文门支行

招商银行北京分行万寿路支行

证券系统

渤海证券有限责任公司北京西外大街证券营业部

银河证券有限责任公司北京学院南路证券营业部

国泰君安证券股份有限公司北京知春路证券营业部

湘财证券有限责任公司北京惠新东街营业部

国泰君安证券股份有限公司北京西黄城根证券营业部

申银万国证券股份有限公司北京安定路证券营业部

保险系统

中国人民财产保险股份有限公司北京市分公司

中国人寿保险股份有限公司北京市分公司

中国太平洋保险（寿险）股份有限公司北京分公司

华泰财产保险股份有限公司北京分公司

中国平安人寿保险股份有限公司北京分公司

太平保险有限公司北京分公司（产险）

泰康人寿保险股份有限公司北京分公司

新华人寿保险股份有限公司北京分公司

中国出口信用保险公司营业部

中国大地财产保险股份有限公司北京分公司

美国友邦保险有限公司北京分公司

国资委系统

深圳发展银行北京分行

华夏银行总行营业部

北京银行金运支行

北京市丰台区农村信用合作社联合社

北京市昌平区农村信用合作社联合社

上海浦东发展银行北京分行海淀园支行

上海浦东发展银行北京分行安外支行

华夏基金管理有限公司

首都文明单位标兵
（2005 年度）

银行系统

中国民生银行总行营业部

国家开发银行营业部

中国建设银行北京市分行东四支行

证券系统

国泰君安证券股份有限公司北京分公司本部

保险系统

中国太平洋财产保险股份有限公司北京分公司

中国平安财产保险股份有限公司北京分公司

太平人寿保险有限公司北京分公司

国资委系统

上海浦东发展银行北京分行安外支行

泰康人寿保险股份有限公司